Monika Reimann / Sabine Dinsel

Großer Lernwortschatz
Deutsch als Fremdsprache

Duży słownik tematyczny dla uczących się języka niemieckiego

Deutsch – Polnisch
Niemiecko – Polski

Polnische Bearbeitung
Tłumaczenie na język polski

Anna Krzemińska

Max Hueber Verlag

Autorinnen und Verlag danken
Herrn **Gerd Antensteiner** und Frau **Raffaella Pepe**
für die Bearbeitung des Wortschatzes hinsichtlich
sprachlicher und landeskundlicher Besonderheiten
Österreichs und der Schweiz.

Das Werk und seine Teile sind urheberrechtlich geschützt.
Jede Verwertung in anderen als den gesetzlich zugelassenen Fällen bedarf deshalb
der vorherigen schriftlichen Einwilligung des Verlags.

Hinweis zu § 52a UrhG: Weder das Werk noch seine Teile dürfen ohne
eine solche Einwilligung überspielt, gespeichert und in ein Netzwerk
eingespielt werden. Dies gilt auch für Intranets von Firmen und von Schulen
und sonstigen Bildungseinrichtungen.

3. 2. 1.	Die letzten Ziffern
2008 07 06 05 04	bezeichnen Zahl und Jahr des Druckes.

Alle Drucke dieser Auflage können, da unverändert,
nebeneinander benutzt werden.
1. Auflage
© 2004 Max Hueber Verlag, 85737 Ismaning, Deutschland
Verlagsredaktion: Hans Hillreiner, München; Angelika Gajkowska, München
Umschlaggestaltung: Parzhuber & Partner, München
Satz: Federer & Krauß GmbH, Augsburg
Druck und Bindung: Ludwig Auer GmbH, Donauwörth
Printed in Germany
ISBN 3–19–007474–7

Inhalt
Spis treści

Seite / strona

Vorwort	Przedmowa	8
Benutzerhinweise /	Uwagi do użytkowników /	
Zeichenerklärung	Wyjaśnienie oznaczeń	10
Lerntipps	Wskazówki dla uczących się	12

1.	**Kontakte / Kommunikation**	**Kontakty / Porozumiewanie się**	**15**
1.1	Soziale Kontakte	Kontakty międzyludzkie	16
1.2	Informationsaustausch	Przepływ informacji	22
1.3	Meinungen	Opinie	24
1.4	Vorschläge / Bitten	Propozycje / Prośby	26
1.5	Reaktionen	Reakcje	28
2.	**Der Mensch**	**Człowiek**	**31**
2.1	Angaben zur Person	Dane osobowe	32
2.2	Körperteile und Organe	Części ciała i organy	33
2.3	Äußere Erscheinung	Wygląd zewnętrzny	36
2.4	Kindheit und Jugend	Dzieciństwo i młodość	38
2.5	Erwachsenenalter	Dorosłość	41
2.6	Persönlichkeit und Verhalten	Osobowość i zachowanie	43
2.7	Sinne und Sinneseindrücke	Zmysły i doznania zmysłowe	47
2.8	Gefühle und Einstellungen	Uczucia i postawy	51
2.9	Ethik und Moral	Etyka i moralność	56
2.10	Persönliche Beziehungen	Relacje międzyludzkie	59
2.11	Sexualität	Seksualność	64
2.12	Leben und Tod	Życie i śmierć	65
3.	**Die Familie**	**Rodzina**	**67**
3.1	Verwandtschaft	Pokrewieństwo	68
3.2	Partnerschaft	Partnerstwo	69
3.3	Kinder	Dzieci	73
4.	**Dinge des Alltags**	**Życie codzienne**	**77**
4.1	Essen	Jedzenie	78
4.2	Trinken	Picie	85
4.3	Rauchen	Palenie	88
4.4	Körperpflege	Higiena osobista	89
4.5	Kleidung	Ubranie	91
4.6	Einkaufen	Zakupy	95

5.	**Zu Hause**	**Dom**	**99**
5.1	Wohnen	Mieszkanie	100
5.2	Einrichtung	Wyposażenie mieszkania	105
5.3	Hausarbeit	Prace domowe	109
5.4	Kochen	Gotowanie	111
6.	**Feste und Freizeit**	**Święta, wakacje i czas wolny**	**115**
6.1	Feiertage und Urlaub	Święta i wakacje	116
6.2	Private und öffentliche Feierlichkeiten	Uroczystości rodzinne i publiczne	117
6.3	Gesellschaftlicher Umgang	Kontakty towarzyskie	121
6.4	Auswärts essen und trinken	W restauracji	124
6.5	Unterhaltsames / Leichte Unterhaltung	Rozrywka	132
6.6	Reise und Reiseplanung	Podróż	132
6.7	Reiseunterkunft	Zakwaterowanie podczas podróży	137
6.8	Hobbys	Hobby	139
6.9	Sport	Sport	141
7.	**Gesundheit und Krankheit**	**Zdrowie i choroba**	**147**
7.1	Krankheit und gesundheitliche Probleme	Choroba i problemy zdrowotne	148
7.2	Verletzungen und Unfälle	Rany i wypadki	151
7.3	Behinderungen	Upośledzenia	154
7.4	Beim Arzt	U lekarza	156
7.5	Beim Zahnarzt	U dentysty	161
7.6	Im Krankenhaus	W szpitalu	163
7.7	Gesunde Lebensweise	Zdrowy tryb życia	166
8.	**Staat und staatliche Institutionen**	**Państwo i instytucje państwowe**	**169**
8.1	Staat	Państwo	170
8.2	Demokratie	Demokracja	172
8.3	Regierung	Rząd	174
8.4	Parteien und Wahlen	Partie i wybory	178
8.5	Internationale Beziehungen	Stosunki międzynarodowe	181
8.6	Wirtschaft	Gospodarka	184
8.7	Steuern	Podatki	191
8.8	Sozialstaat	Państwo opiekuńcze	193
8.9	Recht und Gesetz	Prawo i ustawodawstwo	195
8.10	Polizei	Policja	201
8.11	Militär	Wojsko	203

9.	**Politische und soziale Fragen**	**Polityka i społeczeństwo**	209
9.1	Politische Probleme	Problemy polityczne	210
9.2	Arbeitsmarkt / Beschäftigung	Rynek pracy / zatrudnienie	211
9.3	Multikulturelles Zusammenleben	Społeczeństwo wielokulturowe	216
9.4	Mann und Frau	Mężczyzna i kobieta	218
9.5	Soziale Sicherheit	Świadczenia socjalne	219
9.6	Armut	Ubóstwo	222
9.7	Alkohol und Drogen	Alkohol i narkotyki	223
9.8	Kriminalität	Przestępczość	226
10.	**Bildung**	**Edukacja**	229
10.1	Bildungseinrichtungen	Placówki oświatowe	230
10.2	Fächer und Fertigkeiten	Przedmioty nauczania i umiejętności	233
10.3	Abschlüsse und Qualifikationen	Egzaminy i kwalifikacje	234
10.4	Lehren und Lernen	Nauczanie i uczenie się	237
10.5	Im Unterricht	Na lekcji	239
11.	**Kulturelles Leben**	**Kultura**	241
11.1	Bildende Kunst	Sztuki plastyczne	242
11.2	Architektur	Architektura	247
11.3	Fotografie	Fotografia	249
11.4	Musik und Tanz	Muzyka i taniec	252
11.5	Theater und Film	Teatr i kino	257
11.6	Literatur	Literatura	262
11.7	Philosophie	Filozofia	266
11.8	Religion	Religia	268
12.	**Wissen und Wissenschaft**	**Wiedza i nauka**	273
12.1	Wissen	Wiedza	274
12.2	Forschung	Badania naukowe	277
12.3	Mathematik	Matematyka	281
12.4	Physik	Fizyka	284
12.5	Chemie und Biochemie	Chemia i biochemia	288
12.6	Biologie	Biologia	290
12.7	Medizin	Medycyna	293
12.8	Psychologie	Psychologia	297
12.9	Soziologie	Socjologia	299
12.10	Geschichte	Historia	302
12.11	Geologie	Geologia	303
13.	**Welt der Technik**	**Świat techniki**	307
13.1	Technik	Technika	308
13.2	Produktion	Produkcja	309
13.3	Elektrizität	Elektryczność	311
13.4	In der Werkstatt	W warsztacie	313

14.	**Verkehr**	**Transport**	**317**
14.1	Straßenverkehr und Kraftfahrzeuge	Transport drogowy i pojazdy mechaniczne	318
14.2	Mit der Bahn unterwegs	Podróż pociągiem	324
14.3	Öffentliche Verkehrsmittel	Transport publiczny	327
14.4	Mit dem Flugzeug unterwegs	Podróż samolotem	330
14.5	Mit dem Schiff unterwegs	Podróż statkiem	332
15.	**Zeit, Raum, Menge**	**Czas, przestrzeń, ilość**	**335**
15.1	Zeit	Czas	336
15.2	Raum	Przestrzeń	341
15.3	Menge	Ilość	343
16.	**Stadt und Land**	**Miasto i wieś**	**347**
16.1	In der Stadt	W mieście	348
16.2	Auf dem Land	Na wsi	349
16.3	Landwirtschaft	Rolnictwo	351
16.4	Tiere	Zwierzęta	353
16.5	Pflanzen	Rośliny	359
17.	**Erde und Weltraum**	**Ziemia i kosmos**	**363**
17.1	Kontinente, Meere, Seen, Flüsse	Kontynenty, morza, jeziora, rzeki	364
17.2	Wetter und Klima	Pogoda i klimat	366
17.3	Naturkatastrophen	Klęski żywiołowe	368
17.4	Umweltschutz	Ochrona środowiska	370
17.5	Astronomie und Raumfahrt	Astronomia i loty kosmiczne	371
18.	**Information und Kommunikation**	**Informacja i metody komunikacji**	**375**
18.1	Informationsquellen	Źródła informacji	376
18.2	Buchhandel und Verlagswesen	Księgarstwo i wydawnictwa	379
18.3	Presse	Prasa	383
18.4	Rundfunk und Fernsehen	Radio i telewizja	388
18.5	Telefon und Fax	Telefon i faks	390
18.6	Computer, Internet und E-Mail	Komputer, internet i e-mail	395
18.7	Briefe und Post	Listy i poczta	400
18.8	Korrespondenz	Korespondencja	403

19.	**Wirtschaft und Geschäftsleben**	**Biznes i gospodarka**	407
19.1	Unternehmen und ihre Organisation	Przedsiębiorstwa i ich organizacja	408
19.2	Marketing	Marketing	411
19.3	Vertrieb	Sprzedaż	414
19.4	Finanzen und Bankverkehr	Finanse i bankowość	416
19.5	Berufe	Zawody	420
20.	**Im Büro**	**W biurze**	427
20.1	Am Arbeitsplatz	Miejsce pracy	428
20.2	Kommunikation am Arbeitsplatz	Porozumiewanie się w pracy	435

Österreich	**Austria**	441
Österreichische Standardvarianten	**Austriackie warianty językowe**	447
Schweiz	**Szwajcaria**	453
Schweizerische Standardvarianten	**Szwajcarskie warianty językowe**	460
Polnisches Register	**Indeks w języku polskim**	465
Deutsches Register	**Indeks w języku niemieckim**	499

Vorwort
Przedmowa

„*Duży niemiecko-polski słownik tematyczny*" stanowi pomoc w efektywnej nauce współczesnego języka niemieckiego. To obszerne kompendium wiedzy opracowano w oparciu o najnowsze standardy kursów języka niemieckiego. Ze słownika korzystać mogą osoby znajdujące się na różnych stopniach zaawansowania w nauce niemieckiego, zarówno dorośli, jak i młodzież – wszyscy ci, którzy pragną powtórzyć, utrwalić, poszerzyć lub/i pogłębić swoją znajomość niemieckiego słownictwa.

15 000 haseł „*Dużego niemiecko-polskiego słownika tematycznego*" stanowi podstawę językową niezbędną osobom przygotowującym się do pobytu w kraju niemieckojęzycznym, jak i tym, którzy na co dzień – czy to w pracy, czy w szkole, czy też w życiu prywatnym – mają kontakt z językiem niemieckim, bądź też przygotowują się do egzaminów w tym języku.

„*Duży niemiecko-polski słownik tematyczny*" przede wszystkim służy osobom uczącym się niemieckiego samodzielnie, można go jednak używać jako źródło wiedzy uzupełniającej podczas kursów języka niemieckiego już od połowy kursu dla początkujących (poziom A2 według Europejskich Wytycznych do Nauczania Języków Obcych). Słownictwo wymagane na egzaminie *Zertifikat Deutsch* (poziom B1 według Norm Nauczania Języków Obcych), dla ułatwienia zaznaczono gwiazdką.

Słownik uporządkowano tematycznie na rozdziały i podrozdziały. Hasła główne, tzn. te, które są najważniejsze i typowe dla danego tematu, dla ułatwienia są oznaczone na kolorowo. Dla Państwa wygody na końcu słownika umieszczono niemiecki i polski indeks alfabetyczny, dzięki któremu korzystający ze słownika może szybko znaleźć numer rozdziału, w którym występuje dane hasło i bez kłopotu sprawdzić jego znaczenie. Aby indeksy pozostały przejrzyste umieszczono w nich tylko hasła główne bądź też ich polskie tłumaczenie.

Dlaczego hasła uporządkowano tematycznie?
Badania psychologiczne dot. procesu uczenia się i zapamiętywania dowiodły, iż uczący się języka obcego zapamiętują więcej, jeśli wiedza językowa przekazywana jest im w blokach tematycznych i danym kontekście. Dlatego oprócz samych haseł w słowniku znajdą Państwo przykłady zastosowań danego pojęcia w konkretnym zdaniu.

Uporządkowanie tematyczne w połączeniu z indeksem alfabetycznym jest dużym ułatwieniem dla korzystających ze słownika również dlatego, że w jednym miejscu znajdą oni wszystkie te hasła, zwroty, idiomy i informacje o kraju, które dotyczą konkretnej sytuacji.

Na przykład wybierając się do restauracji mogą Państwo skorzystać z następujących wskazówek w zakresie słownictwa, zwrotów i informacji o zwyczajach panujących w danym kraju: *Ist hier noch frei?/Bezahlen, bitte./s Menü/Wieviel Trinkgeld soll ich geben?* i in.

Dodatkowo w słowniku znajdą Państwo informacje w ramkach dotyczące:

- informacji o kulturze i zwyczajach panujących w krajach niemieckojęzycznych

- zbiorów pojęć dotyczących jednego tematu, obejmujących przede wszystkim słownictwo fachowe i techniczne

- zwrotów i idiomów dotyczących danego tematu

- zagadnień gramatycznych i mylących podobieństw słów w języku polskim i niemieckim

- przysłów i zwrotów kolokwialnych (nieobowiązkowe, zamieszczone jako informacja dodatkowa i ciekawostka)

Poprzez informacje zawarte w ramkach, zwroty i pojęcia, a także przykładowe zdania, w których użyto dane hasła, korzystający ze słownika uczy się słownictwa w żywym kontekście.

„Duży niemiecko-polski słownik tematyczny" oczywiście obejmuje też austriackie i szwajcarskie warianty językowe. Hasła te oznaczono skrótami *österr.* i *schweiz.* (warianty południowoniemieckie oznaczono skrótem *süddt.*).

Indeks zawiera dwie osobne listy austriackich i szwajcarskich wariantów językowych występujących w słowniku (plus listę standardowych wariantów, uznawanych na egzaminach *Zertifikat Deutsch*). Tam, gdzie informacje o kraju i kulturze Niemiec w znaczący sposób odbiegają od informacji o pozostałych państwach niemieckojęzycznych, dodano ramki wyjaśniające austriackie bądź szwajcarskie osobliwości.

Benutzerhinweise / Zeichenerklärung
Uwagi do użytkowników / Wyjaśnienie oznaczeń

s **Wort**, ⸚er	Hasło główne wytłuszczone i wydrukowane na niebiesko: tak oznaczono najważniejsze słówka z danego obszaru tematycznego. Hasła główne odnaleźć można w indeksie alfabetycznym.
r Mann	skrót od rodzajnika określonego rodzaju męskiego *der*
e Frau	skrót od rodzajnika określonego rodzaju żeńskiego *die*
s Kind	skrót od rodzajnika określonego rodzaju nijakiego *das*
s Kind, *-er*	liczba mnoga z końcówką *-er*: *Kind, Kinder*
s Haus, ⸚er	liczba mnoga tworzona za pomocą *Umlaut*: *Haus, Häuser*
r Direktor, -en // e Direktorin, -nen	oddzielenie formy męskiej od żeńskiej
[...]	tekst w kwadratowych nawiasach to komentarz od tłumacza albo opisowe tłumaczenie hasła, jeśli nie istnieje odpowiednik w języku polskim
Sg	pojęcie występuje w tym znaczeniu tylko w liczbie pojedynczej.
Pl	pojęcie występuje w tym znaczeniu tylko w liczbie mnogiej.
untergehen	zaznaczenie akcentu: tu pada on na krótką samogłoskę
unterschreiben	zaznaczenie akcentu: tu pada on na długą samogłoskę
+*A*	+ Akkusativ (podawane tylko przy przyimkach występujących z więcej, niż jednym przypadkiem)
+*D*	+ Dativ (podawane tylko przy przyimkach występujących z więcej, niż jednym przypadkiem)
jn	jemanden (= kogoś /Akkusativ)
jm	jemandem (= komuś /Dativ)
etw	etwas (= coś)
süddt.	wariant południowoniemiecki
österr.	wariant austriacki
schweiz.	wariant szwajcarski
ugs.	potocznie
„Haus" rymuje się z „Maus".	w polskiej kolumnie kursywa pojawia się tam, gdzie dojść może do typowego błędu wynikającego z interferencji językowej, tzn. kiedy polskie słowo lub reguła językowa mogą zostać błędnie zastosowane w języku niemieckim: często chodzi tu o tzw. mylące podobieństwo słów bądź zwrotów.

s Handy ['hɛndi]	transkrypcja fonetyczna pojawia się tylko wtedy, kiedy wymowa niemieckiego słowa może nastręczać problemów, ponieważ chodzi np. o wyraz obcego pochodzenia
↔	przeciwieństwo / antonim
*	hasło wchodzi w skład słownictwa obowiązującego podczas egzaminu na *Zertifikat Deutsch / ZD*

Autorki zakładają, że użytkownicy „*Dużego niemiecko-polskiego słownika tematycznego*" posiadają podstawową wiedzę z zakresu gramatyki języka niemieckiego, dlatego uwagi gramatyczne ograniczają się do następujących:

gehen (ging, ist gegangen)	formy czasu przeszłego czasowników nieregularnych (tylko dla haseł głównych)
gut (besser, best-)	nieregularne stopniowanie (tylko dla haseł głównych)
(sich) waschen	zaimki zwrotne (jeśli nie są konieczne, podano je w nawiasie)
jn waschen	*jemanden*; forma *Akkusativ* z czasownikiem
jm helfen	*jemandem*; forma *Dativ* z czasownikiem
sich beklagen (über +A)	przypadek podany jest tylko wtedy, jeśli dany przyimek może połączyć się z różnymi przypadkami. Autorki zakładają, że użytkownik wie, które przyimki łączy się tylko z *Akkusativem* lub *Dativem* i że nie trzeba tego podawać.

Uwaga!
Niemiecka forma Sie oznacza w języku polskim zarówno „pan" lub „pani", jak i „panie", „panowie", a także „państwo". W celu uproszczenia przekładu w niniejszym słowniku ograniczono się do formy „pan".

Lerntipps
Wskazówki dla uczących się

Przydatne uwagi i …

Uczenie się nowych słówek

Nowopoznane niemieckie słówka lub zdania warto sobie najpierw przeczytać na głos, zwracając uwagę na właściwy akcent. Poprzez czytanie, wymawianie i słuchanie zwiększa się szansę na zapamiętanie nowego pojęcia. Badania dowiodły również, że zdolność do zapamiętywania wzrasta, jeśli uczymy się w ruchu. Zazwyczaj nauka słówek uwieńczona zostanie sukcesem dopiero wtedy, gdy temat będzie wydawał się ciekawy lub gdy motywacja uczącego się okaże się wystarczająca.

Powtarzanie słówek

Słówka zachowane w pamięci krótkotrwałej tylko wtedy mają szansę zapisać się w pamięci długotrwałej, gdy nauczymy się ich, użyjemy i rozpoznamy więcej, niż jeden raz.

wskazówki, jak przyswajać sobie nowe słówka

➡ Przepisz (ważne dla siebie) **słówka** z danego rozdziału **na małe karteczki**, tzw. fiszki. Dzięki temu będziesz mógł się uczyć zawsze, gdy nadarzy się po temu okazja.
➡ Zasłoń jedną kolumnę w słowniku i przetłumacz słówka z drugiej kolumny. **Wypowiedz głośno nowe słówka.**
➡ Wypróbuj nową metodę. Ucz się w ruchu, np. **spacerując.**
➡ Spróbuj znaleźć swoje **optymalne otoczenie do nauki**. Na pewno nie powinien przeszkadzać ci hałas ani głośna muzyka.
➡ **Wykorzystuj w nauce kasety** i/lub płyty kompaktowe: nagraj się, gdy wymawiasz polskie słówko/zdanie, zrób krótką przerwę, a potem nagraj słówko niemieckie. Zwróć uwagę na właściwy akcent.
Potem odsłuchuj kasetę i powtarzaj głośno słówka za nagraniem.
➡ Ucz się tylko tych **słówek, które cię interesują**, które musisz znać (na egzaminie) i które przydadzą ci się w przyszłości.

➡ Jeśli zaczniesz się uczyć przy pomocy fiszek (metoda opisana powyżej), możesz co jakiś czas powtarzać słówka **w systemie katalogowym**. Fiszki ze słówkami, których już się nauczyłeś, włóż do tylnej przegrody. Wróć do nich po kilku dniach.
➡ Fiszki ze słówkami, których jeszcze nie umiesz, włóż do przedniej przegrody i ucz się ich dalej.
➡ W widocznym miejscu w domu lub miejscu pracy powieś **listę słówek**, których zapamiętanie sprawia ci najwięcej trudności. Zerkaj na nią w ciągu dnia.
➡ Kiedy już nauczysz się nowych słówek, przeczytaj, posłuchaj lub podyskutuj z kimś na temat związany z przyswojonym słownictwem. Możesz też napisać krótki tekst, w którym użyjesz nowopoznanych słówek.

Uczenie się słówek etapami
Każdy człowiek ma własne tempo nauki. U większości z nas po mniej więcej 30 minutach kończy się zdolność do przyswajania nowych informacji.

➡ **Po 30 minutach nauki zrób sobie przerwę.**
Na 5-10 minut zajmij się czymś innym. Wyłącz się na chwilę i np. pomasuj sobie uszy, czubkiem nosa kilka razy zakreśl w powietrzu leżącą ósemkę. Zrelaksuj się.

Powodzenia i przyjemnej nauki życzą

Autorki

1.1 Soziale Kontakte
Kontakty międzyludzkie

1.2 Informationsaustausch
Przepływ informacji

1.3 Meinungen
Opinie

1.4 Vorschläge/Bitten
Propozycje / Prośby

1.5 Reaktionen
Reakcje

Kontakte / Kommunikation
Kontakty / Porozumiewanie się

Soziale Kontakte
Kontakty międzyludzkie

e **Begrüßung**, -en
***begrüßen**
***grüßen** / Hallo sagen

Grüßen Sie Herrn Schneider von mir. –
  Ich werde es ausrichten.

r ***Gruß**, ⸚e
Liebe Grüße an Gerd. – Mach ich.

Ich soll Sie von Herrn Straub grüßen. /
  Schöne Grüße von Klaus.

powitanie
(po)witać; przywitać
pozdrawiać; (po)witać / powiedzieć „cześć"; powiedzieć „witaj"
Niech pan przekaże panu
  Schneiderowi pozdrowienia ode
  mnie. – Przekażę.
pozdrowienie
Serdeczne pozdrowienia dla
  Gerda. – Przekażę.
Pan Straub prosił, żebym pana
  pozdrowił. / Serdeczne
  pozdrowienia od Klausa.

Cześć!

Guten *Tag. / Hallo! *Herr / *Frau Heuer.
Guten Tag zusammen. (ugs.)
Guten *Morgen.
Guten *Abend.
Gute *Nacht.
Morgen. (ugs.)
Grüezi. ['gryːetsi] / Salü.
  ['zaly auch za'lyː] (schweiz.)
Servus. (südd., österr.)
Grüß Gott. / Grüß dich / euch. (südd., österr.)
Hi. ['hai] (ugs.)
Lange nicht gesehen. (ugs.)
Freut mich. / Angenehm.
*Willkommen (zu Hause).
*Herzlich Willkommen.
Schön, dass Sie da sind. / dass Sie
  kommen konnten.
Ah, da bist du ja (endlich).
Im Namen der Firma heiße ich Sie
  herzlich willkommen.
Wir freuen uns, Sie heute hier
  begrüßen zu dürfen.

Dzień dobry, panie / pani Heuer.
Witam wszystkich.
Dzień dobry.
Dobry wieczór.
Dobranoc.
Dzień dobry.
Cześć.

Cześć.
Dzień dobry. / Witaj. / Witajcie.
Cześć.
Dawnośmy się nie widzieli./ Kopę lat.
Miło mi.
Witamy (w domu).
Serdecznie witamy.
Miło, że pan tu jest. / że mógł pan
  przyjść.
O, (wreszcie) jesteś.
Serdecznie pana witam w imieniu
  firmy.
Cieszymy się, że możemy dziś tu
  pana powitać.

e **Anrede**, -n

jn korrekt ↔ falsch **anreden** /
  ansprechen (spricht an, sprach an,
  hat angesprochen)

forma zwracania się do kogoś;
  tytułowanie
zwracać się / tytułować kogoś w
  poprawny / właściwy ↔ niepoprawny / niewłaściwy sposób

Soziale Kontakte

jn mit falschem Namen anreden	przekręcić czyjeś nazwisko
Wie soll ich ihn anreden?	Jak mam się do niego zwracać? / Jak mam go tytułować?
r *T<u>i</u>tel, -	tytuł
r <u>A</u>delstitel	tytuł szlachecki
Darf ich vorstellen: Ferdinand Herzog von Bayern.	Chciałbym przedstawić: Ferdynand książę Bawarii.
r akad<u>e</u>mische T<u>i</u>tel / r D<u>o</u>ktortitel	stopień naukowy / tytuł doktorski
Ihr wurde der akademische Titel eines Doktor phil. verliehen.	Przyznano jej tytuł doktora filozofii.
e Ehrendoktorwürde / Dr. h.c. (= honoris causa)	tytuł doktora honoris causa
Er hat die Ehrendoktorwürde der Universität Heidelberg erhalten.	Nadano mu tytuł doktora honoris causa Uniwersytetu w Heidelbergu.

> W dzisiejszych czasach, zwracając się do obcych osób należy używać form *Herr / Frau Berger*. Przestarzała forma *Fräulein* (w odniesieniu do niezamężnych kobiet) prawie całkiem wyszła już z użycia. Podczas wystąpień publicznych używane są następujące zwroty: *Liebe Bürgerinnen und *Bürger!* – Drodzy obywatele i obywatelki! / Drodzy mieszkańcy! *Liebe Kolleginnen, liebe Kollegen!* – Drodzy koledzy, drogie koleżanki! *Meine Damen, meine Herren!* – Panie i panowie!
> W języku pisanym dopuszczalne są następujące formy, w których rozróżnia się rodzaj żeński i męski: *Politikerinnen und *Politiker / Politiker(in) / Politikerinnen* – politycy · *Personen aus der *Politik* – osoby zajmujące się polityką.
>
> Zwracając się do osób posiadających tytuł naukowy można wymienić tytuł przed imieniem, nie jest to jednak konieczne: *Herr / Frau *Professor*. Do lekarzy często zwraca się poprzez *Herr /Frau *Doktor*, np. *Herr / Frau Dr. Peters*. W Austrii tytułów naukowych używa się dużo częściej, niż w Niemczech. Do najczęstszych należą: *Ing.* (inżynier – ktoś, kto zdał maturę z przedmiotów technicznych), *Mag.* (magister), *DI* (magister inżynier) i *Dr.* (doktor). Kolejną austriacką osobliwością jest to, że nauczycieli w gimnazjach (*Gymnasium*) tytułuje się *Frau / Herr Professor (Huber)*.
>
> Do osób publicznych, które sprawują ważne funkcje państwowe, zwraca się poprzez np.: *Herr *Bundespräsident // Frau *Bundespräsidentin* (Panie Prezydencie Federalny // Pani Prezydent Federalny) lub *Herr *Bundeskanzler // Frau *Bundeskanzlerin* (Panie Kanclerzu Federalny // Pani Kanclerz Federalny) lub *Herr Botschafter // Frau Botschafterin* (Panie Ambasadorze // Pani Ambasador) albo *Herr *Ministerpräsident // Frau *Ministerpräsidentin* (Panie Premierze // Pani Premier).
>
> W środowiskach chrześcijańskich do duchownych zwraca się poprzez: *Herr Pfarrer / Hochwürden / Herr Pastor*. W modlitwach do Boga zwraca się w drugiej osobie liczby pojedynczej.

d<u>u</u>zen / jn mit Du anreden ↔ s<u>ie</u>zen / jn mit Sie anreden	być z kimś na ty / zwracać się do kogoś na ty ↔ być z kimś na pan / zwracać się do kogoś per pan
Er hat mir das Du angeboten.	Zaprononował mi przejście na ty.

Wollen wir uns nicht duzen?	Czy nie możemy przejść na ty?
In dieser Firma duzen sich alle / sind wir alle per du.	W tej firmie wszyscy są na ty / wszyscy jesteśmy na ty.
Er duzt sich mit seiner Chefin.	Jest ze swoją szefową na ty.

Du czy Sie?

Forma *Sie* stwarza dystans. Podobnie jak w języku polskim *du* ew. *ihr* używa się, gdy dobrze się kogoś zna, np. w rodzinie, wśród przyjaciół oraz w stosunku do dzieci i młodzieży (do ok. 16 roku życia). Zgodnie ze zwyczajem formy tej używają w kontaktach między sobą członkowie określonych grup społecznych – studenci, dzieci, młodzież i koledzy z pracy. Z *Sie* na *Du* przechodzimy za zgodą obu stron. Zazwyczaj to starszy proponuje młodszemu przejście na ty.

r *Kont**ą**kt, -e	kontakt
den Kontakt zu jm *<u>auf</u>nehmen (nimmt auf, nahm auf, hat aufgenommen) ↔ <u>a</u>bbrechen (bricht ab, brach ab, hat abgebrochen)	nawiązać z kimś kontakt ↔ zerwać z kimś kontakt
den Kontakt <u>auf</u>recht *erh<u>a</u>lten (erhält, erhielt, hat erhalten)	utrzymywać kontakt
Wir bleiben in Kontakt / Verbindung. Ja?	Pozostańmy w kontakcie. Dobrze?
(sich) *v<u>o</u>rstellen	przedstawi(a)ć (się)
Darf ich mich vorstellen?	Czy mogę się przedstawić?
Darf ich Ihnen meinen Mann vorstellen?	Czy mogę panu przedstawić mojego męża?

Pierwszy kontakt

Wie geht's? / Wie geht es Ihnen?	Jak się masz? / Jak się pan miewa?
Danke, sehr gut / super (ugs.) / gut / ganz gut. Und Ihnen?	Dziękuję, bardzo dobrze / super / dobrze / całkiem dobrze. A pan?
Naja, es geht.	No cóż, jakoś leci.
Ach, nicht so gut.	Ach, niezbyt dobrze.
Ach, das tut mir aber Leid.	Och, to bardzo mi przykro.
Entschuldigen Sie bitte. / Hallo. Ich hätte eine Frage. – Ja (bitte)?	Przepraszam. / Halo! Mam pytanie. – Tak (proszę)?
*Entsch<u>u</u>ldigung. Könnten Sie mir *h<u>e</u>lfen?	Przepraszam. Czy mógłby pan mi pomóc?
Ja. / Gern. / Na klar. / Sicher. / Natürlich. / Aber ja.	Tak. / Chętnie. / No jasne. / Pewnie. / Oczywiście. / Ależ oczywiście.
Um was geht es denn? / Was soll's denn sein?	O co chodzi?
Nein, tut mir Leid. / Entschuldigung, ich hab's eilig. / Leider nicht. / Das geht gerade nicht.	Nie, przykro mi. / Przepraszam, spieszę się. / Niestety nie. / W tej chwili to niemożliwe.
Einen *Mom<u>e</u>nt bitte. / Gleich. / Sofort. / Können Sie kurz warten?	Proszę chwilę zaczekać. / Zaraz. / Już się robi. / Czy może pan chwilę poczekać?

Soziale Kontakte

Kann ich etwas für Sie tun?
Kann ich Ihnen behilflich sein?
Ja *gern. / Das wäre *nett / *lieb.
Nein *danke, es geht schon / ich
   schaffe das schon.
	Czy mogę jakoś panu pomóc?
	Czy mogę jakoś panu pomóc?
	Tak, proszę. / To byłoby miłe.
	Nie, dziękuję, dam sobie radę /
	   poradzę sobie.

Können Sie nicht *aufpassen? / Hey. (ugs.)
Entschuldigung, das wollte ich nicht. /
   Das tut mir schrecklich Leid.
	Czy nie może pan uważać? / Hejże!
	Przepraszam, to niechcący. /
	   Strasznie mi przykro.

Keine Ursache. / Das macht (doch) nichts. /
   Das kann doch jedem mal passieren. /
   Das kann vorkommen.
	Nie ma sprawy. / Nic (przecież) nie
	   szkodzi. / Każdemu się może
	   zdarzyć. / Zdarza się.

Danke. / Vielen Dank. / Herzlichen
   Dank. / Besten Dank. / Sehr nett
   von Ihnen.
	Dziękuję. / Bardzo dziękuję. /
	   Serdecznie dziękuję. / Serdeczne
	   podziękowania. / Bardzo miło z
	   pana strony.

Bitte. / Gern geschehen. /
   Nichts zu danken. / Schon gut. /
   Kein Problem.
	Proszę. / Cała przyjemność po
	   mojej stronie. / Nie ma za co. / Już
	   dobrze. / Nie ma problemu.

s *Missverständnis, -se *missverstehen (missverstand, hat missverstanden)	nieporozumienie źle zrozumieć
richtig ↔ falsch *verstehen (verstand, hat verstanden)	dobrze ↔ źle zrozumieć
verständlich ↔ unverständlich	zrozumiały; zrozumiale ↔ niezrozumiały; niezrozumiale

Czy wszystko jest jasne?

Entschuldigung. / *Verzeihung.	Przepraszam.

Ich habe nichts / nur einen
   Teil verstanden.
	Nic nie zrozumiałem. / Zrozumiałem
	   tylko część.

Wie bitte?	Słucham?
Ich kann Sie nicht verstehen.	Nie rozumiem pana.
Bitte *wiederholen Sie das.	Proszę, niech pan to powtórzy.
Noch einmal bitte.	Proszę jeszcze raz.
Bitte *sprechen Sie langsamer.	Proszę mówić wolniej.
Was haben Sie gesagt?	Co pan powiedział?
Sagten Sie am 13. oder am 30.?	Powiedział pan 13-ego czy 30-ego?

Das habe ich nicht (*richtig) / *falsch
   verstanden.
	Nie zrozumiałem tego. / Źle to
	   zrozumiałem.

Haben Sie alles verstanden?	Czy wszystko pan zrozumiał?
Können Sie mir folgen?	Czy nie mówię zbyt / za szybko?
Ist das *klar?	Czy to jasne?

Ist noch etwas unklar? / Ist noch eine Frage
   offen geblieben?
	Czy coś jest jeszcze niejasne? / Czy
	   są jeszcze jakieś pytania?

Kontakty międzyludzkie

Entschuldigung, habe ich Sie richtig verstanden?	Przepraszam, czy dobrze pana zrozumiałem?
Meinen Sie *vielleicht: ...?	Czy ma pan może na myśli:...?
Also, das heißt / d.h., ...	To znaczy / tzn. ...
Können Sie mir das noch mal genau *erklären?	Czy może pan jeszcze raz mi to dokładnie wyjaśnić?
Können Sie das *aufschreiben?	Czy może pan to zapisać?

*sich verabschieden (von) — pożegnać się (z)
sich verabschieden mit einem Kuss / einem Händedruck / einer Umarmung — pocałować się na pożegnanie / uścisnąć dłoń na pożegnanie / objąć się na pożegnanie
Lass dich *umarmen. — Niech cię uściskam.
r Abschied, -e — pożegnanie
Der Abschied von der Familie fällt mir schwer. — Ciężko mi żegnać się z rodziną.
ein tränenreicher / kurzer Abschied — pełne łez / krótkie pożegnanie
jm zum Abschied die *Hand schütteln — uścisnąć komuś dłoń na pożegnanie
jm zum Abschied *winken (gewunken) — pomachać komuś na pożegnanie

Do widzenia!

*Auf Wiedersehen. / Wiedersehen.	Do widzenia.
Tschüs. / Tschau. / Ciao. [tʃau]	Cześć.
Ade. (südd.) [a'de:]	Cześć. / Do zobaczenia.
Servus. (südd./österr.)	Cześć.
Adieu. (schweiz.) [a'dj̦ø:]	Do zobaczenia.
Bis *bald / *später / *gleich / *nachher.	Do zobaczenia wkrótce / później / za chwilę / później.
Einen schönen Tag / Abend noch.	Miłego dnia / wieczoru.
(Ein) Schönes Wochenende.	Miłego weekendu.
Bis *morgen / nächste Woche.	Do jutra / przyszłego tygodnia.
Mach's gut. / Machen Sie's gut. (ugs.)	Trzymaj się. / Powodzenia.
Viel *Spaß. / Viel *Erfolg. / Viel *Glück. / Alles Gute.	Miłej zabawy. / Powodzenia. / Powodzenia. / Wszystkiego dobrego.
Toi, toi, toi.	Powodzenia.
Gute *Reise.	Miłej podróży.
Grüße an Ihre Frau. / Grüßen Sie bitte Ihre Frau.	Pozdrowienia dla pańskiej żony. / Proszę pozdrowić żonę.
Ich hoffe, wir sehen uns bald wieder.	Mam nadzieję, że wkrótce znów się spotkamy.
Wir *freuen uns darauf, Sie bald wiederzusehen.	Cieszymy się na kolejne spotkanie z panem.
Wir hören dann wieder voneinander.	Pozostaniemy zatem w kontakcie.
Ich darf mich dann verabschieden.	Chciałbym się zatem pożegnać.
Hat mich sehr gefreut. / Vielen Dank für Ihren *Besuch.	Bardzo mi było miło. / Bardzo dziękuję za pańską wizytę.
Oh, (ist es) schon so spät?	Och, już (jest) tak późno?

Soziale Kontakte

Tut mir Leid, aber ich muss jetzt weiter. / Ich muss jetzt leider gehen. Jetzt muss ich aber los.	Przykro mi, ale muszę już iść. / Niestety muszę już iść. Teraz naprawdę muszę już iść.

seine **Person**a**lien** angeben / weitergeben — podać / przekazać swoje dane osobowe
r ***Na**me, -n — nazwisko; imię
Wie heißen Sie? / Wie ist Ihr Name? — Jak pan się nazywa? / Jak ma pan na nazwisko?

Wie war Ihr Name gleich wieder? — Jak brzmiało pańskie imię/ nazwisko?

r ***Vo**rname / r ***Na**chname — imię / nazwisko
e (alte / derzeitige / neue) ***Adr**e**sse**, -n — (stary / obecny / nowy) adres
e **Hei**matadresse — adres domowy
e Privatadresse *schweiz.* — adres domowy
Wie ist Ihre Adresse? / Welche Adresse haben Sie? — Jaki jest pański adres?

e **Telef**o**nnummer**, -n / e **Ha**n**dynummer**, -n ['hɛndi…] / e **Fa**x**nummer**, -n — numer telefonu / numer telefonu komórkowego / numer faksu
Geben Sie mir bitte Ihre Telefonnummer. — Proszę podać mi swój numer telefonu.

Hast du vielleicht Peters Telefonnummer? — Masz może numer telefonu Petera?

Meine Handynummer hat sich geändert. Die neue Nummer lautet: 123… — Zmienił się mój numer telefonu komórkowego. Nowy numer brzmi: 123…

e ***E-Mail-Adresse**, -n ['iːmeːladrɛsə] — adres e-mailowy
r **Gebu**rtsort, -e — miejsce urodzenia
Wo sind Sie geboren? — Gdzie się pan urodził?
s **Gebu**rtsdatum, -daten / r ***Gebu**rtstag, -e — data urodzenia / urodziny
Wann ist Ihr Geburtstag? / Wann sind Sie geboren? — Kiedy ma pan urodziny? / Kiedy się pan urodził?
***buchstabie**ren — przeliterować
Wie buchstabieren Sie das? — Jak to się pisze?

Wie buchstabieren Sie das?	**Jak to się pisze?**
A wie Anton	A jak Anna
B wie Berta	B jak Beata
C wie Cäsar	C jak Cecylia
D wie Dora	D jak Dorota
E wie Emil	E jak Elżbieta
F wie Friedrich	F jak Franciszek
G wie Gustav	G jak Gustaw
H wie Heinrich	H jak Halina
I wie Ida	I jak Izydor

Kontakty międzyludzkie

1/2

J wie Julius	J jak Julia
K wie Kaufmann	K jak Katarzyna
L wie Ludwig	L jak Leokadia
M wie Marta	M jak Marta
N wie Nordpol	N jak Natalia
O wie Otto	O jak Olga
P wie Paula	P jak Paulina
Q wie Quelle	Q [ku]
R wie Richard	R jak Rafał
S wie Siegfried	S jak Sabina
T wie Theodor	T jak Tadeusz
U wie Ulrich	U jak Urszula
V wie Viktor	V jak Violetta
W wie Wilhelm	W jak Włodzimierz
X wie Xanthippe	X jak [iks]
Y wie Ypsilon	Y [igrek]
Z wie Zeppelin	Z jak Zuzanna

W Austrii J i Q wymawia się inaczej, niż w Niemczech: J [je] zamiast [jot] i Q [kwe] zamiast [ku].

Informationsaustausch
Przepływ informacji

e *Information, -en	informacja
e vertrauliche Information	informacja poufna
Informationen *geben / weitergeben (gibt weiter, gab weiter, hat weitergegeben)	dostarczać / przekazywać informacje
In etwa zehn Minuten werden die Ergebnisse *bekannt gegeben.	Wyniki zostaną ogłoszone / podane do wiadomości za ok. dziesięć minut.
*fragen (nach +D) ↔ *antworten (auf +A) / beantworten	pytać (o) ↔ odpowiadać (na)
Informationen austauschen	wymieniać się informacjami
Zu Ihrer Information: Die Kantine ist gleich hier um die Ecke.	Do pańskiej wiadomości: stołówka jest tuż za rogiem.
*sich informieren (über +A)	zasięgać informacji (o)
*sich erkundigen (bei +D) (nach +A)	dowiadywać się (u) (o)
Frag doch mal an der Information nach.	Zapytaj w informacji.
*Können Sie mir weiterhelfen? Ich suche ... / Ich brauche ... Wissen Sie vielleicht, ob der *Zug* pünktlich ankommt?*	*Czy może mi pan pomóc? Szukam ... / Potrzebuję ... Wie pan może, czy pociąg przyjedzie punktualnie?*

Können Sie mir *sagen, wie *spät es ist?	Czy może mi pan powiedzieć, która godzina?
Ich hätte gerne eine Information / eine *Auskunft.	Chciałbym uzyskać informację.
Ich hätte da eine *Frage.	Mam pytanie.

*erklären	wyjaśnić
e Erklärung, -en	wyjaśnienie
e Worterklärung, -en / e Definition, -en	wyjaśnienie znaczenia słowa / definicja
umschreiben (umschrieb, hat umschrieben)	opisać

Was ist denn das?	Co to jest?
Wie nennt man denn das?	Jak to się nazywa?
Wer kann mir das erklären?	Kto mi może to wyjaśnić?
Was ist das deutsche *Wort für „stół"?	Jaki jest niemiecki odpowiednik słówka „stół"?
Was ist das Gegenteil von „schnell"?	Jaki jest antonim słówka „schnell"?
Was ist der Unterschied zwischen „zahlen" und „bezahlen"?	Jaka jest różnica między „zahlen" i „bezahlen"?
Wie sagt man auf Deutsch? / Wie heißt das auf Deutsch?	Jak się mówi po niemiecku? / Jak to się nazywa po niemiecku?
Entschuldigung, ich weiß das Wort auf Deutsch nicht.	Przepraszam, nie znam tego słówka po niemiecku.
Helfen Sie mir bitte. Ich komme nicht auf das Wort.	Proszę mi pomóc. To słówko nie przychodzi mi do głowy.
Ich brauche ein … für den *Computer.	Potrzebuję … do komputera.
Ich weiß nicht, wie man das nennt.	Nie wiem, jak to się nazywa.
Es ist ein langes Kabel. – Eine Verlängerungsschnur?	To jest długi kabel. – Przedłużacz?
Sie meinen *vielleicht ein …	Może chodzi panu o…
Wahrscheinlich / Vermutlich …	Prawdopodobnie / Przypuszczalnie …

Ich glaube, dass …	Sądzę, że …
Ich bin mir nicht *sicher, aber …	Nie jestem pewien, ale…
Ich weiß es nicht genau.	Nie wiem dokładnie.
Ja.	Tak.
Na klar.	No jasne.
Ach ja.	Ach, tak.
Richtig.	Prawda. / Racja.
Das ist es.	O to chodzi.

*vergessen (vergisst, vergaß, hat vergessen) ↔ *sich erinnern (an +A)	zapomnieć; zapominać ↔ pamiętać; przypominać sobie (o)
ein/einen Blackout haben	mieć w głowie pustkę

2/3

Mir fällt das Wort nicht mehr ein. / Das Wort ist mir gerade entfallen.	Nie pamiętam już tego słowa. / To słowo akurat mi umknęło.
Es liegt mir auf der Zunge.	Mam to na końcu języka.
Warte – gleich komme ich drauf.	Poczekaj – zaraz sobie przypomnę.
*erzählen (von)	opowiadać (o)
*berichten (von)	zdawać sprawozdanie (z); (z)relacjonować; donieść / informować (o)
Morgen bekommen Sie einen ausführlichen *Bericht.	Jutro otrzyma pan wyczerpujący raport.
e Zusammenfassung, -en	streszczenie

Was haben Sie uns zu berichten?	O czym chciałby pan nas poinformować?
Wie liefen die Gespräche?	Jak przebiegały rozmowy?
Und? Was haben Sie (Neues) *erfahren?	No i czego (nowego) się pan dowiedział?
Erzähl doch mal.	No (o)powiedz.
Wie war's? / Wie lief's?	Jak było? / Jak poszło?
Was ist passiert?	Co się stało?
Was war los?	Co się działo? / Co się stało?
Stimmt es, dass …?	Czy to prawda, że …?
Ist es richtig, dass …?	Czy to prawda, że …?
Stimmt es etwa nicht, dass …? – Doch.	Czy to aby nie jest prawda, że…? – Ależ tak.
Unglaublich.	Nie do wiary.
Nein wirklich?	Nie, naprawdę?
Kaum zu glauben.	Nie do wiary.
Das wundert mich nicht.	To mnie nie dziwi.
Ach?!	Ach, tak?!

Meinungen
Opinie

e *Meinung, -en / e *Ansicht, -en	opinia; zdanie; pogląd
Das ist meine **persönliche** Meinung / die **offizielle** Meinung.	To moja prywatna opinia / oficjalna opinia.
Wir sind **derselben** ↔ **verschiedener** Meinung.	Jesteśmy tego samego ↔ innego zdania.
eine bestimmte Ansicht / Meinung haben	mieć określone zdanie / opinię
seine Meinung *ändern	zmienić zdanie
jn **nach seiner Meinung *fragen**	spytać kogoś o zdanie
Meinungen austauschen	wymieni(a)ć się poglądami
eine (kleine) Meinungsverschiedenheit haben (über +A)	mieć (nieco) odmienne zdanie (o)

Meinungen

jm deutlich ↔ vorsichtig die Meinung sagen	jasno ↔ delikatnie dać komuś do zrozumienia, jakie ma się zdanie
*meinen	sądzić; uważać; myśleć; mieć na myśli
Das verstehe ich nicht. Wie meinst du das? / Meinst du das ehrlich?	Nie rozumiem. Co masz na myśli? / Naprawdę tak uważasz?
zustimmen ↔ *widersprechen (widerspricht, widersprach, hat widersprochen) / *ablehnen	zgodzić się ↔ zaprzeczyć; nie zgodzić się / odrzucić; dezaprobować
*dafür ↔ *dagegen sein (ist, war, ist gewesen)	być za ↔ przeciw
jm Kontra geben	ostro się komuś sprzeciwić
das Pro und Kontra (abwägen)	(rozważyć) za i przeciw
r *Vorteil, -e ↔ r *Nachteil, -e	wada ↔ zaleta
Argumente dafür und dagegen *sammeln	zbierać argumenty za i przeciw
jn *überreden / *überzeugen	namówić / przekonać kogoś

*Was *denken Sie darüber?*
*Wie *finden Sie die neue Mode?*
Und was halten Sie davon?
Was ist Ihre Meinung (dazu)?

Co pan o tym sądzi?
Co pan sądzi o nowej modzie?
A co pan myśli na ten temat?
Jakie jest pańskie zdanie (na ten temat)?

Ich denke / finde / glaube / meine, …
Ich nehme an, dass …
*Ich bin *überzeugt davon, dass …*
*Wir *vermuten, dass …*
Meiner Meinung nach …
Soviel ich weiß, …

Myślę / uważam / sądzę / uważam …
Zakładam, że…
Jestem przekonany, że…
Przypuszczamy, że …
Według mnie…
O ile wiem, …

Richtig. / Genau. / Das stimmt.
Einverstanden. / In Ordnung. / Also gut.

Słusznie. / Dokładnie. / To prawda.
Zgadzam się. / W porządku. / No dobrze.

*Sie haben *Recht.*
Da bin ich völlig Ihrer Meinung!
Wir sind wieder einmal einer Meinung.
Das sehe ich genauso.

Ma pan rację.
W pełni się z panem zgadzam!
Znowu mamy takie samo zdanie.
Tak samo to widzę.

Egal.
*Das ist mir (ganz) *egal. / Das macht mir nichts aus.*
Von mir aus. / Meinetwegen.
Ganz wie Sie wollen.
Was soll's?

Wszystko jedno.
Wszystko mi jedno. / Nie ma to dla mnie znaczenia.
Jeśli o mnie chodzi.
Jak pan sobie życzy.
Jakie to ma znaczenie?

*Stimmt das *wirklich?*
*Ich bin mir da nicht so *sicher.*
*Ich habe da meine *Zweifel.*
Ich muss Ihnen leider widersprechen.

To rzeczywiście jest prawda?
Nie byłbym taki pewien.
Mam pewne wątpliwości.
Niestety nie mogę się z panem zgodzić.

Opinie

3/4

Nein, ich glaube eher, dass ...	Nie, myślę raczej, że...
Da bin ich (völlig) anderer Meinung.	Mam (zupełnie) inne zdanie.
Ich sehe das ganz anders.	Jestem zupełnie odmiennego zdania.
Tut mir Leid, Sie haben Unrecht.	Przykro mi, nie ma pan racji.
Das ist so einfach nicht *richtig.	To po prostu się nie zgadza.
Das stimmt (so) nicht.	To nieprawda.
Das ist Quatsch / Unsinn / kompletter Blödsinn. (ugs.)	To bzdura / nonsens / kompletna bzdura.
Das ist nicht fair (von Ihnen).	To nie w porządku (z pańskiej strony).
Das mag ja stimmen, aber...	Być może to prawda, ale ...
Mag schon sein, aber...	Być może, ale ...
Im Großen und Ganzen ja, aber...	W zasadzie tak, ale ...
Da können Sie zwar *Recht haben, aber...	Być może ma pan rację, ale ...
Schön und gut, aber...	Wszystko pięknie, ale...
Es hängt davon ab, was / ob ...	Zależy, co / czy ...
Es kommt darauf an, wann / ob ...	Zależy, kiedy / czy ...
Darum geht's hier aber nicht. Eigentlich ...	Nie o to tu jednak chodzi. Właściwie ...
Einerseits ja, andererseits: ...	Z jednej strony tak, ale z drugiej ...

Vorschläge / Bitten
Propozycje / Prośby

r *V<u>o</u>rschlag, ⸚e	propozycja
Das ist ein guter ↔ schlechter Vorschlag!	To dobra ↔ zła propozycja!
ein **akzept<u>a</u>bler** / **<u>a</u>nnehmbarer** ↔ **<u>i</u>nakzeptabler** Vorschlag	propozycja do przyjęcia ↔ nie do przyjęcia
ein **konstrukt<u>i</u>ver** Vorschlag	sensowna propozycja
einen Vorschlag ***<u>a</u>nnehmen** (nimmt an, nahm an, hat angenommen) ↔ ***<u>a</u>blehnen**	przyjąć ↔ odrzucić propozycję
***v<u>o</u>rschlagen** (schlägt vor, schlug vor, hat vorgeschlagen)	proponować
Ich schlage vor, wir machen jetzt eine kurze Pause. – Eine gute Idee!	Proponuję, żebyśmy zrobili teraz krótką przerwę. – Dobra myśl!

Propozycje

Ich würde Folgendes vorschlagen: ...	Moja propozycja jest następująca:...
Ich hätte einen Vorschlag zu machen.	Mam pewną propozycję.
Darf ich einen Vorschlag machen?	Czy mogę coś zaproponować?
Mein Vorschlag ist: ...	Moja propozycja jest następująca:...
Ich glaube, Sie sollten weniger rauchen.	Uważam, że powinien pan mniej palić.
Wie wäre es, wenn ...?	A może ...?

Was denkst du: Sollen wir das Auto kaufen?	Jak myślisz: czy powinniśmy kupić ten samochód?
Nehmen wir doch das *Angebot an. Was halten Sie davon?	Przyjmijmy tę ofertę. Jak pan uważa?
An Ihrer Stelle würde ich das Angebot annehmen.	Na pańskim miejscu przyjąłbym tę propozycję.
Vielleicht können wir das *Gespräch heute Abend beim Abendessen fortsetzen.	Może moglibyśmy dalej poprowadzić tę rozmowę dziś wieczorem, przy kolacji?
Also, dann um 20 Uhr im Hotel (, wenn es Ihnen recht ist).	To w takim razie o 20.00 w hotelu (jeśli nie ma pan nic przeciwko temu).

e ***Möglichkeit**, -en	możliwość; ewentualność
Es gibt mehrere Möglichkeiten.	Jest kilka możliwości.
e ***Bitte**, -n	prośba
eine **dringende** / **höfliche** Bitte	pilna / grzeczna prośba
jn um etw *bitten (bat, hat gebeten)	prosić kogoś o coś
Dürfte ich Sie bitten, etwas leiser zu sprechen.	Czy mogę prosić, by mówił pan trochę ciszej?
Hilfst du uns, bitte? – Dazu bin ich gern ***bereit**..	Czy możesz nam pomóc? – Chętnie.
r ***Wunsch**, ⸗e	życzenie
einen Wunsch formulieren / ausdrücken / zum Ausdruck bringen	wyrazić życzenie
e ***Absicht**, -en	zamiar; cel
Sie hat die Absicht, eine Weltreise zu machen.	Planuje pojechać w podróż dookoła świata.
Das hat er mit Absicht gemacht.	Zrobił to specjalnie.
e **Aufforderung**, -en	wezwanie; zaproszenie
jn ***auffordern** etw zu tun	(po)prosić kogoś, by coś zrobił; wezwać kogoś do zrobienia czegoś
Alle wurden aufgefordert, den Raum zu verlassen.	Wezwano wszystkich do opuszczenia pomieszczenia.

Prośby

Würden Sie mich *bitte durchlassen? / Kann ich bitte durch?	Czy mógłby pan mnie przepuścić? / Czy mogę przejść?
Könnten Sie mir bitte beim Tragen *helfen?	Czy mógłby pan pomóc mi w noszeniu?
Ich möchte eine Reservierung machen.	Chciałbym dokonać rezerwacji.
Es wäre schön, wenn du kommen könntest.	Byłoby miło, gdybyś mógł przyjść.
Kommen Sie doch bitte herein.	Proszę wejść.
Melden Sie sich bitte bis heute 3 Uhr.	Proszę się zgłosić dziś do godziny 3.00.
Fahren Sie endlich Ihr Auto weg!	Niech pan wreszcie ruszy stąd swój samochód!

4/5

*erlauben ↔ *verbieten (verbot, hat verboten)
Meine Eltern erlauben mir das nie.

Meine Eltern haben mir verboten, auf die Party zu gehen.
e *Erlaubnis, -se ↔ s *Verbot, -e
Er muss seine Eltern erst **um Erlaubnis bitten**.

zezwalać, pozwalać ↔ zabraniać

Rodzice nigdy mi na to nie pozwalają.
Rodzice zabronili mi iść na to przyjęcie.
zgoda; pozwolenie ↔ zakaz
On musi najpierw poprosić rodziców o zgodę.

Verzeihung / Entschuldigung, ist der Platz noch frei / brauchen Sie den Stuhl?	Przepraszam, czy to miejsce jest jeszcze wolne / czy potrzebne panu to krzesło?
Erlauben Sie / Gestatten Sie, dass ich rauche? – Ja, kein Problem.	Pozwoli pan, że zapalę? – Tak, nie ma problemu.
Stört es Sie, wenn ich rauche?	Czy będzie panu przeszkadzać, jeśli zapalę?
Kann ich / Könnte ich mal telefonieren?	Czy mogę / Czy mógłbym skorzystać z telefonu?
Haben Sie etwas dagegen, wenn ich das Fenster wieder schließe?	Czy będzie panu przeszkadzać, jeśli zamknę okno?
Kann ich hier parken?	Czy mogę tu zaparkować?
Wer hat dir erlaubt, Kuchen zu naschen?	Kto pozwolił ci jeść ciastka?
Wage es nicht, zu spät zu kommen.	Nie waż się spóźnić.

Reaktionen
Reakcje

e *Reaktion, -en
*positiv ↔ *negativ *reagieren

neutral reagieren
s *Gefühl, -e / e Emotion, -en
Gefühle *zeigen ↔ unterdrücken / verdrängen
(in) guter ↔ schlechter *Stimmung sein
Wie fühlen Sie sich heute?
Geht's gut?

reakcja
zareagować pozytywnie ↔ negatywnie
zareagować obojętnością
uczucie / emocja
okazywać ↔ tłumić uczucia

być w dobrym ↔ złym nastroju
Jak pan się dzisiaj czuje?
Dobrze się czujesz? / Dobrze się pan czuje?

---

*Wie *schön. ↔ Wie *schade.*	To świetnie. ↔ Jaka szkoda.
Schön / Gut, dass … ↔ Schade, dass …	Fajnie / Dobrze, że … ↔ Szkoda, że …
*So ein *Glück. ↔ So ein *Pech.*	Co za szczęście. ↔ Co za pech.
*Fährst du morgen zurück? – Ja, Gott sei Dank. ↔ Ja, *leider.*	Czy jutro wracasz? – Tak, dzięki Bogu. ↔ Tak, niestety.

Das freut mich aber (für dich). / Ich freue mich für Sie. / Das freut mich zu hören.	Cieszę się (razem z tobą) / Cieszę się z pańskiego powodu. / Miło to usłyszeć.
Ach, das tut mir aber (schrecklich) Leid. / Das finde ich aber schade. / Das ist ja furchtbar.	Ach, (strasznie) mi przykro. / To szkoda. / To straszne.

e **Sympath**ie, -n ↔ e **Antipath**ie, -n *gef**a**llen (gefällt, gefiel, hat gefallen) ↔ missf**a**llen (missfällt, missfiel, hat missfallen)	sympatia ↔ antypatia podobać się ↔ nie podobać się
Der Vorschlag gefällt mir nicht.	Nie podoba mi się ta propozycja.
Wie hat dir das Konzert gefallen? – Gut, ich mag / ich höre gern / ich liebe Mozart.	Jak podobał ci się koncert? – Podobał mi się, lubię / chętnie słucham / kocham Mozarta.

Wie gefällt es Ihnen hier?

*Sehr *g**u**t.*	Bardzo.
Wunderbar. / Fantastisch. / Herrlich.	Cudownie. / Fantastycznie. / Wspaniale.
Ich bin begeistert.	Jestem zachwycony.
Su**per! (ugs.) / *Toll! (ugs.) / Spitze! (ugs.) / Klasse! (ugs.) / Prima! (ugs.)*	Super! / Świetnie! / Ekstra! Super! / Ekstra!
*Sehr *interess**a**nt.*	Bardzo ciekawie.
Naja, es geht.	No cóż, może być.
Nicht so (gut).	Nie za bardzo.
Naja.	No cóż…
*Es ist *l**a**ngweilig/*h**ä**sslich/*schr**e**cklich hier.*	Tu jest nudno / brzydko / strasznie.

Kommst du mit?

*Gute *Id**ee**.. / Gut. / Einverstanden. / Meinetwegen.*	Dobry pomysł. / Dobrze. / Zgoda. / Dobrze. / Niech będzie.
Ja, warum nicht? / Ja, das geht. / Okay. / In Ordnung.	Tak, czemu nie? / Tak, w porządku. / Okay. / W porządku.
Nein, das geht leider nicht. / Nein, tut mir Leid. / Lieber nicht.	Niestety, to niemożliwe. / Nie, przykro mi. / Wolałbym nie.
Ich weiß nicht so recht.	Nie jestem pewien.
Ich habe leider keine Zeit. / Ich kann leider nicht.	Niestety nie mam czasu. / Niestety nie mogę.
Auf keinen Fall. / Kommt (gar) nicht in Frage.	W żadnym razie. / To (w ogóle) nie wchodzi w grę.
Ein andermal vielleicht. / Gern, aber leider…	Może innym razem. / Chętnie, ale niestety…

1
5

bej**a**hen / ja sagen ↔
  vern**ei**nen / nein sagen

s *J**a** ↔ s *N**ei**n
ein definitives ↔ unentschiedenes Ja
Antworten Sie mit Ja oder Nein.

Ich kann mich nicht *entsch**ei**den
  (entschied, hat entschieden). /
  *entschl**ie**ßen (entschloss, hat
  entschlossen).
*Gr**u**ndsätzlich bin ich einverstanden.

przytaknąć / odpowiedzieć
  twierdząco ↔ zaprzeczyć /
  powiedzieć „nie"
tak ↔ nie
zdecydowane ↔ niepewne „tak"
Niech pan odpowie „tak" lub
  „nie".
Nie mogę się zdecydować.

W zasadzie zgadzam się.

Ja – nein – doch

*Isst du *g**e**rn Schokolade? –*
*Ja, *r**e**gelmäßig.* ↔ *Nein, die schmeckt mir nicht.*

Ein bisschen Wasser? –
Ja bitte. ↔ *Nein danke.*
Essen Sie kein Fleisch? –
*Doch, *norm**a**lerweise schon.*

Kommst du nicht gleich mit? –
Doch, einen Moment noch.

Jadasz czekoladę? –
Tak, zawsze. ↔ Nie, nie smakuje mi.

Wody? –
Tak, poproszę. ↔ Nie, dziękuję.
Czy nie jada pan mięsa? –
Ależ tak, zazwyczaj jadam.

Nie idziesz z nami?
Ależ tak, już zaraz.

Słówkiem *doch („ależ tak") odpowiadamy wtedy, gdy chcemy odpowiedzieć twierdząco, a pytanie postawiono nam poprzez zaprzeczenie (z użyciem słówek *nicht lub *k**ei**n-).

- 2.1 **Angaben zur Person**
  Dane osobowe

- 2.2 **Körperteile und Organe**
  Części ciała i organy

- 2.3 **Äußere Erscheinung**
  Wygląd zewnętrzny

- 2.4 **Kindheit und Jugend**
  Dzieciństwo i młodość

- 2.5 **Erwachsenenalter**
  Dorosłość

- 2.6 **Persönlichkeit und Verhalten**
  Osobowość i zachowanie

- 2.7 **Sinne und Sinneseindrücke**
  Zmysły i doznania zmysłowe

- 2.8 **Gefühle und Einstellungen**
  Uczucia i postawy

- 2.9 **Ethik und Moral**
  Etyka i moralność

- 2.10 **Persönliche Beziehungen**
  Relacje międzyludzkie

- 2.11 **Sexualität**
  Seksualność

- 2.12 **Leben und Tod**
  Życie i śmierć

2 Der Mensch / Człowiek

2.1 Angaben zur Person
Dane osobowe

r ***Name**, -n	imię; nazwisko
*__heißen__ (hieß, hat geheißen)	nazywać się; mieć na imię
Wie heißen Sie? / Wie ist Ihr Name?	Jak się pan nazywa/ma pan na imię? / Jak brzmi pańskie nazwisko/imię?
Ich heiße Sabine Bauer.	Nazywam się Sabine Bauer.
Mein Name ist Bauer, Sabine Bauer.	Nazywam się Bauer, Sabine Bauer.
Wie heißt du? / Wie ist dein Name?	Jak się nazywasz/masz na imię? / Jak brzmi twoje imię/nazwisko?
Ich heiße Sabine. Und du?	Mam na imię Sabine. A ty?
r *__Nachname__, -n	nazwisko
Mein Nachname ist Bauer.	Mam na nazwisko Bauer.
r *__Vorname__, -n	imię
Mein Vorname ist Sabine.	Mam na imię Sabine.
Meine Vornamen sind Sabine Maria.	Mam na imię Sabine Maria.
Wie ist Ihr *__Geburtsname__?	Jak brzmi pani nazwisko panieńskie?
Mein Geburtsname ist Bergmann.	Moje nazwisko panieńskie to Bergmann.
Sabine Bauer, geb. Bergmann	Sabine Bauer, z domu Bergmann.
s *__Alphabet__ / s ABC	alfabet
s lateinische / griechische / arabische Alphabet	alfabet łaciński / grecki / arabski
*__buchstabieren__	przeliterować
r *__Buchstabe__	litera
*__aussprechen__ (spricht aus, hat ausgesprochen)	wymawiać
Entschuldigung, wie spricht man Ihren Namen aus?	Przepraszam, jak wymawia się pańskie nazwisko?
r *__Spitzname__, -n	przezwisko
r Übername, -n *schweiz.*	przydomek; przezwisko
Mein Spitzname ist Bine.	Moje przezwisko to Bine.
Meine Freunde nennen mich Bine.	Przyjaciele nazywają mnie Bine.
*__nennen__ (nannte, hat genannt)	nazywać

> Obecnie zamiast słówka *Mädchenname* na określenie nazwiska panieńskiego używa się słówka *Geburtsname* (**dosłownie: nazwisko nadane po urodzeniu**), ponieważ w Niemczech mężczyźni mogą po ślubie przyjąć nazwisko żony.

s __Geburtsdatum__, -daten	data urodzenia
Sie ist am 6.5.1974 / am sechsten Mai 1974 geboren.	Urodziła się 6.5.1974 r. / szóstego maja 1974 r.

Wann haben Sie / hast du Geburtstag? – Am 6. Mai.
Kiedy ma pan / masz urodziny? – 6 maja.
r *Geburtstag, -e
urodziny
Er hat heute Geburtstag.
On ma dziś urodziny.
Sie hat nächsten Montag Geburtstag.
Ona ma urodziny w przyszły poniedziałek.

Daty w języku niemieckim zapisuje się w następujący sposób:
6. Mai 1974 albo 6. 5. 74 albo 06.05.1974 (w formularzach)
1974 = neunzehnhundertvierundsiebzig
2001 = zweitausendeins

s *Alter
wiek
Wie alt sind Sie? / Wie alt bist du?
Ile ma pan lat? / Ile masz lat?
Ich bin 35.
Mam 35 lat.
r *Geburtsort, -e
miejsce urodzenia
r Wohnort, -e
miejsce zamieszkania
e Nationalität, -en /
narodowość / obywatelstwo
e *Staatsangehörigkeit, -en
Welche Staatsangehörigkeit haben Sie? – Ich bin Deutsche / Deutscher.
Jakie ma pan(i) obywatelstwo? – Jestem Niemką / Niemcem.
r Familienstand
stan cywilny
*ledig / *verheiratet / geschieden / *verwitwet
panna; kawaler / mężatka; żonaty / rozwódka; rozwodnik / wdowa; wdowiec

s Geschlecht: männlich ↔ weiblich
(in Formularen)
płeć: mężczyzna ↔ kobieta
(w formularzach)
e *Größe
wzrost
*groß (größer, größt-)
wysoki
Wie groß sind Sie / bist du?
Ile ma pan / masz wzrostu?
s *Gewicht
waga
*wiegen (wog, hat gewogen)
ważyć
Wie viel wiegen Sie / wiegst du?
Ile pan waży / ważysz?
e *Religion, -en
religia
Was ist Ihre Konfession?
Jakiego jest pan wyznania?
e *Adresse, -n / die Anschrift, -en
adres
Unter dieser Adresse bin ich immer zu erreichen.
Pod tym adresem zawsze można mnie zastać.

Körperteile und Organe
Części ciała i organy

r *Körper, -
ciało
r *Kopf, ⸚e
głowa
von Kopf bis Fuß
od stóp do głów

mit dem Kopf *ni̯cken	pokiwać głową
s Gehi̯rn, -e	mózg
s *Haar, -e	włos
Ich ließ mir die Haare schneiden	Ściąłem włosy.
s *Gesi̯cht, -er	twarz
e Sti̯rn	czoło
die Stirn runzeln	marszczyć czoło
s *Au̯ge, -en	oko
Sie hat blaue Augen.	Ona ma niebieskie oczy.
mit den Augen zwinkern	mrugać oczami
e *Na̯se, -n	nos
die Nase rümpfen	kręcić nosem
e Ba̯cke, -n / e Wa̯nge, -n	policzek
jn auf die Wange küssen	pocałować kogoś w policzek
e So̯mmersprosse, -n	pieg
r Märzenflecken, - *schweiz.*	pieg
s Ki̯nn	podbródek; broda
r *Mu̯nd, ⸚er	usta
Mach bitte beim Essen den Mund zu!	Proszę, zamykaj usta przy jedzeniu!
e *Sti̯mme, -n	głos
Er hat eine sympathische Stimme.	On ma sympatyczny głos.
r *Za̯hn, ⸚e	ząb
ein Zahn wackelt	ząb się rusza
s Gebi̯ss, -e	zęby; uzębienie
s (künstliche) Gebiss / die dritten Zähne *Pl*	sztuczna szczęka
e Zu̯nge, -n	język
e Li̯ppe, -n	warga
s *O̱hr, -en	ucho
s Tro̯mmelfell	bębenek
r *Ha̱ls, ⸚e	szyja
den Hals recken	wyciągać szyję
e Ke̱hle, -n	gardło
e Schu̯lter, -n	bark; ramię
Er zuckte nur mit den Schultern / Achseln.	Wzruszył tylko ramionami.
r *Rü̱cken, -	plecy
r *A̱rm, -e	ramię
den Arm beugen	zgiąć ramię; rękę
r E̱ll(en)bogen, -	łokieć
e *Ha̱nd, ⸚e	ręka
jm zur Begrüßung die Hand geben	podać komuś rękę na powitanie
r *Fi̯nger, -	palec u ręki
r Ringfinger / r Zeigefinger / r Mittelfinger / r Daumen, -	palec serdeczny / wskazujący / środkowy / kciuk
r Fi̯ngernagel, ⸚	paznokieć
sich die Fingernägel schneiden	obcinać sobie paznokcie
s *Bei̯n, -e	noga
s *Kni̯e, Knie ['kniːə]	kolano

Körperteile und Organe

Kniebeugen machen	robić przysiady
das Knie beugen	zginać kolano
r *Fuß, ¨e	stopa
r Zeh, -en	palec u stopy
auf Zehenspitzen gehen	chodzić na palcach

Zwroty związane z częściami ciała

Sie muss sich ihre Probleme von der Seele reden. – Ona musi się wygadać.
Ich stecke bis über beide Ohren in Arbeit. – Mam roboty po uszy.
Er ist bis über beide Ohren verliebt. – Jest zakochany po uszy.
Er macht keinen Finger krumm für mich. – Nie kiwnąłby nawet dla mnie palcem.
Halt ihn dir ja vom Leib! – Trzymaj go od siebie z daleka!
Sie lebt von der Hand in den Mund. – Ledwo wiąże koniec z końcem.
Er ist ein Geizhals. – Jest sknerą.
Ich bringe es nicht übers Herz, ihr die Wahrheit zu sagen. – Nie mam serca powiedzieć jej prawdy.
Diese Nachricht ist mir wirklich unter die Haut gegangen. – Ta wiadomość naprawdę mną wstrząsnęła.
Was ist denn dir für eine Laus über die Leber gelaufen? – Co cię gnębi?
Das ist mir ziemlich an die Nieren gegangen. – To mnie poruszyło.
Das Wort liegt mir auf der Zunge. – Mam to na końcu języka.

e *Brust, ¨e	pierś
r Brustkorb	pierś; klatka piersiowa
dem Baby die Brust geben	karmić dziecko piersią
e Rippe, -n	żebro
s *Herz, -en	serce
Mein Herz klopfte heftig.	Serce biło mi mocno.
e Lunge, -n	płuco
e Leber, -n	wątroba
e Niere, -n	nerka
r *Magen, ¨	żołądek
r *Bauch, ¨e	brzuch
auf nüchternen Magen	na czczo
r Unterleib, -er	podbrzusze
r Darm, ¨e	jelito
s Gesäß, -e / r Hintern, - / r Po, -s	siedzenie / tyłek / pupa
r After / r Anus	odbytnica
e Blase, -n	pęcherz
r Urin / r Harn	mocz
urinieren	oddawać mocz
pinkeln *ugs.*	siusiać
die Genitalien / die Geschlechtsteile	genitalia / narządy płciowe
die männlichen / weiblichen Geschlechtsteile	męskie / kobiece narządy płciowe
e Vagina / e Scheide	pochwa
r Eierstock, ¨e	jajnik

Części ciała i organy

e **Gebärmutter** / r **Uterus** — macica
r **Penis** — penis
e **Prostata** — prostata
r **Kreislauf** — krążenie
s ***Blut** — krew
r **Blutspender**, - // — krwiodawca
e **Blutspenderin**, -nen
e **Vene**, -n / e **Arterie**, -n / e **Ader**, -n — żyła / tętnica / żyła
e **Krampfader**, -n — żylak
s **Skelett**, -e — kościec; szkielet
r **Knochen**, - — kość
s **Gelenk**, -e — staw
e ***Haut** — skóra
r **Muskel**, -n — mięsień
e **Sehne**, -n — ścięgno
r **Nerv**, -en — nerw
Sie hat gute ↔ schlechte Nerven. — Ma mocne ↔ słabe nerwy.

Äußere Erscheinung
Wygląd zewnętrzny

***groß** (größer, größt-) — wysoki; duży
Er ist 1,98 m groß, also jetzt schon größer als sein Vater. — Ma 1,98 m wzrostu, a więc już teraz jest wyższy, niż ojciec.
***klein** — niski; mały
Sie hat kleine Füße. — Ona ma małe stopy.
***schlank** — smukły; szczupły
Sie ist groß und schlank. — Jest wysoka i szczupła.
***dünn** — chudy
***mager** / dürr *ugs.* — chudy
hager — chudy
***dick** — gruby
rundlich / mollig — okrągły / pulchny
Sie hat ein rundliches Gesicht. — Ma okrągłą twarz.
korpulent / beleibt / füllig — korpulentny / przy kości / puszysty
Er ist sehr korpulent. — Jest bardzo korpulentny.
***kräftig** (gebaut) / stämmig — mocno zbudowany / krępy
muskulös — muskularny
ein muskulöser Körper — muskularne ciało
untergewichtig ↔ **übergewichtig** — z niedowagą ↔ z nadwagą
***breit**(schultrig) — barczysty
***hübsch** ↔ ***hässlich** — ładny ↔ brzydki
ein hübsches Gesicht — ładna buzia
***schön** — ładny
Du hast **wunderschöne** Augen. — Masz przepiękne oczy.
gut aussehend — przystojny; ładny

ein gut aussehender Mann / eine gut aussehende Frau	przystojny mężczyzna / ładna kobieta
attraktiv	atrakcyjny

> **Eufemizmy**
>
> *Frau Mayer ist etwas füllig geworden.* (= *Sie ist dick geworden.*) – Pani Mayer zaokrągliła się trochę.
> *Sie ist vollschlank.* (= *Sie ist dick.*) – Ona ma pełne kształty.
> *Er ist von kräftiger Statur.* (= *Er ist dick.*) – Jest mocno zbudowany.

s *****Gesicht**, -er	twarz
ein schmales / ovales / rundes / rundliches Gesicht	pociągła / owalna / okrągła / okrągła twarz
e **Gesichtsfarbe** / r **Teint** [tẽ:]	cera; karnacja
eine gesunde Gesichtsfarbe haben	mieć zdrową cerę
*****blass**	blady
Warum bist du heute so blass? Bist du krank?	Dlaczego jesteś dzisiaj taki blady? Jesteś chory?
*****bleich**	blady
Sie wurde kreidebleich vor Schreck.	Ze strachu zrobiła się blada jak ściana.
*****rot werden**	zaczerwienić się
Sie wurde rot vor Verlegenheit.	Z zakłopotania zaczerwieniła się.
s *****Auge**, -n	oko
blaue / grüne / braune Augen	niebieskie / zielone / brązowe oczy
strahlen	promienieć
Sie strahlt vor Freude.	Ona promienieje szczęściem.
e **Falte**, -n	zmarszczka
faltig / **runzelig**	pomarszczony
s *****Haar**, -e	włos
Er hat blonde / braune / schwarze / rote / graue Haare.	Jest blondynem / szatynem / brunetem / rudy / siwy.
Er hat kurze / lange / glatte / lockige Haare.	Ma krótkie / długie / proste / kręcone włosy.
In letzter Zeit fallen mir die Haare aus.	Ostatnio wypadają mi włosy.
e **Frisur**, -en	fryzura
Ich möchte mal wieder eine neue Frisur ausprobieren.	Chciałbym znowu wypróbować nową fryzurę.
gekämmt ↔ **ungekämmt**	uczesany ↔ nieuczesany
zerzaust ↔ **gut frisiert**	rozczochrany ↔ z ładną fryzurą
e **Blondine**, -n	blondynka
r **Zopf**, ⁻e	warkocz
Sie trägt einen Zopf.	Ona ma warkocz.
e **Perücke**, -n	peruka
Sie trägt eine Perücke.	Ona nosi perukę.
Sein Haar lichtet sich.	Przerzedzają mu się włosy.
*****dicht** ↔ **schütter**	gęsty ↔ rzadki

Wygląd zewnętrzny

3/4

Er hat dichtes ↔ schütteres Haar.	On ma gęste ↔ rzadkie włosy.
e **Glatze**, -n	łysina
Er bekommt langsam eine Glatze.	On powoli łysieje.
Bereits mit 35 Jahren hatte er eine Glatze.	Już w wieku 35 lat był łysy.
r ***Bart**, ⸚e	broda
r Schnurrbart / r Vollbart / r Drei-Tage-Bart	wąsy / broda / trzydniowy zarost

Wokół włosa

Lass dir deshalb keine grauen Haare wachsen. – Nie przejmuj się tym.
Da stehen mir ja die Haare zu Berge! – Włosy stają mi dęba na głowie!
Er findet immer ein Haar in der Suppe. – Zawsze się do czegoś przyczepi.
Warum lässt du nie ein gutes Haar an ihr? – Dlaczego nigdy nie zostawiasz na niej suchej nitki?
Ihr fresst mir noch die Haare vom Kopf! – Wyciągniecie ode mnie ostatni grosz!
Sie hat Haare auf den Zähnen. – Jest wyszczekana.
Das ist doch haarsträubend! – To oburzające! / Aż włos się jeży na głowie!
Peter kann niemandem ein Haar krümmen. – Peter nie skrzywdziłby nawet muchy.
Aber das ist doch an den Haaren herbeigezogen! – To jest przecież naciągane!
Das wäre um ein Haar schief gegangen. – Ledwo się udało.
Die zwei liegen sich immer in den Haaren. – Ci dwaj zawsze drą koty.
Sie haben sich mal wieder in die Haare gekriegt. – Znowu się pokłócili.
Das ist doch Haarspalterei! – Toż to przecież dzielenie włosa na czworo! / Toż to drobiazgowość!

e ***Kleidung** *Sg*	ubranie
Sie ist immer **elegant** / **modisch** / *****schick** / ***chic** gekleidet.	Zawsze jest elegancko / modnie / szykownie ubrana.
Sie ist **unmodisch** / **schlampig** gekleidet.	Ona jest niemodnie / niechlujnie ubrana.
Sie trägt einen Pullover und einen Rock.	Ma na sobie sweter i spódnicę.
gepflegt ↔ **ungepflegt**	zadbany / wypielęgnowany ↔ zaniedbany / niechlujny
Sein ungepflegtes Äußeres finde ich schrecklich.	Jego niechlujny wygląd uważam za okropny.
*****schmutzig** / **schmuddelig**	brudny
vergammelt	zniszczony
zerknittert	pomięty

Kindheit und Jugend
Dzieciństwo i młodość

s ***Baby**, -s [be:bi]	niemowlak
s **Neugeborene**, -n	noworodek
s Babyalter	niemowlęctwo; wiek niemowlęcy

***wachsen** (wächst, wuchs, ist gewachsen)	rosnąć
s **Kleinkind**, -er	małe dziecko
e **Kindheit** / s **Kindesalter**	dzieciństwo / wiek dziecięcy
im Kindesalter	w dzieciństwie
In diesem Haus hat meine Mutter von Kindheit an gewohnt.	Moja matka mieszkała w tym domu od dzieciństwa.
eine glückliche Kindheit verleben	mieć szczęśliwe dzieciństwo
s ***Kind**, -er	dziecko
kindlich	dziecięcy; dziecinny
Sie ist noch sehr kindlich.	Jest jeszcze bardzo dziecinna.
Sie ist ein ***Einzelkind**.	Jest jedynaczką.
e **Kinderbetreuung**	opieka nad dzieckiem

> **Jeśli chodzi o opiekę nad dzieckiem w wieku od 0 do 6 lat, to istnieją następujące możliwości:**
> *Kinderkrippe* (0-3 lat), czyli żłobek – państwowy lub prywatny;
> **Kindergarten* (3-6 lat), czyli przedszkole – państwowe lub prywatne; oraz
> *Tagesmutter*, czyli niania, która w czasie, gdy rodzice pracują, zajmuje się dzieckiem.
> *Babysitter*, czyli opiekunka do dzieci, zatrudniana do opieki nad dzieckiem doraźnie, na kilka godzin dziennie lub wieczorami.

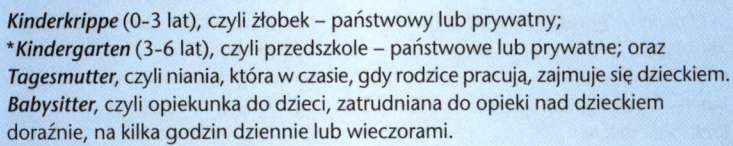

s (Kinder-)**Heim**, -e	świetlica; dom dziecka
r ***Betreuer**, - // e ***Betreuerin**, -nen	opiekun // opiekunka
e **Wiege**, -n	kołyska
Das wurde ihr in die Wiege gelegt.	Wyniosła to z domu. / Wyssała to z mlekiem matki.
von der Wiege bis zur Bahre	od kolebki aż po grób / przez całe życie
s **Kinderbett**, -en	łóżeczko dziecięce
r **Kinderwagen**, - / ⸗ *südd.*	wózek dziecięcy
r Buggy, -s [bagi]	składany wózek dziecięcy
r **Schnuller**, -	smoczek
r Nuggi, - *schweiz.*	smoczek
s ***Spielzeug** / e **Spielsache**, -n	zabawka
*****spielen**	bawić się
e Spielzeugeisenbahn, -en	kolejka
s Spielzeugauto, -s	samochodzik
s **Stofftier**, -e	pluszowa zabawka
r **Teddybär**, -en	miś
s **Bilderbuch**, ⸗er	książeczka z obrazkami
ein Bilderbuch anschauen	oglądać książeczkę z obrazkami
ein Buch / Bilderbuch vorlesen	czytać na głos książkę / książeczkę z obrazkami
s ***Märchen**, -	bajka
ein Märchen erzählen	opowiadać bajkę
r **Stift**, -e	ołówek; długopis

Dzieciństwo i młodość

r Buntstift, -e	kredka
r Wachsmalstift, -e	kredka świecowa
*m**a**len**	malować
r Malkasten, ⸚	pudełko z farbami
r Malblock, ⸚e	blok rysunkowy
s Malbuch, ⸚er	malowanki
e *P**u**ppe**, -n	lalka
s Puppenhaus, ⸚er	domek dla lalek
r Puppenwagen, - / ⸚ *südd.*	wózek dla lalek
r **C**o**mic**, -s ['kɔmɪk]	komiks
s **P**u**zzle**, -s ['pasl *auch* 'pʊsl]	puzzle

Zabawy dziecięce

w domu

Karten spielen	grać w karty
Verstecken spielen	bawić się w chowanego
*mit Puppen / *A**u**tos / r (Modell-)*E**i**senbahn spielen*	bawić się lalkami / samochodzikami / kolejką
mit Playmobil spielen	bawić się playmobilem
Vater – Mutter – Kind spielen	bawić się w dom
Brettspiele machen	grać w gry planszowe
malen / basteln / kneten	malować / majsterkować / lepić z plasteliny
am Computer spielen	grać w gry komputerowe

na świeżym powietrzu

Dreirad fahren	jeździć na rowerku trzykołowym
Roller fahren	jeździć na hulajnodze
Kickboard fahren	jeździć na kickboardzie
Fa**hrrad fahren / *R**a**d fahren / Velo fahren (schweiz.)*	jeździć na rowerze
Inlineskates fahren	jeździć na wrotkach
Skateboard fahren	jeździć na deskorolce
Schlittschuh fahren	jeździć na łyżwach
Schlitten fahren	jeździć na sankach
am Kinderspielplatz spielen	bawić się na placu zabaw
rutschen	zjeżdżać na zjeżdżalni
schaukeln	huśtać się na huśtawce
im Sandkasten spielen	bawić się w piaskownicy
Sandburgen bauen	budować zamki z piasku
wippen	bujać się
Ball spielen	grać w piłkę
Fangen spielen	bawić się w berka
Räuber und Gendarm spielen	bawić się w złodziei i policjantów
eine Schnitzeljagd machen	urządzać podchody

		2
		4/5

*jung (jünger, jüngst-) — młody
jugendlich — młodzieńczy; młodzieżowy
r/e *Jugendliche, -n — młody chłopak / młoda dziewczyna
junge Leute *Pl* — młodzi ludzie
e *Jugend *Sg* — młodość; młodzież
die heutige Jugend / die Jugend von heute — dzisiejsza młodzież
in meiner Jugend / als ich jung war — w mojej młodości / gdy byłem młody
r Flegel, - — szczeniak
r Schlingel, - — urwis; łobuziak
r/e Minderjährige, -n — małoletni; niepełnoletni / małoletnia; niepełnoletnia

minderjährig ↔ volljährig sein — być niepełnoletnim ↔ być pełnoletnim

r/e Heranwachsende, -n — podrostek; podlotek
e Pubertät — okres dojrzewania
Meine Tochter ist in der Pubertät. — Moja córka przechodzi okres dojrzewania.

r Teenager, - ['ti:ne:dʒɐ] — nastolatek
r/e Volljährige, -n — pełnoletni / pełnoletnia
s Erwachsenwerden — dorastanie
r Jugendclub, -s — klub młodzieżowy
s Jugendzentrum, -en — ośrodek młodzieżowy
e Jugendherberge, -n — schronisko młodzieżowe
e Jugendarbeitslosigkeit — bezrobocie wśród młodzieży
jugendfrei — dozwolony dla młodzieży
e Jugendliteratur — literatura młodzieżowa

Erwachsenenalter
Dorosłość

r/e *Erwachsene, -n — dorosły / dorosła
s *Alter *Sg* — wiek
im Alter von vierzig Jahren — w wieku lat czterdziestu
im hohen Alter — w zaawansowanym wieku
*alt (älter, ältest-) — stary
Wie alt sind Sie? — Ile ma pan lat?
alt werden ↔ jung bleiben — starzeć się ↔ pozostać młodym
Wir werden langsam älter. — Powoli starzejemy się.
alt sein / aussehen / wirken — być starym / wyglądać staro / sprawiać wrażenie starego

das mittlere Lebensalter (ca. 40-65) — wiek średni (ok. 40-65 lat)
eine Frau mittleren Alters — kobieta w średnim wieku
Sie ist in den besten Jahren. — Jest w sile wieku.
im reifen Alter von 50 Jahren — w dojrzałym wieku lat pięćdziesięciu

2.5 Eufemizmy

eine ältere Person	starsza osoba
ein betagter Mann	mężczyzna w podeszłym wieku
ein Mensch im fortgeschrittenen Alter	osoba w zaawansowanym wieku
eine Person im reifen Alter	osoba w wieku dojrzałym

Er ist über die besten Jahre hinaus. / Er ist nicht mehr der Jüngste.	Najlepsze lata ma już za sobą. / Nie jest już najmłodszy.
im vorgerückten Alter	w podeszłym wieku
das Herannahen des Alters	starzenie się
Sie erreichte ein hohes Alter.	Dożyła zaawansowanego wieku.
ein alternder Künstler	starzejący się artysta
e **Lebenserwartung**	przeciętna długość życia
Wechseljahre Pl	menopauza / okres przekwitania
in die Wechseljahre kommen	wejść w okres przekwitania
alte Leute	starzy ludzie
r **Rentner**, - // e **Rentnerin**, -nen	emeryt; rencista // emerytka; rencistka
r Pensionist, -en // e Pensionistin, -nen *österr.*	emeryt // emerytka
r/e Pensionierte, -n *schweiz.*	emeryt // emerytka
e *Rente, -n / e *Pension, -en	emerytura; renta / emerytura
in Rente/Pension gehen /	przejść na rentę/emeryturę /
sich pensionieren lassen /	przejść na emeryturę /
in den (vorzeitigen) Ruhestand gehen	przejść na (wcześniejszą) emeryturę
r **Frührentner**, - // e **Frührentnerin**, -nen	mężczyzna, który przeszedł na wcześniejszą emeryturę // kobieta, która przeszła na wcześniejszą emeryturę
r/e frühzeitig Pensionierte, -n *schweiz.*	mężczyzna, który przeszedł na wcześniejszą emeryturę // kobieta, która przeszła na wcześniejszą emeryturę
s (vorzeitige) Ausscheiden aus dem Arbeitsleben	(wcześniejsza) emerytura
im Rentenalter	w wieku emerytalnym
s ***Altersheim**, -e / s ***Altenheim**, -e / s **Seniorenheim**, -e	dom starców
altern	starzeć się
Durch seine schwere körperliche Arbeit ist er schnell gealtert.	Przez swą ciężką pracę fizyczną szybko się zestarzał.
typische **Altersbeschwerden**	typowe dolegliwości wieku podeszłego

Erwachsenenalter

e **Alterserscheinung**	objaw starości
Pigmentflecken auf der Haut sind eine typische Alterserscheinung.	Występowanie plam wątrobianych na skórze jest typowym objawem starości.
altersbedingt	spowodowany starością; uwarunkowany wiekowo
e **Langlebigkeit**	długowieczność
nachlassende körperliche Energie in seinen letzten Lebensjahren	zmniejszająca się energia fizyczna w ostatnich latach życia
altersschwach / gebrechlich	zgrzybiały; niedołężny
ein gebrechlicher alter Mann	niedołężny stary człowiek
bei schlechter Gesundheit sein	niedomagać
s **Pflegeheim**, -e	dom opieki
auf einen Platz in einem Pflegeheim warten	czekać na miejsce w domu opieki
Essen auf Rädern	organizacja społeczna, która zajmuje się przygotowaniem i dostarczaniem obiadów osobom starszym i niedołężnym
r **Verfall** Sg	rozkład; wyniszczenie; marazm; zanik
senil	starczy; zniedołężniały
e Senilität	starość; niedołężność
e Alzheimerkrankheit	choroba Alzheimera
an der Alzheimerkrankheit leiden	cierpieć na chorobę Alzheimera
verkalkt sein (ist, war, ist gewesen)	być niedołężnym

Persönlichkeit und Verhalten
Osobowość i zachowanie

sich *****verhalten** (verhält, verhielt, hat verhalten)	zachowywać się
In dieser Situation hätte ich mich anders verhalten.	W tej sytuacji zachowałbym się inaczej.
s *****Verhalten** Sg	zachowanie
Manchmal ist sein Verhalten unmöglich.	Jego zachowanie jest czasami nie do przyjęcia.
sich **benehmen** (benimmt, benahm, hat benommen)	zachowywać się
Die Kleine hat sich gut / schlecht benommen.	Mała dobrze / źle się zachowywała.
s **Benehmen** Sg	zachowanie
auf gutes Benehmen achten	zwracać uwagę na dobre zachowanie
e *****Rücksicht**, -en	wzgląd
Du sollst Rücksicht nehmen auf andere!	Powinieneś mieć wzgląd na innych!
sich **blamieren**	ośmieszyć się

6

Sie hat sich vor allen blamiert.
jm etw p**ei**nlich sein (ist, war, ist gewesen)

Entschuldigen Sie bitte, das ist mir sehr peinlich!

Ośmieszyła się przed wszystkimi.
sprawiać komuś przykrość; wprawiać kogoś w zakłopotanie; wstydzić się czegoś
Przepraszam, ale to dla mnie bardzo przykre / kłopotliwe!

Przymiotniki opisujące zachowanie człowieka

geduldig ↔ ungeduldig	cierpliwy ↔ niecierpliwy
*höflich ↔ *unhöflich	grzeczny ↔ niegrzeczny
*fre**u**ndlich ↔ *unfreundlich	przyjazny ↔ nieprzyjazny
anständig ↔ unanständig	przyzwoity ↔ nieprzyzwoity
*r**ei**f ↔ *unreif	dojrzały ↔ niedojrzały
*vernünftig ↔ *unvernünftig	rozsądny ↔ nierozsądny
bescheiden ↔ unbescheiden	skromny ↔ nieskromny
*symp**a**thisch ↔ *unsympathisch	sympatyczny ↔ niesympatyczny
*f**ai**r / gerecht ↔ *unfair / ungerecht	sprawiedliwy ↔ niesprawiedliwy
kultiviert ↔ unkultiviert	kulturalny ↔ niekulturalny
rücksichtsvoll ↔ rücksichtslos	zwracający uwagę na innych ↔ nie zwracający uwagi na innych
anspruchsvoll ↔ anspruchslos	wymagający ↔ niewymagający
taktvoll ↔ taktlos	taktowny ↔ nietaktowny
liebenswürdig ↔ unverschämt	uprzejmy ↔ bezczelny
artig / brav ↔ *fr**e**ch	grzeczny; dobry ↔ bezczelny
*kl**u**g ↔ *d**u**mm	mądry ↔ głupi
launisch	humorzasty
*m**e**rkwürdig	dziwny
vornehm	wytworny; dystyngowany

☞ Antonimy zazwyczaj tworzy się przez dodanie przedrostka *un-* lub przyrostka *-los*.

e Pers**ö**nlichkeit
Sie hat eine starke Persönlichkeit.
s W**e**sen, –
Sie besitzt ein sympathisches Wesen.
r *Char**a**kter, Charakt**e**re
Er hat einen starken Charakter.

osobowość
Ma silną osobowość.
usposobienie
Ma sympatyczne usposobienie.
charakter
Ma silny charakter.

Przymiotniki opisujące ludzki charakter

*<u>e</u>hrlich ↔ *<u>u</u>nehrlich	uczciwy ↔ nieuczciwy
sensibel ↔ unsensibel	wrażliwy ↔ niewrażliwy
aufrichtig ↔ unaufrichtig	szczery ↔ nieszczery
ausgeglichen ↔ unausgeglichen	zrównoważony ↔ niezrównoważony
gehemmt ↔ ungehemmt	zahamowany ↔ bez zahamowań
selbstsüchtig ↔ selbstlos	samolubny ↔ ofiarny
egoistisch ↔ altruistisch	egoistyczny ↔ altruistyczny
mitfühlend ↔ mitleidlos / wenig mitfühlend	współczujący ↔ bezlitosny
*<u>o</u>ffen ↔ verschlossen	otwarty ↔ skryty

Persönlichkeit und Verhalten

s **Temperament**
Monika hat viel Temperament.
temperamentvoll
***fröhlich** / ***lustig** ↔ ***traurig**
cholerisch
r ***Gegensatz**, ⸚ / s ***Gegenteil**, -e
Im Gegensatz zu ihr ist er eher ruhig.

die **Beherrschung verlieren**
(sich) ***verändern**
Sabine hat sich in letzter Zeit ziemlich
   verändert. Findest du nicht auch?
gute ↔ schlechte ***Laune** haben
gut gelaunt ↔ **trübsinnig** / **bedrückt**
Anna machte heute einen sehr
   bedrückten Eindruck.
Unsere Lehrerin hatte heute schlechte
Laune. / Unsere Lehrerin war heute
schlecht gelaunt.

temperament
Monika ma temperament.
pełen temperamentu
radosny / wesoły ↔ smutny
choleryczny
przeciwieństwo
W przeciwieństwie do niej jest
   raczej spokojny.
stracić panowanie
zmieniać (się)
Sabine zmieniła się ostatnimi
   czasy, nie sądzisz?
mieć dobry ↔ zły humor
w dobrym nastroju ↔ przygnębiony
Anna sprawiała dziś wrażenie
   bardzo przygnębionej.
Nasza nauczycielka miała dziś zły
humor. / Nasza nauczycielka była
dziś w złym humorze.

Przymiotniki przydatne w miejscu pracy

fähig ↔ *unfähig*
*erfahren ↔ *unerfahren
fleißig ↔ *faul
flexibel ↔ *unflexibel*
*zuverlässig / *verlässlich* ↔ *unzuverlässig
verantwortungsbewusst ↔
   verantwortungslos
belastbar ↔ *wenig belastbar*
anpassungsfähig ↔ *nicht anpassungsfähig*

bescheiden ↔ *eingebildet*

zdolny ↔ niezdolny
doświadczony ↔ niedoświadczony
pilny / pracowity ↔ leniwy
elastyczny ↔ nieelastyczny
solidny; niezawodny ↔ niesolidny
odpowiedzialny ↔
   nieodpowiedzialny
odporny ↔ nieodporny
elastyczny; łatwo się
   przystosowujący ↔ nieelastyczny;
   trudno się przystosowujący
skromny ↔ zarozumiały

gütig ↔ **boshaft**
ein boshafter Blick/Nachbar

erbarmungslos
Er nützt andere erbarmungslos aus.
korrupt [kɔ'rʊpt]
ein korrupter Politiker
***konservativ** ↔ **progressiv**
***tolerant** ↔ **intolerant** / **engstirnig**

***großzügig** ↔ **geizig** / **knauserig**
lässig / **locker** ↔ **pingelig**

dobrotliwy ↔ złośliwy
złośliwe spojrzenie / złośliwy
   sąsiad
bezlitosny
Wykorzystuje innych bez litości.
skorumpowany
skorumpowany polityk
konserwatywny ↔ postępowy
tolerancyjny / ↔ nietolerancyjny /
   ograniczony
hojny ↔ skąpy
luźny / swobodny ↔
   pedantyczny

Osobowość i zachowanie

2.6

Całkowity brak jakiejś cechy można wyrazić przez sformułowanie:

Es mangelt ihm/ihr an (+D) ...:
Es mangelt ihr vollkommen an Ehrgeiz / *Mut / *Humor / Mitleid / Talent. –
Kompletnie brakuje jej ambicji / odwagi / poczucia humoru / litości / talentu.

charmant ↔ **uncharmant**	miły / szarmancki / pełen wdzięku ↔ niemiły / grubiański / bez wdzięku
Sie besitzt keinerlei Charme.	Nie ma za grosz wdzięku.
optimistisch ↔ **pessimistisch**	optymistyczny ↔ pesymistyczny
kontaktfreudig ↔ **zurückhaltend**	towarzyski ↔ powściągliwy / z rezerwą
*interessant ↔ ***langweilig**	ciekawy ↔ nudny
*stark (stärker, stärkst-) ↔ ***schwach** (schwächer, schwächst-)	silny ↔ słaby
zäh / ***hart** (härter, härtest-) ↔ schwach	mocny / twardy ↔ słaby
ein harter Bursche / Typ	twardy chłopak / facet
mutig ↔ **feige**	odważny ↔ tchórzliwy
ein feiger Anschlag	tchórzliwy zamach / uderzenie
r **Feigling**, -e	tchórz
Er ist ein ziemlicher Feigling.	Jest tchórzem.
*neugierig	ciekawy; ciekawski
Sei nicht so neugierig!	Nie bądź taki ciekawski!
entspannt ↔ **angespannt**	zrelaksowany ↔ spięty
*nervös	nerwowy; zdenerwowany
*durcheinander sein	pogubić się
*ruhig ↔ **aufgeregt**	spokojny ↔ zdenerwowany
Er war vor der Operation sehr ruhig.	Przed operacją był bardzo spokojny.
(sich) ***aufregen**	zdenerwować (się)
Meine Mutter regt sich immer auf, wenn ich spät nach Hause komme.	Moja mama zawsze się denerwuje, kiedy późno wracam do domu.
respektvoll ↔ ***frech**	pełen szacunku ↔ bezczelny
Sei nicht so frech zu deinen Eltern.	Nie bądź tak bezczelny w stosunku do rodziców.

Przy opisywaniu ludzi przydatne są następujące sformułowania:

Er / Sie ist ...	On/Ona jest ...
frech wie Oskar.	bezczelny / bezczelna jak Oskar. (powiedzenie nawiązuje do postaci niemieckiego pisarza Oskara Blumenthala 1852–1917)
mutig wie ein Löwe.	dzielny / dzielna jak lew.
*kalt wie eine Hundeschnauze.	zimny / zimna jak lód.
fleißig wie eine Biene.	pracowity / pracowita jak pszczoła.

Persönlichkeit und Verhalten

schlau wie ein Fuchs.	sprytny / sprytna jak lis.
sanft wie ein Lamm.	łagodny / łagodna jak owieczka.
störrisch wie ein Maultier.	uparty / uparta jak osioł.
stur wie ein Bock.	uparty / uparta jak osioł.
*stolz wie ein Pfau.	dumny / dumna jak paw.
dumm wie Bohnenstroh.	głupi(a) jak but.

Sinne und Sinneseindrücke
Zmysły i doznania zmysłowe

r *Sinn, -e	zmysł
die fünf Sinne	pięć zmysłów
r Gesichtssinn	zmysł wzroku
r Gehörsinn	zmysł słuchu
r Geruchssinn	zmysł węchu
r Geschmackssinn	zmysł smaku
r Tastsinn	zmysł dotyku
sinnlich	zmysłowy
Sie ist eine sehr sinnliche Frau.	Jest bardzo zmysłową kobietą.
r Sinneseindruck, ⸚e	doznanie zmysłowe
r *Eindruck, ⸚e	wrażenie
Wir haben den Eindruck, dass …	Mamy wrażenie, że …
s *Gefühl, -e	uczucie; odczucie; poczucie
Ich hatte das Gefühl, dass …	Miałem poczucie, że …
e Empfindung, -en	odczucie; wrażenie
empfindlich	wrażliwy
Meine Tochter ist extrem schmerzempfindlich.	Moja córka jest wyjątkowo wrażliwa na ból.
Sei doch nicht immer so empfindlich!	Nie bądź wiecznie taki przewrażliwiony!
r Orientierungssinn	orientacja
Sie hat einen guten Orientierungssinn.	Ma dobrą orientację.
*sehen (sieht, sah, hat gesehen)	widzieć
Siehst du den Schmetterling dort oben?	Widzisz tego motyla tam w górze?
e Sicht	widok; widoczność
Sie ist kurzsichtig ↔ weitsichtig.	Jest krótkowidzem ↔ dalekowidzem.
Das war eine sehr kurzsichtige Entscheidung.	To była krótkowzroczna decyzja.
Langsam kam der Zug in Sicht.	Pociąg pojawił się w zasięgu wzroku.
in Sichtweite von	w zasięgu wzroku
Eine Lösung des Problems ist noch nicht in Sicht.	Rozwiązania tego problemu jeszcze nie widać.

sichtbar ↔ unsichtbar	widoczny ↔ niewidoczny
*schauen	patrzeć
Was ist los? Warum schaust du so traurig?	Co się dzieje? Dlaczego tak smutno patrzysz?
Schauen Sie sich das mal bitte an!	Proszę to sobie obejrzeć!
sich etw *ansehen / *anschauen	coś oglądać; obejrzeć
Möchten Sie sich den Film auch ansehen / anschauen?	Czy chciałby pan też obejrzeć ten film?
*beobachten	obserwować
e Beobachtung, -en	obserwowanie; obserwacja; spostrzeżenie
Haben Sie letzte Nacht irgendetwas Besonderes beobachtet?	Czy ostatniej nocy zauważył Pan coś szczególnego?
Notiz nehmen von	przyjąć do wiadomości; zwrócić uwagę na
Sie nahm keine Notiz von ihm.	Nie zwróciła na niego uwagi.
*bemerken	zauważać
Hat denn niemand den Diebstahl bemerkt?	Czyżby więc nikt nie zauważył kradzieży?
wahrnehmen	spostrzegać; zauważać
e Wahrnehmung, -en	spostrzeżenie; postrzeganie
Niemand nahm wahr, dass Ralf gegangen war.	Nikt nie zauważył, że Ralf sobie poszedł.
r *Blick, -e	spojrzenie
Er warf nur einen kurzen Blick auf das Foto.	Rzucił tylko okiem na zdjęcie.
r Blickkontakt	kontakt wzrokowy
Blickkontakt aufnehmen mit jm	nawiązać z kimś kontakt wzrokowy
Es war Liebe auf den ersten Blick.	To była miłość od pierwszego wejrzenia.
Das sieht man doch auf einen Blick!	To przecież od razu widać!
Wir bekamen ihn nur kurz zu Gesicht.	Widzieliśmy go tylko przez chwilę.
e *Brille, -n	okulary
Seit kurzem muss ich eine Brille tragen.	Od niedawna muszę nosić okulary.
Deine neue Brille gefällt mir.	Podobają mi się twoje nowe okulary.
e Brille *abnehmen (nimmt ab, nahm ab, hat abgenommen) ↔ aufsetzen	zdjąć ↔ włożyć okulary
e Kontaktlinse, -n	soczewka kontaktowa
*blind sein	być ślepym / niewidomym

Er war wie von Sinnen. – Wychodził wręcz z siebie.
Er ist nicht ganz bei Sinnen. – Postradał zmysły.
Dafür hat sie einen sechsten Sinn. – Ma szósty zmysł, jeśli chodzi o takie rzeczy.
Mir steht jetzt nicht der Sinn nach Reden. – Nie mam ochoty teraz rozmawiać.

Sinne und Sinneseindrücke

Das geht mir nicht mehr aus dem Sinn. – Nie mogę o tym zapomnieć.
Sie macht alles ohne Sinn und Verstand. – Robi wszystko bez pomyślunku.
Das ist ganz in meinem Sinn. – Ja też bym tak postąpił.
Damit habe ich nichts im Sinn. – Nie to mam na myśli.
Das ist nicht im Sinne des Erfinders. – Nie o to chodziło twórcy.

s *Ohr, -en	ucho
Ich werde die Ohren offen halten.	Będę miał oczy i uszy otwarte.
s Geräusch, -e	odgłos; hałas; szmer; zgiełk; szum; szelest
Was war das denn für ein Geräusch?	Co to za odgłos?
*hören	słyszeć
Hast du das Geräusch gehört?	Czy słyszałeś ten hałas?
jn kommen hören	usłyszeć, jak ktoś wchodzi
Tut mir Leid, ich habe Sie nicht kommen hören.	Przepraszam, nie usłyszałem, że pan wszedł.
Radio hören	słuchać radia
*zuhören	przysłuchiwać się, słuchać
Warum hörst du mir nicht zu?	Dlaczego mnie nie słuchasz?
r Krach / r *Lärm	rumor / hałas
Ich kann diesen Lärm hier nicht aushalten.	Nie mogę znieść tego hałasu.
(sich) *gewöhnen an +A	przyzwyczaić (się) do
Langsam gewöhnt er sich an den Lärm in der Straße.	Powoli przyzwyczaja się do hałasu na ulicy.
e *Gewohnheit, -en	zwyczaj
*laut ↔ *leise	głośno ↔ cicho
Sprechen Sie bitte etwas lauter.	Proszę, niech pan mówi nieco głośniej.
das Gerät lauter ↔ leiser stellen	pogłośnić ↔ ściszyć urządzenie
geräuschvoll ↔ geräuschlos	hałaśliwie / głośno ↔ bezdźwięcznie
Die Klimaanlage ist zu laut.	Klimatyzacja chodzi zbyt głośno.
*ruhig / *still	spokojny / cichy
Sei doch mal bitte ruhig!	Uspokój się wreszcie!
e *Ruhe / e Stille	spokój / cisza
s Gehör	słuch
Er ist ein bisschen schwerhörig.	On trochę niedosłyszy.
s Hörgerät, -e	aparat słuchowy
*taub	głuchy
taubstumm	głuchoniemy
Er ist taubstumm.	On jest głuchoniemy.

Wyrażenia z *hören*

Ich habe ihn nicht gehört. – Nie słyszałem go.
Haben Sie auch etwas darüber gehört? – Czy pan też coś o tym słyszał?
Unser Hund hört auf den Namen Poldi. – Nasz pies wabi się Poldi.
Hast du mal wieder etwas von Susanne gehört? – Czy masz nowe wieści od Susanne?

Zmysły i doznania zmysłowe

2.7

Lass mal wieder was von dir hören! – Bądźmy w kontakcie!
Er hört sich einfach gern reden. – Lubi sobie pogadać.
Man höre und staune! – Nie do wiary! / Wierzyć się nie chce!
Wer nicht hören will, muss fühlen! – Kto nie wierzy, przekona się na własnej skórze.

r **Laut**, -e	dźwięk
ein kaum wahrnehmbarer Laut	ledwo słyszalny dźwięk
r **Klang**, ⸚e	brzmienie; dźwięk
Mir gefällt der Klang seiner Stimme.	Podoba mi się brzmienie jego głosu.
klingen (klang, hat geklungen) / tönen *schweiz.*	rozbrzmiewać; dzwonić; wydawać dźwięk
Das Auto klingt wie ein Diesel.	Ten samochód chodzi jak diesel.
r **Ton**, ⸚e	ton
Mir gefällt dein Ton nicht.	Nie podoba mi się twój ton.
e **Lautstärke**	głośność
e ***Nase**, -n	nos
Er hat eine Nase für gute Geschäfte.	Ma nosa do dobrych interesów.
***riechen** (roch, hat gerochen)	pachnieć; czuć; wąchać
Wonach riecht es hier? – Nach frisch gebackenem Kuchen.	Czym tu pachnie? – Świeżo upieczonym ciastem.
r **Geruch**, ⸚e	zapach; woń; węch
Ich liebe den Geruch von frisch gemahlenem Kaffee.	Uwielbiam zapach świeżo mielonej kawy.
r **Duft**, ⸚e	zapach; aromat; woń
duften	pachnieć / wydawać zapach
Diese Rosen duften ja wunderbar!	Te róże pachną cudownie!
***atmen**	oddychać
durch die Nase / den Mund einatmen ↔ ausatmen	wdychać ↔ wydychać przez nos / usta
r **Atem**	oddech
r **Gestank**	smród / fetor
***stinken** (stank, hat gestunken)	śmierdzieć

Polskie określenie „zapach", „aromat" oznacza woń, najczęściej przyjemną. Jego niemiecki odpowiednik to **Duft**. Niemieckie określenie **Aroma** dotyczy z kolei przyjemnych doznań smakowych. Jego polski odpowiednik to „smak":
der Duft frisch gemahlenen Kaffees – zapach świeżo mielonej kawy
Diese Tomaten haben überhaupt kein Aroma / keinen Geschmack. – Te pomidory są w ogóle bez smaku.

r ***Geschmack**, ⸚er	smak; gust
Die Geschmäcker sind verschieden.	Gusta są różne.
Das hat einen bitteren Geschmack.	To ma gorzki smak.
***schmecken**	smakować
Das schmeckt ***süß** / **salzig** / ***sauer** / ***bitter**.	To ma słodki / słony / kwaśny / gorzki smak.

Sinne und Sinneseindrücke

2 7/8

Niemieckie słówko *Geschmack* oznacza:
1. umiejętność odróżniania ładnego od brzydkiego i dobrego od złego:
    Was Kleidung und Einrichtung betrifft, hat sie einen guten / sicheren Geschmack. –
    W kwestii ubrania i urządzenia wnętrz ma dobry gust.
2. osobiste upodobanie do czegoś:
    Das ist nicht jedermanns Geschmack. – Nie każdy w tym gustuje.

Czasownik *schmecken* może, jeśli występuje sam, oznaczać też „dobre/smaczne":
Mm, das schmeckt aber. – Mm, ale dobre.
Schmeckt es? – Smakuje? / Dobre?

s Aroma, -en	smak
aromatisch	aromatyczny
r *Appetit	apetyt
Das hat mir den Appetit verdorben.	Odebrało mi to apetyt.
*kosten / *probieren	skosztować / (s)próbować
Kann ich mal probieren?	Mogę spróbować?
berühren	dotykać
e Berührung, -en	dotknięcie / dotyk
Der Stoff fühlt sich sehr weich an.	Ten materiał jest bardzo miękki w dotyku.
*anfassen / angreifen *österr.*	dotykać
(Die Waren) bitte nicht anfassen!	Proszę nie dotykać (towaru).
spüren	czuć / odczuwać
Sie spürte den Schmerz nicht.	Nie czuła bólu.
*träumen	marzyć; śnić
Ich habe letzte Nacht etwas Schreckliches geträumt. / Ich hatte letzte Nacht einen schrecklichen Traum.	Ostatniej nocy śniło mi się coś strasznego. / Ostatniej nocy miałem straszny sen.
r *Traum, ⸚e	sen

Gefühle und Einstellungen
Uczucia i postawy

s *Gefühl, -e	uczucie
*fühlen	czuć
Wie fühlen Sie sich in Ihrer neuen Wohnung?	Jak czuje się pan w swoim nowym mieszkaniu?
Hier fühle ich mich richtig wohl!	Tu się naprawdę dobrze czuję!
Ich fühle mich noch ein bisschen fremd in Berlin.	W Berlinie ciągle jeszcze czuję się trochę obco.
Sie fühlte sich müde und deprimiert.	Czuła się zmęczona i zniechęcona.
e *Stimmung, -en	nastrój / atmosfera
Die Stimmung beim Fußballspiel war super!	Atmosfera podczas meczu była świetna!

Es herrschte eine ausgelassene Stimmung. Panowała luźna atmosfera.
e *Laune, -n humor
guter ↔ schlechter Laune sein mieć dobry ↔ zły humor
Warum bist du heute so schlechter Laune? Dlaczego masz dzisiaj taki zły humor?

emotional emocjonalny / uczuciowy
bewegend poruszający; wzruszający
Die Geburt meines Kindes war der bewegendste Augenblick meines Lebens. Narodziny mojego dziecka były najbardziej wzruszającą chwilą w moim życiu.

zumute sein czuć się / mieć nastrój
Mir ist zum Weinen zumute. Chce mi się płakać.
Mir ist jetzt nicht nach Späßen zumute. Nie jestem teraz w nastroju do żartów.

s **Bedürfnis**, -se potrzeba
Ich habe zur Zeit das Bedürfnis nach viel Ruhe. Obecnie potrzebuję wiele spokoju.
e Zuneigung sympatia / przychylność
sich verlieben (in +A) zakochać się (w)
Julia hat sich unsterblich verliebt! Julia zakochała się po uszy!
e *Liebe Sg miłość
*lieben kochać
Ich liebe ihn sehr. Bardzo go kocham.
Ich liebe es, im Meer zu schwimmen. Uwielbiam pływać w morzu.
Ich mache das nur aus Liebe zu ihm. Robię to tylko z miłości do niego.
anbeten uwielbiać; ubóstwiać
Er betet seine neue Freundin an. Ubóstwia swoją nową dziewczynę.
e **Leidenschaft**, -en pasja / namiętność
leidenschaftlich z pasją / namiętnie
s **Begehren** pożądanie
begehren pożądać; pragnąć
s **Verlangen** nach potrzeba / pragnienie czegoś
e **Sehnsucht**, ⸚e nach tęsknota za
Ich habe solche Sehnsucht nach dir. Tak za tobą tęsknię.
sich **sehnen** nach tęsknić za
Sie sehnen sich nach Frieden. Tęsknią za pokojem.
*gern haben lubić
Ich hab ihn sehr gern. Bardzo go lubię.
Was hätten Sie gern? Czego Pan sobie życzy?
*gern (+ Verb) lubić; chcieć
Ich fahre gern mit dem Zug. Lubię jeździć pociągiem.
Ich bin sehr gern mit dir zusammen. Lubię z tobą przebywać.
*mögen (mag, mochte, hat gemocht) lubić
Ich mag keine Schokolade. Nie lubię czekolady.
genießen lubić; cieszyć się; delektować się
den Ausblick genießen cieszyć się widokiem
Ich genieße es, mit ihr zusammen zu sein. Lubię z nią przebywać.

Gefühle und Einstellungen

Jak jeszcze można wyrazić sympatię

Sie war mir sofort sympathisch. – Od razu wydała mi się sympatyczna.
Auf Schokolade ist er ganz versessen. – Szaleje za czekoladą.
Die Berge haben es mir angetan. – Te góry mnie oczarowały.
Er genießt die Zuneigung aller. – Wszyscy go lubią. / Cieszy się sympatią wszystkich.
Diese Aufgabe würde mich reizen. – To zadanie byłoby dla mnie wezwaniem.
Alte Bücher faszinieren mich. – Fascynują mnie stare książki.
Sie schwärmt für Robbie Williams. – Szaleje na punkcie Robbiego Williamsa.
Ich glaube, sie ist ihm wirklich zugetan. – Myślę, że naprawdę go lubi.

s *Interesse, -n — zainteresowanie
Mit großem Interesse habe ich Ihre Stellenanzeige gelesen. — Z dużym zainteresowaniem przeczytałem państwa ogłoszenie o pracy.

*sich interessieren für — interesować się
Interessieren Sie sich auch für klassische Musik? — Czy pan też interesuje się muzyką klasyczną?

*interessant — ciekawy

Nie należy mylić *interessiert* z *interessant* i *sich interessieren für*!

Ich bin sehr interessiert an Ihrem Angebot. – Jestem bardzo zainteresowany pańską ofertą.
Das ist ein sehr interessantes Angebot. – To bardzo interesująca oferta.
Interessieren Sie sich für klassische Musik? – Czy pan interesuje się muzyką klasyczną?

*lieber *(+ Verb) — woleć coś; chętniej coś robić
Ich reise lieber mit dem Zug. — Wolę podróżować pociągiem.

*vorziehen — preferować / woleć
Ich ziehe es vor, hier zu bleiben. — Wolę tu zostać.

vertragen (verträgt, vertrug, hat vertragen) — znosić
Er verträgt keine Kritik. — Nie znosi żadnej krytyki.

ertragen (erträgt, ertrug, hat ertragen) / aushalten (hält aus, hielt aus, hat ausgehalten) — znosić / wytrzymywać
Ich kann seine Arroganz nicht ertragen. — Nie mogę znieść jego arogancji.
Ich halte diesen Lärm hier nicht mehr aus! — Nie zniosę dłużej tego hałasu!

tolerieren — tolerować
e Toleranz — tolerancja
*tolerant ↔ intolerant — tolerancyjny ↔ nietolerancyjny
Sei doch nicht so intolerant! — Nie bądź taki nietolerancyjny!

jn etw *angehen — obchodzić kogoś; tyczyć kogoś
Diese Sache geht mich nichts an. — Nic mnie to nie obchodzi.
Da halte ich mich raus. — Trzymam się od tego z daleka.

Uczucia i postawy

2.8

sich **abfinden** mit (fand ab, hat abgefunden)	pogodzić się z; poprzestawać na
Ich kann mich nicht damit abfinden, dass …	Nie mogę pogodzić się z tym, że…
sich etw *bieten / *gefallen lassen (lässt, ließ, hat gelassen)	pozwolić na coś; ścierpieć coś
Das lasse ich mir nicht bieten / gefallen!	Nie pozwolę na to / ścierpię tego!
nicht mögen / **nicht leiden können** / **nicht ausstehen können**	nie lubić / nie móc ścierpieć; znieść / nie móc znieść
Ich kann ihn nicht leiden / nicht ausstehen.	Nie mogę go ścierpieć / znieść.
e **Abneigung**, -en (gegen)	niechęć (do)
Ich empfinde eine große Abneigung gegen sie.	Czuję do niej dużą niechęć.
sich ***ärgern** über +A	złościć się / irytować na
Worüber ärgerst du dich denn so?	Na co się tak złościsz?
*zornig	rozgniewany; rozzłoszczony
Warum wirst du denn gleich so zornig? Er hat dir doch nichts getan!	Dlaczego od razu tak się złościsz? Nic ci przecież nie zrobił.
*hassen	nienawidzić
Ich hasse es, wenn ich mich so abhetzen muss.	Nienawidzę tak ganiać.
r **Hass** Sg	nienawiść
Ihre Augen waren voller Hass.	Jej oczy były pełne nienawiści.

Czasowniki, które wyrażają silną dezaprobatę

Sie verabscheut ihn.	Ona go nie cierpi / odczuwa do niego wstręt.
Sie kann ihn nicht ausstehen.	Ona nie może go znieść.
Ich verabscheue Gewalttätigkeit.	Nie znoszę przemocy.
Sie verachtet ihn.	Ona nim gardzi.

r **Optimismus** ↔ r **Pessimismus**	optymizm ↔ pesymizm
optimistisch ↔ **pessimistisch**	optymistyczny ↔ pesymistyczny
*hoffen	mieć nadzieję
Wird er uns helfen? – Ich hoffe es.	Czy on nam pomoże? – Mam nadzieję.
e ***Hoffnung**	nadzieja
Man darf nie die Hoffnung aufgeben.	Nigdy nie wolno tracić nadziei.
e **Befürchtung**	obawa
befürchten	obawiać się
Ich befürchte, er kommt nicht mehr.	Obawiam się, że on już nie przyjdzie.
verzweifeln	rozpaczać; (z)wątpić
Er sah sie verzweifelt an.	Popatrzył na nią zrozpaczony.

Gefühle und Einstellungen

e **Verzweiflung**	rozpacz; zwątpienie
Ihr stand die Verzweiflung ins Gesicht geschrieben.	Na twarzy miała wypisaną rozpacz.
s ***Vorurteil**, -e	przesąd; uprzedzenie
Vorurteile gegen Ausländer	uprzedzenia w stosunku do cudzoziemców
subjektiv ↔ **objektiv**	subjektywny ↔ objektywny

> **Przymiotniki, za pomocą których wyrażamy irytację**
>
> Sie war ***böse** / ***ärgerlich** / **verärgert**, weil er sie wie immer warten ließ. – Była zła / zirytowana / rozgniewana, ponieważ jak zawsze kazał jej czekać.
> Der Chef war ***wütend**. – Szef był wściekły.

e ***Angst**, ⸚e	strach
***Angst haben** (vor +D)	bać się (czegoś)
Hast du Angst vor Hunden?	Boisz się psów?
***ängstlich**	lękliwy; tchórzliwy
***erschrecken** (erschrickt, erschrak, ist erschrocken) / schrecken österr.	przestraszyć się
jn ***erschrecken**	przestraszyć kogoś
sich ***fürchten** (vor +D)	bać się / obawiać się (czegoś)
e **Furcht**	obawa; strach; trwoga
Sie fürchtet sich vor dem Fliegen.	Boi się latać.
vorsichtig (sein)	(być) ostrożnym
e ***Vorsicht**	ostrożność
***stolz sein** (ist, war, ist gewesen) (auf +A)	być dumnym (z)
Auf diese Leistung sind wir stolz.	Jesteśmy dumni z tego osiągnięcia.
eifersüchtig sein (auf +A)	być zazdrosnym (o)
Bist du eifersüchtig auf ihn?	Jesteś o niego zazdrosna?
e **Eifersucht**	zazdrość
beneiden	zazdrościć; być zawistnym
Ich beneide dich um diesen Job.	Zazdroszczę ci tej pracy.
***überraschen**	zaskoczyć
Ich bin überrascht dich hier zu sehen.	Jestem zaskoczony, że cię tu widzę.
e **Überraschung**, -en	niespodzianka
Was für eine Überraschung!	Co za niespodzianka!
(sich) ***wundern**	dziwić (się)
erstaunt	zdumiony; zdziwiony
Wir waren ganz erstaunt / verblüfft, sie hier zu sehen.	Byliśmy całkowicie zdumieni / osłupiali, że ich tu spotkaliśmy.
***weinen**	płakać
***schreien** (schrie, hat geschrien)	krzyczeć
Hör doch, das Baby schreit.	Posłuchaj, dziecko płacze.
***lachen**	śmiać się
Was gibt es da zu lachen?	Z czego tu się śmiać?
s **Gelächter**	śmiech; pośmiewisko

Uczucia i postawy

Tak się śmiejemy...

*lächeln	uśmiechać się	*lachen	śmiać się
grinsen	szczerzyć zęby / uśmiechać się szyderczo	schallend lachen	śmiać się tubalnie
		kichern	chichotać

e **Einstellung**, -en — nastawienie
eine positive ↔ negative Einstellung gegenüber etw/jm haben — być do czegoś/kogoś pozytywnie ↔ negatywnie nastawionym
e **Haltung**, -en — postawa / zachowanie się / stanowisko

Ihre ablehnende Haltung gegenüber unserem Vorschlag hat mich überrascht. — Jej negatywne stanowisko wobec naszej propozycji zaskoczyło mnie.

Ethik und Moral
Etyka i moralność

e **Moral** — moralność
Das ist eine Frage der Moral. — To kwestia moralności.
Meiner Meinung nach hat er seltsame Moralvorstellungen. — Według mnie on ma dziwne wyobrażenie o moralności.
moralisch ↔ **unmoralisch** — moralny ↔ niemoralny
moralische Prinzipien / Maßstäbe — zasady moralne
Er fühlte sich moralisch verpflichtet, ihr zu helfen. — Czuł się moralnie zobowiązany jej pomóc.
unmoralisches Verhalten — niemoralne zachowanie

Wokół moralności

Vater hat heute seinen Moralischen! – Tato ma dziś kaca moralnego!
Seine dauernden Moralpredigten gehen mir langsam auf die Nerven. – Jego wieczne kazania umoralniające powoli zaczynają mi działać na nerwy.
Du mit deiner Doppelmoral! – Ty z tą twoją podwójną moralnością!

ethisch — etyczny
e **Ethik** — etyka
*****gut** (besser, best-) ↔ *****schlecht** — dobrze ↔ źle
das **Gute** ↔ das **Schlechte** — dobro ↔ zło
Sie glaubt immer an das Gute im Menschen. — Zawsze wierzy w ludzką dobroć.
Gutes tun — czynić dobro
eine gute Tat ↔ eine schlechte / böse Tat — dobry uczynek ↔ zły uczynek
gutmütig — dobroduszny
Opa ist ein sehr gutmütiger Mensch. — Dziadek jest dobrodusznym człowiekiem.

***menschlich** sein	zachowywać się po ludzku / być człowiekiem
***richtig** ↔ ***falsch**	prawidłowo ↔ źle
Da hast du richtig gehandelt.	Postąpiłeś prawidłowo.
s ***Recht** ↔ s **Unrecht**	prawo / sprawiedliwość ↔ krzywda / niesprawiedliwość
im Recht ↔ Unrecht sein	mieć słuszność / rację ↔ nie mieć słuszności / racji
Ich weiß, dass ich im Unrecht war.	Wiem, że nie miałem racji.
***böse**	zły
das **Böse**	zło
der Konflikt zwischen Gut und Böse	konflikt pomiędzy dobrem i złem
e **Sünde**, -n	grzech
Es wäre eine Sünde, das zu tun.	Zrobienie tego było grzechem.
s **Gewissen**	sumienie
ein ruhiges / gutes / schlechtes Gewissen haben	mieć spokojne / czyste / nieczyste sumienie
Gewissensbisse haben	mieć wyrzuty sumienia
gewissenhaft	sumienny / skrupulatny
Er hat alle Arbeiten gewissenhaft erledigt.	Sumiennie wykonał wszystkie prace.
s **Ideal**, -e	ideał
Er lebt entsprechend seinen Idealen.	Żyje w zgodzie ze swoimi ideałami.
idealistisch	idealistyczny
e **Tugend**, -en ↔ s **Laster**, -	cnota ↔ nałóg / przywara
Rauchen ist sein größtes Laster.	Palenie jest jego największym nałogiem.
e **Weisheit**	mądrość
e **Tapferkeit**	odwaga
e ***Schuld**	wina
***schuldig** ↔ ***unschuldig**	winny ↔ niewinny
Es ist alles ihre Schuld.	To wszystko jej wina.
e **Integrität**	uczciwość / prawość
Er ist ein integrer Mensch.	Jest prawym człowiekiem.
e **Gerechtigkeit** Sg	sprawiedliwość
gerecht ↔ **ungerecht**	sprawiedliwy ↔ niesprawiedliwy
für eine gerechte Sache kämpfen	walczyć o słuszną sprawę
e **Ehrlichkeit**	uczciwość
***ehrlich** ↔ ***unehrlich**	uczciwy ↔ nieuczciwy
Ehrlich währt am längsten.	Uczciwość popłaca.
r **Gehorsam** ↔ r **Ungehorsam**	posłuszny ↔ nieposłuszny
Sie ist ein gehorsames Kind.	Jest posłusznym dzieckiem.

Etyka i moralność

Siedem cnót

r Glaube	wiara	e *Hoffnung	nadzieja
e *Liebe	miłość	e Gerechtigkeit	sprawiedliwość
e Tapferkeit	męstwo	e Klugheit	roztropność
e Mäßigkeit	umiarkowanie		

Siedem grzechów

r Hochmut	pycha	r *Zorn	gniew
r Neid	zazdrość	e Unkeuschheit	nieczystość
e Unmäßigkeit	nieumiarkowanie	r Geiz	chciwość
e Trägheit	lenistwo		

e **Anständigkeit**	przyzwoitość; uczciwość
anständig ↔ **unanständig**	przyzwoity ↔ nieprzyzwoity / nieskromny
Sicherlich ist er ein anständiger Kerl.	Z pewnością jest porządnym facetem.
Du sollst keine unanständigen Wörter benutzen.	Nie wolno ci używać nieprzyzwoitych słów.
e **Treue**	wierność
Er schwor ihr ewige Treue.	Przysiągł jej wieczną wierność.
*****treu** ↔ *****untreu**	wierny ↔ niewierny
schwören (schwor, hat geschworen)	przysięgać
*****versprechen** (verspricht, versprach, hat versprochen)	obiecywać
Er hat mir versprochen, sich nicht mehr zu *****verspäten**.	Obiecał mi, że nie będzie się już spóźniał.
vertrauenswürdig	godny zaufania
Ist sie ein vertrauenswürdiger Mensch?	Czy ona jest osobą godną zaufania?
e **Gier** / e **Habsucht**	żądza / chciwość
seine **Geldgier** / **Machtgier**	jego pazerność na pieniądze / żądza władzy
gierig / **habsüchtig** sein	być chciwym
e **Korruption** / e **Bestechung**	korupcja / przekupstwo
korrupt / **bestechlich** sein	skorumpowany / przekupny
Glauben Sie, dass er korrupt ist?	Czy myśli pan, że on jest skorumpowany?
e **Scheinheiligkeit** / e **Heuchelei**	obłuda; hipokryzja / udawanie; obłuda; hipokryzja
scheinheilig / **heuchlerisch**	obłudny
Sei nicht immer so scheinheilig!	Nie bądź wiecznie takim hipokrytą!
*****lügen** (log, hat gelogen)	kłamać
e *****Lüge**, -n	kłamstwo
r **Lügner**, - // e **Lügnerin**, -nen	kłamca
Er ist ein verdammter Lügner.	Jest przeklętym kłamcą.

r **Nichtsnutz**, -e	próżniak; nicpoń
r **Gauner**, -	oszust
Der alte Gauner hat mich betrogen.	Ten stary oszust mnie nabrał.
r **Skrupel**, -	skrupuł / wątpliwość
Sie hatte nicht die leisesten Skrupel.	Nie miała najmniejszych skrupułów.
skrupellos	bez skrupułów
r ***Fehler**, -	błąd
Jeder macht mal Fehler.	Każdemu zdarza się popełnić błąd.
sich **schämen** (für)	wstydzić się (za)
e **Scham**	wstyd
Ich bin **beschämt**.	Jestem zawstydzony.
Du solltest dich schämen.	Powinieneś się wstydzić.
e **Reue**	żal / skrucha
bereuen	żałować
Der Angeklagte hat die Tat bereut.	Oskarżony żałował czynu.
reumütig	pełen skruchy / skruszony
jm etw **peinlich** sein (ist, war, ist gewesen)	sprawiać komuś przykrość; wprawiać kogoś w zakłopotanie; wstydzić się czegoś
Das braucht dir nicht peinlich zu sein.	Nie masz się co wstydzić z tego powodu.
obszön / **unzüchtig**	obsceniczny; nieprzyzwoity / sprośny
Er reißt immer obszöne Witze.	Zawsze opowiada sprośne kawały.

Persönliche Beziehungen
Relacje międzyludzkie

e ***Beziehung**, -en	związek; stosunek
ihre Beziehung zu Männern	jej stosunek do mężczyzn
Ich habe eine sehr gute Beziehung zu / mit meinen Nachbarn.	Mam bardzo dobre kontakty z sąsiadami.
seine Beziehungen spielen lassen	korzystać ze znajomości
sich mit jm **gutstellen**	być z kimś w dobrych stosunkach
zurechtkommen (kam zurecht, ist zurechtgekommen) / **auskommen** mit (kam aus, ist ausgekommen)	dojść do ładu; dawać sobie radę; dogadać się z kimś
Ich komme gut mit ihm zurecht / aus.	Dobrze się z nim dogaduję.
Wir kommen gut miteinander aus.	Dobrze się ze sobą dogadujemy.
sich ***verstehen** (verstand, hat verstanden)	rozumieć się
Wir verstehen uns sehr gut.	Bardzo dobrze się rozumiemy.
gegenseitig	obustronnie
sich ***unterstützen**	wspierać się
Sie unterstützen sich sehr.	Bardzo się wspierają.

e *Freundschaft, -en — przyjaźń
r *Freund, -e // e Freundin, -nen — przyjaciel; chłopak // przyjaciółka; dziewczyna

Wokół przyjaźni

eine enge / *herzliche Freundschaft	bliska / serdeczna przyjaźń
freundschaftliche Beziehungen	przyjacielskie stosunki
Freundschaft *schließen mit jm	zawrzeć z kimś przyjaźń
r Freundschaftsbeweis, -e	dowód przyjaźni
jm einen Freundschaftsdienst erweisen	wyświadczyć komuś przyjacielską przysługę
Ich sage Ihnen das in aller Freundschaft.	Mówię to panu jako przyjaciel.
Freundschaften *pflegen	dbać o / pielęgnować przyjaźń
Freunde *finden	znajdować przyjaciół
Freunde *verlieren	stracić przyjaciół
ein alter Schulfreund / Studienfreund von mir // eine alte Schulfreundin / Studienfreundin von mir	mój stary kolega ze szkoły / studiów // moja stara przyjaciółka ze szkoły / studiów
Wir sind dicke Freunde // Freundinnen.	Jesteśmy serdecznymi przyjaciółmi // przyjaciółkami.
Er hat seit kurzem eine feste Freundin.	Od niedawna ma dziewczynę.

r/e *Bekannte, -n — znajomy / znajoma
Sie ist eine gute Bekannte von mir. — Jest moją dobrą znajomą.
e Bekanntschaft, -en — znajomość
*bekannt (sein) — (być) znany (m)
jm/sich *begegnen — spotkać kogoś / się
Wo sind wir uns schon einmal begegnet? — Gdzie już się kiedyś spotkaliśmy?
*kennen lernen — poznać
Ich habe sie in London kennen gelernt. — Poznałem ją w Londynie.
Allmählich lernte sie ihn besser kennen. — Stopniowo poznawała go coraz lepiej.

vertraut (sein) — (być) zaufany (m) / zażyły (m) / bliski (m)

Wir sind uns sehr vertraut. — Są nam bardzo bliscy.
jm nahe stehen (stand, hat / ist gestanden) — być z kimś w zażyłych stosunkach
Wir standen uns immer sehr nahe. — Zawsze byliśmy w zażyłych stosunkach.

r *Nachbar, -n // e Nachbarin, -nen — sąsiad // sąsiadka
Trinken wir auf eine gute Nachbarschaft! — Wypijmy za dobre sąsiedztwo!
e Gleichgültigkeit — obojętność
s Mitgefühl — współczucie
Ich möchte Ihnen mein tiefes Mitgefühl ausdrücken. — Chciałbym wyrazić panu / pani / państwu moje głębokie współczucie.

Persönliche Beziehungen

s **Mitleid**	litość
Mitleid haben mit jm	litować się nad kimś
Sie verdienen kein Mitleid.	Nie zasługują na litość.
e **Solidarität**	solidarność
solidarisch sein (mit)	solidaryzować się (z)
r *****Rat** / r *****Ratschlag**, ⸚e	rada
Eine gute Freundin weiß fast immer einen Rat.	Dobra przyjaciółka prawie zawsze służy dobrą radą.
e **Zuneigung**	przychylność / sympatia
e *****Liebe**	miłość
*****lieben**	kochać
verliebt sein in jn	być w kimś zakochanym
Sie ist in ihn verliebt.	Jest w nim zakochana.
nicht ausstehen / **leiden können**	nie móc znieść/ścierpieć
Ich kann ihn nicht ausstehen / leiden!	Nie mogę go znieść / ścierpieć!
r **Hass**	nienawiść
*****hassen**	nienawidzić
Ich hasse den Winter.	Nienawidzę zimy.

Osoby, które mają ze sobą coś wspólnego

r *Spielkamerad, en //* e *Spielkameradin, -nen*	towarzysz // towarzyszka zabawy
r *Schulkamerad, -en //* e *Schulkameradin,-nen*	kolega // koleżanka ze szkoły
r *Studienkollege, -n //* e *Studienkollegin, -nen*	kolega // koleżanka ze studiów
r *Mitbürger, - //* e *Mitbürgerin, -nen*	współobywatel // współobywatelka
r/e *Mitreisende, -n*	towarzysz // towarzyszka podróży
r *Kumpel, -*	kumpel
r **Kollege*, -n //* e *Kollegin, -nen*	kolega // koleżanka
r *Komplize, -en //* e *Komplizin, -nen*	wspólnik // wspólniczka
r **Teilnehmer*, - //* e **Teilnehmerin*, -nen*	uczestnik // uczestniczka
r **Partner*, - //* e *Partnerin, -nen*	partner // partnerka

e *****Gruppe**, -n	grupa
alle Mitglieder der Gruppe	wszyscy członkowie grupy
Gruppendruck ausüben auf jn	wywierać nacisk grupowy na kogoś
e *****Familie**, -n	rodzina
r **Klub**, -s	klub
r *****Verein**, -e	związek; stowarzyszenie
einem Verein beitreten ↔ aus einem Verein austreten	wstąpić do ↔ wystąpić ze związku / stowarzyszenia
s *****Mitglied**, -er	członek
e **Mitgliedschaft** in einem Verein / Klub	członkostwo w stowarzyszeniu / klubie
e *****Gesellschaft**, -en	społeczeństwo; towarzystwo
Sie leistet ihm Gesellschaft.	Dotrzymuje mu towarzystwa.
Er sehnt sich nach Gesellschaft.	Tęskni za towarzystwem.
e *****Gemeinschaft**, -en	wspólnota
*****gemeinsam**	wspólnie

Relacje międzyludzkie

e ***Hilfe**, -n	pomoc
Sie hat ein bisschen Hilfe nötig.	Potrzebuje trochę pomocy.
jm ***helfen** (hilft, half, hat geholfen)	komuś pomagać
e **Unterstützung**	wsparcie
moralische / finanzielle Unterstützung	wsparcie moralne / finansowe
***unterstützen**	popierać / wspierać
e **Zusammenarbeit**	współpraca
e ***Gruppe**, -n / s ***Team**, -s [ti:m]	grupa / zespół
Wir haben das in Teamwork gemacht.	To była praca zespołowa.
r ***Kontakt**, -e	kontakt
Wir müssen in Kontakt bleiben.	Musimy pozostać w kontakcie.
Wir haben den Kontakt zu ihr verloren.	Straciliśmy z nią kontakt.
e ***Verbindung**, -en	połączenie; kontakt
Sie hat gute Verbindungen.	Ma dobre kontakty.
in Verbindung stehen mit (stand, hat / ist gestanden)	utrzymywać kontakt z
sich **in Verbindung setzen** mit	skontaktować się z
Er setzte sich mit ihr in Verbindung.	Skontaktował się z nią.
sich ***unterhalten** mit (jm) / über +A (unterhält, unterhielt, hat unterhalten)	rozmawiać z (kimś) / (o)
Wir müssen uns mit ihm darüber unterhalten.	Musimy o tym z nim porozmawiać.
s ***Gespräch**, -e	rozmowa
r **Dialog**, -e	dialog
einen **Dialog führen** mit	prowadzić dialog z
den Dialog nicht abbrechen lassen	nie przerywać dialogu / podtrzymywać dialog
e ***Diskussion**, -en	dyskusja
Darüber gab es lange Diskussionen.	Na ten temat toczono długie dyskusje.
e **Spannung**, -en	napięcie
Es gibt leichte Spannungen innerhalb der Gruppe.	Wewnątrz grupy miejsce mają lekkie napięcia.
r **Konflikt**, -e	konflikt
einen **Konflikt austragen** (trägt aus, trug aus, hat ausgetragen)	zażegnać konflikt
einen **Konflikt** ***lösen**	rozwiązać konflikt
e **Meinungsverschiedenheit**, -en	różnica zdań
Wir hatten eine kleine Meinungsverschiedenheit.	Mieliśmy nieco inne zdania.
e **Auseinandersetzung**, -en	dysputa; wymiana zdań; spór; scysja
Sie hatten oft Auseinandersetzungen.	Często dochodziło między nimi do sporu.

r *Streit, -s	kłótnia
sich *streiten (stritt, hat gestritten)	kłócić się
Sie haben sich oft gestritten.	Często się kłócili.
Darüber lässt sich streiten.	Można się o to sprzeczać.
e Uneinigkeit	niezgoda
sich nicht *einig / sich *uneinig sein (ist, war, ist gewesen)	nie zgadzać się
Wir sind uns darüber noch nicht einig.	Jeszcze nie doszliśmy w tej kwestii do porozumienia.
e Feindseligkeit, -en (gegenüber jm)	wrogość (wobec kogoś)
feindselig	nieprzyjazny; wrogi
r *Feind, -e // e Feindin, -nen	wróg
Sie hat sich dort viele Feinde gemacht.	Narobiła sobie tam wielu wrogów.
r Gegner, - // e Gegnerin, -nen	przeciwnik // przeciwniczka
Mach ihn dir nicht zum Gegner!	Uważaj, żeby nie stał się twoim przeciwnikiem! / Nie zrób z niego swego wroga!
e Sympathie [zympa'ti:] (für) ↔ e Antipathie / e Abneigung (gegen)	sympatia ↔ antypatia; niechęć (do)
r Vorwurf, ⸚e	wyrzut; zarzut
jm Vorwürfe machen	robić komuś wyrzuty
jm etwas vorwerfen (wirft vor, warf vor, hat vorgeworfen)	coś komuś zarzucać
e Beleidigung, -en	obraza; obelga; zniewaga
*beleidigen	obrażać
Warum bist du denn so beleidigt?	Dlaczego jesteś taki obrażony?
e Kränkung, -en	zmartwienie; uraza; obelga; zniewaga
kränken / *verletzen	martwić; obrazić / zranić
Seine Äußerung hat mich sehr gekränkt.	Jego uwaga bardzo mnie dotknęła.
sich gekränkt fühlen	czuć się dotkniętym
jm etw übel nehmen (nimmt, nahm, hat genommen)	coś komuś brać za złe
Das habe ich ihr sehr übel genommen.	Wziąłem jej to za złe.
e Rache	zemsta
sich rächen (an +D)	zemścić się (na)
verachten	gardzić
e Verachtung	pogarda / wzgarda
Das gibt noch „böses Blut".	To jeszcze (w przyszłości) napsuje krwi.

Kilka przekleństw

Du Trottel / Idiot / Depp / Esel!	Ty kretynie / idioto / głupku / ośle!
So ein Idiot!	Co za idiota!
Du bist wohl verrückt?	Chyba zwariowałeś? / Zwariowałeś?
Du hast doch einen Knall!	Chyba jesteś szurnięty!

Relacje międzyludzkie

10/11

e ***Entschuldigung**, -en — przeprosiny
sich ***entschuldigen** (für) — przepraszać (za)
*__verzeihen__ (verzieh, hat verziehen) / __vergeben__ (vergibt, vergab, hat vergeben) — przebaczać, wybaczać
Können Sie ihr denn das nicht verzeihen? — Czy nie może jej pan tego wybaczyć?

e *__Verzeihung__ — przebaczenie, wybaczenie
Oh, Verzeihung! Das tut mir Leid! — O, przepraszam! Przykro mi!

Sexualität
Seksualność

s **Geschlecht**, -er — płeć
das andere Geschlecht — płeć przeciwna
*__männlich__ ↔ *__weiblich__ — męski ↔ żeński
e **Zärtlichkeit**, -en — czułość
__zärtlich sein__ (ist, war, ist gewesen) — być czułym
jn **verführen** — uwodzić kogoś
erotisch — erotyczny
e **Erotik** — erotyka
r **Sex** — seks
Sex haben (mit) — kochać się (z)
e **Sexualität** — seksualność
e Sexualerziehung — wychowanie seksualne
s Sexualverbrechen, - — przestępstwo na tle seksualnym
sexuell — seksualnie / seksualny
e sexuelle Belästigung — molestowanie seksualne
heterosexuell — heteroseksualnie / heteroseksualny
homosexuell — homoseksualnie / homoseksualny
e Homosexualität — homoseksualizm
*__schwul__ — gejowski
r **Schwule**, -n — homoseksualista / gej
lesbisch — lesbijski
e **Lesbierin**, -nen / e **Lesbe**, -n — lesbijka
e **Empfängnisverhütung** — zapobieganie ciąży
s *__Kondom__, -e / s Präservativ, -e — kondom / prezerwatywa
e *__Pille__ Sg — pigułka antykoncepcyjna
e Spirale, -n — spirala
e **Schwangerschaft**, -en — ciąża
*__schwanger sein__ — być w ciąży
Sie ist zum zweiten Mal schwanger. — Zaszła w ciążę po raz drugi.
r **Schwangerschaftsabbruch**, ⸚e / e **Abtreibung**, -en — przerwanie ciąży / aborcja
abtreiben lassen — poddać się aborcji
eine Abtreibung vornehmen lassen — (za)planować aborcję

Sexualität

e **Prostitution**	prostytucja
e **Prostituierte**, -n / e **Hure**, -n	prostytutka / dziwka
r **Stricher**, - / r **Strichjunge**, -n	męska prostytutka
e **Vergewaltigung**, -en	gwałt
jn **vergewaltigen**	zgwałcić kogoś
sexueller **Missbrauch**	nadużycie seksualne
e Geschlechtskrankheit, -en	choroba weneryczna
***Aids** / s/r HIV-Virus	AIDS / wirus HIV

Leben und Tod
Życie i śmierć

r ***Tod** / r **Todesfall**, ⸚e	śmierć / zgon
Es gab einige Todesfälle.	Było kilka zgonów.
***sterben** (stirbt, starb, ist gestorben)	umrzeć / umierać
Er sagte mir das auf dem Sterbebett.	Powiedział mi to na łożu śmierci.
Woran ist sie gestorben? – An Krebs / Altersschwäche.	Na co zmarła? – Na raka. / Ze starości.
Sie starb eines natürlichen Todes.	Zmarła śmiercią naturalną.
r / e **Sterbende**, -n	umierający / umierająca
r / e **Verstorbene**, -n	zmarły; nieboszczyk / zmarła; nieboszczka
Sie ist heute morgen verstorben.	Zmarła dziś rano.
***lebendig** ↔ ***tot**	żywy ↔ martwy
***tödlich**	śmiertelny / śmiertelnie
eine tödliche Verletzung	śmiertelne obrażenie
r / e **Tote**, -n	zmarły / zmarła
r Totenschein, -e	akt zgonu
e **Obduktion**, -en / e **Autopsie**, -n	sekcja zwłok
eine Obduktion durchführen	przeprowadzić sekcję zwłok
r **Sarg**, ⸚e / e **Urne**, -n	trumna / urna
begraben / **beerdigen**	pogrzebać; pochować
Wo liegt sie begraben?	Gdzie jest pochowana?
r **Friedhof**, ⸚e	cmentarz
s **Begräbnis**, -se / e **Beerdigung**, -en / e **Beisetzung**, -en	pogrzeb
Ich war auf ihrer Beerdigung.	Byłam na jej pogrzebie.
s **Bestattungsinstitut**, -e	zakład pogrzebowy
e **Trauerfeier**, -n	nabożeństwo żałobne; uroczystość żałobna
e **Totenmesse**, -n	msza żałobna / za duszę zmarłego
s **Krematorium**, Krematorien	krematorium
s **Grab**, ⸚er	grób
am Grab einen Kranz niederlegen	złożyć wieniec na grobie
r **Grabstein**, -e	kamień nagrobny / nagrobek

Ruhe in Frieden *(Grabinschrift)*	Niech spoczywa w pokoju *(napis na nagrobku)*
von der Wiege bis zur Bahre *idiom.*	od kolebki aż do grobowej deski / przez całe życie
s **Beileid**	kondolencje / współczucie
Herzliches Beileid!	Serdeczne wyrazy współczucia!

Ceremonia pogrzebu

Wir haben nichts in die Welt gebracht und wir bringen nichts hinaus. Der Herr gibt, der Herr nimmt; der Name des Herrn sei gelobt. Nic nie wnosimy do tego świata i niczego nie zabieramy ze sobą. Pan daje i Pan odbiera, niech będzie pochwalone imię Pana.
Erde zu Erde, Asche zu Asche, Staub zu Staub.
Z prochu powstałeś i w proch się obrócisz.

e **Seele**, -n	dusza
s Leben nach dem Tod	życie po śmierci
die **Hinterbliebenen** Pl	rodzina / bliscy zmarłego
(be)**trauern**	opłakiwać
Tausende trauerten um sie.	Opłakiwały ją tysiące.
e **Trauer**	smutek / żałoba
Sie ist immer noch in Trauer.	Jeszcze ciągle chodzi w żałobie.
r **Nachruf**	nekrolog
e **Todesanzeige**, -n	klepsydra
e **Euthanasie** / e **Sterbehilfe**	eutanazja
r **Selbstmord**	samobójstwo
e Selbstmordrate, -n	wskaźnik samobójstw
Sie beging Selbstmord.	Popełniła samobójstwo.
umkommen (kam um, ist umgekommen)	zginąć
Bei dem Absturz kamen 96 Menschen ums Leben.	W katastrofie (samolotowej) zginęło 96 osób.
jn **umbringen** (brachte um, hat umgebracht)	zabić kogoś
s **Testament**, -e	testament
r letzte Wille	ostatnia wola
sein letzter Wille	jego ostatnia wola
erben ↔ ver**erben**	odziedziczyć / otrzymać w spadku ↔ pozostawić w spadku
s **Erbe**	spadek
Das Erbe muss *****gleichmäßig** unter den Geschwistern verteilt werden.	Spadek musi zostać równomiernie podzielony pomiędzy rodzeństwem.
r **Erbe**, -n // e **Erbin**, -nen	spadkobierca
r **Nachkomme**, -n	potomek

3.1 Verwandtschaft
Pokrewieństwo

3.2 Partnerschaft
Partnerstwo

3.3 Kinder
Dzieci

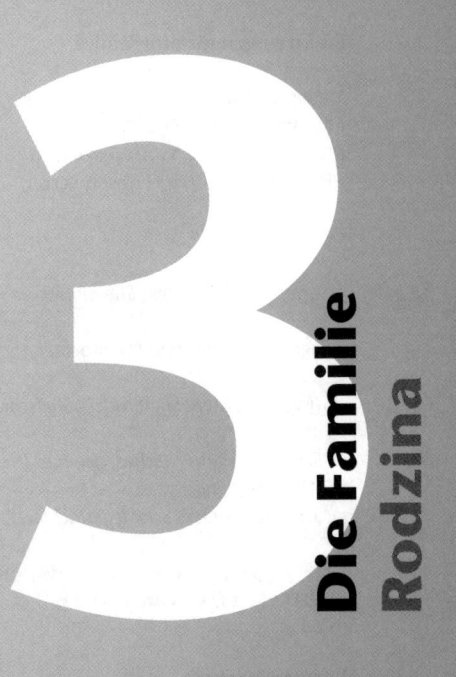

3
Die Familie
Rodzina

3.1 Verwandtschaft
Pokrewieństwo

e *Fam**ilie**, -n	rodzina
Meine Familie lebt seit zwei Generationen hier.	Moja rodzina mieszka tu od dwóch pokoleń.
e Verw**a**ndtschaft	pokrewieństwo
r/e *Verw**a**ndte, -n	krewny / krewna
Haben Sie Verwandte in Deutschland?	Czy ma Pan krewnych w Niemczech?
Sie ist nicht mit mir *verw**a**ndt.	Nie jest ze mną spokrewniona.
r/e ***A**ngehörige, -n	członek (rodziny)
Sind die Angehörigen benachrichtigt worden?	Czy powiadomiono rodzinę?
r St**a**mmbaum, ⸚e	drzewo genealogiczne
r V**o**rfahr, -en	przodek
Meine Vorfahren kommen aus Polen.	Moi przodkowie pochodzą z Polski.
e **A**bstammung / e H**e**rkunft	pochodzenie
Sie sind polnischer Abstammung.	Mają polskie korzenie.
In den USA leben Menschen verschiedenster Herkunft.	W USA mieszkają ludzie najróżniejszego pochodzenia.
Eltern Pl	rodzice
r *V**a**ter, ⸚ // e *M**u**tter, ⸚	ojciec // matka
s *K**i**nd, -er	dziecko
Meine Kinder sind schon aus dem Haus.	Moje dzieci wyprowadziły się już z domu.
Eltern sorgen für ihre Kinder.	Rodzice opiekują się swoimi dziećmi.
*s**o**rgen (für)	troszczyć się / dbać (o)
r *S**o**hn, ⸚e // e *T**o**chter, ⸚	syn // córka
r *Br**u**der, ⸚ // e *Schw**e**ster, -n	brat // siostra
r Halbbruder, ⸚ // e Halbschwester, -n	brat przyrodni // siostra przyrodnia
Geschw**i**ster Pl	rodzeństwo
*Stiefeltern / *Stiefvater / *Stiefmutter*	ojczym i macocha / ojczym / macocha
Stiefkinder / Stiefsohn / Stieftochter	pasierb i pasierbica / pasierb / pasierbica
Stiefgeschwister / Stiefbruder / Stiefschwester	przyrodnie rodzeństwo / brat przyrodni / siostra przyrodnia
*Schwiegereltern / *Schwiegervater / *Schwiegermutter	teściowie / teść / teściowa
*Schwiegersohn / *Schwiegertochter	zięć / synowa
r Schw**a**ger, – // e Schw**ä**gerin, -nen	szwagier // szwagierka; bratowa
r ***O**nkel, -s // e *T**a**nte, -n	wuj // ciotka

r Großonkel, – // e Großtante, -n	brat dziadka // siostra babki
r *Neffe, -n // e *Nichte, -n	bratanek; siostrzeniec // bratanica; siostrzenica
r *Cousin, -s [ku'zɛ̃:] // e *Cousine, -n [ku'zi:nə]	kuzyn; brat cioteczny; brat stryjeczny // kuzynka; siostra cioteczna; siostra stryjeczna
r Vetter, -n	kuzyn
Brigitte ist eine Cousine von mir.	Brigitte jest moją kuzynką / siostrą cioteczną / siostrą stryjeczną.
Großeltern Pl	dziadkowie
r **Großvater**, ⸚ // e **Großmutter**, ⸚	dziadek // babcia
r Urgroßvater // e Urgroßmutter	pradziadek // prababcia
Urgroßeltern Pl	pradziad(k)owie
Mama (auch [ma'ma:]) / *Mami* / *Mutti*	mama; mamusia
Papa / *Papi* / *Vati*	tato; tata; tatuś
Oma / *Omi*	babcia
Opa / *Opi*	dziadek; dziadzio
r *Enkel, – // e Enkelin, -nen	wnuk // wnuczka
Enkelkinder Pl	wnuki
r Urenkel // e Urenkelin	prawnuk // prawnuczka
Urenkel Pl	prawnuki

Partnerschaft
Partnerstwo

s *Paar, -e	para
Seit wann sind Linda und Franz ein Paar?	Od kiedy Linda i Franz są parą?
zusammenleben	mieszkać razem / mieszkać ze sobą
Ralf und Sabine sind nicht verheiratet, aber sie leben schon seit fünf Jahren zusammen.	Ralf i Sabine nie są małżeństwem, ale mieszkają ze sobą już od pięciu lat.
die eheähnliche Lebensgemeinschaft	wolny związek / konkubinat
r **Lebensgefährte**, -n // e **Lebensgefährtin**, -nen / r **Lebenspartner**, – // e **Lebenspartnerin**, -nen	towarzysz życia / konkubent // towarzyszka życia / konkubina / partner // konkubina partnerka / konkubina
*sich verlieben (in +A)	zakochać się (w)
*verliebt sein (in +A)	być zakochanym (w)
Bist du in ihn verliebt?	Czy jesteś w nim zakochana?
*Liebling, -e	kochanie
r **Flirt**, -s [flœrt]	flirt
flirten ['flœrtn]	flirtować
sich verloben	zaręczyć się

3.2

verlobt sein (mit)	być zaręczonym (z)
e **Verlobung**, -en	zaręczyny
Die Verlobung fand im engsten Familienkreis statt.	Zaręczyny odbyły się w wąskim gronie rodzinnym.
r/e **Verlobte**, -n	narzeczony / narzeczona
r **Heiratsantrag**, ⸚e	propozycja małżeństwa; oświadczyny
Peter hat mir einen Heiratsantrag gemacht.	Peter oświadczył mi się.
e ***Ehe**, -n	małżeństwo
Sie hat eine Tochter aus erster Ehe.	Ona ma córkę z pierwszego małżeństwa.
e **Heirat**	ożenek; żeniaczka; zamążpójście
*****heiraten**	ożenić się; wychodzić za mąż; pobrać się; wziąć ślub
Wir haben 1998 geheiratet.	Pobraliśmy się w 1998 roku.
Mein Sohn heiratet nächsten Sommer.	Mój syn ożeni się latem.
Ich würde ihn nie heiraten!	Nigdy nie wyszłabym za niego za mąż!
*****verheiratet sein** (mit)	być żonatym / zamężną
Sie ist mit einem Künstler verheiratet.	Jest żoną artysty.

Czynność	Stan
Peter hat sich verliebt.	*Peter ist verliebt.*
Peter zakochał się.	Peter jest zakochany.
Peter und Katja haben sich an Silvester verlobt.	*Peter und Katja sind seit Silvester verlobt.*
Peter i Katja zaręczyli się w Sylwestra.	Peter i Katja są zaręczeni od Sylwestra.
Peter und Katja heiraten im Juli.	*Peter und Katja sind seit Juli verheiratet.*
Peter i Katja biorą ślub w lipcu.	Peter i Katja są małżeństwem od lipca.
Peter und Katja haben sich getrennt.	*Peter und Katja sind / leben seit einem Jahr getrennt.*
Peter i Katja rozstali się.	Peter i Katja od roku nie są ze sobą / mieszkają osobno.
Peter und Katja haben sich scheiden lassen.	*Peter und Katja sind endlich geschieden.*
Peter i Katja rozwiedli się.	Peter i Katja są wreszcie rozwiedzeni.

e ***Hochzeit**, -en / e **Trauung**, -en	wesele / ślub; zaślubiny
Frau Berger und Herr Dr. Rein geben ihre **Vermählung** bekannt.	Pani Berger i pan dr Rein zawiadamiają o swoim ślubie.
s **Standesamt**, ⸚er	urząd stanu cywilnego

Partnerschaft

e standesamtliche / kirchliche Trauung	ślub cywilny / kościelny
Am Freitag heiraten wir standesamtlich und am Samstag kirchlich.	W piątek bierzemy ślub cywilny, a w sobotę kościelny.
Die Trauung fand in der Kirche statt.	Ślub odbył się w kościele.
r **Polterabend**, -e	wieczór kawalerski / panieński

> W Niemczech pary biorą ślub albo tylko w *Standesamt* (Urzędzie Stanu Cywilnego), albo najpierw w urzędzie, a potem w kościele. W wieczór poprzedzający ceremonię zaślubin organizuje się *Polterabend,* kiedy to para bawi się razem z przyjaciółmi i rodziną. Podczas tego wieczoru – zgodnie z tradycją – tłucze się talerze, kubki i inne naczynia. Potłuczone naczynia mają przynieść szczęście młodej parze. Od 2001 roku w Niemczech ślub cywilny brać mogą także pary homoseksualne.

s **Aufgebot**, -e	zapowiedzi
r **Bräutigam**, -e // e **Braut**, ⸚e	narzeczony; pan młody // narzeczona; panna młoda
s **Brautpaar**, -e	młoda para; państwo młodzi
s **Ehepaar**, -e	małżeństwo; małżonkowie
e **Heiratsurkunde**, -n	akt ślubu
r **Trauzeuge**, -n // e **Trauzeugin**, -nen	świadek ślubu
mein ***Mann** // meine ***Frau**	mój mąż // moja żona
mein Gatte / Ehemann // meine Gattin / Ehefrau *(förmlich)*	mój małżonek / mąż // moja małżonka / żona *(oficjalnie)*
r **Ehering**, -e	obrączka
s **Hochzeitskleid**, -er	suknia ślubna
r **Brautstrauß**, ⸚e	bukiet ślubny
e **Hochzeitsreise**, -n / **Flitterwochen** *Pl*	podróż poślubna / miodowy miesiąc
Wohin fahren Sie auf Hochzeitsreise?	Dokąd jadą Państwo w podróż poślubną?
In den Flitterwochen fliegen wir nach Jamaica.	Na miodowy miesiąc lecimy na Jamajkę.
r **Hochzeitstag**	dzień ślubu; rocznica ślubu
Morgen feiern wir unseren ersten Hochzeitstag.	Jutro obchodzimy naszą pierwszą rocznicę ślubu.
e **silberne** / **goldene Hochzeit**	srebrne / złote wesele
Meine Großeltern feiern nächstes Jahr ihre goldene Hochzeit.	Moi dziadkowie w przyszłym roku będą obchodzić złote wesele.
r **Junggeselle**, -n	kawaler
Er ist ein überzeugter Junggeselle.	On jest zatwardziałym kawalerem.
eheliche ↔ **uneheliche** Kinder	ślubne ↔ nieślubne dzieci
e **Gleichberechtigung**	równouprawnienie
***gleichberechtigt**	równouprawniony
jm ***treu** ↔ **untreu sein**	być komuś wiernym ↔ niewiernym
Ich war ihr nie untreu.	Nigdy nie byłem jej niewierny.
s ***Verhältnis**, -se / e **Affäre**, -n	romans

Partnerstwo

3.2

Casanova hatte viele Affären.	Casanova miał wiele romansów.
r **Liebhaber**, – / e **Geliebte**, -n	kochanek / kochanka
Hat er eine Geliebte?	Czy on ma kochankę?
Seine Frau hatte einen Liebhaber.	Jego żona miała kochanka.
r **Frauenheld**, -en	kobieciarz, podrywacz
s ***Vertrauen** ↔ s ***Misstrauen**	zaufanie ↔ nieufność; podejrzliwość
sich ***streiten** (stritt, hat gestritten) ↔ sich wieder **versöhnen**	kłócić się ↔ pogodzić się
r ***Kuss**, ⸚e	pocałunek
(sich) ***küssen**	całować (się)
sich ***trennen**	rozejść się; rozstać się
Meine Eltern haben sich getrennt.	Moi rodzice rozstali się / rozeszli się.
Sie leben jetzt getrennt.	Mieszkają teraz osobno.
e **Trennung**, -en	rozstanie
Trennungen sind immer schmerzhaft.	Rozstania są zawsze bolesne.
scheitern / **in die Brüche gehen** (ging, ist gegangen)	nie udać się / rozpaść się
Unsere Ehe ist gescheitert / in die Brüche gegangen.	Nasze małżeństwo nie udało się / rozpadło się.
e **Scheidung**, -en	rozwód
Die Zahl der Scheidungen nimmt von Jahr zu Jahr zu.	Liczba rozwodów rośnie z roku na rok.
Susanne hat die Scheidung eingereicht.	Susanne wniosła o rozwód.
Sie leben in Scheidung.	Rozwodzą się.
r **Scheidungsanwalt**, ⸚e	adwokat zajmujący się sprawami rozwodowymi
sich scheiden lassen (lässt, ließ, hat gelassen)	rozwieść się
Anton will sich scheiden lassen.	Anton chce się rozwieść.
geschieden sein	być rozwiedzionym
Wir haben uns in gegenseitigem Einvernehmen scheiden lassen.	Rozwiedliśmy się za obustronną zgodą.
r **Exmann**, ⸚er // e **Exfrau**, -en	były mąż // była żona
r **Unterhalt** Sg / e **Unterhaltszahlung**, -en	alimenty
Muss er Unterhalt für seine Ex-Frau zahlen? – Für die Frau nicht, aber für die Kinder.	Czy musi płacić alimenty swojej byłej żonie? – Żonie nie, ale dzieciom tak.
Alimente Pl	alimenty
s **Sorgerecht**	prawo do opieki nad dzieckiem
s **alleinige** ↔ **gemeinsame** Sorgerecht	wyłączne ↔ wspólne prawo do opieki nad dzieckiem

> W Niemczech podczas rozwodu rodzicom zazwyczaj przyznaje się *das **gemeinsame** Sorgerecht* (wspólne prawo do opieki nad dzieckiem). Jeśli jeden rodzic pragnie uzyskać *das **alleinige** Sorgerecht* (wyłączne prawo do opieki nad dzieckiem), musi o to wnieść i swoją prośbę uzasadnić.

Partnerschaft

Kinder
Dzieci

s Ungeborene, -n / s ungeborene Kind — nienarodzony; nienarodzona / dziecko nienarodzone
s *Baby, -s ['be:bi] / r Säugling, -e — niemowlę
s *Kind, -er — dziecko
r *Junge, -n // s *Mädchen, - — chłopiec // dziewczynka
r *Bub, -en *südd./österr./schweiz.* — chłopiec
e Schwangerschaft, -en — ciąża
Sie ist *schwanger. / Sie bekommt ein Baby / ein Kind. — Jest w ciąży. / Będzie miała dziecko.
Sie ist im vierten Monat schwanger. — Jest w czwartym miesiącu ciąży.
e werdende Mutter — przyszła matka
e morgendliche Übelkeit — poranne mdłości
e Wehe, -n — skurcze porodowe
das Einsetzen der Wehen — wystąpienie skurczy porodowych
e Hebamme, -n — położna
e Entbindung, -en — poród, rozwiązanie
e Entbindungsklinik, -en — szpital położniczy
e *Geburt, -en — poród; narodziny
ein Kind gebären / zur Welt bringen — urodzić dziecko
Unsere Tochter wurde heute früh geboren. — Dzisiaj rano urodziła się nam córka.
jm ähnlich sein / sehen — być do kogoś podobnym / wyglądać jak ktoś

Sie ist/sieht ihrer Mutter sehr ähnlich. — Jest bardzo podobna do swojej matki.

e Geburtsurkunde, -n — metryka, akt urodzenia
r Kaiserschnitt, -e — cesarskie cięcie
Unser Sohn kam per Kaiserschnitt zur Welt. — Nasz syn urodził się przez cesarskie cięcie.
e Fehlgeburt, -en — poronienie
e Frühgeburt, -en — przedwczesny poród
Das Baby kam zehn Wochen zu früh. — Dziecko urodziło się dziesięć tygodni przed terminem.

Zwillinge *Pl* / Drillinge *Pl* — bliźniaki / trojaczki
Eineiige Zwillinge kann man kaum unterscheiden. — Bliźniaki jednojajowe trudno rozróżnić.
*unterscheiden (unterschied, hat unterschieden) — odróżnić; rozróżnić

e Taufe, -n — chrzest; chrzciny
s Patenkind, -er — chrześniak
s Göttikind, -er *schweiz.* — chrześniak
r Pate, -n / r Patenonkel, - // e Patin, -nen / e Patentante, -n — ojciec chrzestny // matka chrzestna

r Götti, – // e Gotte, -n *schweiz.* — ojciec chrzestny // matka chrzestna

stillen — karmić piersią
Ich habe meine Tochter sechs Monate lang gestillt. — Karmiłam moją córkę piersią przez sześć miesięcy.
die **Flasche geben** (gibt, gab, hat gegeben) — karmić butelką
den Schoppen geben *schweiz.* — karmić butelką
füttern — karmić
r **Schnuller**, – / r Didi, -s *ugs.* — smoczek
r Nuggi, – *schweiz.* — smoczek
e **Windel**, -n — pieluszka
wickeln / **die Windel wechseln** — przewijać / zmieniać pieluszkę
r *****Topf**, ⸚e — nocnik
Musst du auf den Topf? — Chcesz na nocnik?
das Baby *****baden** — kąpać dziecko
das Baby *****anziehen** ↔ *****ausziehen** (zog an/aus, hat an/ausgezogen) — ubierać ↔ rozbierać dziecko
das Baby abziehen *schweiz.* — rozbierać dziecko
s **Wiegenlied**, -er / s **Schlaflied**, -er — kołysanka
ein Schlaflied singen — śpiewać kołysankę
e **Gutenachtgeschichte**, -n — bajka na dobranoc
eine *****Geschichte vorlesen** (liest vor, las vor, hat vorgelesen) — przeczytać bajkę
das Kind **ins Bett bringen** (brachte, hat gebracht) — położyć dziecko spać
Ich muss jetzt die Kinder ins Bett bringen. — Muszę teraz położyć dzieci spać.
*****aufwachen** ↔ *****einschlafen** (schläft ein, schlief ein, ist eingeschlafen) — obudzić się ↔ zasnąć
s **Trotzalter** — wiek przekory; trudny wiek
e **Pflege** — opieka
ein Kind **in Pflege geben** (gibt, gab, hat gegeben) ↔ **nehmen** (nimmt, nahm, hat genommen) — oddać dziecko na wychowanie ↔ wziąć dziecko na wychowanie
Pflegeeltern *Pl* — przybrani rodzice; rodzice zastępczy

adoptieren — adoptować
e **Adoption**, -en — adopcja
zur Adoption freigeben (gibt frei, gab frei, hat freigegeben) — oddać do adopcji
Wir möchten ein Kind adoptieren. — Chcielibyśmy zaadoptować dziecko.
s **Adoptivkind**, -er / s adoptierte Kind — dziecko przysposobione / adoptowane
r **Vormund** — opiekun dziecka
r/e **Waise**, -n / s **Waisenkind**, -er — sierota
s **Waisenhaus**, ⸚er — sierociniec

r/e **Alleinerziehende**, -n	samotnie wychowujący / samotnie wychowująca
e berufstätige Mutter	matka pracująca zawodowo
e ***Verantwortung**, -en	odpowiedzialność
Verantwortung übernehmen / tragen	przejąć / ponosić odpowiedzialność
e ***Erziehung**	wychowanie
r Erziehungsurlaub / e Elternzeit	urlop wychowawczy
ein Kind **großziehen** / **aufziehen** (zog auf, hat aufgezogen)	wychowywać dziecko
*****erziehen** (erzog, hat erzogen)	wychowywać
Sie wurde streng erzogen.	Została wychowana wedle surowych zasad.
Ihre Kinder sind sehr gut erzogen.	Ich dzieci są bardzo dobrze wychowane.
r **Erzieher**, – // e **Erzieherin**, -nen	wychowujący / wychowawca // wychowująca / wychowawczyni
Die Erzieherinnen in unserem Kindergarten sind sehr nett.	Wychowawczynie w naszym przedszkolu są bardzo miłe.
r/e **Erziehungsberechtigte**, -n	osoba uprawniona do wychowywania dziecka
e **Erziehungsberatung**	poradnictwo wychowawcze
r **Erziehungsberater**, – // e **Erziehungsberaterin**, -nen	konsultant do spraw wychowawczych // konsultantka do spraw wychowawczych
*****schimpfen**	wygadywać; besztać
Ich muss jetzt nach Hause, sonst schimpft meine Mutter.	Muszę już wracać do domu, bo inaczej moja matka zacznie wygadywać.
*****schlagen** (schlägt, schlug, hat geschlagen) / **hauen**	uderzać; bić / dać lanie; zdzielić; huknąć; bić
Du sollst nicht andere Kinder hauen!	Nie wolno ci bić innych dzieci!
sein Kind *****loben**	chwalić swoje dziecko
sein Kind **verwöhnen**	rozpieszczać dziecko
Erwin ist ziemlich verwöhnt.	Erwin jest dość rozpieszczony.
Er ist *****frech** / ungezogen ↔ **brav**.	On jest bezczelny / niewychowany ↔ grzeczny.
Ihr Sohn kann **sich** einfach nicht **benehmen**!	Pański syn po prostu nie umie się zachować!
e *****Schwierigkeit**, -en	problem; trudność
Verwöhnte Kinder machen in der Schule oft Schwierigkeiten.	Rozpieszczone dzieci często mają problemy w szkole.
ein Kind **misshandeln**	dręczyć / maltretować dziecko; znęcać się nad dzieckiem
e **Kindesmisshandlung** / r **Kindesmissbrauch**	znęcanie się nad dzieckiem; maltretowanie dziecka / wykorzystywanie (seksualne) dziecka

3

e **Kinderbetreuung** — opieka nad dzieckiem
r **Babysitter**, - ['beːbizɪtɐ] — babysitter
s **Aupair** (-mädchen, -) [oː 'pɛːɐ̯] — au-pair
s **Kindermädchen**, – /
 e **Kinderfrau**, -en — pani do opieki nad dzieckiem
s **Taschengeld** — kieszonkowe
s Sackgeld *schweiz*. — kieszonkowe
Wir haben sein Taschengeld auf 5 Euro erhöht. — Podnieśliśmy jego kieszonkowe do 5 euro.

4.1	**Essen** Jedzenie
4.2	**Trinken** Picie
4.3	**Rauchen** Palenie
4.4	**Körperpflege** Higiena osobista
4.5	**Kleidung** Ubranie
4.6	**Einkaufen** Zakupy

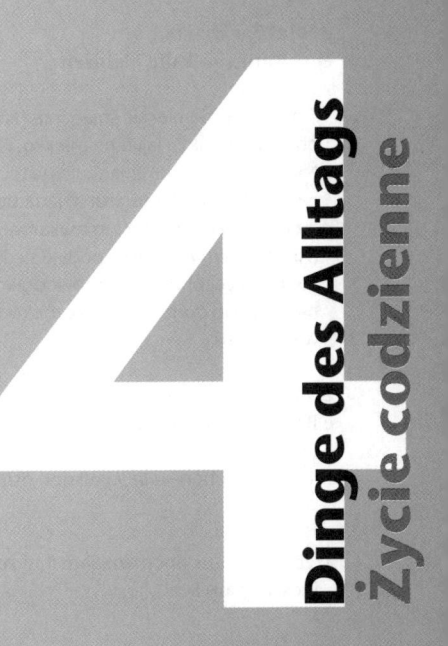

4 Dinge des Alltags
Życie codzienne

4
1
Essen
Jedzenie

***essen** (isst, aß, hat gegessen) — jeść
s ***Essen** *Sg* — jedzenie
s ***Frühstück** — śniadanie
s ***Morgenessen**, - / r / s Zmorge(n), - *schweiz.* — śniadanie
r ***Honig** — miód
e ***Marmelade**, -n / e ***Konfitüre**, -n — marmolada; dżem / konfitury
Was trinken Sie zum Frühstück: Tee oder Kaffee? — Co pija pan na śniadanie: herbatę czy kawę?
Ich frühstücke immer um 7 (Uhr). — Zawsze jem śniadanie o 7.00.
s ***Mittagessen** — obiad
Zum Mittagessen gibt es heute Pasta. — Dziś na obiad jest makaron.
s ***Abendessen** — kolacja
s Nachtessen *schweiz.* — kolacja
Wir gehen heute zum Abendessen aus. — Dziś jemy kolację na mieście.
s ***Menü**, -s — zestaw potraw

> **Mylące podobieństwo słówek**
> Niemieckie słówko *Menü* oznacza zestaw potraw, a nie kartę dań, czyli *Speisekarte*.
> *ein viergängiges Menü* – czterodaniowy posiłek; zestaw czterech dań
> *Können wir bitte noch einmal die *Speisekarte haben?* – Czy możemy jeszcze raz prosić o menu?

e ***Mahlzeit**, -en — posiłek
eine warme ↔ kalte Mahlzeit — ciepły ↔ zimny posiłek

> Tradycyjne niemieckie śniadanie (*Frühstück*) to kanapki z dżemem lub miodem oraz ewentualnie jajko na miękko. Ostatnio jednak coraz więcej osób w Niemczech jada na śniadanie płatki, rogaliki francuskie, tosty, jogurty lub tylko owoce. Obiad (*Mittagessen*) jada się między 12.00 a 13.00. Jest to zwykle mięso z ziemniakami, ryżem lub makaronem, do tego warzywa lub sałatka. Na kolację (*Abendessen*) zazwyczaj podaje się kanapki z kiełbasą i serem. Ponieważ jednak coraz więcej pracujących zawodowo osób – szczególnie w miastach – nie wraca na obiad do domu, rośnie liczba rodzin, w których ciepły posiłek jada się dopiero wieczorem.

e Zwischenmahlzeit, -en — przekąska
e Brotzeit *südd.* / r Snack, -s — przekąska
e Jause, -n *österr.* — przekąska
Brotzeit machen *südd.* / jausnen *österr.* — zrobić przerwę na posiłek / przekąskę

s ***Picknick**, -s — piknik
Treffen wir uns doch am Samstag zum Picknick am See! — Spotkajmy się w sobotę na pikniku nad jeziorem!

Essen

r **Brunch** [brantʃ] — brunch
Kommt ihr am Sonntag zum Brunch zu uns? So gegen 12? — Czy przyjdziecie do nas na brunch w niedzielę? Tak około 12.00?
r ***Hunger*** — głód
hungrig ↔ ***satt*** sein — być głodnym ↔ sytym
Ich habe großen Hunger. / Ich bin sehr hungrig. — Jestem bardzo głodny.

r ***Appetit*** — apetyt
Guten Appetit! – Danke, ***ebenfalls*** / ***ebenso*** / ***gleichfalls***. — Smacznego! – Dziękuję, wzajemnie.
ausgezeichnet — wyborny; doskonały
Das Essen war ausgezeichnet. — Jedzenie było doskonałe.
enttäuschen — rozczarować
Das Essen hat uns leider enttäuscht. — Niestety, jedzenie rozczarowało nas.

anbieten (bot an, hat angeboten) — oferować; proponować
Was darf ich Ihnen anbieten? — Co mogę panu zaproponować?
sich ***ernähren*** — odżywiać się
Ich versuche, mich gesund zu ernähren. — Staram się zdrowo odżywiać.
e **Ernährung** — odżywianie (się); wyżywienie; żywność

fettarme Ernährung — niskotłuszczowe odżywianie się; niskotłuszczowa żywność

gesunde ↔ ***ungesunde*** Ernährung — zdrowe ↔ niezdrowe odżywianie się

vegetarisch — wegetariański
r **Vegetarier**, - // e **Vegetarierin**, -nen — wegetarianin // wegetarianka
Ich bin Vegetarier. — Jestem wegetarianinem.
s ***Nahrungsmittel***, - — środek spożywczy
Lebensmittel *Pl* — artykuły spożywcze; artykuły żywnościowe; żywność

e **Fertignahrung** *Sg* — żywność wysokoprzetworzona
e ***Dose***, -n / e ***Büchse***, -n — puszka
Essen aus der Dose / Büchse — jedzenie z puszki / konserwy
e **Kalorie**, -n — kaloria
e kalorienarme ↔ kalorienreiche Kost / Ernährung — niskokaloryczna ↔ wysokokaloryczna żywność
e ***Diät***, -en — dieta
eine Diät machen — być na diecie; odchudzać się
e ***Milch*** — mleko
s **Milchprodukt**, -e — nabiał
e fettarme Milch / e Vollmilch — mleko o niskiej zawatości tłuszczu / mleko pełnotłuste

e ***Butter*** — masło
e ***Margarine*** — margaryna
e süße ↔ saure ***Sahne*** — słodka ↔ kwaśna śmietana
r Schlagobers ↔ r Sauerrahm *österr.* — słodka ↔ kwaśna śmietana
r ***Rahm*** ↔ r **Sauerrahm** *südd.* — słodka ↔ kwaśna śmietana

4.1

e Schlagsahne / r Schlagrahm *südd.* / s Schlagobers *österr.*	bita śmietana
die Sahne steif schlagen	ubi(ja)ć śmietanę
r **Jog(h)urt** / r Fruchtjoghurt	jogurt / jogurt owocowy
r ***Quark** / r Früchtequark	twaróg / twarożek owocowy
r ***Topfen** *südd. / österr.*	twaróg
r ***Käse** / e Käsesorte, -n	ser / gatunek sera
r Camembert ['kaməmbeːɐ̯]	camembert
r Weichkäse ↔ r Hartkäse	ser miękki ↔ ser twardy
s ***Eis**	lody
e Glace, -n *schweiz.* [glas]	lody
s Fruchteis / s Milch(speise)eis	lody owocowe / lody mleczne
s ***Ei**, -er	jajko
s ***Brot**, -e	chleb
e Scheibe Brot / e Brotscheibe	kromka chleba
Brot aufschneiden (schnitt auf, hat aufgeschnitten)	kroić chleb na kromki
s ***Gebäck** *Sg*	pieczywo

Rodzaje chleba

s *Weißbrot*	biały chleb
s *Graubrot* / s *Ruchbrot (schweiz.)*	chleb żytnio-pszeniczny
s *Vollkornbrot*	chleb pełnoziarnisty
s *Toastbrot* ['toːstbroːt]	chleb tostowy
s ***Brötchen**, - / e ***Semmel**, -n (südd. / österr.)* / s *Semmeli*, - *(schweiz.)* / s *Bürli*, - *(schweiz.)*	bułka
s *belegte Brötchen* / s *Sandwich* ['zɛntvɪtʃ]	kanapka
e *Breze*, -n / e *Brezel*, -n	precel

Ciasta

r ***Kuchen**, -	ciasto
r *Obstkuchen* / r *Fruchtkuchen (schweiz.)*	ciasto z owocami
e *Torte*, -n	tort
e *Sahnetorte*	tort z (bitą) śmietaną
s ***Hörnchen**, - / s *Kipferl*, - *(österr.)*	rogalik
s *Nusshörnchen*, - / r *Nussgipfel (schweiz.)*	rogalik orzechowy
e *Waffel*, -n	wafel
s/r *Keks*, -e / s *Guetsli*, - *(schweiz.)*	herbatnik
r ***Pfannkuchen**, - / r *Palatschinken*, - *(österr.)*	naleśnik

s ***Getreide** *Sg*	zboże
r Weizen	pszenica
r Roggen	żyto
r Hafer / Haferflocken *Pl*	owies / płatki owsiane

Essen

s **Müsli**	muesli
s Müesli / s Birchermüesli, - *schweiz.*	muesli / muesli Birchera
Cornflakes *Pl* ['ko:ɐnfle:ks]	płatki kukurydziane
s ***Mehl**	mąka
s Vollkornmehl	mąka razowa
r ***Reis**	ryż
***Nudeln** *Pl*	makaron
Spagetti *Pl* / e **Pasta**	spaghetti / makaron
r **Kloß**, ⸚e	kluska
r ***Knödel**, - *südd./österr.*	kluska; knedel
r Semmelknödel, - / r Kartoffelknödel, -	knedel przyrządzany z bułki / knedel przyrządzany z kartofli
r **Teig**, -e	ciasto
den Teig kneten / rühren	wyrobić ciasto
r Pizzateig / r Brotteig	ciasto do pizzy / ciasto na chleb
s ***Fleisch** *Sg*	mięso
Wie lange ist das Fleisch ***haltbar**?	Jak długo można przechowywać to mięso?
s Haltbarkeitsdatum, -daten	data przydatności do spożycia
das Fleisch schneiden	kroić mięso
s **Geflügel** *Sg*	drób
s **Wild** *Sg*	dziczyzna
e ***Wurst** / Wurstsorten, -n	kiełbasa / rodzaje kiełbasy
e Wurst, ⸚e	kiełbasa
aufgeschnitten ↔ am Stück	w plasterkach ↔ w kawałku
r Aufschnitt *Sg*	pokrajane wędliny

Mięso

s *Rindfleisch*	wołowina
s *Schweinefleisch*	wieprzowina
s *Kalbfleisch*	cielęcina
s *Lammfleisch*	jagnięcina
s *Putenfleisch*	indyk
s *Trutenfleisch (schweiz.)*	indyk
s **Hackfleisch*	mięso mielone
s **Faschierte (österr.)*	mięso mielone
r *(geräucherte) Speck*	(wędzona) słonina
r **Schinken (*roh ↔ gekocht)*	szynka (surowa ↔ gotowana)

Drób

s **Huhn*, ⸚er / s **Hähnchen*, -	kura / kurczak
s **Poulet*, -s [pu'le:] *(schweiz.)*	kurczak
e *Ente, -n*	kaczka
e *Gans*, ⸚e	gęś
e *Pute, -n /r Truthahn*, ⸚e	indyk

Dziczyzna

s Reh, -e	sarna
r Hirsch, -e	jeleń
s Wildschwein, -e	dzik
r Hase, -n	zając
s Kaninchen, -	królik

Kiełbasa

s Wiener Würstchen, -	winerki
s Frankfurter Würstel, - (österr.)	frankfurterki
s Wienerli, - / s Frankfurterli, - (schweiz.)	kiełbaski wiedeńskie / frankfurterki
e Bratwurst, ⸚e	grillowana / pieczona / smażona kiełbasa / kiełbasa z grilla
e Nürnberger Rostbratwurst, ⸚e	kiełbaska z rusztu
e Leberwurst, ⸚e	kiszka wątrobiana; pasztetowa
e Salami, -[s]	salami

r *Braten, -	pieczeń
r / s Gulasch [auch 'gʊ...]	gulasz
s *Steak, -s [steːk]	*stek*
s *Schnitzel, - ['ʃnɪtsl]	sznycel
s Kotelett, -s	kotlet
e *Soße, -n / e *Sauce, -n ['zoːsə]	sos
r *Fisch, -e	ryba

Ryby

e Forelle, -n	pstrąg		e Scholle, -n	flądra
r Zander, -	sandacz		e Seezunge, -n	sola
r Rotbarsch, -e	okoń czerwony		e Sardine, -n	sardynka
r Lachs, -e	łosoś		r Räucherlachs	wędzony łosoś
r Hecht, -e	szczupak		r Heilbutt	halibut
e Renke, -n	głąbiel		r Hering, -	śledź
r Karpfen, -	karp		r Tunfisch, -e	tuńczyk
s Fischstäbchen, -	paluszek rybny			

Meeresfrüchte Pl	owoce morza
e Auster, -n	ostryga
e Krabbe, -n / e Garnele, -n / e Crevette, -n	krab / krewetka / krewetka
r Krabbensalat	sałatka krabowa
s *Gewürz, -e	przyprawa
würzen	przyprawiać
s *Salz	sól
r *Pfeffer	pieprz
frische Kräuter	świeże zioła
r Salzstreuer, -	solniczka
e Pfeffermühle, -n	młynek do pieprzu

Przyprawy

e Petersilie	pietruszka	r Schnittlauch	szczypiorek
s Basilikum	bazylia	s Oregano	oregano
r Rosmarin	rozmaryn	r Salbei	szałwia
e Nelke	goździk	e Muskatnuss	gałka muszkatołowa
r Chili	chili		
r Zimt	cynamon	s Lorbeerblatt	liść laurowy

r *Z<u>u</u>cker — cukier
Das schmeckt *s<u>ü</u>ß / *s<u>au</u>er / *s<u>a</u>lzig / *b<u>i</u>tter. — To ma słodki / kwaśny / słony / gorzki smak.
Das schmeckt ganz schön *sch<u>a</u>rf. — To jest dość ostre.
(schärfer, schärfst-)
r *<u>E</u>ssig, -e — ocet
s *<u>Ö</u>l, -e — olej
s Olivenöl / s Sonnenblumenöl — oliwa z oliwek / olej słonecznikowy

r süße ↔ scharfe S<u>e</u>nf, -e — łagodna ↔ ostra musztarda
s *Gem<u>ü</u>se Sg — warzywa; jarzyny
s K<u>i</u>lo, -[s] / s Pf<u>u</u>nd, -[e] südd. — kilo / funt
Ein Pfund / halbes Kilo Tomaten bitte. — Poproszę funt / pół kilo pomidorów.

Warzywa

e *Kart<u>o</u>ffel, -n — ziemniak; kartofel
Salzkartoffeln / Bratkartoffeln — gotowane ziemniaki / ziemniaki opiekane
r Kartoffelbrei / Pommes Frites (Pl) — puree ziemniaczane / frytki
r Kartoffelstock (schweiz.) — puree ziemniaczane
e Karotte, -n (südd./österr.) / e Mohrrübe, -n / e gelbe Rübe, -n / e Möhre, -n — marchewka
s Rüebli, - (schweiz.) — marchewka
e *Tom<u>a</u>te, -n / r *Parad<u>ei</u>ser, - (österr.) — pomidor
e *Zw<u>ie</u>bel, -n / Frühlingszwiebeln — cebula / dymka
e Gurke, -n — ogórek
e Paprika, -s — papryka
Peperoni (Pl) (schweiz.) — ostra papryczka; pepperoni
e Aubergine, -n — bakłażan
e Zucchini, -s / Zucchetti (Pl) (schweiz.) — cukinia
r *P<u>i</u>lz, -e / s *Schw<u>a</u>mmerl, - (südd. / österr.) — grzyb
r Champignon, -s — pieczarka
e Erbse, -n — groszek
e *B<u>o</u>hne, -n — fasola
r Spargel — szparag
r Kohl / r Weißkohl / r Rotkohl / s Blaukraut — kapusta / biała kapusta / czerwona kapusta / czerwona kapusta

Jedzenie 83

4
1

r Blumenkohl / r Karfiol (österr.)	kalafior
r Rosenkohl / Kohlsprossen (Pl) (österr.)	brukselka
r Broccoli	brokuł
r Spinat	szpinak
r Mais	kukurydza

r *Sal<u>a</u>t, -e	sałata
e **Sal<u>a</u>tsoße**, -n / s **Dr<u>e</u>ssing**, -s	sos do sałatki / dressing
r Kopfsalat / r grüne Salat	zielona sałata
r Eissalat / r Krautsalat / r Tomatensalat / r Gurkensalat	sałata lodowa / sałatka z kapusty / sałatka z pomidorów / sałatka z ogórków
r gemischte Salat	sałatka mieszana
r **<u>O</u>bstsalat**	sałatka owocowa
r Fruchtsalat *schweiz.*	sałatka owocowa
s *<u>O</u>bst *Sg* / e **Fr<u>u</u>cht**, ⸚e	owoc
Obst schälen	obierać owoc
e Schale, -n	skórka
r Kern, -e	pestka

Owoce

r *Apfel, ⸚	jabłko
e *B<u>i</u>rne, -n	gruszka
r Pfirsich, -e	brzoskwinia
e *Aprik<u>o</u>se, -n	morela
e *Mar<u>i</u>lle, -n (österr.)	morela
e Nektar<u>i</u>ne, -n	nektarynka
e Banane, -n	banan
e Kirsche, -n	wiśnia; czereśnia
e *Pfl<u>au</u>me, -n	śliwka
e Zwetschge, -n	śliwka
e *Or<u>a</u>nge, -n [oˈrãʒə] / e *Apfels<u>i</u>ne, -n	pomarańcza
e Grapefruit, -s [ˈgreːpfruːt]	grejpfrut
e Mandar<u>i</u>ne, -n	mandarynka
e *Zitr<u>o</u>ne, -n	cytryna
e Weintraube, -n / e Traube, -n	winogrono
e Ros<u>i</u>ne, -n	rodzynka
e Weinbeere, -n (schweiz.)	rodzynka
e Artisch<u>o</u>cke, -n	karczoch
e Dattel, -n	daktyl
e Ananas, -	ananas
e Nuss, ⸚e	orzech
e Walnuss / e Haselnuss / e Erdnuss	orzech włoski / orzech laskowy / orzech ziemny
e Baumnuss, ⸚e (schweiz.)	orzech włoski
e Kast<u>a</u>nie, -n	kasztan

Essen

4
1/2

Jagody

e Erdbeere, -n	truskawka
e Johannisbeere, -n	porzeczka
e Ribisel, -n (österr.)	porzeczka
e Himbeere, -n	malina
e Brombeere, -n	jeżyna
e Blaubeere, -n / e Heidelbeere, -n	jagoda
e Stachelbeere, -n	agrest

*reif / überreif ↔ unreif	dojrzały / przejrzały ↔ niedojrzały
Äpfel ernten / pflücken	zrywać jabłka
r *Nachtisch / e *Nachspeise, -n / s *Dessert, -s [dɛˈsɛːɐ̯]	deser
e Süßigkeit, -en	słodycze
e *Schokolade, -n	czekolada
eine Tafel / ein Stückchen Schokolade	tabliczka / kawałek czekolady
r Schokoriegel, -	batonik czekoladowy
s Marzipan Sg	marcepan
s Nougat Sg	nugat
e Praline, -n / s Konfekt Sg	czekoladka
confectionery	
s/r *Bonbon, -s [bõˈbõː]	cukierek
s Gummibärchen, -	misie-żelki

Trinken
Picie

*trinken (trank, hat getrunken)	pić
s *Getränk, -e	napój
alkoholfreie ↔ alkoholhaltige Getränke	napoje bezalkoholowe ↔ alkoholowe
r *Durst	pragnienie
durstig sein	mieć pragnienie
Hast du Durst? / Bist du durstig?	Czy masz pragnienie? / Czy chce ci się pić?
s Leitungswasser	woda z kranu

W Niemczech, Austrii i Szwajcarii kranówka cechuje się bardzo wysoką jakością i można ją pić bez obawy.

s *Mineralwasser	woda mineralna
stilles Mineralwasser / Mineralwasser ohne Kohlensäure	mineralna woda niegazowana / woda mineralna bez gazu
e Kohlensäure	dwutlenek węgla

4
2

Ich möchte bitte ein stilles Mineralwasser.	Poproszę niegazowaną wodę mineralną.
r *Saft, ⸚e	sok
*enthalten (enthält, enthielt, hat enthalten)	zawierać
Dieser Saft enthält viele Vitamine.	Ten sok zawiera wiele witamin.
r Orangensaft	sok pomarańczowy
frisch gepresster Orangensaft	świeżo wyciśnięty sok pomarańczowy
r Apfelsaft	sok jabłkowy
e Apfelsaftschorle	sok jabłkowy z dodatkiem (gazowanej) wody
gespritzter Apfelsaft *österr.*	sok jabłkowy z dodatkiem (gazowanej) wody
e/s (Coca-) *Cola®	Coca-Cola
e *Limonade	lemoniada
e Orangen- / Zitronenlimonade	lemoniada o smaku pomarańczowym / cytrynowym
s/r Spezi®	napój będący mieszanką coca coli i lemoniady
r *Kaffee [*auch* ka'fe:]	kawa
Ich möchte bitte eine Tasse Kaffee.	Poproszę filiżankę kawy.
s Kännchen Kaffee	dzbanuszek kawy
r Milchkaffee	kawa z dużą ilością mleka
s Haferl Milchkaffee	kubek kawy z dużą ilością mleka
s Koffein	kofeina
koffeinfreier Kaffee	kawa bezkofeinowa

> *Kaffee* może oprócz kawy oznaczać też małą przekąskę. W Niemczech południowych na przykład określa się tym mianem podwieczorek, podawany zwykle w weekendy, około trzeciej po południu. Podczas takiego podwieczorku pija się kawę i jada ciastka. Kawę serwuje się z cukrem i śmietanką (*Sahne* lub *Schlag* w Austrii, *Rahm* w Szwajcarii), mlekiem lub mlekiem skondensowanym. W Niemczech północnych natomiast popołudniami pija się raczej herbatę.

r *Tee [te:] / Teesorten	herbata / rodzaje herbaty
Möchten Sie den Tee mit Milch oder Zitrone?	Czy życzy pan sobie herbatę z mlekiem czy cytryną?
r schwarze / grüne Tee	czarna / zielona herbata
r Kräutertee	herbata ziołowa
r Pfefferminztee / r Kamillentee / r Früchtetee	herbata miętowa / herbata rumiankowa / herbata owocowa
e *Milch	mleko
fettarme Milch ↔ Vollmilch	mleko o niskiej zawartości tłuszczu ↔ mleko pełnotłuste
e (heiße) *Schokolade	(gorąca) czekolada
r Kakao [ka'kau]	kakao
Möchtest du einen Kakao?	Chcesz kakao?

e Ovomaltine *schweiz*.	ovomaltina [mleczny napój witaminizowany]
r ***Alkohol**	alkohol
Was darf ich Ihnen zu trinken anbieten?	Co mogę panu zaproponować do picia?
r **Aperitif**, -s [aperi'ti:f]	aperitif
r **Cocktail**, -s ['kɔkte:l]	koktajl
einen Cocktail mixen	przyrządzać koktajl
r **Likör**, -e	likier
r Liqueur, -s *schweiz*.	likier
r **Sekt**	szampan; wino musujące
r **Champagner** [ʃam'panjɐ]	szampan
r ***Wein**, -e	wino
Schenkst du bitte den Wein ein?	Czy możesz, proszę, nalać wina?
r Weißwein / r Rotwein / r Rosé [ro'ze:]	wino białe / wino czerwone / wino różowe
lieblich ↔ *****trocken**	słodkie ↔ wytrawne
Können Sie mir bitte einen trockenen Rotwein empfehlen?	Czy może mi pan polecić jakieś wytrawne czerwone wino?
r **Jahrgang**, ⸗e	rocznik
1998 war ein guter Jahrgang.	1998 był dobrym rocznikiem.
r **Schnaps**, ⸗e	wysokoprocentowy alkohol; wódka
r Digestif, -s [digɛs'ti:f]	nalewka ułatwiająca trawienie
s ***Bier**, -e	piwo
helles ↔ dunkles Bier	jasne ↔ ciemne piwo
Noch ein Bier, bitte!	Jeszcze jedno piwo, proszę!
alkoholfreies Bier	piwo bezalkoholowe
ein Kasten Bier	skrzynka piwa
r***Kasten**, ⸗ / e *****Kiste**, -n *österr*.	skrzynka
s Altbier	wysoko fermentowane, ciemne piwo
s Weißbier / s Weizenbier	piwo pszeniczne
s Radler	napój składający się z piwa i lemoniady
s Starkbier	piwo mocne
s Pils	pilsner
*****Prost**!	Na zdrowie!

> Jeśli w Bawarii zamawia się piwo, automatycznie dostaje się 0,5 l lub 0,4 l, w Nadrenii 0,2 l. W Monachium podczas festynu *„Oktoberfest"*, w pijalni piwa albo w ogródku piwnym *(Biergarten)* można zwykle zamówić tylko *eine Mass* (=1 litr). W Szwajcarii zamawia się *eine Stange* (0,3 l).

nüchtern ↔ **betrunken** sein	być trzeźwym ↔ pijanym
blau sein *ugs*.	być zalanym
Er war gestern Abend total betrunken / blau.	Wczoraj wieczorem był kompletnie pijany/zalany.
r / e Betrunkene, -n	pijany / pijana

e ***Flasche**, -n	butelka
s ***Glas**, ⸚er	szklanka; kieliszek
Lasst uns doch ein Glas Wein zusammen trinken!	Wypijmy razem kieliszek wina!
r **Flaschenöffner**, -	otwieracz do butelek
aufmachen ↔ zustöpseln	otworzyć ↔ zatkać / zamknąć
r **Korkenzieher**, -	korkociąg
r Zapfenzieher, - *schweiz.*	korkociąg
r Korken, -	korek
Wein **eingießen** (goss ein, hat eingegossen) / **einschenken**	nalać wino
Wein nachgießen / nachschenken	dolać wina
verschütten	rozlać
*****probieren** / *****kosten**	spróbować / skosztować
einen Schluck trinken	wypić/spróbować łyk
das Glas austrinken	wypić/opróżnić kieliszek
Der Wein *****schmeckt** wunderbar!	To wino doskonale smakuje!
Die Flasche ist (halb)*****voll** ↔ (halb) *****leer**.	Butelka jest (w połowie) pełna ↔ (w połowie) pusta.

Rauchen
Palenie

*****rauchen**	palić
Hier ist das Rauchen **verboten**!	Tu nie wolno palić!
Ich habe es endlich geschafft, mit dem Rauchen aufzuhören!	Wreszcie udało mi się rzucić palenie!
r *****Raucher**, - ↔ r *****Nichtraucher**, -	palacz ↔ niepalący
Ich rauche nicht. / Ich bin Nichtraucher.	Nie palę. / Jestem niepalący.
r Raucherhusten	kaszel palacza
r Kettenraucher, -	nałogowy palacz
r Gelegenheitsraucher, -	palący okazyjnie
r Raucherbereich ↔ r Nichtraucherbereich	strefa dla palących ↔ strefa dla niepalących
Darf ich hier rauchen?	Czy mogę tu zapalić?
r **Tabak** *Sg*	tytoń
r Drehtabak	tytoń do skręcania
s Zigarettenpapier, -e	bibułka do papierosów
e selbst gedrehte Zigarette	skręcony papieros
eine Zigarette drehen	skręcić papierosa
s **Nikotin**	nikotyna
e *****Zigarette**, -n	papieros
e Filterzigarette, -n	papieros z filtrem
Zigaretten ohne Filter / filterlose Zigaretten	papierosy bez filtra
eine **Schachtel** / eine **Packung** Zigaretten	paczka papierosów

r Zigarettenautomat, -en	automat z papierosami
e Stange(, -n) Zigaretten	karton papierosów

> W Niemczech papierosy można kupić w specjalnych automatach, które zainstalowane są na zewnętrznych ścianach budynków mieszkalnych, a także w knajpach.

e **Zigarre**, -n	cygaro
e Kiste(, -n) Zigarren	pudełko cygar
e **Pfeife**, -n	fajka
eine Zigarette / Zigarre / Pfeife *****anzünden** ↔ *****ausmachen** / **ausdrücken**	zapalić ↔ zgasić papierosa / cygaro / fajkę
e **Kippe**, -n	niedopałek / pet
Haben Sie Feuer?	Czy ma pan ogień?
s *****Feuerzeug**, -e	zapalniczka
s *****Streichholz**, ⸚er	zapałka
s *****Zündholz**, ⸚er *südd. / österr. / schweiz.*	zapałka
r *****Aschenbecher**, -	popielniczka

Körperpflege
Higiena osobista

e **Körperpflege**	higiena osobista
e **Hygiene**	higiena
*****sauber** ↔ *****schmutzig**	czysty ↔ brudny
gepflegt ↔ **ungepflegt**	zadbany ↔ niezadbany
sich *****waschen** (wäscht, wusch, hat gewaschen)	myć się
Hast du dir die Hände gewaschen?	Umyłeś ręce?
gründlich	dokładnie
*****baden** / ein Bad nehmen	kąpać (się) / wziąć kąpiel
e *****Badewanne**, -n	wanna
Hast du schon gebadet?	Czy już się wykąpałeś?
(sich) *****duschen**	brać prysznic
e *****Dusche**, -n	prysznic
Ich gehe jetzt unter die Dusche.	Idę teraz pod prysznic.
e *****Seife**, -n	mydło
e **Waschlotion**, -en	płyn do mycia
r **Waschlappen**, -	myjka
s *****Handtuch**, ⸚er	ręcznik
s Gästehandtuch	ręcznik dla gości
s Badetuch	ręcznik kąpielowy
sich die *****Haare waschen**	(u)myć włosy
s **Shampoo**, -s ['ʃampo]	*szampon*
e Pflegespülung, -en	płukanka; odżywka
s Haarspray, -s	lakier do włosów
e **Haarbürste**, -n	szczotka do włosów

r **Kamm**, ⁓e — grzebień
Vergiss nicht, dir noch die Haare zu kämmen. — Nie zapomnij się uczesać.
r **Föhn**, -e / r Haartrockner, - — suszarka do włosów
sich die Haare schneiden lassen — ściąć włosy
Ich muss mir mal wieder die Haare schneiden lassen. — Muszę znowu ściąć włosy.
r *****Friseur**, -e // e **Friseurin**, -nen [fri'zø:ɐ̯] — fryzjer // fryzjerka
r *****Coiffeur**, -e // e *****Coiffeuse**, -n [kɔa'fø:ɐ̯] // [kɔa'fø:zə] *schweiz.* — fryzjer // fryzjerka
beim Friseur einen Termin vereinbaren — umówić się na wizytę u fryzjera
Morgen gehe ich zum Friseur. — Jutro idę do fryzjera.

U fryzjera

waschen und schneiden — umyć i ściąć
*****kurz / kürzer* — krótko / krócej
an der Seite / seitlich — z boku
*****vorn(e) ↔ *****hinten* — z przodu ↔ z tyłu
r Pony ['pɔni] — grzywka
e Dauerwelle, -n — trwała
fönen — wysuszyć
tönen — koloryzować
färben — farbować

sich die **Zähne putzen** — myć zęby
Ich muss mir noch die Zähne putzen. — Muszę jeszcze umyć zęby.
e *****Zahnpasta**, -s / e *****Zahncreme**, -s — pasta do zębów
e **Zahnbürste**, -n — szczoteczka do zębów
e **Zahnseide**, -n — nitka dentystyczna
sich die Zähne mit Zahnseide reinigen — czyścić sobie zęby nitką dentystyczną

sich nass ↔ trocken *****rasieren** — golić się na mokro ↔ na sucho
Ich muss mich noch rasieren. — Muszę się jeszcze ogolić.
e Trockenrasur ↔ e Nassrasur — golenie na sucho ↔ golenie na mokro

e Rasiercreme, -s / r Rasierschaum — krem do golenia / pianka do golenia
r **Rasierapparat**, -e — maszynka do golenia
e **Rasierklinge**, -n — żyletka
sich **schminken** — malować się
e **Schminke**/ s **Make-up** [me:k'lap] — makijaż / make-up
Make-up auftragen ↔ entfernen — (z)robić makijaż ↔ zmyć makijaż

Kilka kosmetyków

e *Creme, -s [kre:m]	krem
e Gesichtscreme	krem do twarzy
e Reinigungscreme	krem do oczyszczania
e Reinigungsmilch (Sg)	mleczko do twarzy
e Feuchtigkeitscreme	krem nawilżający
e Körperlotion, -en [...lo'tsjo:n]	balsam do ciała
s Körperöl	olejek do ciała
s Duschgel	żel pod prysznic
s Rouge [ru:ʃ]	róż
r Puder	puder
r Lidschatten	cień do powiek
e Wimperntusche, -n	tusz do rzęs
r Augenbrauenstift, -e	kredka do oczu
r Lippenstift, -e	szminka
s Deodorant [deodo'rant], s Deo (ugs.)	dezodorant
s Parfüm	perfumy

e **Maniküre** / e **Pediküre**	manicure / pedicure
e **Nagelschere**, -n	nożyczki do paznokci
die Finger- / Fußnägel schneiden	obcinać paznokcie u rąk / u stóp
e **Nagelfeile**, -n	pilniczek do paznokci
r **Nagellack**, -e	lakier do paznokci
e **Watte**	wata
s Wattestäbchen, -	pałeczki higieniczne
s **Taschentuch**, ⸚er	chusteczka
s Papiertaschentuch, ⸚er / s Tempo®, -s	chusteczka higieniczna
sich die **Nase putzen**	wycierać sobie nos
s Toilettenpapier / s ***Klopapier** ugs.	papier toaletowy
e ***Toilette**, -n [tǫa'lɛtə] / s ***WC**, -s / s ***Klo**, -s ugs.	toaleta / WC / ubikacja
Ich muss auf die Toilette / aufs Klo.	Muszę pójśc do toalety / do ubikacji.
Wo ist bitte die Toilette?	Przepraszam, gdzie jest toaleta?
e **Slipeinlage**, -n	wkładka higieniczna
r **Tampon**, -s	tampon
e **Binde**, -n	podpaska

Kleidung
Ubranie

e ***Kleidung** Sg / ***Kleider** Pl	ubranie / ubrania
Ich gebe nicht viel für Kleidung aus.	Nie wydaję wiele na ubrania.
Sie zieht sich immer gut an. / Sie ist immer gut gekleidet.	Zawsze się dobrze ubiera. / Zawsze jest dobrze ubrana.

elegant / gut ↔ schlecht / schlampig / unordentlich gekleidet / angezogen sein
być elegancko / dobrze ↔ źle / niechlujnie / niechlujnie ubranym

e *Mode, -n
moda

r *Trend, -s [trent]
trend

modisch / modern ↔ altmodisch / unmodern
modnie / nowocześnie ↔ staromodnie / niemodnie

*tragen (trägt, trug, hat getragen)
nosić

Sie trägt nie einen Hut.
Nigdy nie nosi kapelusza.

sich *anziehen (zog an, hat angezogen) ↔ sich *ausziehen
ubierać się ↔ rozbierać się

sich abziehen *schweiz.*
rozbierać się

*anhaben (hatte an, hat angehabt)
mieć na sobie

Er hat ein blaues Hemd an.
Ma na sobie niebieską koszulę.

Ich brauche etwas Neues zum Anziehen.
Potrzebuję czegoś nowego do ubrania.

e *Garderobe, -n
garderoba / szatnia

Die Garderobe befindet sich dort hinten.
Szatnia znajduje się tam z tyłu.

Darf ich Ihnen **den Mantel abnehmen**? (nimmt ab, nahm ab, hat abgenommen)
Czy mogę pomóc panu zdjąć płaszcz? / Czy mogę odebrać od pana płaszcz?

Darf ich Ihnen **in den Mantel helfen**? (hilft, half, hat geholfen)
Czy mogę pomóc panu włożyć płaszcz?

den Mantel ablegen
zdjąć płaszcz

Möchten Sie ablegen?
Czy chce pan się rozebrać?

r *Mantel, ⸚
płaszcz

r Wintermantel ↔ Sommermantel
płaszcz zimowy ↔ płaszcz letni

r Regenmantel / r Pelzmantel
płaszcz przeciwdeszczowy / futro

e *Jacke, -n
kurtka

r Anorak, -s
skafander; kurtka

e Windjacke, -n *schweiz.*
wiatrówka

e Mütze, -n / e Kappe, -n
czapka

die Mütze aufsetzen
włożyć czapkę

s Stirnband, ⸚er
opaska na głowę

r Hut, ⸚e
kapelusz

s *Tuch, ⸚er / s Kopftuch
chust(k)a / chust(k)a na głowę

r Schal, -s / s Halstuch
szal(ik) / chustka na szyję; apaszka

r Handschuh, -e
rękawiczka

s *Kleid, -er
sukienka

s Abendkleid
suknia wieczorowa

s Hochzeitskleid
suknia ślubna

s Sommerkleid
sukienka letnia

r Reißverschluss, ⸚e
zamek błyskawiczny

Mein Reißverschluss ist offen. Kannst du ihn mir bitte zumachen?
Mam rozpięty zamek. Możesz mi go, proszę, zapiąć?

s *Kostüm, -e
kostium

r *Rock, ⸚e
spódnica

r Jupe, -s [ʒy:p] *schweiz.*
spódnica

s **Jackett**, -s [ʒa'kɛt]	marynarka; żakiet
r Veston, -s [vɛs'tõ:] *schweiz.*	marynarka
s Sakko, -s	marynarka; żakiet
e ***Hose**, -n	spodnie
e kurze Hose	krótkie spodnie
Können Sie die Hose kürzen?	Może pan skrócić te spodnie?
e ***Jeans**, - [dʒi:ns]	dżinsy

Rzeczowniki występujące w liczbie pojedynczej

Diese Hose war nicht teuer. – Te spodnie nie były drogie.
Nimm doch deine kurze Hose mit. – Weźże ze sobą swoje krótkie spodenki.
Diese Jeans ist zu eng. – Te dżinsy są za ciasne.
Diese Strumpfhose hat eine Laufmasche. – W tych rajstopach poszło oczko.
Wo ist Daniels Badehose? – Gdzie są kąpielówki Daniela?

r ***Anzug**, ⸚e	ubranie; garnitur
r Hosenanzug	kostium składający się z żakietu i spodni
r Trainingsanzug	dres
e ***Weste**, -n	kamizelka
s Gilet, -s [ʒi'le:] *schweiz.*	kamizelka
r **Smoking**, -s ['smo:kɪŋ]	smoking
r **Frack**, -s	frak
e **Krawatte**, -n	krawat
die Krawatte binden	zawiązać krawat
e **Fliege**, -n	muszka
s ***Hemd**, -en	koszula
e ***Bluse**, -n	bluzka
r Ärmel, -	rękaw
langärmelig ↔ kurzärmelig / ärmellos	z długimi rękawami ↔ z krótkimi rękawami / bez rękawów
r Kragen, -	kołnierz
r Knopf, ⸚e	guzik
aufknöpfen ↔ zuknöpfen	rozpiąć ↔ zapiąć
einen Knopf annähen	przyszyć guzik
s **T-Shirt**, -s ['ti:ʃø:ɐt]	t-shirt
r ***Pullover**, - [pʊ'lo:vɐ]	sweter
e **Strickjacke**, -n	sweter
e ***Unterwäsche** *Sg*	bielizna
e **Badekleidung** *Sg*	strój kąpielowy

Bielizna

e *Unterhose, -n	majtki
r Unterrock, ⸚e	halka
r *Slip, -s / r Schlüpfer, -	slipy; figi / majtki
Boxershorts	bokserki
e lange Unterhose, -n	kalesony

Ubranie 93

e Skiunterwäsche	bielizna narciarska
s *Unterhemd, -en	podkoszulek
r Büstenhalter, - / r BH, -s	biustonosz; stanik
e Strumpfhose, -n	rajstopy
s Korsett, -s	gorset

Strój kąpielowy

e Badehose, -n	kąpielówki
r Badeanzug, ⸚e	kostium kąpielowy
r Bikini, -s	bikini

r *Sch<u>u</u>h, -e	but
die Schuhe zum Schuster bringen	zanieść buty do szewca
die Absätze erneuern lassen	wymienić fleki
r Halbschuh	półbut
r Hausschuh	pantofel; kapeć
r Turnschuh / r Sportschuh / r Tennisschuh / r Fußballschuh	but sportowy / but sportowy / tenisówka / korki
r **Sl<u>i</u>pper**, -	klapek
r Schlüpfer, - österr.	klapek
e **Sand<u>a</u>le**, -n	sandał
r ***Sti<u>e</u>fel**, - / r Gummistiefel	kozak; but z cholewkami / kalosz
r ***Str<u>u</u>mpf**, ⸚e / r Kniestrumpf	pończocha / podkolanówka
e Strumpfhose, -n	pończochy; rajstopy
e Seidenstrumpfhose, -n	jedwabne pończochy
e **S<u>o</u>cke**, -n / r Socken, - südd./schweiz.	skarpetka
e **Sch<u>ü</u>rze**, -n	fartuch
r **K<u>i</u>ttel**, -	kitel
e Kittelschürze, -n	fartuch
r **G<u>ü</u>rtel**, -	pasek
r **H<u>o</u>senträger**, -	szelki
e ***T<u>a</u>sche**, -n	kieszeń; torba
e Handtasche	torebka
e Umhängetasche	torba-konduktorka
e Hosentasche	kieszeń spodni
<u>a</u>nprob<u>ie</u>ren / probieren	przymierzyć
Wo kann ich das Kleid bitte anprobieren?	Gdzie mogę przymierzyć tę sukienkę?
e **<u>U</u>mkleidekabine**, -n / e **<u>A</u>nprobe**, -n	przebieralnia / przymierzalnia
Steht mir diese Farbe?	Czy dobrze mi w tym kolorze?
e ***Gr<u>öß</u>e**, -n / e Konfektionsgröße, -n	rozmiar / rozmiar ubrania
Welche Größe haben Sie?	Jaki ma pan rozmiar?
***p<u>a</u>ssen**	pasować
zu ***<u>e</u>ng** ↔ zu ***w<u>ei</u>t**	za wąski ↔ za szeroki
Die Hose ist leider zu eng. Haben Sie sie noch eine Nummer größer?	Te spodnie są niestety za wąskie. Czy ma pan numer większe?
zu ***gr<u>oß</u>** ↔ zu ***kl<u>ein</u>**	za duży ↔ za mały

zu *l**a**ng ↔ zu *k**u**rz	za długi ↔ za krótki
r Schn**ei**der, - // e Schn**ei**derin, -nen	krawiec // krawcowa
*n**ä**hen	szyć
e Änderungsschneiderei, -en	przeróbki krawieckie
die Hose kürzen / kürzer machen	skrócić spodnie
den Rock enger nähen	zwęzić spódnicę
r *St**o**ff, -e	materiał
e *W**o**lle	wełna
e Baumwolle	bawełna
e S**ei**de	jedwab
r S**a**mt	aksamit
e K**u**nstfaser	tworzywo sztuczne
s *L**e**der	skóra
r *Schm**u**ck Sg	biżuteria
r *R**i**ng, - / r Ehering, -e	pierścionek / obrączka
e H**a**lskette, -n / e *K**e**tte, -n	naszyjnik / łańcuszek
s Armband, ⸚er	bransoletka
e Brosche, -n	broszka
r **Ohr**ring, -e / r Ohrstecker, -	kolczyk / klips

Einkaufen
Zakupy

*einkaufen	kupować
r **Einkauf**, ⸚e	zakup
Einkäufe machen	robić zakupy
Heute mache ich einige Weihnachtseinkäufe.	Dziś zrobię kilka zakupów świątecznych.
einkaufen gehen (ging, ist gegangen)	iść na zakupy
Wir müssen noch einkaufen gehen.	Musimy jeszcze pójść na zakupy.
e Einkaufstasche, -n / r Einkaufskorb, ⸚e	torba / koszyk na zakupy
r Einkaufswagen, -	wózek na zakupy
s Einkaufszentrum, -zentren	centrum handlowe
einen Einkaufsbummel machen / durch die Stadt bummeln	robić zakupy / robić zakupy na mieście

Przydatne zwroty

Ich suche …	Szukam …
Haben / Führen Sie …?	Czy ma pan / prowadzi pan …?
Wo finde ich …?	Gdzie znajdę …?
Was / Wie viel kostet …?	Ile kosztuje…?
Könnten Sie es bitte als Geschenk einpacken?	Czy mógłby pan zapakować mi to na prezent?
*Wo kann ich das *umtauschen?*	Gdzie mogę to wymienić?
Bekomme ich das Geld zurück oder einen Gutschein?	Czy dostanę z powrotem pieniądze czy bon?

4.6

s *Kaufhaus, ⸚er / s Warenhaus / s Möbelhaus	dom towarowy / dom towarowy / dom meblowy
Die Damenabteilung befindet sich im Erdgeschoss, gleich beim Eingang.	Dział damski znajduje się na na parterze, zaraz przy wejściu.
r *Eingang, ⸚ ↔ r *Ausgang, ⸚e	wejście ↔ wyjście
e *Stufe, -n	schodek
Vorsicht Stufe!	Uwaga schody!
s Versandhaus, ⸚er	dom sprzedaży wysyłkowej
r Versandhauskatalog, -e	katalog domu sprzedaży wysyłkowej
etwas bei einem Versandhaus kaufen	kupić coś w firmie zajmującej się sprzedażą wysyłkową
s Online-Shopping [ɔ'nlain'ʃɔpɪŋ]	zakupy przez internet
s *Geschäft, -e / r *Laden, ⸚	sklep
s Fachgeschäft	sklep specjalistyczny

Sklepy specjalistyczne

s Modegeschäft / e Boutique, -n	sklep z odzieżą / butik
s Schuhgeschäft	sklep obuwniczy
e Buchhandlung, -en	księgarnia
s Antiquariat, -e	antykwariat
s Schreibwarengeschäft	sklep papierniczy / papiernik
e Papeterie, -n (schweiz.)	sklep papierniczy / papiernik
s Spielwarengeschäft	sklep z zabawkami
s Möbelgeschäft	sklep meblowy
s Antiquitätengeschäft	sklep z antykami / antykwariat
s Sportgeschäft	sklep sportowy
s Fotogeschäft	sklep fotograficzny
s Elektronikgeschäft	sklep z artykułami elektronicznymi
s Haushaltswarengeschäft	sklep AGD
s Zeitungsgeschäft	kiosk z gazetami
e *Trafik, -en (österr.)	kiosk
s Blumengeschäft	kwiaciarnia
r Juwelier, -e	jubiler
e *Apotheke, -n	apteka
e *Drogerie, -n / r Drogeriemarkt, ⸚e	drogeria

Sklepy z artykułami spożywczymi

s Obst- und Gemüsegeschäft	warzywniak
r Naturkostladen, ⸚ / s Reformhaus, ⸚er	sklep ze zdrową żywnością
e *Bäckerei, -en	piekarnia
e Konditorei, -en	cukiernia
e *Metzgerei, -en / e Fleischerei, -en	sklep mięsny

r *Kiosk, -s / r Zeitungskiosk	kiosk / kiosk z gazetami
r *Supermarkt, ¨e	supermarket
Ich geh' noch schnell in den Supermarkt.	Jeszcze szybko skoczę do supermarketu.
r *Markt, ¨e	targ
r Wochenmarkt / r Bauernmarkt	cotygodniowy targ / targ rolniczy
Obst und Gemüse kaufe ich immer auf dem Markt.	Owoce i warzywa kupuję zawsze na targu.
e Markthalle, -n	hala targowa
e Öffnungszeit, -en	godziny otwarcia sklepu
Ladenöffnungszeiten Pl	
Das Geschäft hat *geöffnet ↔ *geschlossen.	Sklep jest otwarty ↔ zamknięty.
s *Schaufenster, -	wystawa / witryna sklepowa
e *Fußgängerzone, -n	strefa dla pieszych
r Verkäufer, - // e Verkäuferin, -nen	sprzedawca // sprzedawczyni
r *Kunde, -n // e Kundin, -nen	klient // klientka
Er ist ein guter / zufriedener Kunde.	To jest dobry / zadowolony klient.
kundenfreundlich	przyjazny / przyjaźnie dla klientów
r Kundendienst	obsługa klienta
e Kundenbetreuung	opieka nad klientem
Sie erreichen unseren Kundenservice werktags von 9 bis 18 Uhr.	Z naszym działem obsługi klienta kontaktować się można w dni robocze w godzinach od 9.00 do 18.00.
s *Angebot, -e	oferta
Das ist ein günstiges Angebot.	To jest korzystna oferta.
ein Angebot *nützen / nutzen	skorzystać z oferty
Das nützt mir nichts.	To mi na nic.
s *Sonderangebot, -e	promocja
jn *aufmerksam machen auf +A	zwrócić czyjąś uwagę na
„Darf ich Sie auf unser Sonderangebot aufmerksam machen?"	Czy zwrócił pan uwagę na naszą ofertę specjalną / promocyjną?
*teuer ↔ günstig / *billig / *preiswert	drogo ↔ korzystnie / tanio
Das war ein Schnäppchen.	To była okazja.
r Sommerschlussverkauf / r Winterschlussverkauf	wyprzedaż letnia / wyprzedaż zimowa
r Ausverkauf schweiz.	wyprzedaż
r Totalausverkauf schweiz.	całkowita wyprzedaż
r Räumungsverkauf	wyprzedaż likwidacyjna
Das habe ich sehr günstig bei einem Räumungsverkauf bekommen.	Kupiłem to za bardzo korzystną cenę na wyprzedaży likwidacyjnej.
r Flohmarkt, ¨e	pchli targ
r Secondhandladen, ¨ ['zɛknthɛnt…]	sklep second-hand
*sparen	oszczędzać
Im Sommerschlussverkauf können Sie bis zu 40 Prozent sparen.	Na wyprzedaży letniej może pan zaoszczędzić do 40 procent.

4.6

e *Rechnung, -en	rachunek
Können Sie mir bitte eine Rechnung ausstellen?	Czy może mi pan wystawić rachunek?
e *Kasse, -n / e *Kassa österr.	kasa
e *Quittung, -en	pokwitowanie; paragon
Hier ist Ihre Quittung.	Oto pański paragon.
*zahlen / *bezahlen	płacić
Zahlen Sie bar oder mit Karte?	Płaci pan gotówką czy kartą?
e EC-Karte, -n / e Kreditkarte, -n	karta eurocheque / karta kredytowa
e *Tüte, -n / s *Sackerl, - österr.	torebka
e Barzahlung, -en	płatność gotówką
Sie bekommen bei Barzahlung 2% Skonto.	Przy płatności gotówką otrzymuje pan 2% zniżki.
e Anzahlung, -en	zaliczka
Sie müssten bitte eine Anzahlung von 50 Euro leisten.	Proszę wnieść zaliczkę w wysokości 50 euro.
*ausreichen	wystarczać
„Ich möchte ja bezahlen, aber mein Geld reicht nicht aus."	Chciałbym zapłacić, ale nie starcza mi pieniędzy.
e Rate, -n	rata
Wir haben das Auto auf Raten gekauft.	Kupiliśmy ten samochód na raty.
e Ratenzahlung	spłata rat
eine monatliche Ratenzahlung in Höhe von 100 Euro	miesięczna spłata rat w wysokości 100 euro
e Lieferung, -en	dostawa
*liefern	dostarczać
Ab einem Betrag von 50 Euro liefern wir frei Haus.	W przypadku zakupów o wartości powyżej 50 euro dostarczamy towar bezpłatnie do domu.
e *Marke, -n	marka
e Markenkleidung	markowe/firmowe ubranie
r Gutschein, -e	bon
r Bon, -s [bɔŋ] schweiz.	bon
e Reklamation, -en	reklamacja
r Umtausch Sg	wymiana
Sie können die Ware nur mit dem Kassenbon umtauschen.	Może pan wymienić towar tylko za okazaniem paragonu.

Einkaufen

5.1 Wohnen
Mieszkanie

5.2 Einrichtung
Wyposażenie mieszkania

5.3 Hausarbeit
Prace domowe

5.4 Kochen
Gotowanie

5

Zu Hause
Dom

5
1
Wohnen
Mieszkanie

r **W<u>o</u>hnort**, -e | miejsce zamieszkania
*w<u>o</u>hnen | mieszkać
Wo wohnen Sie? – In Frankfurt. / In der Bahnhofstraße. | Gdzie pan mieszka? – We Frankfurcie. / Na ulicy Bahnhofstraße.
*l<u>e</u>ben | żyć; mieszkać
Ich lebe seit einem Jahr in Deutschland. | Od roku mieszkam w Niemczech.
e *St<u>a</u>dt, ⸚e | miasto
städtisch | miejski
e **Metrop<u>o</u>le**, -n | metropolia
s ***Z<u>e</u>ntrum**, Zentren | centrum
Wir wohnen im Zentrum von Zürich. | Mieszkamy w centrum Zurychu.
*zentr<u>a</u>l | centralny; centralnie
Ich suche eine Wohnung in zentraler Lage. | Szukam mieszkania w centrum.
e ***<u>I</u>nnenstadt**, ⸚e | centrum miasta; śródmieście
r ***V<u>o</u>rort**, -e | przedmieścia
Sie wohnt in einem Vorort von Wien. | Mieszka na przedmieściach Wiednia.

r **St<u>a</u>dtrand** | peryferie miasta
Sie wohnt am Stadtrand von Zürich. | Mieszka na peryferiach Zurychu. / Mieszka pod Zurychem.

s ***D<u>o</u>rf**, ⸚er | wieś
dörflich | wiejski
auf dem Land ↔ in der Stadt | na wsi ↔ w mieście
Wir wohnen lieber auf dem Land als in der Stadt. | Wolimy mieszkać na wsi, niż w mieście.
e ***W<u>o</u>hnung**, -en | mieszkanie
Wir haben eine Drei-Zimmer-Wohnung mit Balkon. | Mamy trzypokojowe mieszkanie z balkonem.
Er hat eine **Zw<u>ei</u>twohnung** in Berlin. | On ma drugie mieszkanie w Berlinie.

s **Ap<u>a</u>rtment**, -s [a'partmənt] | kawalerka; mieszkanie jednopokojowe z kuchnią lub aneksem kuchennym

> W Niemczech, aby określić wielkość mieszkania *(Wohnung),* sumuje się ilość pokoi dziennych i sypialni. Mieszkanie trzypokojowe składać się więc może np. z jednego salonu, jednej sypialni i jednego gabinetu lub pokoju dziecka. Kuchnia i łazienka to standard.
> Określenie *Apartment* prawie zawsze oznacza kawalerkę lub jednopokojowe mieszkanie z małą kuchnią lub aneksem kuchennym i łazienką.

e Eigentumswohnung, -en ↔ e Mietwohnung, -en	własne mieszkanie; mieszkanie własnościowe ↔ mieszkanie wynajmowane
e Dachterrassenwohnung / s Penthouse ['pɛnthaus]	penthouse
e Sozialwohnung	mieszkanie w budownictwie subsydiowanym przez państwo
s Eigenheim, -e	własny dom; dom własnościowy (jednorodzinny)
s *Erdgeschoss / s *Partęrre [par'tɛr(ə)]	parter
e Etage, -n [e'ta:ʒə] / r *Stock / s *Stockwerk, -e	piętro
s Souterrain [zutɛ'rɛ̃: *auch* 'zu:tɛrɛ̃:]	suterena
s Untergeschoss *schweiz.*	suterena
r *Keller, -	piwnica
*liegen (lag, hat gelegen)	leżeć; mieścić się; być usytuowanym
Meine Wohnung liegt im 3. Stock / in der 3. Etage / im Erdgeschoss / im Parterre.	Moje mieszkanie mieści się na trzecim piętrze / na parterze / na parterze.
r *Balkon, -s/-e	balkon
e *Terrasse, -n	taras
s *Gebäude, -	budynek
s *Haus, ¨-er	dom

Typy budynków

s Bürogebäude, - / s Bürohaus	biurowiec
s Wohnhaus	blok mieszkalny
s Einfamilienhaus	dom jednorodzinny
s Mehrfamilienhaus	dom wielorodzinny
s Reihenhaus	szeregowiec
s Doppelhaus	bliźniak
s Bauernhaus	dom wiejski
s Fertighaus	dom z elementów prefabrykowanych
r Bungalow, -s	bungalow; dom parterowy
e Villa, Villen	willa
s Landhaus / s Haus am Land	dom na wsi
e Hütte, -n / e Holzhütte, -n	chata / chałupa drewniana
s Hochhaus	wieżowiec
r Wolkenkratzer, -	drapacz chmur

Wo liegt euer Haus? – Am Stadtrand. / In einem Vorort. / Am Land. / Am See. / In den Bergen.	Gdzie położony jest wasz dom? – Na peryferiach miasta. / Na przedmieściach. / Na wsi. / Nad jeziorem. / W górach.

Mieszkanie

5.1

ein Haus mit Garten / mit Seeblick	dom z ogrodem / z widokiem na jezioro
r *W**o**hnblock, ⸚e	blok mieszkalny
*m**ie**ten ↔ *verm**ie**ten	najmować; odnajmować; wynajmować ↔ wynajmować
e *M**ie**te, -n	czynsz
r M**ie**ter, - // e M**ie**terin, -nen	najemca; lokator // najmująca; lokatorka
r *Verm**ie**ter, - // e Verm**ie**terin, -nen	wynajmujący // wynajmująca
r Untermieter, - // e Untermieterin, -nen	sublokator; podnajemca // sublokatorka; podnajmująca
ein möbliertes Zimmer in Untermiete	umeblowany pokój do podnajęcia
Jahrelang habe ich zur Untermiete gewohnt.	Całe lata mieszkałem jako sublokator.
e Wohngemeinschaft, -en / e WG, -s	wspólnota mieszkaniowa
r *M**a**kler, - // e M**a**klerin, -nen	pośrednik // pośredniczka
e Verm**i**ttlungsgebühr, -en / e Provis**io**n, -nen	prowizja pośrednika
r K**au**fvertrag, ⸚e	umowa kupna-sprzedaży
r Vorvertrag, ⸚e	umowa przedwstępna
r Kaufpreis, -e	cena kupna
r Quadratmeterpreis, -e	cena za metr kwadratowy
r Notar, -e	notariusz
r M**ie**tvertrag, ⸚e	umowa najmu
einen Mietvertrag / Kaufvertrag abschließen / unterschreiben	zawrzeć / podpisać umowę najmu / kupna-sprzedaży
r *N**a**chbar, -n // e N**a**chbarin, -nen	sąsiad // sąsiadka
r H**au**sbewohner, -	mieszkaniec domu
r M**i**tbewohner, - // e M**i**tbewohnerin, -nen	współlokator // współlokatorka
r *H**au**smeister, - // e Hausmeisterin, -nen	dozorca // dozorczyni
r Abwart, -e // e Abwärtin, -nen *schweiz.*	dozorca // dozorczyni
e Kaution	kaucja
*e**in**ziehen ↔ *au**s**ziehen (zog aus, ist ausgezogen)	wprowadzić się ↔ wyprowadzić się
*u**m**ziehen	przeprowadzić się
übersiedeln *österr.*	przeprowadzić się
r **U**mzug, ⸚e	przeprowadzka
e Übersiedlung, -en *österr.*	przeprowadzka

Pomieszczenia w domu

s *Zimmer, - / r *R**au**m, ⸚e	pokój
s Wohnzimmer	pokój dzienny
s Schlafzimmer	sypialnia
s Kinderzimmer	pokój dziecka
s Esszimmer	jadalnia
s Arbeitszimmer	gabinet

s Gästezimmer	pokój dla gości
e *Küche, -n	kuchnia
e Wohnküche	kuchnia otwarta
s *B<u>a</u>d, ⸚er / s Badezimmer	łazienka
e Speisekammer, -n	spiżarnia
r Abstellraum, ⸚e	schowek
r Flur, -e / r *G<u>a</u>ng, ⸚e / 'r Korridor, -e / e Diele, -n	korytarz / przedsionek; korytarz / korytarz / sień
e Eingangshalle	hol wejściowy
r Hausflur	korytarz; klatka schodowa
e *Tr<u>e</u>ppe, -n	schody
e *St<u>ie</u>ge, -n (österr.)	schody
s Treppenhaus	klatka schodowa
s Stiegenhaus (österr.)	klatka schodowa
r *K<u>e</u>ller, - / r Kellerraum	piwnica
r Speicher / r Dachboden	spichlerz; strych / strych
e Mansarde	poddasze
s Mansardenzimmer	pokój na poddaszu
e Waschküche / r Waschraum	pralnia
r Hobbyraum	pomieszczenie do majsterkowania; pracownia

Pomieszczenia w domu

r Schuppen, -	szopa
r Geräteschuppen	szopa na narzędzia
e Scheune, -n	stodoła
e Hundehütte	psia buda
s Gewächshaus	cieplarnia; szklarnia
r Pferdestall, ⸚e	stajnia
r Hühnerstall, ⸚e	kurnik
r Schweinestall, ⸚e	chlew
r Kuhstall, ⸚e	obora
r Carport ['kaːɡpoːɐt]	zadaszone miejsce na samochód
r Fahrradabstellraum	przechowalnia rowerów
s Gartenhaus, ⸚er	pawilon w ogrodzie
e Laube, -n	altanka
s **Quart<u>ie</u>r**, -e / e *<u>U</u>nterkunft	kwatera / kwatera; nocleg
s Notquartier / e Notunterkunft	mieszkanie tymczasowe
r W<u>o</u>hnwagen, -/ ⸚	przyczepa turystyczna
s W<u>o</u>hnmobil, -e	samochód kempingowy
s H<u>au</u>sboot, -e	łódź mieszkalna
s *Z<u>e</u>lt, -e	namiot
e *T<u>ü</u>r, -en	drzwi
Es ist jemand an der Tür.	Ktoś stoi pod drzwiami.

Mieszkanie

die Tür *__aufmachen__* / *__öffnen__* ↔ *__zumachen__* / *__schließen__* (schloss, hat geschlossen)	otworzyć ↔ zamknąć drzwi
die Tür *__abschließen__* / zuschließen / absperren *österr.*	zamknąć drzwi
e Haustür / e Hintertür / e Eingangstür / e Wohnungstür / e Zimmertür / e Terrassentür / e Drehtür / e Schiebetür	drzwi wejściowe do domu / drzwi tylne / drzwi wejściowe / drzwi wejściowe do mieszkania / drzwi do pokoju / drzwi na taras / drzwi obrotowe / drzwi przesuwne
e *__Türklinke__*	klamka
e Türschnalle *österr.*	klamka
s *__Schloss__* / s Türschloss	zamek / zamek w drzwiach
r *__Schlüssel__*, -	klucz
r Haus- / Wohnungs- / Zweit- / Garagenschlüssel	klucz do domu / klucz do mieszkania / klucz zapasowy / klucz do garażu
den __Schlüsseldienst__ rufen	wezwać ślusarza
einen Schlüssel nachmachen lassen	dorobić klucz
s Sicherheitsschloss, ⸚er	zamek wertheimowski
e *__Klingel__*, -n	dzwonek
e Glocke, -n *österr.*	dzwonek
e Hausglocke, -n *schweiz.*	dzwonek u drzwi
__klingeln__	(za)dzwonić
läuten *österr./schweiz.*	(za)dzwonić
Hat es gerade geklingelt?	Czy przed chwilą zadzwonił dzwonek?
e __Sprechanlage__, -n / e Gegensprechanlage, -n	domofon
s *__Fenster__*, -	okno
das Fenster aufmachen ↔ zumachen	otworzyć ↔ zamknąć okno
das Fenster kippen	uchylić okno
Es zieht. Mach bitte das Fenster zu!	Jest przeciąg. Zamknij, proszę, okno!

Das Haus von außen — *Dom z zewnątrz*

e *Mauer*, -n	mur
r Zaun, ⸚e	płot
s Gartentor, -e	furtka do ogrodu
r *Briefkasten*, ⸚	skrzynka pocztowa
e Eingangstür, -en	drzwi wejściowe
r Fensterladen, ⸚	okiennica
r Rollladen, ⸚ / e Jalousie [ʒalu'ziː], Jalousien [...'ziːən]	roleta / żaluzja
r Blumenkasten, ⸚	skrzynka na kwiaty
r Balkon, -e	balkon
e Terrasse, -n	taras

e *Gar<u>a</u>ge, -n [ga'ra:ʒə]	garaż
s *D<u>a</u>ch, ⸚er	dach
r Dachziegel, -	dachówka
r Schornstein, -e	komin
r Rauchfang, ⸚e / r Kamin, -e	komin
e Antenne, -n	antena
e Satellitenschüssel, -n	talerz anteny satelitarnej
e Regenrinne, -n / e Dachrinne	rynna

e *Kl<u>i</u>maanlage, -n — klimatyzacja
*h<u>ei</u>zen — ogrzewać
e H<u>ei</u>zung, -en — ogrzewanie
e Zentralheizung — centralne ogrzewanie
r *<u>O</u>fen, ⸚ — piec
e Ölheizung / e Gasheizung / e Ofenheizung — ogrzewanie olejowe / ogrzewanie gazowe / ogrzewanie piecem
r H<u>ei</u>zkörper, - — kaloryfer; grzejnik
s Thermostat, -e — termostat
r *Str<u>o</u>m Sg — prąd
r Stromzähler, - — licznik prądu
den Stromzähler ablesen — odczytać licznik prądu
r Warmw<u>a</u>sserboiler, - — bojler
*w<u>a</u>rm (wärmer, wärmst-) ↔ *k<u>a</u>lt (kälter, kältest-) — ciepły ↔ zimny
e *W<u>ä</u>rme ↔ e *K<u>ä</u>lte — ciepło ↔ zimno
*fr<u>ie</u>ren (fror, hat gefroren) — marznąć
r *<u>Au</u>fzug, ⸚e / r *L<u>i</u>ft, -e — winda
r *H<u>o</u>f, ⸚e — podwórze; dziedziniec
r Hinterhof — tylne podwórze, najczęściej zamknięte otaczającymi je budynkami

Die Kinder spielen im Hof. — Dzieci bawią się na podwórku.

Einrichtung
Wyposażenie mieszkania

*<u>ei</u>nrichten — urządzać; wyposażać
e <u>Ei</u>nrichtung Sg — urządzenie; wyposażenie; umeblowanie

*M<u>ö</u>bel Pl — meble
möbliert — umeblowany
*<u>a</u>nschaffen — kupować
Beim Umzug haben wir uns neue Möbel angeschafft. — Przy okazji przeprowadzki kupiliśmy nowe meble.
s Möbelhaus, ⸚er — dom meblowy

5.2

s Einrichtungshaus, ⸚er	sklep z artykułami do wyposażenia domu
*gem**ü**tlich	przytulny; przyjemny
Ihre Wohnung ist sehr gemütlich / sehr elegant / sehr geschmackvoll eingerichtet / sehr einfach möbliert.	Pana mieszkanie jest bardzo przytulnie / bardzo elegancko / bardzo gustownie urządzone / wyposażone w podstawowe meble.
altmodisch ↔ *mod**e**rn / zeitgemäß	staromodnie ↔ nowocześnie / na czasie
r **Fußboden**, ⸚	podłoga
r *T**e**ppich, -e	dywan
r Teppichboden, ⸚	wykładzina
den Teppichboden verlegen	położyć wykładzinę
das Parkett verlegen	położyć parkiet
e *D**e**cke, -n	sufit; strop
r Plafond, -s *österr.*	sufit
e *W**a**nd, ⸚e	ściana
e Tap**e**te, -n	tapeta
s *B**i**ld, -er	obraz
Wir müssen noch die Bilder und die Deckenlampe aufhängen.	Musimy jeszcze powiesić obrazy i lampę.
r *Schr**a**nk, ⸚e	szafa
r Kasten, ⸚ *österr./schweiz.*	szafa
r Einbauschrank	szafa wnękowa
r Kleiderschrank	szafa na ubrania
r *H**a**ken, - / r Kleiderhaken, -	wieszak / wieszak na ubrania
e Komm**o**de, -n	komoda
e Sch**u**blade, -n	szuflada
***ö**ffnen / ***au**fmachen ↔ *schl**ie**ßen (schloss, hat geschlossen) / *z**u**machen	otworzyć ↔ zamknąć
s *B**e**tt, -en	łóżko

s Doppelbett	łóżko podwójne
s Kinderbett	łóżeczko dziecięce
e Wiege, -n	kołyska
s Schlafsofa, -s	sofa/kanapa rozkładana
e Schlafcouch, -s/-en	rozkładany tapczan
e Matratze, -n	materac
s *Kissen, - / s Polster, - (österr.)	poduszka
s Kopfkissen, -	poduszka
e *Decke, -n / e Bettdecke, -n	koc; przykrycie / kołdra
s Federbett / s Daunenbett	pierzyna / kołdra puchowa
s Bettlaken, -	prześcieradło
s Leintuch, ⸚er (österr.)	prześcieradło
r Bezug, ⸚e	powłoczka, poszewka
r Überzug, ⸚e (österr.)	powłoczka, poszewka

Einrichtung

s *Regal, -e	regał
s Bücherregal / r Bücherschrank	regał na książki / biblioteczka
e Regalwand	meblościanka
s Büfett, -s [by'fe:] /	kredens
s Sideboard, -s ['saitbo:ɐ̯t]	
r *Tisch, -e	stół
den Tisch decken ↔ abräumen	nakryć do stołu ↔ sprzątnąć ze stołu
tischen ↔ abtischen *schweiz.*	nakryć do stołu ↔ sprzątnąć ze stołu
e Serviette, -n	serwetka

r Esstisch	stół w jadalni
r Küchentisch	stół kuchenny
r Couchtisch	stolik okolicznościowy
r Beistelltisch	stół dostawiany
r Nachttisch	stolik nocny
r *Schreibtisch	biurko
r Arbeitstisch	stół roboczy; biurko
r Klapptisch	stolik składany
r Gartentisch	stolik ogrodowy
e Tischdecke, -n	obrus

s *Sofa, -s / e *Couch, -s/-en [kautʃ]	sofa, kanapa / tapczan
Setz dich doch zu mir aufs Sofa.	Usiądźże przy mnie na kanapie.
r *Sessel, -	fotel
r Fauteuil, -s [fo'tø:j] *österr./schweiz.*	fotel
Setzen Sie sich doch dort in den Sessel.	Niechże pan usiądzie tam w fotelu.
r *Stuhl, ⸚e	krzesło
*bequem ↔ unbequem	wygodnie ↔ niewygodnie
r Sessel, - *österr.*	krzesło
r Schaukelstuhl	fotel bujany
r Liegestuhl	leżak
r *Hocker, -	stołek; taboret
e *Bank, ⸚e / e Sitzbank	ławka / ława
r Sitz, -e	siedzenie; miejsce
*sitzen (saß, ist/hat gesessen)	siedzieć
sich (hin)*setzen ↔ *aufstehen (stand auf, ist aufgestanden)	usiąść ↔ wstać
Setzen Sie sich doch bitte. / Bitte nehmen Sie Platz.	Proszę, niech pan usiądzie. / Proszę zająć miejsce.
s Badezimmer, - / s *Bad, ⸚er	łazienka
e *Toilette, -n / s *Klo, -s *ugs.*	toaleta / ubikacja
Wo ist bitte die Toilette?	Przepraszam, gdzie jest toaleta?
e *Badewanne, -n	wanna
*baden	kąpać się
e *Dusche, -n	prysznic

Wyposażenie mieszkania

5.2

Sie ist gerade in / unter der Dusche.	Jest właśnie pod prysznicem.
(sich) *d**u**schen	prysznicować się / brać prysznic
Ich dusche noch schnell. Dann können wir gehen.	Jeszcze tylko szybko wezmę prysznic. Potem możemy już iść.
s W**a**schbecken, -	umywalka
s Lavabo, -s *schweiz.*	umywalka
r B**a**dezimmerschrank	szafka łazienkowa
r W**a**sserhahn, ⸚e	kran
den Wasserhahn aufdrehen ↔ abdrehen	odkręcić ↔ zakręcić kran
Der Wasserhahn tropft.	Woda kapie z kranu.
s Sp**ü**lbecken, - / e Sp**ü**le, -n	zlew
e Abwasch, -en *österr.*	zlew
e **A**blage, -n	suszarka

Küchen- und Haushaltsgeräte	Sprzęt kuchenny i AGD
r *K**ü**hlschrank	lodówka
r Eiskasten, ⸚ (österr.)	lodówka
r Gefrierschrank / e Tiefkühltruhe, -n	zamrażarka
e Geschirrspülmaschine, -n / e Spülmaschine / r Geschirrspüler	zmywarka
e Waschmaschine	pralka
r Wäschetrockner, - / r Trockner, -	suszarka
r Staubsauger, -	odkurzacz
r Herd, -e	kuchenka
e Küchenmaschine	robot kuchenny
r Toaster, -	toster
e Brotschneidemaschine, -n	krajalnica
e Mikrowelle, -n	kuchenka mikrofalowa
e Saftpresse, -n	wyciskarka do owoców
e Kaffeemaschine, -n	ekspres do kawy
r Mixer, -	mikser

e *L**a**mpe, -n	lampa
e Stehlampe	lampa stojąca
e Nachttischlampe	lampka nocna
r Lampenschirm, -e	abażur; klosz
das Licht / die Lampe **a**nmachen ↔ *__au__smachen	włączyć ↔ wyłączyć światło / lampę
das Licht / die Lampe *__ei__nschalten ↔ *__au__sschalten	włączyć ↔ wyłączyć światło / lampę
das Licht / die Lampe aufdrehen ↔ abdrehen *österr.*	włączyć ↔ wyłączyć światła / lampę
das Licht / die Lampe anzünden ↔ ablöschen *schweiz.*	włączyć ↔ wyłączyć światło / lampę
e *St**e**ckdose, -n	gniazdko
r Lichtschalter, -	wyłącznik światła

e *<u>Uhr</u>, -en	zegar
e Wanduhr / e Standuhr	zegar ścienny / zegar stojący
r *W<u>e</u>cker, -	budzik
r *Sp<u>ie</u>gel, -	lustro
r *V<u>o</u>rhang, ⸚e / e Gard<u>i</u>ne, -n	zasłona / firana
r Store, -s österr.	firanka
die Vorhänge aufziehen ↔ zuziehen	odsunąć ↔ zasunąć zasłony
r Pap<u>ie</u>rkorb, ⸚e	kosz na papiery
r *M<u>ü</u>lleimer, - / r <u>A</u>bfalleimer	kosz na śmieci
r Mistkübel, - österr.	kosz na śmieci
r (Abfall-) Kübel, - schweiz.	kosz na śmieci
e M<u>ü</u>lltonne, -n	pojemnik na śmieci; kubeł na śmieci; śmietnik
r Abfallcontainer, - schweiz.	kubeł na śmieci
Bring bitte den Müll runter. Heute wird die Mülltonne geleert.	Wynieś, proszę, śmieci. Dziś opróżniają śmietniki.
e Mülltrennung	segregacja odpadów
s Recycling [ri'saɪklɪŋ]	recycling
r Plastikmüll / r Biomüll / s Altpapier	odpady z plastiku / kompost / papier

Hausarbeit
Prace domowe

e Hausarbeit	prace domowe, roboty domowe
die Hausarbeit machen / erledigen	wykonywać prace domowe
r *H<u>au</u>shalt, -e	gospodarstwo domowe
Sie führt einen großen Haushalt.	Prowadzi duży dom.
e Haushälterin, -nen	gospodyni
e *H<u>au</u>sfrau, -en // r H<u>au</u>smann, ⸚er	gospodyni domowa; pani domu // mężczyzna niepracujący zajmujący się domem; pan domu
r *perf<u>e</u>kte Hausmann	idealny mężczyzna-gosposia
e R<u>ei</u>nigungsfrau, -en	sprzątaczka
s Reinigungspersonal Sg	personel sprzątający
*<u>aufräumen</u>	sprzątać
Räum bitte dein Zimmer auf!	Proszę, posprzątaj swój pokój!
f<u>e</u>gen / k<u>e</u>hren	zamiatać
kehren österr.	zamiatać
r B<u>e</u>sen, -	miotła

Neue Besen kehren gut.
Ich fress einen Besen, wenn das nicht stimmt.

Nowa miotła dobrze miecie.
Dałbym sobie uciąć rękę, że to prawda.

5.3

r **Staubsauger**, -	odkurzacz
Staub saugen	odkurzać
Wir sollten mal wieder **staubsaugen**.	Należałoby znowu odkurzyć.
Teppiche (aus)*klopfen	wytrzepać dywany
*putzen / ***sauber machen**	sprzątać; czyścić
die Fenster putzen	myć okna
die Küche gründlich sauber machen	porządnie wysprzątać kuchnię
Bitte putz dein Zimmer ***ordentlich**.	Posprzątaj porządnie swój pokój.
wischen	ścierać; wycierać
den Boden wischen	wytrzeć / myć podłogę
*waschen (wäscht, wusch, hat gewaschen)	myć; prać
einen Pullover von Hand waschen	prać ręcznie sweter
Die Tischdecke müsste mal wieder gewaschen werden.	Należałoby znowu uprać obrus.
Die Flecken sind (beim Waschen) leider nicht rausgegangen.	Niestety plamy nie zeszły (w praniu).
e ***Wäsche** *Sg*	bielizna; pranie
Wo ist meine schwarze Hose? – In der Wäsche.	Gdzie są moje czarne spodnie? – W praniu.
die Wäsche **waschen** / ***spülen** / **schleudern**	robić / płukać / wyżymać pranie
die Wäsche waschen / schwemmen / schleudern *österr.*	robić / płukać / wyżymać pranie
*trocknen	suszyć; schnąć
Im Sommer trocknet die Wäsche schnell.	Latem pranie szybko schnie.
die Wäsche **aufhängen** ↔ ***abnehmen** (nimmt ab, nahm ab, hat abgenommen)	rozwieszać ↔ zdejmować pranie

Tym sprzątamy...

r *Lappen*, - / r *Putzlappen* / r *Wischlappen*	ścierka / myjka / ścierka (do podłogi)
s **Tuch*, ⸚*er* / s *Wischtuch* / s *Putztuch*	ścierka; ściereczka
r *Schwamm*, ⸚*e*	gąbka
e *Spülbürste*, -*n*	szczotka do naczyń
s *Spülmittel*, -	płyn do mycia
s *Geschirrtuch*	ścierka do naczyń
s *Fensterleder*	skórzana ściereczka do mycia okien
s *Staubtuch*	ściereczka do kurzu
r *Besen*, -	miotła
r *Bartwisch*, -*e* (österr.)	zmiotka; miotła
e *Schaufel*, -*n*	szufelka
r *Staubsauger*, -	odkurzacz
s *Waschpulver* / s **Waschmittel*	proszek do prania / środek piorący
s *Putzmittel*, -	środek czyszczący

bügeln — prasować
die Hemden bügeln — prasować koszule
aufwischen — ścierać; zetrzeć; wytrzeć
Wenn du etwas verschüttest, könntest du es bitte auch aufwischen. — Jeśli coś rozlejesz, mógłbyś to (i) wytrzeć.
Geschirr **spülen** / *****abwaschen** — zmywać naczynia
das Geschirr *****abtrocknen** — wycierać naczynia
die **Spülmaschine** einräumen ↔ ausräumen — załadować ↔ rozładować zmywarkę
Eine Spülmaschine ist sehr *****nützlich**. Man spart damit viel Zeit. — Zmywarka jest bardzo użyteczna. Dzięki niej oszczędza się dużo czasu.

r **Staub** — kurz
Staub wischen — ścierać kurz
Es ist nicht *****notwendig**, jeden Tag Staub zu wischen. — Nie trzeba codziennie ścierać kurzu.
abstauben — odkurzać; zetrzeć kurz
Das Bücherregal müsste mal abgestaubt werden. — Należałoby odkurzyć regał z książkami.
e **Kleiderbürste**, -n — szczotka do ubrania
abbürsten — (o)czyścić szczotką
Er bürstete sich die Fusseln vom Mantel (ab). — Oczyścił płaszcz z paprochów.

Kochen
Gotowanie

*****kochen** — gotować
e *****Küche**, -n — kuchnia
die gutbürgerliche / einfache / schnelle / französische Küche — obfita, niewyszukana kuchnia (mieszczańska) / prosta kuchnia / szybkie danie / kuchnia francuska

r **Koch**, ⁓e // e **Köchin**, -nen — kucharz // kucharka
Sie ist eine hervorragende Köchin. — Ona doskonale gotuje.
s **Kochbuch**, ⁓er — książka kucharska
s *****Rezept**, -e — przepis
nach Rezept kochen — gotować według przepisu
r **Herd**, -e / r Elektroherd / r Gasherd — kuchenka / kuchenka elektryczna / kuchenka gazowa
r **Backofen**, ⁓ — piekarnik
e **Mikrowelle**, -n / s **Mikrowellengerät**, -e — mikrofalówka / kuchenka mikrofalowa
r *****Topf**, ⁓e / r Kochtopf, ⁓e — garnek
r Topfdeckel, - — pokrywka do garnka
r Griff, -e — uchwyt; ucho u naczyń

r **Schnellkochtopf** — szybkowar
r **Wok**, -s — wok
e ***Pfanne**, -n / e **Bratpfanne**, -n — patelnia
***braten** — smażyć; piec
ein Steak braten — usmażyć stek
r Schweine-, Rinder-, Kalbsbraten, - — pieczeń wieprzowa, wołowa, cielęca
kurz anbraten — podsmażyć

braten	smażyć; piec
dünsten	dusić
garen	gotować na wolnym ogniu
frittieren	smażyć w głębokim tłuszczu
grillen	grilować
schmoren	dusić
dämpfen	gotować na parze

das Essen **aufwärmen** — podgrz(ew)ać jedzenie
***Pudding** kochen — zrobić budyń
Die Milch kurz **aufkochen** lassen und dann das Puddingpulver **einrühren**. — Zagotować mleko, a następnie wsypać proszek i zamieszać budyń.

s **Hähnchen**, - / s **Brathähnchen**, - — kurczak / kurczak pieczony
***roh** ↔ ***gar** / **gekocht** — surowy ↔ ugotowany
Wie möchten Sie das Steak: englisch, medium oder medium well / durch gebraten? — Jak przygotować pański stek: na sposób angielski, średnio czy dobrze wysmażony?
***weich** ↔ ***hart** — miękki ↔ twardy
ein weiches ↔ hartes Ei — jajko na miękko ↔ na twardo
s **Spiegelei**, -er — jajko sadzone
s **Rührei**, -er — jajecznica
***schneiden** — kroić; ciąć
e **Scheibe**, -n — plasterek; kromka
(das Brot) in Scheiben schneiden — kroić chleb na kromki
das Gemüse ***putzen** — obierać warzywa
die Kartoffeln **schälen** — obierać kartofle
den Salat **anmachen** — doprawić sałatkę
das Schnitzel **panieren** — panierować sznycel
rühren / umrühren — (za)mieszać

Idiomy związane z kuchnią w języku potocznym

Er hat mich in die Pfanne gehauen.	Objechał mnie od stóp do głów.
Ich koch' sie schon noch weich.	Sprawię, że zmięknie.
Sie machen *Hackfleisch aus ihm.	Stłuką go na kwaśne jabłko.
Lass ihn ruhig in seinem *Saft schmoren.	Niech sobie poczeka. / Pozostaw go w niepewności.

r *Kuchen, - — ciast(k)o
e Kuchenform, -en — forma do pieczenia ciasta
einen Kuchen *backen — upiec ciasto
r Teig, -e — ciasto
den Teig anrühren / kneten — wyrobić ciasto
den Hefeteig gehen lassen — zostawić ciasto drożdżowe do wyrośnięcia

e Torte, -n — tort
die Torte garnieren — przyozdobić tort
die Sahne *schlagen — ubić śmietanę
*Kaffee [auch ka'fe:] machen / kochen — zrobić kawę
r Toaster, - — toster
toasten — tostować
s Toastbrot, -e — chleb tostowy
s *Besteck — sztućce
s Salatbesteck — łyżka i widelec do sałatek
r *Löffel, - — łyżka
r Suppenlöffel, - — łyżka do zupy
r Kaffeelöffel, - — łyżeczka do herbaty
r Schöpflöffel, - — chochla
s *Messer, - — nóż
*scharf ↔ stumpf — ostry ↔ tępy
e *Gabel, -n — widelec
e Kuchengabel, -n — widelczyk do ciast

r Schneebesen, -	trzepaczka
r Kochlöffel, -	warząchew
r Kartoffelschäler, -	obieracz do ziemniaków
r Dosenöffner, -	otwieracz puszek
r Hobel, -	krajalnica
s Sieb, -e	sit(k)o

r *Teller, - — talerz
flache ↔ tiefe Teller — płaskie ↔ głębokie talerze
r Suppenteller — głęboki talerz
r Kuchenteller — talerz na ciastka
e *Tasse, -n — filiżanka
e Untertasse — spodek

Gotowanie 113

s *Glas, ̈-er	szklanka; kieliszek; słój
s Weinglas / Sektglas / Wasserglas	kieliszek do wina / kieliszek do szampana / szklanka na wodę
s Marmeladenglas	słoik na dżem
s Gefäß, -e	naczynie
e Schale, -n	miska; salaterka
e Schüssel, -n	miska; salaterka
e Salatschüssel / Suppenschüssel	salaterka / waza na zupę
e *Dose, -n	puszka
Tomaten in der Dose	pomidory z puszki
r *Messbecher, -	miarka
s Schneidebrett, -er	stolnica; deska do krajania
e Waage, -n	waga
*wiegen / abwiegen	(z)ważyć; odważyć
s Tablett, -s	taca

6.1 **Feiertage und Urlaub**
Święta i wakacje

6.2 **Private und öffentliche Feierlichkeiten**
Uroczystości rodzinne i publiczne

6.3 **Gesellschaftlicher Umgang**
Kontakty towarzyskie

6.4 **Auswärts essen und trinken**
W restauracji

6.5 **Unterhaltsames / Leichte Unterhaltung**
Rozrywka

6.6 **Reise und Reiseplanung**
Podróż

6.7 **Reiseunterkunft**
Zakwaterowanie podczas podróży

6.8 **Hobbys**
Hobby

6.9 **Sport**
Sport

Feste und Freizeit
Święta, wakacje i czas wolny

6

Feiertage und Urlaub
Święta i wakacje

r **F<u>ei</u>ertag**, -e
gesetzliche / kirchliche Feiertage

święto
święto państwowe / kościelne

Dni świąteczne
*S<u>i</u>lvester – Sylwester
*N<u>eu</u>jahr – Nowy Rok
Heilige Drei Könige – Trzech Króli
*<u>O</u>stern – Wielkanoc
Karfreitag – Wielki Piątek
Ostersonntag – Niedziela Wielkanocna
Ostermontag – Lany Poniedziałek
Christi Himmelfahrt – Wniebowstąpienie
*Pf<u>i</u>ngsten – Zielone Świątki
Pfingstsonntag – pierwszy dzień Zielonych Świątek (niedziela)
Pfingstmontag – drugi dzień Zielonych Świątek (poniedziałek)
*W<u>ei</u>hnachten – Święta Bożego Narodzenia
r *Heiligabend* / r *Heilige Abend* – Wigilia
1. / 2. Weihnachtsfeiertag – pierwszy / drugi dzień Świąt Bożego Narodzenia
Maifeiertag / Tag der Arbeit (1. Mai) – 1. maja / Święto Pracy
*Nation<u>al</u>feiertag in Deutschland:
Tag der Deutschen Einheit (3. Oktober) – Święto Zjednoczenia Niemiec
Nationalfeiertag in Österreich (26. Oktober) – Święto Narodowe w Austrii
Nationalfeiertag in der Schweiz (1. August) – Święto Narodowe w Szwajcarii

Oprócz wyżej wymienionych istnieje jeszcze kilka innych świąt kościelnych, katolickich bądź protestanckich. W zależności od tego, czy dany kraj związkowy zamieszkuje więcej katolików, czy protestantów, święta te są dniami wolnymi od pracy lub nie. I tak na przykład w katolickiej Bawarii zarówno *Fronleichnam* (Boże Ciało), jak i *Mariä Himmelfahrt* (Wniebowzięcie NMP) oraz *Allerheiligen* (Wszystkich Świętych) są dniami wolnymi od pracy, a w Berlinie nie. W Berlinie, który zamieszkują przede wszystkim protestanci, dniem wolnym od pracy jest natomiast *Reformationstag* (Święto Reformacji).
Jeśli święto kościelne bądź państwowe wypada w czwartek, część firm nie pracuje również w piątek. Taki wolny piątek odpracowuje się zostając dłużej w biurze w inne dni tygodnia.
W piątki urzędnicy w Niemczech kończą pracę wcześniej, niż w inne dni tygodnia – czasami już około południa. Piątkowe popołudnie można odpracować zostając dłużej w biurze w pozostałe dni tygodnia. Przerwy świąteczne w większości niemieckich szkół i przedszkoli trwają od kilku dni do dwóch tygodni. Przerwy te mają miejsce jesienią, na Boże Narodzenie, w czasie karnawału, Wielkanocy i Zielonych Świątek. *Sommerferien* (wakacje letnie) trwają sześć i pół tygodnia.
W Austrii w czasie świąt katolickich zamknięte są wszystkie szkoły i firmy – niezależnie od kraju związkowego. Protestanci wolne mają również w Wielki Piątek.

r *Urlaub / *Ferien *Pl*
Urlaub machen / im Urlaub sein
  (ist, war, ist gewesen)
auf Urlaub sein *österr.*
Sind Sie geschäftlich hier? – Nein, auf
  Urlaub. / Nein, ich mache hier Ferien.
Haben Sie heute Abend Zeit? – Nein, wir
  wollen morgen in Urlaub fahren /
  wegfahren. (fährt weg, fuhr weg, ist
  weggefahren)
auf Urlaub fahren *österr.*
(schul-)frei haben / sich frei nehmen
  (nimmt, nahm, hat genommen)
Ich werde mir die nächsten Tage frei
  nehmen.

urlop / ferie; wakacje
wyjechać na urlop / być na urlopie

być na urlopie
Czy jest pan tu służbowo? – Nie, na
  urlopie / Nie, spędzam tu wakacje.
Czy ma pan czas dziś wieczorem?
  – Nie, jutro jedziemy /
  wyjeżdżamy na urlop.

jechać na urlop
mieć dzień wolny (od szkoły) /
  wziąć wolne
Wezmę wolne na kilka
  nadchodzących dni.

Private und öffentliche Feierlichkeiten
Uroczystości rodzinne i publiczne

s *Fest, -e / e *Feier, -n / e *Party, -s

e Veranstaltung, -en
r *Gast, ⸚e
r Ehrengast, ⸚e
r Gastgeber, - // e Gastgeberin, -nen
e *Gastfreundschaft *Sg*
gastfreundlich ↔ ungastlich
ein Fest geben / (gibt, gab,
  hat gegeben) / ein Fest machen
Feste *feiern / begehen

Du hast die Prüfung bestanden. Das
  müssen wir heute Abend mit einer
  großen Party feiern.
Das ist Grund genug zum Feiern.
*einladen (lädt ein, lud ein,
  hat eingeladen)
e Einladung, -en
eine Einladung verschicken ↔
  *erhalten (erhält, erhielt, hat erhalten)
eine Einladung *annehmen (nimmt an,
  nahm an, hat angenommen) ↔
  *ablehnen
Nach reiflicher Überlegung ist er der
  Einladung gefolgt.

święto; uroczystość; przyjęcie /
  święto; uroczystość; obchody /
  przyjęcie; impreza
impreza
gość
gość honorowy
gospodarz // gospodyni
gościnność
gościnny ↔ niegościnny
wydawać / robić przyjęcie

świętować / obchodzić
  uroczystości
Zdałeś egzamin. Musimy to uczcić
  dziś wieczorem dużym
  przyjęciem.
Trzeba to uczcić.
zaprosić

zaproszenie
wysłać ↔ otrzymać zaproszenie

przyjąć ↔ odrzucić zaproszenie

Po głębokim zastanowieniu zdecy-
  dował się przyjąć zaproszenie.

2 Treść zaproszenia

Wir laden Sie und Ihre Lebensgefährtin / Ihren Lebensgefährten ein. – Zapraszamy Pana/Panią wraz z osobą towarzyszącą.
Abendgarderobe / festliche / elegante Kleidung ist erwünscht! – Obowiązuje strój wieczorowy / odświętny / elegancki!
u.A.w.g. (= um Antwort wird gebeten) – RSVP

e **Feierlichkeit**, -en	uroczystość
Die Feierlichkeiten zur 1000-Jahr-Feier der Stadt dauern sieben Tage.	Uroczystości z okazji tysiąclecia miasta trwają siedem dni.
feierlich	uroczyście / odświętnie
Das 100-jährige Firmenjubiläum wird in feierlichem Rahmen begangen.	Stulecie firmy obchodzone jest w uroczysty sposób.
Die Gäste waren in feierlicher / ausgelassener Stimmung.	Wśród gości panował uroczysty / radosny nastrój.
s **Feuerwerk**	fajerwerki
Der Höhepunkt des Festes war ein gigantisches Feuerwerk.	Punktem kulminacyjnym uroczystości był wielki pokaz fajerwerków.
*s**ich amüsieren** / s**ich vergnügen** / s**ich gut** *u**nterhalten** (unterhält, unterhielt, hat unterhalten)	bawić się
r ***Ball**, ⸚e / r Faschingsball, ⸚e **auf einen Ball** / **auf eine Party gehen** (ging, ist gegangen)	bal / bal karnawałowy iść na bal / przyjęcie; prywatkę; imprezę
Der Wiener Opernball ist das gesellschaftliche Ereignis Wiens.	Bal w Operze jest głównym wydarzeniem towarzyskim Wiednia.
e Tanzveranstaltung, -en	zabawa taneczna / potańcówka
Heute: Geschlossene Gesellschaft!	Dziś impreza zamknięta!
r (Staats-) **Empfang**, ⸚e	przyjęcie / bankiet (wydawane przez władze państwa)
s **Festspiel**, -e / s **Festival**, -s / e Festwoche, -n	festiwal
e **Eröffnungsfeier** ↔ e (Ab-) **Schlussfeier**	uroczystość otwarcia ↔ zamknięcia
s **Festessen** / s Festmahl	bankiet
s **Familienfest**, -e / s Familientreffen, -	uroczystość rodzinna / spotkanie rodzinne
Wir feiern Weihnachten im familiären / kleineren Kreis.	Boże Narodzenie świętujemy w rodzinnym / wąskim gronie.
e **Verlobung**, -en / e Verlobungsfeier, -n	zaręczyny / przyjęcie zaręczynowe
e ***Hochzeit**, -en / e Hochzeitsfeier, -n	wesele
r **Hochzeitstag**, -e	dzień ślubu; rocznica ślubu

Private und öffentliche Feierlichkeiten

e silberne (= 25 Jahre) / e goldene (= 50 J.) / e diamantene Hochzeit (= 60 J.)	srebrne wesele (po 25 latach) / złote (po 50 latach) / diamentowe wesele (po 60 latach)
e eiserne (= 65 J.) / e steinerne (= 70 J.) Hochzeit	żelazne (po 65 latach) / kamienne (po 70 latach) wesele
An ihrem 40. Hochzeitstag kam die ganze Familie zusammen.	W ich 40. rocznicę ślubu spotkała się cała rodzina.
e **Taufe**, -n	chrzest
e Konfirmation / e Kommunion	konfirmacja / komunia
e Firmung	bierzmowanie
r Namenstag, -e	imieniny
r **Jahrestag**, -e	rocznica
Goethes Todestag	rocznica śmierci Goethego
s **Klassentreffen**, -	spotkanie klasowe
e Klassenzusammenkunft *schweiz.*	spotkanie klasowe
s **Jubiläum**, Jubiläen	jubileusz
r ***Geburtstag**, -e	urodziny
s ***Geschenk**, -e	prezent
***schenken** / **ein Geschenk machen**	podarować / zrobić komuś prezent
Was schenken wir ihr nur zum Geburtstag?	Co podarujemy jej na urodziny?
etw geschenkt bekommen (bekam, hat bekommen)	dostać coś w prezencie
Zum Geburtstag bekam er eine Ballonfahrt geschenkt.	Na urodziny dostał podróż balonem.
sich für ein Geschenk ***bedanken**	podziękować za prezent
Zur Hochzeit wurden sie reich **beschenkt**.	Zostali hojnie obdarowani z okazji ślubu.
***einpacken** ↔ ***auspacken**	zapakować ↔ rozpakować
Könnten Sie mir das bitte als Geschenk einpacken?	Czy może mi to pan zapakować na prezent?
Sollen wir für das Geschenk nicht zusammenlegen?	Czy nie powinniśmy złożyć się na prezent?

Hier hast du deine 30 Cent zurück. – Geschenkt!
Oddaję ci twoje 30 centów. – Daruj sobie.
Ein Bungeesprung. Den möchte ich nicht mal geschenkt haben!
Skok na bungee. Nie zdecydowałbym się, nawet gdyby mi za niego zapłacili / gdyby mi go oferowali za darmo.
Ein neuer Porsche für 30.000 EURO. Das ist ja halb / fast geschenkt!
Nowy Porsche za 30.000 euro. To przecież półdarmo!
In meinem neuen Job bekomme ich nichts geschenkt.
W mojej nowej pracy nie ma lekko.

---

e ***Gratulation**, -en / r ***Glückwunsch**, ⸚e	gratulacje / życzenia
***gratulieren** +*D*	składać życzenia; gratulować; winszować

Uroczystości rodzinne i publiczne

6.2

Wir müssen unserer Chefin noch zum Geburtstag gratulieren / noch alles Gute zum Geburtstag wünschen.	Jeszcze musimy złożyć naszej szefowej życzenia z okazji urodzin.
e **Glückwunschkarte**, -n	kartka z życzeniami

Życzenia

Alles Gute!	Wszystkiego najlepszego!
Alles Liebe zum Geburtstag!	Wszystkiego najlepszego z okazji urodzin!
Herzlichen Glückwunsch zum Geburtstag / zur Verlobung / zur Hochzeit.	Serdeczne życzenia z okazji urodzin / zaręczyn / ślubu.
Meine (herzlichsten) Glückwünsche zur Geburt Ihrer Tochter / zum freudigen Ereignis!	(Serdeczne) życzenia z okazji narodzin córki / radosnego wydarzenia.
Die besten Glückwünsche zu …!	Najlepsze życzenia z okazji …!
Alles Gute zum Geburtstag / zur Hochzeit / etc.	Wszystkiego najlepszego z okazji urodzin / ślubu / etc.
Im Namen der Kolleginnen und Kollegen möchten wir Ihnen ganz herzlich zum Geburtstag gratulieren.	W imieniu koleżanek i kolegów chcielibyśmy złożyć panu najserdeczniejsze życzenia z okazji urodzin.
Die besten Glückwünsche zu Ihrem Firmenjubiläum und weiterhin viel Erfolg!	Najlepsze życzenia z okazji jubileuszu firmy i kontynuacji dobrej passy.
Viel Glück (und Erfolg)!	Powodzenia!
Frohe Ostern / Weihnachten!	Wesołych Świąt Wielkanocy / Bożego Narodzenia!
Frohes Fest!	Wesołych Świąt!
Schöne Feiertage!	Wesołych Świąt!
Gutes neues Jahr! / Ein glückliches neues Jahr!	Szczęśliwego Nowego Roku!
Guten Rutsch (ins neue Jahr)! (ugs.)	Szczęśliwego Nowego Roku!
Herzliches Beileid!	Serdeczne wyrazy współczucia!

e *Tradition, -en	tradycja
s Volksfest	zabawa ludowa; festyn
r Umzug, ⸚e / r Trachtenumzug	pochód / pochód przebierańców
r *Karneval / r *Fasching / e *Fas(t)nacht	karnawał / karnawał / ostatki; zapusty

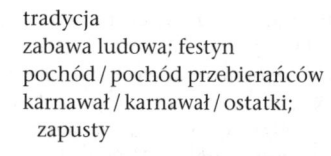

Festyny i zabawy

Gdy światem rządzą przebierańcy: W Niemczech i Austrii *Faschingszeit*, inaczej zwany *Karneval* (karnawał) rozpoczyna się 11.11. o godz. 11:11 i kończy się w *Faschingsdienstag / Karnevalsdienstag* (wtorek przed środą popielcową). Wtedy bowiem, o godz. 0:00 rozpoczyna się *Aschermittwoch* (środa popielcowa), a wraz z nią *Fastenzeit* (Wielki Post).

Private und öffentliche Feierlichkeiten

W południowych Niemczech świętuje się organizując *Umzüge* (pochody), *Straßenfeste* (uliczne festyny) i *Faschingsbälle* (bale karnawałowe). Imprezom towarzyszy zwykle jakieś hasło przewodnie (np. *Das Weiße Fest* – biała zabawa). Nad Renem, od Moguncji po Kolonię i Düsseldorf karnawał świętuje się w bardzo tradycyjny sposób: w *Rosenmontag* (poniedziałek zapustny; ostatni poniedziałek przed środą popielcową) odbywają się duże pochody i zabawy oraz festyny poszczególnych *Karnevalsvereine* (towarzystwa karnawałowe). W *Altweiber-Tag* / *Altweiber-Fasching* (ostatni czwartek przed środą popielcową) zgodnie z tradycją kobiety przejmują na jeden dzień władzę w mieście i wolno im w ten dzień np. obcinać mężczyznom krawaty.

W północnej Szwajcarii w okolicach Bazylei świętuje się *Fastnacht* (zapusty; ostatki). Rozpoczynają się one *Morgenstraichem* o 4 rano w tydzień po poniedziałku zapustnym i trwają do środy 4 rano. Podczas *Basler Fastnacht* (ostatki w Bazylei) mniejsze i większe „Cliquen" przechodzą ulicami miasta grając na fletach i bębenkach, aby zgodnie ze starym zwyczajem przegonić zimę.

Do **ważnych lokalnych festynów** w Nadrenii i nad Mozelą należy święto wina, w Monachium *Oktoberfest*, a w Niemczech Północnych *Sonnwendfeier* (święto przesilenia letniego).

Gesellschaftlicher Umgang
Kontakty towarzyskie

s **Treffen**, - / e Zusammenkunft, ⸚e (sich) ***treffen** (trifft, traf, hat getroffen) / **zusammenkommen** (kam zusammen, ist zusammengekommen)	spotkanie spotkać się
Wollen wir uns morgen kurz treffen? – Es ***hängt** davon **ab**, wie lange ich arbeiten muss.	Może spotkamy się jutro na chwilę? – Zależy, jak długo będę musiał pracować.
Wir sollten uns mal wieder mit Peter und Paul treffen.	Powinniśmy spotkać się znów z Peterem i Paulem.
Unsere Gruppe kommt alle 14 Tage zusammen.	Nasza grupa spotyka się co 14 dni.

Jak sformułować zaproszenie?

Haben Sie heute Abend schon etwas vor? Ich würde Sie gerne zum Essen einladen. –
Czy ma pani jakieś plany na dzisiaj wieczór? Chętnie zaprosiłbym panią na kolację.

Darf ich dich heute Abend zum Essen ausführen? –
Czy mogę zaprosić cię dziś na kolację?

Hätten Sie Lust, morgen Abend auf ein Glas Wein zu uns zu kommen? –
Czy miałby pan ochotę wpaść do nas jutro wieczorem na lampkę wina?

3

Nächsten Montag feiern wir unser 10-jähriges Firmenjubiläum. Sie sind herzlich eingeladen. –
W przyszły poniedziałek będziemy świętować dziesięciolecie firmy. Serdecznie pana zapraszamy.

Wenn Sie mal in der Gegend sind, schauen Sie doch mal bei uns vorbei. –
Niech pan wpadnie, jak będzie pan w okolicy.

Jak przyjąć...	**i odrzucić zaproszenie**
Vielen Dank. Sehr gern.	Vielen Dank für die Einladung, aber leider...
Bardzo dziękuję. Bardzo chętnie.	Bardzo dziękuję za zaproszenie, ale niestety...
Vielen Dank für die Einladung.	Das ist sehr nett von Ihnen, aber...
Bardzo dziękuję za zaproszenie.	To bardzo miło z pańskiej strony, ale...
Sehr nett, gern.	Schade, da kann ich leider nicht, da muss ich...
Bardzo miło z pańskiej strony, chętnie skorzystam.	Jaka szkoda, niestety nie mogę, bo muszę...
Da kann ich natürlich nicht nein sagen.	Ich würde gern kommen, aber...
Nie mogę odmówić.	Chętnie bym przyszedł, ale...

Leider geht es heute nicht, aber wie wäre es mit morgen?
Niestety dziś nie jest to możliwe, ale może jutro?

... i jak na to zareagować w sposób pozytywny	**i negatywny**
Schön, dass Sie kommen können.	Na ja, macht nichts. Vielleicht geht es ein andermal.
Miło, że pan przyszedł.	No cóż, trudno. Może innym razem.
Gut, ich freue mich. Also dann bis Freitag.	Ach, wie schade.
Dobrze, cieszę się. A więc do piątku.	Och, jaka szkoda!

e **Verabredung**, -en	spotkanie
*sich ver**a**breden / ver**a**bredet sein (ist, war, ist gewesen)	umawiać się / być umówionym
Sehen wir uns um 7 (Uhr)? – Geht leider nicht, da bin ich bereits mit Barbara verabredet.	Spotkamy się o (godzinie) siódmej? – Niestety, to niemożliwe, jestem już umówiony z Barbarą.
etw *<u>ab</u>machen / *<u>aus</u>machen	umówić się co do czegoś
Was hast du mit deinen Eltern abgemacht?	Jak się umówiłeś z rodzicami?
s **Rendezvous**, - [rãde'vu: *auch* 'rã:devu]	randka
ein Rendezvous haben (hat, hatte, hat gehabt)	umówić się na randkę / być na randce

Gesellschaftlicher Umgang

r **Lebensgefährte**, -n //
e **Lebensgefährtin**, -nen
r ***Freund**, -e // e **Freundin**, -nen

Sein langjähriger Freund ist jetzt nach
 Australien gegangen.
Sie ist seine Freundin. / Er ist mit ihr
 zusammen. / Er geht mit ihr. *ugs.*
e **Bekanntschaft**, -en
neue Bekanntschaften machen /
 Anschluss finden
r/e ***Bekannte**, -n
Gestern habe ich durch ***Zufall** /
 ***zufällig** zwei alte Bekannte
 wiedergetroffen.

towarzysz życia //
 towarzyszka życia
przyjaciel; chłopak // przyjaciółka;
 dziewczyna
Jego wieloletni przyjaciel wyjechał
 do Australii.
Jest jego dziewczyną. / On z nią
 jest. / On z nią chodzi.
znajomość
zawierać nowe znajomości /
 nawiązywać (nowe) kontakty
znajomy / znajoma
Wczoraj spotkałem przypadkowo
 dwóch starych znajomych.

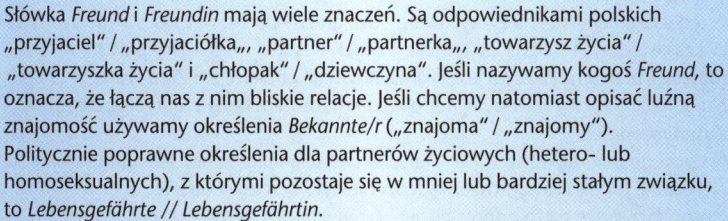

> **„Freunde"**
> Słówka *Freund* i *Freundin* mają wiele znaczeń. Są odpowiednikami polskich „przyjaciel" / „przyjaciółka"„ „partner" / „partnerka"„ „towarzysz życia" / „towarzyszka życia" i „chłopak" / „dziewczyna". Jeśli nazywamy kogoś *Freund*, to oznacza, że łączą nas z nim bliskie relacje. Jeśli chcemy natomiast opisać luźną znajomość używamy określenia *Bekannte/r* („znajoma" / „znajomy").
> Politycznie poprawne określenia dla partnerów życiowych (hetero- lub homoseksualnych), z którymi pozostaje się w mniej lub bardziej stałym związku, to *Lebensgefährte // Lebensgefährtin*.

***ausgehen** (mit)
Gehst du heute schon wieder aus / weg?
(durch die Stadt) bummeln gehen
r Stubenhocker, - //
 e Stubenhockerin, -nen *ugs.*
***tanzen gehen** (ging, ist gegangen)
Darf ich (Sie um den nächsten Tanz) bitten?
***essen gehen** (ging, ist gegangen)
einen ***trinken gehen** (ging, ist
 gegangen) / auf ein Bier gehen *ugs.*
Darf ich Sie einladen? Was trinken
 Sie? / Ich schmeiße eine Runde. *ugs.*
r ***Besuch**, -e
***besuchen**
Er war vorigen Sommer bei uns
 zu Besuch.
Ach, du erwartest wohl Besuch?
spontan / unangemeldet
 vorbeikommen (kam vorbei,
 ist vorbeigekommen)
Du solltest dich / deinen Besuch vorher
 anmelden.

(wy)chodzić (z)
Znowu dziś wychodzisz?
pójść na miasto
piecuch

pójść potańczyć
Czy mogę prosić (do tańca)?
pójść coś zjeść (do restauracji)
pójść na jednego / na piwo

Czy mogę panią zaprosić? Co pani
 pije? / Stawiam kolejkę.
odwiedziny; wizyta
odwiedzać
Odwiedził nas w lecie ubiegłego
 roku.
Ach, chyba spodziewasz się gości?
wpaść bez uprzedzenia

Powinieneś wcześniej uprzedzić,
 że przyjdziesz z wizytą.

Kontakty towarzyskie

mitbringen (brachte mit, hat mitgebracht) — przynieść (ze sobą)

Ich habe Ihnen eine Flasche Wein mitgebracht. – Vielen Dank, aber das wäre nicht nötig gewesen. — Przyniosłem pani butelkę wina. – Bardzo dziękuję, ale to naprawdę nie było konieczne.

s **Mitbringsel**, - — drobiazg, który przynosi się przychodząc do kogoś w gości (np. czekolada, bombonierka, wino itp.)

Na co zwrócić uwagę, gdy wybieramy się z wizytą

Jeśli ktoś zaprasza nas do domu na obiad lub kolację, przynosimy ze sobą albo kwiaty (ale nie czerwone róże!) albo butelkę wina (może to być wino musujące bądź szampan). Należy przyjść dość punktualnie, tzn. najwyżej 10–15 minut po umówionej godzinie.
Jako pierwszy jeść zaczyna gospodarz i to dopiero wtedy, gdy wszyscy goście mają już coś na talerzu.
Przed jedzeniem można życzyć sobie *Einen guten Appetit*.
W czasie jedzenia można też (ale nie trzeba!) wznieść toast – jeśli piwem, to mówimy przy tym *Prost!*, a jeśli jakimś innym alkoholem, to: *Zum Wohl!*
Na obiedzie/kolacji służbowej odpowiednim toastem będzie *Auf (eine/die) gute Zusammenarbeit!*
Na pożegnanie mówimy: *Vielen Dank für die Einladung. Es hat sehr gut geschmeckt.* – Dziękuję bardzo za zaproszenie. Jedzenie było bardzo smaczne.
Gospodarz może na to odpowiedzieć: *Einen schönen Abend.* – Miłego wieczoru. *Kommen Sie gut nach Hause.* – Niech pan na siebie uważa w drodze do domu. *Vielen Dank fürs Kommen. / Schön, dass Sie gekommen sind.* – Dziękuję za przyjście. / Miło, że pan przyszedł.

Auswärts essen und trinken
W restauracji

s *****Restaurant**, -s [rɛstoˈrãː] — restauracja
ein Restaurant besuchen / in ein Restaurant gehen — pójść do restauracji
Kommst du mit (ins Restaurant)? — Idziesz z nami (do restauracji)?
*****aussuchen** / auswählen — wyszukać / wybierać
Such du doch ein Restaurant aus. — Ty wybierz restaurację.
ein **feines** / **elegantes** ↔ **einfaches** Restaurant — wytworna / elegancka ↔ skromna restauracja
*****empfehlen** (empfiehlt, empfahl, hat empfohlen) — polecać
Können Sie mir ein gutes (indisches) Restaurant empfehlen? — Czy może pan polecić mi dobrą (indyjską) restaurację?

ein Restaurant mit Hausmannskost / mit regionalen Spezialitäten — restauracja z kuchnią domową / oferująca potrawy regionalne

r (Land-) Gasthof, ⸚e / e *Gaststätte, -n / e *Kneipe, -n	zajazd / restauracja; gospoda; karczma / jadłodajnia; restauracja; knajpa
s *Gasthaus / s *Beisel, -n (Wien österr.)	restauracja; gospoda; karczma / lokal gastronomiczny; knajpa
s Bistro, -s	bar typu bistro
s (Eis-)*Café, -s / s Kaffeehaus, ⸚er (österr.)	kawiarnia
e Teestube, -n	herbaciarnia
e *Bar, -s	bar
r Weinkeller, -	winiarnia
s Stüberl, -	przytulny lokal
s *Lokal, -e	knajpa / lokal gastronomiczny; restauracja
s Gartenlokal, -e	ogródek piwny; restauracja z ogródkiem
s Ausflugslokal, -e	lokal gastronomiczny poza miastem lub na jego obrzeżach, odwiedzany przez wycieczkowiczów
r *Biergarten, ⸚	ogródek piwny
r Heurige (österr.)	knajpa oferująca młode wino, często znajdująca się przy winnicy
e *Kantine, -n	stołówka
e Cafeteria, -s	restauracja samoobsługowa
s Selbstbedienungsrestaurant, -s	restauracja samoobsługowa
r (Schnell-)Imbiss, -e / e Imbissstube, -n	budka z fast-foodem
r Würstelstand, ⸚e (österr.)	budka z kiełbaskami na gorąco
e Raststätte, -n / s Autobahnrestaurant, -s	zajazd / restauracja przy autostradzie

r **Geheimtipp**, -s — wskazówka znawcy / rzecz warta polecenia

Das Restaurant „Goldener Löwe" ist ein echter Geheimtipp. — Restauracja „Złoty lew" to miejsce naprawdę warte polecenia.

Ich habe ein neues Restaurant entdeckt, in dem man gut essen kann. – Wo denn? — Odkryłem nową restaurację, w której można dobrze zjeść. – A gdzie?

Wohin gehen wir jetzt? – Warum nicht **zum Griechen / in die Pizzeria**? — Dokąd pójdziemy? – Może do restauracji greckiej / do pizzerii?

s vegetarische / italienische Restaurant / s Fischrestaurant — restauracja wegetariańska / włoska / rybna

Was machen wir jetzt? – Gehen wir doch in den Biergarten! — Co robimy? – Chodźmy do ogródka piwnego!

Was macht ihr heute? – Wir treffen uns mit Freunden in einer Kneipe. — Co dziś robicie? – Spotykamy się z przyjaciółmi w knajpie.

W restauracji

W restauracji

W większości restauracji (z wyjątkiem ekskluzywnych!) gość sam może wybrać sobie stolik. W zwykłych knajpach i gospodach można nawet przysiąść się do innych gości. Przedtem należy jednak zapytać: *Ist der Platz noch frei? / Darf ich mich zu Ihnen setzen? / Ist hier noch frei?*
W większości restauracji w Niemczech ciągle jeszcze wolno palić (stan na rok 2003). Czasami, np. w restauracjach wegetariańskich, wyznaczone są specjalne strefy dla niepalących.
Wręczając menu kelner(ka) zapyta, co podać do picia.
Za jedzenie płaci się siedząc przy stole. Napiwek powinien wynosić od 5 do 10 % wartości rachunku – w zależności od tego, na ile zadowoleni jesteśmy z obsługi i posiłku. W lepszych restauracjach kelner wydaje resztę i dopiero wtedy gość decyduje o wysokości napiwku. W zwykłych knajpach obsługa często podaje sumę końcową i gość sam dolicza do niej napiwek – zwykle tak, aby wyszła okrągła kwota. W Niemczech nie praktykowany jest zwyczaj zostawiania napiwku na stole.

r *Gast, ⁓e	gość
r Stammgast, ⁓e	stały gość
r Stammtisch, -e	stolik zarezerwowany dla stałych gości
*bestellen ↔ eine Bestellung aufnehmen	zamawiać ↔ przyjmować zamówienie
r Gourmet, -s [gʊrˈmeː]	smakosz
r (Restaurant-) Kritiker, - // e Kritikerin, -nen	krytyk kulinarny
r (Gast-) *Wirt, -e // e Wirtin, -nen / Wirtsleute *Pl*	restaurator // restauratorka / restauratorzy
r Koch, ⁓e // e Köchin, -nen	kucharz // kucharka
Das Essen schmeckt lecker ↔ komisch. – Darf ich mal kosten / probieren?	Jedzenie jest pyszne ↔ dziwnie smakuje. – Czy mogę skosztować / spróbować?
r Service [ˈzøːɐ̯vɪs]	obsługa
Der Service war *gut / mittelmäßig ↔ *schlecht.	Obsługa była dobra / średnia ↔ zła.
e *Bedienung, -en	obsługa
eine *freundliche ↔ unfreundliche Bedienung	miła ↔ niemiła obsługa
eine exzellente ↔ schlechte Bedienung	doskonała ↔ zła obsługa
r (Ober-)*Kellner, - // e Kellnerin, -nen	(starszy) kelner // kelnerka
*bedienen	obsługiwać
servieren / das Essen bringen	podawać / przynosić jedzenie
e *Rechnung, -en	rachunek
Die Rechnung geht heute auf mich. / Ihr seid heute eingeladen.	Dziś ja płacę. / Jesteście dziś zaproszeni.
s *Trinkgeld, -er	napiwek
Wie viel Trinkgeld ist hier üblich?	Ile tu się daje napiwku?
Er gibt immer ein gutes Trinkgeld.	On zawsze daje wysokie napiwki.

6
4

Rezerwacja
Gość:
Ich möchte gern für heute Abend einen Tisch reservieren ... um 19.30 Uhr für 12 Personen ... auf den Namen Schnitzelberger. –
Chciałbym zarezerwować stolik na dziś wieczór ... na 19.30 dla 12 osób ... na nazwisko Schnitzelberger.

Obsługa restauracji:
Auf welchen Namen bitte? / Wie war Ihr Name? –
Przepraszam, na jakie nazwisko? / Jak brzmiało pańskie nazwisko?
Für wie viele Personen? – Na ile osób?
Um wie viel Uhr? – Na którą godzinę?
Tut mir Leid. Wir sind schon voll. / Alle Tische sind schon reserviert. –
Przykro mi. Nie mamy już miejsc. / Wszystkie stoliki są już zarezerwowane.

Po wejściu do restauracji
Gość:
Wir haben einen Tisch reserviert auf den Namen Schnitzelberger. –
Zarezerwowaliśmy stolik na nazwisko Schnitzelberger.
Einen Tisch für 3 Personen, bitte. – Szukamy stolika na trzy osoby.

Obsługa restauracji:
Haben Sie (einen Tisch) reserviert? – Czy mają państwo rezerwację?
Zu wievielt sind Sie? / Wie viele Personen? – Na ile osób?
*Nichtraucher oder *Raucher? – Dla niepalących czy dla palących?
Gefällt Ihnen dieser Tisch? – Czy ten stolik państwu odpowiada?
Hier entlang bitte. Ist der recht? – Proszę tędy. Ten może być?

Zamawianie
Gość:
Entschuldigung, können wir bitte bestellen? –
Przepraszam, czy możemy złożyć zamówienie?
Könnten Sie uns bitte die Speisekarte bringen? –
Czy może pan przynieść nam menu?
Was können Sie empfehlen? – Co pan poleca?
Können Sie mir sagen, was „Königsberger Klopse" sind? –
Czy może mi pan powiedzieć, co znaczy „Königsberger Klopse"?
Ich hätte gern / Ich nehme / Ich möchte ein Wiener Schnitzel. –
Poproszę / Wezmę / Chciałbym kotlet schabowy po wiedeńsku.
Zu trinken hätten wir gern eine Flasche Rotwein. –
Chcielibyśmy też butelkę czerwonego wina.
Probier doch mal den Fisch. – Weź rybę.
Das Gleiche bitte. – Poproszę to samo.
Noch ein Gedeck bitte. / Ein Gedeck fehlt noch. –
Poprosimy o jeszcze jedno nakrycie. / Brakuje jednego nakrycia.

W restauracji

Obsługa restauracji:
Was wünschen / möchten Sie bitte? – Czego państwo sobie życzą?
Möchten Sie schon bestellen? / Haben Sie schon gewählt? / Haben Sie sich (schon) entschieden? – Czy mogę już przyjąć zamówienie? / Czy już państwo wybrali? / Czy (już) się państwo zdecydowali?
Möchten Sie zuerst einen Aperitif? – Czy życzą sobie państwo najpierw aperitif?
(Am Salatbüffet) Bitte bedienen Sie sich selbst. –
(Przy barze sałatkowym) Proszę obsłużyć się samemu.
Ich würde Ihnen einen trockenen Rotwein empfehlen. –
Polecałbym państwu czerwone wytrawne wino.

Przy jedzeniu

Gość:
Bringen Sie mir bitte Salz und Pfeffer / eine Pfeffermühle. –
Czy może pan przynieść mi sól i pieprz?
Noch etwas Brot, bitte. – Prosimy o jeszcze trochę chleba.
Entschuldigung, ein Messer fehlt. – Przepraszam, brakuje jednego noża.
Darf ich rauchen? / Stört es Sie (, wenn ich rauche)? –
Czy mogę zapalić? / Czy będzie panu przeszkadzać, jeśli zapalę?

Obsługa restauracji:
Möchten Sie noch einen Schluck Wein? / Darf ich Ihnen noch etwas einschenken? –
Jeszcze trochę wina? / Czy mogę jeszcze panu nalać?
Hat es (Ihnen) geschmeckt? / War's gut? – *Ja, sehr lecker.* – Jak (panu) smakowało? / Czy jedzenie było dobre? –Tak, było bardzo dobre / bardzo smaczne.

Reklamacje

Gość:
Entschuldigung, hier fehlt noch ein Gericht. – Przepraszam, brakuje jeszcze jednego dania.
Entschuldigung, ich hatte Kartoffeln als Beilage bestellt. – Przepraszam, zamówiłem ziemniaki jako dodatek.
Ich möchte das zurückgehen lassen. – Proszę to odesłać.
Die Suppe ist kalt / zu salzig / versalzen. – Ta zupa jest zimna / za słona / przesolona.
Entschuldigung, aber die Rechnung stimmt nicht. – Przepraszam, rachunek się nie zgadza.
Ich würde gern den Geschäftsführer / Chef / Koch sprechen. – Chciałbym rozmawiać z kierownikiem restauracji / szefem restauracji / kucharzem.

Płacenie

Gość:
Die Rechnung bitte. / Bitte zahlen. – Rachunek proszę. / Chciałbym zapłacić.
Wir möchten gern zahlen. – Chcielibyśmy zapłacić.
Sie sind heute mein Gast. / Ich lade euch heute ein. – Jest pan dziś moim gościem. / Dziś was zapraszam.
Kann ich mit Kreditkarte zahlen? – Czy mogę zapłacić kartą kredytową?
Gibst du kein Trinkgeld? Dann mach ich das. – Nie dajesz napiwku?
To ja to zrobię.
Wie viel Trinkgeld sollen wir geben? – Ile powinniśmy dać napiwku?

Obsługa restauracji:
Zusammen oder getrennt? – Razem czy osobno?
Das macht (dann) 36 EURO 80 (Cents). – Razem 36 euro 80 (centów).

Gość:
40 EURO bitte. – Niech pan mi wyda do 40 euro, proszę.
Der Rest ist für Sie. – Reszta dla pana.
Stimmt so. – Reszty nie trzeba.
Geben Sie mir bitte 60 EURO zurück. – Niech pan mi wyda 60 euro.

s ***Frühstück** — śniadanie
r Brunch, -s — brunch
s **Mittagessen** / s **Abendessen**, - — obiad / kolacja
Gehen wir jetzt endlich Mittagessen? – Gut, aber ich möchte etwas Richtiges essen ↔ nur ein bisschen/eine Kleinigkeit essen. — Idziemy wreszcie na obiad? – Dobrze, ale ja chcę zjeść porządny obiad ↔ tylko coś małego.
e ***Speisekarte**, -n — menu / karta dań
Was empfehlen Sie uns heute? — Co nam pan dziś poleca?
s Tagesgericht, -e / s Mittagsmenü, -s — danie dnia / zestaw obiadowy
Hier gibt es einen guten Mittagstisch. — Tu dają dobre obiady.
s Abendmenü, -s / e Abendkarte, -n — dania serwowane od późnego popołudnia

r **Seniorenteller**, - / s Seniorenessen, - — dania dla osób starszych (tańsze i mniej obfite, niż zwykłe)

r **Kinderteller**, - / s Kindermenü / s ***Menü** für die kleinen Gäste — zestaw dla dzieci / zestawy dla dzieci / dania dla małych gości
e Salatbar / s Salatbüffet — bar sałatkowy
s ***Gericht**, -e — danie
Die Portionen sind reichlich ↔ relativ klein. — Porcje są duże ↔ dość małe.
s ***Essen**, - / e ***Mahlzeit**, -en — jedzenie / posiłek
Das Menü besteht aus fünf Gängen. — Posiłek składa się z pięciu dań.
r erste / zweite / dritte ***Gang** — pierwsze / drugie / trzecie danie
e **Vorspeise**, -n — przekąska
Als Vorspeise hätte ich gern einen Salat. — Na przekąskę poproszę sałatkę.
r ***Salat**, -e — sałatka
e ***Suppe**, -n — zupa
s **Hauptgericht**, -e — danie główne
r Hauptgang *schweiz.* — danie główne
gekocht / **gegrillt** / **gebraten** / gesotten — gotowane / grilowane / pieczone; smażone / duszone

Wie möchten Sie das Fleisch gebraten? Medium oder durch? – Leicht angebraten / Blutig *ugs.*, bitte. — Jak mamy przygotować panu mięso? Średnio czy mocno przysmażone? – Lekko przysmażone / krwiste.

e **Beilage**, -n — dodatek
Als Beilage bitte nur Spinat. — Do tego tylko szpinak.

6.4

e ***Nachspeise**, -n / s ***Dessert**, -s	deser
s ***Glas**, ⸚er	szklanka; kieliszek
s Wein- / Bier- / Wasserglas	kieliszek do wina / kufel do piwa / szklanka na wodę

Ich hätte gern ein Glas Wein / einen Schoppen Wein. — Poproszę kieliszek wina / lampkę wina.
Entschuldigung, ich habe etwas Wein verschüttet. — Przepraszam, rozlałem trochę wina.
Mir ist leider das Glas runtergefallen. / Das Glas ist leider umgefallen. — Niestety przewóciłem kieliszek. / Niestety, kieliszek przewrócił się.

---

jm reinen Wein einschenken – nie owijać w bawełnę / powiedzieć komuś szczerą prawdę
*Im Wein liegt die *W**a**hrheit.* – In vino veritas.
Mir läuft das Wasser im Mund zusammen. – Leci mi ślinka.
Das ist nicht dein Bier. (ugs.) – To nie twoja sprawa.
So ein Saftladen! (ugs.) – Co za bałagan!

---

e ***Tasse**, -n	filiżanka
e Kaffeetasse, -n	filiżanka do kawy
e Tasse Kaffee	filiżanka kawy
r ***Becher**, -	kubek
r ***Teller**, -	talerz
Brauchen wir flache oder tiefe Teller?	Czy potrzebujemy płaskich, czy głębokich talerzy?
s ***Besteck**, -s	sztućce
s ***Messer**, - / e ***Gabel**, -n / r ***Löffel**, -	nóż / widelec / łyżka
Das Messer ist nicht scharf genug. Könnte ich ein neues haben.	Ten nóż nie jest ostry. Poproszę o inny.
e **Serviette**, -n [zɛr'vi̯ɛtə]	serwetka

Napoje

nichtalkoholische ↔ *alkoholische Getränke*	napoje bezalkoholowe ↔ alkoholowe
s *Wasser, - mit Kohlensäure	woda gazowana
s Wasser ohne Kohlensäure / stilles Wasser	woda niegazowana
r Apfel- / Orangensaft, ⸚e	sok jabłkowy / pomarańczowy
e Apfelsaftschorle, -n	sok jabłkowy pół na pół z wodą mineralną
r gespritzte Apfelsaft (österr.)	sok jabłkowy pół na pół z wodą mineralną
s Spezi, -s	coca-cola pół na pół z lemoniadą
r *Wein, -e	wino
r Rot- / Weißwein	czerwone / białe wino

r offene Wein / Hauswein ↔ Wein in Flaschen / Flaschenwein	wino podawane na kieliszki ew. serwowane w karafkach / wino domowe ↔ wino butelkowe
ein lieblicher / leichter ↔ trockener / schwerer Wein	słodkie / lekkie ↔ wytrawne / mocne wino
e Spätlese	wino z późnych zbiorów
e Weinschorle, -n / r (rote/weiße) Gespritzte, -n (österr.)	wino rozcieńczone wodą mineralną / (czerwone / białe) wino rozcieńczone wodą mineralną
s *Bier, -e	piwo
s Weizenbier, -e	piwo pszeniczne
ein alkoholfreies Bier	piwo bezalkoholowe
s Pils, -	pilzner

Lokalne specjały

eine Stange (schweiz.)	mały kufel piwa (0,3 l)
ein Kölsch	gatunek jasnego piwa warzonego w Kolonii
ein Alt	gatunek ciemnego piwa z Düsseldorfu
ein Helles / ein Dunkles (südd.)	jasne / ciemne piwo
ein helles / dunkles Weißbier (südd.)	jasne / ciemne piwo pszeniczne
ein Radler (südd.) / s Alsterwasser (nordd.)	piwo pół na pół z lemoniadą
eine Berliner Weiße mit Schuss	piwo z sokiem malinowym
eine Russnmass / ein Russ (südd.)	piwo pszeniczne z lemoniadą
s Rauchbier	wysokofermentowane piwo o dymnym posmaku
s Schwarzbier	piwo ciemne
s Starkbier	piwo mocne
r Federweiße, -n	młode wino
r (rote/weiße) Sturm (österr.)	(czerwone/białe) młode wino

r **Snack**, -s [snɛk]	przekąska
Zum Hier-Essen? – Nein, zum Mitnehmen.	Na miejscu? – Nie, na wynos.
aus der Hand / im Stehen essen	jeść na stojąco
r Toast, -s [to:st] / r Trinkspruch, ⸚e	toast
Lasst uns auf das Brautpaar trinken.	Wypijmy za zdrowie młodej pary.
e ***Garderobe**, -n [gardə'ro:bə]	szatnia
Soll ich den Mantel für dich abgeben?	Czy mam oddać twój płaszcz do szatni?
e Garderobenmarke, -n	numerek do szatni
e ***Toilette**, -n [toa'lɛtə]	toaleta
Entschuldigung. Ich muss noch kurz auf die Toilette.	Przepraszam, muszę jeszcze do toalety.
r Kinderstuhl, ⸚e	krzesełko dziecięce

W restauracji

Unterhaltsames / Leichte Unterhaltung
Rozrywka

r J**a**hrmarkt, ⸚e / s V**o**lksfest, -e / e Kirmes	jarmark / festyn ludowy / odpust; kiermasz
s Karuss**e**ll, -s	karuzela
Die Kinder sind zweimal Karussell gefahren.	Dzieci dwa razy przejechały się na karuzeli.

Atrakcje wesołego miasteczka

s Fahrgeschäft, -e	obwoźne atrakcje
s Riesenrad	diabelski młyn
e Achterbahn, -en	kolejka górska
e Geisterbahn, -en	labirynt / zamek strachu
s Kettenkarussell, -s	karuzela łańcuchowa
r Schießstand, ⸚e / e Schießbude, -n	strzelnica
r Wurststand, ⸚e	budka / stoisko z kiełbaskami
r Würstlstand, ⸚e	budka / stoisko z kiełbaskami
s Bierzelt, -e	namiot piwny / piwiarnia pod namiotem

r Z**i**rkus, -se	cyrk
e Zirkusvorstellung	przedstawienie cyrkowe
s Zirkuszelt, -e	namiot cyrkowy
r Clown, -s [kl**au**n]	klown
r Art**i**st, -en // e Art**i**stin, -nen	artysta cyrkowy; akrobata // artystka cyrkowa; akrobatka
r Dompteur, -e [dɔmp'tø:ɐ̯] // e Dompteurin, -nen	treser // treserka dzikich zwierząt
s dressiertes Tier, -e	tresowane zwierzę
r Akrob**a**t, -en // e Akrob**a**tin, -nen	akrobat // akrobatka
r Straßenkünstler, - // e Straßenkünstlerin, -nen	artysta uliczny // artystka uliczna
r Straßenmusikant, -en // e Straßenmusikantin, -nen	muzyk uliczny
Musizieren verboten!	Zakaz grania!
e Kleinkunstbühne, -n / s Kabarett, -s	kabaret
s N**a**chtleben	życie nocne
e *D**i**sko, -s / e Diskothek, -en	dyskoteka
e Single-Party, -s	impreza dla singli
s Tanzcafé, -s	kawiarnia, w której przygrywa orkiestra
e (Musik- / Tanz-) Kap**e**lle, -n / e (Musik-) Band, -s [bɛnt auch bænd]	orkiestra; kapela / zespół (muzyczny)
Bei unserer Feier haben wir L**i**vemusik ['laifmuzi:k].	Na naszej imprezie będzie muzyka na żywo.
e *B**a**r, -s	bar

e *Kneipe, -n	knajpa; pub
s Lokal, -e / s Beisel, -n *österr.*	knajpa
s Nachtlokal, -e / r Nachtklub, -s	klub nocny
e Weinstube, -n	winiarnia
s (Spiel-)Kasino, -s / e Spielbank, -en	kasyno

Reise und Reiseplanung
Podróż

s Fernweh ↔ s *Heimweh	tęsknota za dalekim światem ↔ tęsknota za domem
e *Reise, -n / e *Fahrt, -en	podróż / jazda
Gute Reise! / Gute Fahrt!	Szczęśliwej podróży! / Szerokiej drogi!
eine Urlaubsreise / Ferienreise machen	pojechać na urlop / wakacje
r/e Reisende, -n	podróżny // podróżna
*reisen / *verreisen	podróżować / wyjeżdżać
Er ist für 3 Tage verreist.	Wyjechał na 3 dni.
Im Winter verreise ich nicht gerne.	W zimie nie lubię wyjeżdżać.
Wie lange bleibst du in der Mongolei?	Na ile jedziesz do Mongolii?
Im Juli fährt Uwe per Schiff nach New York.	W lipcu Uwe popłynie statkiem do Nowego Jorku.
in Urlaub fahren (nach) (fährt, fuhr, ist gefahren)	pojechać na urlop (do/na)
auf Urlaub fahren (nach) *österr.*	pojechać na urlop (do/na)
in die Ferien fahren *schweiz.*	pojechać na urlop (do/na)
nach Honolulu fliegen (flog, ist geflogen)	polecieć do Honolulu
Meine Nachbarn sind übers Wochenende verreist / weggefahren.	Moi sąsiedzi wyjechali na weekend.
eine Stadt besuchen	zwiedzać miasto
Ich will im Urlaub vor allem neue Kulturen kennen lernen.	W czasie urlopu przede wszystkim chcę poznawać nowe kultury.
*erleben	doświadczyć; przeżyć; spędzić
Was habt ihr im Urlaub alles erlebt?	Jak spędziliście urlop?
s *Reisebüro, -s	biuro podróży
ins / zum Reisebüro gehen	pójść do biura podróży
r Reiseveranstalter, - / r Reiseanbieter, -	tour operator / biuro podróży
s Reiseprospekt, -e / r Reisekatalog, -e	prospekt biura podróży / katalog biura podróży
verbilligte Reiseangebote	oferty promocyjne biur podróży
e **Touristen-Information**, -nen [tuˈrɪstənɪnfɔrmaˈtsjoːn] / r Verkehrsverein, -e	informacja turystyczna / zrzeszenie turystyczne
s Urlaubsangebot, -e	oferta wakacyjna

r Kurzurlaub, -e	wyjazd na krótko / pobyt kilkudniowy
e **Städtereise**, -n	podróż po miastach
e Studienreise, -n	podróż naukowa / wyjazd za granicę na studia
e **Kreuzfahrt**, -en	rejs
e (Schweiz-) Rundreise, -n	wycieczka objazdowa (po Szwajcarii)
e **Fahrradtour**, -en (durch)	wyprawa rowerowa (przez)
e Velotour, -en *schweiz.*	wyprawa rowerowa
e **Pauschalreise**, -n	wycieczka zorganizowana / wczasy zorganizowane
e Individualreise, -n [ındivi'dua:lraizə]	wyjazdy indywidualne
r Abenteuerurlaub, -e	aktywny wypoczynek
eine Reise nach China / zum Nordpol	podróż do Chin / na biegun północny
e **Weltreise**, -n	podróż dookoła świata
e Last-Minute-Reise, -n [la:st'mınıtraizə]	oferta last minute
im Land herumreisen	podróżować po kraju
Wie reisen Sie an? – Per / Mit dem *****Auto** / der *****Bahn** / dem *****Flugzeug**.	Czym pan podróżuje? – Samochodem. / Pociągiem. / Samolotem.
per Anhalter fahren	jeździć autostopem
e Mitfahrgelegenheit	okazja zabrania się z kimś samochodem
eine Reise (im Voraus) *****buchen** ↔ die Buchung **rückgängig machen**	zarezerwować wyjazd (z wyprzedzeniem) ↔ odwołać rezerwację wyjazdu
*****reservieren** ↔ **stornieren**	rezerwować ↔ odwołać rezerwację
s **Reiseziel**, -e / r Zielbahnhof / r Zielflughafen	cel podróży / stacja docelowa / docelowy port lotniczy
e **Anreise** / e **Anfahrt** ↔ e **Abreise**	przyjazd ↔ wyjazd
r Zwischenstopp, -s	postój
r Reiseplan, ⸚e / e Reiseroute, -n	plan podróży / trasa podróży
einen Reiseplan aufstellen / die Reiseroute festlegen	sporządzić plan podróży / określić trasę podróży
r **Urlaubsort**, -e	miejscowość wypoczynkowa
r **Tourismus** [tu'rısmʊs]	turystyka
Die Insel Mallorca lebt vom Tourismus.	Majorka żyje z turystyki.
r *****Tourist**, -en // e **Touristin**, -nen	turysta // turystka
e **Reiseleitung**, -en	pilot wycieczki; rezydent
Die Reiseleitung vor Ort kümmert sich um Sie.	Lokalny rezydent będzie się państwem opiekował.

r **Reiseleiter**, - //	pilot //
e **Reiseleiterin**, -nen /	pilotka /
r **Reiseführer**, - //	przewodnik //
e **Reiseführerin**, -nen /	przewodniczka /
r Fremdenführer, - //	przewodnik //
e Fremdenführerin, -nen	przewodniczka
Unsere Reiseführerin spricht sehr gut Italienisch. – Sie ist auch in der Schweiz geboren.	Nasza przewodniczka mówi bardzo dobrze po włosku. – Urodziła się w Szwajcarii.
r **Reiseführer**, -	przewodnik
Wie alt ist der Kölner Dom? – Lies doch mal im Reiseführer nach.	Ile lat ma katedra w Kolonii? – Sprawdź w przewodniku.
e **Stadtrundfahrt**, -en	zwiedzanie miasta
e Besichtigung, -en	zwiedzanie
***besichtigen** / ***anschauen**	zwiedzać / oglądać
e **Öffnungszeit**, -en	godziny otwarcia
Wann ist das Museum geöffnet? ↔ Wann schließt das Museum?	O której otwierają muzeum? ↔ O której zamykają muzeum?
Die nächste Führung beginnt um 11 Uhr 30.	Kolejna grupa zaczyna zwiedzanie z przewodnikiem o godzinie 11.30.
e ***Sehenswürdigkeit**, -en	zabytek; atrakcja turystyczna
In einer Woche besichtigen Sie die wichtigsten Sehenswürdigkeiten Europas.	W przeciągu tygodnia zwiedzą państwo najważniejsze zabytki Europy.
Wir möchten heute Abend die Stadt erkunden. Können Sie uns einen Tipp geben / etwas ***empfehlen** (empfiehlt, empfahl, hat empfohlen)?	Dziś wieczorem chcielibyśmy wybrać się na zwiedzanie miasta. Czy może pan coś nam polecić?
s ***Souvenir**, -s [zuvəˈniːɐ̯] / s **Mitbringsel**, -	pamiątka / pamiątka z podróży
Schau mal, ich habe dir was mitgebracht.	Popatrz, coś ci przywiozłem.
r Kitsch	kicz
Das ist kitschig / an der Grenze zum Kitsch.	To kiczowate / graniczy z kiczem.
e ***Grenze**, -n	granica
über die Grenze gehen ↔ an der Grenze halt machen	przekroczyć granicę ↔ zatrzymać się na granicy
r **Zoll** / e Zollabfertigung	cło / odprawa celna
durch den Zoll gehen	przejść odprawę celną
Haben Sie etwas zu **verzollen**?	Czy ma pan coś do oclenia?
e Einfuhrsteuer	podatek importowy
e Zollabgabe, -n	opłata celna
Zoll ***zahlen**	opłacić cło
zollfreie Waren	towary bezcłowe
Zigaretten schmuggeln	przemycać papierosy
r ***Schmuggel** *Sg*	przemyt
e **Passkontrolle**, -n	kontrola paszportowa
durch die Passkontrolle gehen	przejść kontrolę paszportową

den Pass kontrollieren	sprawdzać paszport
r **Reisepass**, ⸚e	paszport
r ***Ausweis**, -e / r **Personalausweis**, -e	dowód osobisty
e Identitätskarte, -n *schweiz*.	dowód osobisty
***gültig** ↔ ***ungültig**	ważny ↔ nieważny
Der (Reise-)Pass ist **abgelaufen**.	Ten paszport jest już nieważny.
s ***Visum**, Visa	wiza
r Visumzwang / e Visumpflicht	obowiązek wizowy
Für bestimmte Länder gilt **Visumpflicht**. ↔ Die Einreise nach Deutschland ist für EU-Bürger **visumfrei**.	Obywatele określonych krajów podlegają obowiązkowi wizowemu ↔ Obywatele krajów członkowskich UE mogą wjeżdżać do Niemiec bez wizy.

Układ z Schengen

W 1995 roku na wspólnych granicach Niemiec, krajów Beneluksu, Francji, Hiszpanii, Portugalii, Włoch i Austrii zniesiono kontrole celne i paszportowe. Wzmożono natomiast kontrole na lotniskach i granicach zewnętrznych państw tworzących obszar Schengen.

e **Botschaft**, -en	ambasada
s (General-)**Konsulat**, -e	konsulat (generalny)
e Visa-Abteilung, -en	wydział wizowy
r ***Antrag**, ⸚e (auf ein Visum)	wniosek (wizowy)
s Einreisevisum	wiza wjazdowa
ein Visum *beantragen	złożyć wniosek o wizę
ein Visum ausstellen / erteilen	wystawić / przyznać wizę
Dieses Visum ist nur 90 Tage gültig.	Ta wiza ważna jest tylko 90 dni.
ablaufen (läuft ab, lief ab, ist abgelaufen)	tracić ważność
Mein Visum läuft ab. – Dann lass es doch ***verlängern**.	Kończy mi się wiza. – To ją przedłuż.
***Geld *wechseln** / ***umtauschen**	rozmieniać; wymieniać pieniądze
Ich möchte 500 EURO in japanische Yen umtauschen.	Chciałbym wymienić 500 euro na jeny japońskie.
r Wechselkurs, -e	kurs wymiany waluty
r Reisescheck, -s	czek podróżny
einen Reisescheck einlösen	zrealizować czek podróżny
s ***Gepäck**	bagaż
r ***Koffer**, - / r Rollkoffer, -	walizka / walizka na kółkach
die Koffer *packen	pakować walizki
***aufmachen** ↔ ***zumachen**	otworzyć ↔ zamknąć
Machen Sie mal den Koffer bitte auf.	Niech pan otworzy tę walizkę.
r **Rucksack**, ⸚e	plecak
e (Reise-) ***Tasche**, -n	torba (podróżna)
***leicht** ↔ ***schwer**	lekki ↔ ciężki
s **Schließfach**, ⸚er / e Gepäckaufbewahrung	schowek / przechowalnia bagażu

r Gepäckträger, - — bagażowy
r Kofferkuli, -s — wózek na bagaże
e *Versicherung, -en — ubezpieczenie
e Reise- / Gepäck- / Reiserücktritt- / Auslandskrankenversicherung — ubezpieczenie na czas podróży / ubezpieczenie bagażu / od rezygnacji z podróży / ubezpieczenie na wypadek choroby w podróży
eine Versicherung *abschließen (schloss ab, hat abgeschlossen) ↔ *kündigen — zawrzeć ↔ rozwiązać umowę o ubezpieczeniu
r Impfausweis, -e / s Impfzeugnis, -se — zaświadczenie o szczepionce / dowód szczepienia
e (Schutz-) Impfung, -en — szczepienie (ochronne)

Reiseunterkunft
Zakwaterowanie podczas podróży

W hotelu

Gość:
Wir suchen für drei Nächte ein Doppelzimmer. –
Szukamy dwuosobowego pokoju na trzy noce.
Haben Sie noch Zimmer frei? – Czy mają państwo jeszcze jakieś wolne pokoje?
Wir bräuchten für drei Nächte ein Zimmer für 2 Personen. –
Potrzebujemy dwuosobowego pokoju na trzy noce.
Was kostet ein Zimmer für eine Nacht? – Ile kosztuje jedna doba?
Ich möchte für den 11. 11. 2003 ein Einzelzimmer reservieren. –
Chciałbym zarezerwować pokój jednoosobowy na 11.11.2003.
Ist das Frühstück im Preis eingeschlossen? – Czy cena obejmuje także śniadanie?
Kann ich bei Ihnen mit VISA-Card bezahlen? – Czy mogę zapłacić kartą VISA?
Wo kann ich über Nacht mein Auto parken? –
Gdzie mogę zaparkować samochód na noc?

Osługa hotelu:
Leider haben wir zur Zeit keine Zimmer frei. –
Niestety nie mamy obecnie żadnych wolnych pokoi.
Leider sind wir total ausgebucht. – Niestety mamy komplet.
Für wie viele Nächte? – Na ile nocy?
Wie viele Personen? – Ile osób?
Wie lange bleiben Sie? – Na jak długo? / Na ile dni?
In welcher Kategorie? – Jaka kategoria?
Ein Doppel- oder ein Einzelzimmer? – Pokój dwu,- czy jednoosobowy?
Wie wollen Sie bezahlen? – Jaka będzie forma płatności?
Inklusive/Mit Übernachtung und Frühstück für 2 Personen kostet das 70 EURO. –
Nocleg wraz ze śniadaniem dla dwóch osób kosztuje 70 euro.

e *Unterkunft, ⸚e	zakwaterowanie
*übernachten	(prze)nocować
r *Gast, ⸚e	gość
*Zimmer, -	pokój
s Einzelzimmer, - / s Doppelzimmer, -	pokój jedno- / dwuosobowy
mit Zusatzbett, -en	z dostawką
e Suite, -n [svi:t]	apartament
s *Hotel, -s	hotel
s Motel, -s	motel
e *Pension, -en [pã'zi̯o:n *auch* pɛn…]	pensjonat
s *Gasthaus, ⸚er	pensjonat / zajazd
e Privatunterkunft, ⸚e	kwatera prywatna
e Jugendherberge, -n	schronisko młodzieżowe
e (Zimmer-)Reservierung, -en / e Zimmervermittlung, -en	rezerwacja / biuro pośredniczące w rezerwacji
empfehlenswert	godne polecenia
Das Hotel ist sehr zu *empfehlen. ↔ Von diesem Hotel würde ich Ihnen abraten.	Ten hotel jest godny polecenia ↔ Odradzałbym panu ten hotel.
Das Hotel ist für seine besonders gute Küche bekannt.	Ten hotel znany jest z wyjątkowo dobrej kuchni.
e Eingangs- / Hotelhalle, -n / s Foyer, -s	hol
r Frühstücksraum, ⸚e	jadalnia
e *Rezeption, -en [retsep'tsi̯o:n]/ r Empfang	recepcja
r (Hotel-)Portier, -s	portier
ein Zimmer *bestellen / *buchen / *reservieren ↔ stornieren / die Buchung rückgängig machen	zamówić pokój / zarezerwować ↔ odwołać rezerwację
Wo wohnen Sie während Ihres Aufenthalts in Zürich? / Wo sind Sie untergebracht? – In einem Hotel.	Gdzie zatrzyma się pan podczas pobytu w Zurychu? / Gdzie będzie pan mieszkał? – W hotelu.
*sich beschweren	uskarżać się / skarżyć się
Der Hotelgast beschwert sich über die Kakerlaken im Zimmer	Gość hotelu uskarża się na karaluchy w pokoju.
r Zimmerpreis, -e	cena pokoju
e Hauptsaison / Vorsaison / Nachsaison	szczyt sezonu / przed sezonem / po sezonie
e Vollpension / Halbpension	pełne wyżywienie / śniadanie i obiadokolacja
*billig ↔ *teuer (teurer, teuerst-)	tani ↔ drogi
mit Aufschlag / Aufpreis ↔ mit Vergünstigung(en)	za dodatkową opłatą ↔ ze zniżką (zniżkami)
Für Zimmer mit Seeblick wird ein Aufpreis erhoben.	Za pokój z widokiem na morze trzeba dopłacić.
*sich lohnen	opłacać się

Es lohnt sich, nach Vergünstigungen zu fragen.	Opłaca się zapytać o zniżki.
e Wochenendpauschale, -n	oferta weekendowa
r **Zimmerservice**	room service; obsługa hotelu
beim Zimmerservice ein Sandwich bestellen	Zamówić kanapkę u obsługi hotelowej.
r Weckruf, -e	budzenie
Könnten Sie uns bitte um sechs wecken?	Czyłby mógłby pan nas obudzić o szóstej?
Bitte nicht *stören.	Proszę nie przeszkadzać.
e **Anreise** ↔ e **Abreise**	przyjazd ↔ wyjazd
Wann reisen Sie an ↔ ab?	Kiedy pan przyjeżdża ↔ wyjeżdża?
Das Zimmer muss bis 11 Uhr geräumt sein.	Trzeba opuścić pokój do godziny 11.00.
e ***Rechnung**, -en	rachunek
Könnten Sie mir bitte die Rechnung (fertig) machen?	Czy może przygotować mi pan rachunek?
Ich muss noch den ***Schlüssel *abgeben**.	Muszę jeszcze oddać klucz.
r Campingplatz, ⸗e	kemping
campen / Camping machen	mieszkać na kempingu
r Campingbus, -se / r Wohnwagen, -	samochód z częścią mieszkalną; caravan / przyczepa turystyczna
s ***Zelt**, -e	namiot
zelten gehen	wyjechać pod namiot
das Zelt aufstellen	rozstawić namiot

Hobbys
Hobby

s ***Hobby**, -s ['hɔbi]	hobby
Was für ein Hobby haben Sie?	Jakie ma pan hobby?
Meine Hobbys sind Golf und Lesen.	Moje hobby to gra w golfa i czytanie książek.
Weißt du schon, dass ich mir ein neues Hobby zugelegt habe?	Czy już wiesz, że mam nowe hobby?

> **Hobby**
>
> Istnieje niezliczona ilość hobby, którym oddają się Niemcy. Kto chce je dokładniej poznać może przejrzeć spis kursów organizowanych przez *Volkshochschulen* (instytucja oferująca najróżniejsze kursy dla dorosłych i młodzieży: www.volkshochschule.de) albo też przejrzeć oferty sportowe *Landessportverbänden* (związki sportowe poszczególnych krajów związkowych).

r **Feierabend**, -e — czas wolny po pracy / fajrant
nach Feierabend — po pracy
s **Wochenende**, -n — weekend
am Wochenende ↔ unter der Woche — podczas weekendu ↔ w tygodniu
Nach ihrer Pensionierung hat sie begonnen, sich künstlerisch zu betätigen. — Na emeryturze zaczęła rozwijać swe talenty artystyczne.
Sie widmet sich jetzt allen möglichen ehrenamtlichen Aufgaben. — Teraz angażuje się w wiele inicjatyw społecznych.
Aus einer Laune heraus habe ich mit dem Bierdeckelsammeln angefangen. — Z nudów zacząłem zbierać kapsle po piwie.

Co można zbierać

Briefmarken	znaczki
Telefonkarten	karty telefoniczne
alte Geldscheine	stare banknoty
Münzen	monety
Autogramme	autografy
Antiquitäten	antyki
Streichholzschachteln	pudełka od zapałek
Zündholzschachteln (österr.)	pudełka od zapałek
Bierdeckel	kapsle po piwie
Schallplatten / CDs	płyty / płyty kompaktowe
alte Zeitungen etc.	stare gazety etc.

e **Freizeitaktivität**, -en /
e (Freizeit-) **Beschäftigung**, -en /
e Betätigung, -en — rozrywka po pracy / zajęcia wykonywane w wolnym czasie
e *****Freizeit** — czas wolny
Seine Freizeit verbringt er mit Nachforschungen zum Stammbaum seiner Familie. — Swój czas wolny spędza na badaniu drzewa genealogicznego swojej rodziny.
*****gern** (lieber, liebst-) — chętnie (*coś robić*) / lubić (*coś robić*)
Was machst du in deiner Freizeit gern? — Co lubisz robić w czasie wolnym?
Die meiste Zeit **verbringe** ich beim Segeln. Und du? — Najwięcej czasu spędzam żeglując. A ty?
Ich bin sehr *****sportlich**. ↔ Ich **faulenze** gern. — Ja chętnie uprawiam sport. ↔ Lubię leniuchować.
rumhängen *ugs*. — obijać się / leniuchować
s *****Interesse**, -n — zainteresowanie
Was für Interessen haben Sie? – Ich *****interessiere** mich für die moderne Kunst. — Jakie ma pan zainteresowania? – Interesuję się sztuką współczesną.
Um mir im Zug die Zeit zu vertreiben, löse ich Kreuzworträtsel. — Żeby zabić czas w pociągu, rozwiązuję krzyżówki.
Wir verbringen viel Zeit mit Kartenspielen. — Dużo czasu spędzamy grając w karty.
e **Entspannung** / e **Erholung** — odprężenie / odpoczynek

Hobbys

		8/9

Zur Entspannung geht sie ins Kino. — Dla odprężenia chodzi do kina.
Beim Malen **entspannt** er sich am besten. — Malując najlepiej się odpręża.
Um sich vom Stress zu *****erholen**, bastelt er regelmäßig an seinem Motorrad herum. — Żeby rozładować stres ciągle dłubie przy swoim motorze.
r (Wochenend-) *****Ausflug**, ⸚e — wycieczka (weekendowa)
r Ausflügler, - // e Ausflüglerin, -nen — wycieczkowicz
eine Spritztour / einen Ausflug machen — zrobić wypad / wycieczkę
einen Abstecher machen — zrobić krótką wycieczkę
*****wandern** / eine Wanderung machen — wędrować / zrobić pieszą wycieczkę
r Wanderer, - // e Wanderin, -nen — wędrowiec
bergsteigen (ist berggestiegen, *nur Infinitiv + Partizip Perfekt*) / *****klettern** — wspinać się po górach
*****spazieren gehen** (ging, ist gegangen) — pójść na spacer
joggen — biegać / uprawiać jogging
Ich gehe jeden Morgen joggen / zum Joggen. — Codziennie rano biegam.
im *Garten *arbeiten — pracować w ogrodzie
*****fotografieren** — fotografować / robić zdjęcia
(am) *****Computer** [kɔm'pju:tɐ] *****spielen** — grać w gry komputerowe
einen Tanzkurs machen — chodzić na kurs tańca

Sport
Sport

r *****Sport** — sport
r **Freizeitsport** — sport rekreacyjny
r **Sportler**, - // e **Sportlerin**, -nen — sportowiec
r Extremsportler — sportowiec wyczynowy / uprawiający sporty ekstremalne

*****sportlich** ↔ **unsportlich** — sportowo ↔ niesportowo
e Sportart, -en — dyscyplina sportowa
Fußball ist Deutschlands beliebtester Sport. — Piłka nożna jest ulubioną dyscypliną sportową Niemców.
Sport treiben / machen — uprawiać sport
Treibst du Sport? / In welchen Sportarten bist du aktiv? — Uprawiasz sport? / Jakie uprawiasz dyscypliny sportowe?
Ich fahre gern Ski. — Lubię jeździć na nartach.
Seit drei Monaten spiele ich Golf. — Od trzech miesięcy gram w golfa.

Sport

Ballsportarten — **gry z piłką**
r *Fußball — piłka nożna
s *Tennis — tenis

r Basketball	koszykówka
r Handball	piłka ręczna
r Volleyball	siatkówka
s (Feld-) Hockey	hokej (na trawie)
s Golf	golf
s Federballspiel / s Badminton	kometka / badminton
s Squash	squash

Wassersport — **sporty wodne**

s Segeln	żeglarstwo
s (Wind-) Surfen	(wind-) surfing
s Surfen / s Wellenreiten	surfing
Wasserski fahren	narty wodne
s Schwimmen	pływanie
s Turmspringen	skoki do wody
s Tauchen	nurkowanie
s Angeln / s Fischen	wędkarstwo / łowienie ryb

Leichtathletik — **lekkoatletyka**

s Laufen	biegi
r Marathon	maraton
s Gehen	chód
r 100-Meter-Lauf	bieg na 100-metrów
r Hürdenlauf	bieg przez płotki
s Diskuswerfen	rzut dyskiem
s Speerwerfen	rzut oszczepem
s Kugelstoßen	pchnięcie kulą
r *Sprung, ≠e	skoki
*springen	skakać
r Weitsprung	skok w dal
r Hochsprung	skok wzwyż

Wintersport — **sporty zimowe**

s Skifahren / s Skilaufen	narciarstwo
s Snowboardfahren	jazda na snowboardzie
s Langlaufen	narciarstwo biegowe
s Skispringen	skoki narciarskie
s Schlittschuhlaufen	łyżwiarstwo
s Eishockey	hokej na lodzie
s Eisstockschießen	curling
s Schlittenfahren / s Rodeln	saneczkarstwo
r Eiskunstlauf	łyżwiarstwo figurowe

Diverses — **Inne**

s Rollerbladen	jazda na rolkach
s Skateboardfahren	jazda na skateboardzie
s Reiten	jeździectwo

s Boxen	boks
e Gymnastik	gimnastyka
s Radfahren	kolarstwo
s Mountain-biking	jazda na rowerze górskim
s Fallschirmspringen	skoki spadochronowe
s Gleitschirmfliegen / s Paragliding	paralotniarstwo
s Drachenfliegen	lotniarstwo

Żeby nazwać osoby uprawiające dany sport często do nazwy sportu wystarczy dodać przyrostek -*er* bądź -*erin*.

r Fußballer, - // e Fußballerin, -nen	piłkarz
r Skifahrer, - // e Skifahrerin, -nen	narciarz // narciarka etc.

Są jednak pewne wyjątki:

r Tennisspieler, - // e Tennisspielerin, -nen	tenisista // tenisistka
r Marathonläufer, - // e Marathonläuferin, -nen	maratończyk

r **Sportverband**, ⸚e / r Tennisverband	związek sportowy / związek tenisa
r (Fußball-) ***Verein**, -e / r Club, -s [klub] / r Klub, -s	drużyna piłkarska / klub / klub
s Vereinsleben	działalność klubowa
s Vereinsheim, -e / s Vereinslokal, -e	siedziba drużyny
r **Vorstand**, ⸚e	zarząd
e Satzung, -en	statut
s ***Mitglied**, -er	członek
Wie kann man Mitglied werden?	Jak można zostać członkiem?
e Mitgliedsgebühr, -en	składka członkowska
r ***Beitrag**, ⸚	składka
Als Mitglied zahlt man jedes Jahr einen Beitrag.	Jako członek co roku należy opłacić składki.
e Aufnahmegebühr, -en	wpisowe
ein Mitglied *aufnehmen	przyjąć kogoś na członka
e **Mitgliedschaft**, -en	członkostwo
die Mitgliedschaft *kündigen	zrezygnować z członkostwa
e ***Mannschaft**, -en	drużyna; zespół
r Mannschaftssport, Mannschaftssportarten	sport zespołowy / dyscypliny sportu zespołowego
r Favorit, -en // e Favoritin, -nen ↔ r Außenseiter, - // e Außenseiterin, -nen	faworyt // faworytka ↔ zawodnik // zawodniczka o niewielkich szansach na zwycięstwo
r **Gegner**, - // e **Gegnerin**, -nen / e gegnerische Mannschaft, -en	przeciwnik // przeciwniczka / drużyna przeciwnika
her<u>aus</u>fordern	wyzwać
r Herausforderung, -en	wyzwanie
r **Amateur**, -e // e **Amateurin**, -nen / r Freizeitsportler, - // e Freizeitsportlerin, -nen ↔ r ***Profi**, -s	amator // amatorka / osoba uprawiająca sport rekreacyjnie ↔ zawodowiec

e **Fairness** / s sportliche / faire Verhalten	uczciwość / sportowe / uczciwe zachowanie
r **Trainer**, - ['trɛːnɐ] // e **Trainerin**, -nen	trener // trenerka
s ***Training**, -s ['trɛːnɪŋ *auch* 'trɛːn...]	trening
Vor der Olympiade haben die Sportler ein hartes Training absolviert.	Przed olimpiadą sportowcy przeszli ciężki trening.
s Trainingslager, -	obóz treningowy
gedopt sein	być na dopingu; stosować doping
r Doping-Skandal, -e	skandal związany z dopingiem
r **Schiedsrichter**, - // e **Schiedsrichterin**, -nen	sędzia główny
r Linienrichter, - // e Linienrichterin, -nen	sędzia liniowy
pfeifen (pfiff, hat gepfiffen)	gwizdać
r **Wettkampf**, ⸗e / s ***Spiel**, -e / e **Partie**, -n	zawody; mecz / gra; mecz / partia
Wann ist das Spiel angesetzt?	O której ma rozpocząć się mecz?

Gdzie uprawia się sport

s *Stadion, Stadien	stadion
s Olympiastadion	stadion olimpijski
r Austragungsort der Olympiade	miejsce rozgrywek igrzysk olimpijskich
s Fußballstadion	stadion piłkarski
r Sportplatz, ⸗e	boisko piłki nożnej
r Tennisplatz	kort tenisowy
r Golfclub	klub golfowy
r Fußballplatz	boisko piłkarskie
e Sporthalle, -n	hala sportowa
e Schwimmhalle	basen kryty
s Spielfeld, -er	plac do gry; boisko
s Fußballfeld	boisko piłki nożnej
e Rennbahn, -en	tor wyścigowy; bieżnia
e Rennstrecke, -n	tor wyścigowy; trasa wyścigu

e (Welt-) **Meisterschaft**, -en	mistrzostwa (świata)
e (Sommer- / Winter-) **Olympiade**, -n	olimpiada (letnia / zimowa)
r **Wettbewerb**, -e	współzawodnictwo; konkurs; konkurencja
s (Leichtathletik-)Sportfest, -e	mityng lekkoatletyczny
s **Turnier**, -e	turniej
s Pokalturnier, -e	turniej pucharowy
s **Heimspiel**, -e / s **Auswärtsspiel**, -e	gra na własnym boisku / gra na boisku gospodarzy
r Heimsieg, -e / Auswärtssieg, -e	zwycięstwo u siebie / zwycięstwo na wyjeździe
e Auslosung	losowanie

Sport

In welcher Gruppe spielt Österreich?	W której grupie gra Austria?
Gegen wen spielte Boris Becker in Wimbledon?	Z kim grał Boris Becker w Wimbledonie?
e **Bundesliga**	Bundesliga
s Freundschaftsspiel, -e (gegen)	spotkanie towarzyskie (z)
s **Rennen**, -	wyścigi
r (Wett-)Lauf, ⸚e	wyścigi
r *Start ↔ s *Ziel	start ↔ meta
Ich bin mit ihr um die Wette gelaufen.	Ścigałem się z nią.
r *Zuschauer, -	widz
*zuschauen	oglądać
r **Fan**, -s [fɛn] / r Handballfan	fan; kibic / fan piłki ręcznej
Ich bin ein Fan von Bayern München.	Jestem kibicem Bayern München.
r Fanartikel, -	gadżet kibica
r Hooligan, -s ['huːligən] / r Fußballrowdy ['fuːsbalraudi]	huligan / pseudokibic

Piłka nożna

e Elf	jedenastka
e Mannschaftsaufstellung	ustawienie drużyny
r (Mannschafts-) Kapitän	kapitan (drużyny)
r Torwart	bramkarz
r Libero	libero
r Stürmer	napastnik
r Verteidiger	obrońca
r Mittelfeldspieler	pomocnik
r Vorstopper	kryjący obrońca
r Ersatz- / Auswechselspieler	gracz rezerwowy
r Anstoß	wybicie piłki
eine Flanke von rechts	prawe skrzydło
Sein Kopfball ging an die (Quer-)Latte.	Po strzale z główki piłka uderzyła w poprzeczkę.
e Ecke, -n	rzut rożny
r Strafraum	pole karne
r Freistoß, ⸚e	rzut wolny
r Elfmeter, - / r Strafstoß	karny
s Elfmeterschießen	dogrywka w karnych
s Tor, -e	gol
Der Ball *rollt ins Tor.	Piłka wpada do bramki.
Ein (Eigen-) Tor schießen.	Strzelić gola (samobójczego).
Im Abseits stehen.	Być na spalonym.
Das ist ein klares Foul.	To ewidentny faul.
e gelbe / rote / gelbrote Karte, -n	żółta / czerwona / pomarańczowa kartka
Er hat die gelbe Karte bekommen.	Dostał żółtą kartkę.
Er erhielt / bekam einen Platzverweis. / Er wurde des Feldes verwiesen.	Został wykluczony z gry.

e (gesamte) **Spielzeit** | (pełen) czas gry
in der ersten / zweiten **Halbzeit** | w pierwszej / drugiej połowie
im letzten **Drittel** | w ostatniej tercji
in die Verlängerung gehen | przedłużyć się
s (End-) ***Ergebnis**, -se | (ostateczny) wynik
Wie steht es? – 3 zu 1 für Stuttgart. | Jaki jest wynik? – 3 do 1 dla Stuttgartu.

unentschieden | niezdecydowany; niezdecydowanie

***gewinnen** (gewann, hat gewonnen) ↔ ***verlieren** (verlor, hat verloren) | wygrać ↔ przegrać
r ***Erfolg**, -e ↔ r ***Misserfolg**, -e | sukces ↔ niepowodzenie
r **Sieg**, -e ↔ e **Niederlage**, -n | zwycięstwo ↔ przegrana; porażka
r **Sieger**, - // e **Siegerin**, -nen / r **Gewinner**, - // e **Gewinnerin**, -nen ↔ r **Verlierer**, - // e **Verliererin**, -nen | zwycięzca // zwyciężczyni ↔ przegrany // przegrana
eine **starke** ↔ **schwache** Leistung | dobre ↔ słabe osiągnięcie / wynik
***gut** (besser, best-) ↔ ***schlecht gespielt** | dobrze ↔ źle zagrany / rozegrany
r ***Meister**, - // e **Meisterin**, -nen | mistrz // mistrzyni
r Weltmeister, – // e Weltmeisterin, -nen | mistrz świata // mistrzyni świata
r Vizeweltmeister | wicemistrz świata
r (Welt-)***Rekord** | (światowy) rekord
einen Rekord **aufstellen** ↔ ***brechen** / ***halten** | ustanowić ↔ pobić / utrzymać rekord
r / e Zweite, -n / r / e Zweitplatzierte, -n | drugi / druga / na drugim miejscu
r / e Letzte, -n / r / e Letztplatzierte, -n | ostatni / ostatnia / na ostatnim miejscu

Tenis

r Tennisplatz, ⸚e | kort tenisowy
s Tennisfeld, -er | pole gry
e Grund- / Seitenlinie | linia główna / linia boczna
s Netz, -e | siatka
r Tennisball, ⸚e | piłka tenisowa
r Tennisschläger, - | rakieta tenisowa
e Vor- / Rückhand | forhend / bekhend
ein Ass schlagen | zagrać asem serwisowym
r Doppelfehler, - | podwójny błąd
fünfzehn null (15:0) | piętnaście zero
Einstand | równowaga
Vorteil | przewaga
s Tiebreak | tiebreak
r Satz- / Matchball, ⸚e | piłka setowa / piłka meczowa
Spiel, Satz und Sieg | gem, set i mecz...
Einzel / Doppel / Mixed | singiel / debel / mikst

7.1 Krankheit und gesundheitliche Probleme
Choroba i problemy zdrowotne

7.2 Verletzungen und Unfälle
Rany i wypadki

7.3 Behinderungen
Upośledzenia

7.4 Beim Arzt
U lekarza

7.5 Beim Zahnarzt
U dentysty

7.6 Im Krankenhaus
W szpitalu

7.7 Gesunde Lebensweise
Zdrowy tryb życia

7

Gesundheit und Krankheit
Zdrowie i choroba

7.1 Krankheit und gesundheitliche Probleme
Choroba i problemy zdrowotne

e *Krankheit, -en	choroba
e Infektionskrankheit, -en	choroba zakaźna
e Tropenkrankheit, -en	choroba tropikalna
*krank werden (wird, wurde, ist geworden)	zachorować
Ich fühle mich heute so unwohl. Ich glaube, ich werde krank.	Tak się dzisiaj źle czuję. Chyba się rozchoruję.
*krank sein (ist, war, ist gewesen)	być chorym; chorować
Meine Kollegin ist seit zwei Wochen krank.	Moja koleżanka jest chora od dwóch tygodni.
Gute Besserung!	Życzę zdrowia! / Życzę szybkiego powrotu do zdrowia!
Sie befinden sich auf dem Weg der Besserung.	Zdrowieje pan.
jn krank schreiben (schrieb, hat geschrieben)	uznać kogoś za niezdolnego do pracy; dać komuś zwolnienie z pracy
Der Arzt hat mich eine Woche krank geschrieben.	Lekarz dał mi zwolnienie na tydzień.
e Krankschreibung, -en / s Attest, -e	zwolnienie lekarskie / zaświadczenie lekarskie
s Arztzeugnis, -se *schweiz.*	zaświadczenie lekarskie; zwolnienie lekarskie
r/e *Kranke, -n	chory / chora

Wyrażenia potoczne ze słówkiem *krank*

Er ärgert sich noch krank über seinen Chef.	Jeszcze ciągle jest wściekły na swojego szefa.
Du machst mich ganz krank! (= *Du gehst mir auf die Nerven!*)	Doprowadzasz mnie do szału! (= Działasz mi na nerwy!)
Ich werde krank vor Sehnsucht nach ihm.	Usycham z tęsknoty za nim.
Sie ist liebeskrank.	Jest chora z miłości.
Bist du krank? (Jugendsprache)	Odbiło ci?

e *Krankenkasse, -n / e Krankenversicherung, -en	kasa chorych; ubezpieczalnia / ubezpieczenie zdrowotne
e Krankenkassa *österr.*	kasa chorych; ubezpieczalnia
e gesetzliche / private Krankenversicherung	ustawowe / prywatne ubezpieczenie zdrowotne
e Pflegeversicherung	ubezpieczenie pielęgnacyjne
e Zusatzversicherung	dodatkowe ubezpieczenie

e ***Versichertenkarte**, -n	legitymacja ubezpieczeniowa
r Krankenschein *österr.*	legitymacja ubezpieczeniowa
versichert sein (ist, war, ist gewesen)	być ubezpieczonym
Wie sind Sie versichert? Privat oder Kasse?	Jakiego typu ma pan ubezpieczenie? Prywatne czy państwowe?
s **Symptom**, -e / s **Anzeichen**, -	objaw / oznaka
die typischen Symptome einer Grippe	typowe objawy grypy
e **Erkältung**, -en	przeziębienie
***sich erkälten**	przeziębić się
sich verkühlen *österr.*	przeziębić się
Ich habe mich wohl erkältet.	Chyba się przeziębiłem.
eine leichte ↔ schwere Erkältung haben / erkältet sein	być trochę ↔ silnie przeziębionym
Sind Sie erkältet?	Czy jest pan przeziębiony?
s ***Fieber** / e erhöhte Temperatur	gorączka / podwyższona temperatura
Das Kind hat seit letzter Nacht Fieber.	To dziecko gorączkuje od zeszłej nocy.
Haben Sie schon Fieber gemessen?	Czy mierzył pan już gorączkę?
Das Fieber ist leicht ↔ stark angestiegen.	Gorączka lekko ↔ bardzo wzrosła.
s **Fieberthermometer**, -	termometr
r ***Husten** *Sg*	kaszel
Mein Kind hat einen schlimmen Husten.	Moje dziecko bardzo kaszle.
e **Bronchitis** [brɔn'çi:tɪs]	zapalenie oskrzeli
Ich bin ganz heiser.	Straciłem głos. / Jestem całkowicie zachrypnięty.
r ***Schnupfen** *Sg*	katar
Brauchst du ein Taschentuch / ein Tempo ®?	Czy potrzebna ci chusteczka do nosa / chusteczka higieniczna?
niesen	kichać
Ich muss ständig husten und niesen.	Ciągle kaszlę i kicham.
Ich habe **Halsschmerzen**.	Boli mnie gardło.
e ***Grippe** *Sg*	grypa
e Grippeepidemie, -n	epidemia grypy
e Grippeimpfung	szczepionka przeciw grypie
sich gegen Grippe impfen lassen	zaszczepić się przeciwko grypie
e **Impfung**, -en (gegen)	szczepienie
e **Infektion**, -en	infekcja
e **Infektionskrankheit**, -en	choroba zakaźna
(sich) **anstecken** (bei jm)	zarazić (się) (od)
Ich habe mich wohl bei dir angesteckt.	Chyba się od ciebie zaraziłem.
eine ansteckende Krankheit	zaraźliwa choroba
Ist das **ansteckend**?	Czy to zaraźliwe?
e **Übelkeit** *Sg*	mdłości; nudności
Mir ist **übel** / **schlecht**.	Jest mi niedobrze.
Ihm wird beim Autofahren oft übel.	W czasie jazdy samochodem często miewa mdłości.

Choroba i problemy zdrowotne

7.1

Ich fahre nicht so gern Schiff, denn ich werde leicht **seekrank**	Nie lubię podróżować statkiem, bo dostaję choroby lokomocyjnej.
(sich) **erbrechen** (erbricht, erbrach, hat erbrochen) / **sich übergeben** (übergibt, übergab, hat übergeben)	wymiotować
r ***Magen**	żołądek
s **Magengeschwür**, -e	wrzód żołądka
Magenbeschwerden Pl	dolegliwości żołądkowe; niestrawności
Er hat sich den Magen verdorben.	Zostało mu coś na żołądku.
Bauchweh haben	mieć bóle brzucha
e **Verstopfung**	zatwardzenie
Sie klagt ständig über Verstopfung.	Ona wciąż narzeka na zatwardzenie.
r **Durchfall**	biegunka
Er leidet an Durchfall.	Męczy go biegunka.
r **Schlaganfall**, ⸚e	udar; wylew
Er erlitt einen leichten Schlaganfall.	Doznał lekkiego wylewu.
zusammenbrechen (bricht zusammen, brach zusammen, ist zusammengebrochen) / **kollabieren**	zasłabnąć / osłabnąć nagle
Er ist auf der Straße zusammengebrochen.	Zasłabł na ulicy.
e **Bewusstlosigkeit**	brak przytomności
bewusstlos / **ohnmächtig werden** (wird, wurde, ist geworden)	stracić przytomność / zemdleć
s ***Herz**	serce
Sie ist **herzkrank**.	Ona ma chore serce.
Er erlitt einen **Herzanfall** / **Herzinfarkt**.	Doznał ataku serca / zawału serca.
Er hat zwei Herzinfarkte überlebt.	Przeżył dwa zawały serca.
Wegen des Herzinfarktes schwebte er in ***Lebensgefahr**.	Wskutek zawału serca znalazł się w stanie krytycznym.
Herzbeschwerden Pl	problemy kardiologiczne
chronisch	chroniczny
eine chronische Krankheit	choroba przewlekła
e **Kinderkrankheit**, -en	choroba dziecięca

Typowe choroby dziecięce to:

Masern	odra
Röteln	różyczka
Windpocken	ospa wietrzna
Keuchhusten	koklusz
Scharlach	szkarlatyna

r **Blutdruck** — ciśnienie krwi
hohen ↔ niedrigen Blutdruck haben — mieć wysokie ↔ niskie ciśnienie krwi
r ***Schmerz**, -en — ból
leichte ↔ starke Schmerzen haben — mieć lekkie ↔ silne bóle

Was fehlt Ihnen denn?	Ich habe Kopfschmerzen / Bauchschmerzen / Ohrenschmerzen.
Co panu dolega?	Boli mnie głowa / brzuch / ucho.
Oh Gott, wie schaust du denn aus?	Ich bin total erkältet. / Bei Föhn habe ich oft Migräne.
O Boże, jak ty wyglądasz?	Jestem silnie przeziębiony. / Często mam migrenę, gdy wieje halny.

r **Tumor**, -en — guz
ein **gutartiger** ↔ **bösartiger** Tumor — niezłośliwy ↔ złośliwy guz
r **Krebs** — rak
Er hat Krebs. — On ma raka.
***sterben** (an+D) (stirbt, starb, ist gestorben) — umrzeć (na)
Er starb an Krebs. — Umarł na raka.
e **Berufskrankheit**, -en — choroba zawodowa
e **Allergie**, -n — alergia
allergisch — alergiczny; uczulony
Sie ist gegen Katzen allergisch. — Ona jest uczulona / ma alergię na sierść kotów.

r **Ausschlag**, ⸚e — wysypka
einen Ausschlag bekommen — dostać wysypki
jucken — swędzieć
Der Mückenstich juckt so. — Ukąszenie komara bardzo swędzi.
e **Schwellung**, -en — obrzęk; opuchlizna
r **Fußpilz** — grzybica stóp

Verletzungen und Unfälle
Rany i wypadki

e **Verletzung**, -en — obrażenie; uszkodzenie; uraz; rana
r/e **Verletzte**, -n — ranny; poszkodowany / ranna; poszkodowana

verletzt ↔ **unverletzt** — ranny ↔ bez obrażeń
Sie blieb zum Glück unverletzt. — Na szczęście nie odniosła żadnych obrażeń.

(sich) ***verletzen** — zranić (się)
(sich) **wehtun** (tat weh, hat wehgetan) — zrobić (sobie) krzywdę

Hast du dir wehgetan?	Czy zrobiłeś sobie krzywdę?
Soll ich ein Pflaster holen?	Czy przynieść plaster?
*stürzen	upaść
r *Unfall, ⸚e	wypadek
r Autounfall / Fahrradunfall / Motorradunfall	wypadek samochodowy / wypadek rowerowy / wypadek na motorze
ein Unfall mit Verletzten	wypadek z rannymi
Sie wurde bei dem Unfall leicht ↔ schwer verletzt.	Została lekko ↔ ciężko ranna w wypadku.
r *Alarm	alarm
s *Feuer, -	ogień; pożar
*brennen (brannte, hat gebrannt)	palić się
Es brennt!	Pali się!
ein Haus in Brand setzen	podpalić dom
e *Feuerwehr	straż pożarna

Straż pożarna

e (freiwillige) Feuerwehr	(ochotnicza) straż pożarna
r Feuerarlarm	alarm pożarowy
e Feuerwache	budynek straży pożarnej; strażnica
r Feuerwehrmann, ⸚er // e Feuerwehrfrau, -en	strażak
s Feuerwehrauto, -s	wóz strażacki
e Feuerwehrleiter, -n	drabina strażacka
s Sprungtuch, ⸚er	płachta ratownicza
r Feuermelder / r Brandschutzmelder	czujnik dymu
die Scheibe einschlagen	zbić szybę
112 anrufen	zadzwonić na straż pożarną
den Brand löschen / ersticken	gasić ogień
r Feuerlöscher, -	gaśnica
r Hydrant, -en	hydrant
s Löschwasser	woda do gaszenia pożaru
r giftige Rauch / r Qualm / r Ruß	trujący dym / gęsty dym / sadza
e Rauchvergiftung	zatrucie czadem
s Atemschutzgerät	respirator
e Brandwunde, -n	oparzenie
den Brandherd finden / lokalisieren	znaleźć / zlokalizować źródło ognia
e Brandursache	przyczyna pożaru
Es wurden Schäden in Höhe von 100.000 Euro *verursacht.	Spowodowano szkody w wysokości 100.000 euro.

r Schock	szok
Sie stand offensichtlich unter Schock.	Najwyraźniej była w szoku.
jm Erste Hilfe leisten	udzielić komuś pierwszej pomocy
e Mund-zu-Mund-Beatmung	sztuczne oddychanie metodą usta-usta

die Unfallstelle absichern	zabezpieczyć miejsce wypadku
die stabile Seitenlage	bezpieczna pozycja (nieruchome ułożenie boczne)
den Puls fühlen	sprawdzać puls
die Atmung überprüfen	sprawdzić, czy ktoś oddycha

das *Leben *retten	uratować (komuś) życie
ums Leben kommen (kam, ist gekommen)	zginąć
Bei dem Zusammenstoß kamen sechs Menschen ums Leben.	W tym zderzeniu zginęło sześć osób.
überleben	przeżyć
Wie durch ein Wunder haben sie diesen Unfall überlebt.	Cudem przeżyli ten wypadek.
(ärztlich) *behandeln / versorgen	udzielić pomocy (lekarskiej)
wiederbeleben	reanimować
Die Opfer wurden an der Unfallstelle ärztlich versorgt.	Ofiarom udzielono pomocy lekarskiej na miejscu wypadku.
r *Krankenwagen, - / ⸚ / r Rettungswagen, - / ⸚	karetka pogotowia
e Rettung *österr.*	karetka pogotowia
e Ambulanz, -en *schweiz.*	karetka pogotowia
einen Krankenwagen *rufen	wezwać karetkę pogotowia
r Rettungshubschrauber, - / r Helikopter, -	śmigłowiec / helikopter ratunkowy
Die Verletzten wurden ins Krankenhaus eingeliefert.	Ranni zostali przetransportowani do szpitala.
r Notfall, ⸚e	nagły przypadek; pilna potrzeba
r Notarzt, ⸚e // e Notärztin, -nen	lekarz pogotowia ratunkowego
e *Notaufnahme im Krankenhaus	izba przyjęć w szpitalu
Er wurde in die Notaufnahme gebracht.	Przywieziono go na pogotowie.
e Notfallstation, -en *schweiz.*	pogotowie
das Bein *brechen (bricht, brach, hat gebrochen)	złamać nogę
Er hat sich das / ein Bein gebrochen.	Złamał nogę.
r Bruch, ⸚e / e Fraktur, -en	złamanie
Sie hat sich bei dem Unfall einen komplizierten Beinbruch zugezogen.	Z wypadku wyszła ze skomplikowanym złamaniem nogi.
verrenken	zwichnąć
Ich habe mir den Arm verrenkt.	Zwichnąłem rękę.
verstauchen	skręcić
Sie hat sich den Fuß verstaucht.	Skręciła stopę.
e Muskelzerrung / e Zerrung	naciągnięcie mięśnia
Er hat sich beim Squashspielen eine Muskelzerrung zugezogen.	Naciągnął sobie mięsień przy grze w squasha.
r *blaue *Fleck, -en / e Prellung, -en	siniak / stłuczenie
Sie hatte überall blaue Flecken.	Była cała w siniakach.

e **Gehirnerschütterung**	wstrząs mózgu
Sie erlitt eine Gehirnerschütterung.	Doznała wstrząsu mózgu.
Verbrennungen *Pl*	oparzenia
Er erlitt Verbrennungen zweiten Grades.	Doznał oparzeń drugiego stopnia.
ersticken	udusić (się)
e *****Wunde**, -n	rana
e Schürfwunde, -n	otarcie
stark ↔ leicht *****bluten**	silnie ↔ lekko krwawić
Der Mann blutete stark.	Mężczyzna silnie krwawił.
eine Wunde **verbinden** (verband, hat verbunden)	opatrzyć ranę
r **Verband**, ⸚e	opatrunek
s *****Pflaster**, -	plaster
Gib mir bitte schnell ein Pflaster.	Podaj mi szybko plaster.
e **Unterkühlung**, -en	przechłodzenie
Die beiden Überlebenden litten an starker Unterkühlung.	Obydwie ofiary, które przeżyły, były silnie wychłodzone.
ertrinken (ertrank, ist ertrunken)	utopić się
r *****Zustand** / e **Verfassung**	stan
Ihr Zustand ist immer noch kritisch.	Cały czas znajduje się w stanie krytycznym.
Sie befindet sich in schlechter körperlicher Verfassung.	Ona znajduje się w złym stanie fizycznym.

Behinderungen
Upośledzenia

e **Behinderung**, -en	upośledzenie
körperliche / geistige Behinderung	upośledzenie fizyczne / umysłowe
Er leidet unter einer schweren körperlichen Behinderung.	Jest ciężko upośledzony fizycznie.
behindert sein (ist, war, ist gewesen)	być upośledzonym / niepełnosprawnym
Er ist mehrfach behindert.	Jest upośledzony pod wieloma względami.
Mein Sohn ist **von Geburt an** geistig behindert.	Mój syn jest od urodzenia upośledzony umysłowo.
Sie ist in ihrer geistigen Entwicklung zurückgeblieben.	Jest opóźniona w rozwoju.
Immer mehr Gebäude werden behindertengerecht (um)gebaut.	Coraz więcej budynków przystoso(wy)wanych jest do potrzeb osób niepełnosprawnych.
r/e **Behinderte**, -n	niepełnosprawny; upośledzony / niepełnosprawna; upośledzona
eine Schule für Behinderte	szkoła dla niepełnosprawnych

e **Förderschule**, -n	szkoła specjalna
e Spezialschule, -en *schweiz.*	szkoła specjalna

W Niemczech są szkoły dla …

Körperbehinderte	niepełnosprawnych fizycznie
Sehbehinderte	słabo widzących / z wadami wzroku
Gehörlose	głuchych
Lernbehinderte	dzieci z trudnościami w nauce / opóźnionych w rozwoju
Sprachbehinderte	z wadami wymowy
geistig Behinderte	upośledzonych umysłowo
verhaltensauffällige Kinder	dzieci z zaburzeniami zachowania

körperbehindert / **körperlich behindert**	niepełnosprawny / upośledzony fizycznie
sehbehindert / ***blind**	słabowidzący / niewidomy
Ihre Sehkraft ist eingeschränkt.	Ona słabo widzi.
Er / Sie ist ***taub** / ***stumm** / **taubstumm** / **schwerhörig**.	On/Ona jest głuchy (-a) / niemy(-a) / głuchoniemy (-a) / niedosłyszy.
lernbehindert	z trudnościami w nauce
sprachbehindert	z wadami wymowy
geistig behindert	upośledzony umysłowo
verhaltensauffällig	z zaburzeniami w zachowaniu
Er / Sie kann nicht sprechen.	On/Ona nie umie mówić.
e **Beeinträchtigung**, -en	ograniczenie / upośledzenie
beeinträchtigt sein (ist, war, ist gewesen)	być ograniczonym
Er / Sie ist unfähig, allein zu essen.	On/Ona nie jest w stanie sam(a) jeść.
r/e **Invalide**, -n	inwalida // inwalidka
Ein Reitunfall machte sie zur Invalidin.	Po upadku z konia została inwalidką.
s **Koma**	śpiączka
Sie liegt seit ihrem Reitunfall im Koma.	Od czasu upadku z konia pogrążona jest w śpiączce.
r ***Rollstuhl**, ⸚e	wózek inwalidzki
Seit ihrem Unfall ist sie an den Rollstuhl gefesselt.	Od wypadku skazana jest na wózek inwalidzki.
Ihre Beine sind **gelähmt**.	Ma sparaliżowane nogi.
Sie ist **querschnittsgelähmt**.	Ma sparaliżowaną dolną część ciała.
e **Erwerbsunfähigkeit** aufgrund einer Behinderung	niezdolność do pracy zarobkowej spowodowana upośledzeniem
Seit einem Jahr ist er erwerbsunfähig / arbeitsunfähig.	Od roku jest niezdolny do pracy zarobkowej.

7 4 Beim Arzt
U lekarza

> W języku potocznym lekarza *(Arzt/Ärztin)* często określa się mianem *Doktor (Ich muss heute noch zum Doktor.* – Jeszcze dzisiaj muszę pójść do lekarza.) *Doktor* to też powszechna forma zwracania się do lekarza *(Vielen Dank, Herr/Frau Doktor.* – Bardzo dziękuję, panie doktorze / pani doktor.)

r ***Arzt**, ⸚e // e **Ärztin**, -nen / r ***Doktor**, -en // e ***Doktorin**, -nen	lekarz
Er ist ein sehr erfahrener / guter Arzt.	Jest bardzo doświadczonym / dobrym lekarzem.
r **Hausarzt** // e **Hausärztin**	lekarz rodzinny (pierwszego kontaktu)
einen **Hausbesuch** machen	składać wizytę lekarską w domu pacjenta
Mein Hausarzt ist leider gerade in Urlaub. Deshalb muss ich zu seinem ***Vertreter** gehen.	Niestety mój lekarz rodzinny / pierwszego kontaktu jest właśnie na urlopie. Dlatego muszę pójść do jego zastępcy.
e ***Arztpraxis**, Arztpraxen	gabinet lekarski; przychodnia
e Ordination, -en *österr.*	gabinet lekarski; przychodnia
e ***Sprechstunde**, -n	godzina przyjęć
Mittwochs ist keine Sprechstunde.	W środy lekarz nie przyjmuje.
e **Sprechzeit**, -en	godziny przyjęć
Wann sind die Sprechzeiten? / Wann ist die Praxis geöffnet?	Jakie są godziny przyjęć? / W jakich godzinach przychodnia jest otwarta?
r **Empfang**	przyjęcie
e **Arzthelferin**, -nen / e **Sprechstundenhilfe**, -n	asystentka lekarza / recepcjonistka w przychodni
e medizinische Praxisassistentin, -nen *schweiz.*	recepcjonistka w przychodni
Nehmen Sie bitte kurz im **Wartezimmer** Platz.	Proszę chwilę poczekać w poczekalni.
s **Sprechzimmer**, -	gabinet przyjęć
r ***Termin**, -e	wizyta u lekarza
einen **Termin vereinbaren** / *****ausmachen**	umówić się na wizytę u lekarza
einen **Termin absagen** / **verschieben**	odwołać / przesunąć wizytę u lekarza
Wir müssen noch einen Termin beim Orthopäden vereinbaren.	Musimy jeszcze umówić się na wizytę u ortopedy.
Haben Sie schon einen Termin?	Czy jest już pan umówiony?

| Ich muss leider meinen Termin absagen. Könnten wir ihn auf Freitag verschieben? | Muszę niestety odwołać wizytę. Czy możemy przesunąć ją na piątek? |

Kilku specjalistów

r Allgemeinarzt, ⸚e // e Allgemeinärztin, -nen	lekarz pierwszego kontaktu
r Internist, -en // e Internistin, -nen	internista // internistka
r Chirurg, -en // e Chirurgin, -nen	chirurg
r Orthopäde, -n // e Orthopädin, -nen	ortopeda
r Gynäkologe, -n // e Gynäkologin, -nen / r Frauenarzt, ⸚e // e Frauenärztin, -nen	ginekolog
r Urologe, -n // e Urologin, -nen	urolog
r Hals-Nasen-Ohren-Arzt, ⸚e // e Hals-Nasen-Ohren-Ärztin, -nen / r HNO-Arzt [ha:lɛn'lo:...]	laryngolog
r Dermatologe, -n // e Dermatologin, -nen / r Hautarzt, ⸚e // e Hautärztin, -nen	dermatolog
r Kardiologe, -n // e Kardiologin, -nen	kardiolog
r Kinderarzt, ⸚e // e Kinderärztin, -nen	pediatra
r Augenarzt, ⸚e // e Augenärztin, -nen	okulista // okulistka
r Psychiater, - // e Psychiaterin, -nen [psy'çi̯a:tɐ]	psychiatra
r Psychotherapeut, -en // e Psychotherapeutin, -nen [psyçotera'pɔyt]	psychoterapeuta // psychoterapeutka
r Homöopath, -en // e Homöopathin, -nen [homøo'pa:t]	homeopata

r *Patient, -en // e Patientin, -nen [pa'tsi̯ɛnt]	pacjent // pacjentka
Was fehlt Ihnen?	Co panu dolega?
Beschwerden Pl	dolegliwości
Ich habe öfters Magenbeschwerden.	Często mam dolegliwości żołądkowe.
e Blutuntersuchung, -en /	badanie krwi /
e Urinuntersuchung, -en /	badanie moczu /
e Stuhluntersuchung, -en	badanie kału
s *Ergebnis, -se	wynik
Das Ergebnis der Blutuntersuchung kommt morgen.	Wyniki badania krwi będą gotowe jutro.
e Diagnose, -n	diagnoza
r *Schmerz, -en	ból
Wo haben Sie Schmerzen? – Ich habe starke Rückenschmerzen.	Co pana boli? – Bardzo bolą mnie plecy.
Wie lange haben Sie diese Schmerzen schon?	Od kiedy ma pan te bóle?
Mein Rücken macht mir zu schaffen.	Mam problemy z plecami.
wehtun (tat weh, hat wehgetan)	boleć
Mein Rücken tut mir weh.	Bolą mnie plecy.

U lekarza

Częste bóle

Ich habe …	Boli/bolą mnie…
Kopfschmerzen / Kopfweh.	głowa.
Ohrenschmerzen.	uszy.
Halsschmerzen.	gardło.
Bauchschmerzen. / Magenschmerzen.	brzuch. / żołądek.
Rückenschmerzen.	plecy.

Słówko „Schmerzen" czasami występuje też w liczbie mnogiej:
Ich habe Ohrenschmerzen. Die Ohrenschmerzen sind ganz schlimm.

---

*l**ei**den (an + D) (litt, hat gelitten) — cierpieć / chorować na / dokuczać
Leiden Sie häufig an Kopfschmerzen? — Czy często dokuczają panu bóle głowy?

Ich glaube, ich habe eine **Magenverstimmung**. — Chyba mam rozstrój żołądka.
(sich) **erbr**ę**chen** / **sich übergeben** — wymiotować
Ich habe mich letzte Nacht dreimal übergeben. — Ostatniej nocy trzy razy wymiotowałem.
Haben Sie regelmäßig **St**u**hlgang**? — Czy regularnie się pan wypróżnia?
Wie steht es mit Ihrem *Appet**i**t? — Jak z pańskim apetytem?
Ich habe keinen Appetit. — Nie mam apetytu.
***a**bnehmen (nimmt ab, nahm ab, hat abgenommen) ↔ *z**u**nehmen — schudnąć ↔ przytyć
Sie haben ziemlich abgenommen ↔ zugenommen. — Sporo pan schudł ↔ przytył.
s *G**e**w**i**cht — waga
r **A**tem — oddech
Ich gerate schnell außer Atem. — Łatwo tracę oddech. / Często nie mogę złapać tchu.

H**o**len Sie bitte mal tief *L**u**ft. — Niech pan głęboko wciągnie powietrze.

einatmen ↔ **au**satmen — wdychać ↔ wydychać
s *F**ie**ber — gorączka
Haben Sie Fieber? — Czy ma pan gorączkę?
Messen Sie bitte mal Fieber. — Niech pan zmierzy temperaturę.
Wie hoch ist die *Temperat**u**r? — Jaką ma pan temperaturę?
Gestern hatte ich 38,5° Fieber. — Wczoraj miałem 38,5°.
r **Bl**u**tdruck** — ciśnienie
Darf ich mal bitte Ihren Blutdruck messen? — Czy mogę zmierzyć panu ciśnienie?
hoher ↔ niedriger Blutdruck — wysokie ↔ niskie ciśnienie
(sich) *a**u**sziehen (zog aus, hat ausgezogen) ↔ (sich) ***a**nziehen — rozebrać (się) ↔ ubrać (się)
sich abziehen *schweiz.* — rozebrać się

Beim Arzt

Würden Sie bitte den Oberkörper frei machen.	Proszę zdjąć górę / rozebrać się do pasa.
Würden Sie sich bitte ganz ausziehen.	Proszę rozebrać się do naga.
Sie können sich jetzt wieder anziehen.	Może się pan ubrać.
*untersuchen	badać
(sich) untersuchen lassen (lässt, ließ, hat gelassen)	przebadać się
Ich muss mal wieder meinen Blutzucker untersuchen lassen.	Muszę znowu zbadać sobie poziom cukru.
e *Untersuchung, -en	badanie
Würden Sie sich bitte hier hinlegen, damit ich Sie untersuchen kann.	Proszę się tu położyć, żebym mógł pana zbadać.
Wir müssen Ihr Blut und Ihren Urin untersuchen.	Musimy zrobić panu badania krwi i moczu.
nüchtern	na czczo
Kommen Sie bitte morgen früh nüchtern in die Praxis.	Niech pan jutro rano przyjdzie do przychodni na czczo.
eine Röntgenaufnahme machen / röntgen ['rœntgn]	zrobić zdjęcie rentgenowskie / prześwietlać
Wir werden den Fuß sicherheitshalber röntgen.	Na wszelki wypadek prześwietlimy tę stopę.
s EKG, -s [e:lka'lge:] (= Elektrokardiogramm)	EKG
e Ultraschalluntersuchung, -en	ultrasonografia
Ich mache noch eine Ultraschalluntersuchung.	Zrobię jeszcze USG.
Wir müssen bei Ihnen eine Magen- / Darmspiegelung durchführen.	Trzeba zrobić panu gastroskopię / kolonoskopię.
e *Spritze, -n / e Injektion, -en	zastrzyk
Der Arzt gab ihr eine Spritze.	Lekarz dał jej zastrzyk.
s *Medikament, -e / s Arzneimittel, -	lekarstwo
ein Medikament *verschreiben	przepisać lek
die Medikamente einnehmen	zażywać leki
Nehmen Sie irgendwelche Medikamente ein?	Czy zażywa pan jakieś leki?
s *Rezept, -e	recepta
nur auf Rezept erhältlich	dostępny tylko na receptę
e Rezeptgebühr, -en	opłata zryczałtowana
e *Apotheke, -n	apteka

Większości leków w Niemczech, Austrii i Szwajcarii dostępnych jest tylko na receptę (*verschreibungspflichtig / nur auf Rezept erhältlich*). Jeśli komuś potrzebny jest antybiotyk, musi dostać najpierw receptę (*Rezept*) od lekarza. Dopiero wtedy można wykupić lek w aptece. Za każdy przepisany lek w Niemczech i Austrii płaci się opłatę zryczałtowaną (*Rezeptgebühr*).

Ich brauche bitte wieder ein Rezept für meine Medikamente.	Potrzebuję znowu recepty na moje leki.
e ***Medizin** / e **Arznei**, -en	lek
e ***Tablette**, -n	tabletka
e **Kapsel**, -n	kapsułka
Nehmen Sie bitte zweimal täglich je eine halbe Tablette morgens und abends.	Proszę zażywać dwa razy dziennie – rano i wieczorem – po pół tabletki.
s ***Mittel**, -	środek
zur Vorbeugung gegen	zapobiegawczo / profilaktycznie przeciw
Ich kann Ihnen ein gutes Mittel zur Vorbeugung gegen Erkältungen empfehlen.	Mogę polecić panu dobry środek profilaktyczny na przeziębienie.
s **Schmerzmittel**, -	środek przeciwbólowy
Aspirin ist ein bekanntes Schmerzmittel / Mittel gegen Schmerzen.	aspiryna jest znanym środkiem przeciwbólowym
*****regelmäßig**	regularnie
e ***Pille**, -en	pigułka antykoncepcyjna
Sie nimmt seit Jahren die Pille / Antibabypille.	Od lat bierze pigułki.
e ***Salbe**, -n	maść
Sie müssen die Salbe zweimal täglich **auftragen** (trägt auf, trug auf, hat aufgetragen).	Musi pan nakładać maść dwa razy dziennie.
r ***Tropfen**, -	krople
Augentropfen *Pl*	krople do oczu
s **Spray**, -s [ʃpreː: *auch* spreː]	spray
e **Bescheinigung**, -en	zaświadczenie
eine Bescheinigung ausstellen	wystawić zaświadczenie
s **Attest**, -e	zaświadczenie/zwolnienie lekarskie
s Arztzeugnis, -se *schweiz.*	zaświadczenie lekarskie
ein ärztliches Attest	zaświadczenie lekarskie
Wenn Ihr Kind beim Sportunterricht in der Schule nicht mitmachen kann, benötigt es ein ärztliches Attest.	Jeśli pańskie dziecko nie może uczestniczyć w zajęciach wf w szkole, musi przedstawić zaświadczenie lekarskie.
e **Physiotherapie** [fyzioteraˈpiː] / e **Krankengymnastik**	fizjoterapia / gimnastyka korekcyjna
r **Krankengymnast**, -en // e **Krankengymnastin**, -nen / r **Physiotherapeut**, -en // e **Physiotherapeutin**, -nen [fyzioteraˈpɔyt]	fizjoterapeuta // fizjoterapeutka
e **Massage**, -n [maˈsaːʒə]	masaż
Der Arzt hat mir Massagen verschrieben.	Lekarz przepisał mi masaże.
Die Massage hat mir gut getan.	Masaż dobrze mi zrobił.
massieren	masować

Beim Arzt

Beim Zahnarzt
U dentysty

r **Zahnarzt**, ⸚e // e **Zahnärztin**, -nen	dentysta // dentystka
Ich muss mal wieder meine Zähne kontrollieren lassen.	Muszę znowu pójść na przegląd do dentysty.
r **Kieferchirurg**, -en	chirurg szczękowy
e **Zahnklinik**, -en	gabinet dentystyczny
e **Zahnbehandlung**, -en	leczenie stomatologiczne
r *****Zahn**, ⸚e	ząb
r Milchzahn	ząb mleczny
r Schneidezahn	siekacz
r Backenzahn	ząb trzonowy
r Weisheitszahn	ósemka
r **Oberkiefer** / r **Unterkiefer**	górna szczęka / dolna szczęka
Zahnschmerzen *Pl*	bóle zęba
Ich habe starke Zahnschmerzen.	Bardzo boli mnie ząb.
empfindlich	wrażliwy
Der Zahn ist kälteempfindlich.	Ząb jest wrażliwy na zimno.
wehtun (tat weh, hat wehgetan)	boleć
Der letzte Zahn oben links tut mir weh.	Boli mnie ostatni ząb na górze po lewej stronie.
Tut er ständig weh oder nur, wenn Sie draufbeißen?	Czy boli cały czas, czy tylko, jak pan gryzie?
e **Zunge**	język
Was spüren Sie, wenn Sie den Zahn mit der Zunge berühren?	Co pan czuje, jak dotyka pan tego zęba językiem?
s **Zahnfleisch**	dziąsła
Beim Zähneputzen bekomme ich Zahnfleischbluten.	Gdy myję zęby krwawią mi dziąsła.
e Paradontose	paradontoza
Der Zahn **wackelt**.	Ten ząb się rusza.
Lehnen Sie sich bitte zurück.	Proszę się oprzeć.

U dentysty

Öffnen Sie bitte den Mund so weit wie möglich. / Machen Sie ganz weit auf, bitte.
Proszę jak najszerzej otworzyć usta.

Wo tut es weh? – Da unten links. / Da hinten rechts.
Gdzie pana boli? – Na dole po lewej. / Z tyłu po prawej.

Drehen Sie den Kopf bitte ein bisschen nach links / rechts. Tut's weh?
Niech pan przekręci trochę głowę w lewą / prawą stronę. Boli?

Einmal fest zubeißen bitte.
Niech pan mocno przygryzie.

Bitte gründlich ausspülen.
Proszę dokładnie przepłukać usta.

s *Loch, ⁼er	dziura / ubytek
Dieser Zahn hat ein Loch.	W tym zębie jest dziura / ubytek.
Leider haben Sie mehrere Löcher.	Niestety ma pan wiele ubytków / dziur.
Diese Füllung muss erneuert werden.	To wypełnienie/Tę plombę trzeba wymienić.
e Injektion, -en / e *Spritze, -n	zastrzyk
Können Sie mir bitte eine Spritze geben?	Czy może mi pan dać znieczulenie?
e (örtliche) Betäubung	(miejscowe) znieczulenie
bohren	borować
r Bohrer, -	wiertło dentystyczne
e Karies	próchnica
Ich muss noch etwas bohren, um die Karies zu entfernen.	Muszę jeszcze trochę poborować, aby usunąć próchnicę.
e Füllung, -en / e Plombe, -n	wypełnienie / plomba
eine provisorische Füllung	plomba tymczasowa
füllen / plombieren	wypełniać / plombować
Dieser Zahn muss plombiert werden.	Trzeba zaplombować ten ząb.

Rodzaje plomb:

e Amalgamfüllung	amalgamat
e Kunststofffüllung	kompozyt
s Inlay / Goldinlay	inlay / inlay ze złota

einen Zahn ziehen (zog, hat gezogen)	wyrwać ząb
Mir ist ein Weisheitszahn gezogen worden.	Wyrwano mi ósemkę.
r Zahnersatz	sztuczny ząb; mostek; proteza
e Krone, -n	korona
einen Zahn überkronen	nałożyć koronę za ząb
e *Brücke, -n	mostek
eine Brücke anbringen	założyć mostek
e Zahnprothese, -n / s Gebiss, -e	proteza dentystyczna / sztuczna szczęka
e Vollprothese / e Teilprothese	proteza całkowita / częściowa
s Implantat, -e	implant
e Wurzelbehandlung	leczenie kanałowe
r Abdruck, ⁼e	wycisk
einen Abdruck für ein Inlay machen	robić wycisk na inlay
r Zahnstein	kamień nazębny
Sie haben viel Zahnstein.	Ma pan dużo kamienia.
Wir müssen den Zahnstein entfernen.	Musimy usunąć kamień.
r Zahnbelag	osad nazębny
e Zahnseide	nić dentystyczna
Benutzen Sie regelmäßig Zahnseide?	Czy systematycznie używa pan nici dentystycznej?
e Munddusche, -n	irygator

Beim Zahnarzt

e **Zahnbürste**, -n	szczoteczka do zębów	
e elektrische Zahnbürste, -n	elektryczna szczoteczka do zębów	
e Zahnpasta	pasta do zębów	
Sie sollten Ihre Zähne besser pflegen.	Powinien pan bardziej dbać o zęby.	

Im Krankenhaus
W szpitalu

s ***Krankenhaus**, ⸚er / e **Klinik**, -en	szpital / klinika
s Spital, ⸚er *österr./schweiz.*	szpital
e Privatklinik, -en	prywatna klinika
e Universitätsklinik, -en	klinika akademii medycznej
s **Klinikum**	klinika
e ***Station**, -en	oddział
die chirurgische Station / die Chirurgie	oddział chirurgiczny / chirurgia
die internistische Station / die Innere	oddział chrób wewnętrznych / interna
Sie liegt auf der Inneren.	Leży na internie.
e **Ambulanz**	ambulatorium; przychodnia
die chirurgische Ambulanz	poradnia chirurgiczna
die ambulante **Behandlung**	leczenie ambulatoryjne
Er wurde ambulant behandelt.	Poddano go leczeniu ambulatoryjnemu.
e ***Notaufnahme**	izba przyjęć
Sie wurde in die Notaufnahme gebracht.	Przywieziono ją do izby przyjęć.
e Notfallstation *schweiz.*	izba przyjęć
e **Einweisung**, -en	skierowanie
jn ins Krankenhaus **einweisen** (wies ein, hat eingewiesen)	skierować kogoś do szpitala
jn ins Krankenhaus **einliefern**	przywieźć kogoś do szpitala
r ***Patient**, -en // e **Patientin**, -nen [pa'tsi̯ent]	pacjent // pacjentka
r ***Arzt**, ⸚e // e **Ärztin**, -nen	lekarz
r **diensthabende** Arzt	lekarz dyżurny
r **behandelnde** Arzt	lekarz prowadzący
r Chefarzt // e Chefärztin	ordynator
r Assistenzarzt // e Assistenzärztin	lekarz asystent
r Oberarzt // e Oberärztin	ordynator
r Stationsarzt // e Stationsärztin	lekarz oddziałowy
r ***Spezialist**, -en	specjalista
Sie ist Spezialistin für Herzchirurgie.	Ona jest specjalistą kardiochirurgiem.
sich spezialisieren (auf +*A*)	specjalizować się (w)
Sie hat sich auf Herzchirurgie spezialisiert.	Ma specjalizację w kardiochirurgii.

Przy łóżku chorego:

Wie geht es Ihnen heute? – Danke gut / besser / nicht so gut.
Jak się pan dzisiaj czuje? – Dziękuję, dobrze. / Lepiej. / Niezbyt dobrze.

Haben Sie gut geschlafen? –
Ja. / Nein, leider nicht. Ich musste eine Schlaftablette nehmen.
Dobrze pan spał? – Tak. / Niestety nie. Musiałem zażyć środek nasenny.

Haben Sie noch Schmerzen? –
Ja. / Naja, es geht. / Heute geht es schon besser als gestern.
Czy ciągle jeszcze ma pan bóle? –
Tak. / Ach, można wytrzymać. / Dzisiaj już mniejsze, niż wczoraj.

Wo genau tut es Ihnen denn weh? – Hier auf der rechten Seite.
Gdzie dokładnie pana boli? – Tu z prawej strony.

Drehen Sie sich bitte mal auf den Rücken / auf die Seite, damit ich Sie untersuchen kann.
Niech pan się położy na plecach / na boku, żebym mógł pana zbadać.

Sind Sie schon einmal aufgestanden? – Nein, noch nicht. / Ja, gestern.
Czy już pan próbował wstawać? – Nie, jeszcze nie. / Tak, wczoraj.

Später bekommen Sie eine Spritze gegen die Schmerzen.
Później damy panu zastrzyk przeciwbólowy.

*pflegen	pielęgnować
e Krankenpflege	pielęgnacja chorego
e *Krankenschwester, -n //	pielęgniarka // pielęgniarz
r *Krankenpfleger, -	
e Stationsschwester	siostra oddziałowa
e Oberschwester	pielęgniarka naczelna
e Pflegedienstleitung	główna salowa // główny salowy
e Pflegedienstleiterin, -nen //	główna salowa // główny salowy
r Pflegedienstleiter, -	
e Schwesternschülerin, -nen /	pielęgniarka odbywająca praktykę
e Lernschwester, -n	
r *Praktikant, -en //	praktykant / praktykantka
e Praktikantin, -en	
e Visite, -n	obchód
Der Chefarzt macht gerade Visite.	Lekarz naczelny robi właśnie obchód.
e *Untersuchung, -en	badanie
Ich muss zur Nachuntersuchung.	Muszę poddać się badaniom kontrolnym.
*untersuchen	badać
e Diagnose, -n	diagnoza
Wie lautet die Diagnose?	Jak brzmi diagnoza?

Im Krankenhaus

Ihr Zustand hat sich **verbęssert** ↔ **verschlęchtert**.
Jej stan polepszył ↔ pogorszył się.
Ihr Zustand ist **gleich geblieben**.
Jej stan pozostał bez zmian.
***sich erhọlen**
wydobrzeć; dojść do siebie
Sie hat sich gut von der Operation erholt.
Po operacji wydobrzała.
bęsser ↔ **schlęchter *aussehen**
lepiej ↔ gorzej wyglądać
(sieht aus, sah aus, hat ausgesehen) /
ausschauen *österr.*
Heute sehen Sie wieder viel besser aus.
Dziś wygląda pan dużo lepiej.
röntgen ['rœntgn]
prześwietlać
Wir müssen ein Röntgenbild machen.
Musimy zrobić rentgen.
***operieren**
operować
sich operieren lassen
poddać się operacji
Er muss sich am Knie operieren lassen.
Musi poddać się operacji kolana.
e ***Operation**, -en
operacja
sich einer Operation unterziehen
poddać się operacji
Ich wurde am Blinddarm operiert.
Zoperowano mi ślepą kiszkę.
r **Operationssaal**, ⸗e / der OP
sala operacyjna
e Operationsschwester, -n (OP-Schwester)
instrumentariuszka
operabel ↔ **inoperabel**
operacyjny ↔ nieoperacyjny
ein inoperabler Gehirntumor
nieoperacyjny guz mózgu
e **(Organ-) Transplantation**, -en
przeszczep (organu)
r **Kaiserschnitt**, -e
cesarskie cięcie
Das Baby wurde mit Kaiserschnitt entbunden.
Dziecko przyszło na świat przez cesarskie cięcie.
e **Narkose** / e **Betäubung** /
narkoza / znieczulenie /
 e **Anästhesie**
 znieczulenie
r **Anästhesist**, -en //
anestezjolog
 e **Anästhesistin**, -nen
s Anästhetikum, -a / s Narkosemittel, -
środek znieczulający / środek ogólnie znieczulający

e Vollnarkose
narkoza ogólna
die örtliche Betäubung
miejscowe znieczulenie
r **Wạchraum**, ⸗e / e **Wạchstation**, -en
sala wczesnej opieki pooperacyjnej
e **Intensivstation**, -en
oddział intensywnej terapii
Sie liegt auf der Intensivstation.
Leży na oddziale intensywnej terapii.

e **Infusion**, -en / r **Tropf**
kroplówka
Sie hängt immer noch am Tropf.
Ciągle jeszcze jest podłączona do kroplówki.

unheilbar krạnk sein
być nieuleczalnie chorym
r/e unheilbar Kranke, -n
nieuleczalnie chory / chora
einen **Krạnkenbesuch mạchen**
odwiedzanie kogoś w szpitalu / wizyta w szpitalu u chorego

Wann sind die **Besuchszeiten**?
W jakich godzinach można odwiedzać pacjentów?

W szpitalu

6/7

e **Kur**, -en	kuracja; leczenie zdrojowe / sanatoryjne
eine Kur machen	przechodzić kurację w sanatorium
auf Kur gehen	pojechać na kurację do sanatorium
Nach der Operation gehe ich auf Kur / mache ich eine Kur.	Po operacji pojadę do sanatorium.
r Kurort, -e	kurort / uzdrowisko
e **Rehabilitation** / e **Reha**	rehabilitacja
e Reha-Klinik	klinika rehabilitacyjna

Gesunde Lebensweise
Zdrowy tryb życia

e *****Gesundheit**	zdrowie
Sie hat eine robuste Gesundheit.	Cieszy się doskonałym zdrowiem.
*****gesund** ↔ **ungesund**	zdrowy ↔ niezdrowy
Meeresluft ist sehr gesund.	Klimat morski jest bardzo zdrowy.
Peter lebt sehr ungesund.	Peter prowadzi bardzo niezdrowy tryb życia.
Viel Alkohol trinken ist ungesund.	Niezdrowo jest pić dużo alkoholu.
Rauchen **gefährdet** die Gesundheit.	Palenie szkodzi zdrowiu.
Schwimmen ist gut für die Gelenke.	Pływanie dobrze działa na stawy.
schädlich sein / *****sch**a**den** (+D)	być szkodliwym / szkodzić
Zucker ist schädlich für die Zähne. / Zucker schadet den Zähnen.	Cukier szkodzi zębom.
Meine Schwester ist eine echte Gesundheitsfanatikerin.	Moja siostra fanatycznie dba o zdrowie.
gesundheitsbewusst	zdrowo
Sie lebt sehr gesundheitsbewusst.	Ona prowadzi zdrowy tryb życia.
gesunde **Ernährung** / **Lebensweise**	zdrowy sposób odżywiania się / tryb życia
fettarm ↔ **fettreich**	niskotłuszczowy ↔ o wysokiej zawartości tłuszczu
s **Fastfood** ['fa:stfu:t]	fastfood
e **Naturkost**	zdrowa żywność
r Naturkostladen / Bioladen, ⸚ / s Reformhaus, ⸚er	sklep ze zdrową/ekologiczną żywnością

> Żywność ekologiczną, a także kosmetyki naturalne można w Niemczech kupić w *Naturkostladen / Bioladen*, w *Reformhaus* (sieć sklepów ze zdrową żywnością) lub na *Bauernmärkten* (wiejskie targi). Z powodu rosnącego zapotrzebowania produkty te coraz częściej oferowane są też w supermarketach.

ökologisch — ekologiczny
die ökologische Landwirtschaft — rolnictwo ekologiczne
aus ökologischem Anbau — z ekologicznych upraw
Eier von frei laufenden Hühnern — jajka od kur hodowanych ekologicznie

frei von **chemischen Zusätzen** — bez dodatków chemicznych
Ballaststoffe *Pl* — częściowo strawne składniki żywności pobudzające jelita do pracy

Ballaststoffreiche Kost ist gut für die Verdauung. — Żywność bogata w częściowo strawne składniki pobudzające jelita do pracy dobrze działa na system trawienny.

r **Vegetarier**, - [vege'ta:riɐ̯] // e **Vegetarierin**, -nen — wegetarianin // wegetarianka
*****vegetarisch** — wegetariański
vegetarische Ernährung — dieta / żywność wegetariańska
Meine Schwester ernährt sich rein vegetarisch. — Moja siostra je wyłącznie wegetariańskie potrawy.
e **Biokost** / **Biolebensmittel** *Pl* — produkty ekologiczne
e **Vollwertkost** — żywność pełnowartościowa
e **Vollwerternährung** — pełnowartościowa dieta
e *****Diät**, -en — dieta
eine Diät machen — być na diecie; odchudzać się
Meine Mutter muss eine Diät zur Senkung des Cholesterinspiegels machen. — Moja matka musi przejść na dietę, aby obniżyć poziom cholesterolu.

r Diätplan, ⸚e — plan odchudzania
abnehmen ↔ **zunehmen** (nimmt zu, nahm zu, hat zugenommen) — schudnąć ↔ przytyć
Ich habe fünf Kilo zugenommen. Ab Montag mache ich Diät. — Przytyłem pięć kilo. Od poniedziałku zacznę się odchudzać.

fasten — pościć
Es tut dem Körper gut, gelegentlich zu fasten. — Ze względów zdrowotnych dobrze jest czasami pościć.
Sie fastet aus gesundheitlichen Gründen einmal pro Jahr. — Dla dobrego samopoczucia pości raz do roku.
e **Fastenkur**, -en — kuracja odchudzająca
r **Kräutertee**, -s — herbata ziołowa
s **Vitamin**, -e — witamina
Vitamin C — witamina C
vitaminreich ↔ vitaminarm — o dużej zawartości witamin ↔ o niewielkiej zawartości witamin

e **Sauna**, -s — sauna
Wir gehen heute Abend in die Sauna. — Dziś wieczorem idziemy do sauny.
*****schwitzen** — pocić się
s **Dampfbad**, ⸚er — łaźnia parowa
r **Whirlpool**, -s — jacuzzi

Zdrowy tryb życia

7

s *Schwimmbad, ⸚er — basen
s Hallenbad, ⸚er ↔ s Freibad, ⸚er — basen kryty ↔ basen odkryty
e *Bewegung — ruch
Sie brauchen mehr Bewegung. — Musi się pan więcej ruszać.
r Bewegungsmangel Sg — brak ruchu
Bewegungsmangel ist eine Ursache für viele Krankheiten. — Brak ruchu jest przyczyną wielu chorób.
s *Training ['trɛːnɪŋ auch 'trɛːnɪŋ] — trening
*trainieren [trɛ'niːrən auch trɛ'n...] — trenować; uprawiać sport
r *Sport — sport
Sport treiben — uprawiać sport
Wir treiben / machen einmal pro Woche Sport. — Raz w tygodniu uprawiamy sport.
s Fitnessstudio, -s — klub fitness
Mein Großvater ist körperlich sehr *fit. — Mój dziadek jest bardzo sprawny fizycznie.

e *Übung, -en — ćwiczenie
Übungen zur Stärkung der Rückenmuskulatur — ćwiczenia na wzmocnienie mięśni grzbietu
(sich) *ausruhen — odpoczywać
sich entspannen — relaksować się / rozluźniać
e Entspannung — relaks
e Entspannungstechnik, -en — technika relaksacyjna

Do popularnych technik relaksacyjnych należą:

Yoga	joga
Autogenes Training	trening autogeniczny
Atemtherapie	ćwiczenia oddechowe
Feldenkrais	metoda Feldenkraisa

spazieren gehen (ging, ist gegangen) — iść na spacer
*wandern — wędrować
e Wanderung, -en — wędrówka
eine Wanderung in die Berge machen — wędrować po górach
joggen ['dʒɔgn] — uprawiać jogging / biegać
Wollen wir joggen gehen? — Idziemy pobiegać?

Gesunde Lebensweise

8.1	**Staat**	
	Państwo	
8.2	**Demokratie**	
	Demokracja	
8.3	**Regierung**	
	Rząd	
8.4	**Parteien und Wahlen**	
	Partie i wybory	
8.5	**Internationale Beziehungen**	
	Stosunki międzynarodowe	
8.6	**Wirtschaft**	
	Gospodarka	
8.7	**Steuern**	
	Podatki	
8.8	**Sozialstaat**	
	Państwo opiekuńcze	
8.9	**Recht und Gesetz**	
	Prawo i ustawodawstwo	
8.10	**Polizei**	
	Policja	
8.11	**Militär**	
	Wojsko	

Staat und staatliche Institutionen
Państwo i instytucje państwowe

8

8
1 Staat
Państwo

r *Staat, -en	państwo
e Souveränität / e Unabhängigkeit eines Staates	suwerenność / niepodległość państwa
e *Grenze, -n	granica
e Staatsgrenze / e Hoheitsgrenze	granica państwa
e Nation, -en	naród
s *Volk, ⸚er	lud / naród
s *Land, ⸚er	kraj
*staatlich / *städtisch	państwowy / miejski
staatliche Gelder Pl	fundusze publiczne
e staatliche Behörde, -n	władze państwowe
e staatliche Institution, -en	instytucja państwowa
r Bundesstaat	państwo federalne / związkowe
r Rechtsstaat	państwo prawa
r Sozialstaat	socjalne państwo opiekuńcze
e *Bundesrepublik Deutschland / e BRD	Republika Federalna Niemiec / RFN
e *Schweiz / e Schweizerische *Eidgenossenschaft	Szwajcaria / Konfederacja Szwajcarska
*Österreich / e *Republik Österreich	Austria / Republika Austrii
e *Staatsangehörigkeit, -en / e Nationalität, -en / e Staatsbürgerschaft, -en	obywatelstwo / narodowość / obywatelstwo
r Pass, ⸚e / r Reisepass, ⸚e	paszport
r *Ausweis, -e / r Personalausweis, -e	dowód osobisty
r Kinderausweis, -e	dowód tożsamości dziecka
Können Sie sich ausweisen? / Ihren Pass bitte.	Czy może się pan wylegitymować? / Proszę pański paszport.
r / e *Deutsche, -n	Niemiec // Niemka
r *Österreicher, - // e *Österreicherin, -nen	Austriak // Austriaczka
r *Schweizer, - // e *Schweizerin, -nen	Szwajcar // Szwajcarka
ein deutscher / österreichischer / schweizer Staatsbürger	obywatel Niemiec / Austrii / Szwajcarii
Sie lebt in Deutschland / in Österreich / in der Schweiz.	Ona mieszka w Niemczech / Austrii / Szwajcarii.
Er kommt aus Deutschland / aus Österreich / aus der Schweiz.	On jest z Niemiec / z Austrii / ze Szwajcarii.
e *Hauptstadt, ⸚e	stolica
e Bundeshauptstadt / e Landeshauptstadt	stolica państwa federalnego / stolica kraju związkowego

Kraje związkowe RFN od północy na południe

Republika Federalna **Niemiec** ma 16 krajów związkowych (od północy w kierunku południowym): *Schleswig-Holstein* (Szlezwik-Holsztyn), *Mecklenburg-Vorpommern* (Meklemburgia-Pomorze Przednie), *Hamburg, Bremen* (Brema), *Niedersachsen* (Dolna Saksonia), *Sachsen-Anhalt* (Saksonia-Anhalt), *Brandenburg* (Brandenburgia), *Berlin, Nordrhein-Westfalen* (Nadrenia Północna-Westfalia), *Rheinland-Pfalz* (Nadrenia Palatynat), *Hessen* (Hesja), *Thüringen* (Turyngia), *Sachsen* (Saksonia), *Saarland* (Kraj Saary), *Baden-Württemberg* (Badenia-Wirtembergia), *Bayern* (Bawaria). Istnieją trzy *Stadtstaaten* (miasta-kraje): *Berlin, Hamburg* i *Bremen*. Nazwą *Stadtstaaten* określa się miasto, które stanowi samodzielny kraj związkowy.

Szwajcaria / Konfederacja Szwajcarska liczy 26 *Kantone* (kantonów), z czego 20 to pełne kantony, a 6 to półkantony: *Basel* (Bazylea), *Solothurn* (Solura), *Aargau* (Argowia), *Schaffhausen* (Szafuza), *Zürich* (Zurych), *Thurgau* (Turgowia), *Sankt / St. Gallen), Appenzell, Jura, Neuenburg / Neuchâtel, Waadt, Freiburg* (Fryburg), *Bern* (Berno), *Luzern* (Lucerna), *Unterwalden, Zug, Schwyz, Uri, Glarus, Graubünden* (Gryzonia), *Genf* (Genewa), *Wallis, Tessin*.

Austria ma 9 krajów związkowych: *Oberösterreich* (Górna Austria), *Niederösterreich* (Dolna Austria), *Wien* (Wiedeń), *Burgenland, Vorarlberg, Tirol* (Tyrol), *Salzburg, Kärnten* (Karyntia), *Steiermark* (Styria).

Hauptstädte

Berlin jest stolicą Niemiec, stolicą Szwajcarii jest Berno, a Austrii Wiedeń.

Tablice rejestracyjne

D jak Deutschland (Niemcy); A jak Austria; CH jak *Confoederatio Helvetica* (Konfederacja Szwajcarska).

Flagi

Flaga niemiecka jest czarno-czerwono-żółta; austriacka czerwono-biało-czerwona; flaga szwajcarska to biały krzyż na czerwonym tle.

s *Bundesland, ⸚er	kraj związkowy
r Kanton, -e *schweiz.*	kanton
die alten / neuen Bundesländer	stare / nowe kraje związkowe
e ehemalige DDR	była NRD
r **Föderalismus**	federalizm
e föderative Struktur	struktura federalna
die Länder und Gemeinden	kraje związkowe i gminy
e *Gegend, -en	okolica
e *Region, -en / s *Gebiet, -e	region / obszar
regional / überregional	regionalny / ponadregionalny
dicht ↔ dünn besiedelt	gęsto ↔ słabo zaludniony
e *Gemeinschaft, -en	wspólnota
e *Gesellschaft, -en	społeczeństwo
*öffentlich ↔ *privat	publiczne ↔ prywatne

8
1/2

s *Volk, ⁻er	lud / naród
s Vaterland / s Heimatland	ojczyzna / kraj macierzysty
e Heimat	ojczyzna
in meiner Heimat / bei uns	w mojej ojczyźnie / u nas
e *Bevölkerung, -en	ludność
e Bevölkerungsdichte	gęstość zaludnienia
bevölkerungsreich ↔ bevölkerungsarm	gęsto ↔ słabo zaludniony
e einheimische Bevölkerung	ludność tubylcza
s Bevölkerungswachstum ↔ r Rückgang der Geburtenzahlen	przyrost ludności ↔ spadek liczby urodzeń
e Alterspyramide	piramida wieku
e Volkszählung, -en	spis powszechny
r *Einwohner, - // e Einwohnerin, -nen	mieszkaniec // mieszkanka
e Einwohnerzahl, -en	liczba mieszkańców
r *Bürger, - // e Bürgerin, -nen	obywatel // obywatelka
r Staatsbürger // e Staatsbürgerin	obywatel państwa // obywatelka państwa
e Kommune, -n / e Gemeinde, -n	gmina
e kommunale Selbstverwaltung	samorząd gminny

> Zgodnie z federalną strukturą państwa niemiecka Ustawa Zasadnicza przyznaje gminom ograniczone prawo do samorządności. Organami decyzyjnymi samorządu gminnego są:
> starosta; naczelnik powiatu *(r Landrat / r Bezirkshauptmann, ⁻er (österr.))* w powiecie *(Landkreis)*.
> rada gminy; członek rady gminy *(r Gemeinderat)* w gminie *(e Gemeinde, -n / s Magistrat, -e (österr.))*.
> rada miasta; członek rady miasta *(r Stadtrat)* w mieście.
> burmistrz *(r *Bürgermeister / r *Stadtpräsident, -en / r *Amman, ⁻er (schweiz.))* jako naczelnik miejscowości.
> komisja/rada dzielnicowa *(r Bezirksausschuss)* w poszczególnych dzielnicach dużego miasta.

Demokratie
Demokracja

e *Politik	polityka
e Parteipolitik / e Lokalpolitik	polityka partyjna / polityka lokalna
r *Politiker, - // e Politikerin, -nen	polityk
*politisch	polityczny
aus politischen Gründen	ze względów politycznych
e Regierungsform, -en / s Regierungssystem, -e	forma rządów / system rządów

e *Demokratie, -n	demokracja
in einer Demokratie leben	żyć w demokratycznym państwie
e parlamentarische Demokratie	demokracja parlamentarna
*demokratisch	demokratyczny
e *Partei, -en	partia
e Parteienlandschaft	partie działające w danym kraju
e Republik, -en	republika
e Bundesrepublik Deutschland	Republika Federalna Niemiec
s Grundgesetz	Ustawa Zasadnicza (konstytucja RFN)
e Bundesverfassung *schweiz.*	Konstytucja Federalna Szwajcarii
e (demokratische / freiheitliche) Verfassung	konstytucja demokratyczna / liberalna
e Pflicht, -en ↔ s Recht, -e	obowiązek ↔ prawo
s Grundrecht, -e	prawo podstawowe obywatela
e Glaubens- und Gewissensfreiheit	wolność wyznania i sumienia
r Gleichheitsgrundsatz	zasada równości wobec prawa
e Pressefreiheit	wolność prasy
e Meinungsfreiheit / e Freiheit der Meinungsäußerung	wolność myśli/ prawo do swobodnego wyrażania poglądów
s Verfassungsorgan, -e	organ konstytucyjny
e Gewaltenteilung	podział władz
s *Parlament, -e	parlament
s Abgeordnetenhaus	izba deputowanych / parlament
e Kammer, -n	izba
s Staatsoberhaupt, ⸚er	głowa państwa
r *Präsident, -en / r Staatspräsident	prezydent / prezydent państwa
r *Bundespräsident, -en // e *Bundespräsidentin, -nen	prezydent państwa federalnego
Der Bundespräsident erfüllt überwiegend repräsentative Pflichten.	Prezydent państwa federalnego sprawuje funkcje przede wszystkim reprezentacyjne.
Die Amtszeit beträgt 5 Jahre.	Kadencja trwa 5 lat.
e Exekutive / e vollziehende Gewalt	egzekutywa / władza wykonawcza
r *Bundestag	Bundestag / izba niższa parlamentu federalnego
r Nationalrat *schweiz.*	Rada Narodowa / izba niższa parlamentów Austrii i Szwajcarii
e *Bundesregierung / s Kabinett	rząd federalny / rada ministrów
r Regierungschef, -s	szef rządu / premier
e Legislative / e gesetzgebende Gewalt	legislatywa / władza ustawodawcza
r Gesetzgeber, -	ustawodawca
r Bundesrat	Rada Federalna / izba wyższa parlamentu federalnego
e Judikative / e richterliche Gewalt	wymiar sprawiedliwości / władza sądownicza
s Bundesverfassungsgericht	Trybunał Konstytucyjny w RFN

s Bundesgericht *schweiz.*	Federalny Trybunał Konstytucyjny
s ***Volk**	naród / lud
e **Volksbefragung**, -en /	referendum
r **Volksentscheid**, -e	
e Volksabstimmung, -en /	plebiscyt; referendum / refe-
s Referendum *schweiz.*	rendum
eine Volksbefragung durchführen	przeprowadzać referendum
e Bürgerinitiative, -n für ↔ gegen	inicjatywa obywatelska na rzecz ↔ przeciw
e Basisdemokratie	demokracja bezpośrednia
frei ↔ unfrei	wolny ↔ zniewolony
r Polizeistaat	państwo policyjne
autoritär	autorytarny
r Monarch, -en // e Monarchin, -nen	monarcha // monarchini
r **Kaiser**, - // e **Kaiserin**, -nen	cesarz // cesarzowa
r ***König**, -e // e **Königin**, -nen	król // królowa
e **Politikwissenschaft** / e Politologie	nauki polityczne / politologia
e Staatsbürgerkunde	wiedza o społeczeństwie
r Politologe, -n / e Politologin, -nen	politolog

Inne formy rządów

e (konstitutionelle) Monarchie	monarchia (konstytucyjna)
e Diktatur	dyktatura
s Regime	reżim
e Militärregierung	reżim wojskowy
r Totalitarismus	totalitaryzm
r totalitäre Staat	państwo totalitarne

Regierung
Rząd

e ***Regierung**, -en / s **Kabinett**	rząd / rada ministrów
*** regieren** / an der Macht sein	rządzić / być u władzy
Die Legislaturperiode beträgt 4 Jahre.	Kadencja parlamentu trwa 4 lata.
e ***Macht**, ⸚e	władza
an die Macht kommen	dojść do władzy; objąć władzę
e Machtübernahme	przejęcie władzy
e Staatsmacht	władza państwowa
e ***Bundesregierung**	rząd federalny
r Bundesrat *schweiz.*	rząd federalny
e ***Landesregierung**, -en	rząd kraju związkowego
r ***Landtag**	parlament [kraju związkowego]
r ***Senat**	senat
r ***Senator**, -en // e ***Senatorin**, -nen	senator

eine Regierung bilden — stworzyć rząd
e Regierungspartei ↔ e Opposition — partia rządząca ↔ opozycja
r Oppositionsführer — przywódca opozycji
e **Koalition**, -en — koalicja
r ***Bundeskanzler**, - //
 e ***Bundeskanzlerin**, -nen — kanclerz federalny
Am 8. Mai trat sie ihr Amt an. — 8. maja objęła urząd.
s **Ministerium**, Ministerien — ministerstwo
s Departement, -e *schweiz.* — ministerstwo
s Außenministerium — Ministerstwo Spraw Zagranicznych

r Staatssekretär, -e //
 e Staatssekretärin, -nen — sekretarz stanu
r ***Minister**, - // e **Ministerin**, -nen — minister
r ***Bundesminister**, – //
 e ***Bundesministerin**, -nen — minister federalny
r Bundesrat, ⸚e //
 e Bundesrätin, -nen *schweiz.* — minister; członek rządu
r Außenminister / r Innenminister — minister spraw zagranicznych / minister spraw wewnętrznych
r Finanzminister — minister finansów
r Verteidigungsminister — minister obrony narodowej
r designierte Minister — minister desygnowany
r ehemalige Minister — były minister
r ***Ministerpräsident**, -en //
 e ***Ministerpräsidentin**, -nen — premier
r Bundespräsident, -en //
 e Bundespräsidentin, -nen *schweiz.* — premier Konfederacji
r Landeshauptmann, ⸚er //
 e Landeshauptfrau, -en *österr.* — premier kraju związkowego
e **Ernennung**, -en — nominacja; mianowanie
ernennen (ernannte, hat ernannt) — mianować; powołać
Heute wurde die neue Außenministerin ernannt. — Dziś powołano nową minister spraw zagranicznych.
e **Vereidigung**, -en — zaprzysiężenie
vereidigen — zaprzysięgać
Die neue Außenministerin wird vom Bundespräsidenten vereidigt. — Nowa minister spraw zagranicznych zostaje zaprzysiężona przez prezydenta.

Rząd, czyli rada ministrów składa się z kanclerza federalnego i ministrów, którym pomagają sekretarze stanu. Do ministerstw należą np. Ministerstwo Spraw Zagranicznych (*s Auswärtige Amt*), Ministerstwo Spraw Wewnętrznych (*s Bundesministerium des Inneren*), Ministerstwo Sprawiedliwości (*s Bundesministerium der Justiz*), oraz Ministerstwo Obrony Narodowej (*s Bundesministerium der Verteidigung*).

8
3

Jeśli rada ministrów składa się z przedstawicieli więcej, niż jednej partii, mówi się o *Koalitionsregierung* (rządzie koalicyjnym).
Każdy kraj związkowy ma własnego premiera, który reprezentuje interesy kraju na płaszczyźnie federalnej i w komisji krajów związkowych.
Bundestag zajmuje się kwestiami polityki wewnętrznej i zagranicznej, a także opracowaniem projektów ustaw lub ich zmian. Do przyjęcia wielu ustaw konieczna jest zgoda większości (dwóch trzecich) członków *Bundesratu*. *Bundesrat* zrzesza przedstawicieli 16 krajów związkowych.

Rząd szwajcarski zorganizowany jest w podobny sposób, poszczególne organy noszą jednak inne nazwy.

s ***Parlament**	parlament
s Gremium, Gremien	komitet
r//e **Abgeordnete**, -n /	deputowany (-a) / deputowany(-a)
r//e Parlamentsabgeordnete /	do parlamentu /poseł // posłanka
r Parlamentarier, - //	
e Parlamentarierin, -nen	
Die Abgeordneten des Bundestages werden für vier Jahre gewählt.	Deputowani do Bundestagu wybierani są na cztery lata.
r ***Sitz**, -e / r Parlamentssitz, -e / s **Mandat**, -e	mandat
r Bundestagsprecher, - // e Bundestagsprecherin, -nen	rzecznik Bundestagu
r parlamentarische Geschäftsführer	członek frakcji parlamentarnej odpowiedzialny za organizację i taktykę frakcji
e Kabinettssitzung, -en	posiedzenie rady ministrów
r (parlamentarische) **Ausschuss**, ⁼e	komisja (parlamentarna)
r Haushaltsausschuss	komisja budżetowa
r / e **Vorsitzende** des Ausschusses	przewodniczący / przewodnicząca komisji
Sie sitzt in mehreren Ausschüssen. / Sie ist Mitglied mehrerer Ausschüsse.	Ona zasiada w wielu komisjach. / Ona jest członkiem wielu komisji.
Der Ausschuss tagt gerade.	Komisja właśnie obraduje.
e ***Sitzung**, -en	posiedzenie
e Bundestagssitzung	posiedzenie Bundestagu
s **Protokoll**, -e	protokół
(sich) ***beraten** (berät, beriet, hat beraten)	obradować; naradzać (się)
r ***Antrag**, ⁼e	wniosek
einen Antrag *stellen / einbringen	złożyć wniosek
e **Debatte**, -n (über +*A*)	debata (o)
e ***Rede**, -n	przemowa
eine Rede *halten (hält, hielt, hat gehalten)	przemawiać / wygłaszać przemowę

e *Reform, -en	reforma
e Rentenreform	reforma systemu emerytalnego
Das Gesundheitswesen muss *reformiert werden.	Należy zreformować system opieki zdrowotnej.
e Abstimmung, -en	głosowanie
geheim ↔ offen	tajne ↔ jawne
über eine Vorlage *abstimmen	głosować nad projektem
Sie *stimmen *für ↔ *gegen die neue Gesetzesvorlage.	Głosują za ↔ przeciw projektowi ustawy.
e *Mehrheit ↔ e *Minderheit	większość ↔ mniejszość
e Stimmenthaltung, -en	wstrzymanie się od głosu
Vier Abgeordnete haben sich der Stimme enthalten.	Czterech deputowanych wstrzymało się od głosu.
s Veto, -s	weto
ein Veto einlegen	zgłosić weto
s *Gesetz, -e	ustawa; prawo
gesetzlich	ustawowy; prawny
Die Gesetzesvorlage besagt, dass …	Projekt ustawy mówi, że…
r Gesetzestext, -e	tekst ustawy
ein Gesetz im Parlament einbringen	przedłożyć projekt ustawy w parlamencie
r Änderungsantrag, ⸚e	propozycje poprawek
r Zusatzartikel, -	artykuł dodatkowy
Das Gesetz zum subventionierten Wohnungsbau ist in Vorbereitung.	Przygotowuje się projekt ustawy o subwencjonowanym budownictwie społecznym.
Sie haben in zweiter Lesung über ein Gesetz beraten. (berät, beriet, hat beraten)	W drugim czytaniu obradowali o ustawie.
ein Gesetz *beschließen (beschloss, hat beschlossen) / *verabschieden	uchwalić ustawę
r Lobbyist, -en // e Lobbyistin, -nen	lobbista // lobbistka
e Kabinettsumbildung, -en / e Regierungsumbildung, -en	reorganizacja rady ministrów / reorganizacja rządu
r Misstrauensantrag, ⸚e	wotum nieufności
Das Parlament wird aufgelöst und Neuwahlen werden angesetzt.	Parlament ulega rozwiązaniu i wyznaczony zostaje termin nowych wyborów.
r Rücktritt, -e	dymisja
zurücktreten (tritt zurück, trat zurück, ist zurückgetreten)	podać się do dymisji; ustąpić
Dem Minister wurde der Rücktritt nahegelegt.	Ministrowi dano do zrozumienia, że powinien ustąpić ze stanowiska.
*zwingen (zwang, hat gezwungen)	zmuszać

Der Minister wurde zum Rücktritt gezwungen.	Ministra zmuszono do rezygnacji.
r **Nachfolger**, - // e **Nachfolgerin**, -nen	następca // następczyni

Parteien und Wahlen
Partie i wybory

e (politische) *****Partei**, -en	partia (polityczna)
in die Partei **eintreten** ↔ aus der Partei **austreten** (tritt aus, trat aus, ist ausgetreten)	wstąpić do partii ↔ wystąpić z partii
aus der Partei *****ausschließen** (schloss aus, hat ausgeschlossen)	wykluczyć z partii
r / e **Parteivorsitzende**, -n	przewodniczący / przewodnicząca partii
r Parteipräsident // e Parteipräsidentin *schweiz.*	przewodniczący // przewodnicząca partii
e Parteimitgliedschaft	członkostwo w partii
s **Parteimitglied**, -er ↔ r / e Parteilose, -n	członek partii ↔ bezpartyjny // bezpartyjna
s Parteibuch	legitymacja partyjna
e (politische) **Stiftung**, -en	fundacja (polityczna)
r *****Politiker**, - // e **Politikerin**, -nen	polityk
eine führende SPD-Politikerin	czołowy polityk SPD
in die *****Politik** *****gehen** (ging, ist gegangen) / politisch aktiv sein	poświęcić się działalności politycznej / być aktywnym politycznie
eine gemeinsame Politik verfolgen	realizować wspólną politykę
e Parteilinie	linia polityczna
r Parteitag, -e	zjazd partyjny
e Parteibasis	szeregowi członkowie partii; doły partyjne
die Partei an der Basis verstärken	umocnić partię u podstaw

Partie działające
... w Niemczech

e CDU = e Christlich-Demokratische Union (Deutschlands)	Unia Chrześcijańsko-Demokratyczna
e CSU = e Christlich-Soziale Union (Deutschlands)	Unia Chrześcijańsko-Społeczna
e FDP = e Freie Demokratische Partei (Deutschlands)	Wolna Partia Demokratyczna
Die Grünen = Bündnis 90 / Die Grünen	Sojusz 90 / Zieloni

Parteien und Wahlen

e PDS = e Partei des Demokratischen Sozialismus	Partia Demokratycznego Socjalizmu
e SPD = e Sozialdemokratische Partei Deutschlands	Socjaldemokratyczna Partia Niemiec

... w Austrii

e SPÖ = e Sozialdemokratische Partei Österreichs	Socjaldemokratyczna Partia Austrii
e ÖVP = e Österreichische Volkspartei	Austriacka Partia Ludowa
e FPÖ = e Freiheitliche Partei Östereichs	Austriacka Partia Wolności
Die Grünen	Zieloni

... w Szwajcarii

e SP = Sozialdemokratische Partei	Socjaldemokratyczna Partia Szwajcarii
e FDP = Freisinnig-Demokratische Partei	Wolna Partia Demokratyczna
e CVP = Christlich demokratische Volkspartei	Chrześcijańsko-Demokratyczna Partia Ludowa Szwajcarii
e SVP = Schweizerische Volkspartei	Szwajcarska Partia Ludowa
e Grüne = e Grüne Partei	Zieloni

e *Mitte / s *Zentrum	centrum
eine Mitte-Links-Koalition	koalicja centrowo-lewicowa
r linke ↔ rechte Flügel	lewe ↔ prawe skrzydło
r / e Linke, -n ↔ r / e Rechte, -n	lewicowiec ↔ prawicowiec
r / e Rote, -n ↔ r / e Schwarze, -n	socjaldemokrata / socjaldemokratka ↔ konserwatysta; chadek
sozial-demokratisch / liberal / christdemokratisch / konservativ	socjaldemokratyczny / liberalny / chadecki / konserwatywny
kommunistisch / sozialistisch	komunistyczny / socjalistyczny
nationalistisch / rechtsradikal	nacjonalistyczny / radykalnie prawicowy
e rechtsextreme ↔ linksextreme Partei	partia prawicy radykalnej ↔ lewicy radykalnej
r Sozialismus	socjalizm
r Sozialist, -en // e Sozialistin, -nen	socjalista // socjalistka
r Genosse, -n // e Genossin, -nen	towarzysz // towarzyszka
sozialistisch	socjalistyczny
r Kommunismus	komunizm
e kommunistische Partei	partia komunistyczna
e *Wahl, -en / e Abstimmung, -en	wybory / głosowanie
r Wahlaufruf, -e	odezwa wyborcza
e Wählerliste, -n	lista wyborców
*wählen	wybierać
In Bayern wählt die Mehrheit CSU.	W Bawarii większość głosuje na CSU.
Am nächsten Sonntag wird in Hessen gewählt.	W najbliższą niedzielę w Hesji odbędą się wybory.

Wybory parlamentarne

... w Niemczech:

Każdy wyborca ma dwa głosy: pierwszy głos *(die Erststimme)* oddaje na wybranego kandydata ze swojego okręgu wyborczego. Pierwszy głos liczony jest w systemie większościowym, tzn. mandat bezpośredni do parlamentu zdobywa ten kandydat, który zdobył największą liczbę głosów w danym okręgu. Za pomocą drugiego głosu *(die Zweitstimme)*, zwanego też głosem głównym, wybiera się z kolei określoną partię. Tu wyniki oblicza się w systemie proporcjonalnym (656 miejsc rozdziela się proporcjonalnie pomiędzy poszczególne partie, zgodnie z liczbą uzyskanych głosów). Aby wejść do parlamentu partie muszą albo przekroczyć pięcioprocentowy próg głosów głównych *(Fünf-Prozent-Hürde)* albo uzyskać przynajmniej trzy mandaty bezpośrednie.

... w Austrii:

Każdy wyborca ma prawo oddać głos na jedną partię. Dodatkowo wyborcy mogą zagłosować na jednego kandydata z list kandydatów wystawionych przez partie w poszczególnych krajach związkowych lub regionach.

... w Szwajcarii:

Wyborcy mogą głosować na jednego kandydata, przy czym partia tego kandydata automatycznie uzyskuje jeden głos. Wynik końcowy zależy od ilości głosów oddanych na konkretnego kandydata oraz liczby głosów oddanych na daną partię.

---

r **Wähler**, - // e **Wählerin**, -nen	wyborca
r Jungwähler, - / r Erstwähler, -	młody wyborca (w wieku od 18 do 24 lat) / wyborca przystępujący do głosowania po raz pierwszy
Mit 18 Jahren hat man Wahlrecht. / Wenn man volljährig ist, darf man wählen.	Prawo wyborcze uzyskuje się po ukończeniu 18 lat. / Głosować można po osiągnięciu pełnoletności.
r Wechselwähler, -	wyborca o zmiennych poglądach politycznych
e politische Einstellung, -en / e politische Überzeugung, -en	przekonania polityczne [*Pl*]
s Wählerverhalten	zachowanie wyborców
r **Stimmzettel**	kartka wyborcza / do głosowania
e ***Stimme**, -n	głos
eine **gültige** ↔ **ungültige Stimme** ***abgeben** (gibt ab, gab ab, hat abgegeben)	oddać ważny ↔ nieważny głos
ein Kreuz machen	postawić krzyżyk
e Stichwahl, -en	druga tura wyborów
e Briefwahl, -en	głosowanie listowne
e Stimmabgabe, -en per Post *schweiz.*	głosowanie listowne

r **Wahlkampf**	kampania wyborcza
r **Kandidat**, -en // e **Kandidatin**, -nen	kandydat // kandydatka
sich aufstellen lassen	kandydować
kandidieren (für ein Amt)	kandydować (na urząd)
e Nominierung, -en	nominacja
nominieren	nominować; powołać
r **Wahlkreis**	okręg wyborczy
Er vertritt den Wahlkreis Berlin Mitte.	On reprezentuje okręg wyborczy Berlin Mitte.
s **Wahlprogramm**, -e	program wyborczy
Der Parteitag entscheidet über das Wahlprogramm der Partei.	Na zjeździe partyjnym zapada decyzja o programie wyborczym partii.
e **Meinungsumfrage**, -n	badanie opinii publicznej
In den Meinungsumfragen liegen die beiden Kandidaten Kopf an Kopf.	Według badań opinii publicznej obydwaj kandydaci mają równe szanse.
s **Wahlergebnis**, -se	wynik wyborów
e **Hochrechnung**, -en	dane szacunkowe
Nach den letzten Hochrechnungen haben wir die Wahl knapp gewonnen ↔ verloren.	Według ostatnich danych szacunkowych wygraliśmy wybory niewielką przewagą ↔ przegraliśmy wybory niewielką różnicą głosów.
Wir haben bei der Wahl gut ↔ schlecht abgeschnitten.	W tych wyborach dobrze ↔ źle wypadliśmy.
Die Grünen wurden in das Parlament gewählt.	Zieloni dostali się do parlamentu.
s **Mandat**, -e / r *****Sitz**, -e	mandat / miejsce
Die CDU errang 270 Sitze.	CDU zdobyła 270 miejsc.
e Fraktion, -en	frakcja

Internationale Beziehungen
Stosunki międzynarodowe

e *****Beziehung**, -en	stosunek; związek
internationale / **diplomatische** Beziehungen (zu +D)	stosunki międzynarodowe / dyplomatyczne (z)
abbrechen (bricht ab, brach ab, hat abgebrochen) ↔ **wiederherstellen** / **aufrechterhalten** (erhält aufrecht, erhielt aufrecht, hat aufrecht erhalten)	zerwać ↔ ponownie nawiązać / utrzymać
s *****Ausland** *Sg*	zagranica
im Ausland – im Inland	za granicą – w kraju

e **Außenpolitik**	polityka zagraniczna
außenpolitisch	odnoszący się do polityki zagranicznej
r Außenminister, - // e Außenminsterin, -nen	minister spraw zagranicznych
s Auswärtige Amt	Ministerstwo Spraw Zagranicznych
s Departement für auswärtige Angelegenheiten *schweiz.*	Ministerstwo Spraw Zagranicznych
e **Diplomatie**	dyplomacja
r **Diplomat**, -en // e **Diplomatin**, -nen	dyplomata // dyplomatka
diplomatisch	dyplomatyczny
e diplomatische Anerkennung	uznanie na płaszczyźnie dyplomatycznej
e diplomatische **Vertretung**, -en	przedstawicielstwo dyplomatyczne
e **Botschaft**, -en	ambasada
r **Botschafter**, - // e **Botschafterin**, -nen	ambasador
s **Konsulat**, -e	konsulat
r / e Gesandte, -n	posłaniec // posłanka
r / e Delegierte, -n	delegat // delegatka
Sie nahm als **Vertreterin** ihres Landes an der Konferenz teil.	Wzięła udział w konferencji jako przedstawicielka swego kraju.
r Staatsbesuch, -e	wizyta państwowa
r **offizielle** ↔ **inoffizielle** Staatsbesuch	oficjalna ↔ nieoficjalna wizyta państwowa
r **Staatsmann**, ⸚er	mąż stanu
s Gipfeltreffen, -	spotkanie na szczycie
e *****Konferenz**, -en	konferencja
e Abrüstungskonferenz	konferencja rozbrojeniowa
r / e Sonderbeauftragte, -n	pełnomocnik / pełnomocniczka do spraw / zadań specjalnych
Er ist in geheimer Mission unterwegs.	Wyjechał z misją specjalną.
s **Bündnis**, -se / e **Allianz**, -en	sojusz; przymierze
ein Bündnis schließen / eingehen	zawrzeć sojusz / przymierze / dołączyć do sojuszu / przymierza
e Union, -en / e Vereinigung, -en	unia / zjednoczenie
e Staatengemeinschaft, -en / e Völkergemeinschaft	wspólnota państw / wspólnota narodów
r Staatenbund	konfederacja
r / e **Verbündete**, -n / r **Bündnispartner**, -	sprzymierzeniec; sojusznik / sojuszniczka
e *****Europäische Union** / e **EU**	Unia Europejska / UE
die EU-Mitgliedschaft beantragen	zgłaszać wniosek o członkostwo w UE
r EU-Anwärter, -	kandydaci do członkostwa w UE
in die EU aufnehmen	przyjąć do UE

e Gemeinschaft Unabhängiger Staaten / e GUS	Wspólnota Niepodległych Państw (WNP)
die mittel- und osteuropäischen Länder / e MOE-Länder	kraje Europy Środkowej i Wschodniej
e Vereinten Nationen / e UNO	Organizacja Narodów Zjednoczonych / ONZ
r UN-Sicherheitsrat	Rada Bezpieczeństwa ONZ
e Vollversammlung	Zgromadzenie Ogólne
r UNO-Generalsekretär	Sekretarz Generalny ONZ
e NATO	NATO
r **souveräne** Staat	państwo suwerenne
e Souveränität	suwerenność
e ***Krise**, -n	kryzys
e **Auseinandersetzung**, -en	konflikt; spór
einen ***Streit** / Streitigkeiten beilegen	zakończyć spór
e **angespannte** politische Lage	napięta sytuacja polityczna
Die Lage hat sich **entspannt**.	Sytuacja uległa odprężeniu.
e bewaffnete Intervention, -en	interwencja zbrojna
e Bedrohung, -en	zagrożenie
r Mediator, -en // e Mediatorin, -nen *schweiz.*	mediator
r **Konflikt**, -e (zwischen +*D*)	konflikt (pomiędzy)
e Konfliktpartei, -en	strona sporu
in einem Konflikt **vermitteln**	działać jako mediator w konflikcie
einen Konflikt beilegen	załagodzić konflikt
Spannungen abbauen	załagodzić napięcia
e Entspannungspolitik	polityka odprężenia
e politische ***Lösung**, -en	rozwiązanie polityczne
e Normalisierung der Beziehungen	normalizacja stosunków
e Wirtschaftssanktion, -en	sankcje gospodarcze Pl
s **Embargo**, -s	embargo
s Handelsembargo	embargo handlowe
ein Handelsembargo verhängen ↔ aufheben	nałożyć ↔ znieść embargo handlowe
e **Verhandlung**, -en	negocjacje Pl
verhandeln / Verhandlungen führen (mit)	negocjować / prowadzić negocjacje (z)
r **Vermittler**, - // e **Vermittlerin**, -nen	pośrednik; mediator; rozjemca // pośredniczka; mediator
s Kommunikee / Kommuniqué [kɔmyni ke:]	komunikat
ein Kommunikee veröffentlichen	ogłosić komunikat
r **Kompromiss**, -e	kompromis
einen Kompromiss eingehen	przystać na kompromis
Sie haben nach zehn Verhandlungsstunden einen Durchbruch erzielt.	Po dziesięciu godzinach negocjacji nastąpił przełom.

Stosunki międzynarodowe

5/6

sich einig *werden (wird, wurde, ist geworden) / zu einer Einigung gelangen	zgodzić się / osiągnąć porozumienie
r *Vertrag, ⸚e	umowa; układ; traktat
r Freundschaftsvertrag	układ o przyjaźni
r Atomwaffensperrvertrag	układ o zakazie rozprzestrzeniania broni jądrowej
einen Vertrag aushandeln	wynegocjować układ
e *Bedingung, -en	warunek
unterzeichnen / *abschließen (schloss ab, hat abgeschlossen)	podpisać / zawrzeć
ratifizieren	ratyfikować
Staatsverträge werden durch den Bundestag ratifiziert.	Umowy międzynarodowe muszą być ratyfikowane przez Bundestag.
s Abkommen, -	układ; umowa
s Waffenstillstandsabkommen / s Friedensabkommen	układ o zawieszeniu broni / układ pokojowy
r Friedensplan	układ pokojowy
e UN-Friedenstruppe, -n	siły pokojowe ONZ
s Völkerrecht	prawo międzynarodowe
e Auslandshilfe, -n	pomoc z zagranicy
e Entwicklungshilfe	pomoc dla krajów rozwijających się
Entwicklungsgelder *Pl*	środki przeznaczane na pomoc w rozwoju
Hilfe zur Selbsthilfe	pomoc w usamodzielnieniu się

> W niektórych krajach rozwijających się ciągle jeszcze, według UNESCO, problemem jest niska średnia długość życia (*niedrige Lebenserwartung*) i wysoka umieralność dzieci (*Kindersterblichkeit*). UNESCO przeciwdziała też takim zjawiskom społecznym, jak nielegalna praca dzieci (*Kinderarbeit*), bezdomność wśród dzieci (*Straßenkinder*), analfabetyzm (*Analphabetentum*), choroby zakaźne (*Infektionskrankheiten*), epidemie (*Seuchen*), głód (**Hunger*), oraz niedożywienie (*Mangelernährung / Unterernährung*).

Wirtschaft
Gospodarka

e *Wirtschaft / e Ökonomie	gospodarka
in der Wirtschaft tätig sein	pracować w biznesie
r Wirtschaftszweig	gałąź gospodarki
r Wirtschaftsminister, - // e Wirtschaftsministerin, -nen	minister gospodarki

r Wirtschaftswissenschaftler, - // e Wirtschaftswissenschaftlerin, -nen / r Ökonom, -en // e Ökonomin, -nen	ekonomista // ekonomistka
r Betriebswirt, -e // e Betriebswirtin, -nen	magister nauk ekonomicznych
r Wirtschaftsexperte, -n // e Wirtschaftsexpertin, -nen	ekspert; specjalista od spraw gospodarczych // ekspertka; specjalistka od spraw gospodarczych
s Wirtschaftssystem, -e	system gospodarczy
e Soziale Marktwirtschaft	społeczna gospodarka rynkowa
e Planwirtschaft	gospodarka planowa
r *Markt, ⸚e	rynek
e freie Marktwirtschaft	gospodarka wolnorynkowa
e Globalisierung der Märkte / r freie Welthandel	globalizacja rynków / wolny handel światowy
im Zeitalter der Globalisierung	w dobie globalizmu
r Globalisierungsgegner, -	antyglobalista
neue Märkte erschließen	zdobywać nowe rynki
sich auf dem Weltmarkt behaupten	utrzymać się na rynku światowym
r Wirtschaftsaustausch	wymiana gospodarcza
Die *Grundlage unserer Zusammenarbeit ist Wirtschaftsaustausch.	Podstawą naszej współpracy jest wymiana gospodarcza.
s Industrieland, ⸚er ↔ s Entwicklungsland, ⸚er	kraj uprzemysłowiony ↔ kraj rozwijający się
s Schwellenland, ⸚er	kraj na progu przekroczenia określonego stopnia rozwoju (na etapie między krajem rozwijającym się a krajem uprzemysłowionym)
s Dritte-Welt-Land	kraj trzeciego świata
Geberländer ↔ Nehmerländer (in der EU)	kraje będące płatnikami netto w UE ↔ kraje beneficjenci unijnego budżetu
r Wirtschaftsraum	region gospodarczy
r Wirtschaftsstandort	ośrodek gospodarczy
s Wirtschaftsabkommen, -	umowa gospodarcza
r Europäische Binnenmarkt	rynek wewnętrzny UE
e Währung, -en	waluta
Geld wechseln / umtauschen	wymieniać pieniądze
r *Euro, -s [oyro] / r *Cent, -s [tsent auch sent]	euro / cent
r *Schweizer Franken / r *Rappen, -	frank szwajcarski / centym
r US Dollar, -s	dolar amerykański
e Europäische Zentralbank / e EZB	Europejski Bank Centralny / EBC
e Landeszentralbank	krajowy bank centralny

Gospodarka 185

e Freihandelszone, -n	strefa wolnego handlu
Handelsschranken beseitigen ↔ errichten	znieść ↔ ustanowić bariery w handlu
s Handelsembargo, -s	embargo handlowe
r Handelspartner, -	partner handlowy
r *Handel	handel
r Binnenhandel ↔ Außenhandel	handel krajowy ↔ handel zagraniczny
r *Import / e Einfuhr, -en ↔ r *Export / e Ausfuhr, -en	import ↔ eksport
r Zoll	cło
e Abfertigung beim Zoll	odprawa celna
wirtschaftlich / ökonomisch	gospodarczo / ekonomicznie
e Wirtschaftspolitik	polityka gospodarcza

> **Odbudowa gospodarki w Niemczech wschodnich:**
> Wkrótce po zjednoczeniu Niemiec w październiku 1990 roku okazało się, że rozwijany na potrzeby gospodarki planowej wschodnioniemiecki przemysł jest kompletnie nieprzystosowany do wolnorynkowych warunków. Od tego czasu rząd Niemiec przy użyciu wszelkich dostępnych środków próbuje ożywić gospodarkę na terenach b. NRD. Służy temu m.in. tak zwany *Solidaritätspakt* (= pakt solidarnościowy).

e **Wirtschaftskrise**, -n	kryzys gospodarczy
e Weltwirtschaftskrise	światowy kryzys gospodarczy
Die Wirtschaftskrise hat das Kaufverhalten *beeinflusst	Kryzys gospodarczy wpłynął na zachowania konsumenckie.
s **Wirtschaftswachstum** ↔ e Stagnation / e Wirtschaftsflaute *ugs.*	wzrost gospodarczy ↔ stagnacja / zastój gospodarczy
Die Wirtschaft / Die Konjunktur **erholt sich** schnell ↔ nur langsam.	Koniunktura szybko ↔ powoli się poprawia.
die Wirtschaft ankurbeln / in Schwung bringen	nakręcić / ożywić gospodarkę
r **Aufschwung** ↔ r **Abschwung**	rozwój; ożywienie ↔ stagnacja
Der Aufschwung bleibt vorerst aus ↔ setzt bald ein.	Ożywienie na razie nie nadchodzi ↔ wkrótce się zacznie.
Es geht mit der Wirtschaft wieder **bergauf** ↔ **bergab**.	Gospodarka znowu się ożywia ↔ pada.
Die Preise sind **stabil**.	Ceny są stabilne.
Die Produktivität ist hoch ↔ niedrig.	Wydajność jest wysoka ↔ niska.
Die Außenhandelsbilanz ist gut ↔ schlecht.	Bilans handlu zagranicznego jest korzystny ↔ niekorzystny.
Die Arbeitslosenzahlen sind niedrig ↔ hoch.	Bezrobocie jest niskie ↔ wysokie.
r Arbeitsmarkt, ⸚e	rynek pracy
e Liberalisierung des Arbeitsmarktes	liberalizacja rynku pracy

e **Konjunktur**	koniunktura
Die neuesten Konjunkturdaten besagen, dass ...	Najnowsze dane dotyczące koniunktury gospodarczej wskazują, że...
e Rezession / r Konjunkturrückgang	recesja / spadek koniunktury
e *****Inflation** ↔ e Deflation	inflacja ↔ deflacja
e Inflationsrate, -n	wskaźnik inflacji
e schleichende ↔ galoppierende Inflation	pełzająca ↔ galopująca inflacja
e wirtschaftliche Stagnation	zastój gospodarczy
r *****Haushalt** / r Haushaltsplan / r **Etat** [e ta:] / s Budget [by dʒe:]	budżet
den Haushalt ausgleichen	zrównoważyć budżet
den Haushaltsplan verabschieden ↔ ablehnen	uchwalić ↔ odrzucić projekt budżetu
s Haushaltsjahr, -e	rok budżetowy
r **Staatshaushalt**	budżet państwa
Staatsgelder *Pl*	finanse publiczne
e Bilanz, -en	bilans
e **Ausgaben** ↔ e **Einnahmen**	wydatki ↔ przychody
Soll ↔ **Haben**	winien ↔ ma
s Haushaltsdefizit ↔ r Überschuss	deficyt budżetowy ↔ nadwyżka
r ausgeglichene Haushalt	zrównoważony budżet
Schulden *Pl*	długi
sich verschulden	zadłużać się
in den roten ↔ schwarzen Zahlen sein / rote ↔ schwarze Zahlen schreiben	mieć straty ↔ zyski / odnotowywać straty ↔ zyski
bankrott / **pleite** sein	bankrutować / plajtować
Wir sind pleite und müssen die Firma *****schließen** (schloss, hat geschlossen) / zusperren *österr.*	Splajtowaliśmy i musimy zamknąć firmę.
Konkurs anmelden / in Konkurs gehen	zgłosić upadłość / upaść
s Insolvenzverfahren, -	postępowanie upadłościowe
Staatsschulden *Pl* / e Staatsverschuldung	dług publiczny / zadłużenie państwa
Der Staat muss zuerst einen Teil des Schuldenbergs abtragen / seine Schulden abbezahlen.	Państwo najpierw musi zmniejszyć swe zadłużenie / spłacić długi.
Die Zahlungsbilanz dieser Firma ist gut ↔ schlecht.	Bilans płatniczy tej firmy jest dobry ↔ zły.
gut ↔ schlecht wirtschaften	dobrze ↔ źle gospodarować
*****finanziell** gut ↔ schlecht dastehen	być w dobrej ↔ złej sytuacji finansowej
verschwenderisch ↔ *****sparsam** sein	być rozrzutnym ↔ oszczędnym
*****sparen**	oszczędzać
s Sparprogramm, -e / e Sparmaßnahme, -n	program oszczędnościowy / oszczędności *Pl*
die Zinsen **senken** ↔ **anheben** (hob an, hat angehoben) / in die Höhe treiben	obniżyć ↔ podwyższyć odsetki

8.6

Subventionen abbauen / streichen	zredukować / zlikwidować subwencje
e **Volkswirtschaft**	gospodarka narodowa
r Volkswirtschaftler, - // e Volkswirtschaftlerin, -nen	ekonomista // ekonomistka
Ist es volkswirtschaftlich sinnvoll, die Steuern zu erhöhen?	Czy z ekonomicznego punktu widzenia sensowne jest zwiększenie podatków?
e *****Steuer**, -n	podatek
Steuergelder *Pl*	podatki
e *****Reform**, -en / e Steuerreform	reforma / reforma podatkowa
Steuern *****erhöhen** ↔ **senken**	podwyższyć ↔ obniżyć podatki
r niedrige ↔ hohe Steuersatz, ⁼e	niska ↔ wysoka stawka podatkowa
e Steuereinnahme, -n	wpływy z podatków
e Steuerbefreiung, -en	zwolnienie z podatku
s **Bruttosozialprodukt**	produkt narodowy brutto
s Bruttoinlandsprodukt / s BIP	produkt krajowy brutto / PKB
e **Dienstleistung**	usługa
r Dienstleistungsbereich / r Dienstleistungssektor	sektor usług
e Landwirtschaft	rolnictwo
e *****Produktion**, -en	produkcja
die Produktion steigern ↔ senken / herunterschrauben	zwiekszyć ↔ zmniejszyć produkcję
*****herstellen** / *****produzieren**	produkować; wytwarzać
s *****Produkt**, -e / s Erzeugnis, -se	produkt
neue Produkte auf den Markt bringen	wprowadzać nowe produkty na rynek
e Produktpalette, -n / s Sortiment	asortyment
r Marktanteil	udział w rynku
e *****Industrie**, -n	przemysł
e Chipindustrie / e Halbleiterindustrie	przemysł elektroniczny
e chemische / pharmazeutische Industrie	przemysł chemiczny / farmaceutyczny
e Automobilindustrie	przemysł samochodowy
e *****Fabrik**, -en / s *****Werk**, -e	fabryka / zakład
s **Handwerk**	rzemiosło
s **Unternehmen**, - / r Betrieb, -e	przedsiębiorstwo / zakład
ein privates / staatliches Unternehmen	przedsiębiorstwo prywatne / państwowe
s kleine Unternehmen / s Großunternehmen	mała firma / wielkie przedsiębiorstwo
s Familienunternehmen	firma rodzinna
s mittelständische Unternehmen	przedsiębiorstwo średniej wielkości
r / e **Selbstständige**, -n	osoba prowadząca własną działalność gospodarczą

e Privatwirtschaft	sektor prywatny
r multinationale / internationale Konzern, -e	koncern międzynarodowy
e ***Firma**, Firmen	firma
eine Firma ***gründen**	założyć firmę
e Firmengründung, -en / e Existenzgründung, -en	założenie firmy
s Start-up, -s / s Start-up-Unternehmen, -	nowa firma, wchodząca na rynek
s Startkapital / s Eigenkapital / s Fremdkapital	kapitał założycielski / kapitał własny / kapitał obcy
s staatliche Fördergeld	pomoc ze strony państwa / subwencje państwowe
Seine Firma ist finanziell gut ausgestattet.	Jego firma dobrze stoi finansowo.
e **Fusion**, -en / r Zusammenschluss, ⸚e (von Firmen)	fuzja / łączenie się (firm)
fusionieren	łączyć się
e feindliche Übernahme, -n	wrogie przejęcie

GmbH = Gesellschaft mit beschränkter Haftung	spółka z ograniczoną odpowiedzialnością
AG = Aktiengesellschaft	spółka akcyjna
KG = Kommanditgesellschaft	spółka komandytowa
GbR = Gesellschaft bürgerlichen Rechts	spółka cywilna

s ***Angebot**, -e	oferta
e ***Nachfrage**, -n / r ***Bedarf**	popyt / zapotrzebowanie
***steigen** (stieg, ist gestiegen) ↔ **zurückgehen** (ging zurück, ist zurückgegangen) / ***fallen** (fällt, fiel, ist gefallen)	rosnąć ↔ maleć / spadać
***zunehmen** ↔ ***abnehmen** (nimmt ab, nahm ab, hat abgenommen)	rosnąć ↔ zmniejszać się
Der Handel mit Bananen geht zurück / stagniert.	Handel bananami zmniejsza się / przeżywa zastój.
r ***Preis**, -e	cena
Die Benzinpreise steigen ↔ fallen wieder.	Ceny benzyny rosną ↔ znów spadają.
Die Benzinpreise sind gerade günstig ↔ sehr hoch.	Ceny benzyny są teraz bardzo korzystne ↔ bardzo wysokie.
r **Umsatz**, ⸚e	obrót
Die Umsätze sind dieses Jahr gering geblieben ↔ übersteigen die Erwartungen.	W tym roku obroty pozostały na niskim poziomie ↔ przerosły oczekiwania.
r ***Gewinn**, -e / r **Profit**, -e [*auch* pro fɪt] ↔ r ***Verlust**, -e	zysk ↔ strata
Dieses Jahr ist der Gewinn um 10 % gestiegen.	W tym roku zysk wzrósł o 10%.

e Dividende, -n / dywidenda / wypłata dywidendów
 e Dividendenzahlung
Der Gewinn wurde ausgeschüttet ↔ zysk został wypłacony ↔
 einbehalten. zatrzymany (jako rezerwa).

Czynniki decydujące o wartości przedsiębiorstwa

e Vermögenslage	sytuacja majątkowa
e Ertragslage	dochodowość
e Finanzlage	sytuacja finansowa
e Innovation, -en	innowacja
e Investition, -en	inwestycja
s Management	zarządzanie
e Firmenorganisation / s Organigramm	organizacja firmy / schemat struktury firmy
e Produktpalette	asortyment
e Wettbewerbsposition	konkurencyjność
r verantwortliche Umgang mit Ressourcen	rozsądne gospodarowanie środkami (pieniężnymi lub zasobami naturalnymi)

e **Aktie**, -n akcja
Die Aktien sind zu 51 % in Familienbesitz. Rodzina posiada 51% akcji.
Die Mehrheit (der Aktien) hält der Pakiet większościowy (akcji)
 Firmengründer. należy do założyciela firmy.
r ***Kurs**, -e / r Aktienkurs kurs / kurs akcji
Die Allianz-Aktien steigen ↔ fallen. Akcje Allianz zwyżkują ↔ spadają.
s ***Risiko**, Risiken ryzyko
e Spekulation, -en spekulacja
e **Börse**, -n giełda
r Aktienhandel / s Aktiengeschäft handel akcjami / obrót akcjami
r DAX® / r Deutsche Aktienindex DAX / Niemiecki Indeks Giełdowy
r **Aktionär**, -e // e **Aktionärin**, -nen akcjonariusz // akcjonariuszka
r Kleinaktionär / r Großaktionär udziałowiec mniejszościowy / udziałowiec większościowy

e Hauptversammlung, -en walne zgromadzenie
s Stimmrecht, -e prawo głosu
r Anlageberater, - // doradca inwestycyjny
 e Anlageberaterin, -nen

s **Vermögen** majątek
r Vermögensberater, - // doradca finansowy
 e Vermögensberaterin, -nen
Er hat einen Großteil seines Vermögens Większości swego majątku dorobił
 mit Aktien gemacht. się na handlu akcjami.
s Staatsvermögen / s Privatvermögen majątek państwowy / majątek prywatny

r **Reichtum** / r **Wohlstand** ↔ e **Armut** bogactwo / dobrobyt ↔ bieda

*reich / wohlhabend ↔ *arm (ärmer, ärmst-) / minderbemittelt	bogaty / zamożny ↔ biedny / ubogi
r hohe ↔ niedrige Lebensstandard	wysoki ↔ niski standard życia
e Korruption	korupcja
s Schwarzgeld, -er	nieopodatkowane dochody
jn bestechen (besticht, bestach, hat bestochen)	przekupić kogoś

Steuern
Podatki

e *Steuer, -n / e Abgabe, -n	podatek
direkte ↔ indirekte Steuern	podatki bezpośrednie ↔ pośrednie
e Mehrwertsteuer (= MWSt)	podatek od wartości dodanej (= VAT)
Alle Preise verstehen sich inklusive / einschließlich ↔ ohne Mehrwertsteuer.	Wszystkie ceny zawierają ↔ nie zawierają podatku VAT.
mehrwertsteuerfrei	wolny od podatku VAT
s Finanzamt	urząd skarbowy
s Steueramt *schweiz.*	urząd skarbowy
r Fiskus / e Staatskasse	fiskus / skarb państwa
Steuergelder *Pl*	wpływy z podatków
Steuergelder verschwenden ↔ sinnvoll verteilen / verwenden	marnotrawić ↔ rozsądnie wykorzystać wpływy z podatków
r Bundesrechnungshof	Federalna Izba Obrachunkowa
r Bund der Steuerzahler	Zrzeszenie Podatników
e Steuerreform	reforma podatków
s Steueraufkommen	wpływy z podatków
e Steuereinnahme, -n	wpływy z podatków
Steuern *erhöhen ↔ senken	podnieść podatki ↔ obniżyć
e Steuererhöhung, -en ↔ e Steuersenkung, -en	wzrost podatków ↔ obniżka podatków
hohe ↔ niedrige Steuern zahlen / abführen	płacić / odprowadzać wysokie ↔ niskie podatki
e Steuererleichterung, -en	ulga podatkowa
Steuern eintreiben	ściągać podatki

Podatki

e Mehrwertsteuer	podatek od wartości dodanej
e Umsatzsteuer	podatek obrotowy
e Lohnsteuer	podatek od wynagrodzenia
e Einkommensteuer	podatek dochodowy
e Ökosteuer	podatek ekologiczny
e Körperschaftssteuer	podatek od osób prawnych

e Erbschaftssteuer	podatek od spadku
e Vermögenssteuer	podatek majątkowy / od wzbogacenia
e Vergnügungssteuer	podatek od imprez rozrywkowych
e Gemeindesteuer	podatek gminny
e Kirchensteuer	podatek na rzecz kościoła; podatek kościelny
e Energiesteuer / Mineralölsteuer	stawka podatkowa na energię elektryczną / stawka podatkowa na oleje mineralne
e Grundsteuer	podatek od nieruchomości
e Ausfuhrsteuer	podatek eksportowy
e Einfuhrsteuer	cło

r Steuerzahler, -	podatnik
e Steuerklasse, -n	przedział podatkowy
brutto ↔ **netto**	brutto ↔ netto
Ich verdiene monatlich 3.000 Euro brutto, das sind ungefähr 1.800 Euro netto.	Zarabiam miesięcznie 3.000 euro brutto, to jest około 1.800 euro netto.
s Nettoeinkommen / s Bruttoeinkommen	dochód netto / dochód brutto
e Steuerprogression	progresja podatkowa
r Steuersatz, ⸚e	stopa podatkowa
r Grenzsteuersatz ↔ r Spitzensteuersatz	graniczna stopa podatkowa ↔ najwyższa stawka podatkowa
e **Steuererklärung**	zeznanie podatkowe / deklaracja podatkowa
die Steuererklärung abgeben	złożyć zeznanie podatkowe
e Veranlagung (durch das Finanzamt)	ustalenie podatku (przez urząd skarbowy)
Sie kann den Computer **von der Steuer absetzen**.	Może sobie odliczyć komputer od podatku.
Ist das steuerlich absetzbar?	Czy to można odliczyć od podatku?
r Steuerfreibetrag, ⸚e	kwota wolna od opodatkowania
e Abschreibung	odpis
e **Spende**, -n	datek
e Steuervergünstigung, -en	ulga podatkowa
r **Steuerbescheid**, -e	decyzja podatkowa
e Steuerrechnung, -en *schweiz.*	decyzja podatkowa
e Steuerrückerstattung, -en	zwrot podatku
Sie haben Anspruch auf eine Erstattung.	Ma pan prawo do zwrotu.
e Steuervorauszahlung, -en	zaliczka podatkowa
steuerfrei ↔ **steuerpflichtig**	wolny od podatku ↔ podlegający opodatkowaniu

e **Buchhaltung** / e Buchführung	księgowość
s Rechnungswesen	rachunkowość
r Wirtschaftsprüfer, - //	rewident / audytor
e Wirtschaftsprüferin, -nen	
r **Steuerberater**, - //	doradca podatkowy
e **Steuerberaterin**, -nen	
s Steuerrecht	prawo podatkowe
Steuern hinterziehen	uchylać się od płacenia podatków
e Steueroase / s Steuerparadies	oaza podatkowa [kraj niskich podatków] / raj podatkowy
s **Schwarzgeld**	dochody nieopodatkowane
e Steuerfahndung	dochodzenie w przypadku podejrzenia o przestępstwo podatkowe
r Steuerfahnder, - //	osoba prowadząca dochodzenie
e Steuerfahnderin, -nen	w sprawach o przestępstwa podatkowe
e Selbstanzeige, -n	doniesienie na siebie samego
e Steuerprüfung	kontrola podatkowa
r Steuerprüfer, - //	rewident
e Steuerprüferin, -nen	

Sozialstaat
Państwo opiekuńcze

r **Sozialstaat** / r Wohlfahrtsstaat	państwo socjalne / państwo opiekuńcze
*****sozial**	społeczny; socjalny
s soziale Netz	ubezpieczenia społeczne
sozial abgesichert sein	mieć ubezpieczenie społeczne
r Sozialabbau	redukcja świadczeń socjalnych
Sozialabgaben *Pl*	składki na ubezpieczenie społeczne
r Arbeitgeberanteil /	składki opłacane przez
r Arbeitnehmeranteil	pracodawcę / składki opłacane przez pracobiorcę
e **Sozialleistung**, -en	świadczenie socjalne
kürzen ↔ **anheben** (hob an, angehoben)	zredukować ↔ podnieść
streichen (strich, hat gestrichen)	znieść
s **Kindergeld**	zasiłek rodzinny
e Familienbeihilfe /	zasiłek rodzinny
e Kinderbeihilfe *österr.*	

W Niemczech każda wspólnota rodzinna z dziećmi otrzymuje – niezależnie od wysokości swych dochodów – comiesięczny zasiłek rodzinny (*Kindergeld* / *Kinderbeihilfe (österr.)*). Do dwojga dzieci państwo dopłaca mniej, niż do trojga lub czworga. Dodatkowo opiekunowie dzieci zwalniani są z opodatkowania określonej sumy dochodów (*Steuerfreibetrag*).

s ***Amt**, ⸚er	urząd
s **Sozialamt**	wydział opieki społecznej
s **Wohnungsamt**	urząd mieszkaniowy

Obywatele Niemiec w roku 2003 mogli korzystać z następujących **państwowych świadczeń socjalnych:**

e *Sozialhilfe*	dodatek socjalny
s *Wohngeld*	dodatek mieszkaniowy
e *Sozialwohnung, -en*	mieszkanie socjalne
s *Krankengeld*	zasiłek chorobowy
s *Pflegegeld*	zasiłek pielęgnacyjny
s *Arbeitslosengeld*	zasiłek dla bezrobotnych
e *Arbeitslosenhilfe*	zapomoga dla nieubezpieczonych bezrobotnych
s *Mutterschaftsgeld* / r *Mutterschaftsurlaub* / s *Wochengeld (österr.)* / e *Karenz (österr.)*	zapomoga macierzyńska / urlop macierzyński
s *Erziehungsgeld* / s *Kinderbetreuungsgeld (österr.)*	zasiłek połogowy / zasiłek wychowawczy [po narodzinach dziecka, kiedy jedno z rodziców nie pracuje]

e **Arbeitslosenversicherung**	ubezpieczenie na wypadek bezrobocia
e **Krankenversicherung** / e *****Krankenkasse**	ubezpieczenie zdrowotne / kasa chorych; ubezpieczalnia
e **Pflegeversicherung**	ubezpieczenie na wypadek wymagania opieki/pielęgnacji
r (1,5 fache) Pflegesatz	(półtorakrotna) stawka za pobyt w zakładzie opieki
e **Rentenversicherung**	ubezpieczenie emerytalne
e AHV / e Alters- und Hinterbliebenenversicherung *schweiz.*	ubezpieczenie emerytalne i na życie (obowiązkowe w Szwajcarii)
e Bundesversicherungsanstalt für Angestellte / e BfA	Federalny Zakład Ubezpieczeń Społecznych
e *****Rente** / e *****Pension** *südd., österr.* / r Ruhestand	emerytura; renta / emerytura / emerytura
Wann sind Sie in Rente gegangen? – Erst mit 65. / Schon mit 55.	Kiedy przeszedł pan na emeryturę? – Dopiero, gdy miałem 65 lat. / Już gdy miałem 55 lat.

Sozialstaat

Recht und Gesetz
Prawo i ustawodawstwo

s ***Recht**, -e	prawo
r **Gesetzgeber** / e Legislative	ustawodawca / władza ustawodawcza
e Rechtssprechung / e Judikative	wymiar sprawiedliwości; sądownictwo / władza sądownicza
s Recht auf freie Meinungsäußerung	prawo do swobodnego wyrażania poglądów
s **Strafrecht**	prawo karne
s Strafgesetzbuch / s StGB	kodeks karny
s **Zivilrecht**	prawo cywilne
e Zivilprozessordnung / e ZPO	kodeks postępowania cywilnego
s internationale Recht	prawo międzynarodowe
nach geltendem Recht	zgodnie z obowiązującym prawem
s *Arbeitsrecht*	prawo pracy
s *bürgerliche Recht*	prawo cywilne
s *Erbrecht*	prawo spadkowe
s *Familienrecht*	prawo rodzinne
s *Gesellschaftsrecht*	prawo o spółkach handlowych
s *Grundrecht*	podstawowe prawo obywatelskie
s *Handelsrecht*	prawo handlowe
s *Menschenrecht*	prawo człowieka
s *Mietrecht*	prawo najmu
s *Patentrecht*	prawo patentowe
s *Privatrecht*	prawo prywatne
s *Sachenrecht*	prawo rzeczowe
s *Schuldrecht*	prawo zobowiązaniowe
s *Staatsrecht*	prawo państwowe
s *Steuerrecht*	prawo podatkowe
s *Strafrecht*	prawo karne
s *Urheberrecht*	prawo autorskie
s *Verbraucherrecht*	prawo konsumenckie
s *Verfassungsrecht*	prawo konstytucyjne
s *Verkehrsrecht*	przepisy drogowe
s *Verlagsrecht*	prawo wydawnicze
s *Verwaltungsrecht*	prawo administracyjne
s *Zivilrecht*	prawo cywilne materialne
s ***Gesetz**, -e	ustawa
öffentlich-rechtliche Gesetze	ustawy publiczno-prawne
privat-rechtliche Gesetze	ustawy prywatno-prawne
s **Grundgesetz**	konstytucja
e Bundesverfassung *schweiz.*	konstytucja

s **Gesetzbuch**, ⸚er / s Bürgerliche Gesetzbuch / s BGB	kodeks / kodeks cywilny
s Zuwanderungsgesetz	ustawa imigracyjna
s Jugendschutzgesetz	ustawa o ochronie młodzieży
r Gesetzestext, -e	tekst ustawy
Gesetze einhalten (hält ein, hielt ein, hat eingehalten) / respektieren ↔ *****brechen** (bricht, brach, hat gebrochen) / übertreten	przestrzegać prawa / szanować prawo ↔ złamać / przekroczyć prawo
Immer wieder verstößt er gegen das Gesetz.	On ciągle łamie prawo.
gesetzlich / **legal** ↔ **ungesetzlich** / **illegal** [*auch* ıle'ga:l]	zgodne z prawem / legalne ↔ niezgodne z prawem / nielegalne
rechtlich zulässig ↔ unzulässig	dopuszczalne ↔ niedopuszczalne z prawnego punktu widzenia
r Gesetzesbrecher, - // e Gesetzesbrecherin, -nen ↔ r Gesetzeshüter, - // e Gesetzeshüterin, -nen	łamiący prawo // łamiąca prawo ↔ stróż prawa
Er handelte **gesetzwidrig** ↔ **gesetzmäßig**.	Działał niezgodnie ↔ zgodnie z prawem.
e **Justiz**	wymiar sprawiedliwości
s Justizministerium	ministerstwo sprawiedliwości
e Justizbehörde	organ wymiaru sprawiedliwości
e Anwaltskammer, -n	izba adwokacka
r **Jurist**, -en // e **Juristin**, -nen	prawnik // prawniczka
Er studiert **Jura** / Rechtswissenschaften.	Studiuje prawo.
s ***Gericht**, -e	sąd
s Gerichtsgebäude, -	budynek sądu
r Gerichtssaal, ⸚e	sala rozpraw
Sie gehen damit vor Gericht.	Pójdą z tym do sądu.
s zuständige Gericht	właściwy sąd
s Bundesverfassungsgericht	Trybunał Konstytucyjny w RFN
s **ordentliche Gericht**	sąd powszechny
s **Verwaltungsgericht**	sąd administracyjny
e erste / zweite **Instanz**, -en	sąd pierwszej / drugiej instancji
durch die Instanzen gehen	przejść kolejne instancje
r **Richter**, - // e **Richterin**, -nen	sędzia // sędzina
Sie ist Richterin am Amtsgericht.	Jest sędziną w sądzie rejonowym.
r Verfassungsrichter, -	sędzia trybunału konstytucyjnego
r Familienrichter / r Jugendrichter	sędzia do spraw rodzinnych / sędzia do spraw nieletnich
r Beisitzer, - // e Beisitzerin, -nen	ławnik
r Schöffe, -n // e Schöffin, -nen	ławnik
r Laienrichter, - // e Laienrichterin, -nen *schweiz.*	ławnik

r Schlichter, - // e Schlichterin, -nen	sędzia polubowny; arbiter
r Mediator, -en // e Mediatorin, -nen	sędzia polubowny; arbiter
e **Anklage** ↔ e **Verteidigung**	oskarżenie ↔ obrona
e **Staatsanwaltschaft**, -en / e Anklagebehörde, -n	prokuratura
Die Staatsanwaltschaft ermittelt bereits in diesem Fall.	Prokuratura prowadzi już dochodzenie w tej sprawie.
r **Staatsanwalt**, ⸚e // e **Staatsanwältin**, -nen	prokurator
r **Rechtsanwalt**, ⸚e // e **Rechtsanwältin**, -nen / r ***Anwalt**, ⸚e // e **Anwältin**, -nen	adwokat; prawnik // prawniczka
r **Verteidiger**, - // e **Verteidigerin**, -nen	obrońca
r Pflichtverteidiger, - // e Pflichtverteidigerin, -nen	obrońca z urzędu
r Rechtsschutz	ochrona prawna
e Rechtsschutzversicherung	ubezpieczenie od kosztów związanych z ochroną interesów prawnych
e **Kanzlei**, -en / e Anwaltskanzlei	kancelaria / kancelaria adwokacka
Die Firma hat die Angelegenheit ihrem Rechtsanwalt übergeben.	Firma oddała sprawę swojemu prawnikowi.
Nehmen Sie sich am besten einen Rechtsanwalt.	Lepiej niech pan zatrudni prawnika.
Ich bestehe auf einem Rechtsbeistand.	Żądam adwokata.
e Vernehmung, -en / s Verhör, -e	przesłuchanie
jn **verhören**	przesłuchiwać kogoś
Sie wurde **eingesperrt**, aber aus Mangel an Beweisen wieder **freigelassen**.	Aresztowano ją, ale z braku dowodów została zwolniona.
e Untersuchungshaft	areszt śledczy
Er ist in Untersuchungshaft.	Jest w areszcie śledczym.
e **Kaution**, -en / e Sicherheitsleistung, -en	kaucja
Der Firmenchef wurde gegen Kaution freigelassen.	Szef firmy został zwolniony za kaucją.
e **Klage**, -n (gegen + A)	pozew; powództwo (przeciwko)
e Klageschrift, -en	pozew; skarga
r Mahnbescheid, -e	upomnienie
e Verfügung, -en	zarządzenie; dyspozycja
r Vollstreckungsbescheid, -e	nakaz zapłaty
r **Kläger**, - // e **Klägerin**, -nen ↔ r / e **Beklagte**, -n	powód // powódka ↔ pozwany // pozwana
r / e Geschädigte, -n	poszkodowany / poszkodowana
verklagen / eine Klage einreichen	zaskarżyć / wnieść skargę
Sie verklagte die Firma auf Schadenersatz.	Wniosła sprawę do sądu, aby uzyskać od firmy odszkodowanie.

Prawo i ustawodawstwo

Wir werden **gerichtlich** gegen ihn vorgehen.	Wytoczymy mu proces.
e **Anklage**, -n	oskarżenie
e Anklageschrift, -en	akt oskarżenia
Die Anklage lautet auf Mord.	Oskarża się o morderstwo.
anklagen	oskarżać
Er wurde des Totschlags angeklagt.	Został oskarżony o zabójstwo.
r / e **Angeklagte**, -n	oskarżony // oskarżona
r Anklagesteller, - // e Anklagestellerin, -nen	wnoszący oskarżenie // wnosząca oskarżenie
r Klagegegner, - // e Klagegegnerin, -nen	pozwany; oskarżony // pozwana; oskarżona
r *****Prozess**, -e / s *****Verfahren**, - / s Gerichtsverfahren, - / e Gerichtsverhandlung, -en	proces / postępowanie / przewód sądowy / rozprawa sądowa

Rozprawa sądowa

Die Verhandlung wird eröffnet / unterbrochen / vertagt / geschlossen.	Rozprawa zostaje otwarta / przerwana / odłożona / zamknięta.
*Ein neuer *Termin wird anberaumt auf den 12. April 2003, 15 Uhr.*	Nowy termin wyznaczony zostaje na 12. kwietnia 2003r., na godzinę 15.00.
*Der Kläger stellt *Antrag aus dem Schriftsatz V 654-04 vom 2. 8. 2003.*	Powód stawia wniosek zawarty w piśmie V 654-04 z dnia z 2. 8. 2003.
Der Beklagte beantragt kostenpflichtige Klageabweisung.	Oskarżony wnosi o oddalenie powództwa z zasądzeniem kosztów.
Wir verhandeln in Sachen Müller gegen Meier.	Rozpatrujemy sprawę Müller przeciw Meierowi.
Einspruch stattgegeben ↔ abgelehnt!	Sprzeciw podtrzymany ↔ sprzeciw oddalony!
Sie stehen unter Eid.	Zeznaje pan pod przysięgą.
Ihr Plädoyer, Herr Staatsanwalt.	Pańska mowa oskarżycielska, panie prokuratorze.

r *****Zeuge**, -n // e **Zeugin**, -nen	świadek
r Belastungszeuge ↔ r Entlastungszeuge	świadek oskarżenia ↔ świadek obrony
aussagen / eine Aussage machen	zeznawać / składać zeznanie
Sie muss vor Gericht erscheinen.	Musi stawić się w sądzie.
einen Zeugen ins Kreuzverhör nehmen	wziąć świadka w krzyżowy ogień pytań
schwören / einen Eid ablegen	przysięgać / składać przysięgę
e *****Wahrheit** ↔ e *****Lüge**, -n	prawda ↔ kłamstwo

Recht und Gesetz

Er hat *offenbar doch die Wahrheit gesagt. — A więc jednak mówił prawdę.
r Meineid, -e — krzywoprzysięstwo
Sie steht wegen Meineids vor Gericht. — Stanęła przed sądem za krzywoprzysięstwo.

r Offenbarungseid — przysięga dłużnika na prawdziwość zeznań dotyczących jego niewypłacalności
Sie musste einen Offenbarungseid ablegen. — Musiała złożyć przysięgę dłużnika na prawdziwość zeznań o niewypłacalności.

r *Beweis, -e — dowód
ein stichhaltiger ↔ widerlegbarer Beweis — niepodważalny ↔ wątpliwy dowód
e Beweisführung — przeprowadzenie dowodu
s Indiz, -ien — poszlaka
Die Indizien sprechen eindeutig dafür ↔ dagegen. — Poszlaki zdecydowanie na to wskazują ↔ temu przeczą.
e DNA-Analyse, -n — analiza DNA
unschuldig ↔ *schuldig — niewinny ↔ winny
Bis die Schuld erwiesen ist, gilt man als unschuldig. — Dopóki nie dowiedziono ci winy, jesteś niewinny.
s *Urteil, -e — wyrok
*verurteilen — skazać
schuldig *sprechen (spricht, sprach, hat gesprochen) — uznać za winnego
Sie wurde wegen Betruges zu drei Monaten Gefängnis verurteilt. — Skazano ją na trzy miesiące więzienia za oszustwo.
verknacken *ugs.* / verdonnern *ugs.* — zapudłować / wlepić

Wyroki

Im Namen des Volkes ergeht folgendes Urteil: — W imieniu ludu orzeka się następujący wyrok:
Der Angeklagte ist schuldig eines Verbrechens / eines vorsätzlichen Vergehens gemäß Paragraph 88 Strafgesetzbuch / StGB. — oskarżony jest winny popełnienia przestępstwa / umyślnego wykroczenia w rozumienie paragrafu 88 kodeksu karnego.
**wegen mildernder Umstände* — z powodu okoliczności łagodzących
wegen verminderter Zurechnungsfähigkeit — z powodu niepoczytalności
eine Geldstrafe über 3.000 Euro — grzywna w wysokości 3.000 euro
eine Verwarnung — upomnienie
drei Jahre Freiheitsstrafe mit / ohne Bewährung — trzy lata pozbawienia wolności z możliwością/bez możliwości zawieszenia wykonania kary
acht Jahre Gefängnisstrafe — osiem lat pozbawienia wolności
lebenslänglich — dożywotnio

e Todesstrafe (nicht in der EU)	kara śmierci (nie w UE)
Im *Zweifel für den Angeklagten. / In dubio pro reo.	Wątpliwości rozstrzyga się na korzyść oskarżonego. / In dubio pro reo.
Der Angeklagte wird mangels Beweisen freigesprochen.	Oskarżony zostaje zwolniony z powodu braku dowodów.
Die *Kosten trägt der Angeklagte / die Staatskasse.	Koszta procesu poniesie oskarżony / skarb państwa.
Die Klage wird abgewiesen.	Powództwo zostaje oddalone.
Die Parteien einigen sich außergerichtlich.	Między stronami doszło do ugody pozasądowej.
Das Urteil ist rechtskräftig.	Wyrok jest prawomocny.
Wir gehen in die Berufung.	Odwołamy się.

den Prozess ***verlieren** (verlor, hat verloren) ↔ ***gewinnen** (gewann, hat gewonnen) — przegrać ↔ wygrać proces

e ***Strafe**, -n — kara

e Jugendstrafe, -n — kara dla nieletnich

*bestrafen — karać

gerecht ↔ **ungerecht** — sprawiedliwy ↔ niesprawiedliwy

*leicht / **mild** ↔ ***hart** (härter) / ***hoch** (höher, höchst-) — łagodny ↔ surowy / ostry

ein hohes ↔ niedriges Strafmaß — wysoki ↔ niski wymiar kary

gegen das Urteil **Berufung einlegen** / in Revision gehen — odwołać się od wyroku

r **Justizirrtum**, ⸚er — pomyłka sądowa

Das Urteil wird aufgehoben. — Wyrok został unieważniony.

s **Gefängnis**, -se / e Justizvollzugsanstalt, -en — więzienie / zakład karny

r offene ↔ geschlossene Strafvollzug — otwarty ↔ zamknięty zakład karny

e Resozialisierung / e Wiedereingliederung — resocjalizacja

e Jugendhaftanstalt, -en — zakład karny dla nieletnich

hinter Gittern sein / sitzen — być / siedzieć za kratkami

eine Strafe absitzen / verbüßen — odsiedzieć wyrok

r / e (entkommene) Strafgefangene, -n — (zbiegły) więzień // więźniarka

r Sträfling, -e — skazany

e **Zelle**, -n — cela

e Einzelhaft — pojedyncza cela

r / e Entlassene, -n — zwolniony więzień // zwolniona więźniarka

Das Recht des Stärkeren. — Prawo dżungli.
Alles was recht ist! — Są pewne granice!
Das geschieht dir recht! — Dobrze ci tak!
Die Kinder sind so still, sieh doch mal nach dem Rechten. — Dzieci są tak cicho, zobacz, czy wszystko jest w porządku.
Man kann es nicht allen recht machen. — Wszystkim nie dogodzisz.

Polizei
Policja

e ***Polizei**	policja
Er ist bei der Polizei.	Pracuje w policji.
r ***Notruf** / 110 anrufen	zadzwonić na policję / pod 110
die Polizei ***rufen** (rief, hat gerufen) / ***holen** / verständigen	zadzwonić na / wezwać / powiadomić policję
Hilfe! / Polizei!	Pomocy! / Policja!
r Polizeieinsatz, ¨-e	akcja policyjna
e **Polizeikontrolle**, -n	kontrola policyjna
Ein Polizist hat mich angehalten. Ich musste rechts ranfahren.	Zatrzymał mnie policjant. Musiałem zjechać na pobocze.
s Verkehrsdelikt, -e	wykroczenie drogowe
Tut mir Leid, das Schild habe ich nicht gesehen.	Przepraszam, nie zauważyłem tego znaku.
r Falschparker, -	kierowca parkujący w niedozwolonym miejscu
r **Strafzettel**, - / e Busse, -n *schweiz.*	mandat
Strafzettel verteilen	wypisać mandat
einen Strafzettel bekommen	dostać mandat

Zadania policji

*Verbrechen bekämpfen	zwalczać przestępczość
Verbrechen vorbeugen und verhindern	zapobiegać przestępczości
Verbrechen *aufklären	wykrywać przestępstwa
Nachforschungen anstellen	prowadzić śledztwo
Verbrecher verfolgen und *fassen	ścigać i chwytać przestępców
*Eigentum und die *Bevölkerung *schützen	chronić obywateli i ich własność
Verkehrsdelikte ahnden	karać wykroczenia ruchu drogowego
die Bevölkerung aufklären	informować społeczeństwo
die Bevölkerung *warnen	ostrzegać społeczeństwo

s **Polizeipräsidium**	komenda główna policji
e Hauptwache *schweiz.*	komenda główna policji
e Dienststelle, -n	komenda policji
s **Polizeirevier**, -e /	komisariat policji / komisariat
e Polizeistation, -en / e Wache, -n	policji / posterunek
r Polizeiposten, - *schweiz.*	posterunek policji
Kommen Sie mal bitte mit auf die Wache!	Proszę ze mną na posterunek!
r ***Polizist**, -en // e **Polizistin**, -nen /	policjant // policjantka /
r **Polizeibeamte**, -n //	funkcjonariusz policji //
e **Polizeibeamtin**, -nen	funkcjonariuszka policji
e Gendarmerie, -n [ʒandarmə ri: *auch* ʒãd...]	żandarmeria
r Gendarm, -en [ʒan darm *auch* ʒã d...] *österr.*	żandarm
r Streifenpolizist /	policjant ze służby patrolowej /
r Verkehrspolizist	policjant ze służby drogowej
(auf) Streife fahren	jechać na patrol
r Kontaktbeamte	dzielnicowy
e Bahnpolizei	służba ochrony kolei
e Grenzpolizei	straż graniczna
e ***Kriminalpolizei** / e Kripo	policja kryminalna
e Mordkommission, -en	wydział do spraw morderstw
r ***Kriminalbeamte**, -n //	urzędnik śledczy; funkcjonariusz
e ***Kriminalbeamtin**, -nen	policji kryminalnej // funkcjonariuszka policji kryminalnej
r **Kommissar**, -e //	komisarz; detektyw
e **Kommissarin**, -nen	
einen Mordfall aufklären	wyjaśniać sprawę morderstwa
r Bundesnachrichtendienst / r BND	wywiadowcza służba federalna
r Polizeistaat / r Überwachungsstaat	państwo policyjne
e Rasterfahndung, -en	ściganie sieciowe przestępców przy pomocy danych komputerowych
e Polizeisperre, -n	blokada policyjna
s Polizeiauto, -s	samochód policyjny; wóz patrolowy
e Kelle, -n	lizak
mit Blaulicht fahren	jechać na sygnale
s Martinshorn	syrena policyjna
e **Uniform**, -en	mundur
r **Dienstausweis**, -e	legitymacja służbowa
Weisen Sie sich bitte aus! / Zeigen Sie mir bitte Ihren Dienstausweis.	Proszę się wylegitymować! / Niech pan mi pokaże swoją legitymację służbową.
r Schlagstock, ⸚e	pałka
s Tränengas / r Wasserwerfer	gaz łzawiący / armatka wodna
Ihm wurden **Handschellen** angelegt.	Skuto go kajdankami.

e Schusswaffe, -n / e Pistole, -n	broń palna / pistolet
Hände hoch!	Ręce do góry!
schießen (schoss, hat geschossen)	strzelać
Ein Schuss hat sich gelöst.	Oddano strzał.
***treffen** (trifft, traf, hat getroffen)	trafić
die Pistole entsichern ↔ sichern	odbezpieczyć ↔ zabezpieczyć pistolet
e Munition, -en / e Kugel, -n	amunicja / kula

Militär
Wojsko

s **Militär** *nur Sg*	wojsko
r **Militär**, -s	wojskowy [o osobie]
militärisch	wojskowy
Streitkräfte *Pl*	siły zbrojne
e NATO	NATO
r Verteidigungsminister, - / e Verteidigungsministerin, -nen	minister obrony narodowej
e ***Bundeswehr** / r Bund *ugs.*	Federalne Siły Zbrojne / Bundeswehra
s Bundesheer *österr.* /	Federalne Siły Zbrojne [w Austrii]
e Armee *schweiz.*	szwajcarskie siły zbrojne
Er ist beim Militär / Bund *ugs.*	Służy w wojsku.
zum Militär gehen / ins Militär eintreten	pójść do wojska
r ***Soldat**, -en // e **Soldatin**, -nen	żołnierz
r Berufssoldat // e Berufssoldatin	żołnierz zawodowy
r Zeitsoldat // e Zeitsoldatin	żołnierz służby ponadterminowej
r Wehrpflichtige, -n	poborowy
e Wehrpflicht / r Wehrdienst	obowiązek służby wojskowej
Ab 18 Jahren können deutsche Männer zum Wehrdienst eingezogen werden.	Od 18. roku życia mężczyźni w Niemczech mogą zostać wezwani do odbycia służby wojskowej.
Er leistet gerade seinen Wehrdienst.	Właśnie odbywa służbę wojskową.
r Fahnenflüchtige, -n / r Deserteur, -e [dezɛr tøːɐ̯]	dezerter
r Wehrdienstverweigerer, -	osoba odmawiająca odbycia służby wojskowej
r Zivildienst	służba zastępcza dla osób odmawiających pełnienia służby wojskowej
r Zivildienstleistende, -n / r Zivi, -s *ugs.*	osoba pełniąca służbę zastępczą
e **Armee**, -n / e Berufsarmee	armia; wojsko / armia zawodowa
e **Truppe**, -n	oddział

Wokół wojska

r Sanitätsdienst	jednostka sanitarna
s Heer	armia; wojska lądowe
e Infanterie	piechota
r Fallschirmjäger, -	spadochroniarz
r Panzer, -	czołg
e Marine	marynarka wojenna
s Kriegsschiff, -e	okręt wojenny
r Flugzeugträger, -	lotniskowiec
s U-Boot, -e / s Atom-U-Boot, -e	okręt podwodny / atomowa łódź podwodna
e Luftwaffe	siły powietrzne
r Düsenjäger, -	myśliwiec odrzutowy
s Aufklärungsflugzeug, -e	samolot rozpoznawczy/zwiadowczy
e Rakete, -n	rakieta; pocisk
e ***Bombe**, -n	bomba
eine Bombe abwerfen / bombardieren	zrzucić bombę / bombardować
e Wasserstoffbombe, -n / e Atombombe	bomba wodorowa / bomba atomowa
e Explosion, -en	eksplozja / wybuch
e Bewaffnung	uzbrojenie
e ***Waffe**, -n	broń
Kernwaffen *Pl*	broń jądrowa/nuklearna
konventionelle Waffen	broń konwencjonalna
Massenvernichtungswaffen *Pl*	broń masowego rażenia
biologische / chemische Waffen *Pl*	broń biologiczna / chemiczna
e Rüstungskontrolle, -n	kontrola zbrojeń
r Militarismus	militaryzm
s Maschinengewehr, -e / s MG	karabin maszynowy
e **Pistole**, -n	pistolet
e **Munition**, -en	amunicja
schießen (schoss, hat geschossen)	strzelać
scharf schießen	strzelać ostrymi nabojami
ein Flugzeug abschießen	zestrzelić samolot
*****treffen** (trifft, traf, hat getroffen)	trafić
r **Dienstgrad**, -e / r militärische Rang, ̈-e	stopień służbowy / ranga wojskowa
r / e Oberkommandierende, -n	naczelny dowódca
r **Kommandant**, -en / r **Befehlshaber**, - ↔ r einfache **Soldat**, -en	komendant / dowódca ↔ szeregowiec

W wojsku

r General, ⸚e	generał
r Oberst, -en	pułkownik
r Offizier, -e	oficer
r Major, -e	major
r Oberstleutnant, -s	podpułkownik
r Leutnant, -s	podporucznik
r Hauptmann, Hauptleute	kapitan
r Unteroffizier, -e	podoficer
r Feldwebel, -	sierżant
r Gefreite, -n	starszy szeregowiec
r Rekrut, -en	pobrowy
e Kaserne, -n	koszary
r Stützpunkt, -e	baza
e Kompanie, -n	kompania
s Regiment, -e	pułk
e Einheit, -en	jednostka
e Brigade, -n	brygada

r **Befehl**, -e	rozkaz
befehlen ↔ einen Befehl ausführen	wydać ↔ wykonać rozkaz
befördern zu ↔ degradieren zu	awansować na ↔ degradować do
Er wurde zum Hauptmann befördert.	Awansował na kapitana.
Er wurde aus der Armee entlassen.	Został zwolniony z wojska.
e **Uniform**, -en	mundur
r **Helm**, -e	hełm; kask
s Abzeichen, -	odznaka
r **Orden**, - / e **Auszeichnung**, -en	order / odznaka
e **Disziplin**	dyscyplina
e ***Ordnung**	porządek
Er macht Dienst nach Vorschrift.	Sprawuje służbę zgodnie z instrukcjami.
s **Kommando**, -s	dowództwo; komenda; rozkaz
einem Kommando folgen	postępować zgodnie z rozkazem
verteidigen	bronić
r Friedenseinsatz	misja pokojowa
e Abschreckung	odstraszenie
r ***Krieg**, -e ↔ r ***Frieden**	wojna ↔ pokój
r Bürgerkrieg, -e	wojna domowa
r Erste / Zweite Weltkrieg	pierwsza / druga wojna światowa
r „Kalte Krieg"	zimna wojna
einem Land den Krieg erklären	wypowiedzieć wojnę państwu
r ***Feind**, -e / r **Gegner**, - ↔ r Bündnispartner, -	wróg / przeciwnik ↔ sojusznik
feindlich	wrogo; wrogi
feindliche Truppen *Pl*	wrogie siły
r Überfall, ⸚e / e Invasion, -en	napad / inwazja

Wojsko

r **Angriff**, -e	atak
r Nichtangriffspakt, -e	pakt o nieagresji
angreifen (griff an, hat angegriffen)	atakować
r Vormarsch ↔ r Rückzug	ofensywa ↔ odwrót
e Offensive, -n / e Gegenoffensive	ofensywa / kontrofensywa
r **Kampf**, ⸚e / s Gefecht, -e	walka / starcie; bój
Sie kämpfen seit Jahren gegen die Rebellen.	Od lat walczą z rebeliantami.
e **Zerstörung**, -en	zniszczenie
Das Gebäude war vollkommen ↔ nur teilweise **zerstört**.	Ten budynek został całkowicie ↔ jedynie częściowo zniszczony.
einnehmen / erobern	zająć / zdobyć
Die Stadt wurde nach schweren Kämpfen eingenommen.	Miasto zostało zajęte po ciężkich walkach.
ein *Land besetzen	okupować kraj
sich zurückziehen / abziehen (zog ab, ist abgezogen)	wycofać się
r **Sieg**, -e ↔ e **Niederlage**, -n	zwycięstwo ↔ porażka
den Sieg erringen ↔ eine (schwere) Niederlage erleiden	odnieść zwycięstwo ↔ ponieść (ciężką) porażkę
e Kapitulation	kapitulacja
(hohe) **Verluste** Pl	(duże) straty
r / e **Verwundete**, -n	ranny // ranna
r / e **Tote**, -n	zabity // zabita
r / e Gefallene, -n	poległy // poległa
r / e Kriegsgefangene, -n	jeniec wojenny
gefangen *nehmen (nimmt, nahm, hat genommen)	wziąć do niewoli
r Internationale / Europäische Gerichtshof	Międzynarodowy / Europejski Trybunał Sprawiedliwości
s Kriegsgericht, -e / s Militärgericht, -e	sąd wojenny / sąd wojskowy
Er wurde vor ein Kriegsgericht gestellt.	Stanął przed sądem wojennym.
s Kriegsverbrechen, - (gegen die Menschheit)	zbrodnia wojenna (przeciwko ludzkości)
r Kriegsverbrecher, - // e Kriegsverbrecherin, -nen	zbrodniarz wojenny
r **Verräter**, - // e **Verräterin**, -nen	zdrajca // zdrajczyni
*verraten (verrät, verriet, hat verraten)	zdradzić
r **Spion**, -e // e **Spionin**, -nen	szpieg
spionieren	szpiegować
e **Spionage** ↔ e Gegenspionage	wywiad ↔ kontrwywiad
r Geheimdienst, -e	służby wywiadowcze
r Militärische Abschirmdienst / r MAD	Wojskowa Służba Wywiadowcza w RFN
r **Widerstand**	opór
auf starken ↔ schwachen Widerstand stoßen	napotkać na silny ↔ słaby opór

r Widerstandkämpfer, - //	bojownik / uczestnik ruchu oporu
e Widerstandskämpferin, -nen /	// bojowniczka / uczestniczka
r Partisan, -en // e Partisanin, -nen	ruchu oporu / partyzant
r Luftschutzbunker, - /	schron przeciwlotniczy
r Luftschutzkeller, - /	
r Luftschutzraum, ⸚e	
r **Flüchtling**, -e	uchodźca
Deutschland nimmt ein bestimmtes Kontingent von Flüchtlingen auf.	Niemcy przyjmują określoną liczbę uchodźców.
e ***Flucht**	ucieczka
flüchten (vor den Unruhen) / **fliehen** (floh, ist geflohen)	uciekać (przed zamieszkami) / uciekać
s Flüchtlingslager, -	obóz dla uchodźców

9 Politische und soziale Fragen
Polityka i społeczeństwo

9.1 Politische Probleme
Problemy polityczne

9.2 Arbeitsmarkt / Beschäftigung
Rynek pracy / zatrudnienie

9.3 Multikulturelles Zusammenleben
Społeczeństwo wielokulturowe

9.4 Mann und Frau
Mężczyzna i kobieta

9.5 Soziale Sicherheit
Świadczenia socjalne

9.6 Armut
Ubóstwo

9.7 Alkohol und Drogen
Alkohol i narkotyki

9.8 Kriminalität
Przestępczość

9.1 Politische Probleme
Problemy polityczne

e *Krise, -n	kryzys
e politische / wirtschaftliche Krise	kryzys polityczny / gospodarczy
eine krisensichere ↔ krisenanfällige Branche	branża odporna ↔ podatna na kryzysy
e Regierungskrise	kryzys rządowy
in einer Krise sein (ist, war, ist gewesen) / ***stecken**	przeżywać kryzys
eine Krise überwinden	przełamać kryzys
r (schnell einberufene) Krisenstab, ⁼e	sztab kryzysowy (zwołany w trybie pilnym)
s *Problem, -e	problem
aktuelle politische Probleme	aktualne problemy polityczne
Welches Thema wird gerade in Deutschland diskutiert? / Welches Thema steht gerade im Brennpunkt des Interesses?	Na jaki temat dyskutuje się obecnie w Niemczech? / Jaki temat znajduje się w centrum uwagi publicznej?
problemlos / unproblematisch ↔ problematisch	nie przysparzający problemów ↔ problematyczny
e Problematik, -en	problematyka
vor einem Problem stehen	stanąć przed problemem
das Problem *lösen	rozwiązać problem
das Problem **ansprechen** (spricht an, sprach an, hat angesprochen) ↔ **verschweigen** (verschwieg, hat verschwiegen)	dyskutować o problemie ↔ przemilczeć problem
*schweigen (schwieg, hat geschwiegen)	milczeć
Zu diesem Problem darf man nicht schweigen.	Tego problemu nie wolno przemilczeć.
r *Protest, -e	protest
e Protestaktion, -en	akcja protestacyjna
*protestieren (gegen) ↔ sich einsetzen für	protestować (przeciwko) ↔ wstawiać się za
sich auflehnen / revoltieren (gegen)	buntować się (przeciwko)
r *Streik, -s	strajk
r Arbeitskampf, ⁼e	walka ekonomiczna między pracownikami i pracodawcami; strajk
zum Generalstreik **aufrufen** (rief auf, hat aufgerufen)	wezwać do strajku generalnego
*streiken (für ↔ gegen)	strajkować (w obronie ↔ przeciwko)
e *Demonstration, -en / e Protestkundgebung, -en (für ↔ gegen)	demonstracja / wiec protestacyjny (w obronie ↔ przeciwko)

Am 1. Mai finden in vielen deutschen Städten regelmäßig Kundgebungen statt.
s Demonstrationsrecht
mit *Gewalt ↔ **gewaltlos** / **gewaltfrei**

gewaltfreie Aktionen

r passive Widerstand
r zivile Ungehorsam
e NGO, -s (non-governmental organization = nicht staatliche Organisation)
s **Menschenrecht**, -e
e Menschenrechtsverletzung, -en
e Bürgerrechtsbewegung
r Bürgerrechtler, - //
  e Bürgerrechtlerin, -nen
r **Terrorismus**
r Terrorist, -en // e Terroristin, -nen
e terroristische Vereinigung, -en
s **Attentat**, -e / e Ermordung, -en
Der Richter fiel einem Attentat zum Opfer.
r **Anschlag**, ⸗e (gegen) /
  r Terroranschlag
in den Untergrund gehen / sich einer Untergrundbewegung anschließen
e **Revolution**, -en
r gelungene ↔ gescheiterte Putsch
r Staatsstreich, -e
r / e anders Denkende, -n /
  r Dissident, -en // e Dissidentin, -nen
r Regimekritiker, - //
  e Regimekritikerin, -nen

1. maja w wielu niemieckich miastach organizowane są wiece.

prawo do demonstracji
z użyciem przemocy ↔ bez stosowania przemocy / pokojowo
akcje przeprowadzane bez stosowania przemocy
bierny opór
nieposłuszeństwo cywilne
NGO (organizacja pozarządowa)

prawo człowieka
łamanie praw człowieka
ruch obrony praw obywatelskich
obrońca praw obywatelskich

terroryzm
terrorysta // terrorystka
organizacja terrorystyczna
zamach
Sędzia padł ofiarą zamachu.

zamach (na) / zamach terrorystyczny
zejść do podziemia / przyłączyć się do ruchu podziemnego
rewolucja
udany ↔ nieudany pucz
zamach stanu
dysydent // dysydentka

krytyk reżimu

Arbeitsmarkt / Beschäftigung
Rynek pracy / zatrudnienie

r **Arbeitsmarkt**
Die Beschäftigungssituation hat sich gebessert ↔ verschlechtert.
Die Situation auf dem Arbeitsmarkt ist angespannt ↔ hat sich beruhigt.
s ***Angebot**, -e / s **Stellenangebot**

rynek pracy
Sytuacja na rynku pracy poprawiła się ↔ pogorszyła się.
Sytuacja na rynku pracy jest napięta ↔ ustabilizowała się.
oferta / oferta pracy

e **steigende** ↔ **fallende *Nachfrage** nach Arbeitskräften	rosnący ↔ malejący popyt na siły robocze
r/e **Arbeitslose**, -n	bezrobotny // bezrobotna
r/e Langzeitarbeitslose, -n	bezrobotny // bezrobotna pozostający(-a) bez pracy od dłuższego czasu
Jugendliche ohne Lehrstelle	młodzież bez możliwości odbycia praktyki zawodowej
arbeitslos / **erwerbslos** / ohne Arbeit	bezrobotny/bez pracy
Plötzlich stand er ohne Arbeit da.	Nagle okazało się, że nie ma pracy.
den Arbeitsplatz ***verlieren** (verlor, hat verloren)	stracić pracę
Sie hat Angst, ihren Arbeitsplatz zu verlieren.	Boi się, że straci pracę.
Sein Arbeitsplatz wurde wegrationalisiert.	Jego stanowisko zostało zredukowane.
e **Arbeitslosigkeit** / e Erwerbslosigkeit	bezrobocie
e konjunkturelle / saisonbedingte / strukturelle Arbeitslosigkeit	bezrobocie koniukturalne / sezonowe / strukturalne
Wir müssen die Arbeitslosenzahlen senken.	Musimy zmniejszyć liczbę bezrobotnych.
*zunehmen (nimmt zu, nahm zu, hat zugenommen) ↔ **zurückgehen** (ging zurück, ist zurückgegangen)	wzrosnąć ↔ spaść
e Arbeitslosenversicherung	ubezpieczenie od utraty pracy
s **Arbeitslosengeld**	zasiłek dla bezrobotnych
e **Arbeitslosenhilfe**	zapomoga dla nieubezpieczonych bezrobotnych
e Arbeits- und Berufsunfähigkeitsversicherung	ubezpieczenie od utraty zdolności do pracy
e **Entlassung**, -en	zwolnienie
*entlassen (entlässt, entließ, hat entlassen)	zwolnić
Massenentlassungen	masowe zwolnienia
e **Kündigung**, -en (in beiderseitigem Einvernehmen)	wypowiedzenie (za zgodą obu stron)
e fristlose Kündigung	wypowiedzenie ze skutkiem natychmiastowym
s Verschlanken / r Stellenabbau / r Personalabbau	redukcja etatów

Zwolnienie

Man hat mich entlassen.	Zwolniono mnie z pracy.
Ihm wurde gekündigt.	Wypowiedziano mu pracę.
Er wurde gefeuert / rausgeschmissen. (ugs.)	Wyrzucono go z pracy.
Herr Müller verlässt die Firma auf eigenen Wunsch.	Pan Müller opuszcza firmę na własne życzenie.

e Firmenpleite, -n / r Konkurs, -e	plajta / upadłość firmy
r Sozialplan, ⸚e	plan socjalny; porozumienie między pracodawcą a przedstawicielami pracobiorców określające zasady zwalniania pracowników
e Abfindung, -en	odprawa
in den vorzeitigen Ruhestand gehen / geschickt werden	przejść / zostać wysłanym na wcześniejszą emeryturę
s Arbeitsamt, ⸚er	urząd pracy
e (staatliche / private) Arbeitsvermittlung	państwowe / prywatne pośrednictwo pracy
auf Arbeitssuche sein	szukać pracy
r / e Arbeitssuchende, -n	szukający pracy // szukająca pracy
sich beim Arbeitsamt *melden	zgłosić się do urzędu pracy
Arbeitskräfte (wieder) *einstellen	(ponownie) zatrudnić pracowników
jn *beschäftigen / anstellen / jm Arbeit geben	zatrudnić kogoś / dać komuś pracę
e Umschulung	przekwalifikowanie
Sie nimmt an einer dreimonatigen Umschulung teil.	Bierze udział w trzymiesięcznym kursie przekwalifikowującym.
Sie lässt sich umschulen.	Ona się przekwalifikowuje.
e berufliche Fortbildung	doszkalanie zawodowe
e *Arbeit	praca
e Ganztagsarbeit / e Halbtagsarbeit	praca na pełnym etacie / praca na pół etatu
e flexible Arbeitszeit	elastyczny czas pracy
e Teilzeitarbeit	praca w niepełnym wymiarze godzin
e Zeitarbeit	praca tymczasowa
e Kurzarbeit	zatrudnienie w niepełnym wymiarze godzin
Das Unternehmen stellt wegen der schlechten Konjunktur auf Kurzarbeit um.	Z powodu złej koniunktury przedsiębiorstwo przestawia się na zatrudnienie pracowników w niepełnym wymiarze godzin.
e Schichtarbeit	praca na zmiany
r Arbeitskampf, ⸚e	strajk
r *Arbeitnehmer, - // e Arbeitnehmerin, -nen	pracobiorca; pracownik // pracobiorca; pracownica
r *Arbeitgeber, - // e Arbeitgeberin, -nen	pracodawca
e *Gewerkschaft, -en	związek zawodowy
r Gewerkschafter, - // e Gewerkschafterin, -nen	związkowiec
s Gewerkschaftsmitglied, -er	członek związku zawodowego

9.2

gewerkschaftlich organisiert sein	przynależeć do związku zawodowego
e *Mitbestimmung	współdecydowanie; udział pracowników w zarządzaniu przedsiębiorstwem
r *Betriebsrat, ⸚e	rada zakładowa

Wybrane związki zawodowe

r Deutsche Gewerkschaftsbund / DGB	Zrzeszenie Niemieckich Związków Zawodowych
e Gewerkschaft öffentlicher Tarif und Verkehr / e ÖTV	Zrzeszone Związki Zawodowe Służb Publicznych, Transportu i Komunikacji
e Dienstleistungsgewerkschaft Verdi	Związek Zawodowy Branży Usługowej Verdi
e Industriegewerkschaft Metall / e IG Metall	Związek Zawodowy Pracowników Przemysłu Metalowego
e Gewerkschaft Erziehung und Wissenschaft / e GEW	Związek Zawodowy Nauczycieli i Pracowników Naukowych

e **Tarifverhandlung**, -en	negocjacje w celu zawarcia zbiorowego układu pracy
Die Verhandlungen sind gescheitert / verliefen ergebnislos ↔ wurden erfolgreich abgeschlossen.	Negocjacje nie powiodły się / spełzły na niczym ↔ zakończyły się sukcesem.
e F**o**rderung, -en (der Gewerkschaften)	żądanie (związków zawodowych)
Forderungen nach mehr Lohn	żądanie wyższych płac
s *A**n**gebot, -e (der Arbeitgeber)	propozycja / oferta
zur**ü**ckweisen ↔ *a**n**nehmen	odrzucić ↔ przyjąć / zaakceptować
Gewerkschafter und Arbeitgeber wurden sich nach mehreren Verhandlungssitzungen *einig. ↔ Es wurde keine Einigung erzielt.	Po wielogodzinnych negocjacjach związkowcy i pracodawcy doszli do porozumienia. ↔ Nie doszli do porozumienia.
eine Einigung am Verhandlungstisch err**ei**chen	dojść do porozumienia podczas negocjacji

*Lohnerhöhungen / mehr *Lohn und *Gehalt*	podwyżki płac
Mindestlohn	płaca minimalna
s Weihnachtsgeld / e Weihnachtsgratifikation / e Weihnachtsremuneration (österr.)	trzynastka / dodatek świąteczny
Verkürzung der Arbeitszeit	skrócenie czasu pracy
verbesserte Arbeitsbedingungen	poprawienie warunków pracy
Sicherung des Arbeitsplatzes	ochrona miejsca pracy
Chancengleichheit am Arbeitsplatz	wyrównanie szans zawodowych
verbesserte Aufstiegsmöglichkeiten	zwiększenie możliwości awansu

Arbeitsmarkt / Beschäftigung

r ***Streik**, -s	strajk
e Arbeitsniederlegung, -en	strajk
unbefristet ↔ **befristet**	bezterminowy ↔ na czas określony
***streiken**	strajkować
Die gesamte Belegschaft hat die Arbeit niedergelegt / streikt.	Cała załoga przerwała pracę / zastrajkowała.
r / e **Streikende**, -n	strajkujący // strajkująca
e Urabstimmung, -en	głosowanie członków związku zawodowego w sprawie podjęcia lub przerwania akcji strajkowej
für ↔ gegen einen Streik stimmen	głosować za strajkiem ↔ przeciw strajkowi
Das Ergebnis der Urabstimmung liegt mittlerweile vor.	Jest już wynik głosowania członków związku zawodowego w sprawie podjęcia lub przerwania akcji strajkowej.
r **Streikaufruf**, -e	wezwanie do strajku
r Warnstreik, -s	strajk ostrzegawczy
Warnstreiks organisieren / durchführen	zorganizować / przeprowadzić strajk ostrzegawczy
r **Generalstreik**, -s	strajk generalny
einen (General-)Streik ausrufen	ogłosić strajk (generalny)
Der Streik der ÖTV hat den öffentlichen Nahverkehr lahm gelegt.	Strajk ÖTV spowodował paraliż publicznego transportu podmiejskiego.
Dieser Betrieb wird bestreikt.	W tym zakładzie strajkują.
e **Aussperrung**, -en	lokaut
von der Aussperrung betroffene Arbeitnehmer	pracownicy dotknięci lokautem
Dienst nach Vorschrift machen	wykonywać pracę zgodnie z instrukcjami
r Streikposten, -	pikieta strajkowa
r Streikbrecher, -	łamistrajk
s Schlichtungsverfahren, -	postępowanie mediacyjne
e **Schlichtung**, -en	mediacja
r **Vermittler**, - // e **Vermittlerin**, -nen	mediator
r Schlichter, - // e Schlichterin, -nen	mediator
r Mediator, -en // e Mediatorin, -nen *schweiz.*	mediator
einen Streik beenden / abblasen *ugs.*	zakończyć / odwołać strajk
einen Tarifvertrag aushandeln	wynegocjować zbiorowy układ pracy
r Tarifabschluss, ⁼e	zbiorowy układ pracy
die Arbeit **wieder *aufnehmen**	podjąć pracę / wrócić do pracy
den Streik **beenden**	zakończyć strajk

Rynek pracy / zatrudnienie

Multikulturelles Zusammenleben
Społeczeństwo wielokulturowe

multikulturęll / multikulti *ugs.*	wielokulturowy
s multikulturelle Zusammenleben	wspólnota wielokulturowa / społeczeństwo wielokulturowe
r / e **Fręmde**, -n / r *****Ausländer**, - // e **Ausländerin**, -nen	obcokrajowiec / cudzoziemiec // cudzoziemka
r **ausländische Mįtbürger**, - // e **Mįtbürgerin**, -nen	współobywatel pochodzący zza granicy // współobywatelka pochodząca zza granicy
r **Asylạnt**, -en // e **Asylạntin**, -nen	azylant // azylantka
r **Flüchtling**, -e	uchodźca
r Wirtschaftsflüchtling, -e	uchodźca opuszczający kraj z przyczyn gospodarczych
r / e politisch **Verfọlgte**, -n	ofiara prześladowań politycznych
r / e Deutschstämmige, -n	Niemiec // Niemka z pochodzenia
r **Zuwanderer**, - // e **Zuwanderin**, -nen / r **Einwanderer**, - // e **Einwanderin**, -nen	imigrant // imigrantka
r Spätaussiedler, - // e Spätaussiedlerin, -nen	imigrant // imigrantka pochodzenia niemieckiego, przybyły(-a) do Niemiec po upadku żelaznej kurtyny, najczęściej z krajów b. bloku wschodniego
r / e **Staatenlose**, -n	bezpaństwowiec
r **Ausländeranteil**	odsetek cudzoziemców mieszkających w danym kraju
Wie hoch ist der Ausländeranteil in Deutschland? – Er liegt bei etwa 9%.	Ile wynosi odsetek cudzoziemców mieszkających w Niemczech? – Około 9%.
Der Anteil ist **gestiegen** ↔ **gefạllen**.	Odsetek wzrósł ↔ spadł.
e **Ausländerpolitik**	polityka wobec imigrantów
r / e Ausländerbeauftragte, -n	osoba zajmująca się polityką w stosunku do cudzoziemców, działająca w administracji, firmach lub instytucjach rządowych
s Einwanderungsland	kraj imigracji
e illegale Einwanderung	nielegalna imigracja
s Staatsangehörigkeitsrecht	prawo o obywatelstwie
e deutsche **Staatsbürgerschaft** / *****Staatsangehörigkeit**	obywatelstwo niemieckie
e doppelte Staatsangehörigkeit	podwójne obywatelstwo

Podwójne obywatelstwo

Od stycznia 2000 roku nowonarodzone dzieci cudzoziemców mieszkających od określonego czasu w Niemczech automatycznie otrzymują niemieckie obywatelstwo (*Staatbürgerschaft*). Dzieci te mają podwójne obywatelstwo (*doppelte Staatsangehörigkeit*) aż do osiągnięcia pełnoletności, potem muszą zdecydować się na obywatelstwo jednego kraju.

s **Ausländeramt**	urząd imigracyjny
e Aufenthaltserlaubnis /	zezwolenie na pobyt
e Aufenthaltsbewilligung, -en	
e Aufenthaltsberechtigung, -en	zezwolenie na pobyt
e **Greencard**, -s [gri:nkɑ:d]	zielona karta
ablaufen (läuft ab, lief ab, ist abgelaufen)	kończyć się; tracić ważność
Ihre Aufenthaltserlaubnis läuft Ende des Jahres ab.	Pańskie zezwolenie na pobyt kończy się z końcem roku.
***verlängern** / verlängern lassen	przedłużać
s Bleiberecht	prawo pobytu
s Zuwanderungsgesetz	ustawa imigracyjna
e Flüchtlingsfrage	kwestia uchodźców
s **Asylrecht** / s ***Recht auf** ***Asyl**	prawo azylu / prawo do azylu
das Asylrecht einschränken	ograniczyć prawo azylu
e Menschenrechtsverletzung, -en	łamanie praw człowieka
e Verfolgung, -en	prześladowanie
r / e politisch Verfolgte, -n	ofiara prześladowań politycznych
In ihrem Land werden sie verfolgt.	W swoim kraju są prześladowani.
r **Asylbewerber**, - //	azylant // azylantka
e **Asylbewerberin**, -nen	
s Asylantenheim, -e / s Asylbewerberheim	schronisko dla azylantów
r ***Antrag**, ⸚e / r Asylantrag	wniosek / wniosek o udzielenie azylu
einen **Antrag** ***stellen** / ***beantragen**	złożyć wniosek
bewilligen ↔ ***ablehnen**	przyznać ↔ odrzucić
(politisches) Asyl bekommen / jm Asyl gewähren	otrzymać azyl (polityczny) / udzielić komuś azylu
s **Ausländerproblem**	problem imigracji
e Überfremdung	obce wpływy; infiltracja
r Fremdenhass	ksenofobia
e **Ausländerfeindlichkeit**	ksenofobia
ausländerfeindlich /	ksenofobiczny
fremdenfeindlich	
r **Rechtsextremismus**	neofaszyzm
s ***Vorurteil**, -e	uprzedzenia Pl
Er hat Vorurteile gegen Ausländer.	Ma uprzedzenia w stosunku do cudzoziemców.
e rassistische Äußerung, -en	rasistowska uwaga
r Übergriff, -e (auf Ausländer)	atak (na cudzoziemców)
rechte Gruppierungen	ugrupowania neofaszystowskie

Społeczeństwo wielokulturowe

r / e **Rechtsradikale**, -n /
  r **Rechtsextremist**, -en //
  e **Rechtsextremistin**, -nen
	neofaszysta // neofaszystka

r Skinhead, -s [skɪnhɛt]	skinhead
r Rassist, -en // e Rassistin, -nen	rasista // rasistka
rechtsextrem / rechtsradikal / militant	skrajnie prawicowy / skrajnie prawicowy / bojówkarski
r Antisemitismus / e Judenfeindlichkeit	antysemityzm
e **Integration** / e **Eingliederung**	integracja
e integrative Maßnahme, -n	środki mające na celu zintegrowanie
e **Volksgruppe**, -n / e ethnische Gruppe, -n	grupa narodowościowa / etniczna
e ethnische Minderheit	mniejszość narodowa

Mann und Frau
Mężczyzna i kobieta

s **Geschlecht**, -er	płeć
*****männlich** / **maskulin** ↔ *****weiblich** / **feminin**	męski ↔ kobiecy / żeński
Er wirkt sehr männlich.	Jest bardzo męski.
der *****Unterschied** zwischen den Geschlechtern	różnica płciowa
s „starke" ↔ „schwache" Geschlecht	„brzydka" ↔ „słaba" płeć
s **Stereotyp**, -e / s *****Vorurteil**, -e	stereotyp / uprzedzenie
e Benachteiligung, -en / e Diskriminierung, -en	dyskryminacja
Das ist **diskriminierend**.	To dyskryminujące.
frauenfeindliche ↔ männerfeindliche Sprüche	stereotypowe i krzywdzące dowcipy o kobietach ↔ mężczyznach
Typisch *****Mann** / *****Frau**!	Typowy mężczyzna! / Typowa kobieta!
r **Chauvinist**, -en / r Chauvi *ugs.*	szowinista
e **Emanze**, -n *ugs.*	feministka
r **Feminismus**	feminizm
sich emanzipieren	wyemancypować się
e **Chancengleichheit** [ˈʃãːsnˈɡlaɪ̯çhaɪ̯t *auch* ˈʃaŋsn̩…]	równość szans
e / r **Gleichstellungsbeauftragte**, -n	osoba zajmująca się problematyką równości szans bez względu na płeć (np. w instytucjach publicznych)
e **Frauenquote**, -n / r **Frauenanteil**	udział / odsetek kobiet

Der Frauenanteil im oberen Management ist immer noch niedrig.	Odsetek kobiet wśród menedżerów wyższego stopnia ciągle jeszcze jest niski.
s *Paar, -e	para
s gleichgeschlechtliche Paar	para homoseksualna
homosexuell / heterosexuell	homoseksualny / heteroseksualny
r Schwule, -n / r Homosexuelle, -n ↔ e Lesbe, -n	gej / homoseksualista ↔ lesbijka
e Rosa Liste	organizacja reprezentująca interesy homoseksualistów, także w polityce

Od 2001 roku pary homoseksualne w Niemczech mogą zalegalizować swój związek. Związek taki ma te same prawa i obowiązki, co małżeństwo heteroseksualne.

Soziale Sicherheit
Świadczenia socjalne

r Sozialstaat / r Wohlfahrtsstaat	państwo socjalne / państwo opiekuńcze
*sozial	społeczny; socjalny
sozial abgesichert sein	mieć ubezpieczenie społeczne
r Sozialabbau	redukcja świadczeń socjalnych
s soziale Netz	ubezpieczenia społeczne
e (staatliche) Sozialleistung, -en	(państwowe) świadczenia socjalne
kürzen ↔ anheben (hob an, hat angehoben)	zredukować ↔ podnieść
streichen (strich, hat gestrichen)	znieść
Anspruch auf Sozialleistungen haben	mieć prawo do świadczeń socjalnych

Im Wohnungsamt beantragt man Wohngeld.	W urzędzie mieszkaniowym można się starać o dodatek mieszkaniowy.
Vom Sozialamt bekommt man Sozialhilfe, Sozialhilfezuschüsse und von Fall zu Fall eine Sozialwohnung zugewiesen.	W wydziale opieki społecznej dostać można pomoc socjalną, dodatki socjalne oraz, w zależności od sytuacji, mieszkanie socjalne subwencjonowane przez państwo.
Vom Arbeitsamt bekommt man Arbeitslosengeld und Arbeitslosenhilfe.	Z urzędu pracy dostaje się zasiłek dla bezrobotnych i zapomogę.
Von der Krankenkasse bekommt man Krankengeld, Pflegegeld und alle / einen Teil der Arzt- und Krankenhauskosten ersetzt.	Z kasy chorych / ubezpieczalni otrzymuje się zasiłek chorobowy, zasiłek pielęgnacyjny oraz całkowity / częściowy zwrot kosztów leczenia i hospitalizacji.

9.5

Von der **Rentenversicherung**, von einem **Rentenfond**, etc. bekommt man *Geld im *Alter. Vom **Staat** bekommt man **Mutterschaftsgeld** / **Erziehungsgeld** / **Kindergeld**.	Z ubezpieczalni społecznej, funduszu emerytalnego itp. otrzymuje się emeryturę. Państwo przyznaje zapomogę macierzyńską / zasiłek wychowawczy / zasiłek rodzinny.

Sozialabgaben Pl	składki na ubezpieczenie społeczne
e **Arbeitslosenversicherung**	ubezpieczenie od bezrobocia
e **Rentenversicherung**	ubezpieczenie emerytalne
e Pensionsversicherung *österr.*	ubezpieczenie emerytalne
e Pensionskasse *schweiz.*	ubezpieczenie emerytalne
e Bundesversicherungsanstalt für Angestellte / e BfA	Federalny Zakład Ubezpieczeń Społecznych
e ***Rente** / e ***Pension** (vom Staat)	emerytura; renta / emerytura
e Pension *österr./schweiz.*	emerytura
Die Deutschen gehen normalerweise zwischen 60 und 65 in Rente.	Niemcy zazwyczaj przechodzą na emeryturę między 60 a 65 rokiem życia.
s **Sozialamt**, ⸚er	wydział opieki społecznej
e **Sozialhilfe**	dodatek socjalny; pomoc społeczna
Sozialhilfe *beantragen / einen *Antrag auf Sozialhilfe *stellen	wnioskować / złożyć wniosek o pomoc socjalną
r Sozialfall, ⸚e	osoba / sytuacja wymagająca pomocy opieki społecznej
Er bezieht Sozialhilfe.	Pobiera dodatek socjalny.
r Sozialhilfeempfänger, - // e Sozialhilfeempfängerin, -nen	osoba korzystająca z pomocy opieki społecznej
e **Krankenversicherung** / e ***Krankenkasse**	ubezpieczenie zdrowotne; ubezpieczenie medyczne / kasa chorych; ubezpieczalnia
e Beihilfe	zapomoga; zasiłek
Sie haben Anspruch auf Beihilfe.	Ma pan prawo do zasiłku.
e **Pflegeversicherung**	ubezpieczenie na wypadek wymagania opieki/pielęgnacji
r Pflegesatz	stawka za pobyt w zakładzie opieki
(die) Versicherungstarife	taryfa/stawka ubezpieczeniowa
e ***Versicherung**, -en	ubezpieczenie
eine Versicherung **abschließen** (schloss ab, hat abgeschlossen) ↔ **kündigen**	zawrzeć umowę o ubezpieczeniu ↔ rozwiązać umowę o ubezpieczeniu
Ich bin privat krankenversichert.	Mam prywatne ubezpieczenie zdrowotne / medyczne.
e Versicherungspflicht	obowiązek ubezpieczenia

Ubezpieczenia prywatne

Krankenversicherung	ubezpieczenie zdrowotne / medyczne
Lebensversicherung	ubezpieczenie na życie
private Rentenversicherung	prywatne ubezpieczenie emerytalne
Unfallversicherung	ubezpieczenie od następstw nieszczęśliwych wypadków
Invaliditätsversicherung	ubezpieczenie od inwalidztwa
Feuerversicherung	ubezpieczenie od pożaru
Hausratversicherung	ubezpieczenie wyposażenia domu
Autohaftpflichtversicherung mit Vollkasko / Teilkasko	ubezpieczenie autocasco / ubezpieczenie autocasco z zakresem ograniczonym
Haftpflichtversicherung	ubezpieczenie od odpowiedzialności cywilnej
Insassenversicherung	ubezpieczenie pasażerów od następstw nieszczęśliwych wypadków
Rechtsschutzversicherung	ubezpieczenie od kosztów związanych z ochroną interesów prawnych

r **Versicherungsvertreter**, - // e **Versicherungsvertreterin**, -nen	agent ubezpieczeniowy // agentka ubezpieczeniowa
r Versicherungsnehmer, - // e Versicherungsnehmerin, -nen	ubezpieczony // ubezpieczona
e **Versicherungssumme**	suma ubezpieczenia
r **monatliche** / **jährliche Versicherungsbeitrag**, ⸚e	miesięczna / roczna składka na ubezpieczenie
e Versicherungspolice, -n / r Versicherungsschein, -e	polisa ubezpieczeniowa
e Versicherungspolizze, -n *österr.*	polisa ubezpieczeniowa
(sich) ***versichern** (gegen)	ubezpieczyć (się) (od)
Das Haus ist gegen Sturmschäden versichert.	Ten dom jest ubezpieczony od szkód spowodowanych burzą.
Sind wir gegen Einbruch versichert?	Czy jesteśmy ubezpieczeni od włamania?
Sind wir ausreichend versichert?	Czy jesteśmy odpowiednio ubezpieczeni?
r Versicherungsschutz	ochrona ubezpieczeniowa
r **Versicherungsfall**, ⸚e	sytuacja przewidziana w umowie ubezpieczenia
r ***Schaden**, ⸚	szkoda
Wir müssen den Schaden der Versicherung melden.	Musimy zgłosić szkodę ubezpieczycielowi.
r / e **Sachverständige**, -n	rzeczoznawca

Świadczenia socjalne 221

durch höhere Gewalt *ver**u**rs**a**chte Schäden	szkody spowodowane przez siłę wyższą
Schadenersatz leisten	odszkodowanie

Armut
Ubóstwo

e **A**rmut / e **Mi**ttellosigkeit ↔ r **Rei**chtum / r **Wo**hlstand	bieda; ubóstwo / brak środków do życia ↔ bogactwo / dobrobyt
s **E**lend / e *N**o**t	nędza; bieda
***a**rm / m**i**ttellos ↔ *reich / w**o**hlhabend	biedny / bez środków do życia ↔ bogaty / zamożny
in **A**rmut *l**e**ben / ger**a**ten (gerät, geriet, ist geraten)	żyć w biedzie / popaść w biedę
Im Alter ist er langsam verarmt.	Z wiekiem zubożał.
Er ist **ä**rmlich gekleidet.	Jest biednie ubrany.
die sozi**a**l Schw**a**chen / Benachteiligten Pl	osoby w trudnej sytuacji ekonomicznej
r / e **A**rme, -n / r / e Bedürftige, -n	biedny // biedna / potrzebujący // potrzebująca
r / e **O**bdachlose, -n / r / e Nichtsesshafte, -n	bezdomny // bezdomna / osoba bez stałego meldunku
e Suppenküche, -n	garkuchnia; organizacja charytatywna przygotowująca jedzenie dla potrzebujących
s Obdachlosenheim, -e	schronisko dla bezdomnych
r **Be**ttler, - // e **Be**ttlerin, -nen	żebrak // żebraczka
betteln (gehen)	(pójść) żebrać

> W niektórych niemieckich miastach bezdomni wydają swoją własną gazetę, np. „BISS" w Monachium (*Bürger in sozialer Not* = obywatele w potrzebie). Dochód ze sprzedaży bezdomni zatrzymują dla siebie. Ta inicjatywa z jednej strony jest próbą resocjalizacji bezdomnych, a z drugiej ma za zadanie uwrażliwić społeczeństwo na problem bezdomności.

s **Existe**nzminimum	minimum egzystencji
am Rand des Existenzminimums leben	żyć na skraju nędzy
Sie leben unterhalb der **A**rmutsgrenze.	Żyją poniżej granicy ubóstwa.
e versteckte Armut	ukryta bieda
e Armutsfalle	błędne koło biedy
Sie haben einen extrem niedrigen **Le**bensstandard.	Ich standard życia jest wyjątkowo niski.
e **Sozi**alhilfe	pomoc / opieka społeczna
Sie sind auf Sozialhilfe angewiesen.	Są zdani na opiekę społeczną.

		9 6/7

Er ist ein Fall für die Sozialhilfe. — Jego przypadek należy zgłosić opiece społecznej.

r *Sozialarbeiter, - //
e *Sozialarbeiterin, -nen
— pracownik // pracownica opieki społecznej

> Przyczynami ubóstwa mogą być: długi (*Schulden*), brak świadczeń emerytalnych / niewystarczające świadczenia emerytalne (*ungenügende Altersvorsorge*), alkoholizm (*Alkoholismus*), choroby psychiczne (*psychische Probleme*), bezrobocie (*Arbeitslosigkeit*), niezdolność do pracy (*Berufsunfähigkeit*), oraz choroby przewlekłe (*langwierige Krankheiten*).

*helfen (hilft, half, hat geholfen) / ein Almosen geben — pomagać / dać jałmużnę
e Spende, -n — datek
für einen karitativen Zweck spenden — dać datek na cel charytatywny

Alkohol und Drogen
Alkohol i narkotyki

e Sucht / e Alkoholsucht / e Nikotinsucht — nałóg / nałóg alkoholowy / uzależnienie od nikotyny
süchtig sein nach (Alkohol) — być uzależnionym od (alkoholu)

> Można też być uzależnionym od czekolady (*schokoladensüchtig*) / deserów (*naschsüchtig*) / jedzenia (*fresssüchtig*) / przygód (*abenteuersüchtig*) / porządków (*putzsüchtig*) / żądzy zemsty (*rachsüchtig*) / władzy (*herrschsüchtig*) / kłótni (*streitsüchtig*).

r *Raucher, - // e Raucherin, -nen — palacz // palaczka
r starke Raucher ↔ r Gelegenheitsraucher — palacz nałogowy ↔ palacz okazyjny

Er ist nikotinsüchtig / nikotinabhängig. — Jest uzależniony od nikotyny.
e Abhängigkeit — uzależnienie
r Alkoholismus — alkoholizm
r Alkoholiker, - //
e Alkoholikerin, -nen /
r / e Alkoholkranke, -n
— alkoholik // alkoholiczka / chory // chora na chorobę alkoholową

r Trinker, - // e Trinkerin, -nen /
r Säufer, - // e Säuferin, -nen *ugs.*
— pijak // pijaczka

Er ist alkoholabhängig. / Er ist Alkoholiker. — Jest uzależniony od alkoholu. / Jest alkoholikiem.

alkoholische ↔ antialkoholische / alkoholfreie Getränke *Pl* — napoje alkoholowe ↔ bezalkoholowe
*trinken (trank, hat getrunken) — pić
sich betrinken (betrank, hat betrunken) — upijać się
Er hat sich sinnlos betrunken. — Upił się do nieprzytomności.

saufen *ugs.*	chlać
betrunken / besoffen *ugs.* ↔ **nüchtern**	pijany / zalany ↔ trzeźwy
beschwipst ↔ stark **alkoholisiert**	podpity / podchmielony ↔ mocno pijany
Schon mittags riecht er nach Alkohol.	Już w południe czuć od niego alkoholem.
r Alkoholmissbrauch	nadużywanie alkoholu
e Alkoholvergiftung	zatrucie alkoholowe
seinen Rausch ausschlafen *ugs.*	przespać się, żeby wytrzeźwieć
einen Kater haben *ugs.*	mieć kaca
r **Alkoholtest**, -s	test na alkohol we krwi
r hohe ↔ niedrige Alkoholgehalt / r Alkoholspiegel (im Blut)	wysoki ↔ niski poziom alkoholu (we krwi)
Er hat 1,2 **Promille** im Blut. / Der Alkoholspiegel betrug 1,2 Promille.	Ma we krwi 1,2 promili. / Poziom alkoholu we krwi wynosił 1,2 promili.
mit dem Trinken *aufhören / das Trinken *__aufgeben__ (gibt auf, gab auf, hat aufgegeben)	skończyć z piciem
e Selbsthilfegruppe, -n	grupa wsparcia
Anonyme Alkoholiker / AA	anonimowi alkoholicy / AA
e ***Droge**, -n / s Suchtmittel, -	narkotyk
harte ↔ **weiche Drogen**	twarde ↔ miękkie narkotyki
e Designerdroge, -n	narkotyk modyfikowany chemicznie
bewusstseinsverändernde Drogen	narkotyki wpływające na świadomość
e Einstiegsdroge	narkotyk o niewielkiej szkodliwości dla zdrowia, którego stałe przyjmowanie może skończyć się uzależnieniem
s **Rauschmittel**, - / s **Rauschgift**, -e	środek odurzający / narkotyk
r Stoff *ugs.*	towar

> Do środków odurzających oprócz nikotyny (*Nikotin*) i alkoholu (**Alkohol*) należą narkotyki modyfikowane chemicznie (*Designer Drogen*) takie jak ecstasy (*Ecstasy*) i inne amfetaminy (*Amphetamine*), a także haszysz (*Haschisch*), marihuana (*Marihuana*), heroina (*Heroin*), LSD (*LSD*), kokaina (*Kokain*) i crack (*Crack*). Także stałe zażywanie leków może prowadzić do uzależnienia (*Abhängigkeit*).

e **Drogenabhängigkeit** / e Drogensucht	uzależnienie od narkotyków / nałóg narkotyczny
r **Drogenmissbrauch**	nadużywanie substancji odurzających
r / e **Drogensüchtige**, -n / r / e Rauschgiftsüchtige, -n	narkoman // narkomanka

Alkohol und Drogen

Narkotyki

Er ist high / im Drogenrausch.	Jest na haju.
Er steht unter dem *Einfluss von Drogen.	Jest pod wpływem narkotyków.
auf einem Trip sein	być na haju
Haschisch / Crack / Heroin *rauchen	palić haszysz / crack / heroinę
Heroin spritzen / injizieren	wstrzykiwać heroinę
Kokain schnupfen oder rauchen	wciągać lub palić kokainę
fixen / drücken / spritzen / sich einen Schuss setzen	strzelić sobie działkę
e Dosis / e Überdosis	działka / przedawkowanie
Der goldene Schuss: Er starb an einer Überdosis.	Złoty strzał: zmarł wskutek przedawkowania.

e **Drogenszene**	półświatek narkotykowy
r **Rauschgifthandel**	handel narkotykami
r Drogendealer, - // e Drogendealerin, -nen / r Rauschgifthändler, - // e Rauschgifthändlerin, -nen	diler narkotykowy
r Drogenkurier, -e // e Drogenkurierin, -nen	kurier dostarczający narkotyki na zamówienie
e Beschaffungskriminalität	przestępczość związana z handlem narkotykami
Die Zahl der Drogentoten steigt ↔ fällt.	Rośnie ↔ Spada liczba zmarłych wskutek przedawkowania narkotyków.
r Drogenfahnder, - // e Drogenfahnderin, -nen	pracownik wydziału ds. naroktyków
e **Legalisierung** / e **Freigabe** von weichen Drogen	legalizacja / dopuszczenie do obrotu miękkich narkotyków
e Drogenberatungsstelle, -n	poradnia dla narkomanów
r **Streetworker**, - [striːtvøːɐ̯kɐ auch …værkɐ] // e **Streetworkerin**, -nen	streetworker // streetworkerka
r Suchtberater, - // e Suchtberaterin, -nen	osoba zatrudniona w poradni dla narkomanów
s Suchttelefon	telefon zaufania dla narkomanów
r Spritzenautomat, -en (in Großstädten)	automat z jednorazowymi strzykawkami (w dużych miastach)
s **Methadon**	metadon
s Methadonprogramm, -e / s Methadonsubstitutionsprogramm, -e	program zakładający zastosowanie metadonu
Sie will von der Sucht loskommen.	Ona chce wyjść z nałogu.
in ein Programm aufgenommen werden	zostać przyjętym na terapię odwykową
Sie sind beide auf Entziehungskur. / auf Entzug. *ugs.*	Obydwoje są na terapii odwykowej. / na odwyku.

Alkohol i narkotyki

e (körperliche / psychische) Entzugserscheinung, -en
Er ist clean / nicht mehr drogenabhängig.

(fizyczny / psychiczny) syndrom abstynencji
On jest czysty / nie jest już uzależniony od narkotyków.

Kriminalität
Przestępczość

e **Kriminalität**
e Wirtschaftskriminalität / e Gewaltkriminalität

przestępczość
przestępstwa gospodarcze / przestępstwa z użyciem przemocy

e Kriminalitätsrate, -n
Die Gewaltkriminalität hat um zwei Prozent zugenommen ↔ abgenommen.

natężenie przestępczości
Ilość przestępstw z użyciem przemocy wzrosła ↔ zmalała o dwa procent.

Er hat sich **strafbar** gemacht.
In diesem Milieu wurde er langsam **kriminell**.

Popełnił czyn karalny.
W tym środowisku stopniowo dopuszczał się coraz cięższych przestępstw.

e Gesetzesübertretung, -en
s *****Verbrechen**, - / e **Straftat**, -en / s Delikt, -e

przekroczenie prawa
przestępstwo; zbrodnia / przestępstwo; czyn karalny / przestępstwo; delikt; wykroczenie

ein Verbrechen begehen
*****hindern** (an + D)
Niemand konnte ihn daran hindern, das Verbrechen zu begehen.
s Vergehen, -
e Ordnungswidrigkeit, -en
verbrecherisch / kriminell
r *****Verbrecher**, - //
e **Verbrecherin**, -nen
polizeilich gesucht
jn bei der Polizei **anzeigen**
sich der Polizei stellen
e Verbrecherkartei, -en
r Schwerverbrecher / r Gewaltverbrecher

popełnić przestępstwo / zbrodnię
zapobiec
Nikt nie mógł zapobiec jego zbrodni.
występek
wykroczenie porządkowe
przestępczy / kryminalny
przestępca

poszukiwany przez policję
donieść policji na kogoś
zgłosić się na policję
kartoteka przestępców
zbrodniarz / przestępca działający z użyciem przemocy

r **Mörder**, - // e **Mörderin**, -nen

morderca; zabójca // morderczyni; zabójczyni

r *****Mord**, -e
r Totschlag
jn **ermorden** / *****töten** / umbringen
Gewalt in der Familie

morderstwo; zabójstwo
zabójstwo
zamordować / zabić kogoś
przemoc w rodzinie

s Sexualverbrechen / r sexuelle Missbrauch	przestępstwo na tle seksualnym / nadużycie seksualne
e misshandelte Ehefrau	maltretowana żona
r Vergewaltiger, -	gwałciciel
r **Bankräuber**, - // e **Bankräuberin**, -nen	bandyta obrabowujący banki
r Banküberfall, ⸚e	napad na bank
eine Bank **ausrauben** / **überfallen** (überfällt, überfiel, hat überfallen)	obrabować / napaść na bank
e Beute	łup
Sie erbeuteten nur 5.000 Euro.	Udało im się ukraść tylko 5.000 euro.
r schwere Raub	ciężki rozbój
jn **erpressen**	szantażować kogoś
r Erpresser, - // e Erpresserin, -nen	szantażysta // szantażystka
e Erpressung, -en	szantaż
jn **entführen**	porwać kogoś
r Entführer, - // e Entführerin, -nen	porywacz // porywaczka
e Entführung, -en	porwanie
e Geisel, -n	zakładnik
r / e **Vermisste**, -n	zaginiony // zaginiona
r **Einbrecher**, - // e **Einbrecherin**, -nen	włamywacz
r **Einbruch**, ⸚e	włamanie
einbrechen (bricht ein, brach ein, ist / hat eingebrochen)	włamać się
Schon mehrmals wurde in das Haus eingebrochen.	Do tego domu włamywano się już wielokrotnie.
r ***Dieb**, -e // e **Diebin**, -nen	złodziej // złodziejka
r Taschendieb / r Autodieb	kieszonkowiec / złodziej kradnący samochody
r Gelegenheitsdieb	złodziej kradnący okazjonalnie
r **Diebstahl**, ⸚e	kradzież
r Ladendiebstahl	kradzież w sklepie
***stehlen** (stiehlt, stahl, hat gestohlen) / klauen *ugs.*	kraść
r **Betrüger**, - // e **Betrügerin**, -nen	oszust // oszustka
e **Bande**, -n	gang
r Fußballrowdy, -s / r Hooligan, -s	pseudokibic / huligan
Er wurde von Rowdys zusammengeschlagen.	Został pobity przez pseudokibiców.
e Prügelei, -en / e Schlägerei, -en	bójka

r Ganove	oszust; złodziej
r Schurke	drań
r Gauner	oszust; złodziej
r Schwindler	kanciarz

r ***Fall**, ⸚e	sprawa
r Kriminalfall / r Mordfall	sprawa kryminalna
einen Fall ***aufklären**	wyjaśnić sprawę

Przestępczość

r *Hinweis, -e	wskazówka; informacja
Die Polizei bekam zahlreiche Hinweise aus der Bevölkerung.	Policja otrzymała liczne informacje od społeczeństwa.
r Detektiv, -e // e Detektivin, -nen	detektyw
e Fahndung	ściganie; poszukiwanie
s Fahndungsfoto, -s	zdjęcie ściganego
Seit drei Monaten fahnden sie nach dem Bankräuber.	Od trzech miesięcy poszukują bandyty obrabowującego banki.
strafrechtlich verfolgen	ścigać sądownie
jn auf frischer Tat ertappen	złapać kogoś na gorącym uczynku
fangen (fängt, fing, hat gefangen) /*fassen	złapać
r *Täter, - // e Täterin, -nen	sprawca // sprawczyni
r mutmaßliche Täter	przypuszczalny sprawca
r Ersttäter / r Rückfalltäter	osoba popełniająca przestępstwo po raz pierwszy / recydywista
r jugendliche Straftäter	młodociany przestępca
Er ist schon in jungen Jahren straffällig geworden.	Już za młodu wchodził w konflikt z prawem.
r *Verdacht, -e	podejrzenie
jn *verdächtigen / einen Verdacht haben	podejrzewać kogoś / mieć podejrzenia
in Verdacht geraten (gerät, geriet, ist geraten)	być podejrzanym
r / e Verdächtige, -n / r Tatverdächtige	podejrzany // podejrzana / podejrzany o dokonanie czynu
e *Anzeige, -n	doniesienie
r Durchsuchungsbefehl	nakaz przeszukania
Er wurde eines Verbrechens beschuldigt.	Został oskarżony o przestępstwo.
e *vorläufige Festnahme	areszt tymczasowy
s Alibi, -s	alibi
r Augenzeuge, -n	świadek naoczny
aussagen / eine Aussage machen (vor +D)	zeznawać / złożyć zeznanie (przed)
*sich weigern	odmówić
e Aussage verweigern	odmówić składania zeznań
leugnen ↔ gestehen (gestand, hat gestanden)	wypierać się; zaprzeczać ↔ przyznać się
s Geständnis, -se	przyznanie się
e Haft	areszt
in Haft / Polizeigewahrsam nehmen	zaaresztować / wziąć do aresztu
r (richterliche) Haftbefehl	(sądowy) nakaz aresztownia
Wir haben einen Haftbefehl gegen ihn.	Mamy nakaz aresztowania go.
festnehmen (nimmt fest, nahm fest, hat festgenommen)	ująć; zatrzymać
*verhaften / in Haft nehmen (nahm, hat genommen) / einsperren	aresztować / aresztować; uwięzić / zamknąć
auf Bewährung freikommen	wyjść na wolność na okres próbny / wyjść warunkowo
r Bewährungshelfer, - // e Bewährungshelferin, -nen	kurator sądowy

10.1 Bildungseinrichtungen
Placówki oświatowe

10.2 Fächer und Fertigkeiten
Przedmioty nauczania i umiejętności

10.3 Abschlüsse und Qualifikationen
Egzaminy i kwalifikacje

10.4 Lehren und Lernen
Nauczanie i uczenie się

10.5 Im Unterricht
Na lekcji

10

Bildung
Edukacja

10.1 Bildungseinrichtungen
Placówki oświatowe

W Republice Federalnej Niemiec zagadnienia związane z oświatą leżą w gestii poszczególnych krajów związkowych – dlatego też system szkolnictwa w całym kraju nie jest jednolity. Postanowienia Stałej Konferencji Ministrów Oświaty Krajów Związkowych (*KMK – Ständige Konferenz der Kultusminister der Bundesländer*) stanowią jednak swoiste wytyczne obowiązujące w całym kraju. Dzięki tym wspólnym ramom system oświatowy w Niemczech pozostaje spójny, możliwe jest też porównanie wyników w nauce uczniów kształcących się w różnych krajach związkowych.

Szkolnictwo publiczne jest w Niemczech nieodpłatne. Także podręczniki przekazywane są uczniom nieodpłatnie.

Wszystkie dzieci w wieku od 6 do 18 lat podlegają obowiązkowi szkolnemu. Minimalne wykształcenie to zakończenie **Grundschule** (szkoła podstawowa, 1. – 4. klasa), a następnie **Hauptschule** (szkoła główna, 5. – 9. klasa) i **Berufsschule** (szkoła zawodowa). Aby zdobyć tzw. **Mittlere Reife** (mała matura), po 4. klasie *Grundschule* lub 6. klasie *Hauptschule* przechodzi się do Gymnasium (gimnazjum, 5. – 12. klasa) lub do **Realschule** (szkoła realna, 7. – 10. klasa). Każdy rodzaj szkoły kończy się innym dyplomem:

Hauptschule (5. – 9. klasa) – *Qualifizierter Hauptschulabschluss / „Quali"*
Realschule (5./7. – 10. klasa) – *Mittlere Reife* (= mała matura)
Gymnasium (5. – 12. klasa) – *Abitur* (= matura)

Uczniowie *Hauptschule* i *Realschule* mogą – jeśli mają dobre wyniki w nauce i zdecydują się uczęszczać przez rok do tzw. klasy przejściowej – przejść do szkoły kończącej się wyżej notowanym dyplomem. Po *Mittlere Reife* można jeszcze dwa lata uczyć się w **Fachoberschule** (11.–12. klasa) i tam zdać *Fachabitur*. Po niej można kontynuować naukę w **Fachhochschule** (szkoła inżynierska). **Gesamtschule** (szkoła zintegrowana, 5.–12. klasa) to *Hauptschule, Realschule* i *Gymnasium* pod jednym dachem.

Ponieważ polski i niemiecki system oświatowy różnią się od siebie, niektóre rodzaje szkół i nazwy dyplomów najlepiej tłumaczyć w sposób opisowy.

r ***Kindergarten**, ¨	przedszkole
e **Vorschule**, -n	przedszkole; zerówka
e ***Schule**, -n	szkoła
e **öffentliche / staatliche Schule**	szkoła publiczna
e **Privatschule**, -n	szkoła prywatna
e **Schulpflicht**	obowiązek szkolny
Mit sechs Jahren werden Kinder in Deutschland schulpflichtig.	W Niemczech obowiązek szkolny dotyczy dzieci od lat sześciu.
zur Schule gehen	chodzić do szkoły
eine **Schule besuchen**	chodzić do szkoły
Welche Schule haben Sie besucht?	Do jakiej szkoły pan chodził?

10

1

Ich war neun Jahre am Albert-Einstein-Gymnasium in Frankfurt.	Dziewięć lat chodziłem do gminazjum im. Alberta Einsteina we Frankfurcie.
e **Grundschule**, -n	szkoła podstawowa /
kiedyś: Volksschule, -n	szkoła powszechna
e Volksschule, -n *österr.*	szkoła podstawowa
e Primarschule, -n *schweiz.*	szkoła podstawowa
e **Förderschule**, -n	szkoła specjalna
e Sonderschule, -n *österr.*	szkoła specjalna
e Spezialschule, -n *schweiz.*	szkoła specjalna
e **Hauptschule**, -n	szkoła główna
e **Realschule**, -n	szkoła realna dla dzieci w wieku od 10 do 16 lat, kończąca się tzw. małą maturą „*Mittlere Reife*"
s **Gymnasium**, Gymnasien	gimnazjum
s ***Abitur** Sg* / e ***Matura** Sg österr./schweiz.* (Verb: maturieren)	matura (czasownik: zdawać maturę)
e **Gesamtschule**, -n	szkoła zintegrowana 5.–12. klasa
s **Internat**, -e	internat
e **Abendschule**, -n	szkoła wieczorowa
Auch bereits Berufstätige können das Abitur an einer Abendschule nachholen.	W szkole wieczorowej także pracujący mogą zdać maturę.
die höhere / weiterführende Schule	szkoła średnia [Realschule bądź Gymnasium]
e **Fachoberschule**, -n	wyższa szkoła zawodowa [dla 16-18-latków z tzw. małą maturą, kończy się „Fachhochschulreife", czyli świadectwem dojrzałości wyższej szkoły zawodowej]
e **Berufsschule**, -n	szkoła zawodowa
e **Berufsfachschule**, -n	szkoła zawodowa
e **Handelsschule**, -n	szkoła handlowa
r **zweite Bildungsweg**	kształcenie się w systemie wieczorowym/zaocznym/ korespondencyjnym

> Po zakończeniu Hauptschule lub Realschule młodzi ludzie mogą zdecydować się na tzw. **Lehre** (system praktyk zawodowych). Lehre trwa zwykle trzy lata, w jego ramach przez cztery dni w tygodniu młodzież nabiera doświadczenia zawodowego pracując w zakładzie, a przez jeden dzień w tygodniu uczestniczy w zajęciach teoretycznych w **Berufsschule** (szkole zawodowej). Tam **Lehrlinge** (uczniowie) oprócz matematyki, niemieckiego, angielskiego oraz wiedzy o społeczeństwie zdobywają też praktyczną wiedzę zawodową.
> Po zakończeniu praktyk i kilku latach pracy w zawodzie **Geselle** (czeladnik) może pójść do **Meisterschule** (szkoła mistrzowska) i zdać egzamin mistrzowski (**Meister**).

Placówki oświatowe

e ***Lehre**, -n — nauka zawodu; praktyki zawodowe
r ***Lehrling**, -e — uczeń
r **Geselle**, -n — czeladnik
r ***Meister**, - — mistrz

> Większość *Universitäten* i *Hochschulen* (uniwersytety i szkoły wyższe) w Niemczech to instytucje państwowe i bezpłatne (stan na rok 2003). Istnieje też kilka *private Universitäten / Hochschulen* (prywatne uniwersytety / szkoły wyższe), na których pobiera się czesne.
> Studia wyższe w Niemczech trwają przeciętnie 4–5 lat i kończą się *Diplom-*, *Magister-* lub *Staatsprüfung* (egzaminem dyplomowym, magisterskim albo państwowym). Kolejny stopień naukowy uzyskuje się po *Doktorprüfung / Promotion* (doktorat). Na niektórych uniwersytetach organizowane są krótsze progamy naukowe kończące się dyplomem MBA.
> *Fachhochschulen* (szkoły inżynierskie) zapewniają przede wszystkim ściśle ukierunkowane praktyczne wykształcenie w dziedzinach technicznych, gospodarczych, społecznych i rolniczych. Nauka w szkole kończy się *Diplomprüfung* (egzaminem dyplomowym). Czas studiów jest krótszy, niż na szkołach wyższych.
> Choć austriacki model szkolnictwa wyższego zasadniczo podobny jest do niemieckiego, istnieją dwie istotne różnice: po pierwsze w Austrii zarówno państwowe uniwersytety, jak i inne szkoły wyższe są odpłatne, a po drugie studia w Austrii zazwyczaj kończą się egzaminem dyplomowym.

e ***Universität**, -en / e ***Hochschule**, -n — uniwersytet / szkoła wyższa
e Technische Universität, -en / TU — politechnika
e Fachhochschule, -n / FH — szkoła inżynierska
e **Fernuniversität**,- en — uniwersytet oferujący wyłącznie studia zaoczne i korespondencyjne

die private / staatliche Universität — prywatny / państwowy uniwersytet
r **Studienplatz**, ⸚e — miejsce na studiach
sich an der Universität Heidelberg um einen Studienplatz in Jura ***bewerben** (bewirbt, bewarb, hat beworben) — starać się o miejsce na wydziale prawa Uniwersytetu w Heidelbergu
sich an der Universität **einschreiben** (schrieb ein, hat eingeschrieben) / **immatrikulieren** — zapisać się na uniwersytet
einen Studienplatz an der Universität bekommen — dostać się na uniwersytet
inskribieren *österr.* — zapisać się
an der Universität / Fachhochschule ***studieren** — studiować na uniwersytecie / w szkole inżynierskiej
Sie ist Professorin an der Universität Jena. — Ona jest profesorem na uniwersytecie w Jenie.

e **Fakultät**, -en / s Department, -s — wydział
Sie studiert an der medizinischen Fakultät der Universität Köln. — Studiuje na wydziale medycyny na Uniwersytecie w Kolonii.

r **Lehrstuhl**, ⸗e für (Germanistik) katedra (germanistyki)
r **Fachbereich**, -e wydział
r Fachbereich (für) Philosophie wydział filozofii
e **Kunstakademie**, -n / e **Hochschule** akademia sztuk pięknych
der Künste
s **Forschungsinstitut**, -e instytut badawczy
e *****Erwachsenenbildung** edukacja dorosłych
e **Volkshochschule**, -n uniwersytet ludowy
r Vormittagskurs, -e / Nachmittagskurs / kurs poranny / popołudniowy /
Abendkurs wieczorny
sich einschreiben / an einem Kurs zapisać się na kurs / wziąć udział w
*****teilnehmen** (nimmt teil, nahm teil, kursie
hat teilgenommen)

Volkshochschulen (uniwersytety ludowe) to niezależne placówki oświatowe, które oferują szereg kursów pogłębiających zarówno wiedzę praktyczną, jak i teoretyczną. Oferta programowa uniwersytetów ludowych jest bardzo bogata – od kursów astronomii poprzez naukę języków obcych, zajęcia artystyczne, sportowe, aż po kursy medytacji zen. W Niemczech istnieje ok. 1500 Volkshochschulen. Są one finansowane przez gminy, a kraje związkowe dodatkowo udzielają im dotacji. Wielu obywateli Niemiec korzysta z oferowanych przez Volkshochschulen możliwości niedrogiego poszerzania wiedzy.

Fächer und Fertigkeiten
Przedmioty nauczania i umiejętności

s (Unterrichts-) *****Fach**, ⸗er przedmiot (nauczania)
r (Unterrichts-) Gegenstand, ⸗e *österr.* przedmiot (nauczania)
s **Hauptfach** przedmiot główny
s **Nebenfach** przedmiot uzupełniający
s Wahlfach przedmiot fakultatywny
r Freigegenstand, ⸗e *österr.* przedmiot fakultatywny
s Pflichtfach przedmiot obowiązkowy
Mein **Lieblingsfach** ist Physik. Moim ulubionym przedmiotem
jest fizyka.

Do *Hauptfächer* (przedmioty główne) w niemieckich szkołach (od 5. klasy) należą: matematyka, język niemiecki i języki obce. Do *Nebenfächer* (przedmiotów uzupełniających) należą: biologia, fizyka, chemia, geografia, historia, wiedza o społeczeństwie, podstawy gospodarki i prawa, religia, plastyka, muzyka i wf. Każdy przedmiot ma zazwyczaj bardzo ściśle określony program nauczania, który różnić się może w zależności od kraju związkowego. Zanim podręczniki dopuszczone zostaną do użytku szkolnego, muszą je zaakceptować ministerstwa oświaty.

10
2/3

r **Lehrplan**, ⸚e /	program nauczania
s **Curriculum**, Curricula	
s **Hörverstehen** / Hörverständnis	rozumienie ze słuchu
s **Leseverstehen** / Leseverständnis	czytanie
s *****Schreiben**	pisanie
s **Sprechen**	mówienie
s **Diktat**, -e	dyktando
Heute schreiben wir ein Diktat.	Dziś napiszemy dyktando.
r **Aufsatz**, ⸚e	wypracowanie
einen Aufsatz schreiben (über +A)	napisać wypracowanie (o)
e *****Übung**, -en	ćwiczenie
üben	ćwiczyć

Abschlüsse und Qualifikationen
Egzaminy i kwalifikacje

*****prüfen**	egzaminować; sprawdzać
e *****Prüfung**, -en	egzamin
e **Abschluss**- / **Diplom**- / **Führerscheinprüfung**	egzamin końcowy / egzamin dyplomowy / egzamin na prawo jazdy
s **Examen**, Examina	egzamin zazwyczaj dyplomowy na studiach
r **Test**, -s	test
s *****Abitur** *Sg*	matura
*****entschlossen sein** (ist, war, ist gewesen)	być zdecydowanym
Er ist fest entschlossen, nach dem Abitur zur Uni zu gehen.	On jest zdecydowany pójść na studia po maturze.

> Rodzaje testów: *Eignungstest* (test kwalifikacyjny), *Einstufungstest* (test klasyfikujący), *Multiple Choice Test* (test wielokrotnego wyboru) lub *Lückentest* (test do wypełnienia). *Examen* to egzamin końcowy na uniwersytecie lub szkole wyższej. *Prüfungen* (egzaminy) to albo *Eignungsprüfungen* (egzaminy kwalifikacyjne) przed rozpoczęciem danego etapu edukacji lub kursu (np. dla pilotów) albo egzaminy semestralne lub końcowe na zakończenie pewnego etapu edukacji lub kursu.

e **schriftliche** / **mündliche Prüfung**	egzamin pisemny / ustny
sich auf eine Prüfung / ein Examen / einen Test *****vorbereiten**	przygotowywać się do egzaminu / egzaminu końcowego / testu
für/auf eine Prüfung / ein Examen *****lernen**	uczyć się do egzaminu / egzaminu końcowego
eine Prüfung / ein Examen **ablegen** / machen	zdawać egzamin / egzamin końcowy
e **Aufnahmeprüfung**, -en	egzamin wstępny

Im Juni mache ich die Abschlussprüfung.	W czerwcu zdaję egzamin końcowy.
eine Prüfung / ein Examen *best**e**hen (bestand, hat bestanden)	zdać egzamin / egzamin końcowy
Beim zweiten Versuch hat er das Staatsexamen gesch**a**fft.	Za drugim razem zdał egzamin państwowy.
durch die Prüfung fallen / d**u**rchfallen (fällt durch, fiel durch, ist durchgefallen)	nie zdać egzaminu / oblać egzamin
Sie ist in der Matheprüfung durchgefallen.	Oblała egzamin z matematyki.
Der Doktor der Medizin ist in den Ländern der EU **a**nerkannt.	Dyplom lekarza medycyny jest honorowany/uznawany w krajach UE.
s *Zertif**i**kat, -e	certyfikat; zaświadczenie
r *Sch**ei**n, -e	zaliczenie; dowód zaliczenia kursu na uniwersytecie / szkole wyższej
e Prüfung, -en *österr.*	egzamin; zaliczenie
s Testatblatt, ⸚er *schweiz.*	zaliczenie
Ich habe zwei Scheine in englischer Literatur gemacht.	Zaliczyłam dwa kursy z literatury angielskiej.
s *Result**a**t, -e	wynik
e *N**o**te, -n / e Zens**u**r, -en	ocena
Ich habe eine Eins in Englisch bekommen.	Dostałam jedynkę z angielskiego.
r H**o**chschulabsolvent, -en // e H**o**chschulabsolventin, -nen	absolwent szkoły wyższej // absolwentka szkoły wyższej
r Akad**e**miker, - // e Akad**e**merin, -nen	osoba z wyższym wykształceniem
r Abitur**ie**nt, -en // e Abitur**ie**ntin, -nen	maturzysta // maturzystka
r Maturant, -en // e Maturantin, -nen *österr.*	maturzysta // maturzystka
r Maturand, -en // e Maturandin, -nen *schweiz.*	maturzysta // maturzystka
s *St**u**dium ***a**bschließen (schloss ab, hat abgeschlossen)	skończyć studia
e Sponsion, -en *österr.*	uroczyste nadanie tytułu magistra lub magistra inżyniera na wyższych uczelniach w Austrii
Sie hat letztes Jahr ihren Universitätsabschluss gemacht.	W zeszłym roku zrobiła dyplom na uniwersytecie.
Sie hatte letztes Jahr Sponsion. *österr.*	W zeszłym roku uzyskała tytuł magistra/magistra inżyniera. / W zeszłym roku skończyła studia.
e **A**bschlussfeier, -n (mit Überreichung der Zeugnisse)	ceremonia wręczenia świadectw

3

Stopnie	w szkole	na uniwersytecie, przyznawane podczas doktoratu
eins	= *sehr gut (bardzo dobry)	summa cum laude
zwei	= *gut (dobry)	magna cum laude
drei	= *befriedigend (zadowalający)	cum laude
vier	= ausreichend (dostateczny)	rite
fünf	= mangelhaft (mierny)	
sechs	= ungenügend (niedostateczny)	

s ***Zeugnis**, -se	świadectwo
s Zwischenzeugnis / s Jahreszeugnis	świadectwo semestralne / roczne
s Abschlusszeugnis	świadectwo końcowe
s **Diplom**, -e	dyplom
e Diplomprüfung, -en	egzamin dyplomowy
Er ist Diplompsychologe.	Jest dyplomowanym psychologiem.
r **Magisterabschluss** / r Magister	tytuł magistra
s Lizentiat *schweiz.*	tytuł magistra
e **Magisterprüfung**, -en	egzamin magisterski
e Diplomprüfung, -en *österr. / schweiz.*	egzamin magisterski
e Lizentiatsprüfung, -en *schweiz.*	egzamin magisterski
sich zur Prüfung ***anmelden**	zgłosić się/zapisać się na egzamin
Im Juni habe ich meine Magisterprüfungen **abgelegt**.	W czerwcu zdałem egzamin magisterski.
s **Aufbaustudium** / s **Zweitstudium**	studia podyplomowe/ drugi fakultet
die **Doktorarbeit** / **Dissertation** *schreiben (schrieb, hat geschrieben)	pisać pracę doktorską
e **Promotion**	doktorat
s Doktorat *schweiz.*	doktorat
Sie hat letztes Jahr in Medizin **promoviert**.	W zeszłym roku przyznano jej tytuł doktora medycyny.
e **Habilitation**	habilitacja
sich **habilitieren**	habilitować się

***Ausbildung**
Sie macht eine Ausbildung zur Industriekauffrau. – Ona kształci się na pracownicę biurowo-administracyjną w przedsiębiorstwie przemysłowym.

***Weiterbildung**
Ich bin von Beruf Lehrer und möchte mich zum Programmierer weiterbilden lassen. – Z zawodu jestem nauczycielem i chciałbym dodatkowo uzyskać kwalifikacje do wykonywania zawodu programisty.

Fortbildung
Man sollte mindestens einmal pro Jahr eine Fortbildung machen, damit man in seinem Beruf immer auf dem neuesten Stand ist.– Przynajmniej raz w roku należy wziąć udział w kursie doszkalającym, tak aby zawsze być na bieżąco w swoim zawodzie.

Lehren und Lernen
Nauczanie i uczenie się

10
4

*unterrichten	nauczać / uczyć (kogoś)
r *Unterricht Sg	zajęcia; lekcja
r Fremdsprachenunterricht	lekcja języka obcego
Unterricht **geben** (gibt, gab, hat gegeben) / **erteilen**	udzielać lekcji
r Privatunterricht	prywatna lekcja
Sie gibt ↔ nimmt Privatunterricht in Englisch.	Ona udziela prywatnych lekcji angielskiego ↔ bierze prywatne lekcje angielskiego.
e *Sprache, -n / e *Fremdsprache, -n	język / język obcy
*sprechen (spricht, sprach, hat gesprochen)	mówić
r *Kurs, -e / r Sprachkurs, -e	kurs / kurs językowy
e *Stufe, -n / s Niveau, -s	poziom
e *Anmeldung, -en	zapisanie się
(sich) *anmelden ↔ (sich) *abmelden	zapisać (się) ↔ wypisać (się)
einen Kurs *besuchen / an einem Kurs *teilnehmen (nimmt teil, nahm teil, hat teilgenommen)	uczęszczać na kurs / uczestniczyć w kursie
einen Kurs / ein Seminar **halten** (hält, hielt, hat gehalten) / geben	nauczać na kursie / prowadzić kurs / seminarium
s *Semester, -n	semester
r Lehrgang, ⸚e	kurs
Er hat an einem Lehrgang für Erste Hilfe teilgenommen.	Wziął udział w kursie pierwszej pomocy.
lehren (nur an Universität gebräuchlich)	wykładać
Er lehrt Philosophie an der Universität.	Wykłada filozofię na uniwersytecie.
r Dozent, -en // e Dozentin, -nen	wykładowca
Sie ist Dozentin für Deutsche Geschichte an der Humboldt-Universität.	Ona wykłada historię Niemiec na Uniwersytecie Humboldta.
e studentische Hilfskraft, ⸚e	student asystent
r Assistent, -en // e Assistentin, -nen	asystent // asystentka
r Juniorprofessor, -en	młodszy profesor
r *Professor, -en // e Professorin, -nen	profesor
sich auf einen Lehrstuhl bewerben	starać się o stanowisko profesora / wykładowcy na wyższej uczelni
r Dekan, -e // e Dekanin, -nen	dziekan
*studieren (nur an Universität / Hochschule)	studiować
Er studiert Physik an der Fachhochschule.	Studiuje fizykę w szkole inżynierskiej.
r *Student, -en // e Studentin, -nen	student // studentka
r *Schüler, - // e Schülerin, -nen	uczeń // uczennica

10.4

r *Lehrer, - // e Lehrerin, -nen	nauczyciel // nauczycielka
Sie ist Lehrerin für Französisch und Deutsch.	Jest nauczycielką francuskiego i niemieckiego.
Ich möchte Lehrer werden.	Chciałbym zostać nauczycielem.
s Lehrerkollegium	kolegium nauczycielskie
s Lehrmaterial, -ien	pomoce naukowe
s Lehrbuch, ⸚er	podręcznik
In diesem Kurs haben wir sehr gute Lehrbücher.	Na tym kursie mamy bardzo dobre podręczniki.
jm etwas **beibringen** (brachte bei, hat beigebracht)	czegoś kogoś nauczyć
Mein Papa hat mir das Fahrradfahren beigebracht.	Mój tata nauczył mnie jeździć na rowerze.
ausbilden	kształcić; szkolić
Sie bildet Lehrer an öffentlichen Schulen im Fach Schulpsychologie aus.	Ona kształci nauczycieli szkół publicznych w zakresie psychologii nauczania.
motivieren	motywować
die Schüler zum Lernen motivieren	motywować uczniów do nauki
Die Studenten in meinem Seminar sind sehr motiviert.	Studenci na moim seminarium są badzo zmotywowani.
e **Motivation** / r **Anreiz**	motywacja / bodziec
*lernen	uczyć się
ein Gedicht auswendig lernen	nauczyć się wiersza na pamięć
Gestern habe ich noch bis Mitternacht Physik gelernt.	Wczoraj jeszcze do północy uczyłem się fizyki.
Sie lernt schnell ↔ langsam.	Ona uczy się szybko ↔ powoli.
Für unser Examen müssen wir noch viel lernen.	Przed egzaminem musimy się jeszcze dużo nauczyć.
e **Lernstrategie**, -n	strategia uczenia się
e Lerntechnik, -en	metoda uczenia się
r Lernprozess, -e	proces uczenia się
s **Lernziel**, -e	cele nauczania (Pl)
Wir haben unser Lernziel erreicht.	Osiągnęliśmy nasze cele nauczania.
lernfähig sein (ist, war, ist gewesen)	szybko przyswajać wiedzę
etw **anwenden**	coś wykorzystać
e *Regel, -n ↔ e *Ausnahme, -n	reguła / zasada ↔ wyjątek
Ich habe die Regeln zwar gelernt, aber ich kann sie noch nicht immer anwenden.	Wprawdzie nauczyłem się już zasad, ale nie umiem ich jeszcze stosować.
(sich) *merken	zapamiętać (sobie)

Lehren und Lernen

Łatwo pomylić:

sich etw merken	coś sobie zapamiętać [na przyszłość]
*sich erinnern	pamiętać / przypominać sobie [z przeszłości]
*überlegen	zastanawiać się
*denken	myśleć; sądzić
*nachdenken	rozmyślać; zastanawiać się
*bemerken	zauważyć; spostrzegać
merken	zapamiętać

*sich konzentrieren	koncentrować się
*lesen (liest, las, hat gelesen)	czytać
den Text still ↔ laut lesen	czytać tekst po cichu ↔ na głos
Ich werde euch den Text vorlesen. (liest vor, las vor, hat vorgelesen)	Przeczytam wam ten tekst na głos.
r multimediale Unterricht	zajęcia multimedialne (Pl)
e **Hausaufgabe**, -n	praca domowa
e Hausübung, -en *österr.*	praca domowa
Hausaufgaben *aufgeben (gibt auf, gab auf, hat aufgegeben)	zadać pracę domową
Hausaufgaben *machen	odrobić pracę domową
Heute hat uns unsere Lehrerin aber viel aufgegeben.	Dzisiaj nasza nauczycielka dużo nam zadała.
Was hast du auf?	Co masz zadane?
e ***Mühe**, -n	wysiłek; trud
Du solltest dir mehr Mühe bei der Hausaufgabe geben.	Powinieneś bardziej się starać przy odrabianiu lekcji.
Die Mühe hat sich gelohnt.	Ten wysiłek/trud się opłacił.

Im Unterricht
Na lekcji

e **Unterrichtsstunde**, -n	lekcja
Heute haben wir zwei Stunden Deutsch.	Dziś mamy dwie lekcje niemieckiego.
r ***Schüler**, - // e **Schülerin**, -nen	uczeń // uczennica
r ***Lehrer**, - // e **Lehrerin**, -nen	nauczyciel // nauczycielka
r **Kursteilnehmer**, - // e **Kursteilnehmerin**, -nen	kursant // kursantka
r ***Kursleiter**, - // e ***Kursleiterin**, -nen	prowadzący kurs // prowadząca kurs
*anwesend ↔ *abwesend	obecny ↔ nieobecny
e Anwesenheit ↔ e Abwesenheit kontrollieren	sprawdzać obecność ↔ nieobecność

10.5

s **Klassenzimmer**, - / r **Kursraum**, ⸚e / r **Unterrichtsraum**, ⸚e	klasa / sala / sala
e ***Tafel**, -n	tablica
etwas an die Tafel schreiben	pisać coś na tablicy
e Tafel putzen	zetrzeć tablicę
r Tageslichtprojektor, -en / r Overheadprojektor, -en [oʊvəhɛdprojɛkto:ɐ̯]	rzutnik
die Texte / Hefte / Bücher **austeilen** ↔ **einsammeln**	rozdać ↔ zebrać teksty / zeszyty / książki
e Bücher **aufschlagen** (schlägt auf, schlug auf, hat aufgeschlagen)	otworzyć książki
Schlagen Sie bitte die Bücher auf Seite 45 auf!	Proszę otworzyć książki na stronie 45!
Lesen Sie bitte …	Proszę przeczytać …
Wörter im Text ***markieren**	zaznaczyć słowa w tekście
Haben Sie das verstanden?	Zrozumiał pan?
Schließen Sie bitte die Bücher.	Proszę zamknąć książki.
e **Partnerarbeit** / e **Gruppenarbeit**	ćwiczenie w parach / grupach
Die nächste Übung machen wir in Partnerarbeit.	Następne ćwiczenie przeprowadzimy w parach.
einen **Dialog spielen**	odegrać dialog
die Handlung ***zusammenfassen**	streścić akcję
eine kurze Zusammenfassung des Textes geben	streścić tekst
die Hand ***heben** (hob, hat gehoben)	podnieść rękę
Bitte heben Sie die Hand, wenn Sie etwas sagen wollen.	Jeśli chcą państwo coś powiedzieć, proszę podnieść rękę.
Wer **ist** als Nächster **dran**? – Ich bin dran.	Kto następny? – Teraz moja kolej.
Würden Sie bitte etwas lauter sprechen?	Czy może pan mówić trochę głośniej?
Würden Sie das bitte noch einmal wiederholen?	Czy może pan powtórzyć?
*****aufmerksam**	uważny; uważnie
Die Kinder hören der Lehrerin aufmerksam zu.	Dzieci uważnie słuchają nauczycielki.
e **Hausaufgabe**, -n	praca domowa
e Hausübung, -en *österr.*	praca domowa
Als Hausaufgabe machen Sie bitte …	Jako pracę domową proszę zrobić …
die Hausaufgabe *****abgeben** (gibt ab, gab ab, hat abgegeben) / **kontrollieren** / **besprechen** (bespricht, besprach, hat besprochen)	oddać / sprawdzić / omówić pracę domową

11.1 Bildende Kunst
Sztuki plastyczne

11.2 Architektur
Architektura

11.3 Fotografie
Fotografia

11.4 Musik und Tanz
Muzyka i taniec

11.5 Theater und Film
Teatr i kino

11.6 Literatur
Literatura

11.7 Philosophie
Filozofia

11.8 Religion
Religia

11

Kulturelles Leben
Kultura

Bildende Kunst
Sztuki plastyczne

e *Kunst, ⸚e / e bildende Kunst	sztuka / sztuki plastyczne
Kunst und *Kultur	kultura i sztuka
die schönen Künste *Pl*	sztuki piękne
künstlerisch	artystyczny
künstlerisch wertvoll ↔ kitschig	wartościowe pod względem artystycznym ↔ kiczowate
r *Künstler, - // e Künstlerin, -nen	artysta // artystka
r frei schaffende Künstler	artysta wykonujący wolny zawód
ein berühmter / bekannter / namhafter ↔ (eher) unbekannter Künstler	sławny / znany / znany ↔ (raczej) nieznany artysta
ein erfolgreicher ↔ erfolgloser Künstler	artysta, który osiągnął sukces ↔ artysta, który nie osiągnął sukcesu
s Kunstwerk, -e	dzieło sztuki
ein Kunstwerk *schaffen (schuf, hat geschaffen) / anfertigen	stworzyć dzieło sztuki
e Malerei	malarstwo
e moderne Malerei	malarstwo współczesne
e zeitgenössische ↔ alte Kunst	sztuka współczesna ↔ sztuka starożytna
figurativ / gegenständlich ↔ abstrakt	symboliczny / realistyczny ↔ abstakcyjny
realistisch ↔ surreal	realistyczny ↔ surrealistyczny
r Stil, Stilarten / Stilrichtungen	styl, style w sztuce
e Epoche, -n / e Kunstepoche	epoka / epoka w sztuce

Epoki malarskie

e romanische Kunst	sztuka romańska
e Gotik	gotyk
e Renaissance	renesans
r Barock	barok
r Realismus	realizm
r Impressionismus	impresjonizm
r Jugendstil	secesja
e neue Sachlichkeit	neorealizm
r Expressonismus	ekspresjonizm
r Futurismus	futuryzm
r Kubismus	kubizm
r Dadaismus	dadaizm
r Surrealismus	surrealizm
e Moderne	modernizm
e Postmoderne	postmodernizm

11
1

Aby nazwać malarza danej epoki, wystarczy przekształcić końcówkę nazwy epoki. I tak -*ismus* lub -*e* zastąpić trzeba końcówką -*ist*, np. *der Impressionismus / die Impressionisten* (impresjoniści). Zawsze można też użyć określenia *die Maler des Impressionismus* (malarze impresjoniści).

r **Maler**, - // e **Malerin**, -nen	malarz // malarka
r **Zeichner**, - // e **Zeichnerin**, -nen	kreślarz // kreślarka
r **Graphiker**, - // e **Graphikerin**, -nen	grafik
***malen** / ***zeichnen**	malować / rysować; kreślić
s ***Bild**, -er / s **Gemälde**, -	obraz
ein kostbares / wertvolles ↔ wertloses Gemälde	wartościowy ↔ bezwartościowy obraz
e ***Zeichnung**, -en	rysunek
r ***Druck**, -e	druk
Wie hoch war die Auflage?	Ile wyniósł nakład?
***hängen** (hing, hat / ist gehangen)	wisieć
Das Bild hängt im ersten Ausstellungsraum links.	Ten obraz wisi w muzeum w pierwszej sali wystawowej po lewej stronie.
Auf dem Bild sind drei Frauen zu ***sehen** (sieht, sah, hat gesehen) / ***erkennen** (erkannte, hat erkannt).	Na tym obrazie są / zobaczyć można trzy kobiety.
e **Skizze**, -n	szkic
r Skizzenblock / s Skizzenheft	blok do szkicowania / szkicownik
skizzieren	szkicować

s *Ölbild*, -er	obraz olejny
s *Aquarell*, -e	akwarela
s *Temperabild*, -er	tempera
s *Gouache*, -n [gu̯a(:)ʃ]	gwasz
s *Fresko*, -s	fresk
e *Tuschezeichnung*, -en	rysunek tuszem
s *Faksimile*, -s [fak'ziːmile]	faksymile
e *Collage*, -n [kɔ'laːʒə]	kolaż
e *Illustration*, -en	ilustracja
e *Karikatur*, -en / r / s *Cartoon*, -s [kar'tuːn]	karykatura / komiks
r *Kunstdruck*, -e	druk artystyczny
e *Drucktechnik*, -en	techniki drukowania
e *Radierung*, -en	rycina
e *Lithographie*, -n	litografia
r *Holzschnitt*, -e	drzeworyt
r *Linolschnitt*, -e	linoryt
s *Graffiti*, -s [gra'fiːti]	graffiti

Sztuki plastyczne

s *Original, -e ↔ e Fälschung, -en — oryginał ↔ podróbka
Ist das ein Original? — Czy to oryginał?
echt ↔ unecht — autentyczny ↔ nieautentyczny
s Echtheitszertifikat, -e — świadectwo autentyczności
e Reproduktion, -en — reprodukcja
ein echter Hieronymus Bosch — oryginalny Hieronymus Bosch
r (alte) Schinken ugs. — bohomaz
restaurieren (lassen) — odrestaurować
s Motiv, -e — motyw
e Landschaftsmalerei, -en — pejzaż
s Stillleben, - — martwa natura
s Porträt / Portrait, -s / s Bildnis, -se — portret
s Selbstporträt / s Selbstbildnis — autoportret
sich porträtieren lassen — dać się sportretować
ein sitzender / stehender / liegender Akt — akt siedzący / stojący / leżący
Akt zeichnen / malen — narysować / namalować akt
e Perspektive, -n — perspektywa
e Zentralperspektive — perspektywa środkowa
perspektivisch *richtig ↔ *falsch — dobrze ↔ źle oddana perspektywa
r *Gegenstand eines Bildes — temat obrazu
e Anordnung, -en — układ
e Komposition, -en — kompozycja
eine spannende Komposition — interesująca kompozycja
e Kontur, -en — kontur
klare ↔ verwischte Konturen — wyraźne ↔ zamazane kontury
r Lichteinfall — padanie światła
s Licht- und Schattenspiel — gra światła i cieni
*hell ↔ *dunkel — jasny ↔ ciemny
im Hintergrund ↔ im Vordergrund — w tle ↔ na pierwszym planie
in der Bildmitte / im Zentrum ↔ am Bildrand — pośrodku ↔ z boku obrazu

e Maltechnik, -en — technika malarska
r Pinsel, - — pędzel
r Pinselstrich, -e — pociągnięcie pędzlem
e *Farbe, -n — farba; kolor; barwa

Kolory

schwarz	czarny	rosa	różowy
weiß	biały	lila	liliowy
*rot	czerwony	violett [vi̯oˈlɛt]	fioletowy
*gelb	żółty	pink	różowy
*blau	niebieski	orange [oˈrãːʒə auch oˈrãːʃ]	pomarańczowy
*grün	zielony		
*grau	szary	*braun	brązowy
beige [beːʃ auch bɛːʃ]	beżowy		

Mein Hemd ist weiß. – Moja koszula jest biała.
Die Farbe Weiß. – Biały kolor.

Bildende Kunst

Komplementärfarben *Pl*	kolory dopełniające się
r **Farbkontrast**, -e	kontrast kolorystyczny
warme ↔ kalte Farben	ciepłe ↔ zimne kolory
e Farbgebung	koloryt
einfarbig / **monochrom** ↔ **zweifarbig** / **mehrfarbig**	jednokolorowy / monochromatyczny ↔ dwukolorowy / wielokolorowy
Farbe dick ↔ dünn auftragen	położyć grubą ↔ cienką warstwę farby
e **Tinte** / e **Tusche**	atrament / tusz
e Tube, -n	tuba
e Palette, -n	paleta
e Staffelei, -en	sztaluga
s **Atelier**, -s / s ***Studio**, -s	pracownia / studio
Sie arbeitet **im Freien**, nicht im Atelier.	Ona pracuje na wolnym powietrzu, nie w pracowni.
e **Leinwand**, ⸚e / s ***Papier** *Sg*	płótno / papier
r **Rahmen**, - / r **Bilderrahmen**	rama / rama obrazu
ein Bild rahmen (lassen)	oprawić (obraz) w ramy
e **Installation**, -en / e **Videoinstallation**	instalacja / instalacja wideo
e Aktionskunst	sztuka akcji
s **Kunsthandwerk** *Sg*	sztuka użytkowa
e **Bildhauerei** *Sg*	rzeźbiarstwo
r **Bildhauer**, - // e **Bildhauerin**, -nen	rzeźbiarz // rzeźbiarka
plastisch	plastyczny
e **Skulptur**, -en / e ***Plastik**, -en	rzeźba
e **Statue**, -n / e ***Figur**, -en	statua / figura
e Marmorstatue, -n	statua z marmuru
e Gipsfigur	figura gipsowa
in ***Stein** meißeln / den Stein bearbeiten	rzeźbić w kamieniu / obrabiać kamień
e Büste, -n / e Bronzebüste	popiersie / popiersie z brązu
in Bronze [ˈbrõːsə *auch* ˈbrɔŋsə] **gießen** (goss, hat gegossen)	odlewać w brązie
e Holzschnitzerei	praca w drewnie
(Holz) **schnitzen**	rzeźbić (w drewnie)
in Ton modellieren	lepić z gliny
s Relief, -s	relief
s Hochrelief ↔ s Flachrelief	wypukłorzeźba ↔ płaskorzeźba
s **Mosaik**, -en	mozaika
mit Marmorintarsien verziert	ozdobiony marmurową wykładanką
s **Kunstgewerbe**	rzemiosło artystyczne
e **Keramik**, -en	ceramika
e Glasbläserei	wydmuchiwanie szkła
e Goldschmiedekunst	złotnictwo
r Schmuckdesigner, - // e Schmuckdesignerin, -nen	projektant biżuterii // projektantka biżuterii

Sztuki plastyczne

11
1

e ***Ausstellung**, -en	wystawa
In der Ausstellung werden Bilder von Kandinsky gezeigt.	Na tej wystawie prezentowane są obrazy Kandinskiego.
eine Ausstellung zeitgenössischer österreichischer Künstler	wystawa współczesnej sztuki austriackiej
s **Ausstellungsstück**, -e	eksponat
ausgefallene Ausstellungsstücke	nietypowe eksponaty
r **Ausstellungskatalog**, -e	katalog wystawowy
Kann ich den Katalog mal durchblättern / ansehen?	Czy mogę przejrzeć / obejrzeć katalog?
s **Plakat**, -e // s **Poster**, - ['po:stɐ]	plakat
e Kunstpostkarte, -n	kartka pocztowa z drukiem artystycznym
e Ausstellungseröffnung, -en	otwarcie wystawy
Die Vernissage [vɛrnɪ'sa:ʒə] findet heute Abend statt.	Wernisaż odbędzie się dzisiaj wieczorem.
*****ausstellen**	wystawiać
s ***Museum**, Museen	muzeum, muzea
s Museum für moderne Kunst	muzeum sztuki współczesnej
Bitte die Bilder nicht berühren. / Bitte nicht zu nahe kommen.	Proszę nie dotykać obrazów. / Proszę nie zbliżać się.

„Lange Nacht der Museen" / „Die Museumsnacht"

W wielu dużych miastach Niemiec, Austrii i Szwajcarii raz lub dwa razy do roku muzea otwarte są dla zwiedzających do późna w nocy. Ceny biletów wejściowych w takie noce są niższe, niż normalnie, a między poszczególnymi muzeami kursują specjalne autobusy.

e **Pinakothek**, -en	pinakoteka / galeria obrazów
e private **Sammlung**, -en / e Kunstsammlung	prywatne zbiory / zbiory sztuki
e **Galerie**, -n / e **Kunstgalerie**	galeria / galeria sztuki
e Gemäldegalerie, -n	galeria obrazów
r **Kunsthändler**, - // e **Kunsthändlerin**, -nen	handlarz dziełami sztuki
r Kunstsammler, - // e Kunstsammlerin, -nen	kolekcjoner // kolekcjonerka
Kunst fördern	wspierać rozwój sztuki
r Sponsor, -en / r Mäzen, -e	sponsor / mecenas
e **Stiftung**, -en	fundacja
e Kunstakademie / e Universität der Künste / e Hochschule für Bildende Kunst	akademia sztuk pięknych
Kunst / Kunstgeschichte studieren	studiować na wydziale artystycznym / historię sztuki
r **Kunsthistoriker**, - // e **Kunsthistorikerin**, -nen	historyk sztuki

Bildende Kunst

Entartete Kunst

W czasach nazistowskich (*Nationalsozialismus*) w Niemczech dokładnie określono, czym jest „prawdziwa" sztuka (*die wahre Kunst*), a czym sztuka „nieprawdziwa", czy też „zwyrodniała" (*die entartete Kunst*). Za sztukę „zwyrodniałą" naziści uznali np. obrazy ekspresjonistów i surrealistów. Malarze ci byli prześladowani lub też emigrowali za granicę (*emigrieren*). Ich obrazy zostały usunięte z muzeów. Część „zwyrodniałych" dzieł sztuki zniszczono, część natomiast skonfiskowano i korzystnie sprzedano za granicą. Niektóre obrazy przetrwały Trzecią Rzeszę (*das Dritte Reich*) dzięki temu, że zostały na ten czas ukryte w bezpiecznym miejscu.

Architektur
Architektura

e **Architektur**	architektura
architektonisch	architektoniczny
r **Baustil**, -e	styl architektoniczny
r **Architekt**, -en // e **Architektin**, -nen	architekt
***planen** / **entwerfen** (entwirft, entwarf, hat entworfen) / **gestalten**	planować / projektować / tworzyć; budować; wznieść
***bauen**	budować
s ***Gebäude**, - / s ***Haus**, ⸚er	budynek / dom
s Hochhaus / s Einfamilienhaus / s Reihenhaus	wieżowiec / budynek jednorodzinny / szeregowiec
r Keller / s Erdgeschoss / s Obergeschoss / s Dachgeschoss	z piwnicą / parterem / piętrem / strychem; poddaszem
r Flachbau, -ten	budynek jednokondygnacyjny
s Fertighaus	dom z elementów prefabrykowanych
schlüsselfertig bauen	budować pod klucz
r **Grundriss**, -e	widok z góry; zarys
e Skizze, -n / e Zeichnung, -en	szkic / rysunek
r **Entwurf**, ⸚e	projekt
r ***Plan**, ⸚e	plan
Der Plan ist im Verhältnis 1:100 (1 zu 100) zu verstehen.	Ten plan opracowano w skali 1:100 (1 do 100).
den Plan einreichen	złożyć plan
e ***Genehmigung**, -en	pozwolenie / zezwolenie
s Genehmigungsverfahren, -	proces ubiegania się o pozwolenia
Der Plan wurde genehmigt.	Uzyskano zgodę na ten plan.
Die Baugenehmigung wurde erteilt.	Wyrażono zgodę na budowę.
s **Modell**, -e	model

Das neue Haus ist / befindet sich noch in Planung.	Nowy dom ciągle jeszcze jest w fazie projektowania.
im Planungsstadium sein	być w fazie projektowania
e **Statik**	statyka
st**a**tisch	statyczny
Ein Haus mit CAD (computerunterstütztem Design) am Computer entwerfen.	Projektować dom w CAD.
an einer **Ausschreibung** teilnehmen	brać udział w przetargu
r **W<u>e</u>ttbewerb**, -e	konkurs
einen Wettbewerb gewinnen	wygrać konkurs
e **Bauindustrie**	przemysł budowlany
r **Bauherr**, -en // e **Bauherrin**, -nen	inwestor
r **Bauunternehmer**, - // e **Bauunternehmerin**, -nen	przedsiębiorca budowlany
r Bauleiter, - // e Bauleiterin, -nen	kierownik budowy // kierowniczka budowy
e **Bauleitung**, -en	kierownictwo budowy
r **Bauplan**, ⸚e	projekt budowy; plan budowy
e Baumaßnahme, -n	przedsięwzięcie budowlane
Vermessungsarbeiten *Pl*	pomiary
Der Bau wurde abgenommen.	Ta budowa została odebrana.
e **Bauzeit**	czas trwania budowy
Das Gebäude ist noch **in *Bau**.	Ten budynek jest jeszcze w budowie.
Der Rohbau steht jetzt.	Stan surowy już stoi.
Der Bau geht nur langsam voran.	Budowa posuwa się do przodu bardzo powoli.
e **Baustelle**, -n	plac budowy
r ***H<u>a</u>ndwerker**, - // e **H<u>a</u>ndwerkerin**, -nen	rzemieślnik
r **Bauarbeiter**, - // e **Bauarbeiterin**, -nen	robotnik budowlany
e **Schw<u>a</u>rzarbeit**	praca na czarno
Bauarbeiten *Pl*	prace budowlane
s Baumaterial, -ien / r Baustoff, -e	materiał budowlany
Die Bausubstanz ist in Ordnung.	Konstrukcja budynku jest w dobrym stanie.
Es wurden bauliche Mängel festgestellt.	Stwierdzono wady konstrukcyjne.
e Grundsteinlegung	położenie kamienia węgielnego
s **R<u>i</u>chtfest**, -e	uroczystość kończąca budowę budynku
e (feierliche) Übergabe	(uroczyste) przekazanie

Na placu budowy

die Grube ausheben	zrobić wykop
das Fundament legen	wylać fundamenty
das Gerüst aufbauen	wznieść rusztowanie
r Kran, ⁓e	dźwig
e Fassade, -n	fasada
den Beton / den Stahlbeton *mischen / gießen	mieszać / wylewać beton / żelbet
r Stahl	stal
r Stahlträger, -	dźwigar stalowy
r Bogen, -	łuk
e Säule, -n	kolumna
r Pfeiler, - / e Stütze, -n	słup; filar / wspornik
e *Mauer, -n	mur; ściana
s Mauerwerk	mur
r Ziegelstein / r Backstein	cegła / cegła palona
r Mörtel	zaprawa murarska
r Putz	tynk
unter Verputz	podtynkowy(-wo)
e *Wand, ⁓e	ściana
e Innenwand ↔ e Außenwand	ściana wewnętrzna ↔ zewnętrzna
e Abdichtung	uszczelnienie; izolacja
e Dämmung / e Wärmedämmung / e Schalldämmung	izolacja / izolacja cieplna / izolacja akustyczna
r *Boden	podłoga
e *Decke, -n / e Zwischendecke	sufit / sufit podwieszany
das *Dach decken	kłaść dach
r Dachstuhl	więźba dachowa
r Dachziegel	dachówka
e *Tür	drzwi
*Fenster einbauen	wstawić okna
r Fensterstock / r Fensterrrahmen	rama okienna
s *Glas	szkło
r Innenausbau	wykończenie wnętrz; renowacja / adaptacja wnętrz

Fotografie
Fotografia

e **Fotografie**, -n	fotografia
r **Fotograf**, -en // e **Fotografin**, -nen	fotograf
r Modefotograf / r Industriefotograf	fotograf mody / zawodowy fotograf
e Fotoausstellung, -en	wystawa fotografii
s ***Foto**, -s / e Fotografie / e Aufnahme, -n	fotografia / fotografia / zdjęcie
***fotografieren** / **Fotos machen**	fotografować / robić zdjęcia

11.3

r ***Blitz** / s Blitzlicht	flesz / flesz; lampa błyskowa
e Blitzlichtaufnahme / e Aufnahme mit Blitzlicht	zdjęcie z fleszem
Schalte bitte den Blitz ein ↔ aus.	Włącz ↔ wyłącz flesz.
r **Schnappschuss**, ⸚e	migawka
Bitte ***lächeln**!	Uśmiech!
Würden Sie bitte ein Foto von uns machen?	Czy mógłby pan zrobić nam zdjęcie?
s Fotogeschäft, -e	sklep fotograficzny
e **Fotoausrüstung**, -en	sprzęt fotograficzny
e ***Kamera**, -s / r **Fotoapparat**, -e	kamera; aparat (fotograficzny)
e Digitalkamera	aparat cyfrowy
e Spiegelreflexkamera	lustrzanka
e vollautomatische Kamera	aparat automatyczny
e Sofortbildkamera / e Polaroidkamera ®	polaroid
e Lomographie	lomografia
s **Gehäuse**, -	obudowa
r **Auslöser**, -	wyzwalacz
r Selbstauslöser / r Drahtauslöser	autowyzwalacz / wężyk spustowy
r Sucher, -	celownik
e Nahaufnahme, -n ↔ e Weitwinkelaufnahme, -n	zbliżenie ↔ szerokie ujęcie
r Zoom [zu:m]	zoom
r **Vordergrund** ↔ r **Hintergrund**	pierwszy plan ↔ tło
e ***Entfernung**, -en	odległość
r Entfernungsmesser, -	odległościomierz
die Entfernung einstellen	ustawić odległość
r Autofokus	autofokus
scharf stellen	nastawić ostrość
Die Scharfeinstellung funktioniert bei dieser Kamera automatisch.	W tym aparacie ostrość ustawia się automatycznie.
e Tiefenschärfe	głębia ostrości
e **Blende**, -n	przesłona
die Blende einstellen	ustawić przesłonę
die Blende auf 8 stellen	ustawić przesłonę na osiem
überbelichtet ↔ **unterbelichtet**	prześwietlony ↔ niedoświetlony
die **Belichtung** einstellen	ustawić oświetlenie
e Belichtungszeit	czas naświetlania
r Belichtungsmesser	światłomierz
r **Kontrast**, -e	kontrast
s **Motiv**, -e	motyw
gelungen ↔ **misslungen**	udany ↔ nieudany
Das Bild ist *** scharf** (schärfer, schärfst-) ↔ **unscharf**.	To zdjęcie jest ostre ↔ nieostre.
ungünstige Lichtverhältnisse *Pl*	niekorzystne światło
gut getroffen	dobrze oddane; udane
Er ist nicht sehr fotogen.	On nie jest zbyt fotogeniczny.

Fotografie

r ***Film**, -e	film
r **Farbfilm** ↔ r **Schwarz-Weiß-Film**	film kolorowy ↔ film czarno-biały
r hochempfindliche Film	czuły film
e Lichtstärke / e Lichtempfindlichkeit	natężenie światła / światłoczułość
den Film (in die Kamera) **einlegen** ↔ **herausnehmen** (nimmt heraus, nahm heraus, hat herausgenommen)	włożyć film (do aparatu) ↔ wyjąć
den Film zurückspulen	przewinąć film
s Fotolabor, -s	laboratorium fotograficzne
e Dunkelkammer, -n	ciemnia
r Entwickler / r Fixierer	wywoływacz / utrwalacz
s Fotopapier	papier fotograficzny
den Film *****entwickeln** (lassen)	wywołać film (oddać film do wywołania)
den Film abgeben ↔ abholen	oddać film ↔ odebrać
s **Dia**, -s / s Diapositiv, -e	slajd / przeźrocze
r Diaprojektor, -en	rzutnik
r Diavortrag, ⁀e	wykład ilustrowany slajdami
s **Negativ**, -e	negatyw
r Abzug, ⁀e / r Kontaktabzug	odbitka / stykówka
matt ↔ glänzend	matowy ↔ błyszczący
e **Vergrößerung**, -en ↔ e **Verkleinerung**, -en	powiększenie ↔ pomniejszenie
Könnten Sie das Foto bitte auf 13 × 18 cm vergrößern?	Czy może pan powiększyć to zdjęcie do 13 × 18 cm?
r **Ausschnitt**, -e	fragment zdjęcia
e Fotomontage, -n [fotomɔn'taːʒə *auch* ...moˈt...]	fotomontaż
e Fotomanipulation	manipulacja fotograficzna
retuschieren	retuszować
s **Zubehör** *Sg*	sprzęt
s **Objektiv**, -e	obiektyw
s Normalobjektiv	obiektyw standardowy
s Teleobjektiv	teleobiektyw
s Weitwinkelobjektiv	obiektyw szerokokątny
s Zoomobjektiv ['zuːmɔpjɛktiːf]	obiektyw zmiennoogniskowy
das Objektiv **auswechseln**	zmienić obiektyw
das Objektiv einsetzen ↔ abnehmen	założyć ↔ zdjąć obiektyw
r **Filter**, - / r Farbfilter / r Skylightfilter ['skaɪlaɪtfɪltɐ]	filtr / filtr kolorowy / filtr skylight
e Lichtstärke des Objektivs	światłoczułość obiektywu
eine neue Batterie einsetzen	włożyć nową baterię
s **Stativ**, -e	statyw
s **Fotoalbum**, Fotoalben	album fotograficzny
Fotos in ein Album kleben	wklejać zdjęcia do albumu
Digitalfotos auf den Computer übertragen / scannen ['skɛnən]	ściągnąć zdjęcia cyfrowe na komputer / zeskanować

Musik und Tanz
Muzyka i taniec

e *Musik	muzyka
e ernste ↔ leichte Musik	muzyka poważna ↔ rozrywkowa
r zeitgenössische Musikgeschmack	współczesne gusta muzyczne
Musik *machen / musizieren	grać (na instrumencie)
Musik *hören	słuchać muzyki
Soll ich ein bisschen Musik auflegen?	Czy nastawić jakąś muzykę?
e *Kassette, -n / e *CD, -s / e MD, -s	kaseta / płyta kompaktowa / MD
eine Kassette abspielen / überspielen	odtwarzać; puszczać / przegrywać kasetę
r *Kassettenrecorder, - / r CD-Player, - / r MD-Player	magnetofon / odtwarzacz płyt kompaktowych / odtwarzacz MD
Die Musik ist zu *laut ↔ *leise.	Ta muzyka jest za głośno ↔ cicho.
Mach das Radio / die Musik leiser.	Ścisz radio / muzykę.
ein gutes Gehör haben	mieć dobry słuch

Słuchanie

hören / anhören / *zuhören	słuchać / wysłuchać / posłuchać
Während der Arbeit **hört** sie gern Musik.	Lubi słuchać radia podczas pracy.
Das Konzert von Britney Spears kommt heute im *Radio. Das muss ich mir **anhören**.	Koncert Britney Spears będzie dzisiaj transmitowany przez radio. Muszę go wysłuchać.
Hör mal kurz **zu**. Kennst du das Lied?	Posłuchaj chwilę. Znasz tę piosenkę?

musikalisch	muzykalny; uzdolniony muzycznie
Sie ist (nicht sehr) musikalisch.	Jest (niezbyt) uzdolniona muzycznie.
r Musiker, - // e Musikerin, -nen	muzyk
s *Lied, -er / r Song, -s [zɔŋ]	piosenka
s Volkslied / s Weihnachtslied	pieśń ludowa / kolęda
e Melodie, -n	melodia
*singen (sang, hat gesungen)	śpiewać
Leider kann ich nicht gut singen.	Niestety nie umiem dobrze śpiewać.
*richtig ↔ *falsch singen	czysto śpiewać ↔ fałszować
*hoch (höher, höchst-) ↔ *tief singen	śpiewać wysokim ↔ niskim głosem

jm **vorsingen**	zaśpiewać komuś
Sing doch einfach **mit**!	Zaśpiewaj z nami!
summen	nucić
e **Strophe**, -n	zwrotka
r Refrain, -s	refren
s **Singen** / r **Gesang**, ⸚e	śpiew
Er nimmt Gesangsunterricht.	Pobiera lekcje śpiewu.
r Liederabend, -e	recital; koncert pieśni
r ***Sänger**, - // e **Sängerin**, -nen	śpiewak; piosenkarz // śpiewaczka; piosenkarka
e ***Stimme**, -n	głos
e Stimmlage, -n	rejestr; barwa głosu
Sopran / Mezzosopran / Tenor / Bariton / Bass	sopran / mezzosopran / tenor / baryton / bas
e Arie / s Duett / s Terzett ↔ s Rezitativ	aria / duet / tercet ↔ recitativo
e **Oper**, -n / e **Operette**, -n	opera / operetka
In der Oper wird heute „Die Zauberflöte" gegeben.	Dziś w operze wystawiany jest „Czarodziejski flet".
In der Oper spielen sie heute „Die Zauberflöte".	Dziś w operze grają „Czarodziejski flet".
Die Vorstellung war großartig.	Przedstawienie było wspaniałe.
s Bühnenbild, -er	scenografia
r **Chor**, ⸚e [koːɐ̯]	chór
Sie singt im Kirchenchor (mit).	Śpiewa w chórze kościelnym.
s ***Instrument**, -e	instrument
ein Instrument (virtuos) beherrschen	(mistrzowsko) opanować grę na jakimś instrumencie
Spielst du ein Instrument?	Czy grasz na jakimś instrumencie?
r **Interpret**, -en // e **Interpretin**, -nen	wykonawca // wykonawczyni
r **Violonist**, -en // e **Violonistin**, -nen / Geigenspieler, - // e Geigenspielerin, -nen	skrzypek // skrzypaczka
r **Pianist**, -en // e **Pianistin**, -nen	pianista // pianistka
s ***Klavier**, -e	fortepian
Klavierspielen lernen	uczyć się gry na fortepianie
Klavier bei Professor Bach studieren	uczyć się gry na fortepianie u prof. Bacha
vorspielen	zagrać
Spiel doch mal das Stück auf dem Klavier vor.	Zagraj ten utwór na fortepianie.
Er **begleitet** sie auf dem Klavier.	Akompaniuje jej na fortepianie.
Das Klavier ist verstimmt ↔ gestimmt.	Ten fortepian jest rozstrojony ↔ nastrojony.
r reine Klang, ⸚e	czysty dźwięk

Instrumenty muzyczne

Tasteninstrumente	**instrumenty klawiszowe**
s Klavier, -e / s Piano, -s	pianino
r Flügel, -	fortepian
Streichinstrumente	**instrumenty smyczkowe**
e Geige, -n / e Violine, -n	skrzypce
e Viola, -s	altówka
s Violoncello, -s	wiolonczela
r Bass, ⸚e	bas
s Cello	wiolonczela
r Kontrabass, ⸚e	kontrabas
Saiteninstrumente	**instrumenty strunowe (szarpane)**
e Harfe, -n	harfa
e *Gitarre, -n	gitara
e Laute, -n	lutnia
Holzblasinstrumente	**instrumenty dęte drewniane**
e Flöte, -n	flet
e Klarinette, -n	klarnet
s Fagott, -s	fagot
e Oboe, -n	obój
Blechblasinstrumente	**instrumenty dęte blaszane**
e Trompete, -n	trąbka
s Saxophon, -e	saksofon
e Posaune, -n	puzon
s Horn, ⸚er	róg
Windinstrumente	**instrumenty dęte klawiszowe**
e Orgel, -n	organy
e Mundharmonika, -s	organki
e Ziehharmonika, -s	akordeon
Schlaginstrumente	**instrumenty perkusyjne**
e Trommel, -n	bęben
s Schlagzeug	perkusja

s **Orchester**, -	orkiestra
s Symphonieorchester / Philharmoniker Pl	orkiestra symfoniczna / orkiestra filharmoniczna
s Kammerorchester / e Kammermusik	orkiestra kameralna / muzyka kameralna
s Streichquartett, -e	kwartet smyczkowy
s Trio, -s	trio
e **Kapelle**, -n	kapela; orkiestra
e Blaskapelle, -n	orkiestra dęta

Musik und Tanz

r **Dirigent**, -en // e **Dirigentin**, -nen / r Kapellmeister, - // e Kapellmeisterin, -nen	dyrygent // dyrygentka
s ***Konzert**, -e	koncert
Gehen wir nächste Woche ins Konzert / in Beethovens Violinkonzert?	Czy w przyszłym tygodniu pójdziemy na koncert? / na koncert smyczkowy Beethovena?
e **Philharmonie**	filharmonia
r **Konzertsaal**, -säle	sala koncertowa
Die **Akustik** im Saal ist gut ↔ schlecht.	Akustyka w sali jest dobra ↔ zła.
s **Mikrofon**, -e	mikrofon
r ***Lautsprecher**, -	głośnik
r **Komponist**, -en // e **Komponistin**, -nen	kompozytor // kompozytorka
e Komposition, -en	kompozycja
komponieren	komponować
e Partitur, -en / s Notenheft, -e	partytura / zeszyt do nut
e **Symphonie**, -n	symfonia
e Sonate, -n (mit vier Sätzen)	sonata (o czterech frazach)
e **Ouvertüre**, -n	uwertura
Es gab zwei Zugaben.	Dwa razy bisowano.
e ***Note**, -n ['no:tə]	nuta
r Notenwert	wartość nuty
e ganze / halbe Note / e Viertelnote / e Achtelnote	cała nuta / półnuta / ćwierćnuta / ósemka
Kannst du Noten lesen?	Czy umiesz czytać nuty?
r Notenschlüssel	klucz
r **Takt**, -e / r Dreivierteltakt	takt / takt trzy czwarte
im Takt bleiben ↔ aus dem Takt kommen	(grać / śpiewać) w takt ↔ wypaść z taktu
r **Akkord**, -e	akord
r **Ton**, ⸚e / r Halbton	ton; dźwięk / półton
den Ton angeben	nadawać ton
zu **hoch** (höher, höchst-) ↔ **tief**	za wysoko ↔ nisko
e **Tonleiter**, -n (= c-d-e-f-g-a-h-c)	gama (c-d-e-f-g-a-h-c)
e **Tonart**, -en	tonacja
eine Tonart vorgeben	określić tonację
in **Dur** ↔ in **Moll**	w tonacji dur ↔ moll
fis-cis-gis-ais-eis-dis ↔ be-es-as-des-ges-ces-fes	fis-cis-gis-ais-eis-dis ↔ be-es-as-des-ges-ces-fes
harmonisch ↔ **disharmonisch**	harmonijny ↔ nieharmonijny
e **Musikakademie**, -n / s Konservatorium, Konservatorien	akademia muzyczna / konserwatorium
e **Musikschule**, -n	szkoła muzyczna
e **Popmusik** ['pɔpmu zi:k] / e **Rockmusik** / r **Rap**, -s [rɛp] / r ***Jazz** [dʒɛs *auch* jats]	muzyka popowa / muzyka rockowa / rap / jazz
e **Band**, -s [bɛnt]	zespół

r **Popstar**, -s ['pɔpʃtaːɐ̯ auch…st…]	gwiazda muzyki pop
r DJ, -s ['diːdʒeː]	DJ
r Videoclip, -s	wideoklip; teledysk
s **Rockkonzert**, -e / s **Popkonzert**, -e	koncert rockowy / koncert popowy
Zugabe, Zugabe …	Bis, bis…
r **Schlagersänger**, - //	piosenkarz //
e **Schlagersängerin**, -nen	piosenkarka
r Interpret, -en // e Interpretin, -nen	wykonawca // wykonawczyni
r Liedermacher, -	autor piosenek
Das ist nur sein **Künstlername**.	To tylko jego pseudonim artystyczny.
r **Schlager**, - / r *****Hit**, -s	szlagier / hit
s **Chanson**, -s [ʃãˈsõː]	piosenka kabaretowa
r Ohrwurm, ⁼er	melodia łatwo wpadająca w ucho
r **Rhythmus**, Rhythmen ['rytmʊs]	rytm
aus dem Rhythmus kommen	wypaść z rytmu

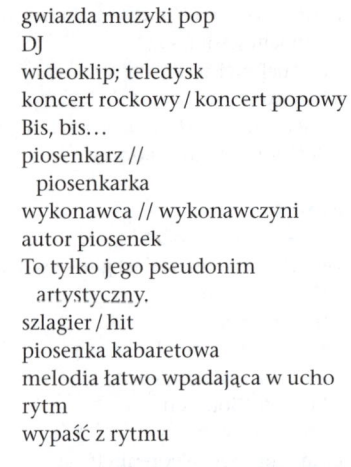

Das war taktlos!
Es ist immer dasselbe Lied, ich muss alles allein machen.
Er tanzt nach ihrer Pfeife.

To było nietaktowne.
Zawsze ta sama śpiewka, wszystko muszę robić sam.
Tańczy, jak ona mu zagra.

r *****Tanz**, ⁼e	taniec
s Tanztheater / s klassische Ballett	teatr tańca / balet klasyczny
r Spitzentanz	taniec na palcach
r **Tänzer**, - // e **Tänzerin**, -nen	tancerz // tancerka
r Balletttänzer, - //	tancerz baletowy //
e Balletttänzerin, -nen	baletnica
r Tanzpartner, - //	partner do tańca //
e Tanzpartnerin, -nen	partnerka do tańca
s **Tanzpaar**, -e	para taneczna
*****tanzen**	tańczyć
Sie geht gern tanzen.	Ona lubi chodzić na tańce.
Darf ich bitten? (*formell*) / Tanzen Sie mit mir? / Wollen wir tanzen?	Czy mogę prosić? / Zatańczy pani ze mną? / Zatańczymy?
e Tanzfläche, -n	parkiet do tańca
s **Tanzstudio**, -s / e **Tanzschule**, -n	szkoła tańca
sich zum Tanzkurs anmelden	zapisać się na kurs tańca
an einem **Tanzkurs** teilnehmen	wziąć udział w kursie tańca
r *****Schritt**, -e / r **Tanzschritt**, -e	krok / krok taneczny
e Schrittkombination, -en	kombinacja kroków; układ taneczny
e **Choreografie**, -n [koreograˈfiː]	choreografia
r **Choreograf**, -en //	choreograf //
e **Choreografin**, -nen	choreografka
einen Tanz einstudieren	nauczyć się tańca

Musik und Tanz

11
4/5

r Walzer	walc
Langsamer Walzer	walc wolny
r Tango	tango
r Salsa	salsa
r Samba	samba
e / r Rumba	rumba
r Foxtrott	fokstrot
r Volkstanz	taniec ludowy
s Steppen / r Stepptanz	stepowanie
s Ballett	balet
r klassische Tanz	taniec klasyczny
Modern Dance	taniec nowoczesny
r Jazztanz	taniec jazzowy
r Ausdruckstanz	taniec ekspresyjny
s Tanztheater	teatr tańca

Theater und Film
Teatr i kino

s *Theater, - [te'a:tɐ] / s Schauspielhaus, ⸚er	teatr
s staatliche / städtische Theater	teatr państwowy / miejski
e Oper / s Opernhaus, ⸚er	opera
ins Theater / in die Oper *gehen (ging, ist gegangen)	pójść do teatru / opery
e große Bühne, -n ↔ e Kleinkunstbühne, -n	duża scena ↔ kabaret literacki; scena kabaretowa
s Off-Theater	teatr offowy
e Komödie, -n / s Lustspiel, -e	komedia
e Tragödie, -n / s Drama, Dramen	tragedia / dramat
e Oper, -n	opera
e Operette, -n	operetka
s Musical, -s ['mju:zikl] / e Show, -s [ʃo:]	musical / show; widowisko
s Kabarett, -s [kaba'rɛt, …re: auch 'kabarɛt, …re]	kabaret

Inne sceny

s Volkstheater	teatr ludowy
s Mundarttheater	teatr wystawiający sztuki w oryginalnych dialektach językowych
s Kinder- und Jugendtheater	teatr dla dzieci i młodzieży
s Marionettentheater	teatr lalek

s ***Theaterstück**, -e	sztuka teatralna
ein Theaterstück **aufführen**/ **vorführen**	wystawić sztukę teatralną
s Einpersonenstück	monodram
e **Aufführung**, -en / e ***Vorstellung**, -en	przedstawienie; spektakl
Die Vorstellung beginnt um 7 und endet gegen 10 Uhr.	Spektakl zaczyna się o 7.00 i kończy ok. 10.00.
e Uraufführung / e Erstaufführung	prapremiera / premiera
e **Premiere**, -n [prəˈmi̯e:rə, pre…; österr. …ˈmi̯e:r]	premiera
e Matinee, -n [matiˈne:] / e Nachmittagsvorstellung, -en	przedstawienie południowe / przedstawienie popołudniowe
r Theaterbesuch, -e	wieczór w teatrze
e ***Kasse**, -n / e Theaterkasse	kasa / kasa biletowa w teatrze
Restkarten gibt es nur noch an der Abendkasse.	Pozostałe bilety dostać można jeszcze tylko w kasie przed spektaklem.
Für die Opernkarten musste ich zwei Stunden Schlange stehen.	Po te bilety do opery musiałem stać dwie godziny w kolejce.
r ***Eintritt**/ r Eintrittspreis, -e	wejście; wstęp; bilet wstępu / cena biletu
Was kostet der Eintritt?	Ile kosztuje wstęp?
e ***Karte**, -n / e ***Eintrittskarte**, -n / e Theaterkarte / s Billett, -n *schweiz*.	bilet / bilet wstępu / bilet do teatru / bilet
Karten (telefonisch / per Internet) *****reservieren**/*****bestellen**	rezerwować / zamawiać bilety (telefonicznie / przez internet)
Wo kann ich die Karten *****abholen**?	Gdzie mogę odebrać bilety?
*****berücksichtigen**	wziąć pod uwagę; uwzględnić
Leider können wir Ihre Bestellung nicht mehr berücksichtigen.	Niestety nie możemy już przyjąć pańskiego zamówienia.
s Theaterabo(nnement), -s / s Abo, -s	abonament teatralny / abonament
e **Ermäßigung**, -en	zniżka
Gibt's für heute Abend noch **ermäßigte** Karten?	Czy na dzisiaj są jeszcze ulgowe bilety?
*****gratis**/*****umsonst**/ **kostenlos**	gratis / darmowo / bezpłatnie
r **Vorverkauf**	przedsprzedaż
Der Vorverkauf hat bereits begonnen.	Przedsprzedaż już się rozpoczęła.
e Vorverkaufsgebühr, -en	opłata za rezerwację
im Parkett / im ersten Rang / in der Loge	na parterze / w pierwszym rzędzie / w loży
e ***Reihe**, -n	rząd
In welcher Reihe sitzen wir? – In der ersten Reihe.	W którym rzędzie mamy miejsce? – W pierwszym.
r ***Platz**, ⸗e / r **Sitzplatz**/ r **Stehplatz**	miejsce / miejsce siedzące / miejsce stojące
ein Platz mit sehr guter ↔ eingeschränkter Sicht	miejsce z bardzo dobrym ↔ ograniczonym widokiem na scenę

Entschuldigung, könnte ich bitte vorbei? – Gerne.	Przepraszam, czy mogę przejść. – Proszę.
Entschuldigung, ich glaube, Sie sitzen auf meinem Platz.	Przepraszam, wydaje mi się, że siedzi pan na moim miejscu.
s *Programm, -e	program
r Zuschauerraum	widownia
e Bühne, -n	scena
r *Vorhang, ⸚e	kurtyna
den Vorhang aufziehen ↔ schließen	rozsunąć ↔ zasunąć kurtynę
r Spielplan, ⸚e / s Repertoire, -s	repertuar
r Intendant, -en // e Intendantin, -nen	intendent; dyrektor artystyczny teatru // intendentka; dyrektorka artystyczna teatru
e Inszenierung, -en	inscenizacja
ein Theaterstück inszenieren	zainscenizować sztukę
gut ↔ schlecht / nicht überzeugend inszeniert	dobrze ↔ źle / słabo zainscenizowany
r Regisseur, -e [reʒɪˈsøːɐ̯] // e Regisseurin, -nen	reżyser // reżyserka
r Filmregisseur / r Theaterregisseur / r Opernregisseur	reżyser filmowy / reżyser teatralny / reżyser operowy
e Dramaturgie	dramaturgia; adaptacja
r Dramaturg, -en // e Dramaturgin, -nen	dramaturg
r Souffleur, -e [zuˈfløːɐ̯] // e Souffleuse, -n [zuˈfløːzə]	sufler // suflerka
e Schauspielerei	aktorstwo
e Besetzung, -en	obsada
e Besetzungsliste, -n	obsada
Wer spielt mit?	Kto gra?
r *Schauspieler, - // e Schauspielerin, -nen	aktor // aktorka
r Theaterschauspieler / r Filmschauspieler	aktor teatralny / aktor filmowy
r Darsteller, - // e Darstellerin, -nen	odtwórca (roli); aktor // odtwórczyni (roli); aktorka
e *Darstellung, -en	odtwarzanie; interpretacja
darstellen	odtwarzać; przedstawiać
Theater *spielen	grać
Sie geht zum Theater.	Ona zostanie aktorką.
s Talent, -e	talent
s Nachwuchstalent	młody talent
s Bühnenbild, -er	scenografia
r Bühnenbildner, - // e Bühnenbildnerin, -nen	scenograf // scenografka
e Bühnendekoration, -nen / e Kulisse, -n	sceneria / kulisy
e Requisite, -n	rekwizyt

Teatr i kino 259

s ***Kostüm**, -e	kostium
r Kostümbildner, - //	kostiumolog
e Kostümbildnerin, -nen	
r ***Autor**, -en // e **Autorin**, -nen	autor // autorka
r **Verfasser**, - // e **Verfasserin**, -nen	autor // autorka
r Stückeschreiber, - //	dramatopisarz //
e Stückeschreiberin, -nen	dramatopisarka
r Dramatiker, - // e Dramatikerin, -nen	dramaturg
Sie spielen ein Stück von Goethe.	Grają sztukę Goethego.
ein Theaterstück ***schreiben** (schrieb, hat geschrieben) / **verfassen**	napisać sztukę teatralną
r **Akt**, -e	akt
r Einakter, -	jednoaktówka
e **Szene**, -n ['stse:nə]	scena
r Auftritt, -e	występ
erster Akt dritte Szene	pierwszy akt trzecia scena
r **Monolog**, -e ↔ r **Dialog**, -e	monolog ↔ dialog
e Bühnenanweisung, -en	didaskalia
e **Handlung**, -en	akcja
e Haupthandlung / e Nebenhandlung	akcja główna / wątek poboczny
*****handeln von**	opowiadać o (*czymś*); być o (*czymś*)
Wovon handelt das Stück? – Es spielt im 19. Jahrhundert und handelt von …	O czym jest ta sztuka? – Akcja rozgrywa się w XIX wieku, a chodzi o …
s ***Thema**, Themen	temat
Liebe und Eifersucht	miłość i zazdrość
Hass und Neid	nienawiść i zawiść
r **Höhepunkt**, -e	punkt kulminacyjny
e handelnde Person, -en	postać występująca w dramacie
e Hauptfigur, -en / e Nebenfigur	postać pierwszoplanowa / postać drugoplanowa
r **Held**, -en ↔ r **Schurke**, -n	bohater ↔ niegodziwiec
e **Probe**, -n	próba
e Generalprobe / e Hauptprobe	próba generalna
e ***Rolle**, -n	rola
e **Hauptrolle**, -n / e **Nebenrolle**, -n	rola pierwszoplanowa / rola drugoplanowa
e Doppelrolle, -n	podwójna rola
(eine Rolle) *****spielen**	grać (*kogoś*)
Er spielt die Rolle des Faust sehr überzeugend.	Gra rolę Fausta w bardzo przekonywujący sposób.
eine hervorragende schauspielerische Leistung	świetna gra aktorska
s ***Publikum**	publiczność
r **Zuschauer**, - // e **Zuschauerin**, -nen	widz
*****anschauen** / *****ansehen** (sieht an, sah an, hat angesehen)	oglądać

Die Vorstellung musst du dir *unbedingt ansehen.	Koniecznie musisz zobaczyć to przedstawienie.
Das Publikum war begeistert.	Publiczność była zachwycona.
r Applaus [a'plaus] / r Beifall	brawa / oklaski
applaudieren / Beifall klatschen	bić brawo / klaskać
Die Vorstellung war gut ↔ schlecht besucht.	Przedstawienie obejrzało wiele ↔ niewiele osób.
r *Erfolg, -e ↔ r *Misserfolg, -e / r Reinfall, ⸗e	sukces ↔ porażka / klapa
ein Riesenerfolg ↔ ein totaler Reinfall	wielki sukces ↔ totalna porażka
r Kritiker, - // e Kritikerin, -nen	krytyk
e *Kritik / e Besprechung	krytyka / recenzja
s *Kino, -s / s Filmtheater, -	kino
s Programmkino, -s	kino dla koneserów
r Kinobesucher, - // e Kinobesucherin, -nen / r Kinogänger, - // e Kinogängerin, -nen	widz kinowy
r Cineast, -en // e Cineastin, -nen	filmowiec; krytyk filmowy; kinoman // kinomanka
ins Kino gehen (ging, ist gegangen)	pójść do kina
Gehen wir doch heute Abend ins Kino.	Chodźmy dziś wieczorem do kina.
Welche Filme *laufen denn gerade? (läuft, lief, ist gelaufen)	Jakie filmy grają obecnie w kinach?
In welchem Kino läuft der Film mit Franka Potente?	W którym kinie wyświetlają film z Franką Potente?
r *Film, -e	film
r Experimentalfilm / r Dokumentarfilm	film eksperymentalny / film dokumentalny
r Kurzfilm / r Trickfilm / r Werbefilm	film krótkometrażowy / film animowany / film reklamowy
r Autorenfilm	film autorski
r Kinofilm	film kinowy
r Hauptfilm / r Vorfilm	seans właściwy / krótki film wyświetlany przed seansem właściwym
einen Film *zeigen / vorführen	wyświetlać film
r Vorspann ↔ r Abspann	czołówka ↔ napisy końcowe
s Happyend ['hɛpi'lɛnt] / s offene Ende	happy end / otwarte zakończenie
r Untertitel, -	napisy
Original mit Untertiteln (OmU) ↔ Original ohne Untertitel (OoU)	kopia z napisami ↔ kopia bez napisów
synchronisieren	synchronizować; dubbingować
e Synchronfassung, -en	wersja dubbingowana
in gekürzter ↔ ungekürzter Fassung / in voller Länge	w wersji skróconej ↔ w pełnej wersji
e Filmindustrie	przemysł filmowy
e Produktionsfirma, -firmen	firma producencka

r **Produzent**, -en //	producent //
e **Produzentin**, -nen	producentka
*****produzieren**	produkować
e Filmförderung, -en	dotacje filmowe
bezuschussen / unterstützen	dotować / wspierać
s **Drehbuch**, ⸚er	scenariusz
r Plot, -s	fabuła
e Adaption, -en	adaptacja
r Drehbuchschreiber, - //	scenarzysta //
e Drehbuchschreiberin, -nen /	scenarzystka / scenarzysta; autor
r Drehbuchautor, -en //	scenariusza // scenarzystka;
e Drehbuchautorin, -nen	autorka scenariusza
einen Film drehen	kręcić film
r **Kameramann**, ⸚er //	operator filmowy //
e **Kamerafrau**, -en	operatorka filmowa
e **Regie**	reżyseria
Regie führt Doris Dörrie.	Reżyseruje Doris Dörrie.
r **Filmschauspieler**, - //	aktor filmowy //
e **Filmschauspielerin**, -nen	aktorka filmowa
r *****Star**, -s [ʃtaːɐ̯ *auch* st...] /	gwiazda /
r Filmstar	gwiazda filmowa
r **Filmpreis**, -e	nagroda filmowa
e Filmpreisverleihung	rozdanie nagród filmowych
Er erhielt für seine Rolle als Bismarck	Za rolę Bismarcka otrzymał
einen Bambi.	nagrodę filmową Bambi.
e **Filmhochschule**, -n	szkoła filmowa
e **Schauspielschule**, -n	szkoła aktorska

Literatur
Literatura

e **Literatur**, -en [lɪtəraˈtuːɐ̯]	literatura
e **deutschsprachige** ↔	literatura niemieckojęzyczna ↔
fremdsprachige Literatur	literatura obcojęzyczna
e **triviale** ↔ **anspruchsvolle** Literatur	literatura brukowa ↔ poważna
s *****Buch**, ⸚er	książka
s **literarische** *****Werk**	dzieło literackie
*****lesen** (liest, las, hat gelesen)	czytać
r **Leser**, - // e **Leserin**, -nen	czytelnik // czytelniczka
e **Literaturkritik**	krytyka literacka
r Literaturkritiker, - //	krytyk literacki
e Literaturkritikerin, -nen	
e **Literaturwissenschaft**	literaturoznawstwo
r Literaturwissenschaftler, - //	literaturoznawca
e Literaturwissenschaftlerin, -nen	

e **Literaturgeschichte** — historia literatury
e **Literaturepoche**, -n — epoka literacka

Epoki literackie

e *mittelalterliche Literatur*	literatura średniowieczna
s *Barock*	barok
r *Sturm und Drang*	Sturm und Drang
e *Klassik*	klasycyzm
e *Aufklärung*	oświecenie
e *Romantik*	romantyzm
r *Realismus*	realizm
r *Naturalismus*	naturalizm
r *Dadaismus*	dadaizm
r *Surrealismus*	surrealizm
r *Expressionismus*	ekspresjonizm

r ***Autor**, -en // e **Autorin**, -nen / — autor // autorka / autor // autorka /
  r **Verfasser**, - // e **Verfasserin**, -nen / — pisarz // pisarka
  r **Schriftsteller**, - //
  e **Schriftstellerin**, -nen
***schreiben** (schrieb, hat geschrieben) / **verfassen** — pisać / pisać; redagować
r **Preisträger**, - // e **Preisträgerin**, -nen — laureat nagrody // laureatka nagrody
r Nobelpreisträger — laureat nagrody Nobla
einen Preis verleihen ↔ bekommen — przyznać ↔ otrzymać nagrodę
Der Nobelpreis für Literatur geht 1999 an Günther Grass. — Literacką nagrodę Nobla w roku 1999 przyznano Güntherowi Grassowi.

r **Erzähler**, - // e **Erzählerin**, -nen — narrator // narratorka
e **Literaturgattung**, -en — gatunek literacki
s **Drama**, Dramen — dramat
s **Theaterstück**, -e — sztuka teatralna
e **Komödie**, -n / e **Tragödie**, -n — komedia / tragedia
***komisch** ↔ **tragisch** — komiczny ↔ tragiczny
e Satire — satyra
e Parodie — parodia
e **Epik** — epika
e **Prosa** — proza
e **Erzählliteratur** / e **Belletristik** — literatura narracyjna / beletrystyka
r **Roman**, -e — powieść
e ***Erzählung**, -en — opowiadanie
eine ***Geschichte** ***erzählen** — opowiadać historię
s ***Märchen**, - — bajka
Grimms Märchen — bajki braci Grimm
e **Biografie**, -n (über +A) — (czyjaś) biografia
Sein Roman hat stark **autobiografische** Züge. — W jego powieści znaleźć można liczne wątki autobiograficzne.

Literatura 263

r Roman, -e	powieść
r historische Roman, -e	powieść historyczna
r Liebesroman, -e	romans
r Frauenroman, -e	romans
e Erzählung, -en	opowiadanie
e Novelle, -n	nowela
e Kurzgeschichte, -n	nowela
r *Krimi, -s / r Kriminalroman, -e	kryminał
r Thriller, - ['θrɪlə]	thriller
r Gedichtband, ⸚e / e Anthologie	tomik poezji / antologia
e Anekdote, -n	anegdota
e Biografie, -n	biografia
e Autobiografie	autobiografia
r Essay, -s ['ɛse auch ɛ'se:]	esej
s Tagebuch	dziennik / pamiętnik
s Märchen	bajka
e Legende / e Sage	legenda / saga
e Trivialliteratur	literatura brukowa
e Sciencefiction ['saiəns'fɪkʃn]	science fiction
r Schundroman, -e	powieść brukowa
s Groschenheft, -e / r Groschenroman, -e	szmirowata, tania powieść

e **Lyrik** / e **Dichtung**	liryka / poezja
lyrisch	liryczny
r **Lyriker**, - / e **Lyrikerin**, -nen	poeta liryczny // poetka liryczna
r ***Dichter**, -en // **Dichterin**, -nen	poeta // poetka
r **Poet**, -en // e **Poetin**, -nen	
s **Gedicht**, -e	wiersz
ein Gedicht **auswendig** lernen / aufsagen	nauczyć się na pamięć wiersza / recytować wiersz
s fünfzeilige Gedicht / r Fünfzeiler	pięciowiersz
s Sonett, -e	sonet
s **Reimschema**, -schemata	typ rymu
s Reimschema beachten	zachować rym
r **Reim**, -e	rym
Haus reimt sich auf Maus.	„Haus" rymuje się z „Maus".
s Metrum / s Versmaß	metrum / miara wierszowa
r **Vers**, -e / e **Strophe**, -n	wiersz; werset / strofa
in Versform	w formie wierszowanej
e **Poesie**	poezja
poetisch	poetycki
e **Textanalyse**, -n	analiza tekstu
e **Interpretation**, -en / e Auslegung, -en	interpretacja
einen Text interpretieren	interpretować tekst

Literatur

e Primärliteratur / e Sekundärliteratur	literatura źródłowa / literatura pomocnicza
(aus der Literatur) **zitieren**	cytować (z literatury)
s **Zitat**, -e	cytat
s ***Sprichwort**, ⸗er	przysłowie
s Plagiat, -e	plagiat
Man beschuldigt ihn des Plagiats.	Zarzucono mu plagiat.
r ***Text**, -e	tekst
s **Kapitel**, -	rozdział
r ***Abschnitt**, -e / e **Passage**, -n [pa'saːʒə]	ustęp; odcinek / fragment (tekstu)
r **Absatz**, ⸗e	akapit
r ***Inhalt**	treść
e **spannende** ↔ **langweilige** Geschichte, -n	ciekawa ↔ nudna historia
die Geschichte **handelt von** (+D)	ta historia jest o
e **Handlung** / e Nebenhandlung, -en	akcja główna / wątek poboczny
r **Schauplatz** / Zeit und Ort der Handlung	miejsce akcji / miejsce i czas akcji
e **Einleitung** ↔ r ***Schluss**	wprowadzenie ↔ zakończenie
Der Roman hat einen überraschenden Schluss.	Ta powieść kończy się w zaskakujący sposób.
e ***Form**, -en / e **Struktur**, -en	forma / struktura
e **Erzählperspektive**, -n	sytuacja narracyjna
r Ich-Erzähler	narrator w pierwszej osobie
r auktoriale / allwissende Erzähler	narrator wszechwiedzący
r personale Erzähler	narrator personalny
e **Funktion**, -en / e **Bedeutung**, -en	funkcja / znaczenie
r **Erzählstil**, -e	styl narracji
e **Beschreibung**, -en / e Personenbeschreibung	opis / opis postaci
e **Zusammenfassung**, -en	streszczenie
e **Rückblende**, -n	retrospekcja
s spannungssteigernde Element, -e	element budujący napięcie
r **Höhepunkt**, -e	punkt kulminacyjny
s **rhetorische *Mittel**, -	figura retoryczna
e **Bildersprache** / e **Metaphorik**	metaforyka
e **Metapher**, -n	metafora
ein Wort **metaphorisch** gebrauchen	użyć słowa w przenośni
e **Ironie**	ironia
s Wortspiel, -e	gra słów
e **Übersetzung**, -en	tłumaczenie; przekład
Sein Roman liegt nun auch in deutscher Übersetzung vor.	Jego powieść ukazała się też w tłumaczeniu na niemiecki.
r **Übersetzer**, - // e **Übersetzerin**, -nen	tłumacz // tłumaczka
vom Deutschen ins Portugiesische ***übersetzen**	przetłumaczyć z niemieckiego na portugalski
e **Zensur**	cenzura
zensieren	cenzurować
konfiszieren / beschlagnahmen	konfiskować / zająć

Philosophie
Filozfia

e **Philosophie**	filozofia
e antike Philosophie	filozofia starożytna
e Sprachphilosophie	filozofia języka
philosophisch	filozoficzny
r **Philosoph**, -en // e **Philosophin**, -nen	filozof
philosophieren (über +A)	filozofować (o)
r **Denker**, - // e **Denkerin**, -nen	myśliciel // myślicielka
s (natur)wissenschaftliche / abendländische Denken	myślenie naukowe / zachodni typ myślenia
*****nachdenken** (dachte nach, hat nachgedacht) (über +A)	zastanawiać się (nad); rozmyślać (o)
*****verstehen** (verstand, hat verstanden)	rozumieć
s *****Verständnis**	zrozumienie
e **Analyse**, -n	analiza
*****analysieren**	analizować
e **Definition**, -en	definicja
definieren	definiować
e *****Idee**, -n	idea; pomysł
Die *****Erfahrung** lehrt (uns), dass …	Doświadczenie uczy nas, że …
empirisch / erfahrungsmäßig	empiryczny / wynikający z doświadczenia
s **Argument**, -e (für ↔ gegen)	argument (za ↔ przeciw)
argumentieren	argumentować
e **Vernunft** / e Ratio	rozsądek; rozum / rozum
rational / vernunftmäßig	racjonalny
etw auf rationale Weise *****erklären**	wyjaśniać coś w racjonalny sposób
e **Aufklärung**	oświecenie
zweifeln (an +D)	wątpić (w)
r *****Zweifel**, -	wątpliwość
Er bezweifelt die Existenz Gottes.	On wątpi w istnienie Boga.
an die Existenz eines transzendenten Wesens glauben	wierzyć w istnienie istoty transcendentnej
e **Theorie**, -n	teoria
eine in sich stimmige Theorie	spójna teoria
konsistent / widerspruchsfrei	spójna / bez sprzeczności
eine Theorie *entwickeln	rozwinąć teorię
verifizieren ↔ falsifizieren	zweryfikować ↔ falsyfikować
e Verifikation ↔ e Falsifikation	weryfikacja ↔ falsyfikacja
e Kausalität	przyczynowość
s Kausalgesetz	zasada przyczynowości
e **Logik**	logika
s Gesetz der Logik	zasady logiki
logisch	logiczny
logisches Denken	logiczne myślenie

e Ethik — etyka
Das ist eine Frage der Ethik. — To kwestia etyczna.
r dialektische Materialismus — materializm dialektyczny

Myśl filozoficzna

e Ästhetik / ästhetisch / r Ästhet, -en // e Ästhetin, -nen	estetyka / estetyczny / esteta // estetka
r Agnostizismus / r Agnostiker, - // e Agnostikerin, -nen	agnostycyzm / agnostyczny / agnostyk
r Existenzialismus / existenzialistisch / r Existenzialist, -en // e Existenzialistin, -nen	egzystencjalizm / egzystencjalny egzystencjalista // egzystencjalistka
r Eklektizismus / eklektisch / r Eklektiker, - // e Eklektikerin, -nen	eklektyzm / eklektyczny / eklektyk
e Epistemologie / e Erkenntnislehre	epistemologia / nauka o poznaniu
e Hermeneutik	hermeneutyka
r Idealismus / idealistisch / r Idealist, -en // e Idealistin, -nen	idealizm / idealistyczny / idealista // idealistka
r Materialismus / materialistisch / r Materialist, -en // e Materialistin, -nen	materializm / materialistyczny materialista // materialistka
e Metaphysik / metaphysisch / r Metaphysiker, - // e Metaphysikerin, -nen	metafizyka / metafizyczny metafizyk
r Moralismus / moralisch / r Moralist, -en // e Moralistin, -nen	moralizm / moralny / moralista // moralistka
r Nihilismus / nihilistisch / r Nihilist, -en // e Nihilistin, -nen	nihilizm / nihilistyczny / nihilista // nihilistka
e Ontologie / ontologisch	ontologia / ontologiczny
r Positivismus / positivistisch / r Positivist, -en // e Positivistin, -nen	pozytywizm / pozytywistyczny / pozytywista // pozytywistka
r Pragmatismus / pragmatisch / r Pragmatiker, - // e Pragmatikerin, -nen	pragmatyzm / pragmatyczny / pragmatyk // pragmatyczka
r Rationalismus / rationalistisch / r Rationalist, -en // e Rationalistin, -nen	racjonalizm / racjonalistyczny racjonalista // racjonalistka
r Realismus / *realistisch / r Realist, -en // e Realistin, -nen	realizm / realistyczny / realista // realistka
e Scholastik / scholastisch / r Scholastiker, - // e Scholastikerin, -nen	scholastyka / scholastyczny / scholastyk
r Skeptizismus / skeptisch / r Skeptiker, - // e Skeptikerin, -nen	sceptycyzm / sceptyczny / sceptyk // sceptyczka

e Moral — moralność
r moralische *Wert, -e / r Grundsatz, ⁼e — wartość moralna / zasada

s Ich — „ja"
Sokrates Suche nach dem Ich — poszukiwanie własnego „ja" przez Sokratesa

das *Ding an sich — rzecz sama w sobie
Erscheinung und *Wirklichkeit — zjawisko i rzeczywistość

11
7/8

*Ursache und *Wirkung	przyczyna i skutek
Geist und Materie	duch i materia
*Körper und Geist	ciało i dusza
*Zeit und *Raum	czas i przestrzeń
das Schöne und das Hässliche	piękno i brzydota
*gut und *böse	dobro i zło

> Frage: Gibt es *Gott? – Der Gläubige sagt: Ja. – Der Atheist sagt: Nein. –
> Der Agnostiker sagt: Ich weiß es nicht.
> Pada pytanie: „Czy Bóg istnieje?". Wierzący odpowiada: „tak", ateista: „nie", a agnostyk: „nie wiem".

Religion
Religia

r Glaube	wiara
*glauben an (+A)	wierzyć w
gläubig / fromm ↔ ungläubig sein	być wierzącym / pobożnym ↔ niewierzącym
r / e Gläubige, -n ↔	wierzący / wierząca
r / e Ungläubige, -n	↔ niewierzący / niewierząca
r Atheist, -en [ate'ɪst] //	ateista // ateistka
e Atheistin, -nen	
*beten	modlić się
Lasst uns beten!	Módlmy się!
s Gebet, -e	modlitwa
*heilig	święty
s Heiligtum, ⸚er	świętość
Gott verehren	czcić Boga
e Gottheit, -en	bóg; bóstwo
r *Gott, ⸚er // e Göttin, -nen	bóg; Bóg // bogini
göttlich	boski
e göttliche Offenbarung	objawienie boskie
allmächtig	wszechmocny
allgegenwärtig	wszechobecny
allwissend	wszechwiedzący
e Theologie	teologia
s Dogma	dogmat
e *Religion, -en [reli'gi̯oːn]	religia
e Religionsfreiheit	wolność wyznania
religiös	religijny
e religiöse Überzeugung	przekonanie religijne
e Religionsgemeinschaft, -en	wspólnota religijna
s Oberhaupt, ⸚er (der katholischen Kirche)	głowa (Kościoła katolickiego)

r **Anhänger**, - //	wyznawca
e **Anhängerin**, -nen	
e **Konfession** / e Glaubensgemeinschaft	wyznanie / wspólnota wyznaniowa
Welche Konfession haben Sie?	Jakiego jest pan wyznania?
konfessionslos	bezwyznaniowy
Was ist die vorherrschende Religion in Ihrem Land?	Jakie wyznanie dominuje w pańskim kraju?
s ***Christentum**	chrześcijaństwo
christlich	chrześcijański
r Christ, -en // e Christin, -nen ↔	chrześcijanin // chrześcijanka ↔
r Heide, -n / e Heidin, -nen	poganin // poganka
r Ketzer, -	heretyk
r Gottesstaat ↔ e Säkularisation	teokratyzm ↔ sekularyzacja
r **Katholizismus**	katolicyzm
(römisch-)***katholisch**	(rzymsko)katolicki
r Katholik, -en // e Katholikin, -nen	katolik // katoliczka
r Baptist, -en // e Baptistin, -nen	baptysta // baptystka
r Methodist, -en // e Methodistin, -nen	metodysta // metodystka
r **Protestantismus**	protestantyzm
***protestantisch** / ***evangelisch**	protestancki / ewangelicki
r Evangele, -n // e Evangelin, -nen	protestant // protestantka
Er / Sie ist Protestant(in) / evangelisch.	On(a) jest protestantem(-tką) / ewangelikiem (-czką).
e reformierte Kirche	kościół reformowany
e lutherische Kirche	kościół luterański
(r liebe) **Gott**	(dobry) Bóg
r **Schöpfer** des Weltalls	stwórca wszechświata
s Jesuskind / s Christuskind	Dzieciątko Jezus
r Messias	Mesjasz
e Heilige Dreifaltigkeit / Dreieinigkeit (Vater, Sohn und Heiliger Geist)	Trójca Święta (Ojciec, Syn i Duch Święty)
e ***Bibel** ['bi:bl̩]	biblia
s Alte / Neue Testament	stary / nowy testament
s Evangelium	ewangelia
r Katechismus	katechizm
r Psalm	psalm
s Vaterunser	Ojcze nasz
s Glaubensbekenntnis	wyznanie wiary
Amen	amen
e ***Kirche**, -n	kościół
in die Kirche gehen	chodzić do kościoła
e **Messe**, -n	msza
zur Messe gehen	iść na mszę
zum **Gottesdienst** gehen / den Gottesdienst besuchen	iść na nabożeństwo/mszę / uczestniczyć w nabożeństwie/ mszy

11.8

an einem ökumenischen Gottestdienst teilnehmen	wziąć udział w nabożeństwie ekumenicznym
r **Dom**, -e / e **Kathedrale**, -n	katedra
e Wallfahrtskirche	miejsce pielgrzymek
e **Kapelle**, -n	kaplica
s ***Symbol**, -e	symbol
s **Kreuz**, -e	krzyż
r **Altar**, ⸚e	ołtarz
s Sakrament, -e	sakrament
predigen	nauczać; wygłaszać kazanie
r Prediger, - // e Predigerin, -nen	kaznodzieja // kaznodziejka
e **Predigt**, -en	kazanie
e Bergpredigt	kazanie na górze
e Prozession, -en	procesja
s (heilige) Abendmahl	(ostatnia) wieczerza
e Auferstehung (Christi)	zmartwychwstanie (Chrystusa)
e Wiedergeburt	odrodzenie się
s ewige Leben	życie wieczne
e **Taufe**	chrzest
taufen	chrzcić
Patrick ist getauft.	Patrick został ochrzczony.
e **Konfirmation**	konfirmacja
e (heilige) **Kommunion**	komunia (święta)
e Firmung	bierzmowanie
e Zehn Gebote	dziesięć przykazań
e **Sünde**, -n	grzech
e Erbsünde	grzech pierworodny
e Todsünde	grzech śmiertelny
r ***Himmel** ↔ e **Hölle**	niebo ↔ piekło
in den Himmel kommen	pójść do nieba
r **Engel**, -	anioł
r / e Heilige, -n	święty / święta
r Teufel	diabeł
e Beichte	spowiedź
beichten gehen	pójść do spowiedzi
e Absolution / e Lossprechung (von den Sünden)	rozgrzeszenie
e Heilsarmee	Armia Zbawienia
e **Gemeinde**	wspólnota
r Gemeinderat	rada gminy
r Kirchenvorstand	lokalne władze kościelne (duchowni i przedstawiciele gminy) w kościołach protestanckich
r / e **Geistliche**, -n	duchowny / duchowna

Duchowni

r Papst	papież
r Kardinal	kardynał
r (Erz-)Bischof	(arcy)biskup
r Diakon, -e // e Diakonin, -nen	diakon
r Priester, - // e Priesterin, -nen	kapłan; ksiądz // kapłanka
r Pfarrer, - // e Pfarrerin, -nen	proboszcz; pastor
r Pater, Patres	ojciec (duchowny)
r Mönch, -e	zakonnik
e Nonne, -n	zakonnica
mein *Bruder, ⸚	brat
meine *Schwester, -n	siostra

s **Kloster**, ⸚ klasztor
konvertieren zmienić wyznanie
Er konvertierte zum Judentum. / Er trat zum jüdischen Glauben über. — Zmienił wyznanie na judaizm. / Przeszedł na judaizm.
jn **bekehren** nawrócić kogoś
Er wurde in die katholische Kirche aufgenommen. — Został przyjęty do kościoła katolickiego.
aus der Kirche **austreten** (tritt aus, trat aus, ist ausgetreten) — wystąpić z kościoła

e **russisch-orthodoxe** Kirche — rosyjski Kościół prawosławny
e **griechisch-orthodoxe** Kirche — Kościół grecko-prawosławny
r Patriarch patriarcha
r *Islam islam
islamisch islamski
r Prophet Mohammed prorok Mahomet
r **Muslim**, -e // e **Muslimin**, -nen / r Moslem, -s // e Moslemin, -nen — muzułmanin // muzułmanka
r Koran Koran
muslimisch / moslemisch muzułmański
e **Moschee**, -n meczet
r Fundamentalismus fundamentalizm
r Fundamentalist, -en fundamentalista
r *Hinduismus hinduizm
hinduistisch hinduistyczny
Im Hinduismus wird die Kuh verehrt. — W hinduiźmie czci się krowy.
r Hindu hindus
r *Buddhismus buddyzm
buddhistisch buddystyczny
r **Tempel** świątynia
e Buddha-Figur figurka Buddy
Buddha heißt „der Erleuchtete". — „Budda" oznacza „oświecony".
s *Judentum / r Judaismus judaizm
r **Jude**, -n // e **Jüdin**, -nen Żyd // Żydówka
r orthodoxe Jude Żyd ortodoksyjny

Religia

jüdisch — żydowski
r Gott Israels — Bóg Izraela
e Thora — Tora
r Talmud — Talmud
e **Synagoge**, -n — synagoga
r Rabbi, -s / r Rabbiner, - — rabin
koscher — koszerny
Sabbat — szabas
e Naturreligion, -en — nowa religia pogańska

12.1 Wissen
Wiedza

12.2 Forschung
Badania naukowe

12.3 Mathematik
Matematyka

12.4 Physik
Fizyka

12.5 Chemie und Biochemie
Chemia i biochemia

12.6 Biologie
Biologia

12.7 Medizin
Medycyna

12.8 Psychologie
Psychologia

12.9 Soziologie
Socjologia

12.10 Geschichte
Historia

12.11 Geologie
Geologia

12 Wissen und Wissenschaft
Wiedza i nauka

12
1 Wissen
Wiedza

s W**i**ssen	wiedza
gr<u>o</u>ßes ↔ **ger<u>i</u>nges** Wissen haben	mieć dużą ↔ małą wiedzę
<u>u</u>nbegrenztes ↔ **begr<u>e</u>nztes** Wissen	wiedza nieograniczona ↔ ograniczona
umf<u>a</u>ssendes ↔ **<u>ei</u>ngeschränktes** Wissen	obszerna ↔ ograniczona wiedza
s Wissensgebiet, -e	dziedzina nauki
*w**i**ssen (weiß, wusste, hat gewusst)	wiedzieć
etw (nicht so) *gen<u>au</u> wissen	coś (niezbyt) dobrze wiedzieć
Das ist w**i**ssenswert.	To warto wiedzieć.
sein Wissen **erw<u>ei</u>tern** / *verg**rö**ßern	poszerzać swą wiedzę
seine Kenntnisse **<u>au</u>sbauen**	poszerzać/pogłębiać wiedzę
Kenntnisse / Wissen **erw<u>e</u>rben** (erwirbt, erwarb, hat erworben)	zdobywać wiedzę
wissensdurstig / wissbegierig	żądny wiedzy / dociekliwy
Interesse ↔ Desinteresse zeigen	okazywać zainteresowanie ↔ brak zainteresowania
sich Wissen aneignen	przyswajać sobie wiedzę
Durch umfangreiche Studien hat sie sich ein enormes Wissen angeeignet.	Dzięki dogłębnym studiom przyswoiła sobie ogromną wiedzę.
(über alles) *Besch<u>ei</u>d w**i**ssen	wiedzieć (wszystko)
Darüber weiß ich zu wenig, da kann ich nicht mitreden.	Za mało się na tym znam, nie mogę się wypowiedzieć na ten temat.
e Intellig<u>e</u>nz [ɪntɛli'gɛnts]	inteligencja
r Intelligenztest, -s	test na inteligencję
*intelligent	inteligentny
*kl<u>u</u>g (klüger, klügst-) ↔ *d**u**mm (dümmer, dümmst-)	mądry ↔ głupi
wissend ↔ unwissend / ignorant sein	wiedzieć (o czymś) ↔ nie mieć (o czymś) pojęcia / być ignorantem

> *Ich weiß, dass ich nichts weiß.* — Wiem, że nic nie wiem.
> *Was ich nicht weiß, macht mich nicht heiß.* — Czego oczy nie widzą, tego sercu nie żal.
> *Wissen ist *Macht, nichts wissen macht nichts.* — Wiedza daje władzę, niewiedza nic nie daje.
> *Nicht für die Schule, sondern für das Leben lernen wir.* — Nie uczymy się dla ocen, tylko dla siebie.

sich für etw *interess<u>ie</u>ren	interesować się czymś
Er interessiert sich für die neuesten Entwicklungen auf dem Sektor der Gentherapie.	On interesuje się najnowszymi osiągnięciami w dziedzinie terapii genowej.

12.1

*Interesse *haben an (+D) — interesować się (czymś)
Sie hat großes Interesse an diesem Projekt. — Ten projekt bardzo ją interesuje.
interessiert sein an (+D) — być zainteresowanym (czymś)
An Politik ist sie nicht interessiert. / Politik interessiert sie nicht. — Ona nie interesuje się polityką. / Polityka ją nie interesuje.
*kennen (kannte, hat gekannt) — znać
jn (erst) *seit kurzem ↔ (schon) *lange / seit langem kennen — znać kogoś (dopiero) od niedawna ↔ (już) od dawna
jn (nur) flüchtig/*kaum ↔ (sehr) *gut kennen — znać kogoś (dość) słabo ↔ (bardzo) dobrze
Helfen Sie mir bitte. Woher kennen wir uns? – Von früher. / Aus der Schule. — Proszę mi przypomnieć. Skąd my się znamy? – Spotkaliśmy się kiedyś. / Ze szkoły.
*können (kann, konnte, hat gekonnt) — móc; umieć; potrafić

---

znać / móc; umieć; potrafić / wiedzieć – *kennen / können / wissen*

kennen: wiedza wynikająca z osobistych doświadczeń
Ich kenne den Autor dieses Buches, — *... weil ich ihn schon einmal kennen gelernt / getroffen / (auf einem Foto) gesehen / von ihm gehört habe.*
Znam autora tej książki, — ... ponieważ już go kiedyś poznałem / spotkałem / widziałem (na zdjęciu) / już o nim słyszałem.

können: umiejętność / zdolność
Das kann sie noch nicht. — *... weil sie noch zu jung ist und es noch nicht gelernt hat.*
Jeszcze tego nie umie, — ... bo jest (jeszcze) zbyt młoda i jeszcze się tego nie nauczyła.

wissen: wiedza nabyta, oparta na faktach
Ich weiß, wann J.W. von Goethe geboren ist. — *... weil ich es einmal gelernt und es mir gemerkt habe.*
Wiem, kiedy urodził się J.W. Goethe, — ... bo się tego kiedyś uczyłem i zapamiętałem to (sobie).

---

e **Kenntnis**, -se (in) — wiedza (w dziedzinie); znajomość (czegoś)

Seine Kenntnisse in Biologie / Biologiekenntnisse sind erstaunlich. — Jego znajomość biologii jest zdumiewająca.
Meines Wissens (nach) / So viel ich weiß, arbeitet er jetzt in New York. — Zgodnie z moją wiedzą / O ile wiem, on teraz pracuje w Nowym Jorku.

Wiedza

12

1

Wyrażenia z *kennen – können – wissen*

Tu ważne jest właściwe postawienie akcentu w zdaniu:

Das kenne ich schon!	To już wiem!
Da kenne ich mich aus.	Na tym się znam.
Da kenne ich **nichts**. (= Davon lasse ich mich nicht abhalten.)	Nic nie stanie mi na drodze. (= Nic mnie nie powstrzyma.)
Ich **kann** nichts dafür.	Nic na to nie poradzę.
Wie **konntest** du nur?	Jak mogłeś?
Was weiß **ich**?	A ja skąd niby mam wiedzieć? / A bo ja wiem?
Ja, ja, ich **weiß**. / Ich **weiß** schon …	Tak, tak, wiem. / Już dobrze, wiem…
Ich will **nichts** mehr von ihm wissen!	Już nigdy nie chcę mieć z nim do czynienia!

s **Gedächtnis**	pamięć
ein **gutes** (besser, best-) ↔ **schlechtes** Gedächtnis haben	mieć dobrą ↔ słabą pamięć
s Namensgedächtnis / s Personengedächtnis / s Zahlengedächtnis	pamięć do imion/nazwisk / pamięć do twarzy / pamięć do liczb
s Kurzzeitgedächtnis / s Langzeitgedächtnis	pamięć krótkotrwała / pamięć długotrwała
e **Eselsbrücke**, -n / e Gedächtnisstütze, -n	środek mnemotechniczny
e Lerntechnik, -en / e Lernhilfe, -n	metoda uczenia się / pomoc naukowa
e Mind-Map, -s ['maɪndmæp]	mind map
e Merkhilfe, -n / e Mnemotechnik, -en	pomoc w zapamiętywaniu / mnemotechnika
s Assoziogramm, -e [asotsio'gram]	asocjogram
e Gedächtnislücke, -n / r / s Black-out, -s ['blɛklaut *auch* '-'-,-'-]	luka w pamięci / pustka w głowie
s Gedächtnistraining	trening pamięci
s **Gedächtnis** *****verlieren** (verlor, hat verloren)	stracić pamięć
Bei einem Unfall hat er sein Gedächtnis verloren.	Stracił pamięć w wypadku.
sich *****erinnern** an (+A) ↔ *****vergessen** (vergisst, vergaß, hat vergessen)	przypominać sobie o / pamiętać ↔ zapomnieć
e *****Erinnerung**, -en (an +A)	wspomnienie; pamięć (o)
Diesen Tag behalte ich immer in guter Erinnerung.	Ten dzień zawsze będę mile wspominał.
sich *****merken** / *****behalten** (behält, behielt, hat behalten)	zapamiętać (sobie)
Zahlen kann ich mir nicht so merken.	Nie mam pamięci do liczb.
e Merkfähigkeit	umiejętność zapamiętywania

Wissen

*einfallen (fällt ein, fiel ein, ist eingefallen)
Kennst du ihn? – Ja, aber sein Name fällt mir nicht mehr ein.
Dazu / Zu diesem Thema fällt mir einfach nichts ein.
r ***Gedanke**, -n
ein kluger / vernünftiger / guter ↔ dummer Gedanke
sich Gedanken machen über (+A)
Das ist **logisch**. ↔ Das ist doch absurd. / So ein Quatsch!

przychodzić na myśl; przypominać sobie
Znasz go? – Tak, ale nie mogę już przypomnieć sobie jego nazwiska.
Na ten temat nic nie przychodzi mi do głowy.
myśl
mądra / rozsądna / dobra ↔ głupia myśl
zastanawiać się nad; myśleć o
To logiczne. ↔ To przecież absurd. / Co za bzdura!

Pamiętaj!

Bitte *denken Sie daran, dass …
Sie wissen doch, dass …
Vergessen Sie bitte nicht, dass …
Wenn ich mich recht entsinne, hatten wir ausgemacht, dass …
Erinnern Sie mich bitte daran, dass …
Ach ja richtig!
Ja, jetzt erinnere ich mich wieder (daran).
Na klar, jetzt wo Sie es sagen, fällt es mir wieder ein.
Entschuldigung, das habe ich total vergessen.

Proszę pamiętać, że …
Wie pan przecież, że …
Proszę nie zapominać, że …
O ile dobrze pamiętam, ustaliliśmy, że …
Proszę mi przypomnieć, że …
A tak, faktycznie!
Tak, teraz sobie (to) przypominam.
Oczywiście, teraz, gdy pan to powiedział, przypomniałem sobie.
Przepraszam, zupełnie zapomniałem.

Forschung
Badania naukowe

e ***Wissenschaft**, -en
e Naturwissenschaft / e Geisteswissenschaft / e Sozialwissenschaft
Die Genetik zählt zu den relativ jungen Wissenschaften.
r **Wissenschaftler**, - // e **Wissenschaftlerin**, -nen
r ***Forscher**, - // e **Forscherin**, -nen

Sie ist eine weltweit anerkannte Wissenschaftlerin.

nauka
nauki przyrodnicze / nauki humanistyczne / nauki społeczne
Genetyka należy do stosunkowo młodych dziedzin nauki.
naukowiec

badacz; naukowiec // badaczka; naukowiec

Ona jest cenionym na całym świecie naukowcem.

r Nachwuchswissenschaftler, -	młody naukowiec
r Postdoc, -s ['pɔstdɔk]	naukowiec kontynuujący badania po obronie doktoratu
r **Experte**, -n // e **Expertin**, -nen / r **Fachmann**, ⸚er // e **Fachfrau**, -en	ekspert // ekspertka / specjalista // specjalistka
Er ist ein Experte für Molekularbiologie.	Jest specjalistą od biologii molekularnej.
r **Laie**, -n ['laiə]	laik
r Fachidiot, -en	specjalista z jakiejś dziedziny, nie mający pojęcia o żadnej innej
wissenschaftlich arbeiten	pracować naukowo
e **Studie**, -n	studium; badanie
Klinische Studien haben gezeigt, dass …	Badania kliniczne wykazały, że …
e **Theorie** ↔ e ***Praxis**	teoria ↔ praktyka
r Theoretiker, - // e Theoretikerin, -nen ↔ r Praktiker, - // e Praktikerin, -nen	teoretyk ↔ praktyk
Er arbeitet eher **theoretisch** ↔ **praxisorientiert**.	W pracy koncentruje się raczej na teorii ↔ praktyce.
Er verdeutlicht das anhand eines **praktischen** Beispiels.	Wyjaśnia to na praktycznym przykładzie.
abstrakt ↔ **konkret**	abstrakcyjny ↔ konkretny
e ***Forschung**, -en	badania naukowe
in der Forschung arbeiten	prowadzić badania naukowe
e Grundlagenforschung	badania podstawowe/wstępne
r **Bereich** Forschung und Entwicklung	zakres badań i rozwoju
s **Fachgebiet**, -e	specjalizacja; dziedzina
forschen	badać
Wir forschen auf dem Gebiet der Gentherapie.	Prowadzimy badania w zakresie terapii genowej.
sich spezialisieren auf (+A)	specjalizować się w
erforschen / ***untersuchen**	badać
Das Institut erforscht die Ursachen der Umweltverschmutzung.	W tym instytucie prowadzi się badania nad przyczynami zanieczyszczenia środowiska.
s **Mikroskop**, -e	mikroskop
Das Substrat wird auf Veränderungen hin untersucht.	Bada się zmiany zachodzące w tym substracie.
Am Computer werden die Prozesse nachgebildet / modelliert.	Sporządza się symulację komputerową tych procesów.
sich auseinander setzen mit	zajmować się czymś

*beweisen / r *Beweis, -e

Schauen Sie mal her. Das ist der Beweis, dass meine Theorie stimmt.

nachweisen / r Nachweis, -e
Können Sie für die Ergebnisse irgendeinen Nachweis erbringen? Nur dann glaube ich Ihnen das Ganze.

udowodnić / dowód

Niech pan tu spojrzy. Oto dowód, że moja teoria jest słuszna.

dowieść / dowód
Czy może pan dowieść autentyczności tych wyników? Dopiero wtedy panu uwierzę.

e **Hypothese**, -n [hypo'te:zə]   hipoteza
e **These**, -n ↔ e **Antithese**, -n   teza ↔ antyteza
diskutieren   dyskutować
experimentieren   eksperymentować
s **Experiment**, -e / r ***Versuch***, -e   eksperyment / doświadczenie
einen Versuch **durchführen** / ***machen***   przeprowadzić eksperyment
gelingen (gelang, ist gelungen) ↔ **scheitern** / **misslingen** (misslang, ist misslungen)   udać się ↔ nie udać się / nie powieść się

Dem Forscher ist das Experiment erst nach vielen Fehlversuchen gelungen.

Eksperyment powiódł się badaczowi dopiero po wielu nieudanych próbach.

s ***Projekt***, -e   projekt
ein Projekt ***planen***   planować projekt
s (Forschungs-) **Vorhaben**, - / s Forschungsprojekt, -e   projekt badawczy
r (Forschungs-) ***Antrag***, ⸚e   wniosek (badawczy)
Projektmittel Pl / **Forschungsgelder** Pl / **Drittmittel** Pl   fundusze na projekt / środki na badania / środki uzyskane poprzez fundraising
einen Antrag ***stellen*** (auf +A) / etw ***beantragen***   złożyć wniosek (o)
genehmigen ↔ ***ablehnen***   zatwierdzić ↔ odrzucić
s **Stipendium**, Stipendien / s Forschungsstipendium   stypendium; stypendia / stypendium badawcze
ein Projekt durchführen / ***realisieren***   przeprowadzić / zrealizować projekt
s **Forschungsgebiet**, -e / r Forschungsbereich, -e   dziedzina badań / obszar badań
Wer forscht noch auf diesem Gebiet?   Kto jeszcze prowadzi badania w tej dziedzinie?

r Forschungsgegenstand, ⸚e   przedmiot badań
r Forschungszweck, -e   cel badań
e **Forschungsarbeit**, -en   praca badawcza
e Problemstellung, -en   określenie problemu
e ***Recherche***, -n [re'ʃɛrʃə]   zbieranie informacji / kwerenda
recherchieren [reʃɛr'ʃi:rən] / Recherchen anstellen   zbierać informacje / prowadzić kwerendę na jakiś temat

Badania naukowe

12.2

e **Studie**, -n	studium; badanie
e **Analyse**, -n [ana'ly:zə]	analiza
r (Forschungs-) *****Bericht**, -e	raport (z badań)
s (Forschungs-) *****Ergebnis**, -se	wynik (badań)
Unter Fachleuten ist das Ergebnis dieser Forschungsarbeit strittig.	Według specjalistów wynik tej pracy badawczej jest sporny/ kontrowersyjny.
r **Gedankengang**, ⸚e	tok myślenia
Es fällt mir schwer, den Gedankengang nachzuvollziehen.	Trudno mi podążać za tym tokiem myślenia.
r Kerngedanke, -n	myśl przewodnia
Vergleiche / **Parallelen** *****ziehen** (zog, hat gezogen)	porównywać / znajdować analogie
e **Schlussfolgerung**, -en	wniosek
Seine Schlussfolgerung ist nicht schlüssig.	Jego wniosek nie jest logiczny.
Ich folgere daraus, dass er nicht gründlich genug recherchiert hat.	Wnioskuję z tego, że nie zbadał gruntownie tematu.
s *****Institut**, -e	instytut
r **Leiter**, - // e **Leiterin**, -nen	kierownik // kierowniczka
s **Forschungsgebäude**, -	siedziba instytutu badawczego
s **Labor**, -e	laboratorium
r Laborleiter, - // e Laborleiterin, -nen	kierownik laboratorium
r Laborant, -en // e Laborantin, -nen	laborant // laborantka
r **Techniker**, - // e **Technikerin**, -nen	technik
r **Assistent**, -en // e **Assistentin**, -nen	asystent // asystentka
r / e **MTA**, -s / die medizinisch-technischen Assistenten	asystent – analityk laboratoryjny
e **Forschungsgesellschaft**, -en	towarzystwo badawcze

Instytucje wspierające rozwój nauki w Niemczech, Austrii i Szwajcarii

s Max-Planck-Intistut / s MPI	Instytut Maxa Plancka
e Deutsche Forschungsgemeinschaft / e DFG	Niemiecka Wspólnota Badawcza
e Gesellschaft für technische Zusammenarbeit / e GTZ	Towarzystwo Współpracy Technicznej
e Robert-Bosch-Stiftung	Fundacja Roberta Boscha
e Humboldt Stiftung	Fundacja Humboldta
e Österreichische Akademie der Wissenschaften	Austriacka Akademia Nauk
e Österreichische Forschungsgemeinschaft	Austriacka Wspólnota Badawcza
e Eidgenössische Technische Hochschule / e ETH Zürich	Politechnika Szwajcarska w Zurychu

Mathematik
Matematyka

e *Mathematik / Mathematik *österr.*	matematyka
r Mathematiker, - //	matematyk // matematyczka
e Mathematikerin, -nen	
mathematisch	matematyczny
s (mathematische) *Zeichen, -	znak (matematyczny)
e (mathematische) *Größe, -n	wielkość (matematyczna)
e Arithmetik	arytmetyka
s arithmetische Mittel	średnia arytmetyczna

e Addition	dodawanie
addieren / zusammenzählen	dodawać / sumować
plus	plus
e Subtraktion	odejmowanie
subtrahieren / abziehen	odejmować
minus	minus
e Multiplikation	mnożenie
multiplizieren / malnehmen	mnożyć
mal	razy
e Division	dzielenie
dividieren / *teilen	dzielić
geteilt	podzielone przez
die Wurzel ziehen	wyciągnąć pierwiastek
e Wurzelgleichung	równanie z pierwiastkami
e Summe, -n	suma
(ist) *gleich	równa się
größer / kleiner gleich	większy / mniejszy równy
größer / kleiner als	większy / mniejszy, niż
zwei hoch drei	dwa do potęgi trzeciej
unendlich	nieskończony
s Prozent, -e	procent
s Promille, -n	promil

e Algebra	algebra
e Gleichung, -en	równanie
eine Gleichung mit einer / zwei / mehreren Unbekannten	równanie z jedną niewiadomą / dwoma / wieloma niewiadomymi
e *Rechnung, -en / e Berechnung, -en	rachunek / obliczenie
e Vektorrechnung / e Infinitesimalrechnung	rachunek wektorowy / rachunek różniczkowo-całkowy
e Konstante, -n ↔ e Variable, -n	stała ↔ zmienna
eine leichte / einfache ↔ schwierige / komplizierte Rechnung, -en	łatwe / proste ↔ trudne / skomplikowane obliczenie
Berechnungen durchführen	przeprowadzać obliczenia

12.3

*rechnen	obliczać; liczyć
im Kopf / schriftlich rechnen	liczyć w pamięci / liczyć na kartce
den *Computer [kɔm'pju:tɐ] rechnen lassen	dokonywać obliczeń komputerowych
r Taschenrechner, -	kalkulator
mit dem Taschenrechner rechnen	obliczać na kalkulatorze
*richtig ↔ *falsch gerechnet	dobrze ↔ źle obliczony
Kannst du nicht rechnen?	Nie umiesz liczyć?
eine Fläche berechnen / errechnen	obliczyć powierzchnię
Können Sie bitte den Endpreis *ausrechnen?	Czy może pan obliczyć cenę końcową?
s *Ergebnis, -se	wynik
Was haben Sie ausgerechnet? / Was kommt raus?	Ile panu wyszło? / Ile wychodzi?
Rechnen Sie doch mal nach, da stimmt was nicht.	Niech pan jeszcze raz przeliczy, coś się tu nie zgadza.
schätzen	oszacować
aufrunden ↔ abrunden	zaokrąglać do góry ↔ zaokrąglać do dołu
e (ganze) *Zahl, -en	liczba (całkowita)
*endlich ↔ unendlich	skończona ↔ nieskończona
eine reelle ↔ imaginäre Zahl	liczba rzeczywista ↔ liczba urojona
e Primzahl, -en	liczba pierwsza
e Bruchzahl, -en	ułamek
e Dezimalzahl, -en	liczba dziesiętna
Rechnen Sie es bis auf fünf Stellen hinter dem Komma genau aus.	Proszę obliczyć to z dokładnością do piątego miejsca po przecinku.
e Zahlenfolge, -n	ciąg liczbowy
r Grenzwert, -e	granica
s Quadrat, -e	kwadrat
144 ist das Quadrat von 12	144 to 12 do kwadratu
zwölf im Quadrat / 12 hoch 2 ist 144	dwanaście do kwadratu / 12 do potęgi 2 to 144
e Potenz, -en	potęga
e Wurzel, -n	pierwiastek
e Quadratwurzel / e Kubikwurzel (von 164)	pierwiastek drugiego stopnia / pierwiastek trzeciego stopnia
Das Problem ist rechnerisch nicht lösbar.	Tego problemu nie da się rozwiązać za pomocą obliczeń matematycznych.
r Bruch, ⸚e	ułamek
r Dezimalbruch / r gemeine Bruch	ułamek dziesiętny / ułamek zwykły
r Zähler ↔ r Nenner	licznik ↔ mianownik
den gemeinsamen Nenner suchen	szukać wspólnego mianownika
e Statistik	statystyka
r Statistiker, - // e Statistikerin, -nen	statystyk

Die Statistik besagt einwandfrei, dass …	Zgodnie z regułami statystyki nie ulega wątpliwości, że …
r Logarithmus	logarytm
e Stochastik / e Wahrscheinlichkeitsrechnung, -en	statystyka / rachunek prawdopodobieństwa
e **Analysis**	analiza
e Differenzialrechnung / e Integralrechnung	rachunek różniczkowy / rachunek całkowy
e (mathematische) **Funktion**, -en	funkcja (matematyczna)
e Ableitung, -en	pochodna
e **Geometrie**	geometria
s Koordinatensystem, -e	układ współrzędnych
e **Achse**, -n	oś
e Koordinate, -n	współrzędna
e geometrische ***Figur**, -en	figura geometryczna
e ***Linie**, -n	linia
mit dem Lineal eine (gerade) Linie ziehen	narysować linię (prostą) przy pomocy linijki
zwei Punkte mit einer Linie ***verbinden** (verband, hat verbunden)	połączyć dwa punkty linią
e ***Länge**, -n	długość

Figury geometryczne

Linien	**linie**
e *Kurve, -n	krzywa
e Gerade, -n	prosta
e Parallele, -n	równoległa
e Tangente, -n	styczna
e Parabel, -n	parabola

Flächen	**płaszczyzny**
r Kreis, -e	koło
s Dreieck, -e	trójkąt
s Viereck, -e	czworobok; czworokąt
s Quadrat, -e	kwadrat
s Rechteck, -e	prostokąt
s Trapez, -e	trapez
s Parallelogramm, -e	równoległobok

Körper	**bryły**
r Quader, -	prostopadłościan
r Würfel, -	sześcian
r Zylinder, -	walec
r Kegel, -	stożek
e Pyramide, -n	ostrosłup
s Prisma, Prismen	graniastosłup

Matematyka

3/4

e *Fläche, -n	płaszczyzna
die Grundfläche einer Pyramide	podstawa ostrosłupa
r Durchmesser	średnica
r (Kreis-) Umfang	obwód (koła)
Wie ist das Verhältnis des Umfangs zum Durchmesser?	Jaki jest stosunek obwodu do średnicy?
s Volumen, -	objętość
der Satz des Pythagoras	twierdzenie Pitagorasa
r *Kreis, -e	koło; okrąg
der *Mittelpunkt eines Kreises	środek koła
r Kreisausschnitt, -e	wycinek koła
kreisförmig	kolisty
dreieckig / viereckig	trójkątny / czworokątny
rechteckig	prostokątny
r Winkel, -	kąt
ein Winkel von 90 Grad	kąt 90 stopni
rechtwinklig / spitzwinklig	prostokątny / ostrokątny
r *Körper, -	bryła
r Zirkel, -	cyrkiel
Ziehen Sie mit dem Zirkel einen Kreis von 8 cm Durchmesser.	Proszę narysować przy pomocy cyrkla okrąg o średnicy 8 cm.
s *Maß, -e	miara
*messen (misst, maß, hat gemessen)	mierzyć
Diese Fläche misst 10 Quadratzentimeter / cm².	Ta płaszczyzna mierzy 10 centymetrów kwadratowych / cm².
Das stimmt, glaube ich, nicht. Messen Sie mal bitte nach.	To się chyba nie zgadza. Niech pan jeszcze raz zmierzy.

Jednostki

r Kilometer, - / km	kilometr / km
e Meile, -n (=1,61 km)	mila
r Meter, - / m	metr / m
r Zentimeter, - / cm	centymetr / cm
r Millimeter, - / mm	milimetr / mm
r Quadratmeter / m²	metr kwadratowy / m²
r Kubikmeter / m³	metr sześcienny / m³
r Grad, -e Celsius / °C	stopień Celsjusza / °C

Physik
Fizyka

e theoretische / experimentelle *Physik	fizyka teoretyczna / eksperymentalna
r Physiker, - // e Physikerin, -nen	fizyk
physikalisch	fizyczny

s physikalische Gesetz, -e	prawo fizyczne
e physikalische Größe, -n	wielkość fizyczna
e **Materie**, -n	materia
e **Masse** eines Körpers	masa ciała
s Elementarteilchen, -	cząstka elementarna
s **Proton**, -en ↔ s **Neutron**, -en	proton ↔ neutron
s **Elektron**, -en	elektron
*****positiv** ↔ *****negativ**	dodatni ↔ ujemny
e Elektronenstruktur eines Atoms	struktura elektronowa atomu
s **Molekül**, -e	cząsteczka; drobina
r *****Zustand**, ⸚e / r Aggregatzustand	stan / stan skupienia
*****fest** ↔ **flüssig** / **fließend**	stały ↔ płynny; ciekły
r Festkörper ↔ e Flüssigkeit, -en	ciało stałe ↔ płyn; ciecz
gasförmig	w postaci gazu
e gasförmige Substanz, -en	substancja w postaci gazu
etw in Dampf umwandeln	odparowywać coś
s **Plasma**, Plasmen	plazma
e **Mechanik**	mechanika
r *****Körper**, - / r Festkörper	ciało / ciało stałe
r *****Stoff**, -e	materia
s **Volumen** / r Rauminhalt, -e	objętość; pojemność
e **Dichte**	gęstość
e **Kinematik** / e Bewegungslehre	kinematyka / nauka o ruchu
geradlinig / kreisförmig	prostoliniowy / kolisty
gleichförmig / beschleunigt	jednostajny / przyspieszony
r freie Fall	spadek swobodny
e *****Geschwindigkeit**, -en	prędkość
10 Kilometer pro Stunde / 10 km / h	10 kilometrów na godzinę / 10 km/h
e **Beschleunigung** ↔ e **Verlangsamung**	przyspieszenie ↔ spowolnienie
e Zentrifugalkraft / e Fliehkraft	siła odśrodkowa
e **Dynamik**	dynamika
s Wechselwirkungsgesetz (actio ↔ reactio)	zasada wzajemnego oddziaływania (akcja ↔ reakcja)
e *****Kraft**, ⸚e	siła
e Gewichtskraft	siła ciążenia
r *****Druck**	ciśnienie
s Trägheitsgesetz	zasada bezwładności
s Trägheitsmoment, -e	moment bezwładności
e Reibung	tarcie
e **Anziehungskraft** / e Gravitation	siła przyciągania / grawitacja
Newtonsche / Keplersche Gesetze	prawo Newtona / prawo Keplera
e **Wärmelehre** / e Thermodynamik	nauka o cieple / termodynamika
e *****Wärme**	ciepło
r Wärmeaustausch	wymiana ciepła
Wärme entwickelt sich	ciepło wytwarza się
e *****Temperatur**, -en	temperatura

*steigen (stieg, ist gestiegen) ↔   rosnąć ↔ spadać
  *fallen (fällt, fiel, ist gefallen)
*gleich *bleiben (blieb, ist geblieben)   pozostać na tym samym poziomie
s **Grad** Celsius   stopień Celsjusza
r **Dampf**, ⸚e   para
e ***Energie**, -n   energia
Energie wird freigesetzt.   Uwalnia się energia.
e **Elektrizitätslehre**   elektryka
e (elektrische) **Ladung**, -en /   ładunek (elektryczny) / ładunek
  e Elementarladung   elementarny
sich aufladen ↔ entladen   naładowywać się ↔ rozładowywać
*elektrisch geladen   naładowany elektrycznie
s elektrische Feld, -er   pole elektryczne
s **Magnetfeld**, -er   pole magnetyczne
r **Magnet**, -en / r Elektromagnet   magnes / elektromagnes
r **Leiter**, - ↔ r Isolator, -en   przewodnik ↔ izolator
r (elektrische) ***Strom**   prąd (elektryczny)
den Strom ***messen** (misst, maß, hat   mierzyć natężenie prądu
  gemessen)
r Wechselstrom / r Drehstrom /   prąd zmienny / prąd trójfazowy /
  r Gleichstrom   prąd stały
r Starkstrom   silny prąd
r Generator, -en / r Transformator, -en   generator / transformator
e ***Wirkung**, -en   działanie
e **Stromstärke** / s Ampere, -   natężenie prądu / amper
e (elektrische) **Spannung**, -en / s Volt, -   napięcie (elektyczne) / wolt
r (spezifische) **Widerstand**, ⸚e / s Ohm, -   opór / ohm
s Ohmsche Gesetz   prawo Ohma
e elektrische ***Arbeit**   praca elektryczna
e ***Leistung** / s Kilowatt, -   moc / kilowat
r Kondensator, -en   kondensator
e **Elektronik**   elektronika
r **Halbleiter** / r Supraleiter   półprzewodnik / nadprzewodnik
e **Schaltung**, -en   układ połączeń; połączenie
r **Chip**, -s [tʃɪp]   chip
r **Mikroprozessor**, -en   mikroprocesor
e **Optik**   optyka
e Lichtquelle, -n / r Lichtstrahl, -en   źródło światła / promień świetlny
r **Laser**, - ['leːzɐ *auch* 'laː...]   laser
s Photon, -en   foton

Optische Geräte	**instrumenty optyczne**
e Lupe, -n	lupa
e Linse, -n	soczewka
e *Kamera, -s	kamera
s Fernrohr, -e / r Feldstecher, -	teleskop; luneta
s Mikroskop, -e	mikroskop

e **Schwingungslehre**	nauka o drganiach
e mechanische / elektromagnetische **Schwingung**, -en	drgania mechaniczne / elektromagnetyczne
gedämpfte ↔ ungedämpfte Schwingungen	drgania tłumione / gasnące ↔ drgania niezanikające / niegasnące
e Amplitude, -n [ampli'tu:də]	amplituda
e Periode, -n	cykl
e Frequenz, -en / s Hertz	częstotliwość / herc
e **Feder**, -n	sprężyna
s Pendel, -	wahadło
e **Wellenlehre**	teoria fal
e mechanische / elektromagnetische **Welle**, -n	fala mechaniczna / elektromechaniczna
s ***Licht**, -er	światło
Das Licht wird gebündelt / gebeugt / gebrochen / reflektiert.	Światło jest zogniskowane / poddane dyfrakcji / załamane / odbite.
e Lichtgeschwindigkeit	prędkość światła
s Lichtjahr, -e	rok świetlny
e **Quantenphysik**	fizyka kwantowa
e Relativitätstheorie	teoria względności
e **Atomphysik**	fizyka atomowa
s **Atom**, -e	atom
s Atomgewicht, -e	masa atomu
s Periodensystem	układ okresowy pierwiastków
e Atomhülle / r Atomkern, -e	powłoka elektronowa atomu
s Quark, -s	kwark
e ***Kernphysik**	fizyka jądrowa
e Kernfusion ↔ e Kernspaltung	reakcja syntezy jądrowej ↔ reakcja rozszczepienia
e Kernenergie	energia atomowa
r Kernreaktor	reaktor atomowy
e **Strahlung**, -en / e **Radioaktivität**	promieniowanie / radioaktywność
elektromagnetische Strahlungen	promienie elektromagnetyczne
Die Halbwertszeit von Strontium beträgt …	Okres półrozpadu strontu wynosi …
r Super-GAU (größter anzunehmender Unfall)	największa hipotetyczna awaria w elektrowni jądrowej
Durch einen Störfall wurde eine Kettenreaktion ausgelöst.	Błąd spowodował reakcję łańcuchową.

Chemie und Biochemie
Chemia i biochemia

e *Chemie	chemia
e analytische / physikalische Chemie	chemia analityczna / fizykochemia
r Chemiker, - // e Chemikerin, -nen	chemik // chemiczka
anorganisch ↔ organisch	nieorganiczna ↔ organiczna
chemisch / biochemisch	chemiczny / biochemiczny
e Biochemie [auch 'bioçemi:]	biochemia
e pharmazeutische *Industrie /	przemysł farmaceutyczny /
e Pharmafirma, -firmen	firma farmaceutyczna
r Pharmazeut, -en //	farmaceuta //
e Pharmazeutin, -nen	farmaceutka
e Chemikalie, -n	chemikalia
r Einsatz giftiger ↔ ungiftiger Chemikalien	zastosowanie toksycznych ↔ nieszkodliwych chemikaliów
s Element, -e	pierwiastek chemiczny
s Metall, -e ↔ s Nichtmetall, -e	metal ↔ niemetal
r (chemische) *Prozess, -e /	proces (chemiczny)
r Vorgang, ⸚e	
e (chemische) *Reaktion, -en	reakcja (chemiczna)
e (chemische) Eigenschaft, -en (des Kohlenstoffs)	właściwość (chemiczna węgla)
r (chemische) *Stoff, -e	substancja (chemiczna)
e Zusammensetzung, -en (eines Stoffes)	skład (substancji)
e (chemische) *Verbindung, -en	związek (chemiczny)
e Verbindung eingehen	wchodzić w związek
e *Lösung, -en	roztwór
e verdünnte ↔ konzentrierte / hochkonzentrierte Lösung	rozcieńczony ↔ stężony / silnie stężony roztwór
(sich) auflösen / (sich) zersetzen	rozpuszczać (się) / rozkładać (się)
löslich / wasserlöslich	rozpuszczalny / rozpuszczalny w wodzie
in Wasser aufgelöst	rozpuszczony w wodzie
Aceton wird als Lösungsmittel verwendet.	Acetonu używa się jako rozpuszczalnika.
e Säure, -n ↔ e Base, -n	kwas ↔ zasada
r Bestandteil, -e	składnik
e Formel, -n	wzór
s Periodensystem	układ okresowy
e Anordnung der Elemente	uszeregowanie wszystkich pierwiastków chemicznych (układ okresowy)
s Atomgewicht / e Massenzahl	masa atomu; masa atomowa / liczba masowa
s Molekül, -e	cząsteczka; drobina; molekuła
e Molekularstruktur, -en	struktura molekularna

e Kernladungszahl / e Ordnungszahl	liczba porządkowa; liczba atomowa
***bestehen** aus (+*D*) (bestand, hat bestanden)	składać się z
r **Wasserstoff**	wodór
r **Sauerstoff**	tlen
„O" ist das Symbol für Sauerstoff.	„O" to symbol tlenu.
r Kohlenwasserstoff, -e	węglowodór
s **Kohlehydrat**, -e	węglowodan
s **Fett**, -e	tłuszcz
r ***Zucker** Sg	cukier
r ***Alkohol** [*auch* alkoˈhoːl]	alkohol
e **Verbrennung**	spalanie
brennbar ↔ unbrennbar	palny ↔ niepalny
e Oxidation, -en / e Reduktion, -en	utlenianie / redukcja
r **Siedepunkt** ↔ r **Schmelzpunkt**	temperatura wrzenia ↔ temperatura topnienia
r **Katalysator**, Katalysatoren [kataly'zaːtoːɐ̯]	katalizator
Aktivkohle wirkt als Katalysator.	Węgiel aktywny działa jako katalizator.
e **Synthese**, -n	synteza
einen Stoff synthetisch herstellen	wytworzyć substancję syntetycznie
e Chemiefaser, -n	włókno chemiczne
e **Elektrolyse**, -n	elektroliza
s Elektrolyt, -e	elektrolit
e **Elektrode**, -n	elektroda
e Elektronenröhre, -n	lampa elektronowa
e **Anode**, -n ↔ e **Kathode**, -n	anoda ↔ katoda
s Anion ↔ s Kation	anion ↔ kation
s **Elektron**, -en [*auch* elɛkˈtroːn]	elektron
s **Ion**, -en	jon
s **Protein**, -e / s **Eiweiß**, -e	białko
e DNA-Struktur	struktura DNA
e Aminosäure, -n	aminokwas
s Enzym, -e	enzym
e Mikrobe, -n	mikrob; drobnoustroje
r **Virus**, Viren	wirus
s ***Instrument**, -e	instrument; przyrząd

W laboratorium

s (Elektronen-) Mikroskop, -e	mikroskop (elektronowy)
e Zentrifuge, -n	wirówka
s Reagenzglas, ⸚er	probówka
e Pipette, -n	pipetka
e Bürette, -n	biureta

r Bunsenbrenner, -	palnik Bunsena
e Petrischale, -n	płytka Petriego
r Trichter, -	lejek
r Objektträger, -	szkiełko przedmiotowe
s Deckglas, ⁺er	szkiełko nakrywkowe
r Erlenmeyer-Kolben, -	kolba stożkowa
s Becherglas, ⁺er	zlewka
r Dreifuß, ⁺e	trójnóg
s Drahtnetz, -e	siatka druciana
r Indikator, -en	wskaźnik

Biologie
Biologia

e *Biologie	biologia
e Humanbiologie	biologia człowieka
e Genesis	pochodzenie; geneza
r Biologe, -n // e Biologin, -nen	biolog
die Flora und Fauna	flora i fauna
s Biotop, -e	biotop
e Zoologie [tsoolo'gi:] / e Tierkunde	zoologia / nauka o zwierzętach
r Zoologe, -n // e Zoologin, -nen	zoolog
r Ornithologe, -n // e Ornithologin, -nen	ornitolog
s Lebewesen, -	istota żyjąca
r *Mensch, -en	człowiek
s *Tier, -e	zwierzę
r Organismus, Organismen	organizm
r lebende Organismus	żywy organizm
r Mikroorganismus / s Kleinstlebewesen, -	mikroorganizm / drobnoustroje
r Einzeller, - ↔ r Mehrzeller / Vielzeller	jednokomórkowiec ↔ wielokomórkowiec
Wirbeltiere ↔ wirbellose Tiere	kręgowce ↔ bezkręgowce
e Tierart, -en	gatunek zwierząt

Gatunki zwierząt

Säugetiere	ssaki
Vögel	ptaki
Krebse	skorupiaki
Spinnen	pająki
Insekten	owady
Schmetterlinge	motyle
Fliegen	muchy
Käfer	chrząszcze
Hautflügler	owady błonkoskrzydłe

Weichtiere	mięczaki
Fische	ryby
Lurche / Amphibien	płazy
Kriechtiere / Reptilien	gady

s Tierreich	królestwo zwierząt
aussterben (stirbt aus, starb aus, ist ausgestorben) ↔ **überleben**	wymierać ↔ przetrwać
e Population, -en	populacja
e **Fortpflanzung** / e **Vermehrung**	rozmnażanie
zeugen / **befruchten**	spłodzić / zapłodnić
Eier legen / ausbrüten	złożyć jaja / wysiadywać
e **Vererbungslehre** / e **Genetik**	teoria dziedziczności / genetyka
e **Mikrobiologie**	mikrobiologia
e **Genforschung**	badania genetyczne
s **Gen**, -e / r Erbfaktor, -en / e Erbanlage, -n	gen / cecha dziedziczna / predyspozycja genetyczna
genetisch	genetyczny
r genetische Code, -s	kod genetyczny
e **Zelle**, -n	komórka
e Zellteilung, -en	podział komórkowy
einzellig ↔ mehrzellig	jednokomórkowy ↔ wielokomórkowy
s Chromosom, -e	chromosom
e (embrionale / adulte) **Stammzelle**, -n	komórka macierzysta (zarodkowa / dorosłego organizmu)
s **Klonen** ['klo:nən]	klonowanie
geklonte Tiere	sklonowane zwierzęta
Bakterien *Pl*	bakterie
e **Abstammung**	pochodzenie
abstammen (von)	pochodzić (od)
e **Evolution**	ewolucja
Darwins Evolutionstheorie	teoria ewolucji Darwina
e **Anpassung** an (+*A*) / e Assimilation	przystosowanie do / asymilacja
Nur die Besten / Anpassungsfähigsten überleben.	Przetrwają tylko najlepsi / najlepiej przystosowani.
e Mutation, -en	mutacja
e natürliche Auslese / e Selektion	selekcja naturalna
fressen und gefressen werden	pożerać i być pożeranym
e **Botanik** / e **Pflanzenkunde**	botanika
r **Botaniker**, - // e **Botanikerin**, -nen	botanik
e Forstwissenschaft	leśnictwo
e **Pflanzenwelt** / s **Pflanzenreich** / e **Vegetation**	roślinność / świat roślinny / wegetacja
e Photosynthese	fotosynteza
e *****Pflanze**, -n	roślina
e **Pflanzenart**, -en	gatunek rośliny

Biologia

Gatunki roślin

Kulturpflanzen	rośliny uprawne
Nutzpflanzen	rośliny użytkowe
Unkraut	chwasty
Feld- und Wiesenblumen	kwiaty polne
Moos	mech
Pilze	grzyby
Farne	paprocie
Sträucher	krzewy
Nadelhölzer	drzewa iglaste
Laubbäume	drzewa liściaste
Algen	algi; glony
Kakteen	kaktusy
tropische Pflanzen	rośliny tropikalne
Palmen	palmy

r ***Wald**, ⸚er	las
r Nadelwald / Laubwald	las iglasty / liściasty
e ***Wiese**, -n	łąka
s ***Feld**, -er	pole
s **Gewächs**, -e	roślina
e ***Blume**, -n	kwiat
e Knospe, -n	pąk
e **Blüte**, -n	kwiat
r Blütenstaub / r Pollen, -	pyłek kwiatowy / pyłek
befruchten / **bestäuben**	zapylać
r Blütennektar	nektar
s **Blatt**, ⸚er	liść
s Blütenblatt / s Kelchblatt	płatek
r Stempel, -	słupek
r **Stiel**, -e / r Stängel, -	łodyga / szypułka
e Blumenzwiebel, -n	cebulka kwiatowa
*****wachsen** (wächst, wuchs, ist gewachsen)	rosnąć
r Wuchs	wzrost; rozwój; przyrost
s **Wachstum**	wegetacja
r ***Baum**, ⸚e	drzewo
e **Frucht**, ⸚e	owoc
Früchte tragen	rodzić owoce
reifen	dojrzewać

Laubbäume	**drzewa liściaste**
e Eiche, -n	dąb
e Linde, -n	lipa
e Birke, -n	brzoza
e Weide, -n	wierzba
e Buche, -n	buk
etc.	

Biologie

Nadelbäume	**drzewa iglaste**
e Tanne, -n	jodła
e Fichte, -n	świerk
e Kiefer, -n / e Föhre, -n	sosna
etc.	
Obstbäume	**drzewa owocowe**
e Kirsche / r Kirschbaum	wiśnia; czereśnia
r Apfelbaum	jabłoń
r Pflaumenbaum	śliwka
r Walnussbaum	orzech
etc.	
… und ihre Früchte	**… i ich owoce**
e Kirsche, -n	czereśnia; wiśnia
r Apfel, ⸚	jabłko
e Nuss, ⸚e	orzech
e Eichel, -n	żołądź
r (Tannen-)Zapfen, -	szyszka (jodłowa)
e Kastanie, -n	kasztan

r **Stamm**, ⸚e / r Baumstamm	pień drzewa
e Borke, -n / e Rinde, -n	kora
e **Wurzel**, -n	korzeń
r **Ast**, ⸚e	gałąź; konar
r dicke ↔ dünne **Zweig**, -e	gruba ↔ cienka gałąź
s ***Blatt**, ⸚er	liść
r **Same**, -n / s Samenkorn, ⸚er	nasiono
r Sämling, -e	siewka; nasiennik
sprießen (spross, ist gesprossen)	puszczać pąki

Medizin
Medycyna

e (innere) ***Medizin**	medycyna (wewnętrzna)
r **Mediziner**, - // e **Medizinerin**, -nen	lekarz
r ***Professor**, -en // e ***Professorin**, -nen	profesor
r ***Arzt**, ⸚e // e **Ärztin**, -nen	lekarz
r Spezialist, -en // e Spezialistin, -nen / r Facharzt	specjalista // specjalistka / lekarz specjalista
r **Internist**, -en // e **Internistin**, -nen	internista // internistka

e Allergologie	alergologia
e Augenheilkunde	okulistyka
e (plastische) Chirurgie	chirurgia (plastyczna)
e Dermatologie	dermatologia
e Gynäkologie / e Frauenheilkunde	ginekologia
e Homöopathie / e Naturheilkunde	homeopatia / medycyna naturalna
e Kardiologie	kardiologia
e Kinderchirurgie	chirurgia dziecięca
e Neurologie	neurologia
e Orthopädie	ortopedia
e Pädiatrie / Kinderheilkunde	pediatria
e Pharmakologie	farmakologia
e Radiologie	radiologia
e Rheumatologie	reumatologia
e Urologie	urologia
e Zahnheilkunde	stomatologia

Uwaga: Akcent zawsze pada na końcówkę: -logie lub -loge / -login:
np. Kardiologie lub r Kardiologe, -n // e Kardiologin, -nen.

e Alternativmedizin	medycyna niekonwencjonalna
r **Homöopath**, -en // e **Homöopathin**, -nen	homeopata
r Heilpraktiker, - // e Heilpraktikerin, -nen	homeopata
e **Pathologie**	patologia
e **Anatomie** / r Körperbau	anatomia / budowa ciała

Organe	części ciała
e *Haut*	skóra
s *Herz*, -en	serce
e Lunge, -n	płuco
r *Magen*, ⸗ / -	żołądek
r (Dick- / Dünn-) Darm	(grube / cienkie) jelito
e Niere	nerka
e Leber	wątroba
e Galle	woreczek żółciowy
s Gehirn	mózg
r Lymphknoten, -	węzeł chłonny
e Schilddrüse	tarczyca
e Bauchspeicheldrüse	trzustka
e Milz	śledziona
etc.	

Gefäße	naczynia
s Blutgefäß	naczynie krwionośne
e Aorta	aorta

e Vene, -n	żyła
e Ader, -n / e Schlagader	żyła / tętnica
s Blut	krew
etc.	

Knochenbau — układ kostny

s Skelett, -e	kościec; szkielet
r Schädel, -	czaszka
r Halswirbel, -	krąg szyjny
e Wirbelsäule, -n	kręgosłup
s Gelenk, -e	staw
r Knochen, -	kość
s Schlüsselbein	obojczyk
s Schulterblatt, ⸚er	łopatka
e Rippe, -n	żebro
s Becken	miednica
s Steißbein	kość ogonowa
e Hüfte	biodro
s *Knie	kolano
s Schienbein	kość piszczelowa
r Ellbogen	łokieć
r Knorpel, -	chrząstka
s Band, ⸚er	więzadło
e Sehne, -n	ścięgno
r Muskel, -	mięsień
r Meniskus	łękotka
etc.	

Zentralnervensystem — ośrodkowy układ nerwowy

r Nerv, -en	nerw
s vegetative Nervensystem	wegetatywny układ nerwowy
s Großhirn / Kleinhirn	kresomózgowie / móżdżek

r Thorax / r Brustkorb	klatka piersiowa
r **Blinddarm**	wyrostek robaczkowy
s **Gewebe** / e Gewebeprobe, -n	tkanka / próbka tkanki
s ***Blut**	krew
s rote ↔ weiße Blutkörperchen, -	krwinki czerwone ↔ białe
Blut **spenden / entnehmen**	oddawać krew / pobierać
e Blutgruppe, -n	grupa krwi
e Blutprobe, -n / e Blutuntersuchung, -en	próba krwi / badanie krwi
e Bluttransfusion, -en	transfuzja krwi
e Blutbank, -en	bank krwi
e Blutgerinnung	krzepnięcie krwi
s Blutgerinnsel, - / e Thrombose, -n	skrzep krwi / zakrzep

Medycyna

e ***Krankheit**, -en	choroba
eine **leichte** ↔ **schwere** Krankheit	lekka ↔ poważna choroba
eine **akute** ↔ **chronische** Krankheit	ostra ↔ chroniczna choroba
r Krankheitsüberträger, -	nosiciel
r Krankheitserreger, -	zarazek chorobotwórczy
r **Krankheitsverlauf**	przebieg choroby
s **Symptom**, -e / s Krankheitsbild, -er	symptom; objaw / symptomy; objawy choroby
r **Befund**, -e	orzeczenie (lekarskie)
e Ursache, -n	powód; przyczyna
e **Diagnose**, -n	diagnoza
eine Krankheit **diagnostizieren**	zdiagnozować chorobę
Bei ihr wurde Diabetes festgestellt.	Stwierdzono u niej cukrzycę.
e **Therapie**, -n / e Therapieform, -en	terapia / forma terapii
e schnelle ↔ langsame **Heilung**	szybki ↔ powolny powrót do zdrowia/kuracja
s ***Medikament**, -e	lek
ein Medikament ***verschreiben** (verschrieb, hat verschrieben)	przepisać lek
vorbeugend / prophylaktisch	zapobiegawczo / profilaktycznie
schmerzstillende Mittel **einnehmen** (nimmt ein, nahm ein, hat eingenommen)	zażywać leki przeciwbólowe
eine neue Therapie / ein Medikament erproben	testować nową formę terapii / lek
Das Medikament ist in der klinischen Erprobung / Prüfung.	Ten lek jest testowany klinicznie.
e ***Wunde**, -n	rana
e **Infektion**, -en	infekcja
steril	sterylny
s Desinfektionsmittel, -	środek dezynfekujący
desinfizieren	dezynfekować
Du blutest ja! Lass dich schnell verarzten.	Ty krwawisz! Trzeba szybko założyć ci opatrunek.
Die Wunde muss genäht / geklebt / geklammert werden.	Tę ranę trzeba zszyć / zalepić plastrem / spiąć szwem klamrowym.
e **Narbe**, -n	blizna
Die Narbe verheilt gut ↔ schlecht.	Rana dobrze ↔ źle się goi.
r Faden, ⸗	nitka; nić
r **Verband**, ⸗e	opatrunek
r Verbandswechsel, -	zmiana opatrunku
e ***Operation**, -en / e OP, -s	operacja
r operative Eingriff, -e	zabieg operacyjny
e **Narkose**	narkoza
e **Injektion**, -en / e **Infusion**, -en	zastrzyk / infuzja
e Beatmung	sztuczne oddychanie
wiederbeleben	reanimować
e Dialyse, -n / e Blutwäsche, -n	dializa / hemodializa

Medizin

e **Transplantation**, -en /	transplantacja; przeszczep /
e Nierentransplantation	przeszczep nerek
s **Knochenmark**	szpik kostny
r **Organspender**, - //	dawca organu //
e **Organspenderin**, -nen	dawczyni organu
r **Organempfänger**, - //	biorca organu
e **Organempfängerin**, -nen	
röntgen	prześwietlać; robić rentgen
r **Ultraschall**	ultradźwięk
e Strahlentherapie, -n	radioterapia
e Chemotherapie, -n	chemoterapia
e Computertomographie / s CT	tomografia komputerowa
e Kernspintomographie	tomografia rezonansu magnetycznego
e Endoskopie	endoskopia
e **Gentherapie**	terapia genowa
e **Immunschwäche**	osłabienie systemu odpornościowego
AIDS [e:ts]	AIDS
e ansteckende Krankheit	choroba zakaźna
e Autoimmunkrankheit, -en	schorzenie autoimmunologiczne
ein schwaches ↔ starkes **Immunsystem**	słaby ↔ silny system odpornościowy
e **Hygiene**	higiena
Hygienevorschriften einhalten	przestrzegać zasad higieny
hygienisch	higieniczny
e **Berufskrankheit**	choroba zawodowa
r Amtsarzt, ⁻e // e Amtsärztin, -nen	lekarz urzędowy
s **Gesundheitsamt**	urząd / wydział zdrowia
e Tuberkulose (= Tb / Tbc)	gruźlica
s Tropeninstitut, -e	instytut medycyny tropikalnej
e Seuche, -n / e Epidemie, -n	zaraza / epidemia
e Arbeitsmedizin	medycyna pracy
e Rechtsmedizin	medycyna sądowa
e Obduktion	obdukcja

Psychologie
Psychologia

e ***Psychologie**	psychologia
e angewandte Psychologie	psychologia stosowana
e klinische / medizinische Psychologie	psychologia kliniczna
e vergleichende Psychologie	psychologia porównawcza
e Entwicklungspsychologie	psychologia rozwojowa
e pädagogische Psychologie	psychologia wychowawcza
e Lernpsychologie	psychologia uczenia się

r **Psychologe**, -n // e **Psychologin**, -nen	psycholog
psychologisch	psychologiczny
e **Psychiatrie**	psychiatria
r Psychiater, - // e Psychiaterin, -nen	psychiatra
e **Therapie**, -n / e Psychotherapie	terapia / psychoterapia
e Beschäftigungstherapie / e Verhaltenstherapie	terapia zajęciowa / terapia zaburzeń zachowania
e Gruppentherapie	terapia grupowa
r Psychotherapeut, -en // e Psychotherapeutin, -nen	psychoterapeuta // psychoterapeutka
Er macht seit einem Jahr eine Therapie. / Er geht zum Therapeuten.	Od roku przechodzi terapię. / On chodzi do terapeuty.
e **Psychoanalyse**	psychoanaliza
r Psychoanalytiker, - // e Psychoanalytikerin, -nen	psychoanalityk
e **Beratung**, -en	porada; konsultacja lekarska; doradztwo
e Partnerberatung / e Familienberatung / e Eheberatung	poradnictwo dla par / poradnictwo rodzinne / poradnictwo małżeńskie
r psychologische Test, -s	test psychologiczny
e Fallstudie, -n	studium przypadku
s Ich / s Über-Ich	ego / superego
s **Bewusstsein** ↔ s **Unterbewusstsein**	świadomość ↔ podświadomość
bewusst ↔ **unterbewusst**	świadomy(-mie) ↔ podświadomy(-mie)
s Bewusste ↔ s Unbewusste	świadomość ↔ podświadomość
s ***Gefühl**, -e	uczucie, emocje
Gefühle unterdrücken ↔ ausleben	tłumić uczucia ↔ świadomie przeżywać uczucia
r ***Traum**, ⸚e	sen
e Traumdeutung	interpretacja snów
r **Alptraum**, ⸚e	koszmar senny
e **Persönlichkeit**	osobowość
r (menschliche) **Verstand** / r **Geist**	(ludzki) umysł / rozum; intelekt
e Seele	dusza
Er hat seelische **Probleme**. / Er ist in einer schlechten seelischen Verfassung.	Ma problemy psychiczne. / Jest w złym stanie psychicznym.
e Gemütsverfassung	nastrój
r Geisteszustand	stan ducha
Er ist **psychisch** krank.	On jest chory psychicznie.
gestört / geistesgestört / geisteskrank	zaburzony / z zaburzeniami umysłowymi / chory umysłowo
(geistig) zurückgeblieben	opóźniony w rozwoju (umysłowym)
e Lernbehinderung, -en	trudność w nauce
e **Psychose**	psychoza
e **Neurose**, -n	neuroza

neurotisches / krankhaftes Verhalten	zachowanie neurotyczne / chorobliwe
Er ist ein Neurotiker.	Jest neurotykiem.
e Schizophrenie	schizofrenia
schizophren	schizofreniczny
e *Angst	lęk
von Angstgefühlen geplagt sein / Angstgefühle haben	mieć lęki
e Depression	depresja
unter einer Depression leiden	cierpieć na depresję
depressiv	depresyjny
e Veranlagung	predyspozycja
abnormes / anormales Verhalten	zachowanie nieprawidłowe / odbiegające od normy
r Psychopath, -en // e Psychopathin, -nen	psychopata // psychopatka
psychopathisch	psychopatyczny
e Verhaltensforschung	etiologia
r Behaviorismus / e Verhaltenspsychologie	behawioryzm / psychologia zachowania
s Reiz-Reaktion-Schema	schemat bodziec-reakcja
e positive ↔ negative Verstärkung, -en	pozytywne ↔ negatywne wzmocnienie
e Konditionierung	uwarunkowanie
e Wahrnehmung	postrzeganie
e Intelligenz	inteligencja
r Intelligenzquotient / r IQ	iloraz inteligencji / IQ
r Intelligenztest, -s	test na inteligencję
r Eignungstest / e Eignungsprüfung	test kwalifikacyjny / egzamin kwalifikacyjny
r Leistungstest	test sprawdzający umiejętności
e Kreativität	kreatywność
e Motivation	motywacja
motivationsfördernde ↔ motivationshemmende Faktoren	czynniki motywujące ↔ demotywujące
e Selbstverwirklichung	samorealizacja

Soziologie
Socjologia

e Soziologie	socjologia
r Soziologe, -n // e Soziologin, -nen	socjolog
soziologisch	socjologiczny
*sozial / gesellschaftlich	społeczny
gesellschaftliche Grundwerte	podstawowe wartości społeczne
r *Wert, -e	wartość

9

ethische / gesellschaftliche / moralische Werte	wartość etyczna / społeczna / moralna
e Wertvorstellung, -en	wyobrażenie o wartościach
r Wertewandel	zmiana wartości
r soziale / gesellschaftliche **Wandel**	zmiany społeczne
r **Konflikt**, -e	konflikt
e **Ethik**	etyka
ethisch	etyczny
r **Grundsatz**, ⸚e	zasada
e ***Gemeinschaft**, -en	wspólnota
e Sprachgemeinschaft	wspólnota językowa
e Dorfgemeinschaft	wspólnota wiejska
e Interessengemeinschaft	wspólnota interesów
s ***Interesse**, -n (an + *D*)	zainteresowanie (*czymś*)
sich ***interessieren für**	interesować się (*czymś*)
wenig ↔ großes Interesse zeigen	okazywać niewielkie ↔ duże zainteresowanie
r Interessengegensatz, ⸚e	sprzeczność interesów
r Interessenkonflikt, -e	konflikt interesów
r ***Mensch**, -en	człowiek
*****menschlich**	ludzki
s **Individuum**, Indidviduen	jednostka
individuell	indywidualny

*****Leute** (*Pl*) – ludzie; osoby

Hunderte von Leuten gingen ins Konzert. — Setki osób poszły na koncert.
Für meine Firma arbeiten mehr als 100 Leute. — W mojej firmie pracuje ponad 100 osób.

Menschen – ludzie jako istoty odmienne od zwierząt i roślin
In unserer Stadt leben ungefähr 1 Millionen Menschen. — W naszym mieście mieszka około milion ludzi.

Personen – osoby (neutralne określenie grupy jednostek)
Bitte einen Tisch für 3 Personen. — Proszę stolik dla trzech osób.
Im Bus haben 50 Personen Platz. — W autobusie jest miejsce dla 50 osób.

---

e ***Gesellschaft**, -en	społeczeństwo
e **bürgerliche** Gesellschaft	społeczeństwo mieszczańskie
e feine / vornehme Gesellschaft	śmietanka towarzyska
e Gesellschaftsform, -en	forma społeczeństwa
e Gesellschaftsordnung, -en	porządek społeczny
e ***Schicht**, -en	warstwa
e Oberschicht / e Mittelschicht / e Unterschicht	warstwa wyższa / warstwa średnia / warstwa niższa
r Zivilisationsprozess	proces cywilizacyjny

s Entwicklungsstadium, -stadien	stadium rozwoju
e Sozialisation / e Sozialisierung	socjalizacja
e Sozialstruktur, -en	struktura społeczna
e **Norm**, -en	norma
s *****Verhalten**	zachowanie
s Verhaltensmuster, -	sposób zachowania
e Verhaltensnorm, -en	norma zachowania
sich an Normen halten (hält, hielt, hat gehalten) ↔ **von der Norm abweichen** (wich ab, ist abgewichen)	przestrzegać norm ↔ odbiegać od norm
nicht der Norm **entsprechen** (entspricht, entsprach, hat entsprochen)	nie odpowiadać normom
s abweichende Verhalten	zachowania anormalne
e *****Beziehung**, -en	stosunek; relacja
Die Beziehungen zwischen den beiden Bevölkerungsgruppen *****verbessern** sich ↔ *****verschlechtern** sich.	Relacje pomiędzy tymi dwoma grupami społecznymi poprawiają ↔ pogarszają się.
r Generationskonflikt, -e	konflikt pokoleniowy
e Gruppendynamik	dynamika grupy
s soziale / politische **Umfeld**	środowisko społeczne / polityczne
e empirische Forschung, -en / e Empirie	badania empiryczne
nach den neuesten **Erkenntnissen**	według najnowszych odkryć
e **Meinungsforschung**	badanie opinii
s Meinungsforschungsinstitut, -e	instytut badania opinii
e (öffentliche) *****Meinung**, -en	opinia (publiczna)
r Entscheidungsprozess	proces decyzyjny
e *****Untersuchung**, -en	badanie
Wir wollen eine Untersuchung zum Thema „Wahlen" **durchführen**.	Chcemy przeprowadzić badania na temat wyborów.
e **Umfrage**, -n	ankieta
Eine **repräsentative** Umfrage unter Jugendlichen hat gezeigt / ergeben, dass …	Ankieta przeprowadzona na reprezentatywnej grupie młodzieży wykazała, że …
*****dafür** ↔ *****dagegen** sein	być za ↔ przeciw
45 Prozent der Befragten sind für ↔ gegen Steuererhöhungen.	45 procent ankietowanych jest za ↔ przeciw podwyżkom podatków.
e Auswahl	wybór
e **Volkszählung**	spis powszechny
e **Statistik**, -en	statystyka
Diese Statistik zeigt, dass … / Laut Statistik …	Statystyka wskazuje … / Zgodnie ze statystyką …
s Bevölkerungswachstum	przyrost ludności
e Geburtenrate / e Sterberate	przyrost urodzeń / współczynnik zgonów
e Alterspyramide	piramida wieku

Geschichte
Historia

e *Geschichte / e Geschichtswissenschaft	historia
alte ↔ neuere Geschichte	historia starożytna ↔ historia nowożytna
historisch gesehen / geschichtlich betrachtet	z historycznego punktu widzenia
e historische Persönlichkeit, -en	postać historyczna
eine Sache von historischem Interesse	rzecz o historycznym znaczeniu
Historische Fakten belegen, dass …	Fakty historyczne dowodzą, że …
r Historiker, - // e Historikerin, -nen	historyk
r Geschichtsforscher, - // e Geschichtsforscherin, -nen	historyk
r / e Gelehrte, -n	uczony / uczona
s Zeitalter, - / e Epoche, -n	wiek / epoka

s alte Rom / s Rom der Antike	starożytny Rzym
e Antike	starożytność
die Kreuzzüge	krucjaty
s Mittelalter	średniowiecze
e Reformation	reformacja
s Zeitalter des Absolutismus	okres absolutyzmu
e Aufklärung	oświecenie
e Französische Revolution	Rewolucja Francuska
e industrielle Revolution	rewolucja przemysłowa
e Oktoberrevolution	Rewolucja Październikowa
e Weimarer Republik	Republika Weimarska
r Nationalsozialismus	narodowy socjalizm / nazizm
e Nachkriegszeit	okres powojenny
s Computerzeitalter	era komputeryzacji

e Zeitgeschichte	historia najnowsza
e Vorgeschichte	prehistoria
im Altertum / in der Antike ↔ in der Neuzeit	w starożytności ↔ w okresie nowożytnym
während der Renaissance	w renesansie
s Jahrtausend, -e / s Jahrhundert, -e / s Jahrzehnt, -e	tysiąclecie / wiek / dekada

1801–1900 = im 19. Jahrhundert	w XIX wieku
1901–2000 = im 20. Jahrhundert	w XX wieku
1989 = neunzehnhundertneunundachtzig	tysiąc dziewięćset osiemdziesiąty dziewiąty
2003 = zweitausend(und)drei	dwutysięczny trzeci

zeitgenössisch | współczesny
e Geschichtsforschung | badania historyczne
e Kulturgeschichte Indiens | historia kultury Indii
e Kirchengeschichte | historia kościoła
e Geistesgeschichte | historia idei/myśli
s **Archiv**, -e | archiwum
e **Chronik**, -en | kronika
r Chronist, -en // e Chronistin, -nen | kronikarz // kronikarka

Geologie
Geologia

e **Geologie** / e **Geowissenschaft**, -en | geologia
r **Geologe**, -n / e **Geologin**, -nen | geolog
e **Geographie** / e geographische Beschaffenheit | geografia / właściwość geograficzna
geologisch | geologiczny
e geologische Karte | mapa geologiczna
r geologische Vorgang | proces geologiczny
e (geologische) **Formation** | (geologiczna) formacja

e historische Geologie	geologia historyczna
e Geotektonik	geotektonika
e Paläontologie	paleontologia
e Polarforschung	badania środowiska polarnego; kriologia
e Meeresgeologie	geologia morza
e Vulkanologie	wulkanologia
e Seismologie	sejsmologia
e Ozeanologie	oceanologia
e Glaziologie	glacjologia
e Klimatologie	klimatologia
e Mineralogie	mineralogia
e Rohstoff- und Umwelttechnik	geologia złożowa i ekologia
e Geophysik	geofizyka
e Ingenieurgeologie	geologia inżynierska
e Topografie	topografia

e *****Erde** | ziemia / Ziemia
e **Erdgeschichte** | historia Ziemi
im Laufe von Jahrmillionen | na przestrzeni milionów lat
e **Ära** / s (Erd-) **Zeitalter** | era; epoka; wiek
e Periode, -n | okres
e **Epoche**, -n | epoka
prähistorisch / vorgeschichtlich | prehistoryczny
e **Entwicklung**, -en | rozwój; ewolucja

e Urzeit	prehistoria
e Eiszeit / e Steinzeit	epoka lodowcowa / epoka kamienia
e Bronzezeit / e Eisenzeit	epoka brązu / epoka żelaza
r Jura	jura
r **Erdkern**	jądro Ziemi
s **Erdinnere**	wnętrze Ziemi
e **Erdkruste** / e Erdrinde	skorupa ziemska / kora ziemska
r Festlandsockel	szelf kontynentalny
r *****Kontinent**, -e [*auch* 'kɔntinɛnt]	kontynent
e Kontinentalverschiebung	przemieszczanie się kontynentów
auseinander driften	oddalić się / odpłynąć
e Plattentektonik	tektonika płyt
e *****Schicht**, -en	warstwa
e Verwerfung, -en	uskok
s Sediment, -e	osad; sediment
e **Ablagerung**, -en	złoże; osad; sedymentacja
e **Erosion**, -en / e Abtragung, -en	erozja / obniżenie; rozmycie
erodieren	ulegać erozji
e Verwitterung, -en	wietrzenie
r **Gletscher**, -	lodowiec
e Gletscherspalte, -n	szczelina lodowcowa
s Schmelzwasser	woda śniegowa / wody wiosenne / wody poroztopowe
e **Moräne**, -n / e Endmoräne	morena / morena końcowa
s **Erdbeben**, -	trzęsienie ziemi
e Richter-Skala	skala Richtera
r **Vulkan**, -e	wulkan
r aktive ↔ erloschene Vulkan	wulkan aktywny ↔ wygasły
r **Vulkanausbruch**, ⸚e	wybuch wulkanu
r **Krater**, -	krater
e **Lava** / r Lavastrom, ⸚e	lawa / potok lawy
Bodenschätze *Pl*	bogactwa naturalne
Das Land ist reich an Bodenschätzen.	Ten kraj ma wiele bogactw naturalnych.
Bodenschätze abbauen	wydobywać bogactwa naturalne
s **Vorkommen**, -	występowanie
fossile Brennstoffe	paliwa organiczne
s Öl- und Erdgasvorkommen	złoża ropy naftowej i gazu ziemnego
s *****Öl** / s **Erdöl**	olej / ropa naftowa
e Suche nach neuen Erdölquellen	poszukiwanie nowych złóż ropy naftowej
Erdöl **fördern**	wydobywać ropę naftową
s **Erdgas**	gaz ziemny
s (vulkanische) **Gestein**	skała (wulkaniczna)
r Gesteinsbrocken, -	odłamek skalny

e Gesteinsprobe, -n	próbka skały
*bestimmen / *analysieren	określić / analizować
e Altersbestimmung	określenie wieku
stammen aus	pochodzić z
s Fossil, -ien	skamielina
e Versteinerung, -en	skamielina
versteinern	skamienieć
s *Mineral, -e / Mineralien	minerał
s Erz, -e	ruda; kruszec
r Quarz, -e	kwarc
r Kristall, -e / r Bergkristall	kryształ / kryształ górski
e Bildung von Kristallen	powstawanie kryształów
kristallisieren	krystalizować
s *Metall, -e	metal
selten ↔ häufig vorkommendes Metall	rzadki ↔ często spotykany metal
s Edelmetall, -e	metal szlachetny
s Schwermetall ↔ s Leichtmetall	metal ciężki ↔ lekki
r Stahl	stal
e Legierung, -en	stop
s Messing	mosiądz
e Bronze	brąz

Metale

s Gold	złoto
s Silber	srebro
s Platin	platyna
s Quecksilber	rtęć
s *Eisen	żelazo
s Kupfer	miedź
s Zink	cynk
s Blei	ołów
s Aluminium	aluminium

Przymiotniki często mają końcówkę -haltig:	
goldhaltig	złotonośny; zawierający złoto
eisenhaltig	żelazisty; żelazawy
etc.	
Ale także: *Die *Kette ist aus echtem Gold.*	Ten naszyjnik jest z czystego złota.

r Steinbruch, ⸚e	kamieniołom
s Bergwerk, -e / e Mine, -n	kopalnia
abbauen / abtragen	wydobywać
r Goldklumpen	bryła złota
r Edelstein, -e	kamień szlachetny
r Halbedelstein	kamień półszlachetny
r synthetische Stein, -e	sztuczny kamień

Geologia 305

Kamienie szlachetne

r Diamant	diament
r Smaragd	szmaragd
r Aquamarin	akwamaryn
r Rubin	rubin
r Saphir	szafir
r Opal	opal

r **Diamant**, -en / Rohdiamant	diament / diament nieobrobiony
r **Brillant**, -en	brylant
r / s Juwel, -en	klejnot
schleifen (schliff, hat geschliffen)	szlifować
Je ausgefallener der Schliff, desto teurer der Edelstein.	Im bardziej wyszukana obróbka, tym droższy kamień szlachetny.
e **Perle**, -n	perła
r Bernstein	bursztyn

Sie ist Gold wert.	Jest nieoceniona.
Sie halten zusammen wie Pech und Schwefel.	Są nierozłączni.
Es ist nicht alles Gold, was glänzt.	Nie wszystko złoto, co się świeci.
Das ist nicht mit Gold zu bezahlen.	To jest bezcenne.

Geologie

13.1 Technik
Technika

13.2 Produktion
Produkcja

13.3 Elektrizität
Elektryczność

13.4 In der Werkstatt
W warsztacie

13
Welt der Technik
Świat techniki

Technik
Technika

e *Technik	technika
r Techniker, - // e Technikerin, -nen	technik
*technisch	techniczny
r (technische) *Fortschritt, -e	postęp (techniczny)
e (technische) Neuerung, -en	nowinka (techniczna)
r neueste Stand der Technik	najnowsze osiągnięcia techniki
s Wunder der Technik	cud techniki
Die Werkstatt ist mit modernster Technik ausgestattet.	Ten warsztat wyposażony w najnowocześniejsze urządzenia techniczne.
e Entwicklung, -en / e *Verbesserung, -en	rozwój; rozbudowa / ulepszenie
Entwicklungskosten Pl	koszta rozwoju / rozbudowy
e Umstellung auf +A	przestawienie się na
Die Produktion wurde auf Computer umgestellt.	Produkcja została skomputeryzowana.
e Technologie [tɛçnolo'gi:]	technologia
e Spitzentechnologie / e Hightechindustrie ['hai'tɛk…]	najnowsza technologia / przemysł high-tech
r Technologe, -n // e Technologin, -nen	technolog
technologisch	technologiczny
r *Ingenieur, -e [ɪnʒe'njøːɐ̯] // e Ingenieurin, -nen	inżynier
r Maschinenbauingenieur // e Maschinenbauingenieurin	inżynier mechanik
e Werkstoffkunde	materiałoznawstwo
e Elektrotechnik	elektrotechnika
e Elektronik	elektronika
r Elektroingenieur, -e // e Elektroingenieurin, -nen	inżynier elektryk
elektronisch	elektroniczny
s Bauteil, -e	element konstrukcji; element budowlany
e Erfindung, -en	wynalazek
*erfinden (erfand, hat erfunden) / eine Erfindung machen	wynaleźć; wymyślić
s Patent, -e [pa'tɛnt]	patent
Die Firma hat das Patent für diese Maschine.	Ta firma ma patent na tę maszynę.
zum Patent anmelden	opatentować
s Patentamt	urząd patentowy
r Erfinder, - // e Erfinderin, -nen	wynalazca
erfinderisch sein	być pomysłowym
r Tüftler, - // e Tüftlerin, -nen ugs.	majsterkowicz

Produktion
Produkcja

e **Herstellung** / e *****Produktion**	produkcja
Sie arbeitet in der Herstellung.	Ona pracuje na produkcji.
r **Hersteller**, - // e **Herstellerin**, -nen	producent // producentka
e **Herstellerfirma**, -firmen	producent (o firmie)
r führende Automobilhersteller	wiodący producent samochodów
*****herstellen** / **fertigen** / *****produzieren**	produkować / wytwarzać
in Produktion sein	być wytwarzanym / produkowanym
einzeln / von Hand ↔ am Fließband hergestellt	wytwarzany ręcznie ↔ maszynowo
in Deutschland hergestellt	wyprodukowano w Niemczech
e **Fabrikation**	produkcja przemysłowa
*****aufnehmen** (nimmt auf, nahm auf, hat aufgenommen) ↔ einstellen	podjąć ↔ wstrzymać
Morgen wird die Fabrikation wieder aufgenommen.	Jutro wznowimy produkcję.
e Fabrikationsmethode, -n	metoda produkcji
r **Herstellungsprozess**, -e	proces produkcji
r **Ablauf**, ⸚e	przebieg
*****planen**	planować
überwachen	nadzorować
*****automatisch**	automatyczny; automatycznie
Der richtige Druck stellt sich automatisch / **von** *****selbst** ein ↔ muss von Hand eingestellt werden.	Odpowiednie ciśnienie nastawia się automatycznie / samoczynnie ↔ należy nastawić ręcznie.
r **automatisierte** Produktionsablauf, ⸚e	zautomatyzowany proces produkcji
s *****Produkt**, -e / s Erzeugnis, -se	produkt / wyrób
e Produktpalette, -n	asortyment
e Massenproduktion	produkcja masowa
r Massenartikel, -	produkt powszechnego użytku
s Fertigerzeugnis, -se	gotowy wyrób
gefertigt nach DIN-Norm / entsprechend der DIN-Norm	wyprodukowany zgodnie z przepisami Niemieckiej Normy Przemysłowej
in der handelsüblichen Größe	w standardowym rozmiarze
Damit liegen wir über ↔ unter der Norm.	W ten sposób przekraczamy normę ↔ nie spełniamy normy.
e **Verarbeitung**	obróbka; przerabianie; przetwórstwo
r Papierverarbeitungsbetrieb	wytwórnia papieru
verarbeiten zu	przerabiać na
Holz wird zu Papier verarbeitet.	Drewno przerabia się na papier.
e *****Industrie**, -n [ɪndʊsˈtriː]	przemysł

13.2

industriell	przemysłowy
e Automobilindustrie	przemysł motoryzacyjny
e Schwerindustrie	przemysł ciężki
e verarbeitende / weiterverarbeitende Industrie	przemysł przetwórczy
s Industriegebiet, -e	region przemysłowy
s *Werk, -e	zakład
s Montagewerk, -e	zakład montażowy
s Opel-Werk	zakłady Opla
r Leiter, - // e Leiterin, -nen	kierownik // kierowniczka
r Betriebsleiter / r Werksleiter	kierownik zakładu
ein Werk leiten	kierować zakładem
r Arbeiter, - // e Arbeiterin, -nen	pracownik // pracownica
r Handwerker, - // e Handwerkerin, -nen	rzemieślnik
e *Fabrik, -en	fabryka
r *Betrieb, -e	przedsiębiorstwo; zakład; fabryka
r Maschinenbaubetrieb	fabryka maszyn
e *Werkstatt, ⸚en	warsztat
e Reparaturwerkstatt	warsztat naprawczy
e *Reparatur, -en	naprawa
in Betrieb ↔ außer Betrieb sein	działać ↔ być zepsutym
e Anlage, -n	zakład; urządzenie
e Produktionsanlage / e Fertigungsanlage	urządzenie produkcyjne
veraltet ↔ erneuert	przestarzałe ↔ unowocześnione
e Investition, -en	inwestycja
e *Maschine, -n / s *Gerät, -e	maszyna / urządzenie
Es werden Millionen in neue Maschinen investiert.	W nowe maszyny inwestuje się miliony.
s neueste Modell	najnowszy model
e computergesteuerte Montage	montaż sterowany komputerowo
s Fließband, ⸚er	taśma produkcyjna
s Montageband, ⸚er	taśma montażowa
s Förderband, ⸚er	taśma przenośnikowa
r Roboter, - / r Industrieroboter	robot / robot przemysłowy
e *Leistung	wydajność; wynik
e Produktionsleistung	wydajność produkcji
Die Maschinen sind bis zu 90 Prozent ausgelastet.	Zdolność produkcyjna maszyn wykorzystana jest w 90%.
Wir müssen die Produktionsleistung um 5 Prozent steigern.	Musimy zwiększyć wydajność o 5%.
Die Leistung steigt (stieg, ist gestiegen) ↔ fällt (fiel, ist gefallen) um 5 Prozent.	Wydajność wzrasta ↔ spada o 5%.
e erhöhte Produktivität	zwiększona wydajność
e Wartung / e Instandhaltung	konserwacja / serwis
s *Ersatzteil, -e	część zapasowa
auswechselbar	wymienny

ausfallen (fällt aus, fiel aus, ist ausgefallen)	zepsuć się; szwankować
Jeden zweiten Tag fällt die Maschine wegen technischer Probleme aus.	Co drugi dzień maszyna szwankuje z powodu problemów technicznych.
Kosten *Pl*	koszty
die Stückkosten **senken** (sinkt, sank, ist gesunken) ↔ ***erhöhen**	zmniejszyć ↔ zwiększyć koszty produkcji jednej jednostki
r ***Mechaniker**, - [me'ça:nikɐ] // e **Mechanikerin**, -nen	mechanik
r **Monteur**, -e [mɔn'tø:ɐ̯] // e **Monteurin**, -nen	monter
r **Maschinenschlosser**, - // e **Maschinenschlosserin**, -nen	ślusarz maszynowy
s **Franchising** ['frɛntʃaizɪŋ]	franchising; umowa licencyjna
r **Zulieferer**, - / e Zulieferfirma, -firmen	dostawca / firma dostawcza
s **Outsourcing** ['autsɔ:sɪŋ]	outsourcing
outsourcen (wurde geoutsourct)	zastosować outsourcing / zlecić podwykonawstwo (zostało zlecone firmie z zewnątrz)

W zarządzaniu produkcją coraz częściej praktykuje się dziś system *JIT (= just-in-time)*. W praktyce wygląda to tak, że dostawca *(Zulieferer)*, np. w przemyśle samochodowym, dostarcza *(liefern)* części *(Teile)* dopiero wtedy, gdy są potrzebne do montażu *(Montage)*.

Elektrizität
Elektryczność

e **Elektrizität**	elektryczność
***elektrisch**	elektryczny
r Elektromotor, -en / s Elektrogerät, -e	silnik elektryczny / urządzenie elektryczne
r (elektrische) ***Strom** / e ***Energie**, -n	prąd / energia (elektryczna)
Der Strom ist weg / ausgefallen. – Warte, gleich ist er wieder da.	Wysiadł prąd. – Poczekaj, zaraz będzie.
r **Elektriker**, - // e **Elektrikerin**, -nen	elektryk
r **Stromkreis**	obwód elektryczny
Der Stromkreis ist **geschlossen** ↔ **unterbrochen**.	Obwód elektryczny jest zamknięty ↔ przerwany.
e **Spannung** / s **Volt**	napięcie / wolt
e **Stromstärke** / s **Ampere**	natężenie prądu / amper
e **Glühbirne**, -n	żarówka
e 100-Watt-Birne, -n	100-watowa żarówka

e **Neonröhre**, -n / e Leuchtstofflampe, -n	neonówka / świetlówka
e **Sparlampe**, -n	lampa energooszczędna
r ***Schalter**, - / r **Lichtschalter**	włącznik / włącznik światła
***an** / ***ein** ↔ ***aus**	włączone ↔ wyłączone
***an sein** (ist, war, ist gewesen) ↔ ***aus sein**	być włączonym ↔ wyłączonym
Ist der Computer noch an?	Czy computer jest jeszcze włączony?
anschalten / ***einschalten** / **anmachen** ↔ ***ausschalten** / ***ausmachen** / ***abdrehen** *österr.*	włączyć; zapalić ↔ wyłączyć; zgasić
das Licht anknipsen ↔ ausknipsen	zapalić ↔ zgasić światło
***angehen** (ging an, ist angegangen) ↔ ***ausgehen**	włączyć (się); zapalić (się) ↔ wyłączyć (się); zgasić (się)
Wie geht das Licht an?	Jak się zapala światło?
s **Kabel**, - / e ***Leitung**, -en	kabel / linia; przewód
e Verlängerungsschnur, ⸚e	przedłużacz
e ***Steckdose**, -n	gniazdko
r ***Stecker**, -	wtyczka
Stecken Sie bitte den Stecker **rein**. ↔ **Ziehen** Sie bitte den Stecker **raus**.	Proszę włożyć wtyczkę ↔ Proszę wyciągnąć wtyczkę.
Sie müssen zuerst das Gerät **anschließen**.	Najpierw musi pan podłączyć urządzenie do prądu.
r **Adapter**, - / r Zwischenstecker, -	wtyczka
e Erdung / e Masse	uziemienie
Das Gerät war nicht richtig geerdet.	Urządzenie nie zostało prawidłowo uziemione.
e Phase, -n	faza
e **Sicherung**, -en	bezpiecznik; korek
r Sicherungskasten, ⸚	skrzynka bezpiecznikowa
r **Kurzschluss**	zwarcie
Schon wieder ein Kurzer. / Schon wieder ist die Sicherung rausgeflogen.	Znowu było zwarcie. / Znowu wysiadły korki.
Die Sicherung muss **ausgewechselt** werden.	Trzeba wymienić korki.
den Strom **abschalten** ↔ **einschalten**	wyłączyć ↔ włączyć prąd
isolieren	zaizolować
s Isolierband	taśma izolacyjna
r elektrische Schlag / r Stromschlag	porażenie prądem
r **Stromzähler**, -	licznik prądu
e **Elektrizitätsgesellschaft**	przedsiębiorstwo energetyczne
s ***Kraftwerk**, -e	elektrownia
s **Elektrizitätswerk** / s E-Werk	elektrownia
r **Atomreaktor** / s **Kernkraftwerk**	reaktor jądrowy / elektrownia atomowa
Elektrizität / **Strom erzeugen**	wytwarzać energię elektryczną / prąd

r Transformator	transformator	
r Gleichstrom / r Wechselstrom	prąd stały / prąd zmienny	
r Drehstrom	prąd trójfazowy	
e Spitzenbelastung	maksymalne obciążenie	
e Hochspannung	wysokie napięcie	
e Hochspannungsleitung	linia wysokiego napięcia	
r Elektrosmog	promieniowanie elektromagnetyczne	

s **Stromnetz** — sieć elektryczna
e **Stromquelle**, -n — źródło prądu
r Generator, -en — generator
r Wechselstromgenerator — alternator
r Dynamo — dynamo
e **Batterie**, -n — bateria
r **Akku**, -s / r Akkumulator, -en — akumulator; bateria
Der Akku ist *leer ↔ *voll. — Bateria się skończyła ↔ jest pełna.
(wieder) **aufladen** (lädt auf, lud auf, hat aufgeladen) ↔ **entladen** — naładować ↔ rozładować

In der Werkstatt
W warsztacie

e *Werkstatt, ⸗en — warsztat
e *Reparatur, -en — naprawa
reparieren / in Ordnung bringen — naprawiać
funktionstüchtig ↔ funktionsuntüchtig — sprawny ↔ niesprawny
in *Ordnung ↔ *kaputt / defekt — działający ↔ zepsuty / uszkodzony
s *Material, -ien / r Werkstoff, -e — materiał / surowiec; tworzywo

Materialien	materiały
s Metall, -e	metal
e Legierung	stop
r Stahl	stal
s Stahlblech	blacha stalowa
s Holz	drewno
s Bauholz	drewno budowlane
s Hartholz / s Weichholz	drewno twarde / drewno miękkie
s Sperrholz	sklejka
e Spanplatte, -n	płyta wiórowa
aus Spanplatten gefertigte Türen	drzwi zrobione z płyty wiórowej
s Glas	szkło
e Keramik	ceramika
s Plastik / r Kunststoff, -e	plastik / tworzywo sztuczne
r Gummi / r Kautschuk	guma / kauczuk

13.4

e Materialeigenschaft, -en	właściwość materiału
hochwertig ↔ minderwertig	wysokiej ↔ niskiej jakości
Nur hochwertiges Material wurde verarbeitet.	Zastosowano wyłącznie materiały najwyższej jakości.
elastisch / flexibel / dehnbar	elastyczny / elastyczny / rozciągliwy
bruchfest	nietłukący
belastbar ↔ nicht belastbar	wytrzymały; odporny ↔ niewytrzymały; nieodporny
hitzebeständig / korrosionsbeständig	żaroodporny / nierdzewny
leitfähig	przewodzący
(äußerst) brüchig / spröde	(wyjątkowo) kruchy; łamliwy / kruchy
*bestehen (bestand, hat bestanden) / *sein (ist, war, ist gewesen) (aus +D)	składać się / być (z)
Ist das Eisen oder Plastik?	Czy to żelazo czy plastik?
Das Werkteil besteht / ist aus Kunststoff und Gummi.	Ta część składa się z tworzywa sztucznego i gumy.
Das Werkteil wurde aus Kunststoff und Gummi hergestellt / gemacht.	Tę część wyprodukowano / zrobiono z tworzywa sztucznego i gumy.
maschinell ↔ von Hand bearbeiten	obrabiać maszynowo ↔ ręcznie
r Materialfehler, - / e Materialermüdung	wada materiałowa / zmęczenie materiału
Der Wasserschaden ist auf Materialermüdung zurückzuführen.	Zmęczenie materiału doprowadziło do zalania.
r Materialbedarf / r Materialverbrauch	potrzeby materiałowe / zużycie materiału
s *Werkzeug, -e	narzędzie
r Werkzeugkasten, ⸚	skrzynka na narzędzia
e Werkzeugbank, ⸚e	deska do pracy
e Drehbank	tokarka
r Schraubstock	imadło
*verwenden / *benutzen	stosować; używać
*gebrauchen	używać
Den Bohrer könnte ich gut gebrauchen.	Przydałaby mi się ta wiertarka.

Narzędzia

e Bohrmaschine, -n	wiertarka elektryczna
r Bohrer, -	wiertło; wiertarka
r Hammer	młotek
r Meißel	dłuto
r Schraubenzieher, -	śrubokręt
r Schraubenschlüssel, -	klucz płaski
e Feile, -n	pilnik
e Schere	nożyczki
e Zange	obcęgi, kleszcze
e Beißzange, -n	obcęgi

e Säge, -n	piła
r Fuchsschwanz	piła ręczna
e Kreissäge, -n	piła tarczowa
r Hobel, -	hebel
r Nagel, ̈-	gwóźdź
e Schraube, -n	śruba
s Gewinde, -	gwint
r Bolzen, -	bolec
e Schraubenmutter, -n	nakrętka
r Dübel, -	kołek
e Unterlegscheibe	podkładka
e Dichtung	uszczelka

Czynności

hämmern	uderzać młotkiem
bohren	wiercić
schrauben	przyśrubowywać
schneiden	ciąć
hobeln	heblować
feilen	piłować
schlagen	uderzać

e **Ausrüstung** / s ***Gerät**, -e	wyposażenie; osprzęt / urządzenie
r Bau von Maschinen und Anlagen	budowa maszyn i urządzeń
e ***Anlage**, -n / e **Produktionsanlage**	zakład; urządzenie / urządzenie produkcyjne
e ***Maschine**, -n	maszyna
e Metallbearbeitungsmaschine	obrabiarka
s Maschinenteil, -e	część maszyny
r Mechanismus	mechanizm
Wie funktioniert das? Zeigen Sie es mir bitte.	Jak to działa? Proszę mi pokazać.
r ***Schalter**, -	włącznik
***einschalten** ↔ ***ausschalten**	włączyć ↔ wyłączyć
r ***Knopf**, ̈-e	przycisk
***drücken**	nacisnąć
Das Gerät richtig ***einstellen**.	Nastawić urządzenie prawidłowo.
richtig ↔ falsch ***bedienen**	obsługiwać prawidłowo ↔ nieprawidłowo
e ***Gebrauchsanweisung**, -en (Gebrauchs-)Anleitung *schweiz.*	instrukcja obsługi
Das ist zu ***beachten**.	Należy tego przestrzegać.
r Hebel, -	dźwignia
e Kurbel, -n	korba

W warsztacie

Wokół samochodu

r Motor, -en	silnik
r Verbrennungsmotor	silnik spalinowy
r Elektromotor	silnik elektryczny
e Zündkerze	świeca zapłonowa
r Vergaser	gaźnik
r Zylinder	cylinder
r Kolben	tłok
s Zahnrad	koło zębate
s Getriebe	skrzynia biegów; przekładnia
s Gehäuse	obudowa
e Antriebswelle	wał napędowy
e Kurbelwelle	wał korbowy
e Nockenwelle	wał rozrządu
s Drehmoment	moment obrotowy
s Kugellager	łożysko toczne
e Feder	resor
s Sicherheitsventil	zawór bezpieczeństwa
e Bremse	hamulec
e Kupplung	sprzęgło
s Pedal	pedał

14.1 Straßenverkehr und Kraftfahrzeuge
Transport drogowy i pojazdy mechaniczne

14.2 Mit der Bahn unterwegs
Podróż pociągiem

14.3 Öffentliche Verkehrsmittel
Transport publiczny

14.4 Mit dem Flugzeug unterwegs
Podróż samolotem

14.5 Mit dem Schiff unterwegs
Podróż statkiem

14

Verkehr
Transport

14.1 Straßenverkehr und Kraftfahrzeuge
Transport drogowy i pojazdy mechaniczne

*fahren (fährt, fuhr, ist / hat gefahren) — jeździć
defensiv ↔ aggressiv fahren — jeździć defensywnie ↔ agresywnie
Sie fährt sehr vorsichtig / gut ↔ schlecht Auto. — Ona jeździ samochodem bardzo ostrożnie / dobrze ↔ źle.
r *Fahrer, - // e Fahrerin, -nen — kierowca
r Chauffeur, -e // e Chauffeurin, -nen schweiz. — kierowca
Er ist ein rücksichtsvoller ↔ rücksichtsloser Fahrer. — Prowadząc samochód bierze pod uwagę ↔ nie bierze pod uwagę innych kierowców.

r *Fußgänger, - — pieszy
r Fußgängerüberweg, -e / r Zebrastreifen, - — przejście dla pieszych / pasy
r *Bürgersteig, -e / s *Trottoir, -s [trɔˈtoaːʀ] schweiz. / r *Gehsteig, -e — chodnik
die Straße überqueren / über die Straße gehen (ging, ist gegangen) — przejść przez ulicę
r Fahrradweg, -e — ścieżka rowerowa
r Veloweg, -e schweiz. — ścieżka rowerowa

Uczestnicy ruchu

r Autofahrer, - // e Autofahrerin, -nen	kierowca samochodu
r LKW-Fahrer	kierowca ciężarówki
r Lieferwagenfahrer	kierowca samochodu dostawczego
r Busfahrer	kierowca autobusu
r Taxifahrer	taksówkarz
r Fahrradfahrer	rowerzysta
r Mofa- / Mopedfahrer	motorowerzysta
r Motorradfahrer	motocyklista
r Kickbordfahrer	jeżdżący na hulajnodze
r Skateboardfahrer	skateboardzista; jeżdżący na desce
r Rollerbladefahrer	jeżdżący na rolkach
r Fußgänger	pieszy

e *Ampel, -n / e Verkehrsampel, -n — sygnalizacja świetlna
s Lichtsignal, -e schweiz. — sygnalizacja świetlna
e Fußgängerampel, -n — światła dla pieszych
Ampeln *regeln den Verkehr. — Sygnalizacja świetlna reguluje ruch.

e *Straße, -n	ulica
e Gasse, -n *österr.*	ulica / uliczka; zaułek
eine einspurige / zweispurige Straße	ulica z jednym pasem ruchu / ulica dwupasmowa
e Hauptverkehrsstraße, -n	główna arteria
e Nebenstraße	boczna ulica
e Durchgangsstraße	trasa przelotowa
e Landstraße	szosa
e Bundesstraße	droga krajowa
e Bergstraße / e Passstraße / e Serpentinenstraße	droga górska / droga przez przełęcz / serpentyny
e Steigung ↔ s Gefälle	wzniesienie ↔ spadek
e Umgehungsstraße	obwodnica
e Umfahrung, -en / e Umfahrungsstraße, -n *österr.*	obwodnica
e Einbahnstraße	ulica jednokierunkowa
e Sackgasse, -n	ślepa uliczka
r *Weg, -e	droga
r Forstweg	leśna droga
r *Platz, ⸚e	plac
e *Autobahn, -en	autostrada
*überholen	wyprzedzać
Das war aber ein riskantes Überholmanöver!	To był ryzykowny manewr wyprzedzania!
e Überholspur, -en	pas ruchu dla pojazdów wyprzedzających
e Standspur	pobocze
r Pannenstreifen, - *österr.*	pobocze
e Raststätte, -n	zajazd; restauracja przydrożna
e Autobahnraststätte, -n	restauracja przy autostradzie
Rast machen / eine Pause machen	zrobić przerwę w podróży na posiłek / zrobić przerwę
e *Ausfahrt, -en	zjazd
e *Kurve, -n	zakręt
(nach) *links ↔ *rechts (fahren)	(skręcać na) lewo ↔ prawo
*geradeaus (fahren)	(jechać) prosto
e *Kreuzung, -en	skrzyżowanie
Fahren Sie an der zweiten Kreuzung (nach) links und dann immer geradeaus bis zur Kirche.	Niech pan skręci w lewo na drugim skrzyżowaniu, a potem cały czas prosto, aż do kościoła.
r *Verkehr *Sg*	ruch; komunikacja; transport
Auf der A 9 kurz vor Nürnberg herrscht starker / zäh fließender / stockender Verkehr.	Na trasie A 9 tuż przed Norymbergą ruch jest wzmożony / spowolniony / tworzą się korki.
r Berufsverkehr	wzmożony ruch w godzinach szczytu
r Kreisverkehr	ruch okrężny

Transport drogowy i pojazdy mechaniczne

14

1

***behindern** — przeszkadzać; utrudniać
Durch Ihre langsame Fahrweise behindern Sie den Verkehr. — Pańska powolna jazda utrudnia ruch drogowy.
r ***Stau**, -s — korek
Auf dieser Straße kommt es jeden Morgen zu Staus. — Na tej ulicy codziennie rano tworzą się korki.
Wir sind im Stau stecken geblieben, ***deswegen** / ***deshalb** / ***daher** konnten wir nicht pünktlich kommen. — Utkwiliśmy w korku i dlatego nie przyjechaliśmy punktualnie.
Wir stehen im Stau. — Stoimy w korku.
r ***Stadtplan**, ⸚e — plan miasta
***beschreiben** (beschrieb, hat beschrieben) — opisać
Beschreib mir bitte kurz den Weg zu euch. — Opisz mi krótko, jak do was dojechać.

e **Wegbeschreibung**, -en — opis trasy
Wie komme ich am schnellsten zum Bahnhof? — Jak najszybciej dojadę na dworzec?
***abbiegen** (bog ab, ist abgebogen) — skręcić
An der nächsten Ampel müssen wir (nach) rechts abbiegen. — Na następnych światłach musimy skręcić w prawo.
wenden / ***umdrehen** — zawrócić
Da vorn können wir wenden / umdrehen. — Tam z przodu możemy zawrócić.
***stoppen** / **anhalten** (hält an, hielt an, hat angehalten) / stehen bleiben — zatrzymać się / stanąć / stanąć
Kannst du da vorn bitte mal anhalten? — Czy możesz się zatrzymać tam z przodu?

e ***Vorfahrt** — pierwszeństwo
r Vorrang *österr.* / r Vortritt *schweiz.* — pierwszeństwo
Wer hat hier Vorfahrt? — Kto tu ma pierwszeństwo?
die Vorfahrt (be)achten ↔ nehmen — ustąpić pierwszeństwa ↔ wymusić pierwszeństwo

e Vorfahrtsstraße, -n — ulica z pierwszeństwem przejazdu
Hier gilt rechts vor links. — Tutaj pierwszeństwo ma nadjeżdżający z prawej.

s ***Verkehrszeichen**, - — znak drogowy
s Signal, -e *schweiz.* — znak drogowy
e ***Geschwindigkeitsbeschränkung**, -en / e Geschwindigkeitsbegrenzung, -en — ograniczenie prędkości
s ***Schild**, -er — znak
s Stoppschild, -er — znak stopu
Er hat ein Stoppschild überfahren. — Przejechał znak stopu.
s Halteverbotsschild — znak zakazu zatrzymywania się
das (absolute / eingeschränkte) Halteverbot — (całkowity / częściowy) zakaz zatrzymywania się
e ***Umleitung**, -en — objazd
Da vorn ist eine Umleitung. — Tam z przodu jest objazd.

Straßenverkehr und Kraftfahrzeuge

r **Umweg**, -e	droga okrężna
Das ist doch ein Umweg!	To przecież okrężna droga!
Wir haben einen Umweg gemacht.	Pojechaliśmy okrężną drogą.
sich verfahren	zgubić się
Wir haben uns total verfahren!	Zupełnie się zgubiliśmy!
e *****Garage**, -n [ga'ra:ʒə]	garaż
e **Tiefgarage**, -n	garaż podziemny
in die Garage fahren	wjechać do garażu
e *****Einfahrt**, -en ↔ e *****Ausfahrt**, -en	wjazd ↔ wyjazd
Einfahrt verboten!	Zakaz wjazdu!
s *****Parkhaus**, ̈-er	parking wielopiętrowy
ins Parkhaus fahren	wjechać na parking wielopiętrowy
Alle Parkhäuser in der Innenstadt sind besetzt.	Wszystkie parkingi wielopiętrowe w centrum są zajęte.
r *****Parkplatz**, -e	parking
ein bewachter ↔ unbewachter Parkplatz	parking strzeżony ↔ niestrzeżony
e Parkuhr, -en	parkometr
e Parkscheibe, -n	kwit parkingowy
*****parken** / parkieren *schweiz*.	parkować
Hier können Sie nicht parken.	Tu nie wolno parkować.
eine Parklücke finden	znaleźć miejsce na parkingu
vorwärts ↔ rückwärts **einparken**	zaparkować przodem ↔ tyłem
e *****Polizei** *Sg*	policja
r *****Polizist**, -en // e **Polizistin**, -nen	policjant // policjantka
r Verkehrspolizist // e Verkehrspolizistin	policjant // policjantka ze służby drogowej
e Straßenverkehrsordnung	kodeks drogowy
r **Strafzettel**, -	mandat
Wir haben schon wieder einen Strafzettel wegen Falschparken bekommen!	Znowu dostaliśmy mandat za parkowanie!
s Verkehrsdelikt, -e	wykroczenie drogowe
r Bußgeldbescheid, -e	orzeczenie kary grzywny
Wegen zu schnellem Fahren habe ich einen Bußgeldbescheid bekommen.	Dostałem mandat za przekroczenie prędkości.
s **Radar(gerät)**, -e / e **Radarfalle**, -n	radar / „pułapka" radarowa
jn **blitzen**	zrobić komuś zdjęcie [na dowód przekroczenia prędkości]
Ich bin heute auf der Autobahn geblitzt worden.	Dziś na autostradzie zrobiono mi zdjęcie.
Trunkenheit / Alkohol am Steuer	prowadzenie pojazdu po spożyciu alkoholu
r *****Führerschein**, -e / Führerausweis *schweiz*.	prawo jazdy
r **Führerscheinentzug**	odebranie prawa jazdy
r Führerausweisentzug *schweiz*.	odebranie prawa jazdy
Der Führerschein wurde ihm für drei Monate abgenommen / entzogen.	Odebrano mu prawo jazdy na trzy miesiące.

Transport drogowy i pojazdy mechaniczne

14

1

Jeśli kierowca dopuści się poważnych wykroczeń w ruchu drogowym, np. przekroczy prędkość lub prowadzi samochód pod wpływem alkoholu, to na jego koncie w centralnym rejestrze sprawców wykroczeń drogowych we Flensburgu odnotowuje się punkty karne. Od określonej liczby punktów oprócz grzywny kierowcy grozi też odebranie prawa jazdy.

r ***Unfall**, ⸚e / r Verkehrsunfall	wypadek / wypadek drogowy
Die Zahl der Verkehrsunfälle hat im letzten Jahr zugenommen ↔ abgenommen.	Liczba wypadków drogowych w ubiegłym roku zwiększyła ↔ zmniejszyła się.
s Unfallprotokoll, -e	protokół powypadkowy
***beschädigen**	uszkodzić
Sein Auto wurde bei dem Unfall leicht ↔ stark beschädigt.	Jego samochód został lekko ↔ poważnie uszkodzony w wypadku.
r **Zusammenstoß**, ⸚e	zderzenie
frontal / seitlich **zusammen stoßen** (stößt, stieß, ist gestoßen)	zderzyć się czołowo / bocznie
Sie sind frontal zusammen gestoßen.	Zderzyli się czołowo.
r Auffahrunfall / r Frontalzusammenstoß	wjechanie w tył samochodu / zderzenie czołowe
gegen einen Baum / eine Mauer fahren	wjechać w drzewo / mur
e ***Gefahr**, -en	niebezpieczeństwo
***gefährlich**	niebezpieczny
Das ist eine gefährliche Kreuzung.	To jest niebezpieczne skrzyżowanie.
jn *** überfahren**	przejechać kogoś
Die Katze wurde von einem Auto überfahren.	Kot został przejechany przez samochód.
s *** Unglück**	nieszczęście / nieszczęśliwy wypadek
eine *** Anzeige** (wegen etw. + *Genitiv*) **bekommen** (bekam, hat bekommen)	zostać o coś oskarżonym
leicht ↔ schwer **verletzt** sein	być lekko ↔ ciężko rannym
Sie wurde bei dem Unfall schwer verletzt.	Została ciężko ranna w wypadku.
r / e **Verletzte**, -n	ranny // ranna
r / e Verkehrstote, -n	ofiara śmiertelna wypadku drogowego
e *** Panne**, -n	awaria
Wir hatten leider eine Panne.	Niestety mieliśmy awarię.
r *** Reifen**, - / r Pneu, -s *schweiz*.	opona
e Reifenpanne	przebita opona
***schieben** (schob, hat geschoben)	pchać
Das Auto musste an den Straßenrand geschoben werden.	Trzeba było zepchnąć samochód na pobocze.
abschleppen	odholować
Wir mussten abgeschleppt werden.	Musieli nas odholować.

Straßenverkehr und Kraftfahrzeuge

r **Pannendienst**, -e	pomoc drogowa
r **Abschleppdienst**, -e	służba holownicza
r ***Schaden**, ⸚	szkoda
s Schadengutachten, -	ekspertyza rzeczoznawcy dot. szkód
r Blechschaden, ⸚	uszkodzenie blachy
e ***Versicherung**, -en	ubezpieczenie
den Schaden bei der Versicherung melden	zgłosić szkodę w ubezpieczalni
Wo sind Sie versichert?	Gdzie jest pan ubezpieczony?
den Schaden erstattet bekommen	otrzymać zwrot za szkody
s (Kraft-)**Fahrzeug**, -e	pojazd (mechaniczny)
r ***LKW**, -s / ***Last(kraft)wagen** / r Camion *schweiz.*	ciężarówka
Waren mit dem LKW ***transportieren**	przewozić towary ciężarówką
s ***Auto**, -s / r ***Wagen**, - / ⸚	samochód
Fahren wir mit dem Auto oder mit dem Bus?	Jedziemy samochodem, czy autobusem?
Meistens fahre ich mit dem Wagen zur Arbeit.	Zazwyczaj jeżdżę do pracy samochodem.
Ich kann Sie gerne in meinem Auto mitnehmen.	Chętnie pana podwiozę.
Steig ein, ich fahre dich nach Hause.	Wsiadaj, podwiozę cię do domu.
r **Neuwagen**, - / ⸚ ↔ r **Gebrauchtwagen**	nowy samochód ↔ samochód używany

Wokół samochodu

den Zündschlüssel ins *Schloss stecken	włożyć kluczyk do stacyjki
den Sicherheitsgurt anlegen / sich *anschnallen	zapiąć pas
s Zündschloss	blokada zapłonu
den Motor anlassen / *starten / zünden ↔ *ausmachen / abstellen	włączyć ↔ wyłączyć silnik
s Steuer / s Lenkrad / lenken	kierownica / kierownica / kierować
r Blinker / blinken	kierunkowskaz / sygnalizować kierunkowskazem
e Hupe / *hupen	klakson / dać sygnał klaksonem
s Gas- / Bremspedal drücken	naciskać pedał gazu / hamulec
*Gas geben ↔ *bremsen	dodać gazu ↔ hamować
e Handbremse	hamulec ręczny
e Kupplung	sprzęgło
r *Gang / r Rückwärtsgang	bieg / bieg wsteczny
in einen höheren Gang *schalten ↔ runterschalten	wrzucić wyższy bieg ↔ zredukować biegi
e Warnblinkanlage anschalten ↔ ausmachen / abstellen	włączyć ↔ wyłączyć światła alarmowe
r Rückspiegel / r Seitenspiegel, -	lusterko wsteczne / lusterko boczne
den Scheibenwischer anmachen ↔ ausmachen / abstellen	włączyć ↔ wyłączyć wycieraczki

14 1/2

s *Warndreieck aufstellen*	ustawić trójkąt ostrzegawczy
s *Pannendreieck aufstellen (österr.)*	ustawić trójkąt ostrzegawczy
r *Vordersitz, -e* / r *Rücksitz, -e* /	siedzenie przednie / siedzenie tylne
r *Kindersitz, -e*	fotelik dziecięcy
e *Kopfstütze, -n*	zagłówek
r *Airbag, -s*	poduszka powietrzna
r **Kofferraum*	bagażnik
r **Motor, -en* [*auch* mo'to:ɐ̯]	silnik
e *Motorhaube, -n*	klapa

e ***Tankstelle**, -n	stacja benzynowa
*tanken	tankować
s ***Benzin** / s **Super-Benzin** /	benzyna / super / ropa
r **Diesel(kraftstoff)**	
bleifrei ↔ bleihaltig	bezołowiowa ↔ ołowiowa
r Benzinpreis, -e	cena benzyny
Benzin ***verbrauchen**	zużywać; spalać benzynę
Mein Auto verbraucht 6,5 Liter auf 100 km.	Mój samochód pali 6,5 litra na 100 km.
s ***Abgas**, -e	spaliny
abgasreduziert	o zmniejszonej emisji spalin
r Katalysator, -en	katalizator
s Elektroauto, -s / Solarauto, -s	samochód z napędem elektrycznym / samochód z napędem na energię słoneczną

Mit der Bahn unterwegs
Podróż pociągiem

e ***Eisenbahn**, -en / e ***Bahn**, -en	kolej
r ***Zug**, ⸚e	pociąg
mit dem Zug / mit der Bahn fahren	jechać pociągiem / koleją
den Zug **erreichen** / erwischen *ugs.* ↔ ***verpassen** / ***versäumen**	złapać ↔ spóźnić się na / przegapić pociąg
Wir haben unseren Zug verpasst!	Spóźniliśmy się na pociąg!
Wann geht der nächste Zug nach Zürich?	O której odjeżdża najbliższy pociąg do Zurychu?
*sich beeilen / pressieren *schweiz.*	spieszyć się
Wir müssen uns beeilen, sonst erwischen wir den Zug nicht mehr.	Musimy się pospieszyć, bo inaczej nie zdążymy na pociąg.
Ich bin sehr in ***Eile**.	Bardzo się spieszę.
r / e **Reisende**, -n	podróżny // podróżna
r Pendler, -	osoba dojeżdżająca do pracy pociągiem
e **Zugverbindung**, -en	połączenie kolejowe

r Anschlusszug	pociąg, do którego podróżny się przesiada; połączenie
Wann habe ich in Zürich **Anschluss** nach Bern?	O której będę miał w Zurychu pociąg do Berna?
r Intercity-Express / r ICE	Intercity-Express / ICE
r Eurocity / r EC	Eurocity / EC
r Intercity / r IC	Intercity / IC
r InterRegioExpress	ekspres międzyregionalny
r InterRegio	pociąg międzyregionalny
r Schnellzug / r D-Zug	pociąg pospieszny
r Nahverkehrszug / e Regionalbahn	pociąg podmiejski / kolej regionalna
r Autozug	pociąg z możliwością przewozu samochodów
r Güterzug	pociąg towarowy
r ***Waggon**, -s [va'gõ: *auch* va'go:n]	wagon
s Bordrestaurant, -s	wagon restauracyjny
r Speisewagen, - *österr.*	wagon restauracyjny
r Liegewagen, -	kuszetka / wagon z miejscami do leżenia
r Schlafwagen, -	wagon sypialny
r Gepäckwagen, -	wagon bagażowy
s **Abteil**, -e	przedział
s Großraumabteil / r Großraumwagen	otwarty wagon pasażerski [nie podzielony na przedziały]
s Raucherabteil ↔ s Nichtraucherabteil	przedział dla palących ↔ przedział dla niepalących
s Eltern-und-Kind-Abteil	przedział dla matek z dziećmi
Entschuldigen Sie bitte, ist dieser Platz noch frei? ↔ Nein, der ist leider besetzt.	Przepraszam, czy to miejsce jest jeszcze wolne? ↔ Nie, niestety jest zajęte.
r **Zugbegleiter**, - // e **Zugbegleiterin**, -nen / r Schaffner, - // e Schaffnerin, -nen	konduktor // konduktorka
r Kondukteur, -e *schweiz.*	konduktor
s Triebfahrzeug, -e / e Lokomotive, -n	lokomotywa
r Triebfahrzeugführer, - // e Triebfahrzeugführerin, -nen / r Lokomotivführer, - // e Lokomotivführerin, -nen	maszynista
r ***Bahnhof**, ⸚e	dworzec
r Kopfbahnhof	dworzec końcowy
Hält dieser Zug in Schondorf?	Czy ten pociąg zatrzymuje się w Schondorf?
e **Schiene**, -n	szyna
s ***Gleis**, -e	tor

Podróż pociągiem

14
2

Ihr Zug fährt auf Gleis 7.	Pański pociąg zatrzymuje się przy torze 7.
Auf Gleis 7 fährt in Kürze ein der Intercity von Hamburg nach Basel zur Weiterfahrt nach Köln.	Na tor 7 wjeżdża Intercity z Hamburga do Bazylei przez Kolonię.
e *Durchsage, -n / e Ansage	zapowiedź
r *Bahnsteig, -e	peron
r / s Perron, -s *schweiz.*	peron
e *Station, -en	stacja
e Endstation, -en	stacja końcowa
r Halt	postój
Nächster Halt ist Weimar Hauptbahnhof.	Następny postój: Weimar Hauptbahnhof.
r **Wartesaal**, ⸗e	poczekalnia
e Bahnhofsmission	misja dworcowa
s *Fundbüro, -s	biuro rzeczy znalezionych
r **Kofferkuli**, -s	wózek na bagaże
r Gepäckrolli, - *schweiz.*	wózek na bagaże
s *Gepäck *Sg*	bagaż
Wo kann ich mein Gepäck aufgeben?	Gdzie mogę nadać bagaż?
e **Gepäckaufbewahrung**	przechowalnia bagażu
s **Schließfach**, ⸗er	schowek
r *Schalter, - / r Fahrkartenschalter, -	okienko / kasa biletowa
r *Tarif, -e	opłata za przejazd
r **Fahrpreis**, -e	opłata za przejazd / cena biletu
e Bahncard	karta stałego klienta kolei [uprawniająca do zniżki]
e *Fahrkarte, -n / s Billett, -e *schweiz.*	bilet
r Fahrkartenautomat, -en	automat biletowy
erste / zweite Klasse	pierwsza / druga klasa
r **Zuschlag**, ⸗e	dopłata
e **Platzreservierung**	rezerwacja miejsca
e Platzreservation *schweiz.*	rezerwacja miejsca
Soll ich auch gleich den Schlafwagen reservieren?	Czy mam od razu zarezerwować miejsce w wagonie sypialnym?

Przy kasie biletowej

Wieviel kostet eine Fahrkarte von München nach Wien?	Ile kosztuje bilet z Monachium do Wiednia?
Hin und zurück oder einfach?	Tam i z powrotem czy w jedną stronę?
Einfach bitte.	W jedną stronę.
Haben Sie eine Bahncard?	Czy ma pan kartę stałego klienta?
Nein.	Nie.
Erste oder zweite Klasse?	Pierwsza czy druga klasa?
Zweite bitte.	Druga.
Das macht 75,30 EURO bitte.	To będzie 75,30 euro.

Wann habe ich bitte in Wien Anschluss nach Eisenstadt?	O której mam pociąg z Wiednia do Eisenstadt?
Um 17.23 Uhr vom Südbahnhof.	O 17.23 z dworca Südbahnhof.

r ***Fahrplan**, ⸚e
e ***Ankunft** ↔ e ***Abfahrt**
ankommen (kam an, ist angekommen)
↔ **abfahren** (fährt ab, fuhr ab, ist abgefahren)
e ***Information**
r Service-Point
e ***Verspätung**, -en
der Zug war ***pünktlich** ↔ hatte Verspätung
***einsteigen** ↔ ***aussteigen** (stieg aus, ist ausgestiegen)
Kommt, wir müssen einsteigen! Der Zug fährt gleich.
An der nächsten Station müssen wir aussteigen.
***umsteigen** (stieg um, ist umgestiegen)
Ist das eine direkte Verbindung oder muss ich umsteigen?
r ***Aufenthalt**
Wie lange habe ich in Dresden Aufenthalt?
e **Hinreise** ↔ e **Rückreise**
auf der **Hinfahrt** ↔ auf der **Rückfahrt**

Hatten Sie eine gute Reise?

Gute Reise!

rozkład jazdy
przyjazd ↔ odjazd
przyjeżdżać ↔ odjeżdżać

informacja
punkt usługowy
opóźnienie
pociąg przybył punktualnie ↔ miał opóźnienie
wsiadać ↔ wysiadać

Chodźcie, musimy wsiadać! Pociąg zaraz odjeżdża.
Na następnej stacji wysiadamy.

przesiadać się
Czy to bezpośrednie połączenie, czy też muszę się przesiąść?
postój
Ile muszę czekać w Dreźnie (na przesiadkę)?
podróż tam ↔ podróż z powrotem
podczas podróży w tamtą stronę ↔ podczas podróży powrotnej
Czy podróż upłynęła Panu przyjemnie?
Przyjemnej podróży!

Öffentliche Verkehrsmittel
Transport publiczny

r **Nahverkehr** *Sg*
r **Fahrgast**, ⸚e
e ***Fahrt**, -en
e **S-Bahn**, -en ['ɛsbaːn]
e **U-Bahn**, -en ['uːbaːn]
mit der U-Bahn / S-Bahn fahren

transport podmiejski
pasażer
podróż
szybka kolej miejska
metro
jechać metrem / szybką koleją miejską

3

Fahren wir eine Station mit der U-Bahn oder gehen wir zu Fuß?	Podjedziemy jeden przystanek metrem, czy pójdziemy piechotą?
e ***Straßenbahn**, -en / e Trambahn *südd*.	tramwaj
s Tram, -s *schweiz*.	tramwaj
r ***Bus**, -se	autobus
die Linie 42	linia 42
Ich fahre immer mit dem 42er.	Zawsze jeżdżę 42-ką.
r Doppeldeckerbus	autobus piętrowy
Die Busse verkehren alle fünf Minuten.	Autobusy jeżdżą co pięć minut.
e ***Station**, -en	stacja
e Endstation	stacja końcowa; pętla
Endstation! Bitte alle aussteigen!	Stacja końcowa! Prosimy o opuszczenie pociągu!
e ***Haltestelle**, -n / r Halt	przystanek
Nächster Halt: Hauptbahnhof.	Następny przystanek: dworzec główny.
e Endhaltestelle	przystanek końcowy
Fahren Sie bis zur Endhaltestelle.	Niech pan dojedzie do stacji końcowej / pętli.
Der Bus endet hier.	Koniec trasy.
e **U-Bahnstation**, -en	stacja metra
Wo ist der nächste U-Bahnhof?	Gdzie jest najbliższa stacja metra?
e ***Linie**, -n	linia
Mit welcher Linie komme ich zum Hauptbahnhof? – Mit der Linie 5. / Da können Sie die Linie 5 nehmen.	Czym dojadę do dworca głównego? – Piątką. / Dotrze pan tam 5-ką.
Ist das eine direkte Linie oder muss ich umsteigen?	Czy to bezpośrednie połączenie, czy muszę się przesiadać?
*****umsteigen** (stieg um, ist umgestiegen)	przesiadać się
Wo muss ich umsteigen?	Gdzie mam się przesiąść?
e ***Richtung**, -en	kierunek
Fährt dieser Bus Richtung Bahnhof?	Czy ten autobus jedzie w kierunku dworca?
s **Tarifsystem**, -e	system opłat za przejazd
e ***Zone**, -n ['tso:nə]	strefa
r **Fahrpreis**, -e	cena biletu
e Fahrpreiserhöhung, -en	podwyżki cen biletów
e ***Fahrkarte**, -n	bilet
s Billett, -e *schweiz*.	bilet
e Kurzstreckenkarte	bilet jednorazowy [ważny tylko na krótkim odcinku]
e Einzelfahrkarte	bilet jednorazowy
e Streifenkarte, -n	kilka [zwykle 7 lub 10] biletów jednorazowych kupowanych w jednym zestawie
e Tageskarte	bilet dzienny
e Familienkarte	bilet rodzinny

Öffentliche Verkehrsmittel

e Wochenkarte	bilet tygodniowy
e Monatskarte / s Abonnement, -s *schweiz.*	bilet miesięczny / bilet okresowy
r **Fahrkartenautomat**, -en	automat z biletami
r Billettautomat, -en *schweiz.*	automat z biletami
entwerten / **stempeln**	kasować
Wo kann man die Fahrkarten entwerten?	Gdzie można skasować bilety?
s **Schwarzfahren**	jazda na gapę
r Schwarzfahrer, - // e Schwarzfahrerin, -nen	gapowicz // gapowiczka
Sie wurde beim Schwarzfahren erwischt.	Złapano ją na jeździe na gapę.
s *****Taxi**, -s ['taksi]	taksówka
Nehmen wir doch ein Taxi!	Weźmy taksówkę!
Eine Fahrt mit dem Taxi ist nicht billig in Deutschland.	Taksówki w Niemczech nie należą do tanich.
r **Taxistand**, ⸚e	postój taksówek
ein Taxi *****rufen** (rief, hat gerufen)	wezwać taksówkę
r / s **Taxameter** einschalten ↔ ausschalten	włączyć ↔ wyłączyć taksometr
r **Zuschlag**, ⸚e / r Aufpreis, -e	dopłata
r Nachtzuschlag / r Feiertagszuschlag / r Gepäckzuschlag	taryfa nocna / świąteczna / dodatek za przewóz bagażu
s *****Trinkgeld**, -er	napiwek
ein Trinkgeld geben	dać napiwek

Przydatne zwroty

Wie komme ich bitte zum Dom?	Przepraszam, jak dojechać do katedry?
Fahren Sie mit der Linie 8 / mit dem Bus 15 / bis zum Bahnhofsplatz. Dort steigen Sie um in die Linie 12 Richtung Ostpark. Die vierte Haltestelle ist der Domplatz.	Niech pan wsiądzie do 8 / autobusu numer 15 / dojedzie aż do Bahnhofsplatz. Tam musi pan przesiąść się do 12 w kierunku Ostpark. Czwarty przystanek to będzie Domplatz.
Fährt diese U-Bahn / dieser Bus / diese Straßenbahn nach … / zu …	Czy to metro / ten autobus / ten tramwaj jedzie do…?
Nein, aber da kommen Sie mit der Linie 12 hin.	Nie, tam dojedzie pan linią 12.
Welcher Bus fährt zu … / nach …?	Jaki autobus jedzie do…?
Wieviel Stationen sind es bis …?	Ile stacji dzieli nas od …?
Wann fährt am Abend der letzte Zug?	O której odjeżdża ostatni nocny pociąg?

Transport publiczny

14.4 Mit dem Flugzeug unterwegs
Podróż samolotem

*fliegen (flog, ist / hat geflogen)	latać
Er hat Angst vor dem Fliegen.	On boi się latać.
r *Flug, ⁓e	lot / rejs
Alle Flüge nach London am Sonntagabend sind bereits ausgebucht.	Wszystkie rejsy do Londynu w niedzielę wieczorem są już zarezerwowane.
Hatten Sie einen guten Flug?	Czy podróż samolotem była udana?
r Direktflug	bezpośrednie połączenie samolotowe
r Anschlussflug	lot po przesiadce
r Langstreckenflug	daleki rejs
r Inlandflug	rejs krajowy
r Linienflug	rejs liniowy
r Charterflug	rejs czarterowy
das Flugzeug erreichen ↔ *verpassen	zdążyć ↔ spóźnić się na samolot
r Fluggast, ⁓e / r Passagier, -e	pasażer samolotu / pasażer
r Vielflieger, - // e Vielfliegerin, -nen	osoba często latająca samolotami
r Flugsteig, -e / s Gate, -s	bramka
e Flugzeit / e Flugdauer	czas trwania lotu
Die Flugzeit beträgt zwei Stunden.	Czas trwania lotu wynosi dwie godziny.
s *Flugzeug, -e	samolot
e erste Klasse	pierwsza klasa
e Businessclass ['bɪsnɛs'kla:s auch 'bɪznɪs…]	business class
e Economyclass [i'kɔnəmikla:s]	economy class
Auf Langstreckenflügen fliegt sie immer erster Klasse.	Na dalekie rejsy zawsze wybiera pierwszą klasę.
r Hubschrauber, - / r Helikopter, -	helikopter
r Flugplan, ⁓e	rozkład lotów
einchecken ['aɪntʃɛkn]	zgłosić się do odprawy
e Bordkarte, -n	karta pokładowa
e Abfertigung	odprawa
r Abfertigungsschalter, -	stanowisko odprawy
Um wieviel Uhr müssen wir am Abfertigungsschalter sein?	O której godzinie musimy się zgłosić do odprawy?
s *Gepäck Sg	bagaż
s Handgepäck	bagaż podręczny
das Gepäck aufgeben	nadać bagaż
*ankommen (kam an, ist angekommen) ↔ *abfliegen (flog ab, ist abgeflogen)	wylądować ↔ startować; odlatywać

Wann fliegst du (ab)? / Wann geht dein Flug?	O której lecisz? / O której masz samolot?
e *Ankunft ↔ r Abflug	przylot ↔ odlot
e Ankunftshalle / Abflughalle	hala przylotów / odlotów
e *Verspätung	opóźnienie
Wir sind mit Verspätung gestartet.	Wystartowaliśmy z opóźnieniem.
Das Flugzeug hat Verspätung.	Samolot ma opóźnienie.
einen Flug streichen (strich, hat gestrichen) / stornieren	odwołać lot
Mein Flug wurde gestrichen / storniert.	Mój lot został odwołany.
e Besatzung, -en	załoga
r Pilot, -en [pi'lo:t] // e Pilotin, -nen	pilot
Copilot, -en // e Copilotin, -nen	drugi pilot
s Cockpit, -s ['kɔkpɪt]	kabina pilota
r Flugbegleiter, - // e Flugbegleiterin, -nen / r Steward, -s ['stjuːɐt] // e Stewardess, -en	steward // stewardesa
s Bodenpersonal Sg	obsługa naziemna
e Fluggesellschaft, -en	linie lotnicze
r *Flughafen, ⸚	lotnisko
Ich hole Sie selbstverständlich am Flughafen ab.	Oczywiście odbiorę pana na lotnisku.
Ich bringe / fahre Sie zum Flughafen.	Odwiozę pana na lotnisko.
s Flughafenrestaurant, -s	restauracja na lotnisku
s *Ticket, -s / r Flugschein, -e	bilet / bilet lotniczy
ein Ticket *reservieren	zarezerwować bilet
e Reservierung, -en	rezerwacja
e Reservation, -en schweiz.	rezerwacja
die Reservierung *bestätigen	potwierdzić rezerwację
einen Flug *buchen	zarezerwować lot
e Buchung, -en	rezerwacja
überbuchen	dokonać rezerwacji ponad miarę
Meine Maschine war überbucht, deshalb musste ich später fliegen.	Zarezerwowano mi bilet na samolot, w którym nie było już miejsca, dlatego przyleciałem później.
umbuchen	zmiana rezerwacji
Die Umbuchungsgebühr beträgt 150 Euro.	Opłata za zmianę rezerwacji wynosi 150 euro.
r Zoll Sg	cło
e Zollkontrolle, -n	kontrola celna
e Passkontrolle	kontrola paszportowa
e Sicherheitskontrolle	kontrola osobista
e Gepäckkontrolle	kontrola bagażowa
e Sauerstoffmaske, -n	maska tlenowa
e Schwimmweste, -n	kamizelka ratunkowa

*starten ↔ *landen	startować ↔ lądować
r *Start, -s ↔ e Landung, -en	start ↔ lądowanie
e Zwischenlandung	międzylądowanie
e Notlandung	lądowanie awaryjne
e Startbahn, -en ↔ e Landebahn, -en	pas startowy ↔ pas lądowania
e Flughöhe, -n	wysokość lotu
e Ansage im Flugzeug	zapowiedź w samolocie
r Jetlag ['dʒɛtlɛk]	jetlag
Der Jetlag macht mir zu schaffen!	Jetlag dał mi w kość!
r Fluglotse, -n // e Fluglotsin, -nen	kontroler lotów
die Fluglotsen *streiken	kontrolerzy lotów strajkują
e Luftfracht	ładunek lotniczy
e Flugzeugentführung, -en	porwanie samolotu
Ein Flugzeug wurde entführt.	Porwano samolot.
r Entführer, -	porywacz
r Flugzeugabsturz, ⁻e	katastrofa lotnicza

Mit dem Schiff unterwegs
Podróż statkiem

s *Meer, -e / e *See Sg / r Ozean, -e	morze / morze / ocean
zur See fahren	pełnić służbę na statku
auf hoher See	na pełnym morzu
Das Meer ist ruhig ↔ aufgewühlt.	Morze jest spokojne ↔ wzburzone.
r *See, -n	jezioro
r *Fluss, ⁻e	rzeka
r *Strom, ⁻e	potok; strumień
r Kanal, ⁻e	kanał
r *Hafen, ⁻	port
anlegen ↔ ablegen	przybijać; zawijać ↔ odbijać
Wo legen wir als Nächstes an?	Gdzie teraz zawiniemy?
r Anker, -	kotwica
ankern / vor Anker gehen	stanąć na kotwicy
im Hafen vor Anker liegen	stać w porcie na kotwicy
s *Schiff, -e	statek
an Bord des Schiffes	na pokładzie statku
s *Boot, -e	łódź

Rodzaje statków i łodzi:

s Frachtschiff / r Frachter, -	frachtowiec
s Passagierschiff	statek pasażerski
r Dampfer, -	parowiec
s Kreuzschiff	statek rejsowy
r (Öl)Tanker, -	zbiornikowiec / tankowiec (transportujący ropę naftową)
e Fähre, -n / e Autofähre, -n	prom / prom samochodowy
s Motorboot	motorówka
s Rettungsboot	łódź ratunkowa
s Ruderboot / s Paddelboot	łódka wiosłowa / kajak
s Kanu, -s	kanu
s Kajak, -s	kajak
s Schlauchboot	ponton
s Tretboot	rower wodny
s Segelboot	żaglówka
r Katamaran, -e	katamaran
e Jacht, -en	jacht
s Floß, ⸚e	tratwa

rudern / **paddeln**	wiosłować
s Ruder, - / s Paddel, -	ster / wiosło
segeln	żeglować
Gehen wir am Samstag segeln?	Czy w sobotę pojedziemy na żagle?
e **Regatta**, Regatten	regaty
e **Schifffahrt**	żegluga
Der Rhein wurde wegen Hochwasser zwei Tage für die Schifffahrt gesperrt.	Z powodu wysokiego poziomu wody Ren został zamknięty dla żeglugi na dwa dni.
e Seefahrt	żegluga; podróż morska
e **Reederei**, -en	przedsiębiorstwo żeglugowe; armator
r Reeder, -	armator
e Besatzung, -en / e Mannschaft, -en	załoga
r **Kapitän**, -e [kapi'tɛ:n]	kapitan
r **Matrose**, -n / r Seemann, ⸚er	marynarz
r ***Passagier**, -e [pasa'ʒi:ɐ̯]	pasażer
der blinde Passagier	pasażer na gapę
e **Kajüte**, -n	kajuta
e **Kreuzfahrt**, -en	rejs
eine Kreuzfahrt machen	popłynąć w rejs
e Jungfernfahrt	dziewiczy rejs
eine Schiffsreise buchen	zarezerwować rejs statkiem
seekrank sein	mieć chorobę morską
e Seekrankheit	choroba morska

Podróż statkiem

14.5

an Bord ↔ von Bord / an Land gehen (ging, ist gegangen)	wejść na pokład ↔ zejść z pokładu / zejść na ląd
s Backbord ↔ s Steuerbord	bakburta / lewa burta ↔ sterburta / prawa burta
r Bug	dziób
s Heck	rufa
s Deck / s Vorderdeck / s Achterdeck / s Zwischendeck	pokład / pokład dziobowy / pokład rufowy / śródpokład
r *Kurs, -e	kurs
den Kurs berechnen	wyznaczyć / obrać kurs
den Kurs ändern	zmienić kurs
vom Kurs abkommen	zboczyć z kursu
r Leuchtturm, ¨-e	latarnia morska
r Funker, -	radiooperator
r Lotse, -n	pilot
e Schleuse, -n	śluza
r Pirat, -en [pi'ra:t]	pirat
*sinken (sank, ist gesunken)	tonąć
Die Titanic ist innerhalb von drei Stunden gesunken.	Titanic zatonął w przeciągu trzech godzin.
untergehen (ging unter, ist untergegangen)	zatonąć
kentern	wywracać się do góry dnem

Zwroty

Mit dieser *Methode habe ich Schiffbruch erlitten.	Ta metoda na nic mi się nie zdała.
Wir sitzen doch alle im selben Boot.	Wszyscy jedziemy na tym samym wózku.

Mit dem Schiff unterwegs

15.1 Zeit
Czas

15.2 Raum
Przestrzeń

15.3 Menge
Ilość

15
Zeit, Raum, Menge
Czas, przestrzeń, ilość

15

1 Zeit
Czas

e *Zeit, -en	czas
viel ↔ wenig Zeit haben (für)	mieć dużo ↔ mało czasu (na)
Wir hatten eine schöne Zeit zusammen.	Razem miło spędziliśmy czas.
zurzeit	obecnie; teraz
Es wird Zeit, dass wir uns mal wieder treffen!	Czas, żebyśmy się znowu spotkali!
eine Zeit lang	przez pewien czas; przez chwilę
*immer / *meistens / *manchmal / *selten / *nie	zawsze / zazwyczaj / czasami / rzadko / nigdy
*ewig	ciągle; wiecznie
*dauern	trwać
Das dauert mir zu lang! ↔ Das war viel zu kurz!	Według mnie to trwa za długo! ↔ To trwało zdecydowanie za krótko!
Das dauert *bloß ein paar Minuten.	To trwa tylko kilka minut.
e Dauer *Sg*	trwanie; czas trwania; okres
e *Gegenwart / e *Vergangenheit / e *Zukunft	teraźniejszość / przeszłość / przyszłość
heute / *damals / in Zukunft	dziś / wówczas / w przyszłości
r *Augenblick, -e / r *Moment, -e	chwila / moment
Einen Augenblick bitte! / Einen Moment bitte!	Chwileczkę! / Moment!
augenblicklich / momentan	natychmiast(owo) / momentalnie
e Stunde, -n	godzina
Die Züge von Bern nach Zürich verkehren stündlich.	Pociągi z Berna do Zurychu kursują co godzinę.
e halbe Stunde / e *Viertelstunde / e Dreiviertelstunde	pół godziny / kwadrans / trzy kwadranse
Treffen wir uns in einer halben Stunde bei mir?	Spotkamy się u mnie za pół godziny?
e Minute, -n	minuta
Warte bitte hier, ich bin in ein paar Minuten zurück.	Poczekaj tu, proszę, za parę minut wracam.
e Sekunde, -n	sekunda
Er gewann das Rennen mit drei hundertstel Sekunden Vorsprung.	Wygrał wyścig trzema setnymi sekundy.
Meine Uhr geht auf die Sekunde genau.	Mój zegarek chodzi z dokładnością co do sekundy.
e *Uhr, -en	zegar

Zegary

e Armbanduhr	zegarek na rękę
e Taschenuhr	zegarek kieszonkowy
e Bahnhofsuhr	zegar dworcowy

e Digitaluhr	zegar cyfrowy
e Funkuhr	bardzo dokładny zegar, w którym do pomiaru czasu wykorzystywane są impulsy z wieży przekaźnikowej
e Eieruhr	urządzenie do mierzenia czasu gotowania jajek
e Sonnenuhr	zegar słoneczny
e Sanduhr	klepsydra

*spät — późno
Es ist schon spät. Wir müssen gehen. — Jest już późno. Musimy iść.
zu spät ↔ ***pünktlich** sein — spóźnić się ↔ przyjść o czasie/ punktualnie

Immer kommt er zu spät! ↔ Heute ist er mal pünktlich. — On zawsze się spóźnia! ↔ Dziś raz się nie spóźnił.
r ***Tag**, -e — dzień
Ich bin ***tagsüber** unter folgender Telefonnummer zu erreichen: … — W ciągu dnia jestem uchwytny pod następującym numerem telefonu: …

*täglich — codziennie
e **Tageszeit**, -en — pora dnia
r ***Morgen** / r ***Vormittag** / r ***Mittag** / r ***Nachmittag** / r ***Abend** / e ***Nacht** — ranek / przedpołudnie / południe / popołudnie / wieczór / noc
*am Morgen / in der Früh *österr.* — rano
Am Dienstagmorgen haben wir eine Besprechung. — We wtorek rano mamy zebranie.
*Morgens trinke ich Kaffee und ***nachmittags** immer Tee. — Rano pijam kawę, a popołudniu zawsze herbatę.
Immer muss er seine Musik so laut stellen, sogar ***in der Nacht**! — Zawsze tak głośno puszcza muzykę, nawet w nocy!
*um Mitternacht — o północy
r ***Werktag**, -e — dzień powszedni
*Werktags ist das Parken hier verboten! — W dni powszednie parkowanie tu jest niedozwolone!

r ***Wochentag**, -e — dzień powszedni
*wochentags — w dni powszednie
r ***Montag** / ***Dienstag** / ***Mittwoch** / ***Donnerstag** / ***Freitag** / ***Samstag**, ***Sonnabend** / ***Sonntag** — poniedziałek / wtorek / środa / czwartek / piątek / sobota / niedziela
Am Freitag ist bei uns schon um 13 Uhr Feierabend. — W piątek kończymy pracę już o 13.00.
Freitags arbeite ich sowieso nie. — W piątki i tak nigdy nie pracuję.
e ***Woche**, -n — tydzień
Unser wöchentliches Meeting wurde auf Donnerstag verschoben. — Nasze cotygodniowe spotkanie zostało przesunięte na czwartek.
s ***Wochenende**, -n — weekend

r ***Monat**, -e | miesiąc
monatlich | co miesiąc

Miesiące

r *Januar	styczeń
r *Februar	luty
r *März	marzec
r *April	kwiecień
r *Mai	maj
r *Juni	czerwiec
r *Juli	lipiec
r *August	sierpień
r *September	wrzesień
r *Oktober	październik
r *November	listopad
r *Dezember	grudzień

Im Januar waren wir eine Woche in den Alpen zum Schi fahren. — W styczniu byliśmy przez tydzień na nartach w Alpach.
s ***Jahr**, -e — rok
jährlich — (co)roczny; (co)rocznie; co roku
e ***Jahreszeit**, -en — pora roku
r ***Frühling**, -e / r ***Sommer**, - / r ***Herbst**, -e / r ***Winter**, - — wiosna / lato / jesień / zima
Im Frühling fahren wir nach Italien. — Wiosną pojedziemy do Włoch.
s ***Neujahr** — Nowy Rok
an ***Silvester** / am **31.12.** — w Sylwestra / 31.12.
s ***Datum**, (Daten) — data
Am 9.11.1989 ist die Mauer gefallen. — Mur upadł 9.11.1989 roku.
s Geburtsdatum — data urodzenia
r ***Kalender**, - — kalendarz
Wann sind Sie geboren? — Kiedy się pan urodził?
Wie *** lang**(e) wartest du schon? — Ile już czekasz?
*** tagelang** / *** wochenlang** / *** stundenlang** — całymi dniami / całymi tygodniami / przez wiele godzin
Wie *** oft** treiben Sie Sport pro Woche? — Ile razy w tygodniu uprawia pan sport?

*** anfangen** (fängt an, fing an, hat angefangen) / *** beginnen** (begann, hat begonnen) ↔ *** aufhören** / **beenden** — zaczynać; rozpoczynać ↔ przestawać; zakończyć
Die Sitzung ist damit beendet. — Niniejszym posiedzenie zostaje zamknięte.

r ***Anfang**, ⸚e / r **Beginn** ↔ s ***Ende** / r ***Schluss** — początek ↔ koniec
am Anfang / zu Beginn ↔ am Ende / zum Schluss — na początku / na początek ↔ na końcu; w końcu / na koniec

Następstwo czasu

Przysłówki

*anfangs	początkowo; z początku
*zuerst	najpierw
*bisher	dotąd; dotychczas
*dann	potem; później; wtedy; wówczas
danach	potem; następnie
daraufhin	po czym; na to
*sofort	natychmiast; zaraz; niezwłocznie
später	później
*schließlich	w końcu; wreszcie
*vorhin	przed chwilą; dopiero co
*vorher	przedtem
*nachhher	potem
*gleichzeitig	jednocześnie
*inzwischen / unterdessen schweiz.	w międzyczasie; tymczasem
nacheinander	jeden po drugim
währenddessen	tymczasem
*allmählich	stopniowo
*plötzlich	nagle
*zuletzt	w końcu
*hinterher	potem

Spójniki

*während	podczas gdy; gdy; kiedy
*bevor	(za)nim
*nachdem	skoro; gdy; po
*sobald	skoro tylko
*solange	dopóki
*seit	od(kąd)
*seitdem	od tego czasu; odtąd; odkąd
*bis	aż

Przyimki

während	podczas; w czasie; w ciągu; przez
*vor	przed
*nach	po
seit	od
bis	do

Ich habe das **anfangs** nicht verstanden, aber jetzt ist mir alles klar.

Początkowo tego nie zrozumiałem, ale teraz wszystko jest dla mnie jasne.

Zuerst muss ich einkaufen gehen, **dann**/**danach** können wir kochen.

Najpierw muszę iść na zakupy, a potem będziemy mogli zacząć gotować.

Czas

15

1

Bev_o_r wir kochen, muss ich noch einkaufen gehen.
Wir essen gleich, aber **v_o_rher** muss ich noch kurz telefonieren.
Wasch dir bitte **v_o_r** dem Essen die Hände.

Zanim zaczniemy gotować, muszę pójść na zakupy.
Zaraz siadamy do jedzenia, ale najpierw muszę jeszcze szybko zadzwonić.
Umyj ręce przed jedzeniem.

Przysłówki określające częstotliwość

*_i_mmer	zawsze
*j_e_des M_a_l	za każdym razem
*gew_ö_hnlich	zazwyczaj
*d_au_ernd	wciąż; stale; ciągle
*_o_ft	często
*h_äu_fig	często
*m_ei_stens	zazwyczaj
*m_a_nchmal	czasami
ab und zu	od czasu do czasu
*s_e_lten	rzadko
*n_ie_(mals)	nigdy

Ich habe **dauernd** versucht, ihn zu erreichen, aber er ist **nie** zu Hause.

Wielokrotnie próbowałem się do niego dodzwonić, ale nigdy nie ma go w domu.

Gew_ö_hnlich arbeitet er bis ca. 19 Uhr, aber **h_äu_fig / _o_ft** auch länger.
Ich habe ihn erst *k_ü_rzlich getroffen.
Kommst du heute Abend mit? ↔ Nein, **d_ie_ses *M_a_l** hab ich leider keine Zeit.

Zazwyczaj pracuje do ok. 19.00, ale często jeszcze dłużej.
Niedawno go spotkałem.
Idziesz z nami dzisiaj wieczorem? ↔ Nie, tym razem niestety nie mam czasu.

Haben Sie Frau Schmid erreicht? ↔ Nein, **bish_e_r** nicht, aber ich probiere es in einer Stunde **w_ie_der**.

Czy dodzwonił się pan do pani Schmid? ↔ Nie, jeszcze nie, ale spróbuję znowu za godzinę.

*h_eu_te	dzisiaj
*g_e_stern ↔ *m_o_rgen	wczoraj ↔ jutro
*v_o_rgestern ↔ *_ü_bermorgen	przedwczoraj ↔ pojutrze
vor einer Woche ↔ in einer Woche	tydzień temu ↔ za tydzień
vorige / letzte Woche ↔ nächste / kommende Woche	w zeszłym/ubiegłym tygodniu ↔ w przyszłym/nadchodzącym tygodniu
in zwei Wochen / in vierzehn Tagen	za dwa tygodnie / za czternaście dni
heute in einer Woche	równo za tydzień
in dieser Woche	w tym tygodniu
diesen Monat	w tym miesiącu
dieses Jahr / heuer (österr.)	w tym roku
im nächsten Quartal	w przyszłym kwartale
vierteljährlich / halbjährlich	co kwartał / co pół roku

Raum
Przestrzeń

r *Raum, ⸚e	przestrzeń; pomieszczenie; pokój
räumlich	przestrzenny
e räumliche Vorstellung	trójwymiarowy obraz
e Dimension, -en	wymiar
e Länge / e Breite / e Höhe / e Tiefe	długość / szerokość / wysokość / głębokość
horizontal ↔ vertikal	poziomy ↔ pionowy
*senkrecht ↔ *waag(e)recht	pionowy; prostopadły ↔ poziomy
e *Fläche, -n	powierzchnia; płaszczyzna
s Dreieck, -e	trójkąt
s Quadrat, -e / s Rechteck, -e / s Viereck, -e	kwadrat / prostokąt / czworokąt; czworobok
r Winkel, -	kąt
ein spitzer / stumpfer Winkel	kąt ostry / rozwarty
r *Kreis, -e	koło; okrąg
e *Linie, -n	linia
*gerade ↔ krumm / *schief	prosty ↔ krzywy
eine gerade Linie ziehen	przeprowadzić prostą linię
Das Bild hängt schief. Häng es bitte gerade.	Ten obraz krzywo wisi. Powieś go, proszę, prosto.
*groß (größer, größt-) ↔ *klein	duży ↔ mały
*hoch (höher, höchst-) ↔ *niedrig	wysoki ↔ niski
ein hohes ↔ niedriges Zimmer	wysoki ↔ niski pokój
*hoch ↔ *tief	wysoki ↔ niski
r höchste ↔ tiefste Punkt	najwyższy ↔ najniższy punkt
*lang (länger, längst-) ↔ *kurz (kürzer, kürzest-)	długi ↔ krótki
eine lange ↔ kurze Strecke	długi ↔ krótki odcinek
*breit ↔ *eng / *schmal	szeroki ↔ wąski
eine breite ↔ enge / schmale Straße	szeroka ↔ wąska ulica
*dünn ↔ *dick	cienki ↔ gruby
eine dünne ↔ dicke Wand	cienka ↔ gruba ściana
sich befinden (befand, hat befunden)	znajdować się
Wir befinden uns jetzt im 28. Stock.	Teraz znajdujemy się na 28 piętrze.
*gegenüber / vis-à-vis schweiz.	naprzeciwko
Die Post befindet sich gegenüber vom Bahnhof.	Poczta znajduje się naprzeciwko dworca.
*liegen (lag, ist / hat gelegen)	leżeć; mieścić się; być usytuowanym
Meine Wohnung liegt im 4. Stock.	Moje mieszkanie mieści się na 4 piętrze.
e *Lage, -n	położenie
ein Haus in guter Lage	korzystnie położony dom

15.2

stehen – stać	*stellen* – stawiać
(stand, ist / hat gestanden)	
Die Vase steht dort auf dem Tisch.	Hast du sie dorthin gestellt?
Wazon stoi tam na stole.	Czy ty go tam postawiłeś?
liegen – leżeć	*legen* – kłaść
(lag, ist/hat gelegen)	
Als ich nach Hause kam, hat sie schon im Bett gelegen.	Er hat seine Brille auf den Nachttisch gelegt.
Kiedy wróciłem do domu, leżała już w łóżku.	Położył okulary na stoliku nocnym.
hängen – wisieć	*hängen* – wieszać
(hing, ist / hat gehangen)	
Das Plakat hat doch gestern noch hier gehangen!	Wohin habt ihr es gehängt?
Ten plakat wisiał tu przecież jeszcze wczoraj!	Gdzie go powiesiliście?

*w**o**? / *woh**i**n? / *woh**e**r? — gdzie? / dokąd? / skąd?
Peter ist *h**ie**r bei uns. — Peter jest tu u nas.
Deine Brille liegt *d**a** / *d**o**rt. — Twoje okulary leżą tam.
Stellen Sie die Flaschen bitte *d**o**rthin. — Proszę tam postawić butelki.
Wo warst du? Ich habe dich *über**a**ll gesucht und *n**i**rgends gesehen. — Gdzie byłeś? Szukałem cię wszędzie i nigdzie nie widziałem.
*v**o**rn ↔ *h**i**nten — z przodu ↔ z tyłu
Hast du meine Schlüssel gesehen? – Ja, sie liegen da **vorn** auf der Kommode / dort **hinten** am Fensterbrett. — Widziałeś moje klucze? – Tak, leżą tu z przodu na komodzie / tam z tyłu na parapecie.
Stell bitte die Vase **in die** *M**i**tte vom Tisch. — Postaw wazon pośrodku stołu.
Wir wohnen *m**i**tten in der Stadt. — Mieszkamy w centrum miasta.
Daniel ist *dr**ü**ben bei den Nachbarn. — Daniel jest u sąsiadów [po drugiej stronie ulicy].

Ich geh nur schnell in die Bäckerei *neben**a**n. — Jeszcze tylko szybko skoczę do piekarni tu obok.
Diese Fahrkarte gilt nur ***i**nnerhalb der Stadt nicht *auß**e**rhalb. — Ten bilet jest ważny tylko w mieście, a nie poza jego granicami.

Ihr könnt heute nicht *dr**au**ßen spielen, es regnet. Bleibt bitte *dr**i**nnen. — Nie możecie się dziś bawić na dworze, bo pada. Zostańcie, proszę, w domu.

e *Entf**e**rnung, -en / e Dist**a**nz, -en — odległość
*v**o**n Bern *n**a**ch Zürich — z Berna do Zurychu
eine lange ↔ kurze Strecke — długi ↔ krótki odcinek
Wie weit ist Linz von Salzburg *entf**e**rnt? — Jaka jest odległość między Linzem a Salzburgiem?

Raum

Das ist sehr *weit. ↔ Das ist ganz *nah (näher, nächst). | To bardzo daleko. ↔ To całkiem blisko.
in der *Nähe ↔ in der Ferne | w pobliżu ↔ w oddali; daleko
*sich nähern | zbliżać się
Wann fahrt ihr *weg / *fort? | Kiedy wyjeżdżacie?
Darüber können wir *unterwegs noch sprechen. | O tym możemy jeszcze porozmawiać w czasie drogi.
e *Richtung, -en | kierunek
*abbiegen (bog ab, ist abgebogen) | skręcać
(nach) *rechts ↔ (nach) *links fahren | skręcać w prawo ↔ lewo
*geradeaus fahren | jechać prosto
*vorwärts ↔ *rückwärts fahren | jechać do przodu ↔ do tyłu
nach *Norden / *Süden / *Osten / *Westen | na północ / południe / wschód / zachód
*umdrehen | obrócić
die Straße *überqueren | przejść przez ulicę
Wir sind lange am Fluss *entlang spazieren gegangen. | Poszliśmy na długi spacer wzdłuż rzeki.
*direkt / auf direktem *Weg nach Hause fahren | jechać prosto do domu
aufsteigen ↔ absteigen (stieg ab, ist abgestiegen) | wspinać się ↔ schodzić
Wie lange dauert der Aufstieg ↔ Abstieg? | Ile trwa podejście ↔ zejście?
Fährt der Lift nach *oben / *aufwärts ↔ nach *unten / *abwärts? | Czy winda jedzie w górę ↔ w dół?
*steil ↔ *flach | stromy ↔ płaski
eine steile Skiabfahrt | stroma trasa narciarska

Menge
Ilość

e *Menge, -n | ilość
r *Teil, -e ↔ s Ganze | część ↔ całość
e Teilmenge | podzbiór
*teilen | dzielić
Ich habe das *ganz ↔ nur *teilweise / *überhaupt *nicht verstanden. | Wszystko zrozumiałem ↔ zrozumiałem tylko część / w ogóle nic nie zrozumiałem.
s *Stück, -e | sztuka; kawałek
e *Portion, -en [pɔrˈtsio:n] | porcja
portionieren | dzielić na porcje
Wie viele Stück Kuchen hast du gegessen? – Nicht so viele wie du denkst. | Ile kawałków ciasta zjadłeś? – Nie aż tyle, ile ci się wydaje.
*wenig, wenige ↔ *viel, viele | mało, niewielu ↔ wiele, wielu

15

3

ein *bisschen / ein wenig ↔ viel
(mehr, meist-)
Viele ↔ Nur wenige Leute sind
gekommen.
*am meisten
Sie könnten *wenigstens ein bisschen
mehr zahlen.
Ich habe *mindestens eine halbe Stunde
auf dich gewartet. – Nein, das waren
*höchstens zwanzig Minuten.
*hoch (höher, höchst-) ↔ *niedrig /
*gering
eine hohe ↔ niedrige Miete
Die Firma hatte dadurch hohe ↔ nur
geringe Mehrkosten.
*abnehmen ↔ *zunehmen (nahm zu,
hat zugenommen)
Die Zahl der Unfälle hat im letzten Jahr
abgenommen ↔ zugenommen.
eine Zunahme von *durchschnittlich
fünf Prozent
die Steuern *erhöhen ↔ senken
Das ist *genug.
*Insgesamt haben wir ein Plus von 12%
zu verzeichnen.
Unsere Partei hat die absolute Mehrheit
nur *knapp verfehlt.
r *Rest, -e
e restliche / *übrige Zeit
Das dauert *einige Zeit.
Ich habe mir schon *ein paar Notizen
gemacht.
*einzeln
jeder *Einzelne von uns
Wir *beide schaffen das schon.
e *Zahl, -en
*zählen
Am Wochenende kam es zu zahlreichen
Unfällen auf den Straßen.
e *Nummer, -n
*halb / *doppelt / *dreifach /
*vierfach …
e *Hälfte, -n / ein Drittel, - / ein Viertel, -

e *Reihenfolge, -n
Das *nächste Mal mache ich das nicht
mehr so.

trochę ↔ dużo, wiele

Przyszło wiele ↔ niewiele osób.

najwięcej
Mogliby przynajmniej trochę
więcej płacić.
Czekałem na ciebie co najmniej
pół godziny. – Nie, to było
najwyżej dwadzieścia minut.
wysoki ↔ niski

wysoki ↔ niski czynsz
Firma poniosła przez to wysokie
↔ niewielkie koszty dodatkowe.
zmniejszyć się ↔ wzrosnąć

Liczba wypadków w ubiegłym
roku zmalała ↔ wzrosła.
wzrost o średnio pięć procent

podnieść ↔ obniżyć podatki
To wystarczy.
W sumie możemy odnotować
12-procentowy wzrost.
Naszej partii mało brakowało do
uzyskania absolutnej większości.
reszta
pozostały czas
Trochę to trwa.
Zrobiłem sobie już parę notatek.

pojedynczy(-czo); każdy
każdy z nas
Nam dwojgu się uda.
liczba
liczyć
Podczas weekendu na drogach
doszło do licznych wypadków.
numer
pół; w połowie / podwójny(-nie) /
potrójny(-nie) / poczwórny(-nie)
połowa / jedna trzecia / jedna
czwarta
kolejność
Następnym razem już tego tak nie
zrobię.

Menge

Letztes Mal konnte ich leider nicht kommen, aber diesmal klappt es bestimmt.
Der **Letzte** soll bitte abschließen.

Ostatnim razem niestety nie mogłem przyjść, ale tym razem na pewno mi się uda.
Niech ostatni zamknie drzwi.

Liczby

Kardinalzahlen – Liczebniki główne

null – zero
eins – jeden
zwei – dwa
drei – trzy
vier – cztery
fünf – pięć
sechs – sześć
sieben – siedem
acht – osiem
neun – dziewięć
zehn – dziesięć
elf – jedenaście
zwölf – dwanaście
dreizehn – trzynaście
vierzehn – czternaście
fünfzehn – piętnaście
sechzehn – szesnaście
siebzehn – siedemnaście
achtzehn – osiemnaście
neunzehn – dziewiętnaście
zwanzig – dwadzieścia

einundzwanzig – dwadzieścia jeden
zweiundzwanzig – dwadzieścia dwa
dreißig – trzydzieści
vierzig – czterdzieści
fünfzig – pięćdziesiąt
sechzig – sześćdziesiąt
siebzig – siedemdziesiąt
achtzig – osiemdziesiąt
neunzig – dziewięćdziesiąt
(ein)hundert – sto
(ein)hundert(und)eins – sto jeden
(ein)hundertzehn – sto dziesięć
zweihundert – dwieście
(ein)tausend – tysiąc
zweitausend – dwa tysiące
eine Million – milion
zwei Millionen – dwa miliony
eine Milliarde – miliard
zwei Milliarden – dwa miliardy

Ordinalzahlen – Liczebniki porządkowe

-te
der / die / das erste – pierwszy / pierwsza / pierwsze
zweite – drugi
dritte – trzeci
vierte – czwarty
fünfte – piąty
sechste – szósty
siebte – siódmy
achte – ósmy
neunte – dziewiąty
zehnte – dziesiąty
elfte – jedenasty

-ste
zwanzigste – dwudziesty
einundzwanzigste – dwudziesty pierwszy
hundertste – setny
hunderterste – sto pierwszy
tausendste – tysięczny
tausenderste – tysiąc pierwszy

15 3

*messen (misst, maß, hat gemessen)	mierzyć
*exakt ↔ *ungefähr	dokładny ↔ przybliżony
*genau ↔ *ungenau	dokładny ↔ niedokładny
s *Maß, -e	miara
r Millimeter, - (mm) / r *Zentimeter (cm) / r *Meter (m) / r *Kilometer (km)	milimetr (mm) / centymetr (cm) / metr (m) / kilometr (km)
r *Quadratmeter (m^2)	metr kwadratowy
s *Gewicht, -e	waga
s *Gramm / s Pfund / s *Kilo / s *Kilogramm (kg)	gram / funt / kilo / kilogram (kg)
r Zentner / r Doppelzentner	centnar / kwintal
s Dekagramm, -e / s Deka, - *österr.* (dag)	dekagram (deko)
r *Liter (l) / r *Deziliter (dl)	litr / decylitr

16.1 In der Stadt
W mieście

16.2 Auf dem Land
Na wsi

16.3 Landwirtschaft
Rolnictwo

16.4 Tiere
Zwierzęta

16.5 Pflanzen
Rośliny

16
Stadt und Land
Miasto i wieś

16
1 In der Stadt
W mieście

e *Stadt, ⸚e	miasto
München ist die drittgrößte Stadt Deutschlands.	Monachium jest trzecim co do wielkości miastem Niemiec.
*dicht ↔ *dünn besiedelt	gęsto ↔ słabo zaludniony
e *Hauptstadt / e Landeshauptstadt	stolica / stolica kraju (związkowego)
e Metropole, -n	metropolia
e *Großstadt ↔ e Kleinstadt / e Provinz Sg	duże ↔ małe miasto / prowincja
s *Dorf, ⸚er	wieś
e Industriestadt	miasto przemysłowe
e Trabantenstadt / e Vorstadt	miasto-satelita / przedmieście
*wohnen / *leben	mieszkać
r *Bewohner, - // e Bewohnerin, -nen	mieszkaniec // mieszkanka
r *Einwohner, - // e Einwohnerin, -nen	mieszkaniec // mieszkanka
Wie viele Einwohner hat Salzburg?	Ile mieszkańców ma Salzburg?
e Stadtbevölkerung ↔ e Landbevölkerung	mieszkańcy miasta ↔ mieszkańcy wsi
r / e Ortsansässige, -n ↔ r / e Zugereiste, -n / r / e Zugezogene, -n	miejscowy // miejscowa ↔ przyjezdny // przyjezdna
e *Innenstadt, ⸚e / s *Zentrum, Zentren / s Stadtzentrum	centrum miasta
*zentral gelegen	w centrum
s Stadtviertel, - / r Stadtteil, -e	dzielnica
s Bankenviertel	dzielnica bankowa
e Siedlung, -en	osiedle
e Arbeitersiedlung	osiedle robotnicze
r Wohnblock, ⸚e	blok mieszkalny
r Stadtrand / e Peripherie	peryferie miasta
Wir wohnen in der Innenstadt ↔ am Stadtrand.	Mieszkamy w centrum miasta ↔ na peryferiach.
e *Umgebung, -en	okolica
im Großraum Frankfurt	na terenie miasta Frankfurt wraz z przedmieściami
r Landkreis, -e	powiat
r Bezirk, -e schweiz.	okręg
r *Vorort, -e	przedmieście
e Stadtgrenze, -n	granica miasta
Er wohnt *innerhalb ↔ *außerhalb / jenseits der Stadtgrenze.	Mieszka w mieście ↔ poza miastem.
e Stadtverwaltung, -en	zarząd miejski; magistrat
s *Rathaus, ⸚er	ratusz

In der Stadt

r ***Bürgermeister**, - //	burmistrz
e ***Bürgermeisterin**, -nen	
r **Stadtrat**, ⸚e	rada miejska; radny miejski
e Stadtplanung	planowanie przestrzenne miasta
e **Behörde**, -n / s ***Amt**, ⸚er	władza / urząd
s Kreisverwaltungsamt / -referat	urząd powiatowy
e Bezirkshauptmannschaft, -en *österr.*	urząd powiatowy
e **Gemeinde**, -n	gmina
e ***Abteilung**, -en	wydział
r ***Antrag**, ⸚e / s ***Formular**, -e	wniosek / formularz
Bitte den Antrag *****ausfüllen**.	Proszę wypełnić wniosek.
e Bescheinigung, -en beilegen	załączyć zaświadczenie
e **Urkunde**, -n	dokument; akt
e Geburtsurkunde / e Heiratsurkunde	metryka; akt; świadectwo urodzenia / świadectwo ślubu
einen Antrag *stellen	złożyć wniosek
einen Antrag *genehmigen ↔ ***ablehnen**	zatwierdzić wniosek ↔ odrzucić
eine Aufenthaltserlaubnis *****beantragen** / *****verlängern**	wnieść o / przedłużać zezwolenie na pobyt
e ***Vorschrift**, -en	przepis; instrukcja
sich nach den Vorschriften richten	postępować zgodnie z instrukcjami / przepisami
r (endgültige) *****Bescheid** / s amtliche Schreiben	(ostateczna) decyzja / pismo urzędowe
r **Städteplaner**, - //	urbanista // urbanistka
e **Städteplanerin**, -nen	
e Infrastruktur ['ɪnfraʃtrʊktuːɐ]	infrastruktura
*****entstehen** (entstand, ist entstanden)	powstać
An der Stadtgrenze ist ein neuer Stadtteil entstanden.	Na peryferiach miasta powstała nowa dzielnica.
*****städtisch**	miejski
örtlich / **lokal**	lokalny
kulturelle / soziale Einrichtungen	instytucje kulturalne / społeczne
e Sanierung der Altstadt	renowacja starego miasta

Auf dem Land
Na wsi

in der ***Stadt** ↔ auf dem *****Land**	w mieście ↔ na wsi
e *****Landschaft**, -en	krajobraz; pejzaż; okolica
eine **landschaftlich** schöne Gegend	ładna okolica
r **Hügel**, -	wzgórze
r *****Berg**, -e	góra
eine **hügelige** / **gebirgige** Gegend	okolica pagórkowata / górzysta
s *****Gebirge**, -	góry

16.2

Im Urlaub fahren wir wieder ins Gebirge / in die Berge.	Na urlop znowu pojedziemy w góry.
am **Gipfel** des Berges	na szczycie góry
Vom Gipfel aus hat man eine tolle *****Aussicht**.	Ze szczytu góry rozciąga się wspaniały widok.
r **Felsen**, -	skała
Auf dieser Seite der Insel ist es sehr **felsig**.	Ta strona wyspy jest bardzo skalista.
e Schlucht, -en	wąwóz; jar
e Höhle, -n	jaskinia; pieczara
s *****Tal**, ⸚er	dolina
e **Ebene**, -n / s **Flachland**	równina / nizina
e Hochebene	płaskowyż
s Moor, -e / r Sumpf, ⸚e	bagnisko
s Hochmoor	torfowisko wyżynne
e Heide	wrzosowisko
r *****Wald**, ⸚er	las
ein dichter Wald	gęsty las
r Regenwald, ⸚er	puszcza podzwrotnikowa
r Urwald, ⸚er / r Dschungel	puszcza / dżungla
im Wald *****spazieren gehen** (ging, ist gegangen)	spacerować po lesie
r *****Baum**, ⸚e	drzewo
r **Strauch**, ⸚er	krzak / krzew
s **Gebüsch** *Sg*	krzaki; zarośla

Er sieht den Wald vor lauter Bäumen nicht.	On gubi się w szczegółach / nie ogarnia całości.

e Lichtung	polana
e *****Wiese**, -n	łąka
r *****Garten**, ⸚	ogród
r Gemüsegarten / r Obstgarten	ogród warzywny / owocowy; sad
der Garten vor / hinter dem Haus	ogród przed / za domem
Sie arbeitet gern im Garten.	Lubi uprawiać ogródek.
r **Weinberg**, -e	winnica
An der Mosel gibt es viele Weinberge.	Nad Mozelą jest wiele winnic.
r *****Park**, -s / e Grünanlage, -n	park / tereny zielone
r Nationalpark	park narodowy
s **Naturschutzgebiet**, -e	rezerwat przyrody

Auf dem Land

Landwirtschaft
Rolnictwo

e ***Landwirtschaft**	rolnictwo
ein landwirtschaftlicher Betrieb	gospodarstwo rolne
landwirtschaftliche Erzeugnisse / Produkte	produkty rolne
r ***Bauer**, -n // e **Bäuerin**, -nen / r **Landwirt**, -e // e **Landwirtin**, -nen	chłop; rolnik
s **Bauernhaus**, ⸚er	chałupa; dom wiejski
r **Stall**, ⸚e	obora; chlew
r Landarbeiter, - // e Landarbeiterin, -nen	robotnik rolny // robotnica rolna
s ***Feld**, -er / r ***Acker**, ⸚	pole / rola; pole uprawne
auf dem Feld arbeiten	pracować w polu
e **Weide**, -n	pastwisko
Im Sommer sind die Kühe den ganzen Tag auf der Weide.	W lecie krowy cały dzień pasą się na pastwisku.
e ***Erde** / r ***Boden**, ⸚ / s **Ackerland**	ziemia / ziemia; gleba / grunty orne
Der Boden ist zu trocken.	Ziemia jest za sucha.
fruchtbares Ackerland	płodna gleba
e **Saat**	zasiew; nasiona
säen	siać
bewässern	nawodnić
anbauen	uprawiać
Weizen anbauen	uprawiać pszenicę
In dieser Gegend wird viel Spargel angebaut.	W tej okolicy często uprawia się szparagi.
s **Stroh**	słoma
s ***Korn**, ⸚er	ziarno
s ***Getreide**	zboże

Rodzaje zbóż

r Weizen	pszenica
r Roggen	żyto
r Hafer	owies
e Gerste	jęczmień

e ***Ernte**, -n	żniwo; zbiory; plon
Dieses Jahr hatten wir eine gute Ernte.	W tym roku mieliśmy dobry plon.
r Erntehelfer, -	osoba pomagająca przy zbiorach
s Erntedankfest	dożynki
ernten	zbierać
das ***Gras mähen**	kosić trawę
das **Heu** wenden / einfahren	przerzucać / zwozić siano
r Heuschober, -	stóg siana
s Silo, -s	zasobnik

e ***Pflanze**, -n	roślina
anpflanzen	zasadzić
r **Dünger** / s Düngemittel, - / r Mist	obornik; gnój / nawóz / nawóz; gnój
r Kunstdünger	nawóz sztuczny
düngen	nawozić
s Pestizid, -e [pɛsti'tsiːt]	pestycydy
s Insektizid, -e [ɪnzɛkti'tsiːt]	środek owadobójczy
s Herbizid, -e [hɛrbi'tsiːt] / s Unkrautvernichtungsmittel, -	środek chwastobójcz
s **Unkraut**	chwast
r **Traktor**, -en ['traktoːɐ̯]	traktor
r **Mähdrescher**, -	kombajn
r **Pflug**, ⸚e	pług
pflügen	orać
r **Schuppen**, -	szopa
e **Tierzucht** / e **Viehzucht**	hodowla zwierząt / hodowla bydła
Rinder / Schweine **züchten**	hodować bydło / świnie
e Geflügelzucht	hodowla drobiu
e Massentierhaltung	masowa hodowla zwierząt
e Freilandhaltung	hodowla zwierząt na wolnym powietrzu
e artgerechte Tierhaltung	ekologiczna hodowla zwierząt [zgodna z naturalnymi potrzebami danego gatunku]
r Kuhstall / Schweinestall / Hühnerstall	obora / chlew / kurnik
eine Kuh **melken**	doić krowę

Zwierzęta w zagrodzie

e Kuh, ⸚e	krowa
s Rind, -er	krowa; wół; byk
r Ochse, -n	wół
s Schwein, -e	świnia
s Kalb, ⸚er	cielę
s *Huhn, ⸚er	kura
s Schaf, -e	owca
s Pferd, -e	koń

frei laufende Hühner	kury hodowane na fermach ekologicznych
Eier von frei laufenden Hühnern	jajka od kur hodowanych na fermach ekologicznych
s **Futter** / s Viehfutter	pasza; karma / pasza dla bydła
die Tiere **füttern**	karmić zwierzęta

Das ist wie eine Stecknadel im Heuhaufen suchen.	To jest jak szukanie igły w stogu siana.	
Er isst wie ein Scheunendrescher.	Straszny z niego żarłok.	
Zäum nicht immer das Pferd von hinten auf!	Nie stawiaj sprawy na głowie!	
Er ist das schwarze Schaf der Familie.	On jest czarną owcą w rodzinie.	

Tiere
Zwierzęta

s ***Tier**, -e	zwierzę
s Tierheim, -e	schronisko dla zwierząt
e Tierhandlung, -en	sklep zoologiczny
r **Tierhalter**, - // e **Tierhalterin**, -nen	właściciel // właścicielka zwierzęcia
zahm ↔ **wild** [vɪlt]	oswojony ↔ dziki
e Bestie, -n	bestia
heimische Tiere	zwierzęta rodzime
s **Haustier**, -e	zwierzę domowe
sich ein Haustier anschaffen	kupić sobie zwierzę domowe
ein Haustier halten	posiadać zwierzę domowe
Das Halten von Tieren ist in diesem Haus verboten.	W tym domu nie wolno trzymać zwierząt.

Zwierzęta domowe

r Hund, -e (r Schäferhund, r Dackel, r Terrier, r Pudel, r Bernhadiner, r Boxer)	pies (owczarek niemiecki, jamnik, terier, pudel, bernardyn, bokser)
e Katze, -n (e Siamkatze)	kot (kot syjamski)
r *Vogel, ⸚ (r Kanarienvogel, r Papagei, r Wellensittich)	ptak (kanarek, papuga, papużka falista)
s Kaninchen, -	królik
r Hase, -n	zając
r Hamster, -	chomik
s Meerschweinchen, -	świnka morska
e *Maus, ⸚e	mysz
r *Fisch, -e	ryba

e *****Katze**, -n // r **Kater**, -	kotka // kocur
r *****Hund**, -e // e **Hündin**, -nen	pies // suka
r Rüde, -n // s Weibchen, -	pies; samiec // suka; samica
r Welpe, -n	szczenię
kraulen / streicheln	drapać / głaskać
r **Hundebesitzer**, - // e **Hundebesitzerin**, -nen	właściciel psa // właścicielka psa

4

Welche Rasse ist das denn?	Jaka to rasa?
ein reinrassiger Hund ↔ r Mischling	pies rasowy ↔ mieszaniec
r Schoßhund, -e	piesek pokojowy
r Blindenhund / r Wachhund	pies-przewodnik niewidomego / pies stróżujący
r Hundekorb, ⸚e / e Hundehütte, -n	koszyk psa / psia buda
bellen	szczekać
beißen (biss, hat gebissen)	gryźć
mit dem Schwanz wedeln	merdać ogonem

e Schnauze, -n	morda
s Maul, ⸚er	pysk
r Schnabel, ⸚	dziób
s Fell	futro
e Feder, -n / s Federkleid	pióro / upierzenie
s Hundehaar, -e	sierść Pl
r Schwanz	ogon
e Zitze, -n	strzyk
e Pfote, -n	łapa
r Flügel, -	skrzydło
e Kralle, -n	pazur; szpon
r Huf, -e	kopyto
s Geweih, -e	rogi; poroże

r **Geruch** / r **Gestank**	zapach / smród
***riechen** (roch, hat gerochen)	pachnieć; wąchać
***stinken** (stank, hat gestunken)	śmiedzieć
Hunde müssen leider draußen bleiben.	Psy trzeba zostawić na zewnątrz.
e **Leine** / e Hundeleine	linka; smycz / smycz
Hunde bitte an die Leine! / Nehmen Sie bitte Ihren Hund an die Leine.	Psy prowadzimy na smyczy! / Proszę wziąć swego psa na smycz.
Legen Sie Ihren Hund bitte an die Kette.	Proszę zapiąć psa na łańcuch.
***Achtung bissiger Hund!**	Uwaga ostry pies!
r bissige / scharfe Hund	ostry pies
r **Kampfhund**, -e	pies obronny
Für Kampfhunde herrscht Maulkorbpflicht und Leinenzwang.	Psom obronnym należy założyć kaganiec i prowadzić je na smyczy.
s **Halsband**, ⸚er	obroża
e Hundemarke, -n	numerek psa
e Hundesteuer	podatek od psa
Gassi gehen / den Hund ausführen	wyprowadzić psa na spacer
s Herrchen, - // s Frauchen, -	pan // pani
s Herrl / s Frauerl *österr.*	pan // pani
r Hundesalon	fryzjer dla psów

Er ist ein armer Hund!	Straszne z niego biedaczysko!
Das ist aber ein dicker Hund!	To już przesada!
Sie sind wie Hund und Katz'.	Drą ze sobą koty.
Er ist bekannt wie ein bunter Hund.	On jest powszechnie znany.
Da liegt der Hund begraben.	Tu jest pies pogrzebany.
Ich bin hundemüde!	Jestem strasznie zmęczony.
Katzenwäsche machen	umyć się z grubsza
die Katze im Sack kaufen	kupić kota w worku

s **Futter** / s Hundefutter / s Katzenfutter	pokarm / pokarm dla psów / pokarm dla kotów
s Trockenfutter	sucha karma
füttern	karmić
r **Käfig**, -e / r Vogelkäfig	klatka / klatka dla ptaków
s Katzenklo / s Katzenstreu	kuweta / piasek do kuwety
s **Ungeziefer** / r Schädling, -e	robactwo / szkodnik

Szkodniki i pasożyty atakujące domy i ludzi

e Ratte, -n	szczur
e Maus, ⸚e	mysz
e Kakerlake, -n / e Schabe, -n	karaluch / prusak
s Silberfischchen, -	srebrzyk
e Motte, -n	mól
e Laus, ⸚e	wesz
r Floh, ⸚e	pchła
e Wanze, -n	pluskwa
e Zecke, -n	kleszcz
r Bandwurm, ⸚er	tasiemiec

r **Tierschützer**, - // e **Tierschützerin**, -nen	osoba angażująca się na rzecz ochrony praw zwierząt
r Tierschutzverein, -e	towarzystwo opieki nad zwierzętami
s Versuchstier, -e	zwierzę doświadczalne
r Tierfreund, -e	miłośnik zwierząt
e **Tierquälerei**, -en	znęcanie się nad zwierzętami
e **Tiermedizin**	weterynaria
e Tierklinik, -en	lecznica dla zwierząt
r **Tierarzt**, ⸚e // e **Tierärztin**, -nen / r Veterinär, -e // e Veterinärin, -nen	weterynarz
Wir müssen den Hund leider einschläfern lassen.	Niestety musimy tego psa uśpić.
r Tierfriedhof	cmentarz dla zwierząt
e **Zoologie** [tsoolo'gi:] / e **Tierkunde**	zoologia
e Fauna	fauna
s Tierreich	królestwo zwierząt

Zwierzęta

e **Tierart**, -en — gatunek zwierzęcia
s **Säugetier**, -e — ssak
r Schmarotzer, - / r Parasit, -en — pasożyt

Rodzime małe zwierzęta

r Wurm, ⸚er	robak
s Insekt, -en	owad
e Fliege, -n	mucha
e Mücke, -n / e Gelse, -n österr.	komar
e Wespe, -n	osa
e Biene, -n / e Honigbiene	pszczoła / pszczoła pasieczna
r Schmetterling, -e	motyl
r Käfer, - / r Marienkäfer / r Maikäfer	chrząszcz / biedronka / chrabąszcz
e Ameise, -n	mrówka
e Schnecke, -n	ślimak
r Maulwurf, ⸚e	kret
e Schlange, -n	wąż
e Spinne, -n	pająk
s Spinnennetz, -e	pajęczyna
s Eichhörnchen, -	wiewiórka
r Vogel, ⸚	ptak
r Frosch, ⸚e	żaba
e Kröte, -n	ropucha
r Fisch, -e	ryba
r Hering, -e	śledź
e Forelle, -n	pstrąg
r Flusskrebs, -e	rak rzeczny
r Karpfen, -	karp

stechen (sticht, stach, hat gestochen) — żądlić; kąsać
r **Stich**, -e / r Wespenstich — użądlenie / użądlenie osy
Beweg dich nicht, auf deinem Kopf sitzt ein Wespe. — Nie ruszaj się, osa siedzi ci na głowie.
Hast du ein Mückenspray für mich? — Masz spray przeciwko komarom?
Schau mal, ein Schmetterling! — Popatrz, motyl!
Gibt es hier giftige Schlangen? — Czy tu występują jadowite węże?
Achtung Krötenwanderung. — Uwaga ropuchy na drodze.
r Angler, - // e Anglerin, -nen — wędkarz
r Fischer, - // e Fischerin, -nen — rybak

Rodzime ptaki

r Singvogel	ptak śpiewający
r Zugvogel	ptak wędrowny
e Amsel, -n	kos
e Meise, -n	sikorka
r Star, -en	szpak
r Spatz, -en	wróbel
e Schwalbe, -n	jaskółka
e Taube, -n	gołąb
e Möwe, -n	mewa
e Krähe, -n	wrona
r Rabe, -n	kruk
e Elster, -n	sroka
r Specht, -e	dzięcioł
e Eule, -n	sowa
r Uhu, -s	puchacz
r Schwan, ⸚e	łabędź
e Ente, -n	kaczka
e Gans, ⸚e	gęś
r Storch, ⸚e	bocian

r Ornithologe, -n [ɔrnito'loːgə] // e Ornithologin, -nen	ornitolog
Hör mal, wie schön die Vögel **zwitschern** / singen.	Posłuchaj, jak ptaki pięknie śpiewają.
s Nest, -er / s Vogelnest	gniazdo / ptasie gniazdo
picken	dziobać
Eier legen und (aus)brüten	składać i wysiadywać jaja
Taubenfüttern verboten.	Karmienie gołębi zabronione.
r Taubendreck	odchody gołębie

Rodzime zwierzęta dziko żyjące i drapieżcy

s (Groß- / Nieder-) Wild	(gruba / drobna) zwierzyna łowna
r Hirsch, -e	jeleń
s Reh, -e	sarna
e Gämse, -n	kozica
r Hase, -n	zając
s Kaninchen, -	królik
s Wildschwein, -e	dzik
r Wolf, ⸚e	wilk
r Fuchs, ⸚e	lis
r Marder, -	kuna
r Falke, -n	sokół; jastrząb
r Adler, -	orzeł

Zwierzęta 357

16.4

r **Jäger**, - // e **Jägerin**, -nen	myśliwy
schießen (auf +A) (schoss, hat geschossen)	strzelać (do)
das Wild **jagen**	polować na zwierzynę łowną
Der Nerz wird wegen seines Fells gejagt.	Na norki poluje się ze względu na ich futro.
r ***Zoo**, -s [tso:] / r zoologische Garten, ⸚ / r **Tiergarten**, ⸚ / r **Tierpark**, -s	zoo / ogród zoologiczny / zoo
r Streichelzoo / s Streichelgehege	zoo, w którym można głaskać zwierzęta / otwarty wybieg, na którym można zbliżyć się do zwierząt i ich dotknąć
Gehen wir heute in den Zoo?	Pójdziemy dziś do zoo?
s **Gehege**, -	wybieg
r **Käfig**, -e	klatka
s **Aquarium**, Aquarien [akˈvaːrjʊm]	akwarium
s **Terrarium**, Terrarien [tɛˈraːrjʊm]	terrarium

Zwierzęta w zoo

s *Raubtier*, -e	drapieżnik
r *Löwe*, -n	lew
r *Tiger*, - [ˈtiːgɐ]	tygrys
r *Panther*, - [ˈpantɐ]	pantera
r *Elefant*, -en [eleˈfant]	słoń
e *Giraffe*, -n [ɡiˈrafə österr. auch ʒi…]	żyrafa
s *Nashorn*, ⸚er	nosorożec
r *Bär*, -en [bɛːɐ̯] / r *Braunbär* / r *Eisbär*	niedźwiedź / niedźwiedź brunatny / niedźwiedź polarny
r *Affe*, -n	małpa
r *Orang-Utan*, -s [ˈoːraŋˈluːtan] /	orangutan
r *Menschenaffe*, -n	goryl
r *Gorilla*, -s [ɡoˈrɪla]	
r *Schimpanse*, -n [ʃɪmˈpanzə]	szympans
r *Pinguin*, -e [ˈpɪŋɡuiːn]	pingwin
r *Hai*, -e	rekin
r *Wal*, -e [ˈvaːl]	wieloryb; waleń
r *Delphin*, -e [dɛlˈfiːn]	delfin
r *Seehund*, -e	foka
s *Reptil*, [rɛpˈtiːl] -ien […ljən]	gad
e *Schildkröte*, -n	żółw
s *Krokodil*, -e [krokoˈdiːl]	krokodyl
r *Alligator*, [aliˈɡaːtoːɐ̯] -en […ɡaˈtoːrən]	aligator
s *Nilpferd*, -e	hipopotam

sich vermehren ↔ **aussterben**	rozmnażać się ↔ wymrzeć
r Kreislauf des Lebens	łańcuch pokarmowy
fressen und gefressen werden	pożerać i być pożeranym

Pflanzen
Rośliny

e **Botanik** / e Pflanzenkunde	botanika
r **Botaniker**, - // e **Botanikerin**, -nen	botanik
e *****Pflanze**, -n	roślina
*****wachsen** (wächst, wuchs, ist gewachsen)	rosnąć
e Pflanzenwelt / s Pflanzenreich	świat roślinny
e Flora	flora
r **botanische Garten**	ogród botaniczny
s **Gewächshaus**, ⸚er	szklarnia
anpflanzen ↔ wild wachsen	zasadzić ↔ dziko rosnąć
e Kulturpflanze	roślina uprawna
e Gartenpflanze / e Topfpflanze	roślina ogrodowa / doniczkowa
e winterharte Pflanze	roślina zimnotrwała
einjährige / zweijährige Pflanzen	roślina jednoroczna / dwuletnia
e immergrüne Pflanze	roślina wiecznie zielona
e *****Blume**, -n	kwiat
duften ↔ *****stinken** (stank, hat gestunken)	pachnąć ↔ śmierdzieć
Blumen pflücken	zrywać kwiaty
Wildblumen / Feld- und Wiesenblumen	kwiaty polne
r **Kaktus**, Kakteen ['kaktʊs]	kaktus

Kwiaty

s *Schneeglöckchen*, -	przebiśnieg
r *Märzenbecher*, -	śniegułka
r *Krokus*, *-se*	krokus
e *Tulpe*, *-n*	tulipan
e *Osterglocke* / e *Narzisse*	narcyz
s *Maiglöckchen*	konwalia
r *Flieder*, -	bez
e *Pfingstrose*, *-n*	peonia
e *Rose*, *-n*	róża
e *Nelke*, *-n*	goździk
e *Sonnenblume*, *-n*	słonecznik
e *Erika*	wrzos
e *Lilie*, *-n*	lilia
e *Orchidee*, *-n*	storczyk
e *Mohnblume*, *-n*	mak
s *Gänseblümchen*, -	stokrotka
e *Margerite*, *-n*	margerytka
r *Löwenzahn* / e *Pusteblume*, *-n*	mlecz / dmuchawiec
s *Edelweiß*	szarotka
r *Enzian*	goryczka

e **Blüte**, -n — kwiat
***blühen** — kwitnąć
Die Magnolien blühen gerade / sind gearde in (voller) Blüte. — Właśnie kwitną magnolie.
befruchten — zapylać

Kwiat

r Spross / r Sprössling, -e	latorośl
s Blatt, ⸚er	liść
r Stiel, -e / r Stängel, -	łodyga
e Knospe, -n	pąk
e Blüte, -n	kwiat
s Blütenblatt, ⸚er	płatek
r Blütenstaub	pyłek
r (Blüten-) Nektar	nektar
e (Blumen-) Zwiebel, -n	cebulka (kwiatowa)
e Wurzel, -n	korzeń

r ***Garten**, ⸚ — ogród
Sie arbeitet gerade im Garten. — Ona właśnie pracuje w ogrodzie.
r Wintergarten — ogród zimowy
r Kräutergarten / r Gemüsegarten — ogródek ziołowy / warzywny
Er hat in seinem Garten Gemüse angebaut. — Zasadził w swoim ogródku warzywa.
e **Gießkanne**, -n — konewka
r **Rasensprenger**, - — zraszacz trawy
r Rasenmäher, - — kosiarka
Der Rasen muss mal wieder gemäht werden. — Trzeba znowu skosić trawnik.
gießen (goss, hat gegossen) — podlewać
Gießt du heute die Blumen bitte. — Podlej dziś kwiaty.
s **Beet**, -e / s Blumenbeet — grządka / kwietnik
s ***Gras**, ⸚er — trawa
r Klee / s Kleeblatt — koniczyna; liść koniczyny
s Kraut, ⸚er — zioło
s **Unkraut** — chwast
Ich müsste mal wieder Unkraut jäten. — Znowu muszę wypielić ogród.
r Spaten, - / e Schaufel, -n — łopata
den Garten umgraben — przekopać ogródek
e **Gärtnerei**, -en — ogrodnictwo
r **Gärtner**, - // e **Gärtnerin**, -nen — ogrodnik // ogrodniczka
r **Blumenladen**, ⸚ — kwiaciarnia
r **Blumenbinder**, - // e **Blumenbinderin**, -nen — kwiaciarz // kwiaciarka
r Florist, -en // e Floristin, -nen *schweiz.* — kwiaciarz // kwiaciarka
r **Strauß**, ⸚e / r **Blumenstrauß** / r Strauß Blumen — bukiet / bukiet kwiatów / bukiet kwiatów
einen Strauß binden (lassen) — zrobić bukiet

Pflanzen

***frisch** ↔ **verwelkt** / welk / verblüht	świeży ↔ zwiędły / zwiędły / przekwitły
***bunt** ↔ **einfarbig**	wielobarwny ↔ jednobarwny
farbig ↔ uni *schweiz.*	kolorowy ↔ jednokolorowy
Bitte schneiden Sie die Blumen frisch an, bevor Sie sie ins Wasser geben.	Proszę przyciąć kwiaty zanim wstawi je pan do wody.
e **Vase**, -n ['va:zə]	wazon
Moment, ich muss erst die Blumen in die Vase stellen.	Chwileczkę, muszę najpierw wstawić kwiaty do wazonu.
e **Schnittblume** / e **Topfblume**	kwiaty cięte / kwiaty doniczkowe
r **Blumentopf**, ⸚e	doniczka
umtopfen	przesadzić
r **Kranz**, ⸚e	wieniec

Danke für die Blumen!	Wielkie dzięki! [ironiczna forma podziękowania za krytykę]
Durch die Blume gesagt: …	Delikatnie mówiąc: …
Das Geschäft blüht.	Interes kwitnie.
Ihm blüht noch was wegen dieser Sache.	W związku z tą sprawą czeka go jeszcze coś nieprzyjemnego.

r Strauch, ⸚er	krzak
r Beerenstrauch	krzak owocowy
r Busch, ⸚e	krzak
r *****Wald**, ⸚er	las
r Nadelwald / r Mischwald / r Laubwald	las iglasty / las mieszany / las liściasty
r **Forst**, -e	las
e Forstwirtschaft	leśnictwo
r *****Baum**, ⸚e	drzewo

Drzewa

Nadelbäume	**drzewa iglaste**
e Tanne, -n	jodła
e Fichte, -n	świerk
e Kiefer, -n	sosna
e Lärche, -n	modrzew

Laubbäume	**drzewa liściaste**
e Buche, -n	buk
r Ahorn	klon
e Linde, -n	lipa
e Eiche, -n	dąb
e Birke, -n	brzoza
e Kastanie, -n	kasztan
e Esche, -n	jesion
e Pappel, -n	topola
e Weide, -n	wierzba

Rośliny

r **Stamm**, ⸚e / r Baumstamm	pień drzewa
e **Wurzel**, -n	korzeń
r **Ast**, ⸚e	gałąź; konar
r **dicke** ↔ **dünne Zweig**, -e	gruba ↔ cienka gałąź
e Borke, -n / e Rinde, -n	kora
s ***Blatt**, ⸚er / e ***Nadel**, -n	liść / igła
Schau mal, wie die Blätter sprießen.	Popatrz, jak drzewa puszczają liście.
Die Bäume schlagen aus.	Drzewa puszczają pąki.
Die Bäume stehen in voller Blüte.	Drzewa są w pełni rozkwitu.
s **Laub**	listowie
e Baumfrucht, ⸚e	owoc drzewa
e Eichel, -n	żołądź
r Tannenzapfen, -	szyszka jodłowa
s ***Holz**	drewno
Der Baum muss gefällt werden.	To drzewo trzeba ściąć.
r **Förster**, - // e **Försterin**, -nen	leśniczy
s Moos	mech
r Farn, -e	paproć
r ***Pilz**, -e	grzyb
Pilze suchen / sammeln	zbierać grzyby
r essbare ↔ giftige / ungenießbare Pilz	grzyb jadalny ↔ trujący / niejadalny

17.1 Kontinente, Meere, Seen, Flüsse
Kontynenty, morza, jeziora, rzeki

17.2 Wetter und Klima
Pogoda i klimat

17.3 Naturkatastrophen
Klęski żywiołowe

17.4 Umweltschutz
Ochrona środowiska

17.5 Astronomie und Raumfahrt
Astronomia i loty kosmiczne

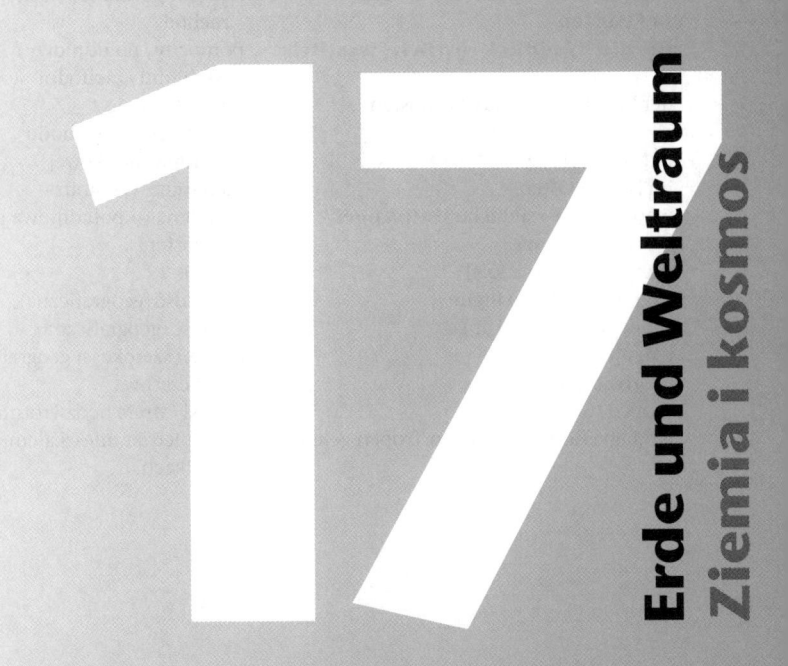

17

Erde und Weltraum
Ziemia i kosmos

Kontinente, Meere, Seen, Flüsse
Kontynenty, morza, jeziora, rzeki

r *Kontinent, -e / r Erdteil, -e   kontynent / część świata
kontinental   kontynentalny

Kontynenty

Afrika	afrikanisch	r Afrikaner, - // e Afrikanerin, -nen
Afryka	afrykański	Afrykańczyk // Afrykanka
Amerika	amerikanisch	r Amerikaner, - // e Amerikanerin, -nen
Ameryka	amerykański	Amerykanin // Amerykanka
Asien	asiatisch	r Asiate, -n // e Asiatin, -nen
Azja	azjatycki	Azjata // Azjatka
Australien	australisch	r Australier, - // e Australierin, -nen
Australia	australijski	Australijczyk // Australijka
Europa	europäisch	r Europäer, - // e Europäerin, -nen
Europa	europejski	Europejczyk // Europejka

Nordeuropa / Südeuropa / Osteuropa / Westeuropa   Europa Północna / Europa Południowa / Europa Wschodnia / Europa Zachodnia

r *Norden / r *Süden / r *Osten / r *Westen   północ / południe / wschód / zachód

nördlich / südlich / östlich / westlich   północny / południowy / wschodni / zachodni

der Wind kommt aus Nordosten   ten wiatr wieje z północnego-wschodu

in Mitteleuropa   w Europie Środkowej
im Nahen Osten   na Bliskim Wschodzie
e nördliche ↔ südliche Halbkugel / e Hemisphäre   północna ↔ południowa półkula / hemisfera
r Äquator [ɛˈkvaːtoːɐ̯]   równik
e (geographische) Breite   szerokość (geograficzna)
e (geographische) Länge   długość (geograficzna)
r Breitengrad, -e   stopień szerokości geograficznej
e Zeitzone, -n   strefa czasowa
Tropen / Subtropen Pl   tropiki / strefa podzwrotnikowa
Ich habe fünf Jahre in den Tropen gelebt.   Przez pięć lat mieszkałem w tropikach.

r **Nordpol** ↔ r **Südpol**	biegun północny ↔ biegun południowy
e **Arktis** / e **Antarktis**	Arktyka / Antarktyda
r **Ozean**, -e / s ***Meer**, -e / e ***See**	ocean / morze / morze
r Atlantische / Pazifische / Indische Ozean	Ocean Atlantycki / Spokojny / Indyjski
e Nordsee / e Ostsee	Morze Północne / Morze Bałtyckie
s Mittelmeer	Morze Śródziemne
r Golf (von Mexiko)	Zatoka (Meksykańska)
r Golfstrom	prąd zatokowy; golfsztrom
e **Bucht**, -en	zatoka
e ***Küste**, -n	wybrzeże
an der Südküste von Rügen	na południowym wybrzeżu Rugii
vor der Küste von Helgoland	u wybrzeży Helgolandu
r ***Strand**, ⸚e	plaża
e ***Insel**, -n	wyspa
Ich würde gern auf einer kleinen Insel leben.	Chętnie zamieszkałbym na małej wyspie.
e Halbinsel	półwysep
r ***See**, -n	jezioro
Wir waren heute lange am See spazieren.	Dziś byliśmy na długim spacerze nad jeziorem.
Fahren wir am Wochenende an den Neusiedler See?	Czy w weekend pojedziemy nad jezioro Neusiedler?
r Stausee, -n	zbiornik retencyjny
r **Teich**, -e	staw
r Fischteich	staw rybny
s ***Ufer**, -	brzeg
e Uferpromenade, -n	promenada nadbrzeżna
r ***Fluss**, ⸚e	rzeka
r Nebenfluss	dopływ
Die Mosel ist ein Nebenfluss des Rheins.	Mozela jest dopływem Renu.
s Flussufer, -	brzeg rzeki
am Westufer / am westlichen Ufer	na zachodnim brzegu
r ***Strom**, ⸚e	potok; strumień; prąd
e Mündung, -en	ujście
r **Kanal**, ⸚e	kanał
r Rhein-Main-Donau-Kanal	Kanał Ren-Men-Dunaj
r **Damm**, ⸚e / r Staudamm	zapora; tama
r **Wasserfall**, ⸚e	wodospad
r **Bach**, ⸚e	strumyk
e **Quelle**, -n	źródło
e Strömung	prąd; nurt
gegen den Strom schwimmen	płynąć pod prąd
e Gezeiten	pływy
e **Ebbe** ↔ e **Flut**	odpływ ↔ przypływ

Kontynenty, morza, jeziora, rzeki

17
2 Wetter und Klima
Pogoda i klimat

s *Wetter	pogoda
Wie ist denn das Wetter bei euch?	Jaka jest u was pogoda?
Wir haben schönes ↔ schlechtes / scheußliches Wetter.	Jest ładna ↔ brzydka / paskudna pogoda.
r *Wetterbericht, -e	komunikat meteorologiczny
e *Wettervorhersage, -n	prognoza pogody
Die Wettervorhersage war richtig ↔ falsch.	Prognoza pogody sprawdziła się ↔ nie sprawdziła się.
e *Sonne	słońce
r *Schatten	cień
Die Sonne *scheint (schien, hat geschienen).	Świeci słońce.
Wir hatten viel Sonne / Sonnenschein.	Mieliśmy dużo słońca.
Hoffentlich kommt bald die Sonne heraus.	Miejmy nadzieję, że niedługo wyjdzie słońce.
sonnig	słoneczny
Es ist sehr *warm (wärmer, wärmst-) / *heiß.	Jest bardzo ciepło / gorąco.
Es ist ziemlich warm für die Jahreszeit.	Jest dość ciepło jak na tę porę roku.
e *Wärme / e *Hitze	ciepło / upał
e Hitzewelle, -n	fala upałów
Eine Warmluftfront ↔ Kaltluftfront zieht über den Norden von Deutschland.	Ciepły front atmosferyczny ↔ zimny front atmosferyczny przeciąga przez północ Niemiec.
An der Küste ist es sehr *feucht.	Na wybrzeżu panuje duża wilgotność powietrza.
e Feuchtigkeit / e Luftfeuchtigkeit	wilgoć / wilgotność powietrza
Es ist schwül / schwülwarm.	Jest duszno / parno.
Heute ist es ziemlich drückend.	Dziś jest dość parno.
e *Kälte	chłód; zimno
schneidende / eisige / klirrende Kälte	przeszywający / lodowaty chłód / trzaskający mróz
*kühl / *kalt (kälter, kältest-) / eiskalt	chłodno / zimno / lodowato
Es ist wieder kälter geworden.	Znowu się ochłodziło.
Die Nächte sind angenehm kühl.	W nocy panuje przyjemny chłód.
Es ist heute recht kühl / frisch.	Dziś jest naprawdę chłodno.
*frieren (fror, hat gefroren)	marznąć
r Frost	mróz
– 3° Celsius / *minus drei Grad (Celsius) ↔ 3° Celsius / *plus drei Grad	– 3° Celsjusza / minus trzy stopnie (Celsjusza) ↔ 3° Celsjusza / plus trzy stopnie
3 Grad *unter Null ↔ *über Null	3 stopnie poniżej zera ↔ powyżej zera

e *Temperatur, -en [tɛmpəra'tuːɐ̯]	temperatura
e Durchschnittstemperatur	średnia temperatura
extreme Temperaturschwankungen	ekstremalne wahania temperatury
e *Jahreszeit, -en	pora roku
r *Frühling / r *Sommer / r *Herbst / r *Winter	wiosna / lato / jesień / zima
ein milder ↔ strenger Winter	łagodna ↔ sroga zima
r *Schnee	śnieg
Bei uns liegt hoher Schnee.	U nas leży dużo śniegu.
Im Winter gab es dieses Jahr kaum Schnee.	W zimie w tym roku prawie nie było śniegu.
*schneien	padać [o śniegu]
Letzte Nacht hat es ununterbrochen geschneit.	Ostatniej nocy śnieg padał bez przerwy.
s *Eis	lód
r Hagel	grad
Pass auf, auf den Straßen ist es eisig / *glatt / eisglatt!	Uważaj, na ulicach jest lód / ślisko / ślizgawica!
e überfrierende Nässe	marznąca mżawka
Der See ist zugefroren. Wir können Schlittschuh laufen.	Jezioro zamarzło. Możemy pojeździć na łyżwach.
r Raureif	szadź; szron
Es taut.	Panuje odwilż.
e *Wolke, -n	chmura
r wolkenloser Himmel	bezchmurne niebo
Am Nachmittag soll es sich bewölken / sollen Wolken aufziehen.	Po południu ma się zachmurzyć / mają nadciągnąć chmury.
Es ist bewölkt / bedeckt / wolkig.	Jest pochmurno.
Es bleibt überwiegend bewölkt.	Nadal będzie raczej pochmurno.
Morgen bleibt das Wetter zunächst trübe und regnerisch, im Tagesverlauf heitert es jedoch auf.	Jutro rano będzie pochmurno i deszczowo, ale w ciągu dnia przejaśni się.
Es ist überwiegend *trocken ↔ *nass.	Jest raczej sucho ↔ mokro.
r Niederschlag, ⁓e	opad
r Tau	rosa
r *Regen	deszcz
Es wird wohl Regen geben.	Chyba zbiera się na deszcz.
ein leichter ↔ starker / wolkenbruchartiger Regen	deszczyk ↔ ulewa / oberwanie chmury
r Nieselregen / r Sprühregen	mżawka; kapuśniaczek
r Wolkenbruch / r Platzregen	oberwanie chmury / ulewa
vereinzelte Schauer *Pl*	pojedyncze opady
*regnen	padać [o deszczu]
Es regnet leicht ↔ stark.	Trochę ↔ bardzo pada.
Es gießt in Strömen.	Leje jak z cebra.
ein verregneter Tag / ein Regentag	deszczowy dzień

r *Sch**i**rm, -e / r Regenschirm, -e	parasol
r Sonnenschirm, -e	parasol przeciwsłoneczny
r D**u**nst	mgiełka
Es ist d**ie**sig.	Jest mglisto.
r *N**e**bel	mgła
Es war sehr n**e**blig.	Było bardzo mglisto.
r *W**i**nd, -e	wiatr
r Westwind / r Wind aus westlicher Richtung	wiatr zachodni / wiatr z zachodu
eine leichte / schwache / frische Brise	lekka / słaba / chłodna bryza
Es ist w**i**ndig.	Wieje wiatr.
r *St**u**rm, ⸚e	burza; sztorm; wichura
ein starker Sturm	silna wichura
Es gab Sturmwarnung am See.	Na jeziorze ostrzegano przed burzą.
orkanartige Stürme	huraganowe wichry
Es st**ü**rmt.	Szaleje wichura.
s **U**nwetter, -	burza
s *Gew**i**tter, -	burza z piorunami
r Donner / r Blitz	grzmot / błyskawica
Es hat gedonnert. / Es hat geblitzt.	Zagrzmiało. / Błysnęło się.
Sie findet Gewitter ***u**nheimlich.	Burza przejmuje ją zgrozą.
s *Kl**i**ma	klimat
s Seeklima / s Meeresklima	klimat morski
s Kontinentalklima / s Binnenklima	klimat kontynentalny
ein mildes / trockenes / feuchtes / tropisches Klima	klimat łagodny / suchy / wilgotny / tropikalny
Ein Klimawechsel würde Ihnen gut tun.	Dobrze zrobiłaby panu zmiana klimatu.

Naturkatastrophen
Klęski żywiołowe

e Nat**u**rkatastrophe, -n	klęska żywiołowa
s Katastr**o**phengebiet, -e	obszar dotknięty klęską
s **E**rdbeben, -	trzęsienie ziemi
ein kleineres ↔ größeres Erdbeben	lekkie ↔ silne trzęsienie ziemi
s Nachbeben, -	repliki
s Epizentrum [epi'ts̲entrʊm], Epizentren	epicentrum
ein Erdbeben der Stärke 3,5 auf der Richterskala	trzęsienie ziemi o sile 3,5 w skali Richtera
r Vulk**a**n, -e	wulkan
ein gewaltiger Vulkanausbruch	potężny wybuch wulkanu
e Lava	lawa
Lavamassen *Pl*	masy lawy

e **Lawine**, -n	lawina
Es gibt Lawinenwarnung.	Ogłoszono alarm lawinowy.
r **Wirbelsturm**, ⸚e	cyklon
Ein heftiger Wirbelsturm fegte übers Land.	Potężny cyklon przetoczył się przez kraj.
r **Orkan**, -e / r Hurrikan, -s ['hʊrikan]	huragan
Der Orkan richtete große Verwüstungen an.	Huragan spowodował ogromne spustoszenia.
s Opfer, -	ofiara
Der Hurrikan forderte 500 Todesopfer.	Huragan zabił 500 osób.
r **Taifun**, -e [tai̯'fuːn]	tajfun
Dem Taifun fielen 300 Menschen zum Opfer.	300 osób padło ofiarą tajfunu.
e **Flut**, -en	powódź
e Sturmflut / e Springflut	przypływ sztormowy / duży przypływ
sintflutartiger Regen	ulewny deszcz
s **Hochwasser**	powódź
e Hochwasserwarnung, -en	ostrzeżenie powodziowe
e **Überschwemmung**, -en	powódź; wylew; zalanie
hochwassergefährdete Gebiete	obszary zagrożone powodzią
Ein großes Gebiet wurde überflutet / überschwemmt.	Zalało duży obszar. / Duży obszar uległ zalaniu.
Hunderte von Menschen sind ertrunken.	Utonęły setki osób.
e **Dürre** / e Dürreperiode	susza / okres suszy
eine verheerende Dürreperiode	okres katastrofalnej suszy
e **Ölpest** / ausgelaufenes Öl	zanieczyszczenie wody ropą naftową / wyciek ropy
s *****Feuer** / r Brand / r Flächenbrand	ogień; pożar / pożar / pożar ogarniający rozległe obszary
e Brandkatastrophe, -n	pożar
Die **Rettungsmannschaften** arbeiteten unermüdlich um Verletzte zu bergen.	Ekipy ratownicze niestrudzenie niosły pomoc rannym.
Die Zahl der Todesopfer wird auf 100 geschätzt.	Liczbę ofiar szacuje się na 100.
Die Zahl der Todesopfer hat sich auf 128 erhöht.	Liczba ofiar wzrosła do 128.
Die **Bergungsarbeiten** dauern noch an.	Akcja ratownicza wciąż trwa.
Zwei Menschen überlebten die Katastrophe unversehrt.	Dwie osoby przeżyły katastrofę bez szwanku.
Der Sachschaden wird auf eine halbe Million Dollar geschätzt.	Szkody materialne szacowane są na pół miliona dolarów.
s Rote Kreuz	Czerwony Krzyż
r **Katastrophenschutz**	zapobieganie katastrofom
s Technische Hilfswerk / s THW	Techniczne Służby Ratunkowe

17 4 Umweltschutz
Ochrona środowiska

e *Umwelt	środowisko
r Umweltschutz	ochrona środowiska
Auch Sie können etwas zum Umweltschutz beitragen.	Także państwo mogą przyczynić się do ochrony środowiska.
e Umwelt schützen	chronić środowisko
e Verschmutzung	zanieczyszczenie
e Umweltverschmutzung / e Luftverschmutzung / e Wasserverschmutzung	zanieczyszczenie środowiska / zanieczyszczenie powietrza / zanieczyszczenie wody
Manche Menschen haben einfach kein Umweltbewusstsein.	Niektórzy ludzie po prostu nie czują się odpowiedzialni za środowisko naturalne.
e Umweltkatastrophe, -n	katastrofa ekologiczna
Greenpeace ist eine bekannte Umweltorganisation.	Greenpeace to znana organizacja ekologiczna.
r Umweltschützer, - // e Umweltschützerin, -nen	ekolog
trotz der Proteste von Umweltschützern	mimo protestów ekologów
r Artenschutz	ochrona gatunków
umweltfreundlich	przyjazny dla środowiska
ökologisch	ekologiczny
Ökologischer Landbau schützt die Natur.	Uprawy ekologiczne pozwalają chronić przyrodę.
e Überdüngung	przedawkowanie nawozów
Tropenwälder werden vernichtet.	Lasy tropikalne są niszczone.
e Ozonschicht / s Ozonloch	warstwa / dziura ozonowa
FCKW zerstören die Ozonschicht.	Freon niszczy warstwę ozonową.
Der Kohlendioxidausstoß muss verringert werden.	Ilość wydzielanego dwutlenku węgla musi ulec zmniejszeniu.
r Treibhauseffekt	efekt cieplarniany
s Treibhausgas, -e	gaz cieplarniany
e Klimaveränderung, -en	zmiany klimatyczne
e globale Erwärmung	globalne ocieplenie
alternative / erneuerbare Energien / Energiequellen	alternatywne / odnawialne źródła energii
e Solarenergie / e Windenergie / e Wasserkraft	energia słoneczna / energia wiatru / energia wodna
r Schadstoff, -e	substancja zanieczyszczająca
r saure *Regen	kwaśny deszcz
r *Smog	smog
bleifreies Benzin	benzyna bezołowiowa
r Katalysator, -en	katalizator
e Lärmbelastung, -en	nadmierne natężenie hałasu
e radioaktive Verseuchung	skażenie radioaktywne

s *Gift, -e	trucizna
r *Müll / r *Abfall	śmieci

e Abfallbeseitigung	usuwanie odpadów
e Abfallentsorgung / e Müllentsorgung	usuwanie odpadów
„Müll abladen verboten"	„Zakaz wywozu śmieci"
r Hausmüll	śmieci pochodzące z gospodarstw domowych
r Industriemüll	śmieci / odpady przemysłowe
e Müllkippe, -n / e Mülldeponie, -n	wysypisko / składowisko śmieci
e Müllverbrennung	spalanie śmieci
e Müllverbrennungsanlage, -n	spalarnia śmieci
r Sondermüll / r Giftmüll / r Atommüll	odpady niebezpieczne / odpady toksyczne / odpady radioaktywne
e Mülltrennung	segregacja / sortowanie odpadów
s Altpapier / s Altmetall / s Altglas	papier / metal / szkło

s **Recycling** [ri'saıklıŋ]	recykling
s Recyclingpapier	papier z recyklingu
Recycling reduziert die Verschwendung von Rohstoffen.	Recykling pozwala zmniejszyć zużycie surowców naturalnych.
e Einwegflasche, -n ↔ e Mehrwegflasche / e Pfandflasche	butelka jednorazowa ↔ butelka zwrotna
wieder verwerten / recyceln [ri'saıkln]	utylizować / poddać recyklingowi
Viele Abfallstoffe lassen sich wieder verwerten / recyceln.	Wiele odpadów można utylizować / poddać recyklingowi.
wieder verwertbare Verpackung	opakowanie wielokrotnego użytku
Die Firmen sind zur Rücknahme der Verpackungen verpflichtet.	Firmy są zobowiązane do przyjmowania zwrotów opakowań swych produktów.

Astronomie und Raumfahrt
Astronomia i loty kosmiczne

e **Astronomie** / e Stern- und Himmelskunde	astronomia / nauka o ciałach niebieskich
e **Kosmologie** / e Lehre von der Entstehung und Entwicklung des Weltalls	kosmologia / nauka o powstaniu i rozwoju wszechświata
s **All** / s Weltall / r Weltraum / s Universum / r Kosmos	wszechświat / wszechświat / kosmos; przestrzeń kosmiczna / uniwersum / kosmos
e radioaktive **Verseuchung**	skażenie radioaktywne
e *Erde	Ziemia; ziemia
Die Erdoberfläche ist zu 71 Prozent mit Wasser bedeckt.	71 procent powierzchni Ziemi pokrywa woda.

s **Stern(en)system**, -e	galaktyka
r **Planet**, -en [pla'ne:t]	planeta
r *****Stern**, -e	gwiazda
r Abendstern ↔ r Morgenstern	zorza wieczorna ↔ zorza poranna
r Polarstern	Gwiazda Polarna
r *****Himmel**	niebo
r Sternenhimmel	rozgwieżdżone niebo
Wir haben heute einen sternenklaren Himmel.	Dziś widać wszystkie gwiazdy na niebie.
s **Observatorium** / e Sternwarte	obserwatorium astronomiczne
r Himmelskörper, -	ciało niebieskie
e *****Sonne**	Słońce; słońce
aufgehen (ging auf, ist aufgegangen) ↔ **untergehen**	wschodzić ↔ zachodzić
Die Sonne geht heute um 7.12 Uhr auf und um 16.35 Uhr unter.	Dziś Słońce wzejdzie o godz. 7.12, a zajdzie o 16.35.
r Sonnenaufgang ↔ r Sonnenuntergang	wschód słońca ↔ zachód słońca
*****scheinen** (schien, hat geschienen)	świecić
Die Sonne steht hoch ↔ niedrig / tief.	Słońce jest wysoko ↔ nisko na niebie.
e Sonnenfinsternis, -se	zaćmienie Słońca
r *****Mond**	Księżyc; księżyc
r Neumond ↔ r Vollmond	nów ↔ pełnia
r Halbmond	półksiężyc
zunehmender ↔ abnehmender Mond	Księżyc w pierwszej ↔ ostatniej kwadrze
r Mondkrater, -	krater na Księżycu
e Mondfinsternis, -se	zaćmienie Księżyca
Der Mond ist ein Trabant der Erde.	Księżyc jest satelitą Ziemi.
e *****Atmosphäre**, -n [atmo'sfɛ:rə]	atmosfera
e **Ozonschicht**	warstwa ozonowa
r **Pol**, -e [po:l]	biegun
s Magnetfeld, -er	pole magnetyczne
e **Gravitation** / e Schwerkraft	grawitacja / siła ciężkości
e Erdanziehungskraft	siła przyciągania Ziemi

Planety w Układzie Słonecznym

r Merkur	Merkury
r Pluto	Pluton
r Mars	Mars
e Venus	Wenus
e Erde	Ziemia
r Neptun	Neptun
r Uranus	Uran
r Saturn	Saturn
r Jupiter	Jowisz

s Sonnensystem, -e	Układ Słoneczny
e **Galaxis** / e Galaxie / e Milchstraße	galaktyka / galaktyka / Droga Mleczna
(inter)galaktisch	(między)galaktyczny
s schwarze Loch	czarna dziura
r **Meteor**, -en [mete'oːɐ̯]	meteor
r **Meteorit**, -en [meteo'riːt]	meteoryt
Gestern fiel ein Meteorit vom Himmel.	Wczoraj z nieba spadł meteoryt.
r Meteoritenkrater, -	krater meteorytyczny
r **Komet**, -en [ko'meːt]	kometa
e **Sternschnuppe**, -n	spadająca gwiazda
s **Lichtjahr**, -e	rok świetlny
Der Planet ist 5 Lichtjahre entfernt.	Ta planeta jest oddalona o 5 lat świetlnych.
r **Satellit**, -en [zatɛ'liːt]	satelita
e **Umlaufbahn**, -en	orbita
e kreisförmige / elliptische Umlaufbahn	orbita kolista / eliptyczna
sich um die eigene Achse drehen	obracać się wokół własnej osi
sich um die Sonne drehen	krążyć wokół Słońca
Die Planeten **umkreisen** die Sonne.	Planety krążą wokół Słońca.
Der Mond umkreist die Erde.	Księżyc krąży wokół Ziemi.

Słońce, księżyc i gwiazdy

Wir leben schließlich nicht auf dem Mond.	Nie żyjemy przecież na księżycu.
Du lebst wirklich hinter dem Mond.	Zachowujesz się, jakbyś spadł z księżyca / urwał się z choinki.
Ich könnte sie manchmal auf den / zum Mond schießen.	Czasami chciałbym, żeby znikła mi z oczu.
Die Sonne bringt es an den Tag.	Prawda i tak wyjdzie na jaw.
Lassen wir uns die Sonne auf den Pelz brennen.	Posiedźmy na słońcu.
Geh mir aus der Sonne!	Nie zasłaniaj mi słońca!
nach den Sternen greifen	sięgać do gwiazd
Dieses Projekt steht unter keinem guten Stern.	Ten projekt nie narodził się pod szczęśliwą gwiazdą.
Ob es klappt, das steht noch in den Sternen.	Bóg raczy wiedzieć, czy się uda.
Romeo holt seiner Julia die Sterne vom Himmel.	Romeo gotów Julii nieba przychylić.
Er war sternhagelvoll.	Był pijany jak bela.

e **Raumfahrt**	lot kosmiczny
im Zeitalter der Raumfahrt	w dobie lotów kosmicznych
r Weltraumflug, ⸚e	lot kosmiczny
bemannt ↔ unbemannt	załogowy ↔ bezzałogowy

Astronomia i loty kosmiczne

17.5

r **Astronaut**, -en [astro'naut] // e **Astronautin**, -nen	astronauta // astronautka
e **Schwerelosigkeit**	nieważkość
e Weltraumstation, -en	stacja kosmiczna
s Raumschiff, -e / s Raumfahrzeug, -e	statek kosmiczny
e **Raumfähre**, -n	wahadłowiec
e **Rakete**, -n	rakieta
r Nachrichtensatellit	satelita łącznościowy
r Wettersatellit	satelita meteorologiczny
*****starten** / abheben ↔ *****landen**	startować ↔ lądować
Der Countdown läuft: 10, 9, 8 … 0	Rozpoczyna się odliczanie: 10, 9, 8 … 0
e Flugbahn	tor lotu
e Bodenstation, -en	stacja naziemna
s Kontrollzentrum, -zentren	centrum kontroli
r Weltraummüll	pozostałości po obiektach kosmicznych, zanieczyszczające przestrzeń kosmiczną
e **Astrologie**	astrologia
s **Sternbild**, -er	gwiazdozbiór
Der Große Wagen ist ein bekanntes Sternbild.	Wielki Wóz jest znanym gwiazdozbiorem.
s **Sternzeichen**, -	znak zodiaku
Ich bin im Sternzeichen des Stiers geboren.	Urodziłem się pod znakiem Byka.
Welches Sternzeichen hast du? – Ich bin Waage.	Jaki jest twój znak zodiaku? – Jestem Wagą.

Dwanaście znaków zodiaku

Wassermann	Wodnik
Fische	Ryby
Widder	Baran
Stier	Byk
Zwillinge	Bliźnięta
Krebs	Rak
Löwe	Lew
Jungfrau	Panna
Waage	Waga
Skorpion	Skorpion
Schütze	Strzelec
Steinbock	Koziorożec

18.1 Informationsquellen
Źródła informacji

18.2 Buchhandel und Verlagswesen
Księgarstwo i wydawnictwa

18.3 Presse
Prasa

18.4 Rundfunk und Fernsehen
Radio i telewizja

18.5 Telefon und Fax
Telefon i faks

18.6 Computer, Internet und E-Mail
Komputer, internet i e-mail

18.7 Briefe und Post
Listy i poczta

18.8 Korrespondenz
Korespondencja

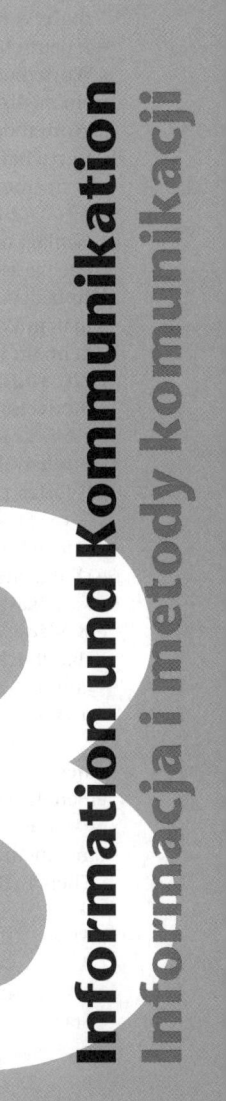

18 Information und Kommunikation
Informacja i metody komunikacji

18
1 Informationsquellen
Źródła informacji

e **Informationsquelle**, -n [ɪnfɔrmaˈtsi̯oːnskvɛlə]	źródło informacji
s ***Wörterbuch**, ⸚er	słownik
s **Fremdwörterbuch**	słownik wyrazów obcych
s **Stilwörterbuch** / s **Bildwörterbuch**	słownik stylistyczny / obrazkowy
ein **einsprachiges** / **zweisprachiges** / **mehrsprachiges** Wörterbuch	jednojęzyczny / dwujęzyczny / wielojęzyczny słownik
ein deutsch-englisches Wörterbuch	słownik niemiecko-angielski
s Wörterbuch der Medizin / ein medizinisches Wörterbuch	słownik medyczny
s Wörterbuch der Wirtschaftswissenschaften	słownik ekonomiczny
etw in einem Wörterbuch **nachschauen** / ***nachschlagen** (schlägt nach, schlug nach, hat nachgeschlagen)	sprawdzać coś w słowniku
Was bedeutet „bzw."? – Sehen Sie doch mal im Wörterbuch nach. / Was steht denn im Wörterbuch?	Co oznacza „bzw."? – Niech pan sprawdzi w słowniku. / A co napisano w słowniku?
r **Eintrag**, ⸚e (im Wörterbuch)	hasło (w słowniku)
s (Konversations-) **Lexikon**, Lexika / e **Enzyklopädie**, -n [ɛntsyklopeˈdiː]	słownik encyklopedyczny / encyklopedia
s **Nachschlagewerk**, -e	kompendium wiedzy
s (Wörter-) **Verzeichnis**, -se	spis (haseł) / indeks
s **Glossar**, -e	glosariusz
r (Ausstellungs-) **Katalog**, -e	katalog (wystawowy)
e (Mitglieder-) Kartei, -en	kartoteka (członków)
r Karteikasten, ⸚	kartoteka
e **Bibliografie**, -en [bibliograˈfiː]	bibliografia
s Handbuch, ⸚er	podręcznik
s Jahrbuch, ⸚er	rocznik
r **Aufsatz**, ⸚e	wypracowanie; esej
r ***Artikel**, - [arˈtiːkl̩ auch …ˈtɪkl̩]	artykuł
einen Artikel überfliegen	przejrzeć artykuł
einen Artikel exzerpieren	streszczać artykuł
e ***Recherche**, -n [reˈʃɛrʃə]	zbieranie materiałów
Einer meiner Studenten recherchiert zum Thema „Die EU".	Jeden z moich studentów zbiera materiały na temat Unii Europejskiej.
r **Atlas**, Atlanten	atlas
s **Archiv**, -e [arˈçiːf]	archiwum
e ***Bibliothek**, -en [biblioˈteːk]	biblioteka
e Staats- / Uni(versitäts)- / Stadtbibliothek	biblioteka publiczna / uniwersytecka / miejska

e Fach- / Lehrer- / Privatbibliothek	biblioteka specjalistyczna / nauczycielska / prywatna
e Präsenzbibliothek ↔ e Leihbibliothek	biblioteka podręczna ↔ wypożyczalnia
e **Mediothek**, -en	medioteka
r **Bibliothekar**, -e // e **Bibliothekarin**, -nen	bibliotekarz // bibliotekarka
r **Benutzer**, - // e **Benutzerin**, -nen	czytelnik // czytelniczka
e *****Bücherei**, -en	biblioteka
e Jugend- und Kinderbücherei	biblioteka dla dzieci i młodzieży
r **Katalog**, -e / s **Verzeichnis**, -se	katalog
ein Buch *****bestellen**	zamówić książkę
ein Buch **ausleihen** (lieh aus, hat ausgeliehen) ↔ *****zurückgeben** (gibt zurück, gab zurück, hat zurückgegeben)	wypożyczyć ↔ zwrócić książkę
ein Buch *****verlängern**	przedłużyć termin wypożyczenia książki
die Ausleihfrist *****versäumen**	nie zwrócić książki w terminie
Bitte bringen Sie das Buch fristgerecht zurück, sonst wird eine Versäumnisgebühr fällig.	Proszę zwrócić książkę w terminie, bo inaczej naliczymy karę.
r **Lesesaal**, ⸗e	czytelnia
r Zeitschriftenlesesaal / r Handschriftenlesesaal	czytelnia czasopism / czytelnia rękopisów
Der Lesesaal befindet sich im ersten Stock.	Czytelnia znajduje się na pierwszym piętrze.
s *****Regal**, -e / s Bücherregal / r Bücherschrank, ⸗e	regał / regał z książkami / regał na książki
Wo steht das Buch bitte? – Im ersten Regal links.	Przepraszam, gdzie znajdę tę książkę? – W pierwszym regale z lewej strony.
Medien Pl	media
e *****Presse**	prasa
r Videotext	telegazeta

Zapożyczenia z angielskiego w języku niemieckim

W języku niemieckim angielskie słówka bywają inaczej wymawiane i zapisywane, niż w oryginale.

Information [ɪnfɔrma'tsjo:n] informacja
Multimedia [mʊlti'me:dja] multimedia
Intranet ['ɪntranɛt] intranet
***E-Mail* ['i:me:l] e-mail
Fotokopie [fotoko'pi:] fotokopia
Floppydisk ['flɔpi'dɪsk] (częściej: *Diskette*) dyskietka

Internet ['ɪntɛnɛt] internet
CD-ROM [tse:de:'rɔm] CD-ROM
Mikrofiche ['mi:krofi:ʃ] mikrofisza
Mikrofilm ['mi:krofɪlm] mikrofilm
interaktiv [ɪntɐlak'ti:f] interaktywny
Datenbank ['da:tnbaŋk] baza danych

Źródła informacji

18.1

s ***Internet**	internet
Via Internet sind wir alle miteinander vernetzt.	Internet łączy nas wszystkich.
r **Datenbestand**, ⸚e	zbiór danych
e **Datenbank**, -en	baza danych
r Datenträger, -	nośnik danych
e ***Diskette**, -n	dyskietka
(sich) Daten (he-)**runterladen** (lädt herunter, lud herunter, hat heruntergeladen)	skopiować (sobie) dane
e ***CD-ROM**	CD-ROM
Die 12-bändige Enzyklopädie passt auf eine einzige CD-ROM.	12-tomowa encyklopedia mieści się na jednym CD-ROM-ie.
e ***Information**, -en (über)	informacja (o)
*sich **informieren über** (+A)	zasięgnąć informacji o
(sich) Informationen **beschaffen** / **einholen**	zdobyć / uzyskać informacje
Wie viele deutsche Wörter gibt es? – Keine Ahnung. Wo kann man das **nachlesen**? (liest nach, las nach, hat nachgelesen)	Ile słów istnieje w języku niemieckim? – Nie mam pojęcia. Gdzie można to sprawdzić?
Informationen **erbitten** (erbat, hat erbeten)	prosić o informacje
Informationen *erhalten (erhält, erhielt, hat erhalten) / *bekommen (bekam, hat bekommen)	uzyskać informacje
Informationen **austauschen**	wymieniać się informacjami
Als Arzt unterliege ich der Schweigepflicht, ich gebe keine Informationen weiter.	Jako lekarz podlegam obowiązkowi dochowania tajemnicy lekarskiej, nie udzielam żadnych informacji.
vertrauliche / **zuverlässige** Informationen	poufne informacje / informacje z wiarygodnego źródła
Wie wir aus verlässlicher Quelle erfahren haben, werden ab nächstem Jahr die Steuern gesenkt.	Jak dowiedzieliśmy się z wiarygodnych źródeł, w przyszłym roku podatki mają zostać obniżone.
s **Informationsangebot**, -e	dostarczane informacje; natłok informacji
Bei diesem riesigen Informationsangebot fällt einem die Wahl schwer.	Trudno się połapać w tym ogromnym natłoku informacji.
r Informationsfluss	przepływ informacji
e Informationspolitik	polityka informacyjna
s **Informationsbedürfnis**, -se	zapotrzebowanie na informacje
s **Informationsdefizit**, -e	brak informacji
Fakten *Pl* / e ***Tatsache**, -n	fakty / fakt
Liefern Sie uns Fakten, dann glauben wir Ihnen.	Proszę podać nam fakty, to panu uwierzymy.
Daten *Pl*	dane

Die neuesten Daten deuten darauf hin / besagen, dass die Arbeitslosenzahlen fallen.	Najnowsze dane wskazują, że spada liczba bezrobotnych.
Daten **abrufen** (rief ab, hat abgerufen)	pobrać dane
r Datenabruf	pobieranie danych
Daten **weitergeben** (gibt weiter, gab weiter, hat weitergegeben)	przekazywać dane
r **Datenschutz**	ochrona danych
r **Datenmissbrauch**	naruszenie ustawy o ochronie danych

Buchhandel und Verlagswesen
Księgarstwo i wydawnictwa

s ***Buch**, ⁼er	książka
ein **dickes** ↔ **dünnes** Buch	gruba ↔ cienka książka
r **Leser**, - // e **Leserin**, -nen	czytelnik // czytelniczka
s Lesepublikum / e Leserschaft, -en	czytelnicy
*****lesen** (liest, las, hat gelesen)	czytać
in einem Buch **blättern** / ein Buch **durchblättern**	kartkować książkę / przekartkować książkę
überfliegen (überflog, hat überflogen) ↔ **verschlingen** (verschlang, hat verschlungen)	przejrzeć ↔ połknąć
ein Buch nach dem anderen **durcharbeiten** / **durchlesen** (liest durch, las durch, hat durchgelesen)	czytać jedną książkę po drugiej
*****langweilig** ↔ *****spannend** / *****interessant**	nudny ↔ ciekawy / interesujący
Bücher für anspruchsvolle Leser	książki dla ambitnych czytelników
Bücher für das breite Lesepublikum	książki dla szerokich mas
r **Rezensent**, -en [rɛtsɛn' zɛnt] // e **Rezensentin**, -nen	recenzent // recenzentka
r **Kritiker**, - // e **Kritikerin**, -nen	krytyk
e Rezension, -en / e Kritik, -en / e Buchbesprechung, -en	recenzja / krytyka / recenzja książki
rezensieren / **kritisieren** / **besprechen** (bespricht, besprach, hat besprochen)	recenzować / krytykować / omawiać
In diesem Buch **geht es um** das Schicksal deutscher Exilschriftsteller. / Das Buch **handelt vom** Schicksal …	Ta książka opowiada o losach niemieckich pisarzy na uchodźctwie. / Ta książka podejmuje tematykę losów …
r *****Autor**, -en // e **Autorin**, -nen / r **Verfasser**, - // e **Verfasserin**, -nen / r **Schriftsteller**, - // e **Schriftstellerin**, -nen	autor // autorka / autor // autorka / pisarz // pisarka

s **Pseudonym**, -e [psɔydo'ny:m]	pseudonim
r Ghostwriter, - ['gɔʊstraɪtə]	osoba pisząca dla kogoś znanego, nie występująca jako autor
*****schreiben** (schrieb, hat geschrieben) / **verfassen**	pisać / pisać; redagować
Thomas Brussig schreibt gerade an einem weiteren Roman über die ehemalige DDR.	Thomas Brussig pisze właśnie kolejną powieść o byłej NRD.
e **Lesung**, -en / e Autorenlesung	odczyt / wieczór autorski
Können Sie das Buch bitte signieren?	Czy mogę prosić o podpisanie książki?
e (persönliche) Widmung, -en	(osobista) dedykacja
r *****Text**, -e	tekst
s *****Thema**, Themen	temat
e **Belletristik** ↔ s **Sachbuch**, ⸚er / **Fachbuch**, ⸚er	beletrystyka ↔ książka popularnonaukowa / literatura fachowa
e *****Erzählung**, -en	opowiadanie
r **Roman**, -e	powieść
e **Novelle**, -n	nowela
s Hörbuch, ⸚er	książka nagrana na kasetę / CD
r Cyber-Roman ['saɪbɐroma:n]	powieść fantasy lub science fiction, której akcja toczy się w cyberprzestrzeni
s **Jugendbuch**, ⸚er / s **Kinderbuch**	książka dla młodzieży / książka dla dzieci
s **Bilderbuch**, ⸚er	książka z obrazkami
s **Fotobuch**, ⸚er / r Fotoband, ⸚e	album
s **Lehrbuch**, ⸚er / s **Schulbuch**, ⸚er	podręcznik
r **Reiseführer**, -	przewodnik
r **Buchhandel** Sg	księgarstwo
e **Buchhandlung**, -en / r Buchladen, ⸚	księgarnia
r Bücherstand	stoisko z książkami
r Buchklub, -s / e Buchgemeinschaft, -en	klub książki (wysyłkowa sprzedaż książek)
e **Buchmesse**, -n	targi książki
r Verlagsstand, ⸚e	stoisko wydawnictwa

W Niemczech dwa razy do roku odbywają się znane na całym świecie targi książki (*Buchmessen*). *Leipziger Buchmesse* organizowane są wiosną, a *Frankfurter Buchmesse* jesienią.

r **Buchhändler**, - // e **Buchhändlerin**, -nen	księgarz
r **Bestseller**, - ['bɛstsɛlɐ] ↔ r **Ladenhüter**, -	bestseller ↔ kiepsko sprzedająca się książka

Buchhandel und Verlagswesen

s *Taschenbuch, ⸚er	wydanie kieszonkowe
e gebundene Ausgabe ↔	wydanie w twardej oprawie ↔
e Taschenbuchausgabe	wydanie kieszonkowe
Bücher in Großdruck	książki z dużym drukiem
s **Antiquariat**, -e	antykwariat
modernes Antiquariat	tania księgarnia, w której sprzedaje się końcówki nakładów
ein Buch **antiquarisch** kaufen	kupić książkę w antykwariacie

> W *Antiquariat* (antykwariat) znaleźć można stare książki, których nakład się wyczerpał. Książki te mają określoną wartość: są to *(Jubiläums-)Ausgaben* (wydania okazjonalne/jubileuszowe), *signierte Bücher* (książki podpisane przez autorów), *Ersterscheinungen* (pierwsze wydania), *Fotobände* (albumy), *Kunstbände* (albumy sztuki), *gebundene Bücher* (książki w twardej oprawie).
> W *modernes Antiquariat* sprzedaje się tzw. *Ramschware* (= tania książka), tzn. książki przeczytane i sprzedawane przez osoby prywatne, książki z defektem (*Fehldruck*), a także książki, które wydawnictwo przed przerobieniem na masę papierniczą (*Einstampfen*) sprzedaje za bezcen.

r **Verlag**, -e / s **Verlagshaus**, ⸚er	wydawnictwo / dom wydawniczy
Der Max Hueber Verlag ist ein bekannter deutscher Lehrbuchverlag.	Max Hueber Verlag jest znanym niemieckim wydawcą podręczników.
r **Herausgeber**, - // e **Herausgeberin**, -nen	wydawca
r **Verleger**, - // e **Verlegerin**, -nen	wydawca
*veröffentlichen / publizieren / verlegen / herausgeben (gibt heraus, gab heraus, hat herausgegeben)	publikować / publikować / wydawać / wydawać
e **Neuerscheinung**, -en	nowość wydawnicza
*erscheinen (erschien, ist erschienen)	ukazywać się
Im vergangenen Mai ist „der neue Grass" erschienen.	W maju ukazała się nowa książka Grassa.
ein Buch **auf den Markt bringen** (brachte, hat gebracht)	wypuścić książkę na rynek
lieferbare ↔ **vergriffene** Bücher	książki dostępne ↔ wykupione
s Verlagsprogramm, -e	plan wydawniczy
r Verlagsprospekt, -e	katalog wydawniczy
Das Buch steht auf dem Index.	Ta książka figuruje w indeksie.
r **Lektor**, -en // e **Lektorin**, -nen	redaktor // redaktorka
r **Redakteur**, -e // e **Redakteurin**, -nen	redaktor // redaktorka
r Redaktor, -en // e Redaktorin, -nen *schweiz.*	redaktor // redaktorka
ein Buch lektorieren / redigieren / Korrektur lesen	redagować książkę / robić korektę książki
s **Manuskript**, -e / s Typoskript, -e	manuskrypt / maszynopis

Księgarstwo i wydawnictwa

s Belegexemplar, -e	egzamplarz autorski
s Vorausexemplar, -e	egzemplarz sygnalny
s **Autorenhonorar**, -e / **Tantiemen** Pl	honorarium autorskie / tantiemy
s **Copyright**, -s ['kɔpirait] / s Urheberrecht, -e	prawa autorskie
Das Copyright liegt beim Autor.	Prawa autorskie należą do autora.
r **Übersetzer**, - // e **Übersetzerin**, -nen	tłumacz // tłumaczka
e **Übersetzung**, -en	tłumaczenie
*****übersetzen** / **übertragen** (überträgt, übertrug, hat übertragen)	tłumaczyć / przekładać
ins Deutsche übersetzt / aus dem Englischen übersetzt	przełożone na niemiecki / przełożone z angielskiego
e **Kürzung**, -en	skrót
kürzen / **verkürzen**	skracać
Der Roman liegt in (un)gekürzter Fassung vor.	Powieść ukazała się w wersji pełnej/skróconej.
r **Tippfehler**, -	literówka
r **Druckfehler**, -	błąd drukarski
r (Buch-)*****Titel**, -	tytuł (książki)
Wie heißt das Buch? / Wie ist der Titel?	Jaki tytuł ma ta książka? / Jaki jest tytuł?
r Klappentext, -e	tekst na skrzydełku
e Titelseite, -n	strona tytułowa
s Impressum, Impressen	stopka redakcyjna
Was steht denn drin / in dem Buch?	Co jest w tej książce?
r *****Inhalt** / s **Inhaltsverzeichnis**, -se	treść / spis treści
s **Kapitel**, -	rozdział
r Abschnitt, -e	akapit
e *****Seite**, -n	strona
Gehen / Blättern Sie bitte auf Seite 123. – Auf welche Seite?	Proszę otworzyć książkę na stronie 123. – Na której stronie?
e Zeile, -n	wiersz
s **Vorwort**, -e	przedmowa
e **Einleitung**, -en	wstęp
e Fußnote, -n / e Anmerkung, -en	przypis / uwaga
s **Nachwort**, -e	posłowie
r **Anhang**, ⸚e	suplement
r Index, Indices / s **Register**, - / s Personen- / Orts- / Werkregister	indeks, indeksy / spis / wykaz osób / miejsc / dzieł
alphabetisch / nach dem Alphabet geordnet	uporządkowany alfabetycznie
chronologisch / systematisch geordnet	uporządkowane chronologicznie / systematycznie

ISBN (= *I*nternationale *S*tandard *B*uch *N*ummer) to międzynarodowy znormalizowany numer książki. W numerze ISBN 3-19-007474-7 liczba 3 oznacza Niemcy, 19 Max Hueber Verlag, a 007474-7 tytuł książki *Großer Lernwortschatz Deutsch*.

e **Herstellung**	produkcja
r Einband, ⁓e / r (Schutz-)Umschlag, ⁓e	oprawa; okładka / obwoluta
r Buchdeckel, -	okładka książki
r (Seiten-)Umbruch, ⁓e	łamanie (stron)
e Blaupause, -n	światłokopia
e (Druck-)Fahne, -n	odbitka korektowa
e **Druckerei**, -en	drukarnia
Das Buch geht in den nächsten Wochen in Druck.	W najbliższych tygodniach książka zostanie oddana do druku.
e **Auflage**, -n	nakład
Das Buch erscheint in einer Auflage von 5.000 Exemplaren.	Ta książka ukaże się w 5.000 egzemplarzy.
e zweite überarbeitete / neu bearbeitete ↔ unveränderte Auflage	wydanie drugie poprawione / zmienione ↔ wydanie niezmienione
r **Erscheinungstermin**, -e	termin ukazania się
Der Erscheinungstermin steht noch nicht fest / ist auf Mai 2004 festgelegt.	Termin ukazania się publikacji jeszcze nie został ustalony / został ustalony na maj 2004.
ein Buch setzen / ***drucken** / ***liefern** / ausliefern	składać książkę / drukować / dostarczyć
r (Schrift-)Setzer, - // e Schriftsetzerin, -nen	składacz

r Büchernarr	miłośnik książek
e Leseratte / r Bücherwurm	mól książkowy
r Wälzer, -	opasłe tomisko
r Schmöker	powieścidło
r Schinken	tomisko

Presse
Prasa

e ***Presse**	prasa
Medien Pl / Massenmedien	media / środki masowego przekazu
Medien wirken **meinungsbildend**.	Media odgrywają rolę opiniotwórczą.
e ***Zeitung**, -en	gazeta
eine überregionale Zeitung ↔ eine regionale Zeitung / eine Lokalzeitung	gazeta ogólnokrajowa ↔ gazeta regionalna / gazeta lokalna
e (internationale) Ausgabe	wydanie (międzynarodowe)
e Abend- / Tages- / Wochenzeitung	popołudniówka / dziennik / tygodnik

18
3

e Boulevardpresse	prasa brukowa
*lesen (liest, las, hat gelesen)	czytać
überfliegen	przejrzeć
e *Zeitschrift, -en / e Illustrierte, -n / s (Nachrichten-)Magazin, -e	czasopismo / czasopismo kolorowe / magazyn (informacyjny)
e Jugend- / Frauenillustrierte, -n	czasopismo dla młodzieży / dla kobiet
e Fachzeitschrift, -en	czasopismo specjalistyczne
e Stadtzeitung, -en	gazeta miejska
s Anzeigenblatt, ⸚er	gazeta z ogłoszeniami
e Gratiszeitung, -en *schweiz.*	gazeta darmowa

Niemiecki rynek prasy

W opiniotwórczych, poważnych niemieckich gazetach znaleźć można solidnie opracowane ciekawe artykuły. Takie liczące się tytuły to m.in. *Süddeutsche Zeitung (SZ), Frankfurter Allgemeine Zeitung (FAZ), die tageszeitung (taz), Die Zeit* i *Der Spiegel.*
W Szwajcarii są to np.: *Neue Züricher Zeitung (NZZ), Facts* i *Blick,* a w Austrii *Der Standard, Die Presse* i *News.*
Z kolei brukowce (*Boulevard- / Sensationspresse*), tak jak np. *Bild, Kronen Zeitung* (Austria) i prasa bulwarowa (*Regenbogenpresse*, np. *Die Bunte*) nastawione są na sensację. Za skandalizujące historie i kompromitujące zdjęcia gazety te płacą wielkie pieniądze i dlatego dziennikarstwo uprawiane na rzecz tych pism określa się mianem „dziennikarstwa czekowego" (*Scheckbuch-Journalismus*). Brukowce i prasa bulwarowa osiągają wysokie nakłady (*hohe Auflagenzahlen*), np. *Die Bild-Zeitung* ukazuje się w 4,5 milionach egzemplarzy.

r Journalismus [ʒʊrnaˈlɪsmʊs]	dziennikarstwo
r *Journalist, -en // e Journalistin, -nen	dziennikarz // dziennikarka
r Reporter, - // e Reporterin, -nen	reporter // reporterka
r (Presse-) Fotograf, -en // e Fotografin, -nen	fotoreporter; fotograf // fotoreporterka; fotograf
r Redakteur, -e // e Redakteurin, -nen	redaktor // redaktorka
r Redaktor, -en // e Redaktorin, -nen *schweiz.*	redaktor // redaktorka
r Chef- / Lokal- / Sportredakteur	redaktor naczelny / redaktor działu lokalnego / redaktor działu sportowego
r Kolumnist, -en // e Kolumnistin, - nen	dziennikarz // dziennikarka mający(-ca) stałą rubrykę w gazecie
r Korrespondent, -en // e Korrespondentin, -nen	korespondent // korespondentka

Ich bin von der Presse. / Ich arbeite bei der Zeitung.	Jestem dziennikarzem. / Jestem z prasy.
Für welche Zeitung schreiben / arbeiten Sie?	Do jakich gazet pan pisuje / Dla jakich gazet pan pracuje?
Die langjährige *Spiegel*-Mitarbeiterin schrieb …	Wieloletnia dziennikarka *Spiegla* napisała …
e Deadline, -s ['dɛdlaɪn] / e Abgabefrist, -en	deadline / termin oddania
e Nachrichtenagentur, -en	agencja informacyjna
e **Pressefreiheit** ↔ e **Zensur**	wolność prasy ↔ cenzura

Działy w gazecie

e *Innen-* / *Außenpolitik*	kraj / świat
s *Feuilleton*	felieton
r *Kulturteil*	kultura
r *Sportteil*	sport
r *Wirtschaftsteil*	gospodarka
Vermischtes / e *Klatschspalte*	różne / plotki
e *Wettervorhersage*	pogoda
r *Leserbrief*	listy od czytelników Pl
e *Werbeanzeige* / e **Werbung*	reklama
e *Kleinanzeige* / e **Annonce* [a'nõ:sə *auch* a'nɔŋsə] / s *Inserat*	ogłoszenie drobne / ogłoszenie
e *Beilage*	dodatek
s *Magazin*	magazyn
s *Horoskop*	horoskop
s *Kreuzworträtsel*	krzyżówka

e **Rubrik**, -en	rubryka; dział
r ***Artikel**, - [ar'ti:kl *auch* …'tɪkl]	artykuł
einen Artikel ***schreiben** (schrieb, hat geschrieben) / **verfassen**	napisać artykuł
einen Artikel **überarbeiten**	przerobić artykuł
ein Artikel mit hohem ↔ niedrigem **Informationsgehalt**	artykuł z dużą ↔ niewielką ilością informacji
e ***Nachricht**, -en	wiadomość
Folgende Nachricht wurde lanciert / herausgegeben: …	Podano następującą informację: …
r ***Bericht**, -e / e **Meldung**, -en	raport / doniesienie; meldunek
r Zeitungsbericht / r Pressebericht	wiadomość prasowa; doniesienie prasowe; artykuł prasowy
in einer Zeitung stehen (stand, hat gestanden)	podać w gazecie; być w gazecie [o informacji]
Das steht so in der Presse.	Tak było napisane w gazecie.
In der FAZ steht ein Bericht über die Deutschen und ihre Vereine.	W FAZ jest artykuł o Niemcach i niemieckich stowarzyszeniach.

Das Thema geht schon seit langem durch die Presse.
laut Pressebericht / Presseberichten zufolge

eine gute ↔ schlechte Presse haben
*informieren / *berichten (über) / *melden
Aus Japan ['ja:pan] werden neue Erdbeben gemeldet.
*bekannt geben (gibt, gab, hat gegeben) / bekannt machen
*veröffentlichen
(weiter)verbreiten / in Umlauf bringen

Ten temat od dawna już przewija się w prasie.
zgodnie z doniesieniami prasowymi / według doniesień prasowych

mieć dobrą ↔ złą prasę
informować / donosić (o) / donosić

Z Japonii nadchodzą informacje o kolejnych trzęsieniach ziemi.
ogłaszać / obwieścić; poinformować / powiadamiać
publikować
rozpowszechniać / wprowadzić w obieg

Rodzaje tekstów prasowych

e Meldung, -en	doniesienie
e Nachricht, -en	wiadomość
e Reportage, -n [repɔr'ta:ʒə]	reportaż
e Glosse, -n	komentarz
r Leitartikel, -	artykuł przewodni
r Kommentar, -e	komentarz
r Bericht, -e	raport
s (Exklusiv-)*Interview, -s ['ɪntɐvju: auch …'vju]	wywiad (na wyłączność)
e Dokumentation, -en	dokumentacja
s Feature, -s ['fi:tʃɐ]	oryginalny, bogato udokumentowany artykuł
r Fortsetzungsroman, -e	powieść w odcinkach

e *Recherche, -n [re'ʃɛrʃə]
gut (besser, best-) ↔ schlecht recherchiert
genau ↔ schlampig recherchiert

e *Einzelheit, -en / s Detail, -s [de'taɪ]
Nähere Einzelheiten sind nicht bekannt.
e Presseerklärung, -en
r Pressesprecher, - //
  e Pressesprecherin, -nen
eine Pressekonferenz geben
an einer Pressekonferenz teilnehmen
*sich ereignen
In den letzten Tagen hat sich nichts Großartiges ereignet.
s *Ereignis, -se

zbieranie materiałów
dobrze ↔ źle zbadany / udokumentowany
dokładnie ↔ niestarannie udokumentowany/przebadany
szczegół
Bliższe szczegóły nie są znane.
komunikat prasowy
rzecznik prasowy // rzeczniczka prasowa
organizować konferencję prasową
brać udział w konferencji prasowej
wydarzyć się
W ostatnich dniach nie wydarzyło się nic szczególnego.
wydarzenie

s **Medienereignis**, -se	wydarzenie medialne
r **Skandal**, -e	skandal
r Widerruf, -e	odwołanie
e Falschmeldung, -en / Zeitungsente, -n	kaczka dziennikarska
eine Story groß herausstellen	rozdmuchać sprawę
Das Thema „Liebe" verkauft sich immer gut.	Temat „miłość" zawsze się dobrze sprzedaje.
e **Titelseite**, -n	strona tytułowa
e Titelgeschichte, -n	cover story
e ***Schlagzeile**, -n	nagłówek; tytuł
Wie lautet die heutige Schlagzeile?	Jakie są dzisiaj nagłówki?
Lies mir mal die Schlagzeilen vor.	Przeczytaj mi nagłówki/tytuły.
Die hohen Benzinpreise machen schon wieder Schlagzeilen.	Wysokie ceny benzyny znowu są głównym tematem w gazetach.
e ***Überschrift**, -en	nagłówek; tytuł
e (Zeitungs)Spalte, -n / e Kolumne, -n	szpalta / kolumna
r **Zeitungshändler**, - // e **Zeitungshändlerin**, -nen	sprzedawca gazet
r Zeitungsverkäufer, - // e Zeitungsverkäuferin, -nen	sprzedawca gazet
r (Zeitungs)***Kiosk**, -e / r Zeitungsstand, ⸗e	kiosk / stoisko z gazetami
e Trafik, -en *österr.*	kiosk
r **Zeitungskasten**, ⸗	urządzenie do sprzedaży ulicznej gazet
r **Zeitungsausträger**, - // e **Zeitungsausträgerin**, -nen	roznosiciel gazet
eine Zeitung austragen / zustellen	roznosić gazety
r **Abonnent**, -en // e **Abonnentin**, -nen	prenumerator // prenumeratorka
s **Abonnement**, -s [abɔnə'mãː]	prenumerata
eine Zeitung **abonnieren** / eine Zeitung im Abo(nnement) beziehen	prenumerować gazetę

> W Niemczech gazety kupić można w kiosku (*Kiosk*) i w sklepach, w Austrii w *Trafik*. W Niemczech południowych i w Szwajcarii można je też wyjąć ze specjalnych skrzynek stojących na ulicy (*Zeitungskästen*). Wrzuca się do nich pieniądze i wyjmuje gazetę. Najwygodniej jest jednak zamówić codzienną dostawę gazet do domu. Roznosiciele gazet (*Zeitungsausträger*) dostarczają je wtedy przed godziną 6.00 rano.
> Ponieważ dostawy prywatne organizowane są nie przez kioskarzy, tylko bezpośrednio przez wydawców prenumerowanych gazet, w ramach jednej dostawy dostarcza się tytuły tylko jednego wydawnictwa.

18.4 Rundfunk und Fernsehen
Radio i telewizja

r ***Rundfunk** / s Radio / r Hörfunk / e Rundfunkanstalt, -en	radio / radio / radiofonia / stacja radiowa
s ***Fernsehen** / e Fernsehanstalt, -en	telewizja / ośrodek telewizyjny
s Rundfunkgerät, -e / s ***Radio**(gerät)	radio(odbiornik)
r Fernseher, - / s **Fernsehgerät**, -e	telewizor
e **Antenne**, -n / e Hausantenne / e Satellitenantenne	antena / antena domowa / antena satelitarna
s Kabelfernsehen	telewizja kablowa
r **Kanal**, ⸚e / r Fernsehkanal / r Rundfunkkanal	program / program telewizyjny / program radiowy
r (einigermaßen) gute ↔ schlechte **Empfang**	(dość) dobry ↔ słaby odbiór
Deutschlandradio einstellen	nastawić Deutschlandradio
r (Rundfunk- / Fernseh-) **Sender**, -	rozgłośnia (radiowa) / stacja (telewizyjna)
e öffentlich-rechtlichen Rundfunk- und Fernsehanstalten	publiczno-prawne stacje radiowe i ośrodki telewizyjne
r Privatsender, - / s Privatfernsehen	nadawca prywatny / prywatna stacja telewizyjna
s Pay-TV ['pe:ti:vi:]	płatny kanał telewizyjny
e **Sendezeit**, -en	czas antenowy
r Sponsor, -en // e Sponsorin, -nen	sponsor // sponsorka
e ***Haupteinschaltzeit**, -en	najlepszy czas antenowy
hohe / gute ↔ niedrige / schlechte Einschaltquoten	wysoka ↔ niska oglądalność
r Videotext	telegazeta
r Untertitel, -	napisy
r Zweikanalton	dźwięk stereofoniczny

Telewizja w Niemczech, Austrii i Szwajcarii

Publiczno-prawne ośrodki radiowe i stacje telewizyjne (*öffentlich-rechtlichen Rundfunkanstalten*: ARD, ZDF, BR, WDR, HR, NDR, SWR, SR, MDR, ARTE, 3Sat, ORF (w Austrii), SF (w Szwajcarii) muszą zgodnie ze swą misją edukacyjną (*Bildungsauftrag*), poświęcać czas antenowy m.in. takim dziedzinom (*Bereiche*), jak: polityka, kultura, tematyka społeczna, sport, gospodarka i edukacja. Nadawcy publiczno-prawni utrzymują się m.in. z obowiązkowego abonamentu radiowo-telewizyjnego (*Rundfunkgebühren*), które płacić musi każde gospodarstwo domowe wyposażone w telewizor albo aparat radiowy. Nadawcy prywatni (*Privatsender*) utrzymują się przede wszystkim z wpływów z reklam (*Werbeeinnahmen*) i tym samym uzależnieni są od oglądalności (*Zuschauerzahlen / Einschaltquoten*).
Płatne kanały telewizyjne (*Pay-TV*) odkodowuje się za pomocą specjalnego dekodera. Większość stacji telewizyjnych oferuje też telegazetę (*Videotext*): są to wyświetlane na ekranie, na bieżąco aktualizowane wiadomości dot. wydarzeń dnia, pogody, programu telewizyjnego, sportu, ruchu drogowego i in.

s ***Programm**, -e / e ***Sendung**, -en	program / program, audycja
***senden** / **übertragen** (überträgt, übertrug, hat übertragen) / **ausstrahlen** / ***bringen** (brachte, hat gebracht)	nadawać / nadawać / wyświetlać; emitować / nadawać

> **Mylące podobieństwo słówek**
>
> Słówko *Programm* oznacza albo kanał telewizyjny albo całość oferty programowej (np. program TV publikowany w prasie). Dla opisania jednej audycji używa się słówka *Sendung*.

e ***Übertragung**, -en / e Fernsehübertragung	transmisja / transmisja telewizyjna
e Direktübertragung, -en / e Livesendung, -en ['laif…]	transmisja na żywo / program na żywo
Das Fußballspiel wird heute Abend im Fernsehen ***direkt** / **live** [laif] übertragen.	Mecz piłkarski będzie dziś wieczorem transmitowany na żywo w telewizji.
Die Sendungen ***beginnen** (begann, hat begonnen) ↔ **enden** um 12 Uhr.	Programy rozpoczynają się ↔ kończą o godzinie 12.00.
Radio hören	słuchać radia
***fernsehen** (sieht fern, sah fern, hat ferngesehen) / **fernschauen** *ugs.*	oglądać telewizję
Fernseh *****gucken** *ugs.*	oglądać telewizję
glotzen *ugs.* / vor der Glotze sitzen (saß, hat gesessen) *ugs.*	gapić się w ekran
r **Hörer**, - // e **Hörerin**, -nen / r Rundfunkhörer	słuchacz // słuchaczka / słuchacz radiowy
r **Zuschauer**, - // e **Zuschauerin**, -nen / r Fernsehzuschauer	widz // telewidz
e **Fernbedienung**, -en	pilot
zappen ['zεpn] / zwischen den Programmen hin und her schalten	skakać po kanałach
Was gibt es heute Abend im Fernsehen?	Co jest dziś wieczorem w telewizji?
Nachrichten / e Nachrichtensendung, -en	wiadomości / program informacyjny

> **Programy telewizyjne**
>
> | | |
> |---|---|
> | r *Fernsehfilm, -e* | film |
> | r **Krimi, -s* | kryminał |
> | s *Fernsehspiel, -e* | gra telewizyjna |
> | e *Sondersendung, -en* | program specjalny |
> | e *Fernsehserie, -n* | serial |
> | e *beliebte Fernsehserie* | popularny serial telewizyjny |
> | r *Pilotfilm (einer Fernsehserie)* | pierwszy odcinek (serialu) |
> | e *Seifenoper, -n* | opera mydlana |

Radio i telewizja

e Sitcom	sitcom
e Familienserie, -n	serial rodzinny
e Kindersendung, -en /	program dla dzieci
s Kinderprogramm, -e	program edukacyjny dla dzieci i
s Schulfernsehen	młodzieży szkolnej
e Sportsendung, -en	program sportowy
e Unterhaltungssendung, -en	program rozrywkowy
e Talkshow, -s ['tɔ:kʃo:]	talk show
e Rate- / Quizsendung, -en	quiz
e Sondermeldung, -en	nadzwyczajne wydanie programu informacyjnego
r Dokumentarfilm, -e	film dokumentalny
r Werbespot, -s	reklama

s *St**u**dio, -s — studio
e **Ansage**, -n — zapowiedź
e Wiederholung, -en — powtórka
e Einblendung, -en — wstawka
r **Ansager**, - // e **Ansagerin**, -nen — spiker // spikerka
r *Spr**e**cher, - // e Spr**e**cherin, -nen / r Nachrichtensprecher — spiker // spikerka / spiker czytający wiadomości
r **Moder**a**tor**, -en // e **Moderatorin**, -nen — moderator // moderatorka
r **Kommentator**, -en // e **Kommentatorin**, -nen — komentator // komentatorka
r **Talkmaster**, - ['tɔ:kma:stɐ] // e **Talkmasterin**, -nen — prowadzący talk show // prowadząca talk show
r (Film-) **Produzent**, -en // e **Produzentin**, -nen — producent (filmowy) // producentka

Telefon und Fax
Telefon i faks

s *Tel**e**fon, -e [auch 'te:ləfo:n] / r *Appar**a**t, -e / r Telefonapparat — telefon / aparat / aparat telefoniczny
ein **schnurloses** Telefon — telefon bezprzewodowy
Es klingelt. — Dzwoni telefon.
Es läutet. schweiz. — Dzwoni telefon.
Kannst du bitte ans Telefon / an den Apparat gehen? / Gehst du mal hin, bitte. — Czy możesz podejść do telefonu? / Odbierz, proszę.
r Mobilfunk — telefonia komórkowa
s *H**a**ndy, -s ['hɛndi] / s Mobiltelefon, -e — komórka / telefon komórkowy

Hallo. Hören Sie mich (noch)? / Hallo, sind Sie noch dran?	Halo! Czy mnie pan (jeszcze) słyszy? / Halo, jest tam pan jeszcze?
Hallo? Die Verbindung ist so schlecht. Ich rufe nochmal an.	Halo? Źle pana słyszę. Zadzwonię jeszcze raz.
s Funktelefon, -e	radiotelefon
e **SMS** / e **SMS-Nachricht**, -en	SMS
Schick mir einfach eine SMS!	Wyślij mi po prostu sms-a!
r **Telefonanschluss**, ⸚e	łącze telefoniczne
r ISDN-Anschluss, ⸚e / r Internetanschluss, ⸚e	łącze ISDN / łącze internetowe
r (Telefon-)***Kunde**, -n // e **Kundin**, -nen	abonent // abonentka
r ***Anruf**, -e / s **Telefonat**, -e / s **Telefongespräch**, -e	telefon / telefon / rozmowa telefoniczna
Herr Ludwig, ein Anruf für Sie.	Panie Ludwig, telefon do pana.
Ich warte auf einen **dringenden** Anruf.	Czekam na pilny telefon.
r **Anrufer**, - // e **Anruferin**, -nen	telefonujący // telefonująca

Telefonowanie

Hier (bei) Kollar.	Słucham, tu Kollar.
Guten Tag, Herr Kollar. Hier ist Peter Frank.	Dzień dobry, panie Kollar. Tu Peter Frank.
(Hier) Kellermann. Kann ich Ihnen helfen?	Tu Kellermann. W czym mogę pomóc?
Rolf Junker, guten Morgen.	Tu Rolf Junker, dzień dobry.
Hallo, hier spricht Chris. Ist Carola da?	Halo, tu mówi Chris. Czy zastałem Carolę?
Ja, einen Moment bitte. Ich hole sie.	Tak, chwileczkę. Zawołam ją.
Nein, kann sie dich zurückrufen?	Nie. Czy ma do Ciebie oddzwonić?
Schlecht, aber kann ich ihr eine Nachricht hinterlassen?	To niedobrze, ale może zostawię jej wiadomość?
Guten Tag, könnte ich bitte mit Frau Weiß sprechen?	Dzień dobry, czy mogę rozmawiać z panią Weiß?
Gerne, ich verbinde Sie.	Oczywiście, już pana łączę.
Am Apparat. Was kann ich für Sie tun?	Przy telefonie. W czym mogę panu pomóc?
Einen Augenblick, ich verbinde.	Chwileczkę, już łączę.
Bleiben Sie bitte am Apparat.	Proszę poczekać.
Einen Moment bitte ... Frau Weiß, Sie werden am Telefon verlangt.	Chwileczkę... Pani Weiß, jest pani proszona do telefonu.
Tut mir Leid, sie ist nicht da.	Przykro mi, nie ma jej.
Ist da die Firma Siemens?	Czy to firma Siemens.
Nein, hier ist Schwarz. Sie sind falsch verbunden. / Sie haben sich wohl verwählt.	Nie, tu Schwarz. To pomyłka.

18.5

Guten Tag. Ich rufe an wegen … / Ich habe folgendes Problem: … / Und zwar geht es darum, …	Dzień dobry. Dzwonię z powodu…/ Mam następujący problem: …/ Chodzi o to, że …
Mit wem spreche ich bitte?	Przepraszam, z kim rozmawiam?
Wie war (doch gleich) Ihr Name?	Jak brzmi pańskie nazwisko?
Habe ich Ihren Namen richtig verstanden: Sabine Schäfer?	Czy dobrze zapamiętałem pani nazwisko: Sabine Schäfer?

W Niemczech panuje zwyczaj przedstawiania się zaraz po podniesieniu słuchawki telefonu. Zamiast mówić „Halo" wielu Niemców podaje swoje imię lub nazwisko. Zwyczaj ten rozpowszechniony jest zarówno w firmach, jak i wśród osób prywatnych.

ein Telefongespräch führen	prowadzić rozmowę telefoniczną
jn *****anrufen** (rief an, hat angerufen) / *****telefonieren** (mit)	zadzwonić do kogoś / rozmawiać przez telefon (z)
Ruf mich doch mal an.	Zadzwoń do mnie.
Hat jemand für mich angerufen?	Czy ktoś do mnie dzwonił?
Kann ich mal kurz telefonieren? - Gern.	Czy mogę skorzystać z telefonu? – Proszę bardzo.
Mit wem hast du denn so lange telefoniert?	Z kim tak długo rozmawiałeś przez telefon?
Gib mir mal das Telefon bitte.	Podaj mi, proszę, telefon.
Bitte lass mich mal kurz mit ihm sprechen.	Daj mi z nim chwilę porozmawiać.
*****zurückrufen** (rief zurück, hat zurückgerufen)	oddzwonić
Bitte rufen Sie mich unter (der Telefonnummer) 333 444 zurück.	Niech pan do mnie oddzwoni pod numer 333 444.
Rufen Sie mich bitte in einer Stunde wieder an.	Niech pan do mnie zadzwoni za godzinę.
den Hörer *****abnehmen** (nimmt ab, nahm ab, hat abgenommen) ↔ **auflegen** / **einhängen**	podnieść słuchawkę ↔ odłożyć / odwiesić słuchawkę
abheben ↔ auflegen *österr.*	podnieść ↔ odłożyć słuchawkę
*****sich melden** (mit + [Name])	odebrać telefon (i przedstawić się)
Es hat sich niemand gemeldet.	Nikt nie odbierał.
Entschuldigung, ich muss das Gespräch kurz **unterbrechen**. (unterbricht, unterbrach, hat unterbrochen)	Przepraszam, muszę na chwilę przerwać rozmowę.
Entschuldigung, ich muss den Hörer kurz **weglegen**.	Przepraszam, muszę na chwilę odłożyć słuchawkę.

Zakończenie rozmowy telefonicznej

Wir müssen jetzt langsam Schluss machen.	Musimy powoli kończyć.
Ich muss jetzt leider Schluss machen!	Niestety, muszę już kończyć!
Können wir bitte Schluss machen, ich erwarte nämlich einen Anruf.	Czy możemy już skończyć? Czekam na telefon.
Entschuldigen Sie, ich habe gleich einen wichtigen Termin.	Przepraszam, za chwilę mam ważne spotkanie.
Wir hören dann wieder voneinander.	Będziemy w kontakcie.
Vielen Dank für Ihren Anruf.	Bardzo dziękuję za telefon.
(Auf) Wiederhören!	Do usłyszenia!

e **Telefonnummer**, -n / e Faxnummer	numer telefonu / numer faksu
Die Rufnummer des Teilnehmers hat sich geändert.	Numer abonenta uległ zmianie.
Kein Anschluss unter dieser Nummer.	Nie ma takiego numeru.
eine Nummer ***wählen**	wybrać numer
Die Nummer steht im Telefonbuch.	Ten numer jest w książce telefonicznej.
e ***Vorwahl**(nummer)	(numer) kierunkowy
Wie ist Ihre Vorwahl?	Jaki jest kierunkowy do pana?
e **Durchwahl** / e Durchwahlnummer, -n	numer wewnętrzny
Können Sie mich bitte mit Direktor Schulze verbinden? – Da ist gerade besetzt. Ich gebe Ihnen seine Durchwahl: 365.	Czy może mnie pani połączyć z dyrektorem Schulze? – Ma zajęty telefon. Podaję panu jego numer wewnętrzny: 365.
Es ist gerade ***besetzt** ↔ ***frei**.	Linia jest zajęta ↔ wolna.
Es ist ständig besetzt. Ich probiere es später nochmal.	Ciągle jest zajęte. Spróbuję jeszcze raz później.
s **Freizeichen** ↔ s Besetztzeichen	sygnał wolnej linii ↔ sygnał zajęty
r Wählton / r Rufton	sygnał
Kann ich Sie zurückrufen? – Ja, und zwar unter folgender Nummer: 734…	Czy mogę do pana oddzwonić? – Tak, pod numer: 734…
s ***Fax**(gerät), -e	faks
ein Fax ***bekommen** (bekam, hat bekommen) ↔ **faxen** / ein Fax ***schicken**	dostać faks ↔ faksować / wysłać faks
Haben Sie unser Fax nicht erhalten?	Czy nie dostał pan naszego faksu?
Könnten Sie es per Fax schicken?	Czy mógłby pan to wysłać faksem?
Ich gebe Ihnen meine Faxnummer.	Podam panu swój numer faksu.
Kann ich Ihnen gleich unser Angebot (durch-) faxen?	Czy mogę panu od razu przefaksować naszą ofertę?
r ***Anrufbeantworter**, -	automatyczna sekretarka

Telefon i faks

den Anrufbeantworter *einschalten ↔ *ausschalten	włączyć ↔ wyłączyć automatyczną sekretarkę
auf den Anrufbeantworter *sprechen (spricht, sprach, hat gesprochen)	nagrać się na sekretarce
eine *Nachricht hinterlassen	zostawić wiadomość
den Anrufbeantworter / die Nachrichten abhören	odsłuchać sekretarkę / wiadomości
Hier ist der Anschluss von Petra Keller. Sprechen Sie bitte nach dem Signalton.	Tu Petra Keller. Proszę zostawić wiadomość po sygnale.
e Basisstation, -en	stacja bazowa
s Ladegerät, -e	ładowarka
r Stecker, -	wtyczka
s Telefonkabel, -	kabel telefoniczny
s Telefonnetz, -e	sieć telefoniczna
e Telefonleitung, -en	linia telefoniczna
Ich kann Sie kaum verstehen. Die Verbindung ist so schlecht.	Ledwo pana słyszę. Połączenie jest bardzo złe.
Das Festnetz ist mal wieder überlastet. Ich bekomme einfach keine freie Leitung.	Sieć znowu jest przeciążona. Nie mogę znaleźć wolnej linii.
Das Festnetz ist zusammengebrochen.	Sieć jest uszkodzona.
Die Leitung ist *tot.	Nie ma sygnału.
Unser Telefon ist gestört.	Nasz telefon jest zepsuty.
s *Telefonbuch, ⸚er	książka telefoniczna
die Gelben Seiten Pl / s Branchenverzeichnis, -se	książka telefoniczna / branżowy spis firm (w książce telefonicznej)
e (Telefon-) *Auskunft	informacja (telefoniczna)
e Inlands- / Auslandsauskunft	informacja o numerach krajowych / zagranicznych
e Telefongebühr, -en	opłata telefoniczna
r *Tarif, -e / r Ortstarif	taryfa / taryfa za rozmowy miejscowe
e (monatliche) Grundgebühr, -en	abonament (miesięczny)
e Einheit, -en	jednostka
s Ortsgespräch, -e / s Ferngespräch, -e	rozmowa miejscowa / rozmowa zamiejscowa
e gebührenfreie ↔ gebührenpflichtige Nummer	numer bezpłatny ↔ odpłatny
einen Telefonanschluss *beantragen / einrichten lassen	złożyć wniosek o założenie telefonu / zlecić założenie telefonu
s Servicetelefon, -e / e Hotline, -s	infolinia
e Servicenummer, -n	numer infolinii
e (Telefon-)Zentrale / e Vermittlung	centrala (telefoniczna)
e Nebenstelle, -n	wewnętrzny
e *Telefonzelle, -n / e Telefonsäule, -n	budka telefoniczna

Telefon und Fax

		5/6
e Telefonkabine, -n *schweiz.*	budka telefoniczna	
s Münztelefon, -e /	telefon na monety / telefon na karty	
s Kartentelefon, -e		
e *Telefonkarte, -n	karta telefoniczna	
e Telefonwertkarte, -n *österr.* /	karta telefoniczna	
e Taxcard *schweiz.*		
Bitte eine Telefonkarte zu 10 Euro.	Proszę kartę telefoniczną za 10 euro.	
Bitte die Telefonkarte mit 10 Euro aufladen.	Proszę załadować tę kartę za 10 euro.	

Wykrzykniki podczas rozmowy telefonicznej

Was?	Co?
Ja?	Tak?
So?	Tak?
Wirklich?	Naprawdę?
*Sicher.	Pewnie.
Aha.	Acha.
*Ach so.	Ach, tak.
Naja.	No cóż.
*Bitte? / Wie bitte?	Słucham?
Na *klar.	No, jasne.

Computer, Internet und E-Mail
Komputer, internet i e-mail

r *Computer, - [kɔmpjuːtɐ] / r PC, -s [peːltseː] / r Rechner, -	komputer / PC / komputer
am Computer arbeiten	pracować na komputerze
Tag und Nacht sitzt er vor dem Computer.	Dniami i nocami siedzi przed komputerem.
r Laptop, -s [ˈlɛptɔp] / s Notebook, -s [ˈnoːtbʊk]	laptop / notebook
ein guter / schneller / leistungsstarker Rechner	dobry / szybki / dobry komputer
den Computer (neu) starten / hochfahren ↔ herunterfahren	zresetować; włączyć komputer ↔ wyłączyć
Programme installieren ↔ löschen	zainstalować ↔ wykasować programy
s Rechenzentrum, - zentren	centrum komputerowe
r Benutzer, - // e Benutzerin, -nen / r Anwender, - // e Anwenderin, -nen	użytkownik // użytkowniczka
Daten *Pl*	dane

e elektronische Datenverarbeitung / EDV — elektroniczne przetwarzanie danych

Daten **eingeben** (gibt ein, gab ein, hat eingegeben) / ***speichern** / (wieder) **abrufen** (rief ab, hat abgerufen) — wpisywać dane / zachować / pobrać

herunterladen / downloaden — ściągnąć

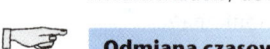

Odmiana czasowników pochodzenia obcego

W języku niemieckim wiele czasowników pochodzenia obcego ma końcówkę -*ieren*, np. *fotokopieren* Odmienia się je jak czasowniki regularne:
ich fotokopier-e, er fotokopier-t, sie fotokopier-en.
Pod koniec lat 90-tych, wraz z rosnącą popularnością nowych mediów przejęto wiele słówek z języka angielskiego. Do angielskich czasowników dodano końcówkę -*en*. Także i te zapożyczenia odmieniają się jak czasowniki regularne:
downloaden ['daʊnloːdn̩] (*er loadet down / downloadet, hat downgeloadet*)
faxen ['faksn̩] (*er faxt, hat gefaxt*)
mailen ['meːlən] (*er mailt, hat gemailt*)
surfen [' zøːɐ̯fn̩, 'zœrfn̩] (*er surft, hat gesurft*)
W razie wątpliwości, jak w języku niemieckim należy odmienić czasownik obcego pochodzenia, warto sięgnąć po słownik lub skontaktować się z informacją telefoniczną wydawnictwa DUDEN.

r Datenbestand, ⸚e — zbiór danych
e **Datenbank**, ⸚e — baza danych
Daten sichern / (ab)speichern — zachować dane
r **Datenschutz** — ochrona danych
r / e Datenschutzbeauftragte, -n der Bundesregierung — pełnomocnik rządowy do sprawy ochrony danych
s Datenschutzgesetz — ustawa o ochronie danych
r Gläserne Mensch — przeźroczysty człowiek

Hardware

e Zentraleinheit, -en — jednostka centralna
r *Bildschirm, -e / r Flachbildschirm, -e / r *Monitor, -e — ekran / płaski ekran / monitor
e *Festplatte, -n — twardy dysk
r Speicher, - — pamięć
r Zusatzspeicher, - — dodatkowa pamięć
r Prozessor, -en — procesor
s *Laufwerk, -e — stacja dysków
r Zip-Drive — dyskietka zip
e *Diskette, -n — dyskietka
e *CD-ROM, -s — CD-ROM
e DVD, -s — DVD
r CD- / DVD-Brenner, - — nagrywarka CD / DVD
e Videokamera, -s — kamera wideo

e *Tastatur, -en	klawiatura
e *Taste, -n / e Funktionstaste	klawisz / klawisz funkcyjny
e *Maus, ⸚e	myszka
s Mauspad, -s ['mauspɛd]	podkładka pod mysz
s Verbindungskabel, -	przewód łączący
s Netzteil, -e	zasilacz sieciowy
r Akku, -s	akumulator
r *Stecker, -	wtyczka
e Schnittstelle, -n	interfejs
r *Drucker, - / r Tintenstrahldrucker / r Laserdrucker	drukarka / drukarka atramentowa / drukarka laserowa
r Scanner, - ['skɛnɐ]	skaner
s (interne ↔ externe) Modem, -s	(wbudowany ↔ zewnętrzny) modem

e **Hardware** ['haːɐ̯tvɛːɐ̯]	hardware
e ***Software** ['zɔftvɛːɐ̯]	software; oprogramowanie
e Freeware ['friːvɛːɐ̯] ↔ e ***kommerzielle** Software	oprogramowanie darmowe ↔ oprogramowanie odpłatne
s Handbuch, ⸚er	podręcznik
die Hotline ['hɔtlain] anrufen	zadzwonić na infolinię
s **Betriebssystem**, -e	system operacyjny
s **Verzeichnis**, -se	katalog
r **Ordner**, -	katalog
(neu) **hinzufügen** ↔ **löschen**	dodać ↔ skasować
s ***Fenster**, -	okno
s ***Menü**	menu
das Menü ***öffnen** ↔ ***schließen** (schloss, hat geschlossen)	otworzyć ↔ zamknąć menu
verkleinern ↔ ***vergrößern**	zmniejszyć ↔ zwiększyć
programmieren	programować
r Programmierer, - // e Programmiererin, -nen	programista // programistka
s ***Programm**, -e	program
benutzerfreundlich	łatwy w obsłudze
laden / **herunterladen** (lädt herunter, lud herunter, hat heruntergeladen)	ściągnąć
installieren ↔ deinstallieren [deɪnstaˈliːrən]	zainstalować ↔ wykasować
ein Programm laufen lassen	uruchomić program
e **Anwendung**, -en	aplikacja
s Textverarbeitungsprogramm, -e	edytor tekstów
einen *Text eingeben (gibt ein, gab ein, hat eingegeben)	wpisać tekst
e Tabellenkalkulation	arkusz kalkulacyjny
ein Bild einscannen ['ainskɛnən]	zeskanować zdjęcie
e ***Datei**, -en	plik

Komputer, internet i e-mail

Pliki można...

erstellen	stworzyć
überarbeiten	zaktualizować
*öffnen ↔ *schließen	otworzyć ↔ zamknąć
abspeichern	zapisać
auf Diskette *speichern	zapisać na dyskietce
löschen	skasować
*kopieren	skopiować
komprimieren ↔ dekomprimieren	skompresować ↔ zdekompresować
zippen ↔ entzippen	spakować ↔ rozpakować
übermitteln / versenden	przesłać
herunterladen	ściągnąć
*drucken / ausdrucken	drukować / wydrukować

s **Computernetz**, -e — sieć komputerowa
r Netzbetreiber, - / r **Server**, - ['sœːvə] — serwer
vernetzt sein — być podłączonym do sieci
s ***Internet** / s **World-Wide-Web** ['vøːɐ̯lt'vaɪt'vɛp *auch* 'vœrltɪ] / s **Netz** — internet / world wide web / sieć
e **Einwahl** / e **Anwahl** ↔ e **Abwahl** — łączenie się z internetem przez modem ↔ rozłączanie się

sich ins Internet **einwählen** / ins Internet gehen — połączyć się z internetem / wejść do internetu
sich im Internet **einloggen** ↔ aus dem Internet **ausloggen** — zalogować się do sieci ↔ wylogować się z sieci
Bist du online (- offline)? ['ɔnlaɪn] - Ja, ich bin drin! *ugs.* — Jesteś w internecie (↔ rozłączyłeś się)? – Tak, jestem.
Das Netz ist **überlastet**. Ich komme nicht rein. — Sieć jest przeciążona. Nie mogę wejść.
Ich bin aus dem Netz geflogen / rausgeflogen. — Zostałem rozłączony.

im Internet sein — być w internecie
im Internet **surfen** ['zøːɐ̯fn *auch* 'zœrfn] — surfować w internecie
im Internet einzelne Seiten **aufrufen** / *anschauen — otwierać kolejne strony w internecie / oglądać
Daten aus dem Internet *__herunterladen__ / **downloaden** ['daʊnloːdn̩] / *kopieren — ściągać dane z internetu

r / e (Internet-)Anwender, - / r User, - ['juːzɐ] — użytkownik // użytkowniczka internetu
s **Intranet** — intranet
s **Passwort**, ⁓er — hasło
e PIN, -s / r PIN-Code ['pɪnkoːt] — PIN / kod PIN
das Passwort **eingeben** (gibt ein, gab ein, hat eingegeben) / *__ändern__ — podać / zmienić hasło

W internecie

surfen	surfować
e Suchmaschine, -n	wyszukiwarka
r Link, -s	link
*klicken / anklicken	klikać
e Web-Seite, -n	strona www
e Homepage, -s	homepage
r Chat-Room, -s	chat room
chatten	czatować

Podobnie jak w języku polskim, w niemieckim przyjęło się wiele anglicyzmów. Szczególnie widoczne jest to w terminologii komputerowej. Angielskie słówka wymawia się z zachowaniem oryginalnej fonetyki, np. *surfen* ['zø:ɐfn,. 'zœrfn] albo *chatten* ['tʃɛtn]. Zapożyczone czasowniki odmienia się tak, jak niemieckie: *er surft / chattet; er hat gesurft / gechattet*.

e *E-Mail, -s ['i:me:l]	e-mail
e E-Mail-Adresse, -n	adres e-mailowy
@ / at [ɛt] / r Klammeraffe *ugs.*	małpa
Wie ist Ihre E-Mail-Adresse?	Jaki jest pański e-mail?
eine E-Mail **beantworten** / **weiterleiten** / **löschen**	odpowiadać na maile / przesłać dalej / skasować
eine E-Mail **empfangen** / erhalten	dostawać e-maila
mailen	przesyłać e-mailem
eine E-Mail *senden / *schicken / verschicken	wysyłać e-maila
e *Anlage, -n	załącznik
Ich schicke Ihnen die Datei gleich als Anlage in einer E-Mail.	Zaraz wyślę panu ten plik w załączniku do e-maila.

Jak się pracuje na komputerze

eine *Taste *drücken / gedrückt lassen / loslassen	wcisnąć klawisz / wciskać klawisz / puścić
*einschalten ↔ *ausschalten	włączyć ↔ wyłączyć
die Diskette einlegen ↔ herausnehmen	włożyć ↔ wyjąć dyskietkę
den *Stecker hineinstecken ↔ herausziehen	wetknąć ↔ wyciągnąć wtyczkę
etw *einstellen / verstellen	ustawiać coś
anschließen ↔ unterbrechen	połączyć ↔ rozłączyć

r Kopierschutz	zabezpieczenie przed kopiowaniem
r **Hacker**, - ['hɛkɐ] // e Hackerin, -nen	haker // hakerka
r **Virus** ['vi:rʊs], Viren	wirus
Mein Computer ist abgestürzt.	Mój komputer się zawiesił.

Komputer, internet i e-mail

Briefe und Post
Listy i poczta

e *Post / s Postamt, ⁼er	poczta / urząd pocztowy
bei der Post arbeiten	pracować na poczcie
r Postmitarbeiter, - // e Postmitarbeiterin, -nen	pracownik poczty // pracownica poczty
r / e Postangestellte, -n	pracownik poczty // pracownica poczty
s Postfach, ⁼er	skrytka pocztowa
e Schalterhalle, -n	hala kasowa
r *Schalter, -	okienko
Gehen Sie zum Abholschalter da drüben bitte.	Proszę podejść tam do okienka po odbiór.
s Porto / Postgebühren Pl	opłata za przesyłkę pocztową
*wiegen (wog, hat gewogen)	ważyć
Können Sie bitte den Brief wiegen. Stimmt das Porto?	Proszę zważyć ten list. Czy opłata się zgadza?
e (Brief-)Waage, -n	waga (do listów)
e *Briefmarke, -n / e Sondermarke, -n	znaczek pocztowy / okolicznościowy znaczek pocztowy
eine Briefmarke auf den Brief *kleben / einen Brief frankieren	przykleić znaczek na list / nakleić znaczek
Briefmarken sammeln	zbierać znaczki
r *Briefkasten, ⁼en	skrzynka pocztowa
einen Brief einwerfen	wrzucić list
Wirfst du bitte den Brief für mich in den Briefkasten?	Czy możesz wrzucić ten list do skrzynki?
Schau mal in den Briefkasten, ob was da ist.	Sprawdź w skrzynce, czy coś przyszło.
Ich gehe mal kurz runter **den Briefkasten leeren**.	Zejdę tylko na dół wyjąć listy ze skrzynki.

> W Niemczech, Austrii i Szwajcarii wszystko, co związane z pocztą, jest żółte: samochody, skrzynki na listy (*Briefkästen*) itd. Świadczone są też prywatne usługi pocztowe.

r *Brief, -e	list
per Post / mit der Post *schicken	wysyłać pocztą
zur Post gehen (ging, ist gegangen)	iść na pocztę
den Brief auf die / **zur Post *bringen** (brachte, hat gebracht) ↔ **von der Post *abholen** / *holen	zanieść list na pocztę ↔ odebrać z poczty
einen Brief *aufgeben (gibt auf, gab auf, hat aufgegeben) / abschicken / verschicken	nadać / wysłać / wysłać list

einen Brief **stempeln**	ostemplować list
Der Brief wurde in Berlin abgestempelt / aufgegeben.	Ten list został ostemplowany / nadany w Berlinie.
r ***Empfänger**, - // e **Empfängerin**, -nen ↔ r ***Absender**, - // e **Absenderin**, -nen	odbiorca ↔ nadawca
e ***Adresse**, -n	*adres*
r Adressaufkleber, -	naklejka z adresem
e ***Postleitzahl**, -en	kod pocztowy
Wie ist die Postleitzahl?	Jaki jest kod pocztowy?
r ***Briefumschlag**, ⸚e / s Kuvert, -s *österr.* / s Couvert, -s *schweiz.*	koperta
r Freiumschlag, ⸚e	koperta bez znaczków [opłata wniesiona w oparciu o umowę]
Hilfst du mir die Briefe fertig machen? Sie müssen noch in den Umschlag gesteckt und beschriftet / adressiert werden.	Pomożesz mi przygotować listy do wysłania? Trzeba je jeszcze włożyć do kopert i zaadresować.
den Brief **zukleben**	zakleić list

Adresowanie listu

W krajach niemieckojęzycznych adresy zapisuje się w następujący sposób:
1. linijka: imię i nazwisko
2. linijka: ulica
3. linijka (A w przypadku Austrii) – kod pocztowy, miejscowość
(4. linijka: kraj)
Na kopercie oprócz adresu odbiorcy powinien znajdować się też adres nadawcy: albo w lewym górnym rogu albo na odwrocie.

e ***Postkarte**, -n	kartka pocztowa
s Telegramm, -e	telegram
e Waren- / Büchersendung, -en	przesyłka rzeczowa / książkowa [forma przesyłki za ulgową opłatą]
e Infopost	ulotki informacyjne przesyłane pocztą
e Postwurfsendung, -en / e Werbesendung, -en	ulotka reklamowa wrzucana do skrzynki pocztowej / reklama przesłana pocztą
s ***Paket**, -e	paczka
s ***Päckchen**, - / s Packerl, - *österr.*	mała paczka
Was ist billiger? Brief oder Päckchen?	Co jest tańsze? List czy mała paczka?
per Express	ekspresem
mit / per *Luftpost schicken	wysłać pocztą lotniczą
auf dem Luftweg / Landweg / Seeweg	poczta lotnicza / lądowa / morska

s ***Einschreiben**, - polecony
e Nachnahme, -n przesyłka za pobraniem
r Wertbrief, -e list wartościowy
internationaler Antwortschein międzynarodowy ofrankowany odcinek na porto powrotne

e Postanweisung, -en przekaz pocztowy
postlagernd poste restante

Na poczcie

Was kostet dieser Brief in die Schweiz per Luftpost bitte? Ile kosztowałoby wysłanie tego listu do Szwajcarii pocztą lotniczą?
Ich möchte das Einschreiben abholen. Chciałbym odebrać polecony.
Gehen Sie zu Schalter 4. Proszę przejść do okienka 4.
Haben Sie Ihren Ausweis dabei? Czy ma pan ze sobą dowód tożsamości?

Füllen Sie bitte die Paketkarte aus und unterschreiben Sie da. Proszę wypełnić druczek i tu podpisać.
Da fehlt noch der Absender. Brakuje jeszcze nadawcy.

r ***Briefträger**, - //
 e **Briefträgerin**, -nen /
 r **Postbote**, -n // e **Postbotin**, -nen /
 r (Post-)**Zusteller**, - //
 e **Zustellerin**, -nen / r Pöstler, - *schweiz.* listonosz // listonoszka
Ist Post für mich da? Czy są do mnie jakieś listy?
Schau mal nach, ob die Post schon da war. Sprawdź, czy był już listonosz.
Ist das ***Schreiben** vom Finanzamt endlich da? Czy przyszło w końcu pismo z urzędu skarbowego?
Das Paket ist **verloren gegangen**. Könnten Sie bitte nachforschen, was passiert ist? Zaginęła paczka. Czy mogliby państwo sprawdzić, co się stało?
Dieser Brief war zehn Tage ***unterwegs**. Ten list szedł dziesięć dni.
Der Brief konnte nicht zugestellt werden. Tego listu nie można było doręczyć.
r Nachsendeantrag, ⸚e wniosek o dostarczanie poczty pod inny adres

e Nachsendeanschrift adres, na który należy dostarczać pocztę

Bitte **nachsenden**! Proszę przesłać pod wskazany adres!
Falls unzustellbar, bitte zurück an Absender. W razie niedoręczenia przesłać z powrotem do nadawcy.
Gebühr bezahlt Empfänger koszta ponosi adresat

Korrespondenz
Korespondencja

e **Korrespondęnz** / r **Schrịftverkehr** — korespondencja
*schrịftlich — pisemnie
Wir verkehren nur noch schriftlich miteinander. — Kontaktujemy się już tylko listownie.
etw schriftlich festhalten — zapisać coś
*schr<u>ei</u>ben (schrieb, hat geschrieben) — pisać
schreiben an (+A) — pisać do
schreiben mit — pisać czymś
*f<u>a</u>lsch ↔ *r<u>i</u>chtig schreiben — napisać poprawnie ↔ niepoprawnie

Schreiben Sie den Brief bitte **auf Ęnglisch**. — Proszę napisać ten list po angielsku.
s *Schr<u>ei</u>ben, - / s Schriftstück, -e — pismo
ein **ạmtliches** / **vertr<u>au</u>liches** Schreiben — pismo urzędowe / poufne

Das Schreiben muss noch heute raus / rausgeschickt werden. — To pismo trzeba wysłać jeszcze dziś.
aufsetzen / einen **Entwụrf** machen — sporządzić wersję roboczą
e schöne / leserliche ↔ unleserliche / krakelige *Schrịft — ładny / czytelny ↔ nieczytelny / brzydki charakter pisma
*korrig<u>ie</u>ren / gegenlesen (lassen) — poprawiać / robić korektę
Bitte legen Sie mir das Schreiben gleich zur Unterschrift vor. — Proszę zaraz przedłożyć mi to pismo do podpisu.
*unterschr<u>ei</u>ben (unterschrieb, hat unterschrieben) / unterzeichnen — podpisać

Bitte unterschreiben Sie hier mit Ihrem vollem Namen. — Proszę tu podpisać pełnym imieniem i nazwiskiem.
abzeichnen — parafować
e Kopie, -n — kopia
r *Br<u>ie</u>f, -e — list
s Briefformat, -e — format listu

Przykład korespondencji handlowej

Martin Müller
Einsteinstr. 55
D-75201 Stuttgart
Tel. 0711 – 33 44 55

Firma Selters
Winterburger Landstraße 124
CH-4530 St. Gallen

Stuttgart, den 20. November 2004 /
20.11.2004

Ihr Schreiben vom 11. November 2004 dot. Pańskiego listu z 11. listopada 2004

[Zwroty grzecznościowe]
Sehr geehrte Damen und Herren,	Szanowni Państwo!
Sehr geehrter Herr Rappo,	Szanowny Panie Rappo! /
Sehr geehrte Frau Rappo,	Szanowna Pani Rappo!

[początek listu]
vielen Dank für Ihr Schreiben vom 11.11.2004.	Dziękuję za Pański list z dnia 11.11.2004 r.
wir teilen Ihnen hiermit mit ...	niniejszym informujemy ...
ich wende mich an Sie mit der Bitte, ...	zwracam się do Pana z prośbą o...
ich beziehe mich auf unser Telefongespräch vom 11.11.04.	nawiązując do naszej rozmowy telefonicznej z dnia 11.11.04 r.
wir freuen uns, Ihnen mitteilen zu können, dass ...	z przyjemnością informujemy Pana, że ...
wir bedauern sehr, Ihnen heute mitteilen zu müssen, dass ...	z przykrością informujemy dziś Pana, że ...
hiermit / mit diesem Schreiben bitten wir Sie um ...	niniejszym prosimy Pana o ...

[zakończenie]
Für Ihre Bemühungen vielen Dank im Voraus.	Z góry dziękujemy za Pańską pomoc.
Wir hoffen, bald von Ihnen zu hören.	Mamy nadzieję, że już wkrótce skontaktuje się Pan z nami.
Wir bitten um Ihr Verständnis.	Prosimy o wyrozumiałość.
Mit bestem Dank für Ihre Bemühungen.	Dziękujemy za Pańskie starania.
Frau Raez wird sich in den nächsten Tagen mit Ihnen in Verbindung setzen.	Pani Raez skontaktuje się z Panem w najbliższych dniach.
Ich freue mich auf unser nächstes Treffen und verbleibe bis dahin (od nowej linijki) *mit freundlichen Grüßen*	Już dziś cieszę się na nasze kolejne spotkanie, a do tego czasu pozostaję z szacunkiem

[pożegnanie]
Mit freundlichen Grüßen	Serdecznie pozdrawiam
Beste Grüße	Łączę pozdrowienia

(podpis)

PS (Postskript(um)):	PS (postscriptum)
*Anlage(n)	Załącznik

s *Angebot, -e	oferta
Wir machen ihnen ein besonders günstiges Angebot.	Składamy panu wyjątkowo korzystną ofertę.
e **Bestellung**, -en	zamówienie
e Bestätigung, -en	potwierdzenie
e **Reklamation**, -en / e Beschwerde, -n	reklamacja / zażalenie
e Rechnung, -en	rachunek
e **Kurznotiz**, -en / s Memo, -s	notatka
r **Kurzbrief**, -e	krótki list; notatka
e Einladung, -en	zaproszenie
e **Zusage**, -n ↔ e **Absage**, -n	odpowiedź
e **Anfrage**, -n	zapytanie
e ***Antwort**, -en	odpowiedź
Bitte antworten Sie mir *möglichst bald.	Proszę o możliwie szybką odpowiedź.
e ***Bewerbung**, -en / s Bewerbungsschreiben, -	podanie o pracę
e **Kündigung**, -en	wypowiedzenie
e E-Mail, -s	e-mail
s Fax, -e	faks

Skróty

Fa. / *Firma	firma
i.A. / im Auftrag	z polecenia
z.Zt. / zur Zeit	obecnie
bzw. / beziehungsweise	względnie
z.Hd. / zu Händen / zu Handen (österr.)	do rąk własnych
ggf. / gegebenenfalls	w razie potrzeby
etw. / *etwas	coś
dt. / deutsch	niem. / niemiecki
evtl. / *eventuell	ewt. / ewentualnie
o.Ä. / oder Ähnliches	i in. / i inne
u.a. / unter anderem	m.in. / między innymi
etc. / et cetera	etc. / et cetera
usw. / und so weiter	itd. / i tak dalej
z.B. / zum Beispiel	np. / na przykład
b.w. / bitte wenden	verte
u.A.w.g. / um Antwort wird gebeten	RSVP / répondez s'il vous plaît
ca. / circa	ok. / około
vgl. / vergleiche	por. / porównaj
s.u. / siehe unten	patrz poniżej
s.o. / siehe oben	jw. / jak wyżej
am 10. d.M. / dieses Monats	10-ego bieżącego miesiąca

19.1 Unternehmen und ihre Organisation
Przedsiębiorstwa i ich organizacja

19.2 Marketing
Marketing

19.3 Vertrieb
Sprzedaż

19.4 Finanzen und Bankverkehr
Finanse i bankowość

19.5 Berufe
Zawody

19
Wirtschaft und Geschäftsleben
Biznes i gospodarka

19.1 Unternehmen und ihre Organisation
Przedsiębiorstwa i ich organizacja

s **Unternehmen**, -	przedsiębiorstwo; firma
Er arbeitet für ein führendes Unternehmen in der Computerbranche.	Pracuje u lidera branży komputerowej.
e Unternehmensführung, -en	kierownictwo przedsiębiorstwa
r **Unternehmer**, - // e **Unternehmerin**, -nen	przedsiębiorca
r / e **Industrielle**, -n	przemysłowiec
r **Firmensitz**, -e	siedziba firmy
e **Hauptverwaltung**, -en	centrala
e **Niederlassung**, -en	filia
e **Filiale**, -n / e Zweigstelle, -n	filia

s Unternehmen, -	przedsiębiorstwo; firma
e *Firma, Firmen	firma
r Konzern, -e	koncern
s Firmenkonsortium, -konsortien	konsorcjum
s *Werk, -e	zakład
r *Betrieb, -e	przedsiębiorstwo; zakład
e *Fabrik, -en	fabryka

e **Organisationsstruktur** / s Organigramm	schemat organizacyjny / organigram
e **flache** ↔ **steile Hierarchie**, -n [hierar'çi: *auch* hir…]	pozioma ↔ pionowa struktura hierarchiczna
Hierarchien werden langsam abgebaut.	Powoli odchodzi się od struktur hierarchicznych.
s Lean-Management ['liːnmɛnɛdʒmənt] / e Leanproduction ['liːnprɔ'dʌkʃn]	lean management / lean production
s **Outsourcing** ['aʊtsɔːsɪŋ]	outsourcing
Bestimmte Unternehmensaktivitäten werden ausgelagert / an Fremdfirmen weitergegeben.	Pewne zadania zostały zlecone firmom z zewnątrz.
e **Teamarbeit** / e **Projektarbeit**	praca zespołowa / praca nad projektem
in einem Team arbeiten	pracować w zespole
r **Ausschuss**, ⸚e	komisja
r Arbeitskreis, -e	grupa robocza
e ***Sitzung**, -en / s **Meeting**, -s ['miːtɪŋ]	posiedzenie / spotkanie
e **Besprechung**, -en	zebranie
Wir müssen für 10 Uhr ein Meeting **ansetzen**.	Musimy zorganizować spotkanie o 10.00.

die Sitzung *eröffnen / unterbrechen (unterbricht, unterbrach, hat unterbrochen) / *schließen (geschlossen)	otworzyć / przerwać / zamknąć posiedzenie
in einer Sitzung / in einem Meeting sein	być na posiedzeniu / spotkaniu
r Mitarbeiter, - // e Mitarbeiterin, -nen	(współ)pracownik // (współ)pracownica
Wir beschäftigen zur Zeit 134 Mitarbeiter.	Obecnie zatrudniamy 134 pracowników.
r Sachbearbeiter, - // e Sachbearbeiterin, -nen	referent // referentka
r Referent, -en // e Referentin, -nen	referent // referentka
r / e leitende *Angestellte, -n	menedżer // menedżerka

Przedsiębiorstwo tworzy

e Unternehmensleitung, -en	kierownictwo przedsiębiorstwa
r Vorstand, ⁻e	zarząd
r / e Vorstandsvorsitzende, -n	prezes zarządu
r Aufsichtsrat	rada nadzorcza
r / e Aufsichtsratsvorsitzende, -n	przewodniczący rady nadzorczej
r Direktor, -en // e Direktorin, -nen	dyrektor
r Firmenleiter, - // e Firmenleiterin, -nen	menedżer // menedżerka
r *Chef, -s // e Chefin, -nen	szef // szefowa
e Geschäftsführung, -en	kierownictwo firmy
r Geschäftsführer, - // e Geschäftsführerin, -nen	dyrektor wykonawczy
r Gesellschafter, -	udziałowiec
r Arbeitnehmervertreter, - // e Arbeitnehmervertreterin, -nen	przedstawiciel // przedstawicielka pracowników

Dział handlowy

e *Verwaltung	administracja
r Verkauf / r Vertrieb	(dział) sprzedaży
e Planung	(dział) planowania
s Controlling [kɔn'troːlɪŋ]	(dział) controllingu
r Einkauf	zaopatrzenie
e Personalabteilung	kadry
e Buchhaltung	księgowość

Dział techniczny

e Fertigung / e *Produktion	produkcja
e Entwicklung	rozwój
e *Forschung	badania

e *Abteilung, -en	dział
In welcher Abteilung sind Sie tätig?	W jakim dziale pan pracuje?
r Geschäftsbereich, -e	wydział
r Leiter, - // e Leiterin, -nen	kierownik // kierowniczka
r Leiter der EDV-Abteilung	kierownik działu IT

Przedsiębiorstwa i ich organizacja

19
1

r Werksleiter	kierownik zakładu
r **Abteilungsleiter**, - / r Bereichsleiter	szef (wy)działu
Im ***Allgemeinen** sind wir mit dem neuen Abteilungsleiter zufrieden.	W sumie jesteśmy zadowoleni z nowego szefa działu.
r Verkaufsleiter / r Vertriebsleiter	kierownik działu sprzedaży
r Verwaltungsleiter / r Personalleiter	kierownik d/s administracyjnych / kierownik d/s personalnych
r Prokurist, -en	prokurent
r Meister, -	mistrz rzemieślniczy; kierownik grupy roboczej
e **oberste** / **mittlere** / **untere Führungsebene**, -n	kadra kierownicza najwyższego / średniego / niższego szczebla
aufsteigen (zu) (stieg auf, ist aufgestiegen)	awansować (na)
s **Management** ['mɛnɪtʃmənt]	zarządzanie; kadra zarządzająca
r **Manager**, - ['mɛnɪdʒɐ] // e **Managerin**, -nen	menedżer // menedżerka
r Topmanager, - ['tɔpmɛnɪdʒɐ]	top menedżer
im Management arbeiten	być menedżerem; zarządzać
e Managementaufgabe, -n	zadanie menedżerskie

Zadanie menedżerskie

Mitarbeiter *führen	zarządzać pracownikami
anleiten / anweisen / jn beauftragen (mit)	instruować / udzielać wskazówek / dawać komuś zadania
motivieren	motywować
Aufgaben *verteilen	rozdzielać zadania
kontrollieren	kontrolować
überwachen	sprawdzać; nadzorować
Gespräche führen (mit)	prowadzić rozmowy (z)
ein Projekt *leiten / durchführen	kierować projektem / realizować projekt
(Jahres-)Ziele definieren	określić cele (roczne)
verhandeln / Verhandlungen führen	negocjować / prowadzić negocjacje
*diskutieren / besprechen	dyskutować / omawiać
*entscheiden / Entscheidungen treffen	decydować / podejmować decyzje

e Verwaltungsarbeit, -en	praca administracyjna
s operative Geschäft, -e	planowanie działań strategicznych
Das operative Geschäft läuft gut ↔ schlecht.	Planowanie działań strategicznych przebiega dobrze ↔ źle.
r gute ↔ schlechte **Führungsstil**	dobry ↔ zły styl zarządzania
e **Unternehmenskultur**	kultura przedsiębiorstwa
e **Corporate Identity** ['kɔːɐpərətlai'dɛntiti] / e Firmenzugehörigkeit	corporate identity
e **soziale Kompetenz**	umiejętności społeczne
e **Umstrukturierung**, -en	restrukturyzacja
e **Unternehmensberatung**, -en	firma consultingowa

Marketing
Marketing

s **Marketing**	marketing
e Produktidee, -n	pomysł na produkt
r ***Markt**, ⸚e	rynek
Angebot und Nachfrage	podaż i popyt
etwas **auf den Markt *bringen**	wprowadzić / rzucić coś na rynek
(brachte, hat gebracht) / werfen	
ein neues Produkt an den Mann	znaleźć odbiorców nowego
(/ die Frau) bringen	produktu
e **Marktforschung**, -en /	badanie rynku / analiza rynku
e Marktanalyse, -n	
r **Marktführer**, -	lider w branży
Der Markt für Sportgeräte ist zurzeit gesättigt.	Rynek sprzętu sportowego jest w tej chwili nasycony.
e **Zielgruppe**, -n	grupa docelowa
Eine bestimmte Altersgruppe wurde befragt.	Przeprowadzono ankietę w określonej grupie wiekowej.
r Testmarkt, ⸚e	próbny rynek
Umfragergebnisse *zeigen: …	Wyniki badań wskazują: …
e Markentreue / e Markenidentität	wierność marce / identyfikacja z marką
s Marktvolumen / s Marktpotenzial	chłonność rynku / potencjał rynku
e **Prognose**, -n	prognoza
e **Marketingstrategie**, -n	strategia marketingowa
s **Marketingkonzept**, -e	plan marketingowy
Zur Steigerung des Marktanteils wurde ein neues Marketingkonzept entwickelt.	Dla zwiększenia udziału w rynku opracowano nowy plan marketingowy.
s **Image** ['ɪmɪtʃ]	image
sein Image aufbauen / verbessern	zbudować / poprawić swój image
s Firmenlogo, -s	logo firmy
e Verkaufsförderung / e Absatzförderung	promocja sprzedaży
s Direktmarketing / e Direktwerbung	mareketing bezpośredni / reklama bezpośrednia
s **Merchandising** ['mø:ɐ̯tʃndaɪzɪŋ *auch* 'mœrtʃ…] / verkaufsfördernde Maßnahmen	merchandising / środki aktywacji sprzedaży
e **Publicity** [paˈblɪsiti]	reklama
e ***Werbung**, -en / e ***Reklame**, -n	reklama
für ein Produkt Reklame machen	reklamować produkt
vergleichende Werbung	reklama przez porównanie z konkurencyjnymi produktami

2 Reklama może być …

informativ	pouczająca
ästhetisch ansprechend	atrakcyjna pod względem estetycznym
zum Kauf motivierend	motywująca do zakupu
*langweilig	nudna
aggressiv	agresywna
geschmacklos	w złym guście
politisch inkorrekt	niepoprawna politycznie
originell	oryginalna
klischeehaft	oparta o stereotypy
glaubwürdig ↔ unglaubwürdig	wiarygodna ↔ niewiarygodna
witzig	śmieszna
phantasievoll	pomysłowa
kreativ	pomysłowa
überraschend	zaskakująca
irritierend	irytująca

e **Werbeindustrie** / e **Werbebranche**	branża reklamowa
in der Werbung tätig sein	pracować w reklamie
e **Werbeagentur**, -en	agencja reklamowa
r künstlerische Leiter // e künstlerische Leiterin einer Werbeagentur	art director
kreativ / schöpferisch	twórczy(-czo); pomysłowy(-wo)
e Werbeabteilung, -en	dział reklamy
Sie haben einen großen Werbeetat.	Mają duży budżet na reklamę.
Werbeausgaben *Pl* ↔ Werbeeinnahmen *Pl*	wydatki na reklamę ↔ zyski z reklamy
Es wird viel Geld für die Werbung ausgegeben.	Reklama pochłania dużo pieniędzy.
e **Werbekampagne**, -n	kampania reklamowa
eine Werbekampagne starten	rozpocząć kampanię reklamową
eine aggressive Werbekampagne	agresywna kampania reklamowa
Da wird kräftig die Werbetrommel gerührt.	Temu robi się wielką reklamę.
r Werbeträger, -	środki reklamy [media, w których umieszcza się reklamę]
werbewirksam	skuteczny (jako środek reklamowy)
r **Slogan**, -s ['slo:gn̩] / r Werbeslogan / r Werbespruch, ⸚e	hasło / hasło reklamowe / hasło reklamowe
r Werbetext, -e	tekst reklamowy
r **Texter**, - // e **Texterin**, -nen	copywriter // copywriterka
e **Werbeanzeige**, -n	reklama w gazecie; ogłoszenie reklamowe
s Werbeinserat, -e *schweiz.*	reklama
eine Anzeigenserie schalten	umieszczać serię reklam

412 **Marketing**

in der Zeitung werben	reklamować w gazecie
r **Werbespot**, -s	spot reklamowy
Wann wird der Spot gesendet / ausgestrahlt?	Kiedy ten spot zostanie wyemitowany?
s Werbefernsehen / r Werbefunk	reklama telewizyjna / reklama radiowa
s Product-Placement ['prɔdakt'pleːsmɛnt]	product placement
e **Messe**, -n / e *__Ausstellung__, -en	targi / wystawa
e Fachmesse / e Publikumsmesse	targi specjalistyczne / targi dla publiczności
r __Aussteller__, -	wystawca
r Ausstellungsbesucher, -	odwiedzający targi
Besuchen Sie uns doch an unserem Messestand.	Niech pan odwiedzi nasze stoisko na targach.
s **Werbematerial**, -ien	materiały reklamowe
r *__Prospekt__, -e / r Katalog, -e	prospekt / katalog
s **Prospekt**, -e *österr.*	prospekt
r Handzettel, - / e Broschüre, -n	ulotka / broszura
e Reklamesendung, -en	reklamy przesyłane pocztą
e **Infopost** / e Postwurfsendung, -en / r Werbebrief, -e / e Werbesendung, -en	ulotki informacyjne przesyłane pocztą / ulotka reklamowa wrzucana do skrzynki pocztowej / reklama przesłana pocztą
Bitte keine Reklame einwerfen!	Proszę nie wrzucać ulotek reklamowych!
e **Reklamewand**, ⸚e / e Plakatwand, ⸚e	tablica reklamowa
e **Leuchtreklame** / e Neonreklame	reklama świetlna / neon reklamowy
e Schaufensterdekoration, -en / e Auslage, -n	aranżacja wystawy sklepowej
s Werbegeschenk, -e	upominek reklamowy
Gutscheine verteilen	rozdawać bony
e **Werbewirkung**	skuteczność reklamy
sich identifizieren mit	identyfikować się z
Man wird unterschwellig / indirekt zum Kaufen **verführt**.	Działając na podświadomość zachęca się ludzi do kupna.
Die Werbung spricht sie nicht an.	Ta reklama do niej nie przemawia.
e **Öffentlichkeitsarbeit** / Publicrelations ['pablıkri'leːʃps] / PR	public relations / PR
r **PR-Mann**, ⸚er // e **PR-Frau**, -en	specjalista od PR // specjalistka od PR
r Firmensprecher, - // e Firmensprecherin, -nen	rzecznik prasowy firmy // rzeczniczka prasowa firmy
e **Pressekonferenz**, -en	konferencja prasowa
e Pressemappe, -n	materiały informacyjne dla prasy

19 3 Vertrieb
Sprzedaż

r **Vertrieb** / r **Verkauf**	(dział) sprzedaży
r Vertriebspartner, - (im Ausland)	(zagraniczny) przedstawiciel handlowy
r Vertriebsweg, -e	sieć dystrybucji
exportieren	eksportować
r ***Export** / r Außenhandel	eksport / handel zagraniczny
s Exportgeschäft, -e	firma eksportowa
r Außendienst	praca w terenie; praca poza siedzibą firmy
r Außendienstmitarbeiter, - // e Außendienstmitarbeiterin, -nen	przedstawiciel handlowy // przedstawicielka handlowa
r ***Vertreter**, - // e **Vertreterin**, -nen	przedstawiciel // przedstawicielka
r Makler, - // e Maklerin, -nen	pośrednik; makler // pośredniczka; makler
e **Provision** / e Courtage, -n [kʊrˈtaːʒə]	prowizja
***verkaufen** / vertreiben	sprzedawać
Wir sind der **führende Anbieter** für Rollerblades.	Jesteśmy głównym dostawcą łyżworolek.
r **Marktführer**, -	lider rynkowy
r ***Kunde**, -n // e **Kundin**, -nen	klient // klientka
r Bestandskunde ↔ r Neukunde	stary ↔ nowy klient
s Neukundengeschäft, -e	interesy z nowym klientem
s ***Angebot**, -e	oferta
ein Angebot einholen / um ein Angebot bitten	poprosić o ofertę
***anbieten** (bot an, hat angeboten)	oferować / proponować
r ***Auftrag**, ⸚e	zlecenie; zamówienie
Wir erteilen Ihnen den Auftrag über 1.000 Bürostühle Modell AX.	Składamy państwu zamówienie na 1.000 krzeseł biurowych modelu AX.
einen Auftrag **ausführen** / ***erledigen**	realizować zamówienie
Die Auftragslage ist zur Zeit gut ↔ schlecht.	Obecnie mamy dobry ↔ zły stan zamówień.
r **Auftraggeber**, - // e **Auftraggeberin**, -nen	zleceniodawca
e Auftragsbestätigung, -en	potwierdzenie zlecenia
Der Auftrag wurde zurückgestellt / **storniert**.	To zlecenie wycofano.
Bis wann können Sie den Artikel ***liefern**?	Kiedy może pan dostarczyć ten produkt?
e **Lieferung**, -en / e Warenlieferung	dostawa / dostawa towaru
Lieferung frei Haus.	darmowa dostawa
r Lieferant, -en / e Lieferantin, -nen	dostawca

r Lieferauftrag, ⁼e	zamówienie dostawy
Die Lieferfrist beträgt 2 Wochen.	Termin dostawy wynosi dwa tygodnie.
Leider haben wir gerade Lieferprobleme.	Niestety mamy obecnie problemy z dostawą.
Dieser Artikel ist zurzeit leider nicht **lieferbar**.	Tego artykułu niestety nie możemy obecnie dostarczyć.
e ***Rechnung**, -en	rachunek
e ausstehende ↔ bezahlte Rechnung	niezapłacony ↔ zapłacony rachunek
eine Rechnung *bezahlen	opłacić rachunek
***Angeblich** hat er die Rechnung schon bezahlt.	Rzekomo opłacił już rachunek.
e Zahlungsfrist einhalten ↔ versäumen	dotrzymać terminu płatności ↔ przekroczyć termin płatności
e Mahnung, -en / e Zahlungserinnerung, -en	upomnienie / wezwanie do zapłaty
fristgemäß / fristgerecht zahlen	płacić w terminie
Zahlungsaufschub einräumen	zezwolić na odroczenie terminu płatności
e **Logistik**	logistyka
r ***Transport**, -e	transport
s Transportunternehmen, - / e Spedition, -en	przedsiębiorstwo transportowe / spedycja
eine Spedition beauftragen (für)	zlecić spedycję
Transportkosten *Pl*	koszta transportu
Versandpapiere *Pl*	papiery wysyłkowe
etwas **versenden**	wysyłać coś
e Fracht *Sg*	ładunek
Die Auslieferung erfolgt ab Lager.	Jest to dostawa prosto z magazynu.
s **Lager**, - / s Warenlager	magazyn / skład towarów
s Lagerhaus, ⁼er	magazyn
s **Inventar** / r Warenbestand	inwentarz / zapas towarów
Das Lager ist ***voll** / gefüllt ↔ ***leer**.	Magazyn jest pełen ↔ pusty.
Das Modell ist nicht mehr **vorrätig** ↔ noch vorrätig / **auf Lager**.	Tego modelu nie ma już na składzie ↔ Ten model jest jeszcze na składzie.
Wir liefern aus, solange der Vorrat reicht.	Dostarczamy towar, dopóki wystarczy zapasów.
e (zweijährige) ***Garantie**	(dwuletnia) gwarancja
Unser Name steht für gute Qualität.	Gwarantujemy wysoką jakość.
Das fällt nicht unter die Garantie.	To nie podlega gwarancji.
kulant sein	pójść komuś na rękę
e Kulanz *Sg*	pójście komuś na rękę
e **Lizenz** [li'tsɛnts] / e Konzession (erteilen)	licencja / koncesja (udzielić)
s **Franchising** ['frɛntʃaizɪŋ]	franchising
Diese Restaurantkette wird in Franchise-Form geführt.	Ta sieć restauracji prowadzona jest na zasadach franchisingu.

Finanzen und Bankverkehr
Finanse i bankowość

Finanzen *Pl*
geordnete ↔ zerrüttete Finanzen

*finanziell
Unsere finanziellen ***Mittel** sind begrenzt.
Unsere finanzielle ***Lage** ist gut ↔ schlecht.
Finanziell steht die Firma gut da.

maximale ↔ minimale / durchschnittliche Erträge
r **Leiter**, - // e **Leiterin**, -nen (der **Finanzabteilung**)
r Schatzmeister, - // e Schatzmeisterin, -nen / r Kassenwart, -e

s **Geschäftsjahr**, -e / s **Wirtschaftsjahr**
s **vorangegangene** / **jetzige** / **kommende** Geschäftsjahr
ein Geschäftsjahr ***abschließen**
e positive ↔ negative **Bilanz**, -en
mit ***Gewinn**, -en ↔ ***Verlust**, -en
s **Rechnungswesen**
r **Zahlungsverkehr**
r Zahlungseingang ↔ r Zahlungsausgang
*buchen / **verbuchen**
s Buchungswesen
e **Buchführung** / e **Buchhaltung**
s ***Konto**, Konten
Bitte verbuchen Sie das auf das Konto „Vermischtes".
Schwarze Konten / Schwarzkonten / Schwarzgeld

s ***Geld**, -er
Geld **einnehmen** (nimmt ein, nahm ein, hat eingenommen) ↔ ***ausgeben** (für) (gibt aus, gab aus, hat ausgegeben)
e **Einnahme**, -n ↔ e **Ausgabe**, -n / e Aufwendung, -en
Soll ↔ **Haben**

finanse
uporządkowane ↔ nieuporządkowane finanse

finansowo; finansowy
Nasze środki finansowe są ograniczone.
Nasza sytuacja finansowa jest dobra ↔ zła.
Firma jest w dobrej sytuacji finansowej.

maksymalne ↔ minimalne / średnie dochody
kierownik // kierowniczka (działu finansowego)
skarbnik // skarbniczka / skarbnik

rok budżetowy / rok obrachunkowy
miniony / obecny / nadchodzący rok obrachunkowy
zamknąć rok obrachunkowy
bilans dodatni ↔ ujemny
z zyskiem ↔ ze stratą
rachunkowość
obrót płatniczy
wpływ płatności ↔ wypływ płatności
zaksięgować
księgowość
księgowość / dział księgowości
konto
Proszę to zaksięgować na koncie „pozostałe".
nielegalne konta / nielegalne konta / nieopodatkowane dochody

pieniądze
zarabiać pieniądze ↔ wydawać (na)

wpływ ↔ wydatek

winien ↔ ma

s G<u>u</u>thaben, -	należność; saldo dodatnie
r <u>Ü</u>bertrag, ⸚e	suma do przeniesienia
s Abschreibungsobjekt, -e	obiekt amortyzacji
über geringe ↔ große G<u>e</u>ldmittel verfügen	dysponować niewielkimi ↔ dużymi środkami finansowymi
Neue Geldmittel werden nicht mehr zur Verfügung gestellt.	Do dyspozycji nie zostaną oddane żadne dodatkowe środki finansowe.
r finanzschwache ↔ finanzkräftige G<u>e</u>ldgeber, - / r Inv<u>e</u>stor, -en	inwestor słaby finansowo ↔ silny finansowo
G<u>e</u>ld *sp<u>a</u>ren	oszczędzać pieniądze
mit dem Geld sparsam umgehen ↔ das Geld großzügig ausgeben / verprassen *ugs.*	oszczędnie gospodarować pieniędzmi ↔ wydawać pieniądze lekką ręką / trwonić
Die Firma kommt ihren finanzi<u>e</u>llen Verpfl<u>i</u>chtungen nicht mehr nach.	Firma nie wywiązuje się już ze swoich zobowiązań finansowych.
z<u>a</u>hlungsunfähig werden	stać się niewypłacalnym
Insolvenz anmelden	zgłosić niewypłacalność
die Zahlungsunfähigkeit abwenden	zapobiec niewypłacalności
in Konkurs gehen	zbankrutować
*exist<u>ie</u>ren	istnieć
Die Firma existiert nicht mehr.	Firma już nie istnieje.
Sch<u>u</u>lden *Pl* machen / anhäufen	narobić długów
Der Schuldenberg wächst.	Zadłużenie rośnie.
jm Geld *l<u>ei</u>hen / Geld verl<u>ei</u>hen	pożyczyć komuś pieniądze
(sich) Geld *b<u>o</u>rgen / <u>aus</u>leihen / (aus)borgen *österr.* (von)	pożyczyć pieniądze (od)
r *Kred<u>i</u>t, -e [*auch* ….'dɪt]	kredyt
einen Kredit *bek<u>o</u>mmen (bekam, hat bekommen) / *<u>auf</u>nehmen (nimmt auf, nahm auf, hat aufgenommen)	dostać / zaciągnąć kredyt
(jm) einen Kredit gew<u>ä</u>hren ↔ *<u>a</u>blehnen	przyznać (komuś) kredyt ↔ odmówić
kreditwürdig sein	mieć zdolność kredytową
e R<u>a</u>te, -n / e R<u>a</u>tenzahlung, -en	rata / spłata w ratach
etwas in R<u>a</u>ten *z<u>a</u>hlen	spłacać coś w ratach
Die erste Rate ist im Mai fällig.	Pierwszą ratę należy spłacić w maju.
Er zahlt sein Auto in monatlichen Raten von 200 Euro ab.	Spłaca samochód w miesięcznych ratach po 200 euro.
Die Firma muss all ihre Schulden auf einmal zurückzahlen.	Ta firma musi naraz spłacić wszystkie swoje długi.
sch<u>u</u>ldenfrei sein	nie mieć długów

Pieniądze

Kohle	forsa
Knete	kasa
Pinke Pinke / Kröten / Kies	szmal / forsa / kasa
Das ist ein Haufen Geld.	To kupa pieniędzy.
Das ist eine Stange Geld.	To kupa pieniędzy.
Das ist ein Batzen Geld.	To mnóstwo pieniędzy.
Geld verpulvern / verjubeln	przepuścić pieniądze
Geld verschleudern / verprassen	trwonić pieniądze
Geld zum Fenster rausschmeißen	wyrzucać pieniądze w błoto
Diese Familie stinkt vor Geld.	Ta rodzina ma pieniędzy jak lodu.
Sie schwimmen im Geld. / Sie haben Geld wie Heu.	Oni pływają w pieniądzach.
Sie wissen nicht wohin mit ihrem vielen Geld.	Nie wiedzą już, co robić z pieniędzmi.
Sie haben das nötige Kleingeld dafür.	Stać ich na to.

e ***Bank**, -en	bank
e Sparkasse, -n	kasa oszczędnościowa
e **Bankfiliale**, -n / e **Zweigstelle**, -n	oddział banku
Bei welcher Filiale sind Sie?	W którym oddziale ma pan konto?
e Europäische Zentralbank / e EZB	Europejski Bank Centralny / EBC
e Landeszentralbank	krajowy bank centralny
r **Banker**, - ['bɛŋkɐ *auch* 'baŋkɐ] // e **Bankerin**, -nen / r **Bankier**, -s [baŋ'ki̯e:]	bankowiec
r **Tresor**, -e	skarbiec
s **Schließfach**, ⸚er	skrytka
e ***Kasse**, -n	kasa
r **Geldautomat**, -en	bankomat
r Bankomat, -en *österr. / schweiz.*	bankomat
Ich muss noch schnell Geld am Automaten holen / abheben.	Muszę jeszcze tylko szybko wyciągnąć pieniądze z bankomatu.
e **Geheimnummer**, -n / e PIN-Nummer eingeben	podać kod / numer PIN
s ***Konto**, Konten	konto
s Girokonto / s Sparkonto	rachunek oszczędnościowo / rozliczeniowy
s Festgeldkonto / s Wertpapierkonto	konto lokacyjne / konto bankowe papierów wartościowych
s Nummernkonto	konto numeryczne
e Kontogebühr, -en	opłata za prowadzenie konta
s Homebanking ['hoʊmbæŋkɪŋ] / s Internetbanking ['ɪntɐnɛtbɛŋkɪŋ]	homebanking / internet banking
e Direktbank, -en	direct bank

r **Bankkunde**, -n // e **Bankkundin**, -nen	klient banku // klientka banku
r Geschäftskunde, -n ↔ r Privatkunde, -n	klient korporacyjny ↔ klient prywatny
r **Kundenberater**, - // e **Kundenberaterin**, -nen	doradca

W banku

(bei einer Bank) ein Konto *eröffnen	otworzyć konto (w banku)
e Servicekarte	karta klienta
e Geldkarte	karta płatnicza
e Kundenkarte (österr.)	karta płatnicza
e EC-Karte	karta typu EC
e *Scheckkarte / e Bankomatkarte (österr.)	karta bankomatowa
e *Kreditkarte	karta kredytowa
e Einzahlung, -en ↔ e Auszahlung, -en	wpłata ↔ wypłata
Geld auf ein Konto *einzahlen	wpłacić pieniądze na konto
an der *Kasse Geld einzahlen	wpłacić pieniądze w kasie
Geld *abheben	pobrać pieniądze
r bargeldlose Zahlungsverkehr	bezgotówkowy przepływ pieniędzy
e Überweisung, -en	przelew
e Bankleitzahl / BLZ	kod banku
e Kontonummer, -n	numer konta
Geld auf ein Konto *überweisen	przelać pieniądze na konto
das Konto / die Karte sperren lassen	zlikwidować/zamknąć konto / zablokować kartę

r große ↔ kleine **Geldbetrag**	duża ↔ mała kwota
s **Bargeld**	gotówka
Ich habe kein Bargeld bei mir.	Nie mam przy sobie gotówki.
s **Kleingeld**	drobne
Haben Sie Kleingeld? / Können Sie mir einen 10-Euroschein wechseln?	Czy ma pan drobne? / Czy mógłby mi pan rozmienić 10 euro?
r ***Schein**, -e / r Geldschein / e Banknote, -n	banknot
Wollen Sie den Betrag in großen oder kleinen Scheinen?	Życzy pan sobie wypłatę w wysokich czy niskich nominałach?
s **Hartgeld** / e **Münze**, -n	bilon / moneta
e ***Brieftasche**, -n / s **Portmonee**, -s [pɔrtmo'ne: *auch* 'pɔrtmɔne] / r **Geldbeutel**, - / e ***Geldbörse**, -n	portfel / portmonetka / portmonetka
e **Währung**, -en / **Devisen** *Pl*	waluta / dewizy
r Wechselkurs, -e / r Devisenkurs	kurs waluty
Geld *wechseln / *umtauschen	wymienić pieniądze

Finanse i bankowość

Wir wechseln zum Tageskurs ohne Extragebühr.

r *Euro, -s ['ɔyro] / r *Cent, -s [sɛnt auch tsɛnt]
r (amerikanische) Dollar, -
s (englische) Pfund, -
r *Schweizer Franken, - /
r *Rappen, -

Wymieniamy pieniądze zgodnie z dzisiejszym kursem bez dodatkowych opłat.

euro / cent
dolar (amerykański)
funt (brytyjski)
frank szwajcarski / centym; rapp

Pieniądze

Wir haben 60.000 Euro auf der Bank.
Das Sofa kostet 389 Euro.
Das macht dann elf Euro und dreißig Cent.
Geben Sie mir bitte 5 Euro zurück.
*Zahlen Sie *bar oder mit *Karte?*
Wie viel wollen Sie anzahlen?

Mamy 60.000 euro w banku.
Ten tapczan kosztuje 389 euro.
Razem to będzie jedenaście euro trzydzieści centów.
Proszę mi wydać 5 euro.
Płaci pan gotówką czy kartą?
Jakiej wysokości zaliczkę pan wpłaci?

Berufe
Zawody

r *Beruf, -e
r Traumberuf, -e
*werden (wird, wurde, ist geworden)
Was möchtest du mal werden? – Tester für Computerspiele.
beruflich
Was sind Sie von Beruf? / Was machen Sie beruflich? – Ich bin Radiosprecherin (von Beruf). / Ich arbeite als Radiosprecherin.
Welchen Beruf haben Sie **erlernt**? – Ich bin **gelernter** Schreiner, aber jetzt arbeite ich als Möbel-Designer.

e Branche, -n ['brã:ʃə]
In welcher Branche sind Sie denn tätig? – In der Textilbranche.
s Arbeitsverhältnis, -se
r Mitarbeiter, - // e
  e Mitarbeiterin, -nen
Ich arbeite bei VW.

zawód
wymarzony zawód
zostać
Kim chciałbyś zostać? – Testerem gier komputerowych.
zawodowo
Kim jest pani z zawodu? / Czym zajmuje się pani zawodowo? – Jestem spikerką w radiu. / Pracuję jako spikerka w radiu.
Jaki jest pana zawód wyuczony? – Z wykształcenia jestem stolarzem, ale obecnie pracuję jako projektant mebli.

branża
W jakiej branży pan pracuje? – W przemyśle włókienniczym.
stosunek pracy
(współ)pracownik //
  (współ)pracownica
Pracuję w Volkswagenie.

Mein **früherer** / **jetziger** / **künftiger** Arbeitgeber war / ist ...
Er hat **mehrjährige** Berufserfahrung als Krankenpfleger.
r / e **Berufstätige**, -n ↔
r / e **Arbeitslose**, -n
Er ist ***berufstätig** ↔ **arbeitslos**.
ein künstlerischer / kaufmännischer / handwerklicher Beruf
s **Handwerk**
s **Dienstleistungsgewerbe**, -e
s produzierende **Gewerbe**, -e

Moim poprzednim / obecnym / przyszłym pracodawcą był/jest ...
Ma wieloletnie doświadczenie zawodowe jako pielęgniarz.
pracujący // pracująca ↔
bezrobotny // bezrobotna
On ma pracę ↔ jest bezrobotny.
zawód artystyczny / handlowy / rzemieślniczy
rzemiosło
sektor usługowy
sektor produkcyjny

Zawody

Handwerker	rzemieślnik
Frisör	fryzjer
Koch // Köchin	kucharz
Dachdecker	dekarz
Schneider	krawiec
Bierbrauer	piwowar
Drucker	drukarz
Gärtner	ogrodnik
Elektriker	elektryk
kaufmännische Berufe	zawody w branży handlowej
Sekretär	sekretarka
Sachbearbeiter	referent
Assistent der Geschäftsführung	asystent kierownika
Kaufmann // Kauffrau	handlowiec; właściciel sklepu // handlowiec; właścicielka sklepu
Händler	handlowiec; hurtownik; diler
Buchhalter	księgowy
Bankkaufmann // Bankkauffrau	urzędnik bankowy // urzędniczka bankowa
Dienstleistungsberufe	zawody w sektorze usług
Masseur	masażysta
Bibliothekar	bibliotekarz
Verkäufer	sprzedawca
Telefonist	telefonista
Hausmann // *Hausfrau	niepracujący mężczyzna prowadzący dom // gospodyni domowa
Bademeister	ratownik na basenie
Sicherheitsdienst	ochroniarz
Haushälterin	pomoc domowa / gospodyni
Raumpfleger	sprzątaczka

Lehrberufe	*zawody nauczycielskie*
Trainer	trener
*L̲ehrer	nauczyciel
Musiklehrer	nauczyciel muzyki
Lehrbeauftragte	wykładowca
*Prof̲essor	profesor
Heilberufe	*zawody związane ze służbą zdrowia*
Arzthelfer	asystentka lekarza
Medizinisch-Technische(r)-Assistent(in) (MTA)	asystent techniczno-medyczny
Geburtshelfer	położnik
Arzt // Ärztin	lekarz // lekarka
Pfleger	pielęgniarz
Zahnarzt // Zahnärztin	dentysta // dentystka
Apotheker	aptekarz
*Sozi̲alarbeiter	pracownik społeczny
Sozialpädagoge // Sozialpädagogin	pedagog socjalny
künstlerische Berufe	*zawody artystyczne*
Maler	malarz
Designer	projektant
Architekt	architekt
Im Staatsdienst	*w służbie państwowej*
Berufssoldat	żołnierz zawodowy
*Poliz̲ist	policjant
Staatsanwalt // Staatsanwältin	prokurator
Lehrer	nauczyciel
Gerichtsvollzieher	komornik
Akademiker	*zawody wykonywane po studiach wyższych*
Physiker	fizyk
*Ingeni̲eur	inżynier
Rechtsanwalt // Rechtsanwältin	prawnik
Historiker	historyk
Geisteswissenschaftler	naukowiec humanista

☞ Rzeczowniki rodzaju żeńskiego mają końcówkę ↔ *in*.

r **Akad̲emiker**, - // e **Akad̲emikerin**, -nen	osoba z wyższym wykształceniem; absolwent szkoły wyższej // absolwentka szkoły wyższej
r / e *****A̲ngestellte**, -n	urzędnik / urzędniczka
r Büroangestellte	urzędnik biurowy

r **Kaufmann**, ⸚er // e **Kauffrau**, -en	handlowiec; właściciel sklepu // handlowiec; właścicielka sklepu
r Bürokaufmann	pracownik biurowy z wykształceniem handlowym
e **Arbeitskraft**	siła robocza
r **Arbeiter**, - // e **Arbeiterin**, -nen	robotnik // robotnica
r Facharbeiter	robotnik wykwalifikowany
e ungelernte Kraft	niewykwalifikowana siła robocza
r Hilfsarbeiter, - // e Hilfsarbeiterin, -nen	niewykwalifikowany robotnik; pomocnik // niewykwalifikowana robotnica; pomocnica
e ***Stellung**, -en / e ***Stelle**, -n	posada
r Posten, - *österr.*	posada
beschäftigt sein bei	być zatrudnionym w
e ***Arbeit**, -en / r ***Job**, -s [dʒɔp]	praca
***arbeiten** / schuften *ugs.*	pracować / harować
jobben ['dʒɔbn̩]	pracować [zwykle dorywczo]
e **leichte** ↔ körperlich **schwere** / harte Arbeit	lekka ↔ ciężka praca fizyczna
***interessant** ↔ **uninteressant**	ciekawa ↔ nieciekawa
abwechslungsreich ↔ **eintönig** / ***langweilig** / **monoton**	urozmaicona ↔ monotonna / nudna / monotonna
Sie hat viel Erfolg im Beruf. / Sie ist (in ihrem Beruf) sehr erfolgreich.	Ona odnosi wiele sukcesów zawodowych. / Ma duże sukcesy w pracy.
r ***Arbeitnehmer**, - ↔ r ***Arbeitgeber**, -	pracobiorca ↔ pracodawca
Sie arbeitet bei Siemens.	Ona pracuje w Siemensie.
r ***Beamte**, -n // e **Beamtin**, -nen	urzędnik // urzędniczka
r / e Angestellte im öffentlichen Dienst	pracownik administracji publicznej
r / e **Selbstständige**, -n	osoba prowadząca własną działalność gospodarczą
Er hat eine **feste Stelle**. ↔ Er ist **freiberuflich** / ***selbstständig** tätig.	On ma stałą posadę. ↔ Ma wolny zawód. / Jest wolnym strzelcem.
r Freiberufler, - // e Freiberuflerin, -nen / r freie Mitarbeiter, - // e freie Mitarbeiterin, -nen	freelancer / wolny strzelec
Hauptberuflich war sie Verkäuferin, ***nebenbei** ist sie noch putzen gegangen.	Była zatrudniona na etacie jako sprzedawczyni, a oprócz tego dorabiała sprzątając.
ehrenamtlich tätig sein	angażować się w działalność charytatywną
e ***Ausbildung**, -en	wykształcenie
Er wird zum Werkstattmeister ausgebildet.	Kształci się na kierownika warsztatu.

e *Aussicht, -en / e Berufsaussicht, -en	perspektywa / perspektywy zawodowe
r Berufsanfänger, - // e Berufsanfängerin, -nen ↔ r *Profi, -s	początkujący // początkująca w danym zawodzie ↔ profesjonalista
e Probezeit	okres próbny
Jetzt beginnt der Ernst des Lebens.	Teraz zaczyna się dorosłe życie.
e *Lehre	nauka zawodu; praktyka
Sie ist noch in der Lehre.	Ona jeszcze uczy się zawodu.
e Lehrzeit, -en	praktyka; okres nauki zawodu
r / e *Auszubildende, -n / r / e Azubi, -s	uczeń // uczennica
Er muss erst angelernt werden.	Trzeba go jeszcze przyuczyć.
r *Lehrling, -e / r Geselle, -n / r Meister, -	uczeń / czeladnik / mistrz
e Lehrstelle, -n	miejsce dla praktykantów chcących podjąć naukę zawodu
Nach langem Suchen hat er endlich eine Lehrstelle gefunden.	Po długich poszukiwaniach znalazł wreszcie miejsce, gdzie mógł odbyć praktykę.
e Berufsschule, -n	szkoła zawodowa
s *Praktikum, Praktika	praktyka
ein Praktikum machen	odbywać praktykę
r *Praktikant, -en // e Praktikantin, -nen	praktykant // praktykantka
s Arbeitsamt, ⸚er	urząd pracy
s Berufsbildungszentrum, -zentren	centrum kształcenia zawodowego
Gehen Sie doch mal zum Arbeitsamt.	Niech pan pójdzie do urzędu pracy.
e Berufsberatung, -en	poradnictwo zawodowe
e Stellenvermittlung	pośrednictwo pracy
e ABM-Stelle, -n / e Arbeitsbeschaffungsmaßnahme	stanowisko pracy powstałe dzięki programowi tworzenia nowych miejsc pracy / strategia tworzenia nowych miejsc pracy
e Fortbildung	dokształcanie; doszkalanie
e *Weiterbildung	dokształcanie
s Stelleninserat, -e / e Stellenanzeige, -n	ogłoszenie o pracy
e *Bewerbung, -en	ubieganie się
*sich bewerben um (+ A) (bewirbt, bewarb, hat beworben)	ubiegać się o
Er bewirbt sich um die Stelle als Assistent.	Ubiega się o pracę jako asystent.
Hiermit bewerbe ich mich um einen Ausbildungsplatz zur Bankkauffrau.	Poszukuję możliwości zdobycia praktyki zawodowej jako urzędnik bankowy.
s Bewerbungsschreiben, -	podanie o przyjęcie do pracy
r Lebenslauf, ⸚e	życiorys
r Bewerbungsbrief, -e	list motywacyjny

r **Bewerber**, - // e **Bewerberin**, -nen	kandydat // kandydatka
zu einem Bewerbungsgespräch / Vorstellungsgespräch eingeladen werden	zostać zaproszonym na rozmowę kwalifikacyjną
an einem Auswahlverfahren / Assessment-Center [ɛˈsɛsməntsɛntə(r)] teilnehmen	brać udział w postępowaniu kwalifikacyjnym
e Qualifikation, -en	kwalifikacja
*****geeignet sein** (ist, war, ist gewesen)	nadawać się
e *****Voraussetzung**, -en	wymaganie
die Voraussetzungen für die Stelle erfüllen	spełniać wymagania konieczne do objęcia stanowiska

20.1 Am Arbeitsplatz
Miejsce pracy

20.2 Kommunikation am Arbeitsplatz
Porozumiewanie się w pracy

20

Im Büro
W biurze

Am Arbeitsplatz
Miejsce pracy

r **Arbeitsplatz**, ⸚e	miejsce pracy; stanowisko pracy
s ***Büro**, -s	biuro
Wo bist du gerade? – Auf dem Weg zur Arbeit / zum Büro.	Gdzie jesteś? – W drodze do pracy / biura.
s **Bürogebäude**, -	biurowiec
s **Großraumbüro**	biuro typu open-plan
s Architekturbüro	pracownia architektoniczna
e **Kanzlei**, -en / e Anwaltskanzlei	kancelaria / kancelaria adwokacka
s ***Zimmer**, -	pokój
s Konferenzzimmer, - / s Besprechungszimmer, -	sala konferencyjna
***dienen**	służyć
Das Zimmer dient als Stauraum.	Ten pokój służy za schowek.
Er arbeitet am **Empfang**.	Pracuje w recepcji.
s Vorzimmer, -	sekretariat
e **Buchhaltung** Sg	księgowość
e **Poststelle**, -n / e Versandstelle, -n	komórka w przedsiębiorstwie zajmująca się dystrybucją i wysyłaniem poczty
e ***Kantine**, -n	stołówka
e Essensmarke, -n	bon obiadowy
e **Büroeinrichtung** Sg	wyposażenie biura

Wyposażenie biura I

r *Schreibtisch, -e / s *Pult, -e (schweiz.)	biurko
r Computertisch, -e	stolik pod komputer
r Schreibtischstuhl, ⸚e	krzesło biurowe
r Bürostuhl, ⸚e	krzesło biurowe
r Schreibtischsessel, - / r Bürosessel, - (österr.)	krzesło biurowe
s *Regal, -e	regał
r Aktenschrank, ⸚e	szafa na akta
r Hängeordner	teczka zawieszkowa
e Ablage, -n	segregator; szafa na akta; archiwum
e Schreibtischlampe, -n	lampa na biurko
e Schreibtischunterlage, -n	podkładka na biurko
r Papierkorb, ⸚e	kosz na śmieci
e Magnetwand	tablica magnetyczna
e Pinnwand	tablica korkowa/samoprzylepna

s **Personal** Sg / e Belegschaft Sg	personel; zespół
r **Arbeitskollege**, -n //	kolega z pracy // koleżanka z pracy
e **Arbeitskollegin**, -nen	
r ***Chef**, -s // e **Chefin**, -nen	szef // szefowa
r **Mitarbeiter**, - //	współpracownik
e **Mitarbeiterin**, -nen	
r **Sekretär**, - // e **Sekretärin**, -nen	sekretarz // sekretarka
e Chefsekretärin / e persönliche Assistentin, -nen // r Assistent, -en	sekretarka szefa / osobista sekretarka // sekretarz
e Schreibkraft, ⸚e	maszynistka
s Mädchen-für-alles	pomoc biurowa
e **Visitenkarte**, -n	wizytówka
Darf ich Ihnen meine Visitenkarte überreichen?	Czy mogę wręczyć panu moją wizytówkę?
e **Zusammenarbeit** / e **Teamarbeit**	współpraca / praca zespołowa
im Team arbeiten	pracować w zespole
ein Team bilden	tworzyć zespół
e **Arbeitsstelle**, -n / r **Arbeitsplatz**, ⸚e	posada / miejsce pracy
***fest** ↔ **befristet**	na czas nieokreślony ↔ na czas określony
e Halbtageskraft	osoba zatrudniona na pół etatu
e Teilzeitkraft, ⸚e	osoba zatrudniona w niepełnym wymiarze godzin
e Zeitarbeit	praca okresowa
e ***Tätigkeit**, -en	praca; zajęcie
e **Bürotätigkeit**, -en	praca biurowa

Wyposażenie biura II

r Computer, -	komputer
r Laptop, -s	laptop
r ISDN-Anschluss, ⸚e	łącze ISDN
r Organizer, -s	organizer
r *Drucker, -	drukarka
r Scanner, -	skaner
s *Handy, -s ['hɛndi] / s Mobiltelefon, -e	telefon komórkowy
e Telefonanlage, -n	centrala telefoniczna
r *Anrufbeantworter, -	automatyczna sekretarka
s Faxgerät, -e	faks
s Diktiergerät, -e	dyktafon
r *Kopierer / r Fotokopierer, -	kserokopiarka
e Schreibmaschine, -n	maszyna do pisania
e Rechenmaschine, -n	kalkulator
r Taschenrechner, -	kalkulator kieszonkowy
r Reißwolf	niszczarka

20.1

e *E-Mail, -s ['i:me:l] / e Mail, -s	e-mail
mailen (gemailt)	przesłać mailem
In der Anlage finden Sie drei Dateien.	W załączniku przesyłam trzy pliki.
s *Internet / s Intranet	internet / intranet
Unsere Firma ist vernetzt.	Nasza firma ma zintegrowany system informatyczny.
r *Brief, -e / s *Schreiben, -	list / pismo
r Geschäftsbrief, -e	korespondencja biznesowa
r Kurzbrief, -e	krótki list / notatka
s *Fax, -e [faks]	faks
*schreiben (schrieb, hat geschrieben)	pisać
etw in den *Computer [kɔm'pju:tɐ] eingeben (gibt ein, gab ein, hat eingegeben) / eintippen / *tippen	napisać coś na komputerze
Bitte setzen Sie das Schreiben kurz auf.	Proszę przygotować wstępną wersję tego listu.
e *Anlage, -n	załącznik
e Beilage, -n *österr.* / *schweiz.*	załącznik
Legen Sie dem Schreiben diese Kopie bei.	Proszę załączyć do pisma tę kopię.
s Dokument, -e	dokument
r Tippfehler, -	literówka
r Rechtschreibfehler, -	błąd ortograficzny

Prace biurowe

*organisieren	organizować
*telefonieren	telefonować
faxen	faksować
mailen / per E-Mail *schicken	przesyłać mailem
verhandeln	negocjować
Termine ausmachen	organizować spotkania
Briefe / Schreiben verfassen	sporządzać pisma
Briefe / Memos schreiben	pisać listy / robić notatki
Akten ablegen	segregować dokumenty
Tabellen erstellen	sporządzać tabelki
Abrechnungen machen	robić obliczenia
an Besprechungen *teilnehmen	brać udział w naradach
Mitarbeiter anlernen / anleiten	przyuczać nowych pracowników / dawać wskazówki
Arbeit weitergeben / delegieren	zlecać wykonanie zadań
Seminare / Messen *vorbereiten	przygotowywać seminaria / targi
das Besucherprogramm organisieren	organizować wizyty
Gäste *betreuen / empfangen	zajmować się gośćmi / witać gości

e **Besprechung**, -en / e ***Sitzung**, -en / s **Meeting**, -s ['mi:tɪŋ]	narada; konferencja / posiedzenie / zebranie; spotkanie
ein Meeting abhalten	zorganizować spotkanie
Er ist gerade in einer Besprechung.	Właśnie jest na naradzie.
Die Besprechung ist auf heute 3 Uhr angesetzt.	Naradę zaplanowano na dziś, na godzinę 3.00.
r Zeitplan, ⸗e	harmonogram
e **Vereinbarung**, -en	ustalenie; umowa
eine **schriftliche** ↔ **mündliche** Vereinbarung treffen	zawrzeć umowę na piśmie ↔ ustną
s **Protokoll**, -e	protokół
Wer schreibt heute das Protokoll?	Kto dziś spisze protokół?
Nehmen Sie das bitte ins Protokoll auf.	Proszę to zaprotokołować.
mit der Arbeit ***fertig sein** (ist, war, ist gewesen)	skończyć pracę
Er macht seinen Job gut ↔ schlecht.	Dobrze ↔ źle wykonuje swoją pracę.
seine Arbeit ***erledigen**	wykonać swoją pracę
Seine Arbeit **termingerecht** ↔ **verspätet** abliefern.	Skończyć swoją pracę w terminie ↔ z opóźnieniem.
r ***Termin**, -e	termin
***sich bemühen** um +A	starać się o
Können Sie sich für mich um einen Termin beim Chef bemühen?	Czy może mi pan wystarać się o spotkanie z szefem?
r **Termindruck**	presja czasu
einen Termin ansetzen / **vereinbaren** ↔ **absagen** / platzen lassen	określić / ustalić termin ↔ odmówić / nie dotrzymać terminu
einen Termin einhalten ↔ **verschieben** (verschob, hat verschoben)	dotrzymać terminu ↔ przesunąć termin
***sich irren**	mylić się
Heute ist kein Meeting? Oh je, ich habe mich im Tag geirrt.	Dziś nie ma spotkania? Ojej, pomyliłem dni.
r ***Kalender**, -	kalendarz
r **Terminkalender**, -	terminarz
r volle Terminkalender	pełny terminarz
Er hat keine Termine mehr frei. ↔ Er hat am Montag um 17 Uhr noch einen Termin frei.	Nie ma już wolnych terminów. ↔ Ma jeszcze czas w poniedziałek o 17.00.
r Tischkalender, -	kalendarz biurkowy
r Jahresplaner, -	roczny planer
r Workaholic, -s [wœ:kə'hɔlɪk]	pracoholik
r ***Stress**	stres
anstrengend	męczący

Miejsce pracy

20
1

Idealny pracownik

*zuverlässig	niezawodny
belastbar	odporny na stres
flexibel	elastyczny
(hoch-)qualifiziert	(wysoko) wykwalifikowany
*erfahren	doświadczony
kompetent	kompetentny
*sozial / kommunikativ	otwarty / potrafiący się dogadać z ludźmi
ehrgeizig	ambitny
zielstrebig	dążacy do określonych celów
teamfähig ['tiːmfɛːɪç]	odnajdujący się w pracy zespołowej

r Firmenausweis, -e	legitymacja służbowa
e elektronische Zeiterfassung / e Stechuhr, -en	zegar kontrolny; czasomierz
Musst du stempeln?	Czy musisz podstemplowywać kartę przy wejściu i wyjściu z pracy?
e Arbeitszeit, -en	czas pracy
e Arbeitszeitregelung, -en	ustalenia dot. czasu pracy
gleitende Arbeitszeit / flexible Arbeitszeiten ↔ feste Arbeitszeiten	elastyczny ↔ sztywny czas pracy
e Kernzeit, -en	sztywny czas pracy
s Arbeitszeitkonto, -konten	przepracowane godziny
r Arbeitszeitbeginn ↔ s Arbeitsende	początek pracy ↔ koniec pracy
*anfangen (fängt an, fing an, hat angefangen) / *beginnen (begann, hat begonnen) ↔ *aufhören mit	rozpoczynać ↔ kończyć
Er fängt um halb neun zu arbeiten an. / Er beginnt um halb neun mit der Arbeit.	Zaczyna pracę o wpół do dziewiątej.
Wann machen Sie heute Schluss? – Nicht vor 19 Uhr. / Erst gegen 19 Uhr.	O której pan dziś skończy pracę? – Najwcześniej o 19.00. / Dopiero około 19.00.
e Wochenarbeitszeit / e 35-Stunden-Woche	tygodniowy czas pracy / 35-godzinny tydzień pracy
e Arbeitsstunde, -n	roboczogodzina
r Feierabend	czas wolny po pracy
nach Dienstschluss	po godzinach; po służbie
e Krankmeldung, -en / s Attest, -e	powiadomienie o chorobie / zwolnienie lekarskie
ein hoher ↔ niedriger Krankenstand	wysoki ↔ niski wskaźnik zachorowań
sich *krank *melden	zawiadomić o chorobie
krank feiern	pójść na zwolnienie symulując chorobę

Am Arbeitsplatz

r **Urlaub** / **Ferien** *Pl* ['feːri̯ən] urlop / ferie; wakacje
r bezahlte ↔ unbezahlte Urlaub urlop płatny ↔ bezpłatny
r Sonderurlaub urlop okolicznościowy
Urlaub *nehmen (nimmt, nahm, hat genommen) wziąć urlop
Ferien nehmen *schweiz.* wziąć urlop
den Urlaub genehmigt bekommen dostać zgodę na urlop
sich einen Tag frei nehmen wziąć wolny dzień
e ***Überstunde**, -n nadgodziny
Überstunden machen pracować po godzinach
Überstunden abfeiern / ausbezahlen dostać wolne za nadgodziny / rozliczyć nadgodziny

e **Geschäftsreise**, -n delegacja
*abrechnen rozliczyć
Die Reisekosten werden mit diesem Formular abgerechnet. Koszta delegacji rozlicza się według tego formularza.
s **Büromaterial**, -materialien artykuły biurowe
s ***Papier** *Sg* papier
s **Briefpapier** papier listowy
s **Kopierpapier** / s **Faxpapier** papier do ksero / papier do faksu
Das Kopierpapier ist aus. / Es ist kein Kopierpapier mehr da. Skończył się papier do ksero. / Nie ma już papieru do ksero.
Können Sie bitte neues Kopierpapier besorgen / bestellen. Czy mógłby pan kupić / zamówić papier do ksero?
e ***Notiz**, -en notatka
e Aktennotiz notatka w dokumentach
Notizen *machen / **notieren** / ***aufschreiben** (schrieb auf, hat aufgeschrieben) robić notatki / notować / zapisywać

Einen Moment, das muss ich mir kurz aufschreiben. Chwileczkę, muszę to sobie zapisać.
r **Notizzettel**, - kartka z notatnika
r **Notizblock**, ⸚e / s Notizbuch, ⸚er notatnik / notes
e **Akte**, -n dokument; akt
Bringen Sie mir bitte bei ***Gelegenheit** die Akte Enran. Das hat aber keine ***Eile**. Proszę przy okazji przynieść mi akta Enran. To nie jest nic pilnego.
Können Sie diese Akte bitte ablegen. Czy może pan posegregować te dokumenty?
e **Aktenmappe**, -n / e **Aktentasche**, -n teczka; aktówka
r **Ordner**, - / r **Hängeordner** segregator / teczka zawieszkowa
r Aktenordner, - segregator na dokumenty
einordnen / **einsortieren** posegregować
die Dokumente ***ordnen** posegregować / uporządkować dokumenty
Bitte heften Sie das ab. / Legen Sie das bitte unter Verträge ab. Proszę to uporządkować. / Proszę to odłożyć do umów.

Miejsce pracy

20.1

Bringen Sie mir bitte den Ordner mit den Bestellungen.	Proszę mi przynieść segregator z zamówieniami.
Holen Sie bitte den Vertrag aus dem blauen Ordner.	Proszę wyjąć umowę z niebieskiego segregatora.
e Unterschriftenmappe, -n	teczka do podpisu
e Durchlaufmappe, -n	obiegowa teczka z dokumentami
s *F_ach, ⸚er / s Postfach	przegródka / przegródka na listy
e _Ablage, -n	segregator; szafka na akta; archiwum
Dieser Stapel gehört in die Ablage.	Ten stos trzeba przejrzeć i posegregować.
Ich muss heute viel Papierkram erledigen.	Muszę dziś przejrzeć stos papierów.
diktieren	dyktować
stenografieren	stenografować
r Bür_obedarf / r Büro_artikel, -	przybory biurowe

Przybory biurowe

e *Sch_ere, -n	nożyczki
e Büroklammer, -n	spinacz
e Heftklammer, -n	zszywka
r Hefter, -	zszywacz
r Papierclip, -s	spinacze do papieru
r Locher	dziurkacz
e Reißzwecke, -n / r Reißnagel, ⸚	pinezka
e Pinnnadel, -n	szpilka
r Magnet, -en	magnes
r Spitzer, -	temperówka
e Nachfüllpatrone	wkład wymienny
s Tipp-Ex®	korektor
r Radiergummi, -s	gumka do ścierania
Tesafilm® / Tesa® / s Klebeband, ⸚er	scotch®
r Tixo® (österr.)	scotch®
r Tesafilm-Abroller, -	podajnik do scotcha®
s Klebeband	taśma klejąca
r Klebestift, -e / r Kleber, -	klej w sztyfcie / klej
Post-it®	kartki samoprzylepne
Papiere zusammenheften / lochen / klammern	zszyć; spinać / dziurkować / zszyć kartki
*Z_ettel an die *W_and heften	przyczepiać karteczki do tablicy

e *T_afel, -n	tablica
s Flipchart, -s ['flɪptʃart auch ...tʃaːɐ̯t]	tablica typu flipchart
e Magn_etwand, ⸚e	tablica magnetyczna
e P_innwand, ⸚e	tablica korkowa/samoprzylepna
s schwarze Brett, -er	tablica ogłoszeń

Am Arbeitsplatz

r **Stift**, -e	długopis
Ich bräuchte einen Stift. / Könnte ich kurz Ihren Stift haben?	Potrzebny mi długopis. / Czy mogę na chwilę pożyczyć od pana długopis?
r Tafelstift, -e	marker
e **Stiftablage**, -n	pojemnik na przybory do pisania
Der Stift geht / schreibt nicht mehr.	Ten długopis nie pisze.
r ***Bleistift** / r Buntstift	ołówek / kredka
r ***Kugelschreiber**, -	długopis
e (auswechselbare) **Mine**, -n	(wymienny) wkład
r **Filzstift**, -e / r Filzschreiber, -	flamaster
r **Marker**, -	marker
r **Füller**, - / e Füllfeder, -n / r Füllfederhalter, -	wieczne pióro
e **Tinte**, -n	atrament
e **Patrone**, -n / e Druckerpatrone	nabój / cartridge do drukarki

Kommunikation am Arbeitsplatz
Porozumiewanie się w pracy

s ***Gespräch**, -e	rozmowa
Er führt intensive Gespräche mit seinem künftigen Chef.	Prowadzi intensywne rozmowy ze swoim przyszłym szefem.
s **Geschäftsgespräch**, -e	rozmowa o interesach
ein vertrauliches / privates Gespräch / ein Gespräch unter vier Augen	rozmowa poufna / prywatna / rozmowa w cztery oczy
e Aussprache, -n	dyskusja; wymiana zdań
e Unterredung, -en	rozmowa
e **Präsentation**, -en	prezentacja
e **Besprechung**, -en	narada; konferencja
eine Besprechung ansetzen / abhalten	ustalić termin narady/konferencji / zorganizować naradę
auf einer Besprechung sein / eine Besprechung haben	być na konferencji/naradzie / mieć konferencję/naradę
verhandeln / weiterverhandeln	negocjować / kontynuować negocjacje

---

Przedstawienie planu przebiegu zebrania

*Zuerst / Am *Anfang / Als erstes / Zu Beginn möchte ich …*	Najpierw / Na początku / Najpierw Na początku chciałbym …
Dann / Danach / Anschließend / Im Anschluss …	Potem / Potem / Następnie …
Als Nächstes / Außerdem / Dazu / Zusätzlich …	Następnie / Poza tym / Ponadto / Dodatkowo …
*Abschließend / Zum *Schluss / Und *schließlich …*	Kończąc / Na zakończenie / I wreszcie …

ein Gespräch *be**gi**nnen (begann, hat begonnen) ↔ **ạbbrechen** (bricht ab, brach ab, hat abgebrochen)	rozpocząć rozmowę ↔ przerwać
ein Gespräch **unterbrẹchen** (unterbricht, unterbrach, hat unterbrochen) ↔ **fọrtführen**	przerwać ↔ kontynuować rozmowę
mit jm **ins Gesprạ̈ch** *kọmmen (kam, ist gekommen)	nawiązać z kimś rozmowę
jn in ein Gespräch verwickeln	wciągnąć kogoś w rozmowę
sich viel ↔ kaum am Gespräch beteiligen	aktywnie uczestniczyć ↔ prawie w ogóle nie uczestniczyć w rozmowie
ins Gespräch vertieft sein	być pogrążonym w rozmowie
jm **ins *Wọrt fạllen** (fällt, fiel, ist gefallen) / jn unterbrechen	wpaść komuś w słowo / przerwać komuś

Włączanie się do rozmowy

Entschuldigung, darf ich Sie kurz unterbrechen?	Przepraszam, czy mogę panu na chwilę przerwać?
Eine Zwischenfrage.	Jedno krótkie pytanie.
Darf ich etwas dazu sagen?	Czy mogę wypowiedzieć się na ten temat?
Ich möchte etwas dazu sagen.	Chciałbym coś dodać na ten temat.
Entschuldigung, dazu würde ich gern etwas sagen.	Przepraszam, chciałbym zabrać głos w tej sprawie.
Darf ich da ganz kurz einhaken?	Czy mogę się na chwilę wtrącić?
Tut mir Leid, wenn ich Sie unterbreche, aber ...	Przepraszam, że przerywam, ale ...
*Entschuldigung, Sie *behaupten, dass ...*	Przepraszam, uważa pan, że ...
Einen Moment noch.	Jeszcze chwila.
Wenn Sie mich bitte zu Ende reden lassen würden.	Proszę pozwolić mi skończyć.
Darf ich das noch eben ausführen?	Czy mogę skończyć?

e **Gesprạ̈chsführung**, -en e Gesprächsleitung, -en	moderujący dyskusję
r **Referẹnt**, -en // e **Referẹntin**, -nen	referent
r / e **Vọrtragende**, -n	prelegent // prelegentka
r Vortragsstil, -e	styl mówienia
ein Gespräch **moderị̈eren**	moderować dyskusję
*begrụ̈nden	uzasadnić
Können Sie das begründen / an einem Beispiel belegen?	Czy może pan to uzasadnić / udowodnić na jakimś przykładzie

Otwarcie dyskusji

Unser Thema heute ist: ...	Nasz dzisiejszy temat to: ...
Heute befassen wir uns mit dem Thema: ...	Dziś zajmiemy się zagadnieniem...
Unsere Tagesordnung: ...	Nasz porządek obrad: ...
Ziel unseres Gespräches ist:	Celem naszej rozmowy jest: ...

Udzielanie głosu

Bitte Frau Müller.	Proszę, pani Müller.
Wer möchte beginnen?	Kto chciałby zacząć?
Was ist Ihre Meinung dazu?	Co pan o tym sądzi?

Powrót do tematu

Darf ich an den Zeitplan erinnern.	Chciałbym powrócić do naszego porządku obrad.
Unsere ursprüngliche Frage war ...	Zaczęliśmy od pytania o ...
Es ist jetzt 11 Uhr. Stellen wir die Frage zurück und machen erst einmal weiter mit der Tagesordnung.	Jest 11.00. Zostawmy to pytanie na później i powróćmy do porządku obrad.
Ich würde jetzt gerne zum nächsten Punkt kommen.	Chciałbym przejść do następnego punktu obrad.
Kommen wir noch einmal zurück zur Frage: ...	Powróćmy do pytania: ...

Podkreślenie czegoś

Entscheidend ist, ...	Decydującą rzeczą jest ...
Besonders wichtig erscheint mir dabei, ...	Szczególnie istotne wydaje mi się przy tym ...
Eines möchte ich unterstreichen: ...	Chciałbym podkreślić jedną rzecz: ...

Podsumowanie

Ich fasse zusammen: ...	Podsumowując: ...
Folgendes haben wir heute erreicht / entschieden: ...	Ustaliliśmy dziś następujące rzeczy: ...
Ich halte fest: ...	Stwierdzam, że ...
Können wir somit festhalten, dass ...	Możemy więc uznać, że ...

Zamknięcie dyskusji

Damit kommen wir zum Schluss.	To nasz ostatni punkt programu.
Wir sind am Ende. Ich danke Ihnen für Ihre Aufmerksamkeit / Ihre rege Beteiligung.	Na tym kończy się nasza dyskusja. Dziękuję państwu za uwagę / aktywny udział.
Tja, das wär's dann für heute. Vielen Dank.	No cóż, dziś to by było na tyle. Bardzo dziękuję.

e **Verhandlung**, -en | negocjacja
verhandeln | negocjować
z**u**stimmen ↔ *ablehnen | zgadzać się ↔ odrzucić
bedingt zustimmen | zgodzić się pod pewnymi warunkami

Wyrażanie zgody

Abgemacht. | Zgoda.
*Ja, *genau!* | Tak, właśnie.
*Das sehe ich *genauso.* | Też tak uważam.
Da bin ich ganz Ihrer Meinung. | Całkowicie się z panem zgadzam.
Dem kann ich nur zustimmen. | Mogę się tylko z tym zgodzić.

Nie zgadzać się

*Ich sehe das *anders.* | Mam inne zdanie na ten temat.
*Ich habe da meine *Zweifel.* | Mam pewne wątpliwości.
*Da bin ich mir nicht so *sicher.* | Nie byłbym taki pewien.
Dem kann ich leider nicht zustimmen. | Niestety nie mogę się z tym zgodzić.

Tut mir Leid. Aber das sehe ich anders. | Przykro mi. Mam inne zdanie.
*Da muss ich Ihnen *widersprechen.* | Niestety tu się z panem nie zgadzam.

*Das mag Ihr *Standpunkt sein, aber ich sehe das anders.* | To jest pański punkt widzenia, ja mam inne zdanie.

Dodatkowe pytania

Habe ich Sie richtig verstanden? ... | Czy dobrze pana zrozumiałem? ...
*Das habe ich nicht verstanden. Könnten Sie das noch einmal *wiederholen?* | Nie zrozumiałem. Czy mógłby pan powtórzyć?
Was meinen Sie damit? Das ist mir nicht ganz klar. | Co pan ma na myśli? Nie bardzo rozumiem.
Eine kurze Zwischenfrage: ... | Krótkie pytanie: ...

Poprawianie się

Ich habe mich da vielleicht nicht klar ausgedrückt. Noch einmal also: ... | Być może nie wyraziłem się jasno. A więc jeszcze raz: ...
Darf ich etwas richtig stellen? | Czy mogę coś wyjaśnić?

e **Bürokommunikation** | porozumiewanie się w biurze
e **Anweisung**, -en / e *B**i**tte, -n | polecenie / prośba
e *N**a**chfrage, -n | prośba o wyjaśnienie

Wykonywanie zadań

Was kann ich für Sie tun? / Kann ich was für Sie tun?	Czym mogę panu służyć?
Was ist (gerade) zu tun?	Co (teraz) trzeba zrobić?
Ich hätte eine Bitte: ...	Mam prośbę: ...
Könnten Sie das für mich *erledigen?	Czy mógłby pan to dla mnie załatwić?
Könnten Sie noch zusätzliche Arbeit *übernehmen?	Czy mógłby pan przejąć jeszcze dodatkowe zadania/obowiązki?
Könnten Sie heute länger bleiben / Überstunden machen?	Czy mógłby pan dzisiaj zostać dłużej / zostać po godzinach?
Ja, aber erst heute Nachmittag.	Tak, ale dopiero popołudniu.
Nein, ich bin im Moment leider zu beschäftigt ... Vielleicht später?	Nie, niestety w tej chwili jestem zbyt zajęty... Może później?
Tut mir Leid, ich habe gerade so viel zu tun.	Przykro mi, mam akurat tyle pracy.

r **Smalltalk**, -s ['smɔ:ltɔ:k] — rozmowa grzecznościowa
Small-talk machen / plaudern (mit) — przeprowadzić rozmowę grzecznościową / pogadać (z)

Rozmowa grzecznościowa

Ich hoffe, Sie hatten eine gute Anreise.	Mam nadzieję, że podróż mile panu upłynęła.
Wie war Ihr Flug?	Jak minął panu lot?
Sind Sie mit Ihrer Unterkunft zufrieden?	Czy jest pan zadowolony z hotelu?
Das Wetter heute ist wirklich schön / gut / angenehm / schrecklich.	Pogoda dziś jest naprawdę ładna / ładna / przyjemna / straszna.
Sind Sie das erste Mal hier?	Czy jest pan tu pierwszy raz?
Wie finden Sie die Stadt?	Jak podoba się panu miasto?
Wie ist das Klima / der Verkehr / ... eigentlich bei Ihnen?	A właściwie jaki jest klimat / ruch / ... w pańskim kraju?
Was machen Sie in Ihrer Freizeit?	Jak spędza pan czas wolny?

Österreich Austria

Die mit *süddt.* markierten Wörter werden auch in Süddeutschland gebraucht.
Słówka, przy których widnieje skrót „*süddt.*" używane są również w Niemczech południowych.

1.	**Kontakte / Kommunikation**	**Kontakty / Porozumiewanie się**
1.1	Servus. ['zɛrvʊs] / Grüß Gott. *süddt.*	Cześć.

Formy zwracania się do ludzi

W Austrii tytułów naukowych używa się dużo częściej, niż w Niemczech. Do najczęstszych należą: *Ing.* (Ingenieur [ɪnʒe'niø:ɐ̯]), czyli inżynier (ktoś, kto zdał maturę z przedmiotów technicznych, *Mag.* (Magister / Magistra), czyli magister, *DI (Diplomingenieur)*, czyli magister inżynier i *Dr.* (Doktor), czyli doktor. Kolejną austriacką osobliwością jest to, że nauczycieli w gimnazjach tytułuje się *Frau / Herr Professor (Huber)*.

W Austrii litery „j" i „q" wymawia się inaczej, niż w Niemczech: „j" to w Austri [je], a nie [jot], a „q" to [kwe], a nie [ku].

2.	**Der Mensch**	**Człowiek**
2.5	r Pensionist, -en // e Pensionistin, -nen	emeryt // emerytka
	r Frühpensionist, -en // e Frühpensionistin, -nen	mężczyzna, który przeszedł na wcześniejszą emeryturę // kobieta, która przeszła na wcześniejszą emeryturę
2.7	angreifen (griff an, hat angegriffen)	dotykać
3.	**Die Familie**	**Rodzina**
3.3	r Bub, -en *süddt.*	chłopiec
4.	**Dinge des Alltags**	**Życie codzienne**
4.1	e Jause, -n ['jauzə]	przekąska
	jausnen ['jauzn]/ ['jausnən]	zrobić przerwę na mały posiłek
	s Schlagobers *Sg* ↔ r Sauerrahm *Sg*	słodka ↔ kwaśna śmietana
	s Schlagobers *Sg*	bita śmietana
	r Topfen *Sg*	twaróg
	r Knödel, – *süddt.*	kluska; knedel
	s Faschierte *Sg*	mielone mięso
	s Frankfurter Würstel, -	frankfurterki
	r Karfiol [kar'fi̯o:l]	kalafior
	Kohlsprossen *Pl*	brukselka
	e Marille, -n *süddt.*	morela
	e Ribisel, -n ['ri:bi:zl] *süddt.*	porzeczka

4.2 g(e)spritzter Apfelsaft — sok jabłkowy z dodatkiem (gazowanej) wody

Kawa – Kaffee

W Austrii, a szczególnie w Wiedniu, bardzo popularnymi lokalami są kawiarnie (**Kaffeehäuser**). Można w nich wypić filiżankę kawy, przeczytać krajowe i zagraniczne gazety, a przy okazji spotkać się z przyjaciółmi. Wiedeńczycy w kawiarniach potrafią spędzić kilka godzin, zamawiając przy tym tylko jedną lub dwie filiżanki kawy. Najpopularniejszym napojem jest **Melange** (kawa ze spienionym gorącym mlekiem) oraz **Kleine / Große Braune** (mała /duża mocna kawa z mlekiem). Kawa zawsze podawana jest ze szklanką niegazowanej wody.

4.3	s Zündholz, ⸚er *süddt.*	zapałka
4.5	r Schlüpfer, -	klapek
4.6	e Trafik, -en [tra'fɪk]	kiosk

Trafik (także: Tabak-Trafik)

Trafik, austriacki kiosk, to mały sklepik (zwykle składający się z jednego pomieszczenia), w którym kupić można gazety, papierosy i inne wyroby tytoniowe, a także znaczki. W kioskach często dostać też można oficjalne formularze urzędowe, karty parkingowe oraz bilety komunikacji miejskiej.

5.	**Zu Hause**	**Dom**
5.1	übersiedeln	przeprowadzać się
	e Übersiedlung, -en	przeprowadzka
	e Stiege, -n *süddt.*	schody
	s Stiegenhaus, ⸚er *süddt.*	klatka schodowa
	e Glocke, -n *süddt.*	dzwonek
	läuten *süddt.*	(za)dzwonić
	r Rauchfang ⸚e / r Kamin, -e *süddt.*	komin
5.2	r Plafond, -s [pla'fõ:] *süddt.*	sufit
	r Kasten, ⸚ *süddt.*	szafa
	s Leintuch, ⸚er *süddt.*	prześcieradło
	r Überzug, ⸚e *süddt.*	powłoczka; poszewka
	r Fauteuil, -s [fo'tœj]	fotel
	r Sessel, -	krzesło
	e Abwasch, -en	zlew
	r Eiskasten, ⸚	lodówka
	das Licht / die Lampe einschalten / aufdrehen ↔ ausschalten / abdrehen	włączyć ↔ wyłączyć światło / lampę
	r Vorhang, ⸚e *süddt.* / r Store, -s ['ʃtoːɐ̯] *auch* ['stoːɐ̯].	zasłona / firanka
	r Mistkübel, - *süddt.*	kosz na śmieci
5.3	kehren *süddt.*	zamiatać
	die Wäsche waschen / schwemmen / schleudern	robić / płukać / wyżymać pranie

Österreich

5.4	e E̲ierspeise, -n	jajecznica
	den Germteig gehen lassen	zostawić ciasto drożdżowe do wyrośnięcia
	den Schla̲g schlagen	ubić śmietanę

6. Feste und Freizeit — Święta, wakacje i czas wolny

Austriackie święto narodowe – *Nationalfeiertag in Österreich* (26.10.)
W Austrii w czasie świąt katolickich we wszystkich krajach związkowych zamknięte są wszystkie szkoły i firmy. Protestanci wolne mają również w Wielki Piątek.

6.1	auf U̲rlaub sein	być na urlopie
	auf U̲rlaub fahren	jechać na urlop
6.4	s Ga̲sthaus, ⸚er	restauracja; gospoda; karczma
	s Be̲isel, -n ['baizl]	lokal gastronomiczny; knajpa
	r He̲urige, -n	knajpa oferująca młode wino, często znajdująca się przy winnicy
	r Würstelstand, ⸚e	budka z kiełbaskami na gorąco
	r gespri̲tzte A̲pfelsaft	sok jabłkowy pół na pół z wodą mineralną
	r ro̲te / we̲iße Gespri̲tzte, -n ['g(ə)ʃprɪtstə]	(czerwone / białe) wino rozcieńczone wodą mineralną
	r ro̲te / we̲iße Stu̲rm	(czerwone/białe) młode wino fermentujące, fermentujący moszcz
6.8	e Zü̲ndholzschachtel, -n *süddt.*	pudełko od zapałek

7. Gesundheit und Krankheit — Zdrowie i choroba

7.1	sich verkü̲hlen *süddt.*	przeziębić się

8. Staat und staatliche Institutionen — Państwo i instytucje państwowe

8.1	r Bezi̲rkshauptmann, ⸚er	starosta; naczelnik powiatu
	s Magistra̲t, -e	gmina
8.3	r La̲ndeshauptmann, ⸚er // e La̲ndeshauptfrau, -en	premier kraju związkowego
	e Republik Österreich	Republika Austrii
	r Nationalrat	Rada Narodowa / izba niższa parlamentu austriackiego

Wybory w Austrii
Każdy wyborca ma prawo oddać głos na jedną partię. Dodatkowo wyborcy mogą zagłosować na jednego kandydata z list kandydatów wystawionych przez partie w poszczególnych krajach związkowych lub regionach.

Austria

8.6	e Weihnachtsremuneration, -en ['vainaxtsremuneratsjo:n]	trzynastka / dodatek świąteczny
8.8	e Kinderbeihilfe	zasiłek rodzinny
	e Familienbeihilfe	zasiłek rodzinny
	s Wochengeld	zasiłek połogowy
	e Karenz	urlop macierzyński
	s Kinderbetreuungsgeld	zasiłek wychowawczy [po narodzinach dziecka, kiedy jedno z rodziców nie pracuje]
	e Pensionsversicherung	ubezpieczenie emerytalne
	e Pension,- en	emerytura
	e Versicherungspolizze, -n [...po'lıtsə]	polisa ubezpieczeniowa
8.10	e Gendarmerie, -n [ʒandarməri:']	żandarmeria
	r Gendarm, -en [ʒan'darm]	żandarm
8.11	s Bundesheer	Federalne Siły Zbrojne

10. Bildung   Edukacja

System oświatowy w Austrii

Systemy oświatowe w poszczególnych landach austriackich są do siebie podobne.
Obowiązek szkolny dotyczy dzieci od 6 do 15 roku życia. Szkoły państwowe są bezpłatne, nieodpłatnie udostępnia się też uczniom podręczniki.
W **Volksschule** (szkole podstawowej = klasy 1 – 4) wszyscy uczniowie przyswajają sobie podstawy pisania, czytania, matematyki itd.
W **Hauptschule** (5 – 8 rok nauki lub 1 – 4 klasa w Hauptschule) uczeń kształci dalej w zakresie wiedzy ogólnej. Zadaniem Hauptschule jest przygotowanie uczniów do podjęcia nauki zawodu w szkołach zawodowych bądź – w odniesieniu do odpowiednich kandydatów – do kontynuacji nauki na poziomie szkoły średniej. Uczniowie, którzy nie podejmą nauki w szkole średniej, kończą edukację na **Polytechnischer Lehrgang** (9 klasa). Dzieci niepełnosprawne uczęszczają do szkół specjalnych **Sonderschulen** (klasy 1 – 9).
Po szkole podstawowej można pójść do różnego rodzaju szkół średnich (5 – 12 rok nauki lub klasy 1 – 8 w **Gymnasium**), np. do szkoły specjalizującej się w nauce języków obcych (*Neusprachliches Gymnasium, Realgymnasium* i in.). Szkoła średnia kształci w zakresie szeroko pojętej wiedzy ogólnej i w dwóch etapach (klasy 5 – 8 i klasy 9 – 12) przygotowuje uczniów do studiów wyższych. W Austrii szkoła średnia kończy się egzaminem maturalnym (Matura). Istnieją też niezależne szkoły średnie (np. *Oberstufenrealgymnasium*), które przyjmują uczniów od 8 klasy i przygotowują ich do studiów na uniwersytecie.
Uczniowie *Hauptschule* i *Gymnasium* mogą po ośmiu latach nauki (w 4 klasie) przejść do Oberstufenrealgymnasium, do średniej szkoły zawodowej i wyższych szkół zawodowych (np. *Höhere Technische Lehranstalten (HTL), Handelsakademie*), które obok przygotowania do studiów na uniwersytecie dostarczają praktycznej wiedzy zawodowej. W Austrii na uczelniach państwowych pobiera się czesne.
Studia wyższe zazwyczaj kończą się egzaminem dyplomowym.

10.1 e Volksschule, -n — szkoła podstawowa
e Sonderschule, -n — szkoła specjalna
e Matura *Sg.* (= s Abitur) — matura
maturieren — zdawać maturę
inskribieren — zapisać się
10.2 r (Unterrichts-)Gegenstand, ⸚e — przedmiot (nauczania)
r Freigegenstand, ⸚e — przedmiot fakultatywny
10.3 e Prüfung, -en — egzamin
r Maturant, -en // e Maturantin, -nen — maturzysta // maturzystka
e Sponsion, -en [ʃpɔn'zi̯oːn] — uroczyste nadanie tytułu magistra lub magistra inżyniera na wyższych uczelniach w Austrii

Sie hatte letztes Jahr Sponsion. / Sie hat ihr Studium letztes Jahr abgeschlossen. — W zeszłym roku zrobiła dyplom na uniwersytecie. / W zeszłym roku skończyła studia.

e Diplomprüfung, -en — egzamin dyplomowy

Stopnie

w szkole		na uniwersytecie, przyznawane podczas egzaminu doktoranckiego
bardzo dobry	1 = *sehr gut*	*summa cum laude*
dobry	2 = *gut*	*magna cum laude*
zadowalający	3 = *befriedigend*	*cum laude*
dostateczny	4 = *genügend*	*rite*
niedostateczny	5 = *nicht genügend*	

10.4 e Hausübung, -en — praca domowa

14. Verkehr — Transport

14.1 e Straße, -n / e Gasse, -n (enge Straße in der Stadt) — ulica / uliczka; zaułek (wąska uliczka w mieście)
e Umfahrung, -en // e Umfahrungsstraße, -n — obwodnica
r Pannenstreifen, - — pobocze
r Vorrang *Sg* — pierwszeństwo
s Pannendreieck aufstellen — ustawić trójkąt ostrzegawczy

Wykroczenia w ruchu drogowym

W przeciwieństwie do Niemiec w Austrii nie ma systemu punktów karnych. Za złamanie przepisów kierowcy albo muszą zapłacić mandat albo – w przypadku poważniejszych wykroczeń – czasowo odbiera im się prawo jazdy.

14.2 den Zug erreichen / erwischen *ugs.*   złapać pociąg ↔
       verpassen / versäumen   spóźnić się na / przegapić
       r Speisewagen, -   wagon restauracyjny

15. Zeit, Raum, Menge   **Czas, przestrzeń, ilość**
15.3 s Dekagramm, -e / s Deka, -   dekagram / deko
       (*skrskrót:* dag)

16. Stadt und Land   **Miasto i wieś**
16.1 e Bezirkshauptmannschaft, -en   urząd powiatowy
16.4 s Herrl // s Frauerl   pan // pani [właściciel(ka) psa]
       e Gelse, -n   komar

18. Information und   **Informacja i**
       Kommunikation   **metody komunikacji**
18.3 e Trafik, -en   kiosk
18.5 abheben ↔ auflegen   podnieść ↔ odłożyć
          [słuchawkę]
18.8 zu Handen   do rąk własnych

19. Wirtschaft und Geschäftsleben   **Biznes i gospodarka**
19.4 r Bankomat, -en   bankomat
       e Kundenkarte, -n   karta płatnicza
       e Scheckkarte, -n /   karta bankomatowa
       e Bankomatkarte, -n
       r Posten, -   posada

20. Im Büro   **W biurze**
20.1 r Schreibtischsessel, - /   krzesło biurowe
       r Bürosessel, -
       e Beilage, -n   załącznik
       r Tixo®   scotch

Österreichische Standardvarianten

aus der Wortliste zum *Zertifikat Deutsch*
(Standarddeutsche Entsprechung in Klammern)

Austriackie warianty językowe

uznawane podczas egzaminów *Zertifikat Deutsch*
(w nawiasie umieszczono odpowiedniki w standardowym języku niemieckim)

abdrehen (ausmachen) Drehen Sie bitte das Licht ab!	wyłączyć Proszę wyłączyć światło!
e **Abfahrt**, -en (Ausfahrt)	wyjazd
absperren (abschließen) Ich glaube, ich habe vergessen, die Tür abzusperren.	zamknąć Wydaje mi się, że zapomniałem zamknąć drzwi.
abwaschen (wusch, gewaschen) (abspülen)	zmywać
am (auf dem) **Land leben**	mieszkać na wsi
angreifen (griff, gegriffen) (anfassen) Greifen Sie bitte die Waren nicht an.	dotykać Proszę nie dotykać towarów.
anschauen (ansehen) Den Film müssen Sie sich unbedingt anschauen. Sie schaute mich erschrocken an.	patrzeć; oglądać Koniecznie musi pan obejrzeć ten film. Spojrzała na mnie przerażona.
auf (in) **Urlaub sein** Im Mai war ich auf / in Urlaub.	być na urlopie W maju byłem na urlopie.
aufmachen (öffnen) Wann machen die Geschäfte auf? Kannst du bitte das Fenster aufmachen?	otworzyć Kiedy otwierają sklepy? Czy możesz otworzyć okno?
(aus)borgen ((aus)leihen) Sie können das Buch in der Bibliothek ausborgen. Ich habe mir von ihm 50 Schilling geborgt.	(wy)pożyczyć Może pan wypożyczyć książkę w bibliotece. Pożyczyłem od niego 50 szylingów.

ausschauen (aussehen) 1. Sie schauen wieder besser aus. 2. Sie schaut genauso aus wie ihr Bruder. 3. Es schaut so aus, als ob es mit der Wirtschaft wieder aufwärts ginge.	wyglądać; być podobnym 1. Już pan lepiej wygląda. 2. Jest bardzo podobna do swojego brata. 3. Wygląda na to, że gospodarka znowu się ożywi.
s **Beisel**, -(n) (Kneipe)	lokal gastronomiczny; knajpa
die **Berge** *Pl* (Gebirge)	góry
e **Brieftasche**, -n (Geldbörse)	portfel
brennen (brannte, hat gebrannt) (an sein) In ihrem Zimmer hat die ganze Nacht das Licht gebrannt.	palić się W jej pokoju całą noc paliło się światło.
bringen (fahren)	wieźć
r **Bub**, -en (Junge)	chłopiec
ebenfalls (gleichfalls)	wzajemnie
eingeschrieben Ich habe den Brief eingeschrieben geschickt. (Ich habe den Brief per Einschreiben geschickt.)	polecony Wysłałem list poleconym.
einsperren (einschließen) Ich habe die Papiere im Schreibtisch eingesperrt.	zamknąć Zamknąłem papiery w biurku.
r **Erdapfel**, ⸚ (Kartoffel)	ziemniak
s **Faschierte** [faˈʃiːrtə] *Sg* (Hackfleisch)	mielone mięso
r **Fauteuil**, -s [foˈtœj] (Sessel)	fotel
fertig / müde (kaputt) Ich bin noch ganz fertig / müde von der Reise.	wykończony; zmęczony Ciągle jeszcze jestem wykończony / odczuwam zmęczenie po podróży.
e **Fisole**, -n [fiˈzoːlə] (Bohne)	fasola
e **Fleischhauerei**, -en (Metzgerei)	sklep mięsny
s **Gasthaus**, ⸚er (Kneipe)	restauracja; gospoda; karczma
gehen (ging, gegangen) (fahren) Der nächste Zug geht / fährt in 20 Minuten.	jechać Następny pociąg jedzie za 20 minut.

r **Gehsteig**, -e (Bürgersteig)	chodnik
s **Geschäft**, -e (Laden)	sklep
gerade (eben) Ich bin gerade / eben erst angekommen.	właśnie Dopiero co przyszedłem.
e **Glocke**, -n (Klingel)	dzwonek
halt (eben) Ich gebe es auf, ich habe halt / eben kein Glück.	po prostu Rezygnuję, po prostu nie mam szczęścia.
s **Hendel**, - (Hähnchen)	kurczak
heuer (dieses Jahr) Heuer / dieses Jahr fahren wir nach Italien auf / in Urlaub.	w tym roku W tym roku pojedziemy na urlop do Włoch.
in der Früh (Morgen) Heute in der Früh / Morgen habe ich die Straßenbahn verpasst.	rano Dziś rano uciekł mi tramwaj.
e **Kassa**, Kassen (Kasse)	kasa
r **Kasten**, ⸚ (Schrank)	szafa
s **Kipferl**, -n (Hörnchen)	rogalik
e **Kiste**, -n (Kasten)	skrzynia
r **Knödel**, -(n) (Kloß)	knedel; kluska
e **Krankenkassa**, -kassen (Krankenkasse)	kasa chorych / ubezpieczalnia
r **Krankenschein**, -e (Versicherungskarte)	legitymacja ubezpieczeniowa; książeczka zdrowia
s **Kuvert**, -s [ku'vɛːɐ̯] (Briefumschlag)	koperta
läuten (klingeln)	dzwonić
r **Lehrling**, -e (Auszubildender)	praktykant, uczeń
r **Lift**, -e (Aufzug)	winda
r **Lohn**, ⸚e (Gehalt)	pensja
e **Matura** Sg (Abitur)	matura

e **Marille**, -n (Aprikose)	morela
s **Mineral(wasser)**, - (Wasser) Zwei Gläser Mineralwasser, bitte! / Zwei Mineral, bitte!	woda mineralna Proszę dwie szklanki wody mineralnej! / Proszę dwie wody mineralne!
r **Mistkübel**, - (Mülleimer)	kosz na śmieci
momentan (augenblicklich) Nach den Nachrichten kommt ein Bericht über die momentane / augenblickliche Lage.	chwilowy; aktualny Po wiadomościach nadany zostanie reportaż o aktualnej sytuacji.
e **Nachspeise**, -n (Nachtisch)	deser
r **Nationalrat**, ⸚e (Bundestag)	Rada Narodowa [izba niższa parlamentu austriackiego]
offen sein (auf sein) Das Fenster ist offen.	być otwartym Okno jest otwarte.
e **Orange**, -n [oˈrãːʒə] (Apfelsine)	pomarańcza
e **Ordination**, -n (Arztpraxis / Sprechstunde)	gabinet lekarski
s **Packerl**, -(n) [ˈpakərl] (Päckchen)	mała paczka
e **Palatschinke**, -n [palaˈtʃiŋkə] (Pfannkuchen)	naleśnik
r **Paradeiser**, - [paraˈdaɪzɐ] (Tomate)	pomidor
s **Parterre** Sg [parˈtɛr(ə)] (Erdgeschoß)	parter
e **Pension**, -en [pɛnˈsi̯oːn] (Rente)	emerytura
in Pension gehen (in Rente gehen) Am liebsten würde ich mit 50 in Pension gehen.	przejść na emeryturę Najchętniej przeszedłbym na emeryturę w wieku 50 lat.
r **Polster**, - (Kissen)	poduszka
kosten (versuchen) Kosten / versuchen Sie doch einmal meinen Apfelkuchen.	spróbować Proszę spróbować mojego jabłecznika.
putzen (reinigen) Ich habe den Anzug putzen / reinigen lassen.	czyścić Oddałem garnitur do czyszczenia.

rennen (rannte, ist gerannt) (laufen) Für meine Aufenthaltserlaubnis bin ich von Amt zu Amt gerannt / gelaufen.	biec Żeby dostać zezwolenie na pobyt musiałem nabiegać się od jednego urzędu do drugiego.
e **Rettung**, -en (Krankenwagen) Wir müssen die Rettung rufen.	karetka Musimy wezwać karetkę.
s **Sackerl**, -(n) (Tüte)	torba
schalten (springen) Die Ampel schaltet / springt auf Rot.	zmieniać się Światła zmieniają się na czerwone.
schauen (gucken) Schau einmal!	patrzeć Popatrz!
r **Schlag** / s **Schlagobers** Sg (Sahne)	śmietana / bita śmietana
sich schrecken (erschrecken) Schreck dich nicht! / Erschreck nicht!	przestraszyć się Nie bój się! / Nie przestrasz się!
e **Schularbeit**, -en (Klassenarbeit)	klasówka
s **Schwammerl**, -n (Pilz)	grzyb
e **Semmel**, -n (Brötchen)	bułka
r **Sessel**, -(n) (Stuhl)	krzesło
s **Sofa**, -s (Couch [kautʃ])	tapczan; wersalka
e **Speise**, -n (Gericht) Was ist deine Lieblingsspeise / dein Lieblingsgericht?	danie Jakie jest twoje ulubione danie?
s **Spital**, ⸚er (Krankenhaus)	szpital
e **Station**, -en (Haltestelle)	przystanek
steigen (stieg, ist gestiegen) (treten) Ich bin auf ein Stück Glas gestiegen / getreten.	nadepnąć; deptać; stanąć Nadepnąłem na szkło.
e **Stiege**, -n (Treppe)	schody
super (prima) Das ist echt super!	super To super!
e **Telefonwertkarte**, -n (Telefonkarte)	karta telefoniczna
r **Topfen** Sg (Quark)	twaróg

Austriackie warianty językowe

e **Trafik**, -en [tra'fɪk] (Kiosk)	kiosk
e **Türschnalle**, -n (Türklinke)	klamka
übersiedeln (umziehen) Familie Meier ist übersiedelt / umgezogen.	przeprowadzić się Rodzina Meierów przeprowadziła się.
vergessen auf +A (vergisst, vergaß, hat vergessen) (vergessen) Ich habe *auf* den Termin vergessen.	zapomnieć o Zapomniałem o spotkaniu.
sich verkühlen (sich erkälten)	przeziębić się
verlangen (nehmen) Er hat 500 Schilling für diese kleine Reparatur verlangt.	żądać Zażądał 500 szylingów za tę drobną naprawę.
versäumen (verpassen) Ich habe den Zug versäumt / verpasst.	przegapić; spóźnić się Spóźniłem się na pociąg.
vis-à-vis [viza'vi:] (gegenüber) Das Geschäft liegt direkt vis-à-vis von der Post.	naprzeciwko Sklep znajduje się naprzeciwko poczty.
e **Volksschule**, -n (Grundschule)	szkoła podstawowa
r **Vorrang** Sg (Vorfahrt) Er hat den Vorrang nicht beachtet.	pierwszeństwo Nie ustąpił pierwszeństwa.
r **(Bahn-)Waggon**, -s [va'goːn] (Wagen)	wagon (kolejowy)
r **Zug**, ⸚e (Bahn)	pociąg
zumachen (schließen) Machen Sie bitte das Fenster zu.	zamknąć Proszę zamknąć okno.
zusperren (schließen) Wenn wir weiter so wenig Aufträge bekommen, müssen wir unseren Betrieb zusperren / schließen.	zamknąć Jeżeli nadal będziemy mieć tak mało zamówień, będziemy musieli zamknąć zakład.
s **Zündholz**, ⸚er (*Pl* auch: **Zünder**) (Streichholz)	zapałka
e **Zwetschke**, -n (Pflaume)	śliwka

Wortschatz-Listen zu österreichischen und schweizerischen Standardvarianten aus: „Zertifikat Deutsch –
Lernziele und Testformat", Frankfurt a. M., 1999, mit freundlicher Genehmigung der WBT Weiterbildungs-
Testsysteme, des Goethe Instituts, des Österreichischen Sprachdiploms und der Schweizer Konferenz der
kantonalen Erziehungsdirektoren.

Schweiz Szwajcaria

Die mit *süddt.* markierten Wörter werden auch in Süddeutschland gebraucht.
Słówka, przy których widnieje skrót „*süddt.*" używane są również w Niemczech południowych.

1.	**Kontakte / Kommunikation**	**Kontakty /Porozumiewanie się**
1.1	Salü. ['saly] *auch* [sa'ly:] / Grüezi. ['gry:ətsɪ]	Cześć.
	Adieu. [a'diø:]	Do zobaczenia.

2.	**Der Mensch**	**Człowiek**
2.1	r Übername, -n	przydomek; przezwisko
2.2	r Märzenflecken, -	pieg
2.4	r Nuggi, - ['nʊgi]	smoczek
2.5	r / e Pensionierte, -n	emeryt // emerytka
	r / e frühzeitig Pensionierte, -n	[mężczyzna, który przeszedł na wcześniejszą emeryturę // kobieta, która przeszła na wcześniejszą emeryturę]
2.7	tönen	rozbrzmiewać; dzwonić; wydawać dźwięk

3.	**Die Familie**	**Rodzina**
3.3	r Bub, -en *süddt.*	chłopiec
	s Göttikind, -er	chrześniak
	r Götti, - // e Gotte, -n	ojciec chrzestny // matka chrzestna
	den Schoppen geben	karmić butelką
	r Nuggi, - ['nʊgi]	smoczek
	das Baby ['be:bi] abziehen	rozbierać dziecko
	s Sackgeld	kieszonkowe

4.	**Dinge des Alltags**	**Życie codzienne**
4.1	s Morgenessen, - / r / s Zmorge(n), - ['tsmorge(n)]	śniadanie
	s Nachtessen	kolacja
	e Glace, -n ['glasə]	lody
	s Ruchbrot	chleb żytnio-pszeniczny
	s Semmeli, - / das Bürli, -	bułka
	r Fruchtkuchen, -	ciasto owocowe
	r Nussgipfel, -	rogalik orzechowy
	s Guetsli, - ['guətsli]	herbatnik

s Birchermüesli, - / s Müesli, - ['myəsli]	muesli Birchera [potrawa z płatków owsianych, soku z cytryny, mleka skondensowanego, startych owoców oraz startych migdałów lub orzechów] / muesli
s Trutenfleisch	indyk
s Poulet, -s ['pulɛ]	kurczak
s Wienerli, - / s Frankfurterli, -	kiełbaski wiedeńskie / frankfurterki
r Kartoffelstock	puree ziemniaczane
s Rüebli, - ['ryəbli]	marchewka
Peperoni *Pl*	ostra papryczka; pepperoni
Zucchetti *Pl* [tsʊ'kɛttɪ]	cukinia
r Fruchtsalat	sałatka owocowa
e Weinbeere, -n	rodzynka
e Baumnuss, ̈-e	orzech włoski

4.2 e Ovomaltine — ovomaltina [mleczny napój witaminizowany]

r Liqueur [lɪ'kø:r]	likier
r Zapfenzieher, -	korkociąg

W Szwajcarii kawę pija się po obiedzie. Może to być **Milchkaffee / Schale** (kawa z mlekiem) lub **Café crème** [kafe'krɛm] (kawa ze śmietanką). Popularne są też kawy włoskie: **espresso** [ɛs'prɛso] i **cappuccino** [kapʊ'tʃi:no].

4.3 s Zündholz, ̈-er — zapałka
4.4 r Coiffeur, -e ['kwafør] // e Coiffeuse, -n ['kwaføz] — fryzjer // fryzjerka
4.5 sich abziehen — rozbierać się
    e Windjacke, -n — wiatrówka
    r Jupe, -s ['ʒyp] — spódnica
    r Veston, -s ['vɛstɔ̃] — marynarka
    s Gilet, -s ['ʒilɛ] — kamizelka
    r Socken, - — skarpetka
4.6 e Papeterie [papetə'ri:], -n [...i:ən] — sklep papierniczy / papiernik
    r Ausverkauf *süddt.* — wyprzedaż
    r Totalausverkauf — całkowita wyprzedaż
    r Bon, -s [bɔ̃] — bon

5. Zu Hause — Dom
5.1 s Untergeschoss *süddt.* — suterena
    e Hausglocke, -n — dzwonek u drzwi
    läuten *süddt.* — (za)dzwonić
5.2 r Kasten, ̈ *süddt.* — szafa
    tischen ↔ abtischen — nakryć do stołu ↔ sprzątnąć ze stołu

r Fauteuil, -s ['fotœi] — fotel
s Lavabo, -s ['lavabo] — umywalka
das Licht / die Lampe anzünden ↔ ablöschen — włączyć ↔ wyłączyć światło / lampę
r (Abfall-) Kübel, - — kosz na śmieci
r Abfallcontainer, - [...kɔn'teːnɐ] — kubeł na śmieci

6. Feste und Freizeit — Święta, wakacje i czas wolny
6.1 in die Ferien fahren — pojechać na urlop

Dni świąteczne w Szwajcarii
Święta religijne obchodzone w danym kantonie zależą od tego, czy kanton uznawany jest za katolicki czy protestancki. Istnieją też lokalne święta religijne obchodzone tylko w jednym kantonie lub miejscowości. Święta takie mają zazwyczaj bardzo długą tradycję.

6.2 e Klassenzusammenkunft, ⸚e — spotkanie klasowe
6.3 ein Rendez-vous ['rãːdevu] abmachen / verabreden — umówić się na randkę
6.4 s Nachtessen, - — kolacja
r Hauptgang, ⸚e — danie główne
grillieren [grɪˈliːrən] auch [grɪˈjiːrən] — grilować

W restauracji
W Szwajcarii napiwek jest wliczony w cenę, tak więc dodawanie go do rachunku nie jest konieczne. Większość gości zostawia obsłudze mimo to jeszcze 5%.

6.6 e Velotour, -en ['velotur] — wyprawa rowerowa
e Identitätskarte, -en — dowód osobisty

7. Gesundheit und Krankheit — Zdrowie i choroba
7.1 s Arztzeugnis, -se — zaświadczenie lekarskie; zwolnienie lekarskie
7.2 e Ambulanz, -en — karetka pogotowia
e Notfallstation, -en — pogotowie
7.3 e Spezialschule, -n — szkoła specjalna
7.4 e medizinische Praxisassistentin, -nen — recepcjonistka w przychodni
sich abziehen — rozebrać się
s Arztzeugnis, -se — zaświadczenie lekarskie
7.6 s Spital, ⸚er — szpital
e Notfallstation, -en — izba przyjęć

8.	**Staat und staatliche Institutionen**	**Państwo i instytucje państwowe**
8.1	e Schweiz / e Schweizerische Eidgenossenschaft (Confoederatio Helvetica, CH)	Szwajcaria / Konfederacja Szwajcarska
	Er kommt aus der Schweiz.	On pochodzi ze Szwajcarii.
	r Kanton, -e	kanton
	r Stadtpräsident, -en / r Ammann, ˱er	burmistrz
8.2	e Bundesverfassung	Konstytucja Federalna Szwajcarii
	r Nationalrat	Rada Narodowa [izba niższa parlamentu Szwajcarii]
	s Bundesgericht	Federalny Trybunał Konstytucyjny
	e Volksabstimmung, -en / s Referendum	plebiscyt; referendum / referendum
8.3	r Bundesrat	rząd federalny
	s Departement, -e ['departəmɛnt]	ministerstwo
	r Bundesrat, ˱e // e Bundesrätin, -nen	minister; członek rządu
	r Bundespräsident, -en // e Bundespräsidentin, -nen	premier Konfederacji

Pięć głównych partii politycznych w Szwajcarii

e SP = e Sozialdemokratische Partei – Socjaldemokratyczna Partia Szwajcarii
e FDP = Freisinnig-Demokratische Partei – Wolna Partia Demokratyczna
e CVP = Christlichdemokratische Volkspartei – Chrześcijańsko-Demokratyczna Partia Ludowa Szwajcarii
e SVP = Schweizerische Volkspartei – Szwajcarska Partia Ludowa
e Grüne = e Grüne Partei – Zieloni

8.4	r Parteipräsident // e Parteipräsidentin	przewodniczący // przewodnicząca partii
	e Stimmabgabe, -en (per Post)	głosowanie (listowne)

Wybory

Wyborcy w Szwajcarii mogą głosować na jednego kandydata, przy czym partia tego kandydata automatycznie uzyskuje jeden głos. Wynik końcowy zależy od ilości głosów oddanych na konkretnego kandydata oraz liczby głosów oddanych na daną partię.

8.5	s Departem**e**nt für **au**swärtige Angelegenheiten	Ministerstwo Spraw Zagranicznych
	r Medi**a**tor, -en // e Mediat**o**rin, -nen	mediator
8.7	s St**eu**eramt	urząd skarbowy
	e St**eu**errechnung, -en	decyzja podatkowa
8.8	e AHV / e **A**lters- und Hinterbl**ie**benenversicherung	ubezpieczenie emerytalne i na życie [obowiązkowe w Szwajcarii]
8.9	e B**u**ndesverfassung	konstytucja
	r L**ai**enrichter, - // e L**ai**enrichterin, -nen	ławnik
8.10	e B**u**sse ['buːsə]	mandat

Eszett (ß)

W przeciwieństwie do zasad ortograficznych obowiązujących w Niemczech i Austrii w szwajcarskiej pisowni nie występuje tzw. Eszett (ß). W Szwajcarii zamiast „ß" używa się podwójnego „s"(„ss"). Pisownia nie wpływa na wymowę, która pozostaje taka sama, jak w standardowym niemieckim (np. *e Busse* ['buːsə] a nie ['bʊsə] jak *e Buße* czy *e Strasse, -n* ['ʃtraːsə] jak *e Straße, -n*)
Należy pamiętać, że austriacka i szwajcarska wymowa bardzo różni się od standardowej wymowy w Niemczech.

	e H**au**ptwache	komenda główna policji
	r Poliz**ei**posten, -	posterunek policji
8.11	e Arm**ee**	siły zbrojne

9.	**Politische und soziale Fragen**	**Polityka i społeczeństwo**
9.2	r Medi**a**tor, -en // e Mediat**o**rin, -nen	mediator
9.5	e Pensi**o**nskasse, -n	ubezpieczenie emerytalne
	e Pensi**o**n, -en (auch nicht vom Staat)	emerytura

10.	**Bildung**	**Edukacja**
10.1	e Prim**a**rschule, -n	szkoła podstawowa
	e Spezi**a**lschule, -n	szkoła specjalna
	e Mat**u**ra *Sg.*	matura

System oświatowy część I

W Szwajcarii rząd jest odpowiedzialny za szkoły i przedszkola.
Systemy oświatowe poszczególnych kantonów różnią się. Ponieważ te różnice są dość istotne, poniżej podano tylko ogólny zarys szwajcarskiego systemu oświatowego.
Nauka w szkole państwowej jest nieodpłatna. Podręczniki również są udostępniane za darmo, wyjątkiem są tylko podręczniki do gimnazjum.
Obowiązkowi szkolnemu podlegają dzieci od lat 6 (bądź 7) aż do 15 (bądź 16) roku życia. Minimum edukacyjne to skończenie **Primarschule** (szkoła podstawowa = klasy 1 – 6) i **Sekundarschule** (szkoły średniej = klasy 7 – 9) oraz **Berufsschule** (szkoły zawodowej). Do **Gymnasium** (gimnazjum = klasy 7 – 12) dostać się można bezpośrednio po *Primarschule* lub po dwóch latach *Sekundarschule* (w takim przypadku nauka w *Gymnasium* trwa tylko 4 lata). Każda szkoła kończy się innym dyplomem:

Sekundarschule	(klasy 7 – 9)	*Mittelschulabschluss*
Gymnasium	(klasy 7 – 12)	*Matura*

10.3 s Testatblatt, ⸚er zaliczenie
r Maturand, -en // maturzysta //
e Maturandin, -nen maturzystka

System oświatowy część II

Mimo, że **Universitäten** i **Hochschulen** w Szwajcarii są państwowe, studenci muszą płacić czesne.
Studia trwają przynajmniej 4 lata i kończą się **Lizentiatsprüfung** lub *Diplomprüfung* (egzaminem dyplomowym / magisterskim). Po uzyskaniu dyplomu student może kontynuować naukę na studiach doktoranckich.

s Lizentiat [litsen'tsia:t] tytuł magistra
e Lizentiatsprüfung, -en egzamin magisterski
e Diplomprüfung, -en egzamin magisterski
s Doktorat [dɔkto'ra:t] doktorat

Stopnie

w szkole		na uniwersytecie, przyznawane podczas egzaminu doktoranckiego
sechs	= *sehr gut* (bardzo dobry)	*summa cum laude*
fünf	= *gut* (dobry)	*magna cum laude*
vier	= *befriedigend* (zadowalający)	*cum laude*
drei	= *ausreichend* (dostateczny)	*rite*
zwei	= *mangelhaft* (mierny)	
eins	= *ungenügend* (niedostateczny)	

14. Verkehr
14.1
r Ve̦loweg, -e — ścieżka rowerowa
s Li̦chtsignal, -e — sygnalizacja świetlna
s Signa̦l, -e — znak drogowy
parkie̦ren — parkować
r Fü̦hrerausweisentzug — odebranie prawa jazdy

Wykroczenia drogowe
W Szwajcarii istnieją różne rodzaje kar za wykroczenia drogowe (które obejmują parkowanie w niedozwolonych miejscach i inne, poważniejsze przypadki łamania przepisów). Najsurowszą karą jest odebranie prawa jazdy.

14.2
r Ko̦ndukteur, -e ['kɔndʊktø:r] — *konduktor*
r Lokomoti̦vführer, - // e Lokomoti̦vführerin, -nen — *maszynista*
r/s Pe̦rron, -s ['pɛrõ] — peron
r Gepä̦ckrolli, - — wózek na bagaże
s Bille̦tt, -e [bɪl'jɛt] — bilet
e Pla̦tzreservation [...rezɛrva'tsjon] — rezerwacja miejsca

14.3
s Tra̦m, -s ['tram] *süddt.* — *tramwaj*
r Billettautomat, -en [bɪl'jɛtau̦toma:t] — automat z biletami

14.4
e Reservation, -en [rezɛrva'tsjon] — *rezerwacja*

16. Stadt und Land
16.1 r Bezi̦rk, -e — okręg

18. Information und Kommunikation
18.2 r Reda̦ktor, -en // e Redakto̦rin, -nen — redaktor // redaktorka
18.3 e Gra̦tiszeitung, -en — gazeta bezpłatna
18.5 Es lä̦utet. — Dzwoni telefon.
e Te̦lefonkabine, -n — budka telefoniczna

19. Wirtschaft und Geschäftsleben
19.2 s Werbeinsera̦t, -e [...ɪnze'ra:t] — reklama
19.4 r Ba̦nkomat, -en — bankomat

20. Im Büro
20.1 e Be̦ilage, -n — załącznik
Fe̦rien ne̦hmen — wziąć urlop

Schweizerische Standardvarianten

aus der Wortliste zum *Zertifikat Deutsch*
(Standarddeutsche Entsprechung in Klammern)

Szwajcarskie warianty językowe

podczas egzaminów *Zertifikat Deutsch*
(w nawiasie umieszczono odpowiedniki w standardowym języku niemieckim)

r **Abwart**, -e (Hausmeister)	dozorca; woźny
r **Ammann**, ⸚er (Bürgermeister)	burmistrz
e **Annonce**, -n ['anõs] (Anzeige)	ogłoszenie
auf (bei) Meine Frau arbeitet auf / bei der Post.	na Moja żona pracuje na poczcie.
r **Betrieb**, -e (Werk)	zakład
s **Billett**, -e [bɪl'jɛt] (Fahrkarte)	bilet na przejazd
s **Billett**, -s [bɪl'jɛt] (Eintrittskarte)	bilet wstępu
bleich (blass)	blady
r **Block**, -s / ⸚e (Wohnblock)	blok mieszkaniowy
e **Büchse**, -n ['byksə] (Dose)	puszka
r **Camion**, -s ['kamjõ] (Last(kraft)wagen)	ciężarówka
r **Chauffeur**, -e ['ʃɔfør] (Fahrer)	kierowca
r **Coiffeur**, -e ['kɔafør] (Friseur)	fryzjer
e **Coiffeuse**, -n ['kɔaføz] (Friseurin)	fryzjerka
das (die) **Cola**	Coca-cola
s **Couvert**, -s ['kuvɛr] (Briefumschlag)	koperta
s **Dessert**, -s ['dɛsɛr] (Nachtisch)	deser
dünken (erscheinen) Dieser Punkt dünkt mich / erscheint mir besonders wichtig.	wydawać się Ten punkt wydaje mi się szczególnie istotny.

das (die) **E-Mail** ['iːmeːl]	e-mail
exakt [ɛ'ksakt] (genau) Das Feuerwerk beginnt exakt um zwanzig Uhr. Hier müssen Sie sehr exakt arbeiten.	dokładnie; punktualnie; dokładny Pokaz sztucznych ogni zaczyna się punktualnie o dwudziestej. Tu musi pan bardzo dokładnie pracować.
r **Fauteuil**, -s ['fotœj] (Sessel)	fotel
Ferien *Pl* (Urlaub)	wakacje; ferie
r **Führerausweis**, -e (Führerschein)	prawo jazdy
e **Gebrauchsanleitung**, -en (Gebrauchsanweisung)	instrukcja obsługi
Gesundheit! (Prost!)	Na zdrowie!
e **Glace**, -n ['glasə] (ice(-cream))	lody
e **Gratulation**, -en [gratula'tsjoːn] (Glückwunsch)	życzenia; gratulacje
haben (besitzen)	posiadać
r **Harass**, -e (Kasten) Ich habe zwei Harasse / Kasten Bier gekauft.	skrzynka Kupiłem dwie skrzynki piwa.
s **Heft**, -e (Illustrierte)	czasopismo
herauskommen (erscheinen)	zostać opublikowanym
die **Jungen** *Pl* (Jugendliche) Diese Veranstaltung wird immer besonders von Jungen besucht.	młodzież Ta impreza cieszy się popularnością wśród młodzieży.
r **Jupe**, -s ['ʒyp] (Rock)	spódnica
r **Kasten**, ⸚n (Schrank)	szafa
Kleider *Pl* (Kleidung)	ubrania
e **Konfitüre**, -n [kɔnfi'tyːrə] (Marmelade)	konfitura
s **Korn** (Getreide)	zboże
läuten (klingeln)	dzwonić
r **Lohn**, ⸚e (Gehalt)	pensja
e **Matura** (Abitur)	matura

s **Menü**, -s (Mahlzeit) In der Schweiz gibt es meist nur einmal am Tag ein warmes Menü.	posiłek W Szwajcarii zazwyczaj jada się tylko jeden ciepły posiłek w ciągu dnia.
momentan (augenblicklich) Nach den Nachrichten kommt ein Bericht über die momentane Lage.	aktualnie; aktualna Po wiadomościach nadany zostanie raport o aktualnej sytuacji.
s **Morgenessen** (Frühstück)	śniadanie
nach (entlang) „Gehen Sie immer der Straße nach."	wzdłuż Proszę pójść wdłuż ulicy.
r **Nationalrat**, ¨e (Bundestag)	Rada Narodowa [izba niższa parlamentu szwajcarskiego]
e **Note**, -n ((Geld-)Schein) Kannst du diese Hundertfrankennote wechseln?	banknot Czy możesz rozmienić ten banknot stufrankowy?
s **Parterre** [par'tɛr] *Sg* (Erdgeschoss)	parter
s/r **Perron**, -s [pɛ'rõ] (Bahnsteig)	peron
e **Pfanne**, -en (Topf)	garnek
r **Pneu**, -s ['pnɔy] (Reifen)	opona
s **Portemonnaie**, -s ['pɔrtmɔne] (Geldbörse)	portmonetka; portfel
r **Pöstler**, - ['pœstlɐ] (Briefträger)	listonosz
s **Poulet**, -s ['pule] (Hähnchen)	kurczak
pressieren (sich beeilen) Wenn wir pressieren, erreichen wir den letzten Zug noch.	spieszyć się Jeśli się pospieszymy, zdążymy jeszcze na ostatni pociąg.
r **Prospekt**, -e (Broschüre)	broszura / prospekt
protestantisch (evangelisch)	protestancki
s **Pult**, -e (Schreibtisch)	biurko
das **Radio, -s** (Rundfunk)	radio
r **Rahm** (Sahne)	śmietana
reformiert (evangelisch)	protestancki
e **Reklame**, -n (Werbung)	reklama

r **Rock**, ⸚e (Kleid)	sukienka
r **Schluss** (Ende) Die Wagen der ersten Klasse sind am Schluss des Zuges.	koniec Wagony pierwszej klasy znajdują się na końcu pociągu.
sich pensionieren lassen (in Rente gehen)	przejść na emeryturę
s **Sofa**, -s (Couch [kautʃ])	kanapa
s **Spital**, Spitäler (Krankenhaus)	szpital
r **Stadtpräsident**, -en (Bürgermeister)	burmistrz / prezydent miasta
e **Station**, -en (Haltestelle)	przystanek
e **Taxcard**, -s [phon] (Telefonkarte)	karta telefoniczna
e **Telefonkabine**, -n (Telefonzelle)	budka telefoniczna
r **Titel**, - (Überschrift)	tytuł
s **Tram**, -s ['tram] (Straßenbahn)	tramwaj
s **Trottoir**, -s ['trɔtwar] (Bürgersteig)	chodnik
unterdessen (inzwischen) Herr Müller kommt gleich zurück. Sie können unterdessen in seinem Büro warten.	w międzyczasie, tymczasem Pan Müller zaraz wróci. W międzyczasie może pan poczekać w jego biurze.
Velo fahren (Rad fahren)	jeździć na rowerze
s **Velo**, -s ['velo] (Rad / Fahrrad)	rower
vis-à-vis [viza'vi:] (gegenüber) Das Geschäft liegt direkt vis-à-vis von der Post.	naprzeciwko Sklep mieści się naprzeciwko poczty.
r **Vortritt** (Vorfahrt) Er hat den Vortritt nicht beachtet. (Straßenverkehr)	pierwszeństwo Nie ustąpił pierwszeństwa.
s **Warenhaus**, ⸚er (Kaufhaus)	dom towarowy
s **Zündholz**, ⸚er (Streichholz)	zapałka

Wortschatz-Listen zu österreichischen und schweizerischen Standardvarianten aus: „Zertifikat Deutsch – Lernziele und Testformat", Frankfurt a. M., 1999, mit freundlicher Genehmigung der WBT Weiterbildungs-Testsysteme, des Goethe Instituts, des Österreichischen Sprachdiploms und der Schweizer Konferenz der kantonalen Erziehungsdirektoren.

Indeks (alfabetyczny)

Miejsca, w których występuje dane hasło:
1.1 = numer rozdziału (rozdział 1.1)
■1.1 = numer rozdziału 1.1 (informacje zawarte w ramkach)
A = rozdział **Austria** (strona 441 – 446)
CH = rozdział **Szwajcaria** (strona 453 – 459)
ZD-A = lista **Austriackich wariantów językowych** (strona 447 – 452)
ZD-CH = lista **Szwajcarskich wariantów językowych** (strona 460 – 464)

A

a potem 15.1
aborcja 2.11
absolwent szkoły wyższej 10.3, 19.5
absolwentka szkoły wyższej 10.3, 19.5
abstrakcyjny 12.2
ach, tak ■18.5
adaptacja 11.5
administracja ■19.1
adopcja 3.3
adoptować 3.3
adres 1.1, 2.1, 18.7
adres domowy 1.1
adres e-mailowy 1.1, 18.6
adwokat 8.9
adwokat zajmujący się sprawami rozwodowymi 3.2
agencja reklamowa 19.2
agent ubezpieczeniowy 9.5
agentka ubezpieczeniowa 9.5
AIDS 2.11, 12.7
akademia muzyczna 11.4
akademia sztuk pięknych 10.1
akapit 11.6
akceptacja 18.8
akcja 8.6, 11.5, 11.6
akcja ratownicza 17.3
akcjonariusz 8.6
akcjonariuszka 8.6
akompaniować 11.4
akord 11.4
akrobata 6.5
akrobatka 6.5
aksamit 4.5
akt 11.1, 11.5, 16.1
akt ślubu 3.2

akt urodzenia 3.3
aktor 11.5
aktor filmowy 11.5
aktorka 11.5
aktorka filmowa 11.5
aktówka 20.1
aktualnie ZD-CH
aktualny ZD-A
akumulator 13.3
akustyka 11.4
akwarium 16.4
alarm 7.2
album 18.2
album fotograficzny 11.3
alergia 7.1
alergiczny 7.1
alfabet 2.1
algebra 12.3
alibi 9.8
alimenty 3.2
alkohol 4.2, ■9.7, 12.5
alkoholiczka 9.7
alkoholik 9.7
alkoholizm 9.7
alkoholowe 9.7
amator 6.9
amatorka 6.9
ambasada 6.6, 8.5
ambasador 8.5
ambulatorium 7.6
amper 13.3
amunicja 8.11
analiza 11.7, 12.2, 12.3
analiza DNA 8.9
analiza tekstu 11.6
analizować 11.7, 12.11
anatomia 12.7
anestezjolog 7.6
anioł 11.8
ankieta 12.9
anoda 12.5

Antarktyda 17.1
antena 18.4
antykwariat 18.2
antypatia 1.5, 2.10
antyteza 12.2
aparat 11.3, 18.5
aparat fotograficzny 11.3
aparat słuchowy 2.7
apaszka 4.5
aperitif 4.2
apetyt 2.7, 4.1, 7.4,
aplikacja 18.6
apteka ■4.6, 7.4,
architekt 11.2
architektoniczny 11.2
architektura 11.2
archiwum 12.10, 18.1, 20.1
areszt 9.8
aresztować 8.9, 9.8
argument 11.7
Arktyka 17.1
armator 14.5
armia 8.11
aromat 2.7
aromatyczny 2.7
artykuł 18.1
artykuły biurowe 20.1
artykuły spożywcze 4.1
artykuły żywnościowe 4.1
artysta 11.1
artysta cyrkowy 6.5
artysta, który nie osiągnął sukcesu 11.1
artysta, który osiągnął sukces 11.1
artystka 11.1
artystka cyrkowa 6.5
artystyczny 11.1

arytmetyka 12.3
astrologia 17.5
astronauta 17.5
astronautka 17.5
astronomia 17.5
asystent 10.4, 12.2
asystent analityk laboratoryjny 12.2
asystentka 10.4, 12.2
asystentka lekarza 7.4
atak 8.11
atak serca 7.1
atakować 8.11
ateista 11.8
ateistka 11.8
atlas 18.1
atmosfera 2.8, 17.5
atom 12.4
atrakcja turystyczna 6.6
atrakcyjny 2.3
atrament 11.1, 20.1
audycja 18.4
au-pair 3.3
Austria 8.1
Austriaczka 8.1
Austriak 8.1
autentyczny 11.1
autobiograficzny 11.6
autobus 14.3
automat z biletami 14.3, CH
automatyczna sekretarka 18.5, ■20.1
automatycznie 13.2
automatyczny 13.2
autor 11.5, 11.6, 18.2
autorka 11.5, 11.6, 18.2
autorytarny 8.2
autostrada 14.1
awansować 19.1

Polski 465

awaria 14.1
azylant 9.3
azylantka 9.3
aż ■15.1
aż tyle 15.3

B

babcia 3.1
babysitter 3.3
bać się 2.8
badacz 12.2
badaczka 12.2
badać 7.4, 7.6, 12.2
badania genetyczne 12.6
badania naukowe 12.2
badanie 7.4, 7.6, 12.2, 12.9
badanie kału 7.4
badanie krwi 7.4
badanie moczu 7.4
badanie opinii 12.9
badanie opinii publicznej 8.4
badanie rynku 19.2
bagaż 6.6, 14.2, 14.4,
bagaż podręczny 14.4
bagażnik ■14.1
bajka 2.4, 11.6
bajka na dobranoc 3.3
bakburta 14.5
bal 6.2
balkon 5.1
bandyta obrabowujący banki 9.8
bank 19.4
bankiet 6.2
banknot 19.4, ZD-CH
bankomat 19.4, A, CH
bankowiec 19.4
bankowość 19.4
bankrutować 8.6
bar ■6.4, 6.5
barczysty 2.3
bardzo ■1.5
bardzo dobry 10.3
bark 2.2
barwa 11.1
basen 7.7
basen kryty 7.7
basen odkryty 7.7
bateria 13.3
bawić się 2.4, 6.2

bawić się kolejką ■2.4
bawić się samochodzikami ■2.4
baza danych 18.1, 18.6
beletrystyka 11.6, 18.2
benzyna 14.1
bestseller 18.2
besztać 3.3
bez obrażeń 7.2
bez skrupułów 2.9
bez sprzeczności 11.7
bez stosowania przemocy 9.1
bez środków do życia 9.6
bez wdzięku 2.6
bez wiz 6.6
bezalkoholowe 9.7
bezczelny ■2.6, 3.3
bezdomna 9.6
bezdomny 9.6
bezlitosny 2.6
bezpaństwowiec 9.3
bezpiecznik 13.3
bezpłatnie 11.5
bezpłatny 18.5
bezprzewodowy 18.5
bezrobocie 9.2
bezrobotna 9.2, 19.5
bezrobotny 9.2, 19.5
bezterminowy 9.2
bębenek (anat.) 2.2
białko 12.5
biblia 11.8
bibliografia 18.1
biblioteka 18.1
bibliotekarka 18.1
bibliotekarz 18.1
bić 3.3
biec ZD-A
bieda 8.6, 9.6
biedna 9.6
biednie 9.6
biedny 8.6, 9.6
bieg ■14.1
biegać 6.8, 7.7
biegun 17.5
biegun południowy 17.1
biegun północny 17.1
biegunka 7.1
bielizna 4.5, 5.3

bilans 19.4
bilet 11.5, 14.2, 14.3, 14.4, CH, ZD-CH
bilet lotniczy 14.4
bilet wstępu 11.5, ZD-CH
bilon 19.4
biochemia 12.5
biochemiczny 12.5
biografia 11.6
biolog 12.6
biologia 12.6
biorca organu 12.7
biotop 12.6
bita śmietana A, ZD-A
biurko ■5.2, ■20.1, ZD-CH
biuro 20.1
biuro podróży 6.6
biuro rzeczy znalezionych 14.2
biuro typu open-plan 20.1
biurowiec 20.1
biżuteria 4.5
blady 2.3, ZD-CH
bliscy zmarłego 2.12
bliski 2.10
blisko 15.2
blizna 12.7
bliźniaki 3.3
blok mieszkalny 5.1
blok mieszkaniowy ZD-CH
blondynka 2.3
bluzka 4.5
błąd 2.9
błąd drukarski 18.2
bodziec 10.4
bogactwa naturalne 12.11
bogactwo 8.6, 9.6
bogaty 8.6, 9.6
bogini 11.8
bohater 11.5
bojler 5.1
boleć 7.2, 7.4, 7.5
bomba 8.11
bon 4.6, CH
borować 7.5
boski 11.8
botanik 12.6, 16.5
botanika 12.6, 16.5
bóg 11.8
Bóg ■11.7, 11.8
ból 7.1, 7.4
ból gardła 7.1
ból zęba 7.5

brać prysznic 4.4, 5.2
brać udział ■20.1
brać za złe 2.10
brak informacji 18.1
brak przytomności 7.1
brak ruchu 7.7
brak sygnału 18.5
brak środków do życia 9.6
bramka 14.4
branża 19.5
branża reklamowa 19.2
brat 3.1, ■11.8
brat cioteczny 3.1
brat stryjeczny 3.1
bratanek 3.1
bratanica 3.1
bratowa 3.1
brawa 11.5
brązowy ■11.1
broda 2.2, 2.3
bronić 8.11
broń 8.11
broszura ZD-CH
brudny 2.3, 4.4
brukowy 11.6
brukselka A
brunch 4.1
brutto 8.7
brylant 12.11
bryła 2.3
brzeg 17.1
brzmienie 2.7
brzuch 2.2
brzydki 2.3
brzydko ■1.5
brzydota 11.7
buddyzm 11.8
budka telefoniczna 18.5, CH, ZD-CH
budka z kiełbaskami na gorąco A
budować 11.2
budynek 5.1, 11.2
budyń 5.4
budzik 5.2
budżet 8.6
budżet państwa 8.6
bukiet 16.5
bukiet kwiatów 16.5
bukiet ślubny 3.2
bułka ■4.1, CH, ZD-A
Bundesliga 6.9
Bundestag / izba niższa parlamentu federalnego 8.2

466   **Indeks**

buntować się 9.1
burmistrz ■8.1, 16.1, CH, ZD-CH
burza 17.2
burza z piorunami 17.2
business class 14.4
but 4.5
but z cholewkami 4.5
butelka 4.2
być aktywnym politycznie 8.4
być bezrobotnym 19.5
być chciwym 2.9
być chorym 7.1
być czułym 2.11
być dumnym 2.8
być na dopingu 6.9
być na składzie 19.3
być na urlopie 6.1, A, ZD-A
być niedołężnym 2.5
być niepełnoletnim 2.4
być niepełnosprawnym 7.3
być nieuleczalnie chorym 7.6
być niewiernym 3.2
być o 11.5, 11.6
być ograniczonym 7.3
być otwartym ZD-A
być pełnoletnim 2.4
być pełnym 13.3
być pijanym 4.2
być podejrzanym 9.8
być podobnym 3.3, ZD-A
być pomysłowym 13.1
być przeciw 1.3, 12.9
być przekonanym ■1.3
być rozwiedzionym 3.2
być szkodliwym 7.7
być trzeźwym 4.2
być ubezpieczonym 7.1
być umówionym 6.3

być upośledzonym 7.3
być usytuowanym 5.1, 15.2
być uzależnionym 9.7
być w ciąży 2.11, 3.3
być w gazecie 18.3
być w nastroju 1.5
być wiernym 3.2
być włączonym 13.3
być wyłączonym 13.3
być z kims na ty 1.1
być z kimś na pan 1.1
być z kimś w dobrych stosunkach 2.10
być z kimś w zażyłych stosunkach 2.10
być za 1.3, 12.9
być zainteresowanym 12.1
być zakochanym 3.2
być zamężną 3.2
być zawistnym 2.8
być zazdrosnym 2.8
być zdecydowanym 10.3
być zepsutym 13.2
być zrobionym (z) 13.4
być żonatym 3.2

całkowita wyprzedaż CH
całość 15.3
całować (się) 3.2
całymi dniami 15.1
całymi tygodniami 15.1
CD-ROM 18.1, ■18.6
cebula ■4.1
cel 1.4
cel podróży 6.6
cela 8.9
cele nauczania 10.4
cena 8.6
cena biletu 14.2, 14.3
cena pokoju 6.7
cent 8.6, 19.4
centrala 18.5, 19.1

centralnie 5.1
centralny 5.1
centrum 5.1, 8.4
centrum komputerowe 18.6
centrum miasta 16.1
centym 8.6
cenzura 11.6, 18.3
cera 2.3
ceramika 11.1
ceremonia wręczenia świadectw 10.3
certyfikat 10.3
cesarskie cięcie 3.3, 7.6
cesarz 8.2
cesarzowa 8.2
chadek 8.4
chałupa 16.3
charakter 2.6
charakter pisma 18.8
charytatywnie 19.5
chcieć 2.8
chciwość 2.9
chemia 12.5
chemiczka 12.5
chemiczny 12.5
chemik 12.5
chemikalia 12.5
chętnie 1.4
chętnie (coś robić) 6.8
chętniej coś robić 2.8
chip 12.4
chirurg szczękowy 7.5
chlać 9.7
chleb 4.1
chleb żytnio-pszeniczny CH
chlew 16.3
chłodno 17.2
chłop 16.3
chłopak 2.10, 6.3
chłopiec 3.3, A, CH, ZD-A,
chłopka 16.3
chłód 17.2
chmura 17.2
chodnik 14.1, ZD-A, ZD-CH
chodzić (z) 6.3
chodzić do szkoły 10.1
chodzić na kurs tańca 6.8

choleryczny 2.6
chora 7.1
chore serce 7.1
choreograf 11.4
choreografia 11.4
choreografka 11.4
choroba 7.1, 12.7
choroba dziecięca 7.1
choroba lokomocyjna 7.1
choroba morska 14.5
choroba tropikalna 7.1
choroba zakaźna 7.1
choroba zawodowa 7.1, 12.7
chorować 7.1
chorować na 7.4
chory 7.1
chór 11.4
chroniczna 12.7
chroniczny 7.1
chronić ■8.10
chrzcić 11.8
chrzciny 3.3
chrzest 3.3, 6.2, 11.8
chrześcijański 11.8
chrześcijaństwo 11.8
chrześniak 3.3, CH
chudy 2.3
chust(k)a na głowę 4.5
chusta 4.5
chusteczka 4.4
chustka na szyję 4.5
chwalić 3.3
chwast 16.3, 16.5
chwila ■1.1, 15.1
chwilowy ZD-A
chwytać ■8.10
ciało 2.2, 11.7, 12.4
ciast(k)o 5.4
ciasto 4.1, ■4.1
ciasto owocowe CH
ciąć 5.4
ciągle 15.1, ■15.1
ciąża 2.11, 3.3
cicho 2.7, 11.4
cichy 2.7
ciekawa 11.6
ciekawie ■1.5
ciekawski 2.6
ciekawy 2.6, 2.8, 18.2, 19.5
ciekły 12.4
ciemny 11.1

Polski 467

cienka 18.2
cienka gałąź 16.5
cienki 15.2
cień 17.2
ciepło 5.1, 12.4, 17.2
ciepły 5.1
cierpieć 7.4
cieszyć się ▪1.1, 2.8
ciężarówka 14.1, ZD-CH
ciężki 6.6, 19.5
ciotka 3.1
cisza 2.7
ciśnienie 7.4, 12.4
ciśnienie krwi 7.1
cło 6.6, 8.6, 14.4
cmentarz 2.12
cnota 2.9
co godzinę 15.1
co miesiąc 15.1
Coca-Cola 4.2
Coca-cola ZD-CH
codziennie 15.1
copywriter 19.2
copywriterka 19.2
corporate identity 19.1
coś ▪18.8
córka 3.1
cud 13.1
cudzoziemiec 9.3
cudzoziemka 9.3
cukier 4.1, 12.5
cukierek 4.1
cukinia CH
cygaro 4.3
cyklon 17.3
cyrk 6.5
cyrkiel 12.3
cytat 11.6
cytować 11.6
cytryna ▪4.1
czapka 4.5
czas 11.7, 15.1
czas antenowy 18.4
czas gry 6.9
czas pracy 20.1
czas trwania 15.1
czas trwania budowy 11.2
czas trwania lotu 14.4
czas wolny 6.8
czasami 15.1, ▪15.1
czasopismo 18.3, ZD-CH
czasopismo specjalistyczne 18.3

cząsteczka 12.4, 12.5
czekolada 4.1, 4.2
czekoladka 4.1
czeladnik 10.1
czerwiec ▪15.1
czerwony ▪11.1
część 1.1, A, CH
często 15.1, ▪15.1
częściowo strawne składniki żywności pobudzające jelita do pracy 7.7
część 15.3
część zapasowa 13.2
członek 2.10, 6.9
członek (rodziny) 3.1
członek partii 8.4
członkostwo 2.10, 6.9
człowiek 12.6, 12.9
czoło 2.2
czuć 2.7, 2.8
czuć się 2.8
czuć się dotkniętym 2.10
czułość 2.11
czwartek 15.1
czworobok 15.2
czworokąt 15.2
czworokątny 12.3
czyn karalny 9.8
czynsz 5.1
czysto śpiewać 11.4
czysty 4.4
czyścić 5.3, ZD-A
czyścić szczotką 5.3
czytać 10.4, 11.6, 18.2, 18.3
czytanie 10.2
czytelnia 18.1
czytelniczka 11.6, 18.1, 18.2
czytelnik 11.6, 18.1, 18.2
ćwiczenie 7.7, 10.2
ćwiczyć 10.2

dach ▪5.1, ▪11.2
dać datek 9.6
dać komuś zwolnienie z pracy 7.1
dać lanie 3.3
dać sygnał klaksonem ▪14.1
daleko 15.2

dalekowidz 2.7
dane 18.1, 18.6
dane osobowe 1.1
dane szacunkowe 8.4
dania dla małych gości 6.4
dania dla osób starszych (tańsze i mniej obfite, niż zwykle) 6.4
danie 6.4, ZD-A
danie główne 6.4, CH
darmowo 11.5
data 15.1
data urodzenia 1.1, 2.1
datek 8.7, 9.6
dawać sobie radę 2.10
dawca organu 12.7
dawczyni organu 12.7
dbać 3.1
debata 8.3
decydować ▪19.1
decydować (się) 1.5
decyzja 16.1
decyzja podatkowa 8.7, CH
definicja 1.2, 11.7
definiować 11.7
dekada 12.10
dekagram A
deklaracja podatkowa 8.7
delegacja 20.1
delektować się 2.8
demokracja 8.2
demokratyczny 8.2
demonstracja 9.1
dentysta 7.5
dentystka 7.5
depresja 12.8
depresyjny 12.8
deptać ZD-A
deputowany 8.3
deser 4.1, 6.4, ZD-A, ZD-CH
deska do krajania 5.4
deszcz 17.2
detektyw 8.10, 9.8
dewizy 19.4
dezaprobować 1.3
dezynfekować 12.7
diagnoza 7.4, 7.6, 12.7
dialog 2.10, 11.5

diament 12.11
dieta 4.1, 7.7
dlatego 14.1
długi 4.5, 8.6, 15.2, 19.4
długopis 2.4, 20.1
długość 12.3, 15.2
długowieczność 2.5
do 15.2
do jutra ▪1.1
do przodu 15.2
do przyjęcia 1.4
do rąk własnych A
do tyłu 15.2
do widzenia ▪1.1
do zobaczenia CH
dobra 6.4, 12.1
dobranoc ▪1.1
dobre 6.9
dobro 2.9, 11.7
dobrobyt 8.6, 9.6
dobroduszny 2.9
dobrotliwy 2.6
dobry 10.3
dobry wieczór ▪1.1
dobrze 2.9, 11.1, 12.1, 12.3
dobrze rozegrany 6.9
dobrze udokumentowany 18.3
dochody nieopodatkowane 8.7
dodać 18.6
dodać gazu ▪14.1
dodatek 6.4
dodatek socjalny 9.5
dodatek świąteczny A
dodatki chemiczne 7.7
dodatni 12.4
dogadać się z kimś 2.10
dogadywać się 2.10
dogmat 11.8
doić 16.3
dojrzały ▪2.6, 4.1
dojrzewać 12.6
dojść do ładu 2.10
dojść do porozumienia 9.2
dojść do siebie 7.6
dokąd 15.2
dokładnie 4.4, 12.1, ZD-CH
dokładny ZD-CH

dokonać rezerwacji ponad miarę 14.4
dokształcanie 19.5
doktor ▪1.1
doktorat 10.3, CH
dokuczać 7.4
dokument 16.1, 20.1
dolegać 7.4
dolegliwości 7.4
dolegliwości wieku podeszłego 2.5
dolegliwości żołądkowe 7.1
dolina 16.2
dolna szczęka 7.5
dom 5.1, 11.2
dom dziecka 2.4
dom opieki 2.5
dom sprzedaży wysyłkowej 4.6
dom starców 2.5
dom towarowy 4.6, ZD-CH
dom wiejski 16.3
dom wydawniczy 18.2
domofon 5.1
doniczka 16.5
doniesienie 9.8, 18.3
donieść 9.8
donosić 18.3
dopiero co ▪15.1
dopłata 14.2, 14.3
dopóki ▪15.1
doprawiać 5.4
dopuszczać się przestępstw 9.8
dopuszczenie do obrotu 9.7
doradca 19.4
doradca podatkowy 8.7
doradztwo 12.8
dorastanie 2.4
dorosła 2.5
dorosły 2.5
doskonały 4.1
dostać 18.5, 19.4
dostać coś w prezencie 6.2
dostarczać 1.2, 4.6
dostarczane informacje 18.1
dostarczyć 18.2, 19.3
dostawa 4.6, 19.3
dostawać 18.6
dostawca 13.2

dostępne 18.2
doszkalanie 19.5
doszkalanie zawodowe 9.2
doświadczenie 11.7, 12.2
doświadczony ▪2.6, ▪20.1
doświadczyć 6.6
dotąd ▪15.1
dotknięcie 2.7
dotychczas ▪15.1
dotyczyć 2.8
dotyk 2.7
dotykać 2.7, A, ZD-A
dowiadywać się 1.2
dowiedzieć się ▪1.2
dowód 8.9, ▪12.2
dowód osobisty 6.6, 8.1, CH
dowódca 8.11
dowództwo 8.11
doznanie zmysłowe 2.7
dozorca 5.1, ZD-CH
dozorczyni 5.1
dramat 11.6
dramaturgia 11.5
dressing 4.1
drewno 16.5
dręczyć 3.3
drgania 12.4
drobiazg, który przynosi się przychodząc do kogoś w gości (np. czekolada, bombonierka, wino itp.) 6.3
drobina 12.4, 12.5
drobne pieniądze 19.4
droga 14.1
droga okrężna 14.1
drogeria ▪4.6
drogi 6.7
drogo 4.6
drób 4.1
drugi fakultet 10.3
drugie mieszkanie 5.1
druk 11.1
drukarka ▪18.6, ▪20.1
drukarnia 18.2
drukować ▪18.2, 18.6
drużyna 6.9

drzewo 12.6, 16.2, 16.5
drzewo genealogiczne 3.1
drzwi 5.1, ▪11.2,
dubbingować 11.5
duch 11.7
duchowna 11.8
duchowny 11.8
dumna ▪2.6
dumny ▪2.6
dur (muz.) 11.4
dusza 2.12, 11.7
duszno 17.2
duszone 6.4
duża 12.1
duże miasto 16.1
dużo 15.3
duży 2.3, 4.5, 15.2
dwoje 15.3
dworzec 14.2
dwujęzyczny 18.1
dwukolorowy 11.1
dwutlenek węgla 4.2
dyktando 10.2
dymisja 8.3
dynamika 12.4
dyplom 10.3
dyplomacja 8.5
dyplomata 8.5
dyplomatka 8.5
dyplomatyczne 8.5
dyplomatyczny 8.5
dyrektor artystyczny teatru 11.5
dyrektorka artystyczna teatru 11.5
dyrygent 11.4
dyrygentka 11.4
dyscyplina 8.11
dyskietka 18.1, ▪18.6
dyskoteka 6.5
dyskryminujące 9.4
dyskusja 2.10
dyskutować ▪12.2, 19.1
dyskutować o problemie 9.1
dysputa 2.10
dywan 5.2
dyżurny 7.6
dziadek 3.1
dziadkowie 3.1
dział 19.1
dział finansowy 19.4
dział księgowości 19.4

dział sprzedaży 19.3
działać 13.2
działać jako mediator 8.5
działający 13.4
działanie 12.4
dziąsła 7.5
dziczyzna 4.1
dzieci 3.3
dziecięcy 2.4
dziecinny 2.4
dzieciństwo 2.4
dziecko 2.4, 3.1, 3.3
dziecko adoptowane 3.3
dziecko nienarodzone 3.3
dziecko przysposobione 3.3
dziedzina 12.2
dziedzina badań 12.2
dziedziniec 5.1
dziekan 10.4
dzielić ▪12.3, 15.3
dzielić na porcje 15.3
dzielnica 16.1
dzieło literackie 11.6
dzieło sztuki 11.1
dziennikarka 18.3
dziennikarstwo 18.3
dziennikarz 18.3
dzień 15.1
dzień dobry ▪1.1
dzień powszedni 15.1
dzień ślubu 3.2, 6.2
dziewczyna 2.10, 6.3
dziewczynka 3.3
dziękuję ▪1.1
dziki 16.4
dziób 14.5
dzisiaj ▪15.1
dziura 7.5
dziura ozonowa 17.4
dziwić 2.8
dziwka 2.11
dziwny ▪2.6
dzwonek 5.1, A, ZD-A
dzwonek u drzwi CH
dzwoni telefon 18.5, CH
dzwonić 2.7, 5.1, A, ZD-A, CH, ZD-CH

Polski   469

dźwięk 2.7
dżinsy 4.5

E

economy class 14.4
edukacja dorosłych 10.1
efekt cieplarniany 17.4
egzamin 10.3
egzamin dyplomowy 10.3, A
egzamin dyplomowy na studiach 10.3
egzamin końcowy 10.3
egzamin magisterski 10.3, CH
egzamin na prawo jazdy 10.3
egzamin pisemny 10.3
egzamin ustny 10.3
egzamin wstępny 10.3
egzaminować 10.3
EKG 7.4
ekipy ratownicze 17.3
ekolog 17.4
ekologiczny 7.7, 17.4
ekran ■18.6
ekspert 12.2
ekspertka 12.2
eksperyment 12.2
eksperymentować 12.2
eksponat 11.1
eksport 8.6, 19.3
eksportować 19.3
elastyczny 13.4
elegancka 6.4
elegancko 2.3
elektryczność 13.3
elektroda 12.5
elektroliza 12.5
elektron 12.4, 12.5
elektronika 12.4
elektrotechnika 13.1
elektrownia 13.3
elektrownia atomowa 13.3
elektrycznie 12.4
elektryczny 13.3
elektryka 12.4
e-mail ■18.1, 20.1, ZD-CH

embargo 8.5
emeryt 2.5, A, CH
emerytka 2.5 A, CH
emerytura 2.5, 8.8, 9.5, A, CH, ZD-A
emitować 18.4
emocja 1.5
emocje 12.8
emocjonalny 2.8
encyklopedia 18.1
energia 12.4
energia (elektryczna) 13.3
epika 11.6
epoka 11.1, 12.10, 12.11
epoka literacka 11.6
era 12.11
erotyczny 2.11
erotyka 2.11
erozja 12.11
esej 18.1
etiologia 12.8
etyczny 2.9, 12.9
etyka 2.9, 11.7, 12.9
euro 8.6, 19.4
eutanazja 2.12
ewangelicki 11.8
ewentualnie ■18.8
ewentualność 1.4
ewolucja 12.6, 12.11

F

fabryka 8.6, 13.2, ■19.1,
fajerwerki 6.2
fajka 4.3
faks 18.5, 20.1
faksować 18.5
fakt 18.1
fakty 18.1
fala 12.4
fałszować 11.4
fan 6.9
farba 11.1
fartuch 4.5
fasola ■4.1, ZD-A
fastfood 7.7
federalizm 8.1
Federalne Siły Zbrojne A
Federalne Siły Zbrojne / Bundeswehra 8.11
Federalny Trybunał Konstytucyjny CH
feministka 9.4
feminizm 9.4

ferie 6.1, 20.1, ZD-CH
festiwal 6.2
festyn 6.2
festyn ludowy 6.5
fetor 2.7
figi ■4.5
figura 11.1
figura geometryczna 12.3
figura retoryczna 11.6
filharmonia 11.4
filia 19.1
filiżanka 5.4, 6.4
film 11.3, 11.5
film czarno-biały 11.3
film kinowy 11.5
film kolorowy 11.3
filozof 11.7
filozofia 11.7
filozoficzny 11.7
filozofka 11.7
filtr 11.3
finanse 19.4
finansowo 8.6, 19.4
finansowy 19.4
firanka 5.2, A
firma ■18.8, 19.1
firma consultingowa 19.1
firma dostawcza 13.2
firma farmaceutyczna 12.5
fizjoterapeuta 7.4
fizjoterapeutka 7.4
fizjoterapia 7.4
fizyczka 12.4
fizyczny 12.4
fizyk 12.4
fizyka 12.4
fizyka atomowa 12.4
fizyka jądrowa 12.4
fizyka kwantowa 12.4
flamaster 20.1
flesz 11.3
flirt 3.2
flirtować 3.2
forma 11.6
forma rządów 8.2
forma zwracania się do kogoś 1.1
formacja 12.11
formularz 16.1
fortepian 11.4

fotel 5.2, A, CH, ZD-A, ZD-CH
fotograf 11.3, 18.3
fotografia 11.3
fotografować 6.8, 11.3
fotoreporter 18.3
fotoreporterka 18.3
fragment 11.3
fragment (tekstu) 11.6
frak 4.5
franchising 13.2, 19.3
frank szwajcarski 8.6, 19.4
frankfurterki A, CH
fryzjer 4.4, CH, ZD-CH
fryzjerka 4.4, CH, ZD-CH
fryzura 2.3
fundacja 8.4, 11.1
fundusze na projekt 12.2
funkcja 11.6
funkcja matematyczna 12.3
funkcjonariusz policji 8.10
funkcjonariusz policji kryminalnej 8.10
funkcjonariuszka policji 8.10
funkcjonariuszka policji kryminalnej 8.10
funt 4.1
fuzja 8.6

G

gabinet dentystyczny 7.5
gabinet lekarski 7.4, ZD-A
gabinet przyjęć 7.4
galaktyka 17.5
galeria 11.1
galeria obrazów 11.1
galeria sztuki 11.1
gałąź 12.6, 16.5
gałąź gospodarki 8.6
gama 11.4
gang 9.8
garaż ■5.1, 14.1

garaż podziemny 14.1
garderoba 4.5
gardło 2.2
gardzić 2.10
garnek 5.4, ZD-CH
garnitur 4.5
gatunek literacki 11.6
gatunek rośliny 12.6
gatunek zwierząt 12.6
gatunek zwierzęcia 16.4
gaz ziemny 12.11
gazeta 18.3
gazeta bezpłatna CH
gazeta miejska 18.3
gazeta z ogłoszeniami 18.3
gdy ■15.1
gdzie 15.2
gej 2.11, 9.4
gejowski 2.11
gen 12.6
genetyczny 12.6
genetyka 12.6
genitalia 2.2
geografia 12.11
geolog 12.11
geologia 12.11
geologiczny 12.11
geometria 12.3
gęsto zaludniony 16.1
gęstość 12.4
gęsty 2.3
giełda 8.6
gimnastyka korekcyjna 7.4
gimnazjum 10.1
gitara ■11.4
gleba 16.3
globalizacja 8.6
glosariusz 18.1
głębokość 15.2
głodny 4.1
głos 2.2, 8.4, 11.4
głosować 8.3
głosować przeciw 8.3
głosować za 8.3
głosowanie 8.3, 8.4
głosowanie (listowne) CH
głośnik 11.4
głośno 2.7, 11.4
głośność 2.7

głowa 2.2
głowa (kościoła) 11.8
głowa państwa 8.2
głód 4.1, ■8.5
główna salowa 7.6
główny dostawca 19.3
główny salowy 7.6
głuchoniemy 2.7, 7.3
głuchy 2.7, 7.3
głupi ■2.6, 12.1
gmina 8.1, 16.1, A
gniazdko 5.2
gniazdko (elektr.) 13.3
gniazdo 16.4
gniew ■2.9
godny zaufania 2.9
godzina ■1.2, 15.1
godzina przyjęć 7.4
godziny otwarcia 6.6
godziny otwarcia (sklepu) 4.6
godziny przyjęć 7.4
golić 4.4
gorąco 17.2
gorączka 7.1, 7.4
gorzej wyglądać 7.6
gorzki 2.7, 4.1
gospoda ■6.4, A, ZD-A
gospodarczo 8.6
gospodarka 8.6
gospodarka narodowa 8.6
gospodarka wolnorynkowa 8.6
gospodarstwo domowe 5.3
gospodarz 6.2
gospodyni 6.2
gospodyni domowa 5.3, ■19.5
gościnność 6.2
gościnny 6.2
gość 6.2, 6.4, 6.7
gotować 5.4
gotowane 6.4
gotowanie 5.4
gotówka 19.4
góra 16.2
górna szczęka 7.5
góry 16.2, ZD-A
górzysty 16.2
gra 6.9

gra na boisku gospodarzy 6.9
gra na własnym boisku 6.9
grać (kogoś) 11.5
grać (muz.) 11.4
grać (teatr.) 11.5
grać w gry komputerowe 6.8
grać w kinach 11.5
grad 17.2
grafik 11.1
granica 6.6, 8.1
granica miasta 16.1
granica ubóstwa 9.6
gratis 11.5
gratulacje 6.2, ZD-CH
gratulować 6.2
grawitacja 17.5
grecko-prawosławny 11.8
grilować CH
grilowane 6.4
grób 2.12
gruba 18.2
gruba gałąź 16.5
grubiański 2.6
gruby 2.3, 15.2
grudzień ■15.1
grunty orne 16.3
grupa 2.10
grupa docelowa 19.2
grupa narodowościowa 9.3
gruszka ■4.1
grypa 7.1
gryźć 16.4
grządka 16.5
grzebień 4.4
grzech 2.9, 11.8
grzeczna 1.4
grzeczny ■2.6, 3.3
grzejnik 5.1
grzyb ■4.1, 16.5, ZD-A
grzybica stóp 7.1
gulasz 4.1
gust 2.7
guz 7.1
gwałt 2.11
gwarancja 19.3
gwiazda 11.5, 17.5
gwiazda muzyki pop 11.4
gwiazdozbiór 17.5
gwizdać 6.9

H

habilitacja 10.3
habilitować się 10.3
haker 18.6
hałas 2.7
hamować ■14.1
handel 8.6
handel narkotykami 9.7
handlarz dziełami sztuki 11.1
handlowiec 19.5
hardware 18.6
harmonijny 11.4
hasło 18.1, 18.6, 19.2
helikopter 14.4
helikopter ratunkowy 7.2
hełm 8.11
hemisfera 17.1
herbata 4.2
herbata ziołowa 4.2, 7.7
herbatnik CH
heteroseksualnie 2.11
heteroseksualny 2.11, 9.4
higiena 4.4, 12.7
higiena osobista 4.4
higieniczny 12.7
hinduizm 11.8
hipokryzja 2.9
hipoteza 12.2
historia 12.10
historia literatury 11.6
historia najnowsza 12.10
historia Ziemi 12.11
historyczny 12.10
historyk 12.10
historyk sztuki 11.1
hit 11.4
hobby 6.8
hodować 16.3
hodowla 16.3
hodowla bydła 16.3
hodowla zwierząt 16.3
hojny 2.6
homeopata 12.7
homoseksualista 2.11
homoseksualnie 2.11
homoseksualny 2.11, 9.4
honorarium autorskie 18.2

honorowany 10.3
hotel 6.7
huknąć 3.3
humor 2.6, 2.8
huragan 17.3

I

idea 11.7
idealistyczny 2.9
idealny 5.3
ideał 2.9
igła 16.5
ile 15.1, 15.3
ile razy 15.1
ilość 15.3
image 19.2
imię 1.1, 2.1
imigrant 9.3
imigrantka 9.3
implant 7.5
import 8.6
impreza 6.2
indeks 18.1
indyk CH
indywidualny 12.9
infekcja 7.1, 12.7
inflacja 8.6
informacja 1.2,
 ▪1.2, 9.8, 14.2, 18.1,
 18.5
informacja turystyczna 6.6
informować 1.2,
 18.3
infuzja 12.7
inne 1.3
inne zdanie (mieć)
 ▪20.2
inscenizacja 11.5
instalacja 11.1
instalacja wideo
 11.1
instancja 8.9
instrukcja 16.1
instrukcja obsługi
 13.4, ZD-CH
instrument 11.4,
 12.5
instytut 12.2
instytut badawczy
 10.1
integracja 9.3
intelekt 12.8
inteligencja 12.1,
 12.8
inteligentny 12.1
intendent 11.5
intendentka 11.5

interat 10.1
interesować się 2.8,
 6.8, 12.9
interesować się
 czymś 12.1
interesujący 18.2
internet 18.1, 18.6,
 20.1
internista 12.7
internistka 12.7
interpretacja 11.5,
 11.6
intranet 18.6, 20.1
inwalida 7.3
inwazja 8.11
inwentarz 19.3
inwestor 11.2, 19.4
inwestować 13.2
inwestycja 13.2
inżynier ▪19.5
inżynier elektryk
 13.1
ironia 11.6
irygator 7.5
irytować 2.8
islam 11.8
istnieć 19.4
istota żyjąca 12.6
iść 18.7
iść na bal 6.2
iść na imprezę 6.2
iść na pocztę 18.7
iść na prywatkę 6.2
iść na przyjęcie 6.2
iść na spacer 7.7
iść na zakupy 4.6
izba przyjęć 7.6, CH
izba przyjęć w
 szpitalu 7.2

J

ja 11.7
jabłko ▪4.1
jadłodajnia ▪6.4
jajecznica 5.4, A
jajko 4.1
jajko sadzone 5.4
jajnik 2.2
jak najszybciej 18.8
jarmark 6.5
jarzyny 4.1
jasne ▪1.1, ▪18.5
jasny 11.1
jazda 6.6
jazda na gapę 14.3
jazz 11.4
jądro Ziemi 12.11
jechać ZD-A

jechać na urlop
 6.1, A
jednak 8.9
jednobarwny 16.5
jednocześnie ▪15.1
jednojęzyczny 18.1
jednokolorowy 11.1
jednostka 12.9, 18.5
jedwab 4.5
jedynak 2.4
jedzenie 4.1, 6.4
jelito 2.2
jesień 15.1, 17.2
jeszcze 15.1
jeść 4.1
jet lag 14.4
jezioro 14.5, 17.1
jeździć 14.1
jeździć na rowerze
 ▪2.4, ZD-CH
język 2.2, 7.5, 10.4
język obcy 10.4
jogurt 4.1
jon 12.5
jubileusz 6.2
judaizm 11.8
jutro ▪15.1

K

kabaret 11.5
kabel 13.3
kabel telefoniczny
 18.5
kadra kierownicza
 najwyższego
 szczebla 19.1
kadra kierownicza
 niższego szczebla
 19.1
kadra kierownicza
 średniego szczebla
 19.1
kadra zarządzająca
 19.1
kajdanki 8.10
kajuta 14.5
kakao 4.2
kaktus 16.5
kalafior A
kalendarz 15.1, 20.1
kalkulator 12.3
kaloria 4.1
kaloryfer 5.1
kamera 11.3, ▪12.4
kamieniołom 12.11
kamień 11.1
kamień nagrobny
 2.12

kamień nazębny 7.5
kamień szlachetny
 12.11
kamizelka 4.5, CH
kampania reklamowa 19.2
kampania wyborcza
 8.4
kanał 14.5, 17.1
kanapa 5.2, ZD-CH
kancelaria 8.9, 20.1
kanclerz Federalny
 ▪1.1
kanclerz federalny
 8.3
kandydat 8.4, 19.5
kandydatka 8.4,
 19.5
kandydować 8.4
kanton CH
kapela 6.5, 11.4
kapelusz 4.5
kapitan 14.5
kaplica 11.8
kapsułka 7.4
kara 8.9
karać 8.9
karczma ▪6.4,
 ZD-A, A
karetka ZD-A
karetka pogotowia
 7.2, CH
karma 16.3
karmić 3.3, 16.3,
 16.4,
karmić butelką
 3.3, CH
karmić piersią 3.3
Karmienie gołębi
 zabronione. 16.4
karnacja 2.3
karnawał 6.2
karta bankomatowa
 ▪19.4, A
karta dań 6.4
karta kredytowa
 ▪19.4
karta płatnicza A
karta telefoniczna
 18.5, ZD-A, ZD-CH
karteczki ▪20.1
kartka do głosowania 8.4
kartka pocztowa
 18.7
kartka z notatnika
 20.1
kartka z życzeniami
 6.2

kartkować 18.2
kartofel ■4.1
karuzela 6.5
kasa 4.6, 11.5, 19.4, ■19.4, ZD-A
kasa chorych 7.1, 8.8, 9.5, ZD-A
kaseta 11.4
kask 8.11
kasować 14.3
kaszel 7.1
katalizator 12.5
katalog 18.1, 18.6, 19.2
katalog wystawowy 11.1
katar 7.1
katastrofa ekologiczna 17.4
katedra 10.1, 11.8
katoda 12.5
katolicki 11.8
katolicyzm 11.8
kaucja 8.9
kawa 4.2, 5.4
kawaler 2.1, 3.2
kawalerka 5.1
kawałek 15.3
kawiarnia ■6.4
każdy 15.3
kąpać 3.3, 4.4, 5.2
kąsać 16.4
kąt 12.3, 15.2
kelner 6.4
kelnerka 6.4
kibic 6.9
kichać 7.1
kiedy 15.1, ■15.1
kieliszek 4.2, 5.4, 6.4
kiełbasa 4.1
kiełbaski wiedeńskie CH
kiepsko sprzedająca się książka 18.2
kierować ■19.1
kierowca 14.1, ZD-CH
kierownictwo budowy 11.2
kierowniczka 12.2, 13.2, 19.1, 19.4
kierownik 12.2, 13.2, 19.1, 19.4
kierunek 14.3, 15.2
kieszeń 4.5
kieszonkowe 3.3, CH
kilo 4.1
kinematyka 12.4

kino 11.5
kiosk ■4.6, 18.3, A, ZD-A
kiosk z gazetami 4.6
kitel 4.5
kiwać głową 2.2
klamka 5.1, ZD-A
klapek 4.5, A
klasówka ZD-A
klasztor 11.8
klatka 16.4
klatka piersiowa 2.2
klatka schodowa A
klawiatura ■18.6
klawisz ■18.6
klepsydra 2.12
klęska żywiołowa 17.3
klient 4.6, 19.3
klient banku 19.4
klientka 4.6, 19.3
klientka banku 19.4
klikać ■18.6
klimat 17.2
klimatyzacja 5.1
klinika 7.6
klonowanie 12.6
klown 6.5
klub 2.10, 6.9
klub fitness 7.7
klucz 5.1
kluska 4.1, A, ZD-A
kłamać 2.9
kłamca 2.9
kłamstwo 2.9, 8.9
kłócić się 2.10, 3.2
kłótnia 2.10
knajpa ■6.4, 6.5, A, ZD-A
knajpa oferująca młode wino A
knedel 4.1, A, ZD-A
koalicja 8.3
kobieciarz 3.2
kobiecy 9.4
kobieta 9.4
kobieta, która przeszła na wcześniejszą emeryturę A, CH
koc ■5.2
kochać 2.8, 2.10
kochanek 3.2
kochanie 3.2
kochanka 3.2
kocur 16.4
kod 19.4
kod pocztowy 18.7
kodeks 8.9
kofeina 4.2

koktajl 4.2
kolacja 4.1, 6.4, CH
kolano 2.2, ■12.7
kolczyk 4.5
kolega ■2.10
kolega z pracy 20.1
kolegium nauczycielskie 10.4
kolej 14.2
kolejność 15.3
koleżanka z pracy 20.1
kolisty 12.3
kolor 11.1
koło 12.3, 15.2
kołysanka 3.3
kołyska 2.4
komar A
kombajn 16.3
komedia 11.5, 11.6
komenda 8.11
komenda główna policji 8.10, CH
komendant 8.11
komentator 18.4
komentatorka 18.4
kometa 17.5
komiczny 11.6
komiks 2.4
komin A
komisariat policji 8.10
komisarz 8.10
komisja 8.3, 19.1
komoda 5.2
komórka 12.6, 18.5
komórka macierzysta 12.6
komórka w przedsiębiorstwie zajmująca się dystrybucją i wysyłaniem poczty 20.1
kompendium wiedzy 18.1
komponować 11.4
kompozycja 11.1
kompozytor 11.4
kompozytorka 11.4
kompromis 8.5
komputer ■1.2, 12.3, 18.6
komunia (święta) 11.8
komunikacja 14.1
komunikat meteorologiczny 17.2

komunikat prasowy 18.3
komunizm 8.4
konar 12.6, 16.5
koncentrować się 10.4
koncert 11.4
koncert popowy 11.4
koncert rockowy 11.4
kondolencje 2.12
kondom 2.11
konduktor 14.2, CH
konduktorka 14.2
konewka 16.5
konferencja 8.5, 20.1, 20.2
konferencja prasowa 19.2
konfirmacja 11.8
konfitura ZD-CH
konfitury 4.1
konflikt 2.10, 8.5, 12.9
koniec 15.1, ZD-CH
koniecznie 11.5
koniunktura 8.6
konkretny 12.2
konkubent 3.2
konkubina 3.2
konkurencja 6.9
konkurs 6.9, 11.2
konserwacja 13.2
konserwatysta 8.4
konserwatystka 8.4
konserwatywny 2.6
konstytucja 8.2, 8.9, CH
Konstytucja Federalna Szwajcarii CH
konsulat 6.6, 8.5
konsultacja lekarska 12.8
konsultant do spraw wychowawczych 3.3
konsultantka do spraw wychowawczych 3.3
kontakt 1.1, 2.10
kontakt wzrokowy 2.7
kontakty międzyludzkie 1.1
kontakty towarzyskie 6.3
konto 19.4
kontrast 11.3

kontrast kolorystyczny 11.1
kontrola paszportowa 6.6
kontrola policyjna 8.10
kontroler lotów 14.4
kontur 11.1
kontynent 12.11, 17.1
kontynentalny 17.1
kontynuować 20.2
kończyć 18.4, 20.1
kończyć się 9.3
kopalnia 12.11
koperta 18.7, ZD-A, ZD-CH
korek 14.1
korek (elektr.) 13.3
korespondencja 18.8
korespondencja biznesowa 20.1
korespondent 18.3
korespondentka 18.3
korkociąg 4.2, CH
korona 7.5
korupcja 2.9, 8.6
korytarz ■5.1
korzeń 12.6, 16.5
korzystnie 4.6
kosić trawę 16.3
kosmologia 17.5
kostium 4.5, 11.5
kosz na papiery 5.2
kosz na śmieci 5.2, A, CH, ZD-A
koszmar senny 12.8
koszta ■8.9
koszty 13.2
koszula 4.5
kościec 2.2
kościół 11.8
kość 2.2
kotka 16.4
kotlet 4.1
kotwica 14.5
kozak 4.5
krab 4.1
kradzież 9.8
kraj 8.1
kraj na progu przekroczenia określonego stopnia rozwoju 8.6
kraj rozwijający się 8.6

kraj trzeciego świata 8.6
kraj uprzemysłowiony 8.6
kraj związkowy 8.1
krajobraz 16.2
kran 5.2
kraść 9.8
krater 12.11
krawat 4.5
krawcowa 4.5
krawiec 4.5
krążenie 2.2
krążyć 17.5
kredens 5.2
kredyt 19.4
krem ■4.4
krematorium 2.12
kreślarka 11.1
kreślarz 11.1
kreślić 11.1
krew 2.2, 12.7
krewna 3.1
krewny 3.1
kroić 5.4
krok 11.4
krok taneczny 11.4
kromka 5.4
kronika 12.10
krople 7.4
kroplówka 7.6
król 8.2
królowa 8.2
krótki 4.5, 15.2
krótki list 18.8
krótko ■4.4
krótkowidz 2.7
krwawić 7.2
krwiodawca 2.2
kryminalny 9.8
kryminał ■18.4
krystalizować 12.11
kryształ 12.11
krytyk 6.4, 11.5, 18.2
krytyka 11.5
krytyka literacka 11.6
krytykować 18.2
kryzys 8.5, 9.1
kryzys gospodarczy 8.6
krzak 16.2
krzaki 16.2
krzesło 5.2, A, ZD-A
krzesło biurowe A
krzew 16.2
krzyczeć 2.8
krzywa ■12.3

krzywda 2.9
krzywoprzysięstwo 8.9
krzywy 15.2
krzyż 11.8
ksenofobia 9.3
ksenofobiczny 9.3
kserokopiarka ■20.1
książeczka z obrazkami 2.4
książeczka zdrowia ZD-A
książka 11.6, 18.2
książka dla dzieci 18.2
książka dla młodzieży 18.2
książka kucharska 5.4
książka z obrazkami 18.2
księgarnia 18.2
księgarstwo 18.2
księgarz 18.2
księgowość 8.7, 19.4, 20.1
księżyc 17.5
Księżyc 17.5
kształcenie się w systemie wieczorowym/zaocznym/ korespondencyjnym 10.1
kształcić 10.4
kształcić się 10.3
kubek 6.4
kubeł na śmieci 5.2, CH
kucharka 5.4
kucharz 5.4
kuchenka 5.4
kuchenka mikrofalowa 5.4
kuchnia ■5.1, 5.4
kultura i sztuka 11.1
kultura przedsiębiorstwa 19.1
kupować 4.6, 5.2
kura ■4.1, ■16.3, CH, ZD-A, ZD-CH
kurczak ■4.1, 5.4, CH, ZD-A, ZD-CH
kurczak pieczony 5.4
kurs 8.6, 10.4, 14.5
kurs tańca 11.4
kurtka 4.5

kurtyna 11.5
kurz 5.3
kuzyn 3.1
kuzynka 3.1
kwadrans 15.1
kwadrat 15.2
kwalifikacje 10.3
kwas 12.5
kwaśna śmietana 4.1, A
kwaśny 2.7, 4.1
kwaśny deszcz 17.4
kwatera 5.1
kwerenda 12.2
kwiaciarka 16.5
kwiaciarnia 16.5
kwiaciarz 16.5
kwiat 12.6, 16.5
kwiaty cięte 16.5
kwiaty doniczkowe 16.5
kwiecień ■15.1
kwitnąć 16.5
kwota 19.4

laboratorium 12.2
laik 12.2
lakier do paznokci 4.4
lalka 2.4
lampa 5.2
lampa energooszczędna 13.3
laptop 18.6
las 12.6, 16.2, 16.5
laser 12.4
latać 14.4
latarnia morska 14.5
lato 15.1, 17.2
laureat nagrody 11.6
laureatka nagrody 11.6
lawa 12.11
lawina 17.3
lądować 14.4, 17.5
lądowanie 14.4
leczenie 7.6
leczenie kanałowe 7.5
leczenie stomatologiczne 7.5
leczenie zdrojowe/ sanatoryjne 7.6
legalizacja 9.7
legalne 8.9

legitymacja służbowa 8.10, 20.1
legitymacja ubezpieczeniowa 7.1, ZD-A
lek 7.4, 12.7
lekarstwo 7.4
lekarz 7.4, 7.6, 12.7
lekarz pogotowia ratunkowego 7.2
lekarz rodzinny (pierwszego kontaktu) 7.4
lekcja 10.4
lekka 12.7
lekki 6.6, 19.5
lemoniada 4.2
leniuchować 6.8
leniwy ▪2.6
lepiej wyglądać 7.6
lesbijka 2.11, 9.4
lesbijski 2.11
leśniczy 16.5
lewicowiec 8.4
leżeć 5.1, 15.2
lęk 12.8
lękliwy 2.8
licencja 19.3
liczba 12.3, 15.3
liczba pierwsza 12.3
licznik prądu 13.3
liczny 15.3
liczyć 12.3, 15.3
lider rynkowy 19.3
lider w branży 19.2
likier 4.2, CH
linia 12.3, 14.3, 15.2
linia (elektr.) 13.3
linia telefoniczna 18.5
linie lotnicze 14.4
linka 16.4
lipiec ▪15.1
liryczny 11.6
liryka 11.6
list 18.7, 18.8, 20.1
list motywacyjny 19.5
listonosz 18.7, ZD-CH
listonoszka 18.7
listopad ▪15.1
listowie 16.5
liść 12.6, 16.5
litera 2.1
literatura 11.6
literatura fachowa 18.2
literatura narracyjna 11.6

literatura popularnonaukowa 18.2
literaturoznawstwo 11.6
literówka 18.2
litość 2.10
lobbista 8.3
lobbistka 8.3
lodowato 17.2
lodowiec 12.11
lodówka ▪5.2, A
lody 4.1, CH, ZD-CH
logiczne 12.1
logiczny 11.7
logika 11.7
logistyka 19.3
lokal gastronomiczny ▪6.4, A, ZD-A
lokalny 16.1
lokaut 9.2
lot 14.4
lot kosmiczny 17.5
lotnisko 14.4
lód 17.2
lubić 2.8
lubić (coś robić) 6.8
lud 8.1, 8.2
ludność 8.1
ludzie ▪12.9
ludzki 12.9
lustro 5.2
luty ▪15.1
luźny 2.6
ładny 2.3, 16.2
ładunek 12.4
łagodna 17.2
łagodny 8.9
łańcuszek 4.5
łatwe 12.3
ława 5.2
ławka 5.2
ławnik CH
łazienka ▪5.1, 5.2
łaźnia parowa 7.7
łączenie się z internetem przez modem 18.6
łączyć się 8.6
łąka 12.6, 16.2
łodyga 12.6
łokieć 2.2
łódź 14.5
łódź mieszkalna 5.1
łóżeczko dziecięce 2.4
łóżko 5.2
łysina 2.3
łyżka 5.4, 6.4

M

ma 8.6, 19.4
macica 2.2
magazyn 19.3
magistrat 16.1
magnes 12.4
magnetofon 11.4
maj ▪15.1
majątek 8.6
majtki ▪4.5
makaron 4.1
makijaż 4.4
malarka 11.1
malarstwo 11.1
malarz 11.1
maleć 8.6
malejący popyt 9.2
malować 2.4, 11.1
malować się 4.4
mała 12.1
mała paczka 18.7, ZD-A
małe dziecko 2.4
małe miasto 16.1
mało 15.3
mało brakować 15.3
małoletni 2.4
małoletnia 2.4
mały 2.3, 4.5, 15.2
małżeństwo 3.2
małżonkowie 3.2
mandat 8.3, 8.4, 8.10, 14.1, CH
manicure 4.4
manuskrypt 18.2
marazm 2.5
marchewka CH
margaryna 4.1
marka 4.6
marker 20.1
marketing 19.2
marmolada 4.1
martwić 2.10
martwy 2.12
marynarka 4.5, CH
marynarz 14.5
marzec ▪15.1
marznąć 5.1, 17.2
marzyć 2.7
masa 12.4
masa atomu 12.5
masaż 7.4
masło 4.1
masować 7.4
maszyna 13.2, 13.4
maszynista CH
maszynka do golenia 4.4
maść 7.4

matematyczny 12.3
matematyka 12.3
materia 11.7, 12.4
materiał 4.5, 13.4
materiały reklamowe 19.2
matka 3.1
matka chrzestna 3.3, CH
matura 10.1, 10.3, A, CH, ZD-A, ZD-CH
maturzysta 10.3, A, CH
maturzystka 10.3, A, CH
mądrość 2.9
mądry ▪2.6, 12.1
mąka 4.1
mąż 3.2
mąż stanu 8.5
mdłości 3.3, 7.1
meble 5.2
mechanik 13.2
mechanika 12.4
mecz 6.9
meczet 11.8
media 18.1, 18.3
mediacja 9.2
mediator 8.5, 9.2, CH
medioteka 18.1
medycyna 12.7
meldunek 18.3
melodia 11.4
menedżer 19.1
menedżerka 19.1
menopauza 2.5
menu ▪4.1, 6.4, 18.6
merchandising 19.2
meta 6.9
metadon 9.7
metafora 11.6
metaforyka 11.6
metal 12.11
metal ciężki 12.11
metal lekki 12.11
metal szlachetny 12.11
meteor 17.5
meteoryt 17.5
metoda ▪14.5
metro 14.3
metropolia 5.1, 16.1
metryka 3.3
męczący 20.1
męska prostytutka 2.11
męski 2.11, 9.4
mężatka 2.1

Polski 475

mężczyzna 9.4
mężczyzna niepracujący zajmujący się domem 5.3
mężczyzna, który przeszedł na wcześniejszą emeryturę A, CH
mgiełka 17.2
mglisto 17.2
mgła 17.2
mianować 8.3
mianowanie 8.3
miara 12.3
miarka 5.4
miasto 5.1, 16.1
mieć bóle brzucha 7.1
mieć dzień wolny (od szkoły) 6.1
mieć na imię 2.1
mieć na myśli 1.3
mieć nadzieję 2.8
mieć nastrój 2.8
mieć pracę 19.5
mieć problemy z 7.4
mieć rację ■1.3
mieć zintegrowany system informatyczny 20.1
miejsce 8.4, 11.5
miejsce akcji 11.6
miejsce dla praktykantów chcących podjąć naukę zawodu 19.5
miejsce na studiach 10.1
miejsce pracy 20.1
miejsce siedzące 11.5
miejsce stojące 11.5
miejsce urodzenia 1.1, 2.1
miejsce zamieszkania 2.1, 5.1
miejscowość wypoczynkowa 6.6
miejski 8.1, 16.1
mielone mieso ZD-A
mielone mięso A
mierzyć 12.3, 12.4
miesiąc 15.1
miesięczna składka na ubezpieczenie 9.5
mieszać 5.4, ■11.2,
mieszczańskie 12.9
mieszkać 5.1, 16.1

mieszkać na kempingu 6.7
mieszkać na wsi ZD-A
mieszkać razem 3.2
mieszkać ze sobą 3.2
mieszkanie 5.1
mieszkanie jednopokojowe z kuchnią lub aneksem kuchennym 5.1
mieszkaniec 8.1, 16.1
mieszkaniec domu 5.1
mieszkanka 8.1, 16.1
mieszkańcy miasta 16.1
mieszkańcy wsi 16.1
mieścić się 5.1, 15.2
międzynarodowe 8.5
miękki 5.4
miękkie narkotyki 9.7
mięsień 2.2
mięso 4.1
mięso mielone ■4.1
migawka 11.3
mikrobiologia 12.6
mikrofon 11.4
mikroprocesor 12.4
mikroskop 12.2
milczeć 9.1
miłej podróży ■1.1
miłej zabawy ■1.1
miło ■1.1
miłość 2.8, ■2.9, 2.10
miły 2.6, 6.4
minerał 12.11
minimum egzystencji 9.6
miniony 19.4
minister 8.3
minister CH
minister federalny 8.3
ministerstwo 8.3, CH
Ministerstwo Spraw Zagranicznych CH
minus trzy stopnie 17.2
minuta 15.1
miodowy miesiąc 3.2
miotła 5.3

miód 4.1
misie-żelki 4.1
miska 5.4
mistrz 6.9, 10.1
mistrzostwa 6.9
mistrzyni 6.9
miś 2.4
mleko 4.1, 4.2
młoda dziewczyna 2.4
młoda para 3.2
młode wino fermentujące, fermentujący moszcz A
młodość 2.4
młodszy profesor 10.4
młody 2.4
młody chłopak 2.4
młodzieńczy 2.4
młodzież 2.4, ZD-CH
młodzieżowy 2.4
mniejszość 8.3
moc 12.4
mocno pijany 9.7
mocno zbudowany 2.3
mocny 2.6
mocz 2.2
moda 4.5
model 11.2
moderator 18.4
moderatorka 18.4
moderować 20.2
moderujący dyskusję 20.2
modlić się 11.8
modlitwa 11.8
modnie 2.3
mokro 17.2
molekuła 12.5
molestowanie dziecka 3.3
moll 11.4
moment 15.1
moneta 19.4
monitor ■18.6
monochromatyczny 11.1
monolog 11.5
monotonny 19.5
monter 13.2
moralność 2.9, 11.7
moralny 2.9
morderca 9.8
morderczyni 9.8
morderstwo 9.8
morela ■4.1, A, ZD-A

morena 12.11
morze 14.5, 17.1
mostek (anat.) 7.5
mostek (dent.) 7.5
motyw 11.1, 11.3
motywacja 10.4, 12.8
motywować 10.4
mozaika 11.1
może ■1.1, ■1.2
możliwość 1.4
móc 12.1
móc dostarczyć 19.3
mówić ■1.1
mówienie 10.2
mózg 2.2
mroźna 17.2
mróz 17.2
msza 11.8
msza za duszę zmarłego 2.12
msza żałobna 2.12
muesli 4.1, CH
muesli Birchera CH
mundur 8.10, 8.11
mur ■5.1, ■11.2
musical 11.5
muskularny 2.3
muszka 4.5
musztarda 4.1
muzeum 11.1
muzułmanin 11.8
muzułmanka 11.8
muzyk 11.4
muzyka 11.4
muzyka popowa 11.4
muzyka rockowa 11.4
muzykalny 11.4
myć 4.4, 5.3
myć włosy 4.4
myć zęby 4.4
mydło 4.4
myjka 4.4
mylić się 20.1
mysz ■16.4
myszka ■18.6
myśl 12.1
myśleć ■1.3, ■10.4,
myśliciel 11.7
myślicielka 11.7
myśliwy 16.4

na ZD-CH
na czas nieokreślony 20.1

na czas określony 9.2, 20.1
na czasie 5.2
na czczo 7.4
na dworze 15.2
na lewo 14.1
na pierwszym planie 11.1
na piśmie 20.1
na prawo 14.1
na wolnym powietrzu 11.1
na zdrowie ZD-CH
Na zdrowie! 4.2
nabiał 4.1
nabożeństwo 11.8
nabożeństwo żałobne 2.12
nabój 20.1
naciągnięcie mięśnia 7.2
nacisnąć 13.4
naczelnik powiatu A
naczynie 5.4
nadać 18.7
nadać bagaż 14.4
nadawać 18.4
nadawać się 19.5
nadawca 18.7
nadchodzący 19.4
nadepnąć ZD-A
nadgodziny 20.1
nadużycie 2.11
nadużywanie substancji odurzających 9.7
nadzieja 2.8, ▪2.9
nadzorować 13.2
nagle ▪15.1
nagłówek 18.3
nagły przypadek 7.2
nagrać się 18.5
nagrobek 2.12
nagroda filmowa 11.5
najlepszy czas antenowy 18.4
najmować 5.1
najnowsza technologia 13.1
najnowsze osiągnięcia techniki 13.1
najpierw 15.1, ▪15.1
najwięcej 15.3
najwyżej 15.3
nakład 18.2
nakładać 7.4

nakryć do stołu 5.2, CH
nalać 4.2
naleśnik ▪4.1, ZD-A
należność 19.4
należy spłacić 19.4
naładować 13.3
nałóg 2.9, 9.7
nałóg narkotyczny 9.7
namiętnie 2.8
namiętność 2.8
namiot 5.1, 6.7
namówić 1.3
napięcie 2.10, 12.4
napięcie (elektr.) 13.3
napięta 8.5
napisać 11.5
napisać coś na komputerze 20.1
napisy 11.5
napiwek 6.4, 14.3
napój 4.2
napój będący mieszanką coca coli i lemoniady 4.2
naprawa 13.2, 13.4
naprawiać 13.4
naprzeciwko 15.2, ZD-A, ZD-CH
narada 20.1, 20.2
naradzać (się) 8.3
narkoman 9.7
narkomanka 9.7
narkotyk 9.7
narkoza 7.6, 12.7
narodowość 2.1, 8.1
narodziny 3.3
naród 8.1, 8.2
narrator 11.6
narratorka 11.6
naruszenie ustawy o ochronie danych 18.1
narządy płciowe 2.2
narzeczona 3.2
narzeczony 3.2
narzędzie 13.4
nasiona 16.3
nasiono 12.6
nastawić 13.4
nastawić muzykę 11.4
nastawić ostrość 11.3
nastawienie 2.8
następca 8.3
następczyni 8.3

następnym 15.3
nastolatek 2.4
nastrój 2.8
naszyjnik 4.5, ▪12.11,
natężenie prądu 12.4, 13.3
natłok informacji 18.1
natychmiast ▪15.1
nauczać 10.4, 11.8
nauczyciel ▪10.4, 19.5
nauczycielka 10.4
nauczyć kogoś 10.4
nauczyć się na pamięć 11.6
nauka 12.2
nauka o cieple 12.4
nauka o drganiach 12.4
nauka zawodu 10.1, 19.5
nauki polityczne 8.2
naukowiec 12.2
naukowo 12.2
nawiązać kontakt 1.1
nawiązać rozmowę 20.2
nawozić 16.3
nawrócić 11.8
nazwisko 1.1, 2.1
nazwisko panieńskie 2.1
nazywać 2.1
nazywać się 2.1
negatyw 11.3
negatywnie reagować 1.5
negocjacja 20.2
negocjacje w celu zawarcia zbiorowego układu pracy 9.2
negocjować 8.5, 20.2
nekrolog 2.12
neofaszysta 9.3
neofaszystka 9.3
neofaszyzm 9.3
neonówka 13.3
nerka 2.2
nerw 2.2
nerwowy 2.6
netto 8.7
neuroza 12.8
neutron 12.4

nędza 9.6
nicpoń 2.9
nić dentystyczna 7.5
nie 1.5
nie cierpieć 2.8
nie do przyjęcia 1.4
nie dotrzymać terminu 20.1
nie lubić 2.8
nie mieć długów 19.4
nie móc ścierpieć 2.10
nie móc znieść 2.10
nie odpowiadać normom 12.9
nie podobać się 1.5
nie powieść się 12.2
nie przysparzający problemów 9.1
nie udać się 3.2, 12.2
nie zawierać 8.7
nie zdać egzaminu 10.3
nie zgadzać się ▪1.3, 2.10
nie zgodzić się 1.3, ▪20.2
nie zwrócić w terminie 18.1
nieautentyczny 11.1
niebezpieczeństwo 14.1
niebezpieczny 14.1
niebieski ▪11.1
niebo 11.8, 17.5
nieboszczka 2.12
nieboszczyk 2.12
niechęć 2.8, 2.10
niechlujnie 2.3
niechlujny 2.3
nieciekawy 19.5
niedawno 15.1
niedobrze 7.1
niedojrzały ▪2.6, 4.1
niedołężny 2.5
niedopałek 4.3
niedosłyszący 7.3
niedosłyszeć 2.7
niedoświadczony ▪2.6
niedoświetlony 11.3
niedziela 15.1
niegodziwiec 11.5
niegościnny 6.2
niegrzeczny ▪2.6

Polski 477

nieharmonijny 11.4
nielegalne 8.9
Niemiec 8.1
niemieckojęzyczny 11.6
niemiły 2.6, 6.4
Niemka 8.1
niemodnie 2.3
niemoralny 2.9
niemowlak 2.4
niemowlę 3.3
niemy 7.3
nienarodzona 3.3
nienarodzony 3.3
nienawidzić 2.8, 2.10
nienawiść 2.8, 2.10
nieoficjalna 8.5
nieograniczona 12.1
nieoperacyjny 7.6
nieorganiczna 12.5
nieostre 11.3
niepalący 4.3, ▪6.4
niepalny 12.5
niepełnoletni 2.4
niepełnoletnia 2.4
niepełnosprawna 7.3
niepełnosprawny 7.3
niepoprawnie 18.8
nieporozumienie 1.1
nieposłuszny 2.9
niepowodzenie 6.9
nieprzyjazny ▪2.6, 2.10
nieprzyzwoity 2.9
nierozsądny ▪2.6
nieskończona 12.3
nieskromny 2.9
niesolidny ▪2.6
niespodzianka 2.8
niesportowo 6.9
niesprawiedliwość 2.9
niesprawiedliwy ▪2.6, 2.9, 8.9
niestety ▪1.5
niestrawności 7.1
niesympatyczny ▪2.6
nieszczęście 14.1
nieszczęśliwy wypadek 14.1
nieszkodliwe 12.5
nieślubne dzieci 3.2
nietolerancyjny 2.6, 2.8

nieuczciwy ▪2.6, 2.9
nieuczesany 2.3
nieudany 11.3
nieufność 3.2
nieważkość 17.5
nieważny 6.6
nieważny głos 8.4
niewidoczny 2.7
niewidomy 2.7, 7.3
niewielu 15.3
niewierny 2.9
niewierząca 11.8
niewierzący 11.8
niewinny 2.9, 8.9
niewychowany 3.3
niewypłacalny 19.4
niezadbany 4.4
niezawodny ▪2.6, ▪20.1,
niezdecydowanie 6.9
niezdecydowany 6.9
niezdolność do pracy zarobkowej spowodowana upośledzeniem 7.3
niezdrowe 4.1
niezdrowy 7.7
niezgoda 2.10
niezgodne z prawem 8.9
niezgodnie z prawem 8.9
niezłośliwy guz 7.1
nieznany 11.1
niezrozumiale 1.1
niezrozumiały 1.1
niezwłocznie ▪15.1
nigdy 15.1, ▪15.1
nigdzie 15.2
nikotyna 4.3
niski 2.3, 15.2, 15.3
niskiej jakości 13.4
nisko 11.4
niskotłuszczowy 7.7
nitka dentystyczna 4.4
nizina 16.2
noc 15.1
nocleg 5.1
nocnik 3.3
nocować 6.7
noga 2.2
nominacja 8.3
norma 12.9
nos 2.2, 2.7
nosić 4.5

notatka 18.8, 20.1
notatnik 20.1
notebook 18.6
notować 20.1
nowela 18.2
nowinka 13.1
nowocześnie 5.2
noworodek 2.4
nowość wydawnicza 18.2
nowożytność 12.10
Nowy Rok ▪6.1, 15.1
nowy samochód 14.1
nożyczki ▪20.1
nożyczki do paznokci 4.4
nóż 5.4, 6.4
nucić 11.4
nudna 11.6, ▪19.2
nudno ▪1.5
nudności 7.1
nudny 2.6, 18.2, 19.5
numer 15.3
numer faksu 1.1, 18.5
numer kierunkowy 18.5
numer telefonu 1.1, 18.5
numer wewnętrzny 18.5
nuta 11.4

O

o czasie 15.1
o północy 15.1
o wysokiej zawartości tłuszczu 7.7
obawa 2.8
obawiać się 2.8
obchody 6.2
obchodzić 2.8
obchodzić uroczystości 6.2
obchód 7.6
obcojęzyczny 11.6
obcokrajowiec 9.3
obdarowany 6.2
obecny 19.4, 19.5
obejrzeć 2.7
obelga 2.10
obiad 4.1, 6.4
obiecywać 2.9
obierać 5.4
objaw 7.1, 12.7
objaw starości 2.5

objazd 14.1
objąć (się) 1.1
objektyw 11.3
objektywny 2.8
objętość 12.3, 12.4
oblać egzamin 10.3
obliczać 12.3
obliczyć 12.3
obłuda 2.9
obłudny 2.9
obniżyć 8.6, 8.7, 15.3
obojętność 2.10
obok 15.2
obora 16.3
obornik 16.3
obowiązek szkolny 10.1
obowiązek wizowy 6.6
obrabować 9.8
obradować 8.3
obraz 5.2, 11.1
obraza 2.10
obrazić 2.10
obrażać 2.10
obrażenie 7.2
obrączka 3.2
obrona 8.9
obrońca 8.9
obroża 16.4
obróbka 13.2
obrócić 15.2
obrót 8.6
obrót płatniczy 19.4
obrzęk 7.1
obsada 11.5
obsceniczny 2.9
obserwacja 2.7
obserwatorium astronomiczne 17.5
obserwować 2.7
obserwowanie 2.7
obsługa 6.4
obsługa hotelu 6.7
obsługa klienta 4.6
obsługa naziemna 14.4
obsługiwać 6.4, 13.4
obszar 8.1
obszar badań 12.2
obszar dotknięty klęską 17.3
obszerna 12.1
obudowa 11.3
obudzić się 3.3
obustronnie 2.10
obwieścić 18.3

obwodnica A
obwód 12.3
obwód elektryczny 13.3
obywatel ▪1.1, ▪8.1, 8.10
obywatelka 8.1
obywatelstwo 2.1, 8.1, 9.3
ocean 14.5, 17.1
ocena 10.3
ocet 4.1
ochrona danych 18.1, 18.6
ochrona gatunków 17.4
ochrona środowiska 17.4
oclić 6.6
od dawna 12.1
od niedawna 12.1
od tego czasu ▪15.1
od urodzenia 7.3
od(kąd) ▪15.1
odbiegać od norm 12.9
odbijać 14.5
odbiorca 18.7
odbiór 18.4
odbytnica 2.2
odcinek 11.6
odczucie 2.7
odczuwać 2.7
odczyt 18.2
oddać do adopcji 3.3
oddać klucz 6.7
oddać na wychowanie 3.3
oddać ważny głos 8.4
oddawać krew 12.7
oddawać mocz 2.2
oddech 2.7, 7.4
oddychać 2.7
oddział 7.6, 8.11
oddział banku 19.4
oddział intensywnej terapii 7.6
oddzwonić 18.5
odebrać 18.5
odebrać płaszcz 4.5
odebrać z poczty 18.7
odebranie prawa jazdy 14.1, CH
odgłos 2.7
odholować 14.1
odjazd 14.2

odjeżdżać 14.2
odkąd ▪15.1
odkrycia 12.9
odkurzacz 5.3
odkurzać 5.3
odlatywać 14.4
odległość 11.3, 15.2
odlewać 11.1
odliczyć od podatku 8.7
odlot 14.4
odłożyć 18.5, A
odmowa 18.8
odmówić 9.8, 19.4
odnajmować 5.1
odpłatne 18.6
odpłatny 18.5
odpływ 17.1
odpoczynek 6.8
odpoczywać 7.7
odpowiadać 1.2, 18.6
odpowiedzialność 3.3
odpowiedzialność za środowisko naturalne 17.4
odpowiedzieć twierdząco 1.5
odpowiedź 18.8
odprawa 14.4
odprężać się 6.8
odprężenie 6.8, 8.5
odradzać 6.7
odrobić 10.4
odrzucić 1.3, 1.4, 6.2, 9.2, 9.3, 12.2, 20.2
odrzucić wniosek 16.1
odsetek cudzoziemców 9.3
odsetek kobiet 9.4
odsłuchać 18.5
odświętnie 6.2
odtąd ▪15.1
odtwarzacz płyt kompaktowych 11.4
odtwarzać 11.5
odtwarzanie 11.5
odwaga ▪2.6, 2.9
odważny 2.6
odważyć 5.4
odwiedzać 6.3, 7.6
odwiedzanie kogoś w szpitalu 7.6
odwiedziny 6.3
odwilż 17.2

odwołać 14.4
odwołać rezerwację 6.6, 6.7
odwołać się 8.9
odwołać wizytę 7.4
odziedziczyć 2.12
odznaka 8.11
odżywiać 4.1
odżywianie 4.1
odżywianie się 7.7
oferować 4.1, 19.3
oferta 4.6, 8.6, 9.2, 18.8, 19.3
oferta pracy 9.2
oferta wakacyjna 6.6
ofiara prześladowań 9.3
oficjalna 8.5
oficjalny 1.3
ogień 7.2, 17.3
oglądać 2.7, 6.6, 6.9, 11.5, 18.6, ZD-A
oglądać telewizję 18.4
ogłaszać 18.3
ogłosić 1.2
ogłoszenie ▪18.3, ZD-CH
ogłoszenie reklamowe 19.2
ograniczenie 7.3
ograniczenie prędkości 14.1
ograniczona 12.1
ograniczony 2.6
ogrodnictwo 16.5
ogrodniczka 16.5
ogrodnik 16.5
ogród 16.2, 16.5
ogród botaniczny 16.5
ogród zoologiczny 16.4
ogródek piwny ▪6.4
ogrzewać 5.1
ogrzewanie 5.1
ojciec 3.1
ojciec chrzestny 3.3
okazja 20.1
okazywać 1.5
okienko 14.2, 18.7
oklaski 11.5
okno 5.1, 18.6
oko 2.2, 2.3
okolica 8.1, 16.1, 16.2
okrąg 12.3, 15.2
okres 15.1

okres dojrzewania 2.4
okres przekwitania 2.5
określić 12.11
określić termin 20.1
okręg CH
okręg wyborczy 8.4
okulary 2.7
okupować kraj 8.11
olej 4.1, 12.11
olimpiada 6.9
ołówek 2.4, 20.1
ołtarz 11.8
omawiać 18.2
opad 17.2
oparzenia 7.2
opatrunek 7.2, 12.7
opatrzyć 7.2
opera 11.4, 11.5
operacja 7.6, 12.7
operacyjny 7.6
operator filmowy 11.5
operatorka filmowa 11.5
operetka 11.4, 11.5
operować 7.6
opieka 3.3
opieka nad dzieckiem 2.4, 3.3
opieka społeczna 9.6
opiekun 2.4
opiekun dziecka 3.3
opiekunka 2.4
opinia 1.3, 12.9
opiniotwórczy 18.3
opis 11.6
opis trasy 14.1
opisać 1.2, 14.1
opłacać się 6.7
opłacić rachunek 19.3
opłakiwać 2.12
opłata telefoniczna 18.5
opłata za przejazd 14.2
opłata za przesyłkę pocztową 18.7
opona 14.1, ZD-CH
opowiadać 1.2, 18.2
opowiadać historię 11.6
opowiadać o 11.5
opowiadanie 11.6, 18.2
opór 8.11, 12.4

Polski 479

opóźnienie 14.2, 14.4
oprogramowanie 18.6
oprócz tego 19.5
optyka 12.4
optymistyczny 2.6, 2.8
optymizm 2.8
opuchlizna 7.1
orbita 17.5
order 8.11
organiczna 12.5
organizacja 19.1
organizacja społeczna, która zajmuje się przygotowaniem i dostarczaniem obiadów osobom starszym i niedołężnym 2.5
organizm 12.6
organizować ▪20.1
orientacja 2.7
orkiestra 6.5, 11.4
oryginał 11.1
orzech włoski CH
orzeczenie (lekarskie) 12.7
osad 12.11
osad nazębny 7.5
oskarżać 8.9
oskarżenie 8.9
oskarżony 8.9
osłabienie systemu odpornościowego 12.7
osłabnąć 7.1
osoba angażująca się na rzecz ochrony praw zwierząt 16.4
osoba prowadząca własną działalność gospodarczą 8.6, 19.5
osoba uprawniona do wychowywania dziecka 3.3
osoba z wyższym wykształceniem 10.3, 19.5
osoba zajmująca się problematyką równości szans bez względu na płeć 9.4

osoba, która przeszła na wcześniejszą emeryturę 2.5
osobowość 2.6, 12.8
osoby ▪12.9
osoby w trudnej sytuacji ekonomicznej 9.6
osprzęt 13.4
ostatki 6.2
ostatni 15.3
ostemplować 18.7
ostra 12.7
ostra papryczka CH
ostre 11.3
ostrożność 2.8
ostrożny 2.8
ostry 4.1, 5.4, 8.9
ostryga 4.1
ostrzegać ▪8.10
oswojony 16.4
oszacować 12.3
oszczędnym 8.6
oszczędzać 4.6, 8.6
oszczędzać pieniądze 19.4
oszust 2.9, 9.8
oszustka 9.8
oś 12.3
ośmieszyć 2.6
oświadczyny 3.2
oświecenie 11.7
oświetlenie 11.3
otrzymać 6.2
otrzymać w spadku 2.12
otwarty ▪2.6, 4.6, 20.1
otwieracz do butelek 4.2
otwierać 18.6
otworzyć 5.1, 5.2, 6.6, 18.6, ▪18.6, 19.1, ▪19.4, ZD-A
outsourcing 13.2, 19.1
ovomaltina CH
owoc 4.1, 12.6
owoce morza 4.1
oznaka 7.1
ożenek 3.2
ożenić się 3.2
ożywiać się 8.6
ożywienie 8.6

pachnąć 16.5
pachnieć 2.7, 16.4

pacjent 7.4, 7.6
pacjentka 7.4, 7.6
paczka 18.7
padać 8.6
padać [o śniegu] 17.2
pagórkowaty 16.2
pakować walizki 6.6
palacz 4.3, 9.7
palaczka 9.7
palący ▪6.4
palec u ręki 2.2
palec u stopy 2.2
palenie 4.3
palenie wzbronione 4.3
palić 4.3, ▪9.7
palić się 7.2, ZD-A
palny 12.5
pamiątka 6.6
pamiątka z podróży 6.6
pamięć 12.1
pamięć (o) 12.1
pamiętać 1.2, ▪12.1
pamiętać / przypominać sobie [z przeszłości] ▪10.4
pan ▪1.1, A
pan domu 5.3
pan młody 3.2
pani ▪1.1, A
pani do opieki nad dzieckiem 3.3
pani domu 5.3
panierować 5.4
panna 2.1
panna młoda 3.2
państwo 8.1
państwo młodzi 3.2
państwo socjalne 8.8, 9.5
państwowy 8.1
papier 11.1, 20.1
papier do faksu 20.1
papier do ksero 20.1
papier listowy 20.1
papier toaletowy 4.4
papiernik CH
papieros 4.3
para 3.2, 9.4, 12.4
para taneczna 11.4
paragon 4.6
parasol 17.2
parę 15.3
park 16.2
parking 14.1

parking wielopiętrowy 14.1
parkować 14.1, CH
parlament 8.2, 8.3
parlament [kraju związkowego] 8.3
parter 5.1, ZD-A, ZD-CH
partia 6.9, 8.2, 8.4, partner ▪2.10, 3.2
partnerka ▪2.10, 3.2
partnerstwo 3.2
pas lądowania 14.4
pas startowy 14.4
pasażer 14.3, 14.5
pasażer samolotu 14.4
pasek 4.5
pasja 2.8
pasować 4.5
pasta do zębów 4.4
pastwisko 16.3
pasza 16.3
paszport 6.6, 8.1
paść na bank 9.8
patelnia 5.4
patent 13.1
patologia 12.7
patrzeć 2.7, ZD-A
pazerność na pieniądze 2.9
paznokieć 2.2
październik ▪15.1
pchać 14.1
pchli targ 4.6
pech ▪1.5
pedantyczny 2.6
pedicure 4.4
pejzaż 16.2
pełen 19.3
pełen skruchy 2.9
pełen szacunku 2.6
pełen temperamentu 2.6
pełen wdzięku 2.6
pełna 4.2
pełne wyżywienie 6.7
pełnoletni 2.4
pełnoletnia 2.4
pełnowartościowa dieta 7.7
penis 2.2
pensja ZD-A, ZD-CH
pensjonat 6.7
pepperoni CH
perła 12.11
peron 14.2, CH, ZD-CH

personel 20.1
perspektywa 11.1, 19.5
peruka 2.3
peryferie miasta 5.1, 16.1
pesymistyczny 2.6, 2.8
pesymizm 2.8
pet 4.3
pewien ■1.2, ■1.3 ■20.2
pewnie ■18.5
pęcherz 2.2
pędzel 11.1
pianista 11.4
pianistka 11.4
piątek 15.1
picie 4.2
pić 4.2, 9.7
piec 5.1, 5.4
pieczeń 4.1
pieczone 6.4
pieczywo 4.1
pieg 2.2, CH
piekarnia ■4.6
piekarnik 5.4
piekło 11.8
pielęgnacja chorego 7.6
pielęgniarka 7.6
pielęgniarz 7.6
pielęgnować przyjaźń ■2.10
pieluszka 3.3
pieniądze 19.4
pień 16.5
pień drzewa 12.6
pieprz 4.1
pierś 2.2
pierścionek 4.5
pierwiastek 12.3
pierwiastek chemiczny 12.5
pierwsza klasa 14.4
pierwsza pomoc 7.2
pierwszeństwo 14.1, A, ZD-A, ZD-CH
pierwszy plan 11.3
pies 16.4
pies obronny 16.4
pieszy 14.1
piękno 11.7
pięlęgnować 7.6
piętro 5.1
pigułka antykoncepcyjna 2.11, 7.4
pijaczka 9.7
pijak 9.7

pijany 9.7
piknik 4.1
pilna potrzeba 7.2
pilne 20.1
pilniczek do paznokci 4.4
pilny 1.4
pilot 6.6, 14.4, 18.4,
pilot wycieczki 6.6
pilotka 6.6
piłka nożna ■6.9
pinakoteka 11.1
pionowa struktura hierarchiczna 19.1
pionowy 15.2
piosenka 11.4
piosenka kabaretowa 11.4
piosenkarka 11.4
piosenkarz 11.4
pióro wieczne 20.1
pirat 14.5
pisać 11.6, 18.2, 18.8, 20.1
pisać pracę doktorską 10.3
pisanie 10.2
pisarka 11.6, 18.2
pisarz 11.6, 18.2
pisemnie 18.8
pismo 18.7, 18.8, 20.1
pistolet 8.11
piwnica 5.1, ■5.1
piwo 4.2, ■6.4
pizzeria 6.4
plac 14.1
plac budowy 11.2
placówka oświatowe 10.1
plajta 9.2
plajtować 8.6
plakat 11.1
plan 11.2
plan budowy 11.2
plan marketingowy 19.2
plan miasta 14.1
plan socjalny 9.2
planeta 17.5
planować 11.2, 12.2, 13.2
plaster 7.2
plasterek 5.4
plastyczny 11.1
plazma 12.4
plaża 17.1
plebiscyt CH
plecak 6.6

plecy 2.2
plik 18.6
plomba 7.5
plombować 7.5
plon 16.3
plus trzy stopnie 17.2
pluszowa zabawka 2.4
płaca ■9.2
płacić 4.6
płakać 2.8
płaski 15.2
płaszcz 4.5
płaszczyzna 12.3, 15.2
płatki kukurydziane 4.1
płatność gotówką 4.6
płeć 2.1, 2.11, 9.4
płótno 11.1
płuco 2.2
pług 16.3
płukać 5.3
płukać pranie A
płyn do mycia 4.4
płynny 12.4
płyta kompaktowa 11.4
po ■15.1
po angielsku 18.8
po drugiej stronie ulicy 15.2
po godzinach 20.1
po ludzku 2.9
po pracy 6.8
po prostu ZD-A
po sezonie 6.7
po służbie 20.1
pobić rekord 6.9
pobierać krew 12.7
pobocze A
pobrać 18.1, 18.6
pobrać pieniądze ■19.4
pobrać się 3.2
pocałunek 3.2
pochmurno 17.2
pochodzenie 3.1, 12.6
pochodzić 12.6, 12.11
pochować 2.12
pochód 6.2
pochwa 2.2
pociąg ■1.2, 6.6, 14.2, ZD-A
pociąg, do którego

podróżny się przesiada 14.2
pocić się 7.7
początek 15.1, ■20.2
początkowo 15.1, ■15.1
początkująca w danym zawodzie 19.5
początkujący w danym zawodzie 19.5
poczekalnia 7.4, 14.2
poczta 18.7
poczucie 2.7
poczucie humoru ■2.6
poczwórnie 15.3
poczwórny 15.3
podać 18.6
podać do wiadomości 1.2
podać się do dymisji 8.3
podać w gazecie 18.3
podanie o przyjęcie do pracy 18.8, 19.5
podarować 6.2
podatek 8.6, 8.7
podatek od wartości dodanej (= VAT) 8.7
podawać jedzenie 6.4
podbródek 2.2
podbrzusze 2.2
podchmielony 9.7
podczas gdy ■15.1
poddać się aborcji 2.11
podejmować tematykę 18.2
podejrzana 9.8
podejrzany 9.8
podejrzenie 9.8
podejrzewać 9.8
podejrzliwość 3.2
podejście 15.2
podgrz(ew)ać 5.4
podjąć 9.2
podjąć (o produkcji) 13.2
podkoszulek ■4.5
podlegający opodatkowaniu 8.7
podlewać 16.5
podlotek 2.4

podłączyć do prądu 13.3
podłoga 5.2, ■11.2
podnieść 8.7, 8.8, 9.5, 15.3, 18.5, A
podobać się 1.5
podpaska 4.4
podpisać 8.5, 18.8
podpity 9.7
podrabiany 11.1
podręcznik 10.4, 18.2
podrostek 2.4
podróbka 11.1
podróż 6.6, 14.3
podróż dookoła świata 6.6
podróż po miastach 6.6
podróż pociągiem 14.2
podróż poślubna 3.2
podróż powrotna 14.2
podróż samolotem 14.4
podróż statkiem 14.5
podróż tam 14.2
podróż z powrotem 14.2
podróżna 14.2
podróżny 6.6, 14.2
podróżować 6.6
podrywacz 3.2
podstawa 8.6
podświadomość 12.8
podświadomy 12.8
poduszka ■5.2, ZD-A
podwójnie 15.3
podwójny 15.3
podwórze 5.1
podwyższyć 8.6
podziękować 6.2
poeta 11.6
poeta liryczny 11.6
poetka 11.6
poetka liryczna 11.6
poetycki 11.6
poezja 11.6
pogarda 2.10
pogląd 1.3
pogłębiać 12.1
pogoda 17.2
pogodzić się 2.8, 3.2
pogorszyc 7.6
pogorszyć 12.9

pogotowie CH
pogrzeb 2.12
pogrzebać 2.12
pogubić się 2.6
pojazd 14.1
pojechać na urlop 6.6, CH
pojedynczo 15.3
pojedynczy 15.3
pojemnik na przybory do pisania 20.1
pojemnik na śmieci 5.2
pojutrze ■15.1
pokarm 16.4
pokład 14.5
pokojowo 9.1
pokój ■5.1, 6.7, 8.11, 15.2, 20.1
pokój dwuosobowy 6.7
pokój jednoosobowy 6.7
pokrewieństwo 3.1
pokwitowanie 4.6
pole 12.6, 16.3
pole magnetyczne 12.4
pole uprawne 16.3
polecać 6.4, 6.7
polecenie 20.2
polecić 6.6
polecieć do Honolulu 6.6
polecony ZD-A
polepszyć 7.6
policja 8.10, 14.1
policja kryminalna 8.10
policjant 8.10, 14.1, ■19.5
policjantka 8.10, 14.1
policzek 2.2
poliklinika 7.6
polisa ubezpieczeniowa A
polityczny 8.2
polityk ■1.1, 8.2, 8.4
polityka ■1.1, 8.2
polityka gospodarcza 8.6
polityka wobec imigrantów 9.3
polityka zagraniczna 8.5
polować 16.4

połączenie 2.10, 12.4, 14.2
połączenie kolejowe 14.2
połączyć 12.3
połączyć się z internetem 18.6
połknąć 18.2
połowa 6.9, 15.3
położenie 15.2
położna 3.3
położyć spać 3.3
południe 15.1, 15.2, 17.1
południowy 17.1
pomachać na pożegnanie 1.1
pomagać 2.10, 9.6
pomarańcza ■4.1, ZD-A
pomarszczony 2.3
pomidor ■4.1, ZD-A
pomieszczenie 15.2
pomięty 2.3
pomniejszenie 11.3
pomoc 2.10
pomoc dla krajów rozwijających się 8.5
pomoc drogowa 14.1
pomoc społeczna 9.5
pomoce naukowe 10.4
pomóc ■1.1, ■1.4
pomyłka sądowa 8.9
pomysł ■1.5, 11.7
ponadregionalny 8.1
poniedziałek 15.1
poniżej zera 17.2
ponownie nawiązać 8.5
pończocha 4.5
popaść w biedę 9.6
popełnić czyn karalny 9.8
popielniczka 4.3
popierać 2.10
popołudnie 15.1
popołudniu 15.1
poprawiać 18.8
poprawiać się 8.6
poprawić 12.9
poprawnie 18.8
poprzedni 19.5
poprzestawać 2.8

popyt 8.6
pora dnia 15.1
pora roku 15.1, 17.2
porada 12.8
poradnictwo wychowawcze 3.3
poradnictwo zawodowe 19.5
porażka 6.9, 8.11, 11.5
porcja 15.3
poronienie 3.3
porozumiewanie się w biurze 20.2
porozumiewanie się w pracy 20.2
poród 3.3
porównywać 12.2
port 14.5
portfel 19.4, ZD-A
portmonetka 19.4, ZD-CH
portret 11.1
poruszający 2.8
porwać 9.8
porządek 8.11
porządnie 5.3
porzeczka A
posada 19.5, 20.1, A
posegregować 20.1
posiadać ZD-CH
posiedzenie 8.3, 19.1, 20.1
posiłek 4.1, 6.4, ZD-CH
posłowie 18.2
posłuszny 2.9
postać 12.10
postawa 2.8
poste restante 18.7
posterunek policji CH
postęp 13.1
postępowanie 8.9
postępowy 2.6
postój taksówek 14.3
postrzeganie 2.7, 12.8
poszerzać 12.1
poszewka A
poszkodowana 7.2
poszkodowany 7.2
poszlaka 8.9
poszukiwanie 9.8
poszukiwany przez policję 9.8
pościć 7.7
pośmiewisko 2.8

482 Indeks

pośrednictwo pracy 9.2, 19.5
pośredniczka 5.1, 8.5
pośrednik 5.1, 8.5
pośrodku 15.2
poświęcić się działalności politycznej 8.4
potem ■15.1
potok 14.5, 17.1
potomek 2.12
potrójnie 15.3
potrójny 15.3
potrzeba 2.8
potwierdzenie 18.8
potwierdzić 14.4
poufne 18.1, 18.8
poważna 12.7
poważny 11.4, 11.6
powiadamiać 18.3
powiadomienie o chorobie 20.1
powiat 16.1
powiedzieć ■1.2
powiedzieć nie 1.5
powierzchnia 15.2
powieść 11.6, 18.2
powiększenie 11.3
powikłana 12.7
powitać 1.1
powitanie 1.1
powłoczka A
powodzenia ■1.1
powołać 8.3
powód 8.9
powódka 8.9
powództwo 8.9
powódź 17.3
powrót do zdrowia 12.7
powstać 16.1
powściągliwy 2.6
powtarzać ■1.1
powyżej zera 17.2
poza 15.2
poza granicami miasta 16.1
pozdrawiać 1.1
pozdrowienie 1.1
pozew 8.9
poziom 10.4
pozioma struktura hierarchiczna 19.1
poziomy 15.2
poznać 2.10
pozostać bez zmian 7.6

pozostać na tym samym poziomie 12.4
pozostały 15.3
pozostawić w spadku 2.12
pozwalać 1.4
pozwana 8.9
pozwany 8.9
pozwolenie 1.4, 11.2
pozwolić 2.8
pożar 7.2, 17.3
pożądać 2.8
pożądanie 2.8
pożegnać (się) 1.1
pożegnanie 1.1
pożyczyć ZD-A
pożyczyć (komuś) 19.4
pożyczyć (od) 19.4
pójść coś zjeść (do restauracji) 6.3
pójść do kina 11.5
pójść do opery 11.5
pójść do teatru 11.5
pójść komuś na rękę 19.3
pójść na jednego 6.3
pójść na spacer 6.8
pójść potańczyć 6.3
pół 15.3
półkula 17.1
północ 15.2, 17.1
północny 17.1
półprzewodnik 12.4
półświatek narkotykowy 9.7
później ■1.1, ■15.1,
późno 15.1
praca 9.2, 12.4, 19.5, 20.1
praca badawcza 12.2
praca biurowa 20.1
praca domowa 10.4, A
praca na czarno 11.2
praca nad projektem 19.1
praca w niepełnym wymiarze godzin 9.2
praca zespołowa 19.1, 20.1
prace budowlane 11.2
prace domowe 5.3

pracobiorca 9.2, 19.5
pracodawca 9.2, 19.5
pracować 19.5
pracować dorywczo 19.5
pracować w ogródku 6.8
pracownia 11.1
pracownica 9.2, 13.2, 19.5
pracownica poczty 18.7
pracownik 9.2, 13.2, 19.5
pracownik opieki społecznej 9.6
pracownik poczty 18.7
pracownik społeczny ■19.5
pracująca 19.5
pracujący 19.5
prać 5.3
pragnąć 2.8
pragnienie 4.2
pragnienie czegoś 2.8
praktyczny 12.2
praktyka 12.2, 19.5
praktykant 7.6, 19.5, ZD-A
praktykantka 7.6, 19.5
praktyki zawodowe 10.1
pranie 5.3
prasa 18.1, 18.3
prasować 5.3
prawa autorskie 18.2
prawda ■6.4, 8.9
prawicowiec 8.4
prawidłowo 2.9
prawniczka 8.9
prawnik 8.9
prawny 8.3
prawo 2.9, 8.3, 8.9
prawo azylu 9.3
prawo cywilne 8.9
prawo człowieka 9.1
prawo do azylu 9.3
prawo do opieki nad dzieckiem 3.2
prawo jazdy 14.1, ZD-CH
prawo karne 8.9

prawo podstawowe obywatela 8.2
prawosławny 11.8
prawość 2.9
prąd 5.1, 12.4, 13.3, 17.1
preferować 2.8
prelegent 20.2
prelegentka 20.2
premier ■1.1, 8.3
premier Konfederacji CH
premier kraju związkowego A
premiera 11.5
prenumerata 18.3
prenumerator 18.3
prenumeratorka 18.3
prenumerować 18.3
presja czasu 20.1
prezent 6.2
prezentacja 20.2
prezydent 8.2
prezydent Federalny ■1.1
prezydent federalny 8.2
prędkość 12.4
problem 3.3, 9.1, 12.8
problem imigracji 9.3
problematyczny 9.1
problemy kardiologiczne 7.1
proces 8.9, 12.5
proces produkcji 13.2
producent 11.5, 13.2, 18.4
producent [o firmie] 13.2
producentka 11.5, 13.2, 18.4
produkcja 8.6, 13.2, 18.2, ■19.1
produkcja przemysłowa 13.2
produkować 8.6, 11.5, 13.2
produkt 8.6, 13.2
produkt narodowy brutto 8.6
produkty ekologiczne 7.7
profesjonalista 19.5
profesor ■1.1, 10.4, 12.7, ■19.5

Polski 483

profilaktycznie przeciw 7.4
prognoza 19.2
prognoza pogody 17.2
program 11.5, 18.4, 18.6
program nauczania 10.2
program wyborczy 8.4
programować 18.6
projekt 11.2, 12.2
projekt budowy 11.2
projektować 11.2
prokurator 8.9
prokuratura 8.9
promienieć 2.3
promieniowanie 12.4
promile 9.7
promocja 4.6
proponować 1.4, 4.1, 19.3
propozycja 1.4, ▪1.4, 9.2
propozycja małżeństwa 3.2
prosić 18.1
prosić kogoś o coś 1.4
prosić o zgodę 1.4
prospekt 19.2, ZD-CH
prospekt biura podróży 6.6
prostata 2.2
proste 12.3
prosto 14.1, 15.2
prostokąt 15.2
prostokątny 12.3
prostopadły 15.2
prosty 15.2
prostytucja 2.11
prostytutka 2.11
proszę ▪1.1
Proszę nie przeszkadzać. 6.7
prośba 1.4, 20.2
prośba o wyjaśnienie 20.2
protest 9.1
protestancki 11.8, ZD-CH
protestantyzm 11.8
protestować 9.1
proteza 7.5
proteza dentystyczna 7.5

protokół 8.3, 20.1
proton 12.4
prowadząca talk show 18.4
prowadzący 7.6
prowadzący talk show 18.4
prowadzić dialog 2.10
prowadzić kwerendę 12.2
prowadzić rozmowę telefoniczną 18.5
prowizja 19.3
prowizja pośrednika 5.1
proza 11.6
próba 11.5, 12.2
próbka skały 12.11
próbować 2.7
próchnica 7.5
próżniak 2.9
prysznic 4.4, 5.2
prysznicować 5.2
prywatne 8.1
prywatny 1.3
przebaczać 2.10
przebaczenie 2.10
przebadać się 7.4
przebieg 13.2
przebieg choroby 12.7
przebieralnia 4.5
przechłodzenie 7.2
przechowalnia bagażu 14.2
przechowywać 4.1
przeciążona 18.5, 18.6
przeciętna długość życia 2.5
przeciwieństwo 2.6
przeciwniczka 2.10, 6.9
przeciwnik 2.10, 6.9, 8.11
przeczytać 10.4
przeczytać bajkę 3.3
przed 15.1, ▪15.1
przed chwilą ▪15.1
przed sezonem 6.7
przedłużać 6.6, 9.3, 16.1
przedłużyć 18.1
przedmieścia 5.1
przedmieście 16.1
przedmiot A
przedmiot (nauczania) 10.2

przedmiot fakultatywny A
przedmiot główny 10.2
przedmiot uzupełniający 10.2
przedmowa 18.2
przedpołudnie 15.1
przedsiębiorca 19.1
przedsiębiorca budowlany 11.2
przedsiębiorstwo 8.6, 13.2, 19.1, ▪19.1
przedsiębiorstwo energetyczne 13.3
przedsiębiorstwo żeglugowe 14.5
przedsionek ▪5.1
przedsprzedaż 11.5
przedstawiać 11.5
przedstawiać (się) 1.1
przedstawiciel 19.3
przedstawicielka 8.5, 19.3
przedstawicielstwo 8.5
przedstawić (się) 1.1
przedstawienie 11.5
przedszkole ▪2.4, 10.1
przedtem ▪15.1
przedwczesny poród 3.3
przedwczoraj ▪15.1
przedział 14.2
przegapić 14.2, A, ZD-A
przegrać 6.9, 8.9
przegrana 6.9
przegrany 6.9
przegródka 20.1
przejaśnić się 17.2
przejąć ▪20.2
przejechać 14.1
przejmować zgrozą 17.2
przejrzały 4.1
przejrzeć 18.2
przejść na emeryturę, ZD-A, ZD-CH
przejść przez 14.1
przejść przez ulicę 15.2
przekartkować 18.2
przekazywać 1.2, 18.1
przekąska 6.4, A
przekładać 18.2

przekonać 1.3
przekroczyć prawo 8.9
przekupić 8.6
przekupny 2.9
przekupstwo 2.9
przekwalifikowanie 9.2
przelać pieniądze ▪19.4
przeliterować 1.1, 2.1
przemawiać 8.3
przemilczeć problem 9.1
przemowa 8.3
przemysł 8.6, 13.2
przemysł budowlany 11.2
przemysł farmaceutyczny 12.5
przemysł filmowy 11.5
przemysł high-tech 13.1
przemysłowiec 19.1
przemyt 6.6
przenocować 6.7
przepiękny 2.3
przepis 5.4, 16.1
przepisać 7.4
przepisać lek 12.7
przepływ informacji 1.2
przepraszać ▪1.1, 2.10
przepraszam ▪1.1
przeprosiny 2.10
przeprowadzać się A
przeprowadzić 12.2, 12.9
przeprowadzić projekt 12.2
przeprowadzić się 5.1, ZD-A
przeprowadzka 5.1, A
przerabiać (techn.) 13.2
przerabianie (techn.) 13.2
przerwać 18.5, 19.1, 20.2
przerwanie ciąży 2.11
przerwany 13.3
przesąd 2.8

przesiadać się 14.2, 14.3
przesłać 18.6
przesłać mailem 20.1
przesłać pod wskazany adres 18.7
przesłona 11.3
przesłuchiwać 8.9
przestawać 15.1
przestawienie się 13.1
przestępca 9.8
przestępczość 9.8
przestępczy 9.8
przestępstwo 9.8
przestraszyć 2.8
przestraszyć się ZD-A
przestrzegać 13.4
przestrzegać norm 12.9
przestrzegać prawa 8.9
przestrzenny 15.2
przestrzeń 11.7, 15.2
przesunąć 20.1
przesunąć wizytę u lekarza 7.4
przesyłać ▪20.1
przesyłać e-mailem 18.6
przeszczep 12.7
przeszczep (organu) 7.6
przeszkadzać 14.1
przeszłość 15.1
prześcieradło A
prześwietlać 7.4, 7.6, 12.7
prześwietlony 11.3
przetarg 11.2
przetłumaczyć 11.6
przetransportować 7.2
przetrwać 12.6
przetwórstwo 13.2
przewijać 3.3
przewitły 16.5
przewodnicząca 8.3
przewodniczący 8.3
przewodniczący partii 8.4
przewodniczący(-a) partii CH
przewodniczka 6.6
przewodnik 6.6, 12.4, 18.2
przewozić 14.1

przewód (elektr.) 13.3
przez wiele godzin 15.1
przeziębić się 7.1, A, ZD-A
przeziębienie 7.1
przezwisko 2.1, CH
przeżyć 6.6, 7.2
przeżywać kryzys 9.1
przodek 3.1
przybijać 14.5
przybory biurowe 20.1
przybrani rodzice 3.3
przychodnia 7.4
przychodnia specjalistyczna 7.6
przychody 8.6
przychodzić na myśl 12.1
przychylność 2.10
przycisk 13.4
przyczepa turystyczna 5.1
przyczyna 11.7
przydomek CH
przygnębiony 2.6
przygotowywać ▪10.3, 20.1
przyjaciel 2.10, 6.3
przyjaciółka 2.10, 6.3
przyjazd 6.6, 6.7, 14.2
przyjazny ▪2.6
przyjazny dla środowiska 17.4
przyjaźń 2.10
przyjąć 1.4, 6.2, 9.2
przyjąć kogoś na członka 6.9
przyjemny 5.2
przyjeżdżać 14.2
przyjęcie 6.2, 7.4
przykleić 18.7
przylot 14.4
przymierzalnia 4.5
przymierze 8.5
przymierzyć 4.5
przynajmniej 15.3
przynieść (ze sobą) 6.3
przyozdobić 5.4
przypadkiem 6.3
przypływ 17.1

przypominać 1.2, 12.1
przyprawa 4.1
przyprawiać 4.1
przypuszczać ▪1.3
przyrząd 12.5
przysięgać 2.9
przysłowie 11.6
przysłuchiwać się 2.7
przyspieszenie 12.4
przystanek 14.3, ZD-A, ZD-CH
przystosowanie 12.6
przyszłość 15.1
przyszły 19.5
przytaknąć 1.5
przytulny 5.2
przytyć 7.4, 7.7
przyuczyć 19.5
przywara 2.9
przywieźć 7.6
przywitać 1.1
przyznać 9.3, 19.4
przyznać się 9.8
przyznać tytuł doktora 10.3
przyznanie się 9.8
przyzwoitość 2.9
przyzwoity 2.9
przyzwyczaić 2.7
pseudonim 18.2
pseudonim artystyczny 11.4
psychiatria 12.8
psychicznie 12.8
psychoanaliza 12.8
psycholog 12.8
psychologia 12.8
psychologiczny 12.8
psychoza 12.8
ptak ▪16.4
pub 6.5
public relations 19.2
publiczne 8.1
publiczność 11.5
publikować 18.2, 18.3
pudełko od zapałek A
pułapka radarowa 14.1
punkt kulminacyjny 11.5, 11.6
punkt widzenia ▪20.2

punktualnie ▪1.2, 14.2, 15.1, ZD-CH
pupa 2.2
puree ziemniaczane CH
pusta 4.2
pusty 19.3
puszczać pąki 12.6
puszka 4.1, 5.4, ZD-CH
puzzle 2.4
pytać 1.2
pytanie ▪1.2

rachunek 4.6, 6.4, 6.7, 12.3, 19.3
rachunkowość 19.4
racjonalny 11.7
rada 2.10
Rada Federalna / izba wyższa parlamentu federalnego 8.2
rada miejska 16.1
rada ministrów 8.2, 8.3
Rada Narodowa / izba niższa parlamentu austriackiego A
Rada Narodowa [izba niższa parlamentu austriackiego] ZD-A
Rada Narodowa [izba niższa parlamentu Szwajcarii] CH
Rada Narodowa [izba niższa parlamentu szwajcarskiego] ZD-CH
rada zakładowa 9.2
radar 14.1
radio 11.4, ▪18.4, ZD-CH
radioaktywność 12.4
radny miejski 16.1
radosny 2.6
rak 7.1
rakieta 17.5
rama 11.1
rama obrazu 11.1
ramię 2.2
rana 7.2, 12.7
randka 6.3

ranek 15.1
ranna 7.2, 8.11, 14.1
ranny 7.2, 8.11, 14.1
rano 15.1, ZD-A
rap 11.4
raport 1.2, 12.2, 18.3
rapp 19.4
rata 4.6, 19.4
ratusz 16.1
reagować
  pozytywnie 1.5
reakcja 1.5, 12.5
reaktor jądrowy
  13.3
realizować 19.3
reanimować 7.2
recenzent 18.2
recenzentka 18.2
recenzować 18.2
recepcja 6.7, 20.1
recepcjonistka w
  przychodni 7.4, CH
recepta 7.4
recykling 17.4
redagować 18.2,
  11.6
redaktor 18.2, 18.3,
  CH
redaktorka 18.2,
  18.3, CH
referendum 8.2, CH
referent 19.1, 20.2
referentka 19.1, 20.2
reforma 8.3, 8.6
regał 5.2, 18.1, ▪20.1
regaty 14.5
region 8.1
region gospodarczy
  8.6
regionalny 8.1
regularnie 7.4
regulować 14.1
reguła 10.4
rehabilitacja 7.6
rejs 6.6, 14.4, 14.5
reklama ▪18.3, 19.2,
  CH, ZD-CH
reklama świetlna
  19.2
reklama w gazecie
  19.2
reklamacja 4.6, 18.8
rekord 6.9
relacja 12.9
relaks 7.7
relaksować się 7.7
religia 2.1, 11.8
religijny 11.8
rencista 2.5

rencistka 2.5
renta 2.5, 8.8, 9.5
repertuar 11.5
reporter 18.3
reporterka 18.3
reprezentatywna
  12.9
republika 8.2
Republika Austrii
  8.1, A
Republika Federalna
  Niemiec / RFN 8.1
research 12.2, 18.1,
  18.3
restauracja ▪6.4,
  6.4, ZD-A, A
restauracja grecka
  6.4
restauracja
  przydrożna 14.1
restaurator 6.4
restauratorka 6.4
restrukturyzacja
  19.1
reszta 15.3
retrospekcja 11.6
rewolucja 9.1
rezerwacja 6.7, 14.4,
  CH
rezerwacja miejsca
  14.2, CH
rezerwat przyrody
  16.2
rezerwować 6.6,
  11.5
rezydent 6.6
reżyser 11.5
reżyseria 11.5
reżyserka 11.5
ręcznik do rąk 4.4
ręka 2.2
rękawiczka 4.5
robactwo 16.4
robić notatki 20.1
robić pranie 5.3, A
robić przyjęcie 6.2
robić rentgen 12.7
robić zdjęcia 6.8,
  11.3
roboczogodzina
  20.1
robot 13.2
robotnica 19.5
robotnik 19.5
robotnik
  budowlany 11.2
roczna składka na
  ubezpieczenie 9.5
rocznica 6.2

rocznica ślubu 3.2,
  6.2
rocznik 4.2
rodzeństwo 3.1
rodzice 3.1
rodzice zastępczy
  3.3
rodzina 2.10, 3.1
rodzina zmarłego
  2.12
rodzynka CH
rogalik ▪4.1, ZD-A
rogalik
  orzechowy CH
rok 15.1
rok budżetowy 19.4
rok obrachunkowy
  19.4
rok świetlny 17.5
rola 11.5, 16.3
rola drugoplanowa
  11.5
rola pierwszo-
  planowa 11.5
rolnictwo 16.3
rolnik 16.3
romans 3.2
room service 6.7
ropa 14.1
ropa naftowa 12.11
rosa 17.2
rosnący popyt 9.2
rosnąć 2.4, 8.6,
  12.4, 12.6, 16.5
roślina 12.6, 16.3,
  16.5
roślinność 12.6
rower ZD-CH
rozbierać 3.3, 4.5
rozbierać
  dziecko CH
rozbierać się CH
rozbrzmiewać 2.7,
  CH
rozbudowa 13.1
rozbudowa (techn.)
  13.1
rozciągliwy 13.4
rozcieńczony 12.5
roczarować 4.1
rozczochrany 2.3
rozdział 11.6, 18.2
rozdzielać ▪19.1
rozebrać się 7.4, CH
rozejść się 3.2
rozgłośnia 18.4
rozgniewany 2.8
rozjemca 8.5
rozkaz 8.11

rozkład 2.5
rozkład jazdy 14.2
rozkład lotów 14.4
rozkładać 12.5
rozlać 4.2
rozliczyć 20.1
rozluźniać 7.7
rozładować (elektr.)
  13.3
rozładować stres 6.8
rozłączanie się 18.6
rozmawiać 2.10
rozmawiać przez
  telefon 18.5
rozmiar 4.5
rozmieniać
  pieniądze 6.6
rozmnażać się 16.4
rozmnażanie 12.6
rozmowa ▪1.4, 2.10,
  20.2
rozmowa grzeczno-
  ściowa 20.2
rozmowa o
  interesach 20.2
rozmyślać ▪10.4,
  11.7
roznosiciel gazet
  18.3
rozpacz 2.8
rozpaczać 2.8
rozpakować 6.2
rozpaść się 3.2
rozpieszczać 3.3
rozpocząć 20.2
rozpoczynać 15.1,
  18.4, 20.1
rozpowszechniać
  18.3
rozpuszczać 12.5
rozróżnić 3.3
rozrywka 6.5
rozrywka po pracy
  6.8
rozrywkowy 11.4
rozrzutny 8.6
rozsądek 11.7
rozsądny ▪2.6
rozstać się 3.2
rozstanie 3.2
rozstrój żołądka 7.4
roztwór 12.5
rozum 11.7, 12.8
rozumieć 11.7
rozumienie ze
  słuchu 10.2
rozwiązać 9.5
rozwiązać konflikt
  2.10

486 **Indeks**

rozwiązać problem 9.1
rozwiązać umowę 6.6
rozwiązanie 8.5
rozwiązanie (med.) 3.3
rozwieszać 5.3
rozwieść się 3.2
rozwinąć teorię 11.7
rozwodnik 2.1
rozwód 3.2
rozwódka 2.1
rozwój 8.6, 12.11
rozzłoszczony 2.8
równanie 12.3
równik 17.1
równina 16.2
równomiernie 2.12
równość szans 9.4
równouprawnienie 3.2
równouprawniony 3.2
równy ■12.3
różnica 9.4
różnica zdań 2.10
ruch 7.7, 14.1
rufa 14.5
rumor 2.7
ruszać się 7.5
ryba 4.1, ■16.4
rym 11.6
rynek 8.6, 19.2
rynek pracy 9.2
rysować 11.1
rysunek 11.1
rytm 11.4
ryzyko 8.6
ryż 4.1
rzadki 2.3
rzadko ■15.1, 15.1
rząd 8.3, 11.5
rząd federalny 8.2, 8.3, CH
rząd kraju związkowego 8.3
rządzić 8.3
rzecz 11.7
rzecz warta polecenia 6.4
rzeczoznawca 9.5
rzeczywistość 11.7
rzeczywiście ■1.3
rzeka 14.5, 17.1
rzekomo 19.3
rzemieślnik 11.2
rzemiosło 8.6, 19.5

rzemiosło artystyczne 11.1
rzeźba 11.1
rzeźbiarka 11.1
rzeźbiarstwo 11.1
rzeźbiarz 11.1
rzeźbić 11.1

S

sala koncertowa 11.4
sala operacyjna 7.6
sala wczesnej opieki pooperacyjnej 7.6
salaterka 5.4
saldo dodatnie 19.4
sałata 4.1
sałatka 6.4
sałatka owocowa 4.1, CH
samobójstwo 2.12
samochód 6.6, 14.1
samochód kempingowy 5.1
samochód używany 14.1
samoczynnie 13.2
samolot 6.6, 14.4
samotnie wychowujący(-a) 3.3
sandał 4.5
satelita 17.5
sauna 7.7
sąd 8.9
sąd administracyjny 8.9
sąd powszechny 8.9
sądzić ■1.3, 1.3, ■10.4,
sąsiad 2.10, 5.1
sąsiadka 2.10, 5.1
scena 11.5
scenariusz 11.5
scenografia 11.5
schemat organizacyjny 19.1
schnąć 5.3
schodek 4.6
schody ■5.1, A, ZD-A
schodzić 15.2
schowek 6.6, 14.2
schronisko młodzieżowe 6.7
schudnąć 7.4, 7.7
scotch® A
scysja 2.10
sedymentacja 12.11
segregator 20.1

sekcja zwłok 2.12
sekretarka 20.1
sekretarz 20.1
seks 2.11
seksualnie 2.11
seksualność 2.11
seksualny 2.11
sektor 19.5
sektor usługowy 19.5
sekunda 15.1
semestr 10.4
sen 2.7, 12.8
senat 8.3
senator 8.3
sensowny 1.4
ser 4.1
serce ■2.2, 7.1, 12.7
serdeczna ■2.10
serwer 18.6
serwetka 6.4
setna 15.1
sędzia 8.9
sędzia główny 6.9
sędzina 8.9
show 11.5
siać 16.3
siano 16.3
sieć 18.6
sieć elektryczna 13.3
sieć komputerowa 18.6
sieć telefoniczna 18.5
siedzenie (anat.) 2.2
siedziba firmy 19.1
siedziba instytutu badawczego 12.2
siedzieć 5.2
siedzieć za kratkami 8.9
sierociniec 3.3
sierota 3.3
sierpień ■15.1
silnik ■14.1
silny 2.6
siła 12.4
siła przyciągania 12.4
siła robocza 19.5
siły zbrojne CH
siniak 7.2
siostra 3.1, ■11.8
siostra cioteczna 3.1
siostra stryjeczna 3.1
siostrzenica 3.1
siostrzeniec 3.1

skafander 4.5
skakać ■6.9
skalista 16.2
skała 12.11, 16.2
skamielina 12.11
skamienieć 12.11
skandal 18.3
skarbiec 19.4
skarpetka 4.5, CH
skarżyć się 6.7
skasować 18.6
skazać 8.9
skażenie 17.4, 17.5
skąd 15.2
skąpy 2.6
skierować 7.6
skierowanie 7.6
sklep 4.6, ZD-A
sklep mięsny ■4.6, ZD-A
skład 12.5
składać 18.2
składać się 12.5
składać się (z) 13.4
składać życzenia 6.2
składka 6.9
składki na ubezpieczenie społeczne 8.8, 9.5
składnik 12.5
skok ■6.9
skomplikowane 12.3
skontaktować się 2.10
skończona 12.3
skończyć 20.1
skończyć się 13.3
skończyć studia 10.3
skończyć z piciem 9.7
skopiować ■18.1, 18.6
skoro ■15.1
skoro tylko ■15.1
skorumpowany 2.6, 2.9
skorupa ziemska 12.11
skorzystać 4.6
skosztować 2.7, 4.2
skóra 2.2, ■12.7
skóra (jako materiał) 4.5
skracać 18.2
skręcać 15.2
skręcić 7.2, 14.1
skromna 6.4

Polski 487

S

skrót 18.2
skrucha 2.9
skrupulatny 2.9
skrupuł 2.9
skruszony 2.9
skrytka 19.4
skrytka pocztowa 18.7
skrzynia ZD-A
skrzynka 4.2, ZD-CH
skrzynka na narzędzia 13.4
skrzynka pocztowa ▪5.1, 18.7
skrzypaczka 11.4
skrzypek 11.4
skrzyżowanie 14.1
skurcze porodowe 3.3
skuteczność reklamy 19.2
skutek 11.7
slajd 11.3
slipy ▪4.5
słaba 12.1
słabe 6.9
słabo 12.1
słabo zaludniony 16.1
słabowidzący 7.3
słaby 2.6
sławny 11.1
słodka śmietana 4.1, A
słodki 4.1
słodkie wino 4.2
słodycze 4.1
słoma 16.3
słoneczny 17.2
słony 2.7, 4.1
Słońce 17.5
słońce 17.2, 17.5
słownik 18.1
słownik encyklopedyczny 18.1
słownik obrazkowy 18.1
słownik stylistyczny 18.1
słój 5.4
słówko ▪1.2
słuch 2.7
słuchacz 18.4
słuchaczka 18.4
słuchać 2.7, ▪11.4, ▪18.5,
słuchać muzyki 11.4
słuchać radia 2.7, 18.4

służba holownicza 14.1
służyć 20.1
słyszeć 2.7
smak 2.7
smakować 2.7, 4.2
smażone 6.4
smażyć 5.4
smoczek 2.4, 3.3, CH
smog 17.4
smoking 4.5
smród 2.7, 16.4
smukły 2.3
smutek 2.12
smutny 2.6
smycz 16.4
sobota 15.1
socjaldemokrata 8.4
socjalizm 8.4
socjalny 8.8, 9.5
socjolog 12.9
socjologia 12.9
socjologiczny 12.9
soczewka kontaktowa 2.7
sofa 5.2
software 18.6
sojusz 8.5
sojusznik 8.5
sok 4.2
sok jabłkowy pół na pół z wodą mineralną A
sok jabłkowy z dodatkiem (gazowanej) wody A
solidarność 2.10
solidaryzować się 2.10
solidny ▪2.6
sos 4.1
sos do sałatki 4.1
sól 4.1
spacerować 16.2
spadać 8.6, 12.4, 13.2
spadająca gwiazda 17.5
spadek 2.12
spadkobierca 2.12
spaghetti 4.1
spalać benzynę 14.1
spalanie 12.5
spaliny 14.1
sparaliżowana dolna część ciała 7.3
sparaliżowane 7.3
spaść 9.2, 9.3

specjalista 7.6, 12.2
specjalista od PR 19.2
specjalistka 12.2
specjalistka od PR 19.2
specjalizacja 12.2
specjalizować się 7.6
spektakl 11.5
spędzać (czas) 6.8
spędzić 6.6
spieszyć się 14.2, ZD-CH
spięty 2.6
spiker 18.4
spikerka 18.4
spis 18.1, 18.2
spis powszechny 12.9
spis treści 18.2
spłacać coś w ratach 19.4
spłata w ratach 19.4
spłodzić 12.6
spodnie 4.5
spojrzenie 2.7
spokojny 2.6, 2.7
spokój 2.7
spokrewniony(-a) 3.1
społeczeństwo 2.10, 8.1, 12.9
społeczny 8.8, 9.5, 12.9
sport 6.9, 7.7
sport rekreacyjny 6.9
sportowiec 6.9
sportowo 6.9
sporządzić wersję roboczą 18.8
spostrzegać 2.7, ▪10.4
spostrzeżenie 2.7
spot reklamowy 19.2
spotkać 2.10
spotkać się 6.3
spotkanie 6.3, 19.1, 20.1
spotkanie klasowe 6.2, CH
spowodować ▪7.2
spowodowane 9.5
spowodowany starością 2.5
spowolnienie 12.4
spódnica 4.5, CH, ZD-CH

spójna 11.7
spór 2.10, 8.5
spóźniać się 2.9
spóźnić się 14.2, 14.4, 15.1, ZD-A
spóźnić się na A
sprawa 9.8
sprawca 9.8
sprawczyni 9.8
sprawdzać 10.3, 18.1
sprawdzić 18.1
sprawiać komuś przykrość 2.6, 2.9
sprawiedliwość 2.9
sprawiedliwy ▪2.6, 2.9, 8.9
sprawny fizycznie 7.7
spray 7.4
sprężyna 12.4
sprośny 2.9
spróbować 2.7, 4.2, ZD-A
sprzątaczka 5.3
sprzątać 5.3
sprzątnąć ze stołu 5.2, CH
sprzedawać 19.3
sprzedawca 4.6
sprzedawca gazet 18.3
sprzedawczyni 4.6
sprzedaż 19.3
sprzęt 11.3
sprzęt fotograficzny 11.3
sprzymierzeniec 8.5
spytać o zdanie 1.3
srebrne wesele 3.2
ssak 16.4
stabilne 8.6
stacja 14.2, 14.3, 18.4
stacja benzynowa 14.1
stacja dysków ▪18.6
stacja metra 14.3
stacyjka samochodowa ▪14.1
stadion ▪6.9
stagnacja 8.6
stal 12.11
stale ▪15.1
stała posada 19.5
stały 12.4
stan 7.2, 12.4
stan cywilny 2.1
stan krytyczny 7.1
stanąć 14.1, ZD-A

488 **Indeks**

stanąć na kotwicy 14.5
standard życia 8.6
stanowisko 2.8
stanowisko odprawy 14.4
stanowisko pracy 20.1
stanowisko profesora/wykładowcy na wyższej uczelni 10.4
starać się 10.1, 20.1
starczy 2.5
staromodnie 5.2
starosta A
starożytność 12.10
start 6.9, 14.4
startować 14.4, 17.5
stary 2.5
statek 14.5
statua 11.1
statyczny 11.2
statyka 11.2
statystyka 12.3, 12.9
statyw 11.3
staw 2.2, 17.1
stek 4.1
sterburta 14.5
stereotyp 9.4
sterylny 12.7
steward 14.4
stewardessa 14.4
stężony 12.5
stłuczenie 7.2
stolica 8.1, 16.1
stolica kraju 16.1
stolnica 5.4
stołek 5.2
stołówka ▪6.4, 20.1
stop 12.11
stopa 2.2
stopień 12.4
stopień naukowy 1.1
stopień służbowy 8.11
stopień szerokości geograficznej 17.1
stopniowo ▪15.1
stosować 13.4
stosować doping 6.9
stosunek 2.10, 8.5, 12.9
stosunek pracy 19.5
stowarzyszenie 2.10
stół 5.2
strach 2.8

stracić 9.2
stracić pamięć 12.1
stracić panowanie 2.6
stracić przyjaciół ▪2.10
stracić przytomność 7.1
strajk 9.1, 9.2
strajk generalny 9.2
strajkować 9.1, 9.2, 14.4
strajkująca 9.2
strajkujący 9.2
strasznie ▪1.5
strata 8.6, 19.4
strategia marketingowa 19.2
strategia uczenia się 10.4
straty 8.11
straż pożarna 7.2
streetworker 9.7
streetworkerka 9.7
strefa 14.3
strefa czasowa 17.1
strefa dla pieszych 4.6
stres 20.1
streszczenie 1.2, 11.6
strofa 11.6
stromy 15.2
strona 18.2
strona tytułowa 18.3
strop 5.2
strój kąpielowy 4.5
struktura 11.6
strumień 14.5, 17.1
strumyk 17.1
strzelać 8.10, 8.11, 16.4
student 10.4
studentka 10.4
studia podyplomowe 10.3
studio 11.1, 18.4
studiować 10.1, 10.4
studium 12.2
stworzyć 11.1
stworzyć rząd 8.3
stwórca 11.8
styczeń ▪15.1
styl 11.1
styl architektoniczny 11.2
styl narracji 11.6
styl zarządzania 19.1

stypendium 12.2
subiektywny 2.8
substancja 12.5
substancja zanieczyszczająca 17.4
sucho 17.2
sufit 5.2, ▪11.2, A
suka 16.4
sukces 6.9, 11.5
sukienka 4.5, ZD-CH
suknia ślubna 3.2
suma do przeniesienia 19.4
suma ubezpieczenia 9.5
sumienie 2.9
sumienny 2.9
super ▪1.5, ZD-A
super (o paliwie) 14.1
supermarket 4.6
suplement 18.2
surfować 18.6
surowy ▪4.1, 5.4, 8.9
susza 17.3
suszarka 5.2
suszarka do włosów 4.4
suszyć 5.3
suterena 5.1, CH
suwerenne 8.5
sweter 4.5
swędzieć 7.1
swobodny 2.6
sygnalizacja świetlna 14.1, CH
sygnał wolnej linii 18.5
Sylwester ▪6.1, 15.1
symbol 11.8
symfonia 11.4
sympatia 1.5, 2.10
sympatyczny ▪2.6
symptom 12.7
syn 3.1
synagoga 11.8
synchronizować 11.5
synowa ▪3.1
synteza 12.5
system odpornościowy 12.7
system operacyjny 18.6
system opłat za przejazd 14.3
sytuacja 19.4

sytuacja gospodarcza 8.6
sytuacja narracyjna 11.6
sytuacja przewidziana w umowie ubezpieczenia 9.5
syty 4.1
szafa 5.2, A, CH, ZD-A, ZD-CH
szafka łazienkowa 5.2
szafka na akta 20.1
szal 4.5
szaleć (o burzy) 17.2
szalik 4.5
szampan 4.2
szampon 4.4
szanować prawo 8.9
szantażować 9.8
szarmancki 2.6
szary ▪11.1
szatnia 4.5, 6.4
szczegół 18.3
szczekać 16.4
szczeniak 2.4
szczepienie 7.1
szczęście ▪1.5
szczoteczka do zębów 4.4, 7.5
szczotka do ubrania 5.3
szczotka do włosów 4.4
szczupły 2.3
szczyt 16.2
szczyt sezonu 6.7
szef ▪19.1, 20.1
szef (wy)działu 19.1
szefowa 20.1
szelest 2.7
szelki 4.5
szeregowiec 8.11
szeroki 4.5, 15.2
szerokość 15.2
szkic 11.1
szkicować 11.1
szkielet 2.2
szklanka 4.2, 5.4, 6.4
szklarnia 16.5
szkło ▪11.2
szkoda ▪1.5, 4.1, 9.5
szkodzić 7.7
szkolić 10.4
szkoła 10.1
szkoła aktorska 11.5
szkoła filmowa 11.5

szkoła handlowa 10.1
szkoła muzyczna 11.4
szkoła podstawowa 10.1, A, CH, ZD-A
szkoła prywatna 10.1
szkoła publiczna 10.1
szkoła specjalna 7.3, 10.1, A, CH
szkoła główna Hauptschule 10.1
szkoła realna Realschule 10.1
szkoła tańca 11.4
szkoła wieczorowa 10.1
szkoła wyższa 10.1
szkoła zawodowa 10.1, 19.5
szkoła zintegrowana 10.1
szlagier 11.4
szlifować 12.11
szmer 2.7
sznycel 4.1
szok 7.2
szopa 16.3
szowinista 9.4
szpieg 8.11
szpiegować 8.11
szpik kostny 12.7
szpital 7.6, CH, ZD-A, ZD-CH
szpital położniczy 3.3
sztorm 17.2
sztuczna szczęka 7.5
sztuczne oddychanie metodą usta-usta 7.2
sztuczny ząb 7.5
sztućce 5.4, 6.4
sztuka 11.1, 15.3
sztuka starożytna 11.1
sztuka teatralna 11.6
sztuka użytkowa 11.1
sztuka współczesna 11.1
sztuki plastyczne 11.1
szuflada 5.2
szum 2.7
szwagier 3.1

szwagierka 3.1
Szwajcar 8.1
Szwajcaria / Konfederacja Szwajcarska 8.1, CH
Szwajcarka 8.1
szwankować 13.2
szybka kolej miejska 14.3
szybko przyswajać wiedzę 10.4
szybkowar 5.4
szyć 4.5
szyja 2.2
szykownie 2.3
szyna 14.2
szynka 4.1
ściana 5.2, 11.2
ściąć włosy 4.4
ściągać 18.6
ściągnąć 18.6
ścierać 5.3
ścierać kurz 5.3
ścierka 5.3
ścierpieć 2.8
ścieżka rowerowa 14.1, CH
ścięgno 2.2
ściganie 9.8
ślepy 2.7
ślisko 17.2
śliwka 4.1, ZD-A
ślizgawica 17.2
ślub 3.2
ślubne dzieci 3.2
ślusarz 5.1
ślusarz maszynowy 13.2
śluza 14.5
śmiać się 2.8
śmiech 2.8
śmieci 17.4
śmiedzieć 16.4
śmierć 2.12
śmierdzieć 2.7, 16.5
śmiertelnie 2.12
śmiertelny 2.12
śmietana 4.1, ZD-A, ZD-CH
śmietnik 5.2
śniadanie 4.1, 6.4, CH, ZD-CH
śniadanie i obiadokolacja 6.7
śnić 2.7
śnieg 17.2
śpiączka 7.3
śpiew 11.4
śpiewaczka 11.4

śpiewać 11.4, 16.4
śpiewać niskim głosem 11.4
śpiewać wysokim głosem 11.4
śpiewak 11.4
średnia 6.4
średnica 12.3
średnio 15.3
środa 15.1
środek 7.4, 12.3
środek finansowy 19.4
środek mnemotechniczny 12.1
środek odurzający 9.7
środek przeciwbólowy 7.4
środek spożywczy 4.1
środki 19.4
środki na badania 12.2
środki uzyskane poprzez fundraising 12.2
środowisko 12.9, 17.4
śródmieście 5.1
świadczenia socjalne 9.5
świadczenie socjalne 8.8
świadectwo 10.3
świadek 8.9
świadek ślubu 3.2
świadomość 12.8
świadomy 12.8
świat roślinny 12.6
światło 12.4
świątynia 11.8
świecić 17.2, 17.5
świetlica 2.4
świetlówka 13.3
świetnie 1.5
świeży 16.5
Święta Bożego Narodzenia 6.1
święto 6.1, 6.2
Święto Narodowe 6.1
świętować 6.2
święty 11.8

T

tabletka 7.4
tablica 20.1

tablica korkowa 20.1
tablica magnetyczna 20.1
tablica reklamowa 19.2
tablica samoprzylepna 20.1
taboret 5.2
taca 5.4
tajfun 17.3
tak 1.5
takie samo 1.3
taksometr 14.3
taksówka 14.3
takt 11.4
talent 11.5
talerz 5.4, 6.4
tam 15.2
tama 17.1
tampon 4.4
tancerka 11.4
tancerz 11.4
tani 6.7
taniec 11.4
tanio 4.6
tankować 14.1
tantiemy 18.2
tańczyć 11.4
tapczan 5.2, ZD-A
tapeta 5.2
taras 5.1
targ 4.6
targi 19.2
targi książki 18.2
taryfa 18.5
taśma produkcyjna 13.2
tchórz 2.6
tchórzliwy 2.6, 2.8
teatr 11.5
techniczny 13.1
technik 12.2, 13.1
technika 13.1
technika malarska 11.1
technologia 13.1
teczka 20.1
tekst 11.6, 18.2
telefon 18.5
telefon komórkowy 20.1
telefonować 20.1
telewizja 18.4
telewizor 18.4
temat 11.1, 11.5
temperament 2.6
temperatura 7.4, 12.4, 17.2

490 **Indeks**

temperatura topnienia 12.5
temperatura wrzenia 12.5
tenis ■6.9
teologia 11.8
teoria 11.7, 12.2
teoria dziedziczności 12.6
teoria fal 12.4
terapia 12.7, 12.8
terapia genowa 12.7
teraźniejszość 15.1
tercja 6.9
termin ■8.9, 20.1
termin ukazania się 18.2
terminarz 20.1
termometr 7.1
terrarium 16.4
terroryzm 9.1
test 10.3
test na alkohol we krwi 9.7
testament 2.12
teściowa ■3.1
teściowie ■3.1
teść ■3.1
teza 12.2
tępy 5.4
tęsknić 2.8
tęsknota 2.8
tęsknota za domem 6.6
tętnica 2.2
tkanka 12.7
tlen 12.5
tło 11.3
tłumacz 11.6, 18.2
tłumaczenie 11.6, 18.2
tłumaczka 11.6, 18.2
tłumaczyć 18.2
tłumić 1.5
tłuszcz 12.5
toaleta 4.4, 5.2, 6.4
tok myślenia 12.2
toksyczne 12.5
tolerancja 2.8
tolerancyjny 2.6, 2.8
tolerować 2.8
ton 2.7, 11.4
tonacja 11.4
tonąć 14.5
tor 14.2
torba 4.5, 6.6, ZD-A
torebka 4.6
tort 5.4

toster 5.4
tostować 5.4
towarzyski 2.6
towarzystwo 2.10
towarzystwo badawcze 12.2
towarzysz życia 3.2, 6.3
towarzyszka życia 3.2, 6.3
tracić ważność 6.6, 9.3
tradycja 6.2
trafić 8.10, 8.11
tragedia 11.5, 11.6
tragiczny 11.6
traktat 8.5
traktor 16.3
tramwaj 14.3, CH, ZD-CH
transmisja 18.4
transmisja na żywo 18.4
transplantacja 12.7
transport 14.1, 19.3
transport podmiejski 14.3
transport publiczny 14.3
trawa 16.5
trend 4.5
trener 6.9
trenerka 6.9
trening 6.9, 7.7
trenować 7.7
treść 11.6, 18.2
trochę 15.3
trojaczki 3.3
troszczyć się 3.1
trójkąt 15.2
trójkątny 12.3
trucizna 17.4
trud 10.4
trudne 12.3
trudność 3.3
trudny wiek 3.3
trumna 2.12
trwanie 15.1
trwoga 2.8
tryb życia 7.7
Trybunał Konstytucyjny w RFN 8.2
trzecie co do wielkości 16.1
trzeźwy 9.7
trzęsienie ziemi 12.11, 17.3
trzynastka A
t-shirt 4.5

tu 15.2
turniej 6.9
turysta 6.6
turystka 6.6
turystyka 6.6
tusz 11.1
twarde narkotyki 9.7
twardy 2.6, 5.4
twardy dysk ■18.6
twaróg 4.1, A, ZD-A
twarz 2.2, 2.3
tworzyć 11.2
tworzywo sztuczne 4.5
twórczo 19.2
twórczy 19.2
tydzień 15.1
tygodniowy czas pracy 20.1
tylko 15.1
tyłek 2.2
tym razem 15.1
tymczasem ■15.1, ZD-CH
tymczasowa 7.5
tymczasowy 9.8
typ rymu 11.6
typowy 9.4
tysiąclecie 12.10
tytoń 4.3
tytuł 1.1, 18.2, 18.3 ZD-CH
tytuł doktorski 1.1
tytuł magistra 10.3, CH
tytuł szlachecki 1.1
tytułować 1.1
tytułowanie 1.1

ubezpieczalnia 7.1, 8.8, 9.5, ZD-A
ubezpieczenie 6.6, 9.5, 14.1
ubezpieczenie emerytalne 8.8, 9.5, A, CH
ubezpieczenie emerytalne i na życie CH
ubezpieczenie medyczne 8.8, 9.5
ubezpieczenie na wypadek wymagania opieki/pielęgnacji 8.8, 9.5

ubezpieczenie od bezrobocia 8.8, 9.5
ubezpieczenie zdrowotne 8.8, 9.5
ubezpieczyć 9.5
ubić 5.4
ubić śmietanę A
ubiegać się 19.5
ubieganie się 19.5
ubierać 3.3, 4.5
ubikacja 4.4, 5.2
ubóstwiać 2.8
ubóstwo 9.6
ubrać się 7.4
ubrania 4.5, ZD-CH
ubranie 2.3, 4.5
ubytek 7.5
ucho 2.2, 2.7
uchodźca 8.11, 9.3
uchwalić ustawę 8.3
ucieczka 8.11
uciekać 8.11
uczcić 6.2
uczciwość 2.9
uczciwy ■2.6, 2.9
uczennica 10.4, 19.5
uczeń 10.1, 10.4, 19.5, ZD-A
uczesany 2.3
uczestniczka ■2.10
uczestniczyć 10.4
uczestnik ■2.10
uczęszczać 10.4
uczona 12.10
uczony 12.10
uczucie 1.5, 2.7, 2.8, 12.8
uczuciowy 2.8
uczulony 7.1
uczyć (kogoś) 10.4
uczyć się 10.3, 10.4
udać się 12.2
udany 11.3
udar 7.1
udawanie 2.9
uderzać 3.3
udowodnić ■12.2
udusić 7.2
udział kobiet 9.4
udział pracowników w zarządzaniu przedsiębiorstwem 9.2
udzielać 10.4
udzielić pomocy 7.2
ugotowany 5.4
ująć 9.8
ujemny 12.4

Polski 491

ukazywać się 18.2
układ 8.5
układ okresowy 12.5
układ połączeń 12.4
ulica 14.1, A
uliczka A
ulotki informacyjne przesyłane pocztą 19.2
ultradźwięk 12.7
ultrasonografia 7.4
ulubiony przedmiot 10.2
ułamek 12.3
umawiać się 6.3
umeblowanie 5.2
umieć 12.1
umiejętności społeczne 19.1
umiejętność 10.2
umierać 2.12
umierająca 2.12
umierający 2.12
umowa 8.5, 20.1
umowa kupna-sprzedaży 5.1
umowa licencyjna 13.2
umowa najmu 5.1
umówić się 7.4
umówić się co do czegoś 6.3
umówić się na randkę CH
umrzeć 2.12, 7.1, 7.2
umysł 12.8
umywalka 5.2, CH
Unia Europejska / UE 8.5
uniwersytet 10.1
uniwersytet ludowy 10.1
uniwersytet oferujący wyłącznie studia zaoczne i korespondencyjne 10.1
upadłość firmy 9.2
upał 17.2
upaść 7.2
upiec 5.4
upijać się 9.7
uporządkować 20.1
upośledzenie 7.3
upośledzona 7.3
upośledzony 7.3
upośledzony fizycznie 7.3

upośledzony umysłowo 7.3
uprawiać 7.7, 16.3
uprawiać jogging 6.8, 7.7
uprawiać sport 6.8, 6.9
uprzedzenia 9.3
uprzedzenie 2.8, 9.4
uratować życie 7.2
uraz 7.2
uraza 2.10
urbanista 16.1
urbanistka 16.1
urlop 6.1, 20.1
urlop macierzyński A
urna 2.12
uroczyste nadanie tytułu magistra lub magistra inżyniera na wyższych uczelniach w Austrii A
uroczystość 6.2
uroczystość kończąca budowę budynku 11.2
uroczystość otwarcia 6.2
uroczystość rodzinna 6.2
uroczystość zamknięcia 6.2
uroczystość żałobna 2.12
uroczyście 6.2
urodzić 3.3
urodzić się 3.3
urodziny 1.1, 2.1, 6.2
urozmaicony 19.5
urząd 8.8, 16.1
urząd imigracyjny 9.3
urząd mieszkaniowy 8.8
urząd patentowy 13.1
urząd pocztowy 18.7
urząd powiatowy A
urząd pracy 9.2, 19.5
urząd skarbowy 8.7, CH
urząd stanu cywilnego 3.2
urządzać 5.2
urządzenie 5.2, 13.2, 13.4

urządzenie do sprzedaży ulicznej gazet 18.3
urządzenie produkcyjne 13.2, 13.4
urzędniczka 19.5
urzędnik 19.5
urzędnik śledczy 8.10
urzędowe 18.8
usiąść 5.2
uskarżać się 6.7
usługa 8.6
usłyszeć, jak ktoś się zbliża 2.7
usposobienie 2.6
usta 2.2
ustalenie 20.1
ustalić termin 20.1
ustanowić rekord 6.9
ustawa 8.3, 8.9
Ustawa Zasadnicza (konstytucja RFN) 8.2
ustawiać ■18.6
ustawić trójkąt ostrzegawczy A
ustawodawca 8.9
ustawowy 8.3
ustąpić 8.3
ustęp 11.6
ustnie 20.1
uszeregowanie wszystkich pierwiastków chemicznych 12.5
uszkodzenie 7.2
uszkodzić 14.1
uszkodzona 18.5
uszkodzony 13.4
uścisnąć dłoń na pożegnanie 1.1
uśmiech 11.3
uśmiechać się ■2.8
utopić się 7.2
utrudniać 14.1
utrzymać 8.5
utrzymać rekord 6.9
utrzymywać kontakt 1.1, 2.10
Uwaga ostry pies! 16.4
uwarunkowany wiekowo 2.5
uważać ■1.1, 1.3, ■20.2
uwertura 11.4

uwielbiać 2.8
uwodzić 2.11
uwzględnić 11.5
uzależnienie 9.7
uzależnienie od narkotyków 9.7
uzależniony od nikotyny 9.7
uzasadnić 20.2
uzdolniony muzycznie 11.4
uzębienie 2.2
uznać kogoś za niezdolnego do pracy 7.1
uznać za winnego 8.9
uznawany 10.3
uzyskać 18.1
uzyskać dodatkowe kwalifikacje 10.3
użądlenie 16.4
użyteczna 5.3
użytkowniczka 18.6
użytkownik 18.6
używać 13.4

W

w 15.2
w budowie 11.2
w centrum 15.2, 16.1
w ciągu dnia 15.1
w czasie drogi 15.2
w dni powszednie 15.1
w dobrym nastroju 2.6
w domu 15.2
w dół 15.2
w górę 15.2
w końcu ■15.1
w lewo 15.2
w międzyczasie ■15.1, ZD-CH
w nocy 15.1
w obrębie miasta 16.1
w oddali 15.2
w ogóle nic 15.3
w piątek 15.1
w piątki 15.1
w pobliżu 15.2
w połowie 15.3
w postaci gazu 12.4
w prawo 15.2
w przenośni 11.6
w styczniu 15.1

w sumie 15.3, 19.1
w terminie 20.1
w tle 11.1
w tym roku ZD-A
w zasadzie 1.5
w zasięgu wzroku 2.7
wada 1.3
waga 2.1, 5.4, 7.4,
wagon 14.2
wagon (kolejowy) ZD-A
wagon restauracyjny A
wahadłowiec 17.5
wakacje 6.1, 20.1, ZD-CH
walizka 6.6
walka 8.11
waluta 8.6, 19.4
wanna 4.4, 5.2
warga 2.2
warkocz 2.3
warstwa 12.9, 12.11
warstwa ozonowa 17.4, 17.5
warsztat 13.2, 13.4
warto wiedzieć 12.1
wartości 12.9
wartość 12.9
wartość moralna 11.7
warunek 8.5
warunkowo 9.8
warzywa 4.1
wata 4.4
wazon 16.5
ważny 6.6
ważyć 2.1, 5.4, 18.7
wąchać 2.7, 16.4
wąski 4.5, 15.2
wątpić 2.8
wątpliwości ▪8.9, ▪20.2
wątpliwość ▪1.3, 2.9, 11.7
wątroba 2.2
WC 4.4
wchodzić w konflikt z prawem 9.8
wciągnąć powietrze 7.4
wciąż ▪15.1
wcisnąć ▪18.6
wczasy zorganizowane 6.6
wczoraj ▪15.1
wdowa 2.1
wdowiec 2.1

wdychać 7.4
we wtorek rano 15.1
weekend 6.8, 15.1
wegetacja 12.6
wegetarianin 4.1, 7.7
wegetarianka 4.1, 7.7
wegetariański 4.1, 7.7
wejście 4.6, 11.5
wejść na pokład 14.5
wełna 4.5
wersalka ZD-A
werset 11.6
wesele 3.2, 6.2
wesoły 2.6
weterynaria 16.4
weterynarz 16.4
weto 8.3
wezwać 8.10, 14.3
wezwać do 1.4, 9.1
wezwać karetkę pogotowia 7.2
wezwanie 1.4
wezwanie do strajku 9.2
węch 2.7
wędrować 6.8, 7.7
wędrówka 7.7
węglowodan 12.5
wiać (o wietrze) 17.2
wiadomości 18.4
wiara 11.8
wiatr 17.2
wiatrówka CH
widelec 5.4, 6.4
widoczność 2.7
widoczny 2.7
widok 2.7, 16.2
widok z góry 11.2
widowisko 11.5
widz 6.9, 11.5, 18.4
widzieć 2.7
wiecznie 15.1
wieczór 15.1
wieczór kawalerski 3.2
wieczór panieński 3.2
wiedza 12.1
wiedzieć 12.1
wiek 2.1, 2.5, 12.10, 12.11
wiek dziecięcy 2.4
wiek przekory 3.3
wiek średni 2.5
wiele 15.3

Wielkanoc ▪6.1
wielkość 12.3
wielobarwny 16.5
wielojęzyczny 18.1
wielokolorowy 11.1
wielokrotnie 15.1
wielokulturowy 9.3
wieloletni 19.5
wielu 15.3
wieniec 16.5
wierność 2.9
wierny 2.9
wiersz 11.6
wiertło dentystyczne 7.5
wierząca 11.8
wierzący 11.8
wierzyć 11.8
wieszak 5.2
wieś 5.1, 16.1, 16.2
wieźć ZD-A
większość 8.3
więzienie 8.9
wilgotność powietrza 17.2
wina 2.9
winda 5.1, ZD-A
winien 8.6, 19.4
winnica 16.2
winny 2.9, 8.9
wino 4.2, ▪6.4
wino musujące 4.2
wino rozcieńczone wodą mineralną A
winszować 6.2
wiosłować 14.5
wiosna 15.1, 17.2
wiosną 15.1
wirus 12.5, 18.6
wisieć 11.1
witać 1.1, ▪1.1
witać serdecznie ▪1.1
witamina 7.7
witryna sklepowa 4.6
wiza 6.6
wizyta ▪1.1, 6.3
wizyta lekarska w domu 7.4
wizyta u lekarza 7.4
wizytówka 20.1
wjazd 14.1
wkład 20.1
wkładka higieniczna 4.4
wkrótce ▪1.1
władza 8.3, ▪12.1, 16.1

włamać się 9.8
włamanie 9.8
włamywacz 9.8
własność ▪8.10
właściciel psa 16.4
właściciel sklepu 19.5
właściciel zwierzęcia 16.4
właścicielka psa 16.4
właścicielka sklepu 19.5
właścicielka zwierzęcia 16.4
właściwość 12.5
właściwość materiału 13.4
właśnie ▪20.2, ZD-A
włącznik 13.3, 13.4
włącznik światła 13.3
włączony 13.3
włączyć 5.2, 13.3, 13.4, ▪14.1, 18.5, ▪18.6, CH, A
włączyć (się) 13.3
włos 2.2, 2.3
włożyć 2.7, 11.3
włożyć wtyczkę 13.3
wnętrze Ziemi 12.11
wnieść o 16.1
wniosek 6.6, 8.3, ▪8.9, 12.2, 16.1
wnuczka 3.1
wnuk 3.1
wnuki 3.1
woda ▪6.4
woda mineralna 4.2, ZD-A
woda z kranu 4.2
wodospad 17.1
wodór 12.5
wojna 8.11
wojsko 8.11
wojskowy 8.11
wok 5.4
woleć 2.8
woleć coś 2.8
wolna 18.5
wolność myśli 8.2
wolność prasy 8.2, 18.3
wolny od podatku 8.7
wolny strzelec 19.5
wolny zawód 19.5
wolt 13.3

woń 2.7
world wide web 18.6
woźny ZD-CH
wódka 4.2
wówczas 15.1, ■15.1
wózek dziecięcy 2.4
wózek inwalidzki 7.3
wózek na bagaże 14.2, CH
wpadać 6.9
wpaść (do kogoś) 6.3
wpaść komuś w słowo 20.2
wpisać tekst 18.6
wpisywać 18.6
wpłacić ■19.4
wpływ ■9.7, 19.4
wpływać 8.6
wpływy z podatków 8.7
wprawiać kogoś w zakłopotanie 2.6, 2.9
wprowadzenie 11.6
wprowadzić na rynek 19.2
wprowadzić się 5.1
wrażenie 2.7
wrażliwy 2.7, 7.5
wreszcie ■15.1, ■20.2
wrogi 2.10, 8.11
wrogo 8.11
wrogość 2.10
wróg 2.10, 8.11
wrzesień ■15.1
wrzód żołądka 7.1
wrzucić bieg ■14.1
wrzucić list 18.7
wschodni 17.1
wschodzić 17.5
wschód 15.2, 17.1
wsiadać 14.2
wskazówka 9.8
wskazówka znawcy 6.4
wsparcie 2.10
wspierać 2.10
wspinać się 15.2
wspinać się po górach 6.8
wspomnienie 12.1
wspólne prawo do opieki nad dzieckiem 3.2
wspólnie 2.10

wspólnota 2.10, 8.1, 11.8, 12.9
współczesny 12.10
współczucie 2.10, 2.12
współdecydowanie 9.2
współobywatel pochodzący zza granicy 9.3
współobywatelka pochodząca zza granicy 9.3
współpraca 2.10, 20.1
współpracownica 19.1, 19.5
współpracownik 19.1, 19.5, 20.1
współzawodnictwo 6.9
wstać 5.2
wstąpić 8.4
wstęp 11.5, 18.2
wstrząs mózgu 7.2
wstyd 2.9
wstydzić się 2.9
wstydzić się czegoś 2.6
wszechświat 17.5
wszędzie 15.2
wszystko 15.3
wszystko jedno ■1.3
wściekły ■2.8
wtedy ■15.1
wtorek 15.1
wtyczka 13.3, ■18.6
wuj 3.1
wulkan 12.11, 17.3
wybaczać 2.10
wybaczenie 2.10
wybieg 16.4
wybierać 6.4, 8.4
wyborca 8.4
wyborny 4.1
wybory 8.4
wybrać 18.5
wybrzeże 17.1
wybuch wulkanu 12.11
wychodzić 6.3
wychodzić za mąż 3.2
wychowanie 3.3
wychowawca 3.3
wychowawczyni 3.3
wychowujący (-a) 3.3

wychowywać 3.3
wyciągnąć wtyczkę 13.3
wycieczka 6.8
wycieczka zorganizowana 6.6
wycierać 5.3
wycierać nos 4.4
wycisk 7.5
wycofać 19.3
wycofać się 8.11
wydać rozkaz 8.11
wydajność 13.2
wydanie kieszonkowe 18.2
wydarzenie 18.3
wydarzenie medialne 18.3
wydarzyć się 18.3
wydatek 19.4
wydatki 8.6
wydawać 18.2, 19.4
wydawać dźwięk 2.7, CH
wydawać przyjęcie 6.2
wydawać się ZD-CH
wydawać zapach 2.7
wydawca 18.2
wydawnictwo 18.2
wydobrzeć 7.6
wydobywać 12.11
wydychać 7.4
wydział 10.1, 16.1
wydział opieki społecznej 8.8, 9.5
wydział zdrowia 12.7
wygadywać 3.3
wyglądać 3.3, ZD-A
wygłaszać kazanie 11.8
wygłaszać przemowę 8.3
wygodny 5.2
wygrać 6.9, 8.9
wyjaśniać 9.8, 11.7
wyjaśnić ■1.1, 1.2
wyjaśnienie 1.2
wyjazd 6.6, 6.7, 14.1, ZD-A
wyjąć 11.3
wyjąć listy ze skrzynki 18.7
wyjątek 10.4
wyjechać na urlop 6.1
wyjeżdżać 6.6

wyjeżdżać na urlop 6.1
wyjście 4.6
wykluczyć 8.4
wykładać 10.4
wykładowca 10.4
wykonać 20.1
wykonawca 11.4
wykonawczyni 11.4
wykończony ZD-A
wykorzystać 10.4
wykorzystywanie (seksualne) dziecka 3.3
wykrywać ■8.10
wykształcenie 19.5
wykupione 18.2
wylądować 14.4
wylew 7.1, 17.3
wylogować 18.6
wyłączne prawo do opieki nad dzieckiem 3.2
wyłączony 13.3
wyłączyć 5.2, 13.3, 13.4, 18.5, ■18.6, A, CH, ZD-A
wyłączyć (się) 13.3
wymaganie 19.5
wymarzony zawód 19.5
wymawiać 2.1
wymiana 4.6
wymiana gospodarcza 8.6
wymiana zdań 2.10
wymiar 15.2
wymiar sprawiedliwości 8.9
wymieniać 1.2, 18.1
wymieniać pieniądze 6.6
wymieniać się poglądami 1.3
wymienić ■4.6, 13.3
wymienić pieniądze 19.4
wymierać 12.6
wymiotować 7.1, 7.4
wymrzeć 16.4
wymyślić 13.1
wynajmować 5.1
wynajmująca 5.1
wynajmujący 5.1
wynalazek 13.1
wynaleźć 13.1
wynik 6.9, 7.4, 10.3, 12.2, 12.3, 13.2

494 Indeks

wynik wyborów 8.4
wyniki badań 19.2
wyniszczenie 2.5
wypadek 7.2, 14.1
wypełniać 7.5
wypełnić 16.1
wypełnienie 7.5
wypielęgnowany 2.3
wypierać się 9.8
wypisać 10.4
wyposażać 5.2
wyposażenie 5.2, 13.4
wyposażenie biura 20.1
wyposażenie mieszkania 5.2
wypowiedzenie 9.2, 18.8
wypożyczyć 18.1
wypracowanie 10.2, 18.1
wyprawa rowerowa 6.6, CH
wyprowadzić się 5.1
wypróżniać się 7.4
wyprzedaż CH
wyprzedaż letnia 4.6
wyprzedaż likwidacyjna 4.6
wyprzedaż zimowa 4.6
wyprzedzać 14.1
wypuścić na rynek 18.2
wyrok 8.9
wyrostek robaczkowy 12.7
wyrwać ząb 7.5
wyrzut 2.10
wysiadać 14.2
wysiłek 10.4
wysłać 6.2, 18.5, 18.7
wysłać pocztą lotniczą 18.7
wysoki 2.1, 2.3, 15.2, 15.3
wysokiej jakości 13.4
wysoko 11.4
wysokoprocentowy alkohol 4.2
wysokość 15.2
wysokość lotu 14.4
wyspa 17.1
wystarczać 4.6, 15.3

wystawa 4.6, 11.1, 19.2
wystawca 19.2
wystawiać 11.1
wystawić sztukę teatralną 11.5
wystąpić 8.4
wystąpić z 11.8
wysyłać 18.6, 18.7, 19.3
wysypka 7.1
wyszukać 6.4
wyścigi 6.9
wyświetlać 18.4
wyświetlać film 11.5
wytoczyć proces 8.9
wytrawne 4.2
wytrzeć 5.3
wytrzepać dywany 5.3
wytrzymywać 2.8
wytwarzać 8.6, 13.2
wytwarzać energię elekryczną 13.3
wytwarzać prąd 13.3
wytworna 6.4
wyuczony 19.5
wywiad 8.11, ■18.3
wywołać 11.3
wywracać się do góry dnem 14.5
wyznanie 11.8
wyznawca 11.8
wyzwać 6.9
wyzwalacz 11.3
wyższa szkoła zawodowa 10.1
wyżymać 5.3
wyżymać pranie A
wyżywienie 4.1
wzajemnie 4.1, ZD-A
wzdłuż 15.2, ZD-CH
wzgarda 2.10
wzgląd 2.6
wzgórze 16.2
wziąć do niewoli 8.11
wziąć kąpiel 4.4
wziąć na wychowanie 3.3
wziąć pod uwagę 11.5
wziąć ślub 3.2
wziąć udział 10.1
wziąć urlop 20.1, CH
wziąć wolne 6.1
wznieść 11.2
wzór 12.5

wzrastać 13.2
wzrok 2.7
wzrosnąć 9.2, 9.3, 15.3,
wzrost 2.1
wzrost gospodarczy 8.6
wzruszający 2.8

Z

z ■15.2
z ładną fryzurą 2.3
z nadwagą 2.3
z niedowagą 2.3
z opóźnieniem 20.1
z pasją 2.8
z początku ■15.1
z powodu ■8.9
z przodu ■4.4, 15.2
z rezerwą 2.6
z trudnościami w nauce 7.3
z tyłu ■4.4, 15.2
z użyciem przemocy 9.1
z wadami wymowy 7.3
z wiarygodnego źródła 18.1
z zaburzeniami w zachowaniu 7.3
za chwilę ■1.1
za i przeciw 1.3
za każdym razem ■15.1
zaakceptować 9.2
zabawa ludowa 6.2
zabawka 2.4
zabić 2.12
zabić kogoś 9.8
zabita 8.11
zabity 8.11
zabójca 9.8
zabójczyni 9.8
zabójstwo 9.8
zabraniać 1.4
zabytek 6.6
zachęcać 19.2
zachodni 17.1
zachodzić 17.5
zachorować 7.1
zachować 18.6
zachowanie 2.6, 12.9
zachowanie się 2.8
zachowywać się 2.6, 3.3
zachód 15.2, 17.1

zachwycony 11.5
zaciągnąć 19.4
zaczerwienić się 2.3
zaczynać 15.1
zadać 10.4
zadbany 2.3, 4.4
zadłużać się 8.6
zadowalający 10.3
zadzwonić 5.1, 18.5
zadzwonić na policję 8.10
zaginąć 18.7
zaginiona 9.8
zaginiony 9.8
zagotować 5.3
zagrać 11.4
zagranica 8.5
zainteresowanie 2.8, 6.8, 12.9
zaizolować 13.3
zajazd 6.7, 14.1
zajęcia 10.4
zajęcia wykonywane w czasie wolnym 6.8
zajęcie 20.1
zajęta 18.5
zajmować się 12.2
zajmować się gośćmi ■20.1
zakaz 1.4
zakleić 18.7
zakład 8.6, 13.2, ■19.1, ZD-CH
zakład pogrzebowy 2.12
zakochać się 2.8, 3.2
zakończenie 11.6, ■20.2
zakończyć 9.2, 15.1
zakres 12.2
zakręt 14.1
zaksięgować 19.4
zakup 4.6
zakupy 4.6
zakupy przez internet 4.6
zakwaterowanie 6.7
zakwaterowanie podczas podróży 6.7
zalanie 17.3
zalany 9.7
zaleta 1.3
zależeć (od) 6.3
zaliczenie 10.3, CH
zaliczka 4.6
zalogować 18.6
załatwić ■20.2

załącznik 18.6, ■18.8, 20.1, A, CH
założyć 8.6
zamach 9.1
zamarznąć 17.2
zamawiać 6.4, 11.5
zamążpójście 3.2
zamek 5.1
zamek błyskawiczny 4.5
zamiar 1.4
zamiatać 5.3, A
zamieszać 5.4
zamknąć 5.1, 5.2, 6.6, 8.6, 18.6, ■18.6, 19.1, 19.4, ZD-A
zamknięty 4.6, 13.3
zamordować 9.8
zamożny 8.6, 9.6
zamówić 6.7, 18.1
zamówienie 18.8, 19.3
zanieczyszczenie 17.4
zanieczyszczenie wody ropą naftową 17.3
zaniedbany 2.3
zanieść pocztę 18.7
zanik 2.5
zanim 15.1
zaokrąglać do dołu 12.3
zaokrąglać do góry 12.3
zapach 2.7, 16.4
zapakować 6.2
zapalenie oskrzeli 7.1
zapalić 4.3, 13.3
zapalić (się) 13.3
zapalniczka 4.3
zapałka 4.3, A, CH, ZD-A, ZD-CH
zapamiętać 10.4, 12.1
zaparkować 14.1
zapiąć pas ■14.1
zapisać ■1.1, 10.4, ■18.6
zapisać się A
zapisać się na uniwersytet 10.1
zapisanie się 10.4
zapisywać 20.1
zapłodnić 12.6
zapobiec 9.8

zapobieganie ciąży 2.11
zapobieganie katastrofom 17.3
zapobiegawczo 7.4, 12.7
zapominać 1.2
zapomnieć 1.2, 12.1, ZD-A
zapomoga dla nieubezpieczonych bezrobotnych 9.2
zapora 17.1
zapotrzebowanie 8.6
zapotrzebowanie na informacje 18.1
zapowiedzi 3.2
zapowiedź 14.2, 18.4
zapowiedź w samolocie 14.4
zapraszać 6.2
zaproszenie 1.4, 6.2
zaprzeczać 9.8
zaprzeczyć 1.3, 1.5
zaprzysięgać 8.3
zaprzysiężenie 8.3
zapusty 6.2
zapylać 12.6, 16.5
zapytanie 18.8
zarabiać 19.4
zaraz ■15.1
zarazić 7.1
zaraźliwe 7.1
zareagować obojętnością 1.5
zarezerwować 6.6, 6.7, 14.4
zaręczyć się 3.2
zaręczyny 3.2, 6.2
zarośla 16.2
zarys 11.2
zarząd 6.9
zarząd miejski 16.1
zarządzać ■19.1
zarządzanie 19.1
zarzucać coś komuś 2.10
zarzut 2.10
zasada 12.9
zasada (chem.) 12.5
zasiew 16.3
zasięgać informacji 1.2
zasięgnąć informacji 18.1
zasiłek dla bezrobotnych 9.2

zasiłek połogowy A
zasiłek rodzinny 8.8, A
zasiłek wychowawczy A
zaskarżyć 8.9
zaskoczyć 2.8
zasłabnąć 7.1
zasłona 5.2, A
zasnąć 3.3
zastanawiać się ■10.4, 11.7
zastępca 7.4
zastrzyk 7.4, 7.5, 12.7
zaślubiny 3.2
zaśpiewać 11.4
zaśpiewać z 11.4
zaświadczenie 7.4, 10.3
zaświadczenie lekarskie 7.1, 7.4, CH
zatoka 17.1
zatonąć 14.5
zatrudnić 9.2
zatrudniony na etacie 19.5
zatrzymać 9.8
zatrzymać się 14.1
zatwardzenie 7.1
zatwierdzić 12.2
zatwierdzić wniosek 16.1
zaufanie 3.2
zaufany 2.10
zaułek A
zautomatyzowany 13.2
zauważać 2.7
zauważyć ■10.4
zawał serca 7.1
zawiadomić o chorobie 20.1
zawierać 4.2, 8.7
zawijać 14.5
zawodowiec 6.9
zawodowo 19.5
zawody 6.9
zawód 19.5
zawrócić 14.1
zawrzeć 8.5, 9.5
zawrzeć przyjaźń ■2.10
zawrzeć umowę 6.6
zawstydzony 2.9
zawsze ■1.5, 15.1, ■15.1
zazdrościć 2.8
zazdrość 2.8

zazwyczaj ■1.5, 15.1, ■15.1
zażegnać konflikt 2.10
zażyły 2.10
zażywać 7.4, 12.7
ząb 2.2, 7.5
zbierać 16.3
zbierać argumenty 1.3
zbierać informacje 12.2
zbieranie informacji 12.2
zbieranie materiałów 18.1, 18.3
zbiory 11.1, 16.3
zbiór danych 18.1
zbliżać się 15.2
zboże 4.1, 16.3, ZD-CH
zbrodnia 9.8
zdać egzamin 10.3
zdanie 1.3
zdawać egzamin 10.3
zdawać maturę A
zdawać sprawozdanie 1.2
zdążyć 14.4
zdejmować 5.3
zdenerwować 2.6
zdenerwowany 2.6
zderzenie 14.1
zderzyć się 14.1
zdiagnozować 12.7
zdjąć 2.7
zdjąć płaszcz 4.5
zdobyć 18.1
zdobywać 12.1
zdradzić 8.11
zdrajca 8.11
zdrajczyni 8.11
zdrowa żywność 7.7
zdrowe 4.1
zdrowie 7.7
zdrowo 7.7
zdrowy 7.7
zdumiony 2.8
zdzielić 3.3
zdziwiony 2.8
zebranie 19.1, 20.1
zegar 5.2
zegar(ek) 15.1
zejście 15.2
zejść na ląd 14.5
zejść z pokładu 14.5
zemdleć 7.1

zemsta 2.10
zemścić się 2.10
zepsuć się 13.2
zepsuty 13.4, 18.5
zerówka 10.1
zerwać 8.5
zerwać kontakt 1.1
zespół 2.10, 6.9, 11.4, 20.1
zespół (muzyczny) 6.5
zestaw dla dzieci 6.4
zestaw potraw 4.1
zetrzeć 5.3
zetrzeć kurz 5.3
zeznanie podatkowe 8.7
zeznawać 8.9, 9.8
zezwalać 1.4
zezwolenie 11.2
zgadzać się 20.2
zgasić 4.3, 13.3
zgasić (się) 13.3
zgiełk 2.7
zginąć 2.12, 7.2
zgłosić się 9.2, 10.3
zgłosić się do odprawy 14.4
zgoda 1.4
zgodne z prawem 8.9
zgodnie z prawem 8.9
zgodzić się 1.3, 8.5
zgon 2.12
zgrzybiały 2.5
zgubić się 14.1
zgwałcić 2.11
ziarno 16.3
zielona karta 9.3
Zielone Świątki ■6.1
zielony ■11.1
Ziemia 12.11, 17.5
ziemia 12.11, 16.3, 17.5
ziemniak ■4.1, ZD-A
zięć ■3.1
zima 15.1, 17.2
zimna ■2.6
zimno 5.1, 17.2
zimny ■2.6, 5.1
zioła 4.1
zirytowany ■2.8
zjawisko 11.7
zjazd 14.1
zlecenie 19.3
zleceniodawca 19.3
zlew 5.2 A
zła 6.4

złamać 7.2
złamać prawo 8.9
złamanie 7.2
złapać 9.8, 14.2
złapać pociąg A
zło 2.9, 11.7
złodziej 9.8
złodziejka 9.8
złościć 2.8
złośliwy 2.6
złośliwy guz 7.1
złoże 12.11
złożyć wniosek 8.3, 9.3, 12.2, 16.1; 18.5
złożyć wniosek o 9.5
złożyć wniosek o wizę 6.6
zły ■2.8, 2.9
zmarła 2.12
zmarły 2.12
zmarszczka 2.3
zmartwienie 2.10
zmęczony ZD-A
zmiana rezerwacji 14.4
zmiany 12.9
zmieniać 2.6
zmieniać pieluszkę 3.3
zmieniać się ZD-A
zmienić 11.3, 18.6
zmienić wyznanie 11.8
zmienić zdanie 1.3
zmniejszać się 8.6
zmniejszyć 13.2, 15.3, 18.6
zmuszać 8.3
zmysł 2.7
zmysł dotyku 2.7
zmysł słuchu 2.7
zmysł smaku 2.7
zmysł węchu 2.7
zmysł wzroku 2.7
zmywać 5.3, ZD-A
zmywarka 5.3
znaczek pocztowy 18.7
znaczenie 11.6
znać 12.1
znajdować analogie 12.2
znajdować przyjaciół ■2.10
znajdować się 15.2
znajoma 2.10, 6.3
znajomość 2.10, 6.3, 12.1
znajomy 2.10, 6.3

znak 12.3, 14.1
znak drogowy 14.1, CH
znak zodiaku 17.5
znany 2.10, 11.1
znęcać się 3.3
znęcanie się 3.3
znęcanie się nad zwierzętami 16.4
znieczulenie 7.5, 7.6
zniedołężniały 2.5
znieść 8.8, 9.5
zniewaga 2.10
zniszczenie 8.11
zniszczony 2.3, 8.11
zniżka 11.5
znosić 2.8
znowu 15.1
zobaczyć 11.1
zobowiązania finansowe 19.4
zoo 16.4
zoolog 12.6
zoologia 12.6, 16.4
zorganizować 19.1
zostać 19.5
zostać opublikowanym ZD-CH
zostać oskarżonym 14.1
zostać rannym 14.1
zostawić ciasto drożdżowe do wyrośnięcia A
zostawić wiadomość 18.5
zranić 2.10, 7.2
zraszacz trawy 16.5
zrealizować czek podróżny 6.6
zrealizować projekt 12.2
zredukować 8.8, 9.5
zreformować 8.3
zrelacjonować 1.2
zrelaksowany 2.6
zrezygnować z członkostwa 6.9
zrobić komuś prezent 6.2
zrobić komuś zdjęcie [na dowód przekroczenia prędkości] 14.1
zrobić przerwę na mały posiłek A
zrobić sobie krzywdę 7.2

zrobić wycieczkę 6.8
zrobić wypad 6.8
zrobić zdjęcie rentgenowskie 7.4
zrozumiale 1.1
zrozumiały 1.1
zrozumieć 1.1, ■1.1
zrozumienie 11.7
zrywać 4.1
zrywać kwiaty 16.5
zupa 6.4
zużywać 14.1
zwalczać ■8.10
zwarcie (elektr.) 13.3
zważyć 5.4
zwątpić 2.8
zwątpienie 2.8
związek 2.10, 8.5, 12.5
związek sportowy 6.9
związek zawodowy 9.2
zwichnąć 7.2
zwiedzać 6.6
zwiedzać miasto 6.6
zwiedzanie miasta 6.6
zwierzę 12.6, 16.4
zwierzę domowe 16.4
zwiększyć 13.2, 18.6
zwolnić 8.9, 9.2
zwolnienie 9.2
zwolnienie lekarskie 7.1, 7.4, 20.1, CH
zwracać się 1.1
zwracać się do kogoś per pan 1.1
zwracać się do kogoś na ty 1.1
zwrotka 11.4
zwrócić 18.1
zwrócić czyjąś uwagę 4.6
zwycięstwo 6.9, 8.11
zwycięzca 6.9
zwyciężczyni 6.9
zwyczaj 2.7
zysk 8.6, 19.4
źle ■1.1, 2.9, 11.1, 12.3
źle rozegrany 6.9
źle zbadany/ udokumentowany 18.3
źle zrozumieć 1.1

Polski 497

źródło 17.1
źródło informacji 18.1
źródło prądu 13.3
żakiet 4.5
żal 2.9
żałoba 2.12
żałować 2.9
żandarm A
żandarmeria A
żarówka 13.3
żądać ZD-A
żądanie 9.2

żądlić 16.4
żądza 2.9
żądza władzy 2.9
żebraczka 9.6
żebrać 9.6
żebrak 9.6
żebro 2.2
żeglować 14.5
żegluga 14.5
żelazo ■12.11
żeniaczka 3.2
żeński 2.11, 9.4
żniwo 16.3

żołądek 2.2, 7.1, ■12.7
żołnierz 8.11
żona 3.2
żonaty 2.1
żółty ■11.1
życie nocne 6.5
życiorys 19.5
życzenia 6.2, ZD-CH
życzenie 1.4
Życzę zdrowia! 7.1
żyć 5.1

żyć w biedzie 9.6
Żyd 11.8
żydowski 11.8
Żydówka 11.8
żyletka 4.4
żyła 2.2
żywność 4.1
żywność pełnowartościowa 7.7
żywność wysokoprzetworzona 4.1
żywy 2.12

Register

Hier finden Sie die Wörter:
1.1 = Kapitelnummer (Kapitel 1.1)
■1.1 = Kapitelnummer (Kasten in Kapitel 1.1)
A = Kapitel **Österreich** (Seite 441 – 446)
CH = Kapitel **Schweiz** (Seite 453 – 459)
ZD-A = Kapitel **Österreichische Standardvarianten** (Seite 447 – 452)
ZD-CH = Kapitel **Schweizerische Standardvarianten** (Seite 460 – 464)

A

abbauen 12.11
abbiegen 14.1, 15.2
abbrechen (Kontakt ~) 1.1
abbrechen (Beziehung ~) 8.5
abbrechen (Gespräch ~) 20.2
abbürsten 5.3
abdrehen 5.2,13.3, A, ZD-A
Abdruck 7.5
Abend ■1.1, 15.1
Abend (Guten ~) ■1.1
Abendessen 4.1, 6.4
Abendschule 10.1
abfahren 14.2
Abfahrt 14.2, ZD-A
Abfall 17.4
Abfallcontainer 5.2, CH
Abfalleimer 5.2
Abfallkübel 5.2, CH
Abfertigung 14.4
Abfertigungsschalter 14.4
abfinden (sich ~ mit) 2.8
abfliegen 14.4
Abflug 14.4
Abgas 14.1
abgeben (Hausaufgabe ~) 10.5
abgelaufen (~er Pass) 6.6
Abgeordnete/r 8.3
abhängen (~ von) 6.2
Abhängigkeit 9.7
abheben ■19.4
abheben 18.5, A
abholen (Karten ~) 11.5

abholen (von der Post ~) 18.7
abhören (Anrufbeantworter ~) 18.5
Abitur 10.1, 10.2, A
Abiturient/in 10.3
Abkommen 8.5
Ablage 5.2, 20.1
Ablagerung 12.11
Ablauf 13.2
ablaufen 9.3
ablaufen (Pass) 6.6
ablegen (Mantel ~) 4.5
ablegen (Prüfung ~) 10.3
ablegen (Schiff) 14.5
ablehnen 1.3, 1.4, 6.2, ■6.3, 20.2, ■20.2
ablehnen (Antrag ~) 12.2, 16.1
ablehnen (Kredit ~) 19.4
ablöschen 5.2, CH
abmachen 6.3, CH
abmelden (sich von einem Kurs ~) 10.4
abnehmen 7.4, 7.7, 15.3
abnehmen (Brille ~) 2.7
abnehmen (Mantel ~) 4.5
abnehmen (Nachfrage) 8.6
abnehmen (Telefonhörer ~) 18.5
abnehmen (Wäsche ~) 5.3
Abneigung 2.8, 2.10

Abonnement 18.3
Abonnent/in 18.3
abonnieren (Zeitung ~) 18.3
abraten 6.7
abräumen (Tisch ~) 5.2
abrechnen 20.1
Abreise 6.6, 6.7
abrufen (Daten ~) 18.1, 18.6
abrunden 12.3
Absage 18.8
absagen (Termin ~) 20.1
Absatz 11.6
abschalten 13.3
abschicken (Brief ~) 18.7
Abschied 1.1
Abschleppdienst 14.1
abschleppen 14.1
abschließen (Geschäftsjahr ~) 19.4
abschließen (Studium ~) 10.3
abschließen (Tür ~) 5.1
abschließen (Versicherung ~) 9.5
abschließen (Vertrag ~) 8.5
Abschlussfeier 10.3
Abschlussprüfung 10.3
Abschnitt 11.6
Abschwung 8.6
Absender/in 18.7
absetzen (von der Steuer ~) 8.7
Absicht 1.4

absperren 5.1, ZD-A
abstammen 12.6
Abstammung 3.1, 12.6
abstauben 5.3
absteigen 15.2
Abstieg 15.2
abstimmen 8.3
Abstimmung 8.3, 8.4
abstrakt 12.2
Abteil 14.2
Abteilung 16.1, 19.1
Abteilungsleiter 19.1
abtischen 5.2, CH
abtragen 12.11
abtreiben lassen 2.11
Abtreibung 2.11
abtrocknen 5.3
Abwahl (Internet) 18.6
Abwart 5.1, ZD-CH
abwärts 15.2
Abwasch 5.2, A
abwaschen 5.3, ZD-A
abwechslungsreich (~e Arbeit) 19.5
abweichen (von der Norm ~) 12.9
abwesend 10.5
abziehen 3.3, CH
abziehen (sich ~) 4.5, 7.4, CH
Ach so. ■18.5
Achse 12.3
Achtung bissiger Hund! 16.4
Acker 16.3
Ackerland 16.3
Adapter 13.3
Adelstitel 1.1
Ader 2.2

A

Adieu 1.1, CH
adoptieren 3.3
Adoption
 (zur ~ freigeben)
 3.3
Adoptivkind 3.3
Adresse 1.1, 2.1,
 18.7
Affäre 3.2
After 2.2
ähnlich sehen 3.3
ähnlich sein 3.3
Aids 2.11, 12.7
Akademiker/in
 10.3, 19.5, ■19.5
Akkord 11.4
Akku 13.3
Akrobat/in 6.5
Akt (Malerei) 11.1
Akt (Theater) 11.5
Akte 20.1
Aktenmappe 20.1
Aktentasche 20.1
Aktie 8.6
Aktionär/in 8.6
Akustik 11.4
akut (~e Krankheit)
 12.7
akzeptabel 1.4
Alarm 7.2
Algebra 12.3
Alibi 9.8
Alimente 3.2
Alkohol 4.2, 12.5
alkoholfrei 9.7
Alkoholiker/in 9.7
alkoholisch 9.7
alkoholisiert 9.7
Alkoholismus 9.7
Alkoholtest 9.7
All 17.5
Alleinerziehende/r
 3.3
Allergie 7.1
allergisch 7.1
allgemein 19.1
Allianz 8.5
allmählich ■15.1
Alphabet 2.1
Alptraum 12.8
alt 2.5
Altar 11.8
Altenheim 2.5
Alter 2.1, 2.5, ■9.5
altern 2.5
Alters- und
 Hinterbliebenen-
 versicherung (AHV)
 8.8, CH

altersbedingt 2.5
Altersbeschwerden
 2.5
Alterserscheinung
 2.5
Altersheim 2.5
altersschwach 2.5
altmodisch 5.2
am (Datum) 15.1
am meisten 15.3
Amateur/in 6.9
Ambulanz 7.6
Ambulanz 7.2, CH
Ammann ■8.1, CH,
 ZD-CH
Ampel 14.1
Ampere 13.3
Amt 8.8, 16.1
amtlich (~es
 Schreiben) 18.8
amüsieren (sich ~)
 6.2
an 13.3
an sein 13.3
Analyse 11.7, 12.2
analysieren 11.7,
 12.11
Analysis 12.3
Anästhesie 7.6
Anästhesist/in 7.6
Anatomie 12.7,
 ■12.7
anbauen 16.3
anbeten 2.8
anbieten 4.1, 19.3
Anbieter 19.3
ändern (Meinung ~)
 1.3
ändern (Meinung ~)
 1.3
ändern (Passwort ~)
 18.6
anders ■20.2
anerkannt (~er
 Abschluss) 10.3
anerkennen
 10.3
Anfahrt 6.6
Anfang 15.1
Anfang (am ~)
 ■20.2
anfangen 15.1
anfangen (mit der
 Arbeit ~) 20.1
anfangs 15.1,
 ■15.1
anfassen 2.7
Anfrage 18.8
angeblich 19.3

Angebot ■1.4, 4.6,
 8.6, 9.2, 18.8, 19.3
Angebot
 (~ annehmen) 9.2
Angebot
 (~ zurückweisen)
 9.2
angehen (jn etw ~)
 2.8
angehen (Licht)
 13.3
Angehörige/r 3.1
Angeklagte/r 8.9
angespannt 2.6
angespannt (~e
 politische Lage)
 8.5
Angestellte/r 19.1,
 19.5
Anglizismus ■18.1
angreifen 2.7, 8.11,
 A, ZD-A
Angriff 8.11
Angst 2.8, 12.8
Angst haben 2.8
ängstlich 2.8
anhaben 4.5
anhalten 14.1
Anhang 18.2
Anhänger/in
 (Religion) 11.8
anheben
 (Sozialleistung ~)
 9.5
anheben (Steuern ~)
 8.8
anheben (Zinsen ~)
 8.6
Anker 14.5
ankern 14.5
Anklage 8.9
anklagen 8.9
ankommen 14.2,
 14.4
Ankunft 14.2, 14.4
Anlage (Brief)
 ■18.8, 20.1
Anlage (E-Mail)
 18.6
Anlage
 (Produktion) 13.4
anlegen (Schiff)
 14.5
anlernen (jn ~) 19.5
anmachen 13.3
anmachen (Salat ~)
 5.4
anmelden (sich zu
 einem Kurs ~) 10.4

anmelden (sich zur
 Prüfung ~) 10.3
Anmeldung (Kurs)
 10.4
annehmbar 1.4
annehmen
 (Einladung ~) 6.2,
 ■6.3
annehmen
 (Vorschlag ~) 1.4
Annonce ■18.3,
 ZD-CH
Anode 12.5
Anorak 4.5
Anordnung (~ der
 Elemente) 12.5
anorganisch 12.5
Anpassung 12.6
Anprobe 4.5
anprobieren 4.5
Anrede 1.1
anreden 1.1
Anreise 6.6, 6.7
Anreiz 10.4
Anruf 18.5
Anrufbeantworter
 18.5, ■20.1
anrufen 18.5
Anrufer/in 18.5
Ansage 18.4
Ansage (~ im
 Flugzeug) 14.4
Ansager/in 18.4
anschaffen 5.2
anschalten 13.3
anschauen 2.7, 6.6,
 11.5, ZD-A
anschauen
 (Internetseite ~)
 18.6
Anschlag 9.1
anschließen 13.3
Anschluss (Zug)
 14.2
anschnallen (sich ~)
 ■14.1
ansehen 2.7, 11.5
ansetzen
 (Meeting ~) 19.1
Ansicht 1.3
ansprechen 1.1
ansprechen (ein
 Problem ~) 9.1
anspruchsvoll (~e
 Literatur) 11.6
anständig 2.9
Anständigkeit 2.9
anstecken (sich ~)
 7.1

500 **Register**

ansteckend 7.1
anstellen (jn ~) 9.2
anstrengend 20.1
Antarktis 17.1
Antenne 18.4
antialkoholisch 9.7
Antike 12.10
Antipathie 1.5, 2.10
Antiquariat 18.2, ■18.2
antiquarisch (Buch) 18.2
Antithese 12.2
Antrag 8.3, 9.3, 9.5, 12.2, 16.1
Antrag (~ ablehnen) 9.3
Antrag (~ auf ein Visum) 6.6
Antrag (~ bewilligen) 9.3
Antrag (~ stellen) 9.3, 9.5, 12.2, 8.3, ■8.9
Antwort 18.8
antworten 1.2
Anus 2.2
Anwahl (Internet) 18.6
Anwalt 8.9
Anwältin 8.9
Anweisung 20.2
anwenden 10.4
Anwender/in 18.6
Anwendung 18.6
anwesend 10.5
Anzahlung 4.6
Anzeichen 7.1
Anzeige 9.8
Anzeige (eine ~ bekommen) 14.1
anzeigen (jn ~) 9.8
Anzeigenblatt 18.3
anziehen 3.3
anziehen (sich ~) 4.5, 7.4
Anziehungskraft 12.4
Anzug 4.5
anzünden 5.2, CH
anzünden (Zigarette ~) 4.3
Apartment 5.1
Aperitif 4.2
Apfel ■4.1
Apfelsaft (g(e)spritzter ~) 4.2, A

Apfelsine ■4.1
Apotheke ■4.6, 7.4
Apparat (Telefon~) 18.5
Appetit 2.7, 4.1, 7.4
Applaus 11.5
Aprikose ■4.1
April ■15.1
Aquarium 16.4
Äquator 17.1
Ära 12.11
Arbeit 9.2, 19.5
Arbeit (elektrische ~) 12.4
arbeiten 19.5
arbeiten (im Garten ~) 6.8
Arbeiter/in 13.2, 19.5
Arbeitgeber/in 9.2, 19.5
Arbeitnehmer/in 9.2, 19.5
Arbeitsamt 9.2, 19.5
Arbeitsamt (sich beim ~ melden) 9.2
Arbeitskampf 9.2
Arbeitskollege 20.1
Arbeitskollegin 20.1
Arbeitskraft 19.5
arbeitslos 9.2, 19.5
Arbeitslose/r 9.2, 19.5
Arbeitslosengeld 9.2
Arbeitslosenhilfe 9.2
Arbeitslosenversicherung 8.8, 9.5
Arbeitslosigkeit 9.2
Arbeitsmarkt 9.2
Arbeitsplatz 20.1
Arbeitsstelle 20.1
Arbeitsstunde 20.1
Arbeitsverhältnis 19.5
Arbeitsvermittlung 9.2
Arbeitszeit 20.1
Architekt/in 11.2
architektonisch 11.2
Architektur 11.2
Archiv 12.10, 18.1
ärgerlich ■2.8
ärgern (sich ~) 2.8
Argument 1.3, 11.7

Argumente (~ sammeln) 1.3
Arithmetik 12.3
Arktis 17.1
Arm 2.2
arm 8.6, 9.6
Arme/r 9.6
Armee 8.11, ■8.11, CH
ärmlich 9.6
Armut 8.6, 9.6
Armut (in ~ geraten) 9.6
Armut (in ~ leben) 9.6
Armutsgrenze 9.6
Aroma 2.7, ■2.7
aromatisch 2.7
Artenschutz 17.4
Arterie 2.2
Artikel 18.1, 18.3
Artist/in 6.5
Arznei 7.4
Arzneimittel 7.4
Arzt 7.4, 7.6, 12.7, ■19.5
Arzthelferin 7.4
Ärztin 7.4, 7.6, 12.7
Arztpraxis 7.4
Arztzeugnis 7.1, 7.4, CH
Aschenbecher 4.3
Assistent/in 10.4, 12.2
Ast 12.6, 16.5
Astrologie 17.5
Astronaut/in 17.5
Astronomie 17.5
Asylant/in 9.3
Asylbewerber/in 9.3
Asylrecht 9.3
Atelier 11.1
Atem 2.7, 7.4
Atheist/in 11.8
Atlas 18.1
atmen 2.7
Atmosphäre 17.5
Atom 12.4
Atomgewicht 12.5
Atomphysik 12.4
Atomreaktor 13.3
Attentat 9.1
Attest 7.1, 7.4, 20.1
attraktiv 2.3
auf den Markt bringen (Buch ~) 18.2
Auf Wiedersehen ■1.1

Aufbaustudium 10.3
aufdrehen 5.2, A
Aufenthalt 14.2
auffordern 1.4
Aufforderung 1.4
aufführen 11.5
Aufführung 11.5
aufgeben (Brief ~) 18.7
aufgeben (das Trinken ~) 9.7
aufgeben (Gepäck ~) 14.4
aufgeben (Hausaufgabe ~) 10.4
Aufgebot 3.2
aufgehen (Sonne) 17.5
aufgeregt 2.6
aufhängen (Wäsche ~) 5.3
aufheitern (Wetter) 17.2
aufhören 15.1
aufhören (mit der Arbeit ~) 20.1
aufklären (Fall ~) 9.8
aufklären (Verbrechen ~) ■8.10
Aufklärung 11.7
aufkochen 5.4
aufladen (Akku ~) 13.3
Auflage (Buch) 18.2
auflegen 18.5, A
auflegen (Telefonhörer ~) 18.5
auflehnen (sich ~) 9.1
auflösen 12.5
aufmachen 5.2, 6.6, ZD-A
aufmachen (Koffer ~) 6.6
aufmachen (Tür ~) 5.1
aufmerksam 10.5
aufmerksam machen 4.6
Aufnahmeprüfung 10.3
aufnehmen (Arbeit ~) 9.2

Deutsch 501

A

aufnehmen (Fabrikation ~) 13.2
aufnehmen (Kontakt ~) 1.1
aufnehmen (Kredit ~) 19.4
aufnehmen (Mitglied ~) 6.9
aufpassen ■1.1
aufräumen 5.3
aufrecht erhalten (Beziehung ~) 8.5
aufrecht erhalten (Kontakt ~) 1.1
aufregen (sich ~) 2.6
aufrufen (Internetseite ~) 18.6
aufrufen (zum Streik ~) 9.1
aufrunden 12.3
Aufsatz 10.2, 18.1
aufschlagen (Bücher ~) 10.5
aufschreiben ■1.1, 20.1
Aufschwung 8.6
aufsetzen (Brille ~) 2.7
aufsetzen (Schreiben ~) 18.8
aufstehen 5.2
aufsteigen 15.2
aufsteigen (Beruf) 19.1
aufstellen (Rekord ~) 6.9
Aufstieg 15.2
Auftrag 19.3
auftragen 7.4
Auftraggeber/in 19.3
aufwachen 3.3
aufwärmen (Essen ~) 5.4
aufwärts 15.2
aufwischen 5.3
aufziehen 3.3
Aufzug 5.1
Auge 2.2, 2.3
Augenblick 15.1
August ■15.1
Aupair(-mädchen) 3.3
aus 13.3
aus sein 13.3
ausatmen 7.4

ausbauen (Kenntnisse ~) 12.1
ausbilden 10.4
Ausbildung ■10.3, 19.5
ausborgen 19.4, ZD-A
ausdrücken (Zigarette ~) 4.3
auseinander setzen (sich ~ mit) 12.2
Auseinandersetzung 2.10, 8.5
Ausfahrt 14.1
ausfallen (Maschine) 13.2
Ausflug 6.8
Ausflug (~ machen) 6.8
ausführen (Auftrag ~) 19.3
ausfüllen (Antrag ~) 16.1
Ausgabe 19.4
Ausgaben 8.6
Ausgang 4.6
ausgeben (Geld ~) 19.4
ausgehen 6.3
ausgehen (Licht) 13.3
ausgezeichnet 4.1
aushalten 2.8
auskommen 2.10
Auskunft ■1.2
Auskunft (Telefon~) 18.5
Ausland 8.5
Ausländer/in 9.3
Ausländeramt 9.3
Ausländeranteil 9.3
ausländerfeindlich 9.3
Ausländerfeindlichkeit 9.3
Ausländerpolitik 9.3
Ausländerproblem 9.3
ausländische Mitbürgerin 9.3
ausländischer Mitbürger 9.3
ausleihen (Buch ~) 18.1
ausleihen (Geld ~) 19.4

Ausleihfrist 18.1
ausloggen (sich ~) 18.6
Auslöser 11.3
ausmachen 6.3, 13.3
ausmachen (Motor ~) ■14.1
ausmachen (Zigarette ~) 4.3
Ausnahme 10.4
auspacken 6.1
ausrauben 9.8
ausrechnen 12.3
ausreichen 4.6
ausruhen (sich ~) 7.7
Ausrüstung 13.4
aussagen 8.9, 9.8
ausschalten 13.3, 13.4
ausschalten (Anrufbeantworter ~) 18.5
ausschalten (Computer ~) ■18.6
ausschalten (Licht ~) 5.2
ausschauen 7.6, ZD-A
Ausschlag 7.1
ausschließen (jn ~) 8.4
Ausschnitt 11.3
Ausschreibung 11.2
Ausschuss 8.3, 19.1
aussehen (besser ~) 7.6
aussehen (schlechter ~) 7.6
Außenpolitik 8.5
außerhalb 15.2, 16.1
Aussicht 16.1
Aussicht (Berufs~) 19.5
Aussperrung 9.2
aussprechen 2.1
ausstehen können (nicht ~) 2.8, 2.10
aussteigen 14.2
ausstellen 11.1
Aussteller 19.2
Ausstellung 11.1, 19.2
Ausstellungskatalog 11.1

Ausstellungsstück 11.1
aussterben 12.6, 16.4
ausstrahlen (Sendung ~) 18.4
aussuchen 6.4
austauschen 1.2, 1.3
austauschen (Informationen ~) 18.1
austeilen (Hefte ~) 10.5
Auster 4.1
austragen (Konflikt ~) 2.10
austragen (Konflikt ~) 2.10
austreten (aus der Kirche ~) 11.8
austreten (aus der Partei ~) 8.4
Ausverkauf 4.6, CH
Auswärtsspiel 6.9
auswechseln 13.3
auswechseln (Objektiv ~) 11.3
Ausweis 6.6, 8.1
Ausweis (gültiger ~) 6.6
Ausweis (ungültiger ~) 6.6
auswendig (~ lernen) 11.6
Auszeichnung 8.11
ausziehen 3.3, 5.1
ausziehen (sich ~) 4.5, 7.4
Auszubildende/r 19.5
Auto 6.6, 14.1, ■14.1
Autobahn 14.1
autobiografisch 11.6
automatisch 13.2
automatisiert 13.2
Autopsie 2.12
Autor/in 11.5, 11.6, 18.2
Autorenhonorar 18.2
autoritär 8.2
Autos (zum spielen) ■2.4
Autoteile ■13.4
Azubi 19.5

B

Baby 2.4, 3.3
Babysitter 3.3
Bach 17.1
Backbord 14.5
Backe 2.2
backen 5.4
Bäckerei ▪4.6
Backofen 5.4
Bad ▪5.1, 5.2
Badeanzug ▪4.5
Badehose ▪4.5
Badekleidung 4.5
baden 3.3, 4.4
baden 5.2
Badewanne 4.4, 5.2
Badezimmer 5.2
Badezimmerschrank 5.2
Bahn 6.6, 14.2
Bahnhof 14.2
Bahnsteig 14.2
Bahnwaggon ZD-A
bald ▪1.1
Balkon 5.1
Ball (~ spielen) ▪2.4
Ball (auf einen ~ gehen) 6.1
Ball (Fest) 6.2
Ballaststoffe 7.7
Ballsportarten ▪6.9
Band 6.5, 11.4
Bande 9.8
Bank 5.2, 19.4, ▪19.4
Banker/in 19.4
Bankfiliale 19.4
Bankier 19.4
Bankkunde 19.4
Bankkundin 19.4
Bankomat 19.4, 19.5, A, CH
Bankomatkarte 19.4, A
Bankräuber/in 9.8
bankrott sein 8.6
Bar ▪6.4, 6.5
bar (~ zahlen) ▪19.4
Bargeld 19.4
Bart 2.3
Barzahlung 4.6
Base 12.5
Batterie 13.3
Bau 11.2
Bauarbeiten 11.2
Bauarbeiter/in 11.2
Bauch 2.2
Bauchweh 7.1
bauen 11.2

Bauer 16.3
Bäuerin 16.3
Bauernhaus 16.3
Bauherr/in 11.2
Bauindustrie 11.2
Bauleitung 11.2
Baum 12.6, ▪12.6, 16.2, 16.5, ▪16.5
Baumnuss 4.1, CH
Bauplan 11.2
Baustelle 11.2, ▪11.2
Baustil 11.2
Bauunternehmer/in 11.2
Bauzeit 11.2
beachten 13.4
Beamter 19.5
Beamtin 19.5
beantragen 9.3, 9.5, 12.2, 16.1
beantragen (Telefonanschluss ~) 18.5
beantragen (Visum ~) 6.6
beantworten 1.2
beantworten (E-Mail ~) 18.6
bearbeiten 13.4
Becher 6.4
Bedarf 8.6
bedeckt (~er Himmel) 17.2
Bedeutung 11.6
bedienen 6.4
bedienen (Gerät ~) 13.4
Bedienung 6.4
Bedienung (freundliche ~) 6.4
Bedienung (unfreundliche ~) 6.4
Bedingung 8.5
bedrückt 2.6
Bedürfnis 2.8
beeilen (sich ~) 14.2
beeinflussen 8.6
beeinträchtigt sein 7.3
Beeinträchtigung 7.3
beenden 15.1
beerdigen 2.12
Beerdigung 2.12
Beet 16.5
Befehl 8.11
befehlen 8.11
Befehlshaber 8.11

befinden (sich ~) 15.2
befriedigend (Note) ▪10.3
befristet (~e Arbeitsstelle) 20.1
befruchten 12.6, 16.5
Befund 12.7
Befürchtung 2.8
begegnen 2.10
Begehren 2.8
begehren 2.8
begeistert sein 11.5
Beginn 15.1
beginnen 15.1
beginnen (Gespräch ~) 20.2, ▪20.2
beginnen (mit der Arbeit ~) 20.1
beginnen (Sendung) 18.4
begleiten (auf dem Klavier ~) 11.4
begleiten (Musik) 11.4
begraben 2.12
Begräbnis 2.12
begrenzt (~es Wissen) 12.1
begründen 20.2
begrüßen 1.1
Begrüßung 1.1
behalten 12.1
behandeln (ärztlich ~) 7.2
Behandlung 7.6
behaupten ▪20.2
Beherrschung (die ~ verlieren) 2.6
behindern (den Verkehr ~) 14.1
behindert sein 7.3
Behinderte/r 7.3
Behinderung 7.3
Behörde 16.1
beibringen (jn etwas ~) 10.4
beide 15.3
Beifall 11.5
Beilage 6.4
Beilage 20.1, A, CH
Beileid 2.12
Bein 2.2
Beisel ▪6.4, A, ZD-A
Beisetzung 2.12
beißen 16.4
Beitrag 6.9

bejahen 1.5
bekannt 2.10, 11.1
bekannt geben 1.2, 18.3
bekannt machen 18.3
Bekannte/r 2.10, 6.3
Bekanntschaft 2.10, 6.3
bekehren (jn ~) 11.8
Beklagte/r 8.9
bekommen (Fax ~) 18.5
bekommen (Informationen ~) 18.1
bekommen (Kredit ~) 19.4
beleidigen 2.10
Beleidigung 2.10
Belichtung 11.3
bellen 16.4
Belletristik 11.6, 18.2
bemerken 2.7, ▪10.4
bemühen (sich ~) 20.1
Benehmen 2.6, ▪2.6
benehmen (sich ~) 2.6, 3.3
beneiden 2.8
benutzen 13.4
Benutzer/in 18.1, 18.6
Benzin 14.1
beobachten 2.7
Beobachtung 2.7
bequem 5.2
beraten 8.3
Beratung 12.8
berechnen 12.3
Bereich 12.2
bereit sein 1.4
bereuen 2.9
Berg 16.2
bergab (~ gehen) (Wirtschaft) 8.6
bergauf (~ gehen) (Wirtschaft) 8.6
Berge (die ~) ZD-A
bergsteigen 6.8
Bergungsarbeiten 17.3
Bergwerk 12.11
Bericht 1.2, 12.2, 18.3
berichten 1.2, 18.3

berücksichtigen 11.5
Beruf 19.5, ■19.5
Beruf (~ erlernen) 19.5
beruflich 19.5
Berufsanfänger/in 19.5
Berufsberatung 19.5
Berufsfachschule 10.1
Berufskrankheit 7.1, 12.7
Berufsschule 10.1, 19.5, CH
berufstätig 19.5
Berufstätige/r 19.5
Berufung einlegen 8.9
berühmt 11.1
berühren 2.7
Berührung 2.7
Besatzung 14.4, 14.5
beschädigen 14.1
beschaffen (Informationen ~) 18.1
beschäftigen (jn ~) 9.2
Beschäftigung 6.8
beschämt 2.9
Bescheid 16.1
Bescheid wissen 12.1
Bescheinigung 7.4
beschenkt werden 6.2
Beschleunigung 12.4
beschließen (Gesetz ~) 8.3
beschreiben 14.1
Beschreibung 11.6
Beschwerden 7.4
beschweren (sich ~) 6.7
beschwipst 9.7
Besen 5.3
besetzen (ein Land ~) 8.11
besetzt (Telefon) 18.5
Besetzung 11.5
besichtigen 6.6
besiedelt 16.1
besprechen (Buch ~) 18.2

besprechen (Hausaufgabe ~) 10.5
Besprechung 11.5, 19.1, 20.1, 20.2
Bestandteil 12.5
bestätigen (Reservierung ~) 14.4
Bestattungsinstitut 2.12
bestäuben 12.6
bestechen (jn ~) 8.6
bestechlich 2.9
Bestechung 2.9
Besteck 5.4, 6.4
bestehen (Prüfung ~) 10.3
bestehen aus 12.5, 13.4
bestellen 6.4, 6.7
bestellen (Buch ~) 18.1
bestellen (Karten ~) 11.5
Bestellung 18.8
bestimmen 12.11
bestrafen 8.9
Bestseller 18.2
Besuch ■1.1, 6.3
Besuch (zu ~ sein) 6.3
besuchen 6.3
besuchen (Kurs ~) 10.4
besuchen (Stadt ~) 6.6
Besuchszeiten 7.6
Betäubung 7.5, 7.6
beten 11.8
betreuen (Gäste ~) ■20.1
Betreuer/in 2.4
Betrieb 13.2, ■19.1, ZD-CH
Betrieb (außer ~ sein) 13.2
Betrieb (in ~ sein) 13.2
Betriebsrat 9.2
Betriebssystem 18.6
betrinken (sich ~) 9.7
Betrüger/in 9.8
betrunken sein 4.2, 9.7
Bett 5.2
Bett (ins ~ bringen) 3.3

betteln 9.6
Bettler/in 9.6
Bevölkerung 8.1, ■8.10
bevor 15.1, ■15.1
Bewährung 9.8
Bewährung (auf ~) 9.8
bewegend 2.8
Bewegung 7.7
Bewegungsmangel 7.7
Beweis 8.9, ■12.2
beweisen ■12.2
bewerben (sich ~) 10.1, 19.5
Bewerber/in 19.5
Bewerbung 18.8, 19.5
Bewerbungsbrief 19.5
Bewerbungsschreiben 19.5
Bewohner/in 16.1
bewölkt 17.2
bewusst 12.8
bewusstlos 7.1
Bewusstlosigkeit 7.1
Bewusstsein 12.8
bezahlen 4.6
bezahlen (Rechnung ~) 19.3
Beziehung 2.10, 8.5, 12.9
Beziehung (diplomatische ~) 8.5
Beziehung (internationale ~) 8.5
Bezirk 16.1, CH
Bezirkshauptmann 8.1, A
Bezirkshauptmannschaft 16.1, A
Bibel 11.8
Bibliografie 18.1
Bibliothek 18.1
Bibliothekar/in 18.1
Bier 4.2, ■6.4
Biergarten ■6.4
bieten lassen (sich ~) 2.8
Bilanz 19.4
Bild 5.2, 11.1, ■11.1
Bilderbuch 2.4, 18.2
Bilderrahmen 11.1

Bildersprache 11.6
Bildhauer/in 11.1
Bildhauerei 11.1
Bildnis 11.1
Bildschirm ■18.6
Bildung 10.1, A
Bildungsweg (zweiter ~) 10.1
Bildwörterbuch 18.1
Billett 14.2, CH, ZD-CH
Billettautomat 14.3, CH
billig 4.6, 6.7
Binde 4.4
Biochemie 12.5
biochemisch 12.5
Biografie 11.6
Biokost 7.7
Biolebensmittel 7.7
Biologe 12.6
Biologie 12.6
Biologin 12.6
Biotop 12.6
Birchermüesli 4.1, CH
Birne ■4.1
bis ■15.1
bisher 15.1, ■15.1
bisschen (ein ~) 15.3
Bitte 1.4, 20.2
Bitte? ■18.5
bitten 1.4
bitter 2.7, 4.1
blamieren (sich ~) 2.6
Blase 2.2
blass 2.3
Blatt (Pflanze) 12.6,16.5
blättern 18.2
blau ■11.1
blauer Fleck 7.2
bleich 2.3, ZD-CH
Bleistift 20.1
Blende 11.3
Blick 2.7
Blickkontakt 2.7
blind 7.3
blind sein 2.7
Blinddarm 12.7
Blitz (Foto) 11.3
blitzen (jn ~) 14.1
Block ZD-CH
Blondine 2.3
bloß 15.1
blühen 16.5

504 **Register**

Blume 12.6, 16.5, ■16.5
Blume (Teile einer ~) ■16.5
Blumenbinder/in 16.5
Blumenladen 16.5
Blumenstrauß 16.5
Blumentopf 16.5
Bluse 4.5
Blut 2.2, 12.7
Blut (~ entnehmen) 12.7
Blut (~ spenden) 12.7
Blutdruck 7.1, 7.4
Blüte 12.6, 16.5
bluten 7.2
Blutspender/in 2.2
Blutuntersuchung 7.4
Boden ■11.2, 16.3
Bodenpersonal 14.4
Bodenschätze 12.11
Bohne ■4.1
bohren 7.5
Bohrer 7.5
Bombe 8.11
Bon 4.6, CH
Bonbon 4.1
Boot 14.5, ■14.5
Bord (an ~ gehen) 14.5
Bord (von ~ gehen) 14.5
borgen ZD-A
borgen (Geld ~) 19.4
Börse 8.6
böse ■2.8, 2.9, 11.7
Böse (das ~) 2.9
boshaft 2.6
Botanik 12.6, 16.5
Botaniker/in 12.6, 16.5
botanischer Garten 16.5
Botschaft 6.6, 8.5
Botschafter/in 8.5
Branche 19.5
Braten 4.1
braten 5.4
Brathähnchen 5.4
Bratpfanne 5.4
braun ■11.1
Braut 3.2
Bräutigam 3.2
Brautpaar 3.2
Brautstrauß 3.2

brav 3.3
brechen (Bein ~) 7.2
brechen (Gesetze ~) 8.9
brechen (Rekord ~) 6.9
breit 15.2
breit(schultrig) 2.3
Breite 15.2
Breitengrad 17.1
bremsen ■14.1
brennbar 12.5
brennen 7.2, ZD-A
Brief 18.7, 18.8, ■18.8, 20.1
Brief (Abkürzungen im ~) ■18.8
Briefkasten ■5.1, 18.7
Briefkasten (~ leeren) 18.7
Briefmarke 18.7
Briefpapier 20.1
Brieftasche 19.4, ZD-A
Briefträger/in 18.7
Briefumschlag 18.7, ■18.7
Brillant 12.11
Brille 2.7
bringen ZD-A
bringen (Brief zur Post ~) 18.7
bringen (ein Kind zur Welt ~) 3.3
bringen (ins Bett ~) 3.3
bringen (Programm ~) 18.4
Bronchitis 7.1
Brot 4.1
Brötchen ■4.1
Bruch 7.2
Bruch (Mathematik) 12.3
Brüche (in die ~ gehen) 3.2
Brücke 7.5
Bruder 3.1
Bruder (Kirche) ■11.8
Brunch 4.1
Brust 2.2
Brustkorb 2.2
brutto 8.7
Bruttosozialprodukt 8.6
Bub 3.3, A, CH, ZD-A
Buch 11.6, 18.2

buchen 6.6, 19.4
buchen (Flug ~) 14.4
buchen (Zimmer ~) 6.7
Bücherei 18.1
Buchführung 19.4
Buchhaltung 8.7, 19.4, 20.1
Buchhandel 18.2
Buchhändler/in 18.2
Buchhandlung 18.2
Buchmesse 18.2, ■18.2
Büchse 4.1, ZD-CH
Buchstabe 2.1
buchstabieren 1.1, 2.1
Bucht 17.1
Buchung 14.4
Buddhismus 11.8
Büfett 5.2
Bug 14.5
bügeln 5.3
Bühne 11.5
Bühnenbild 11.5
Bundesgericht 8.2, CH
Bundesheer 8.11, A
Bundeskanzler/in ■1.1, 8.3
Bundesland 8.1, ■8.1
Bundesliga 6.9
Bundesminister/in 8.3
Bundespräsident/in ■1.1, 8.2, 8.3, CH
Bundesrat 8.2
Bundesrat 8.3, CH
Bundesrätin 8.3, CH
Bundesregierung 8.2, 8.3
Bundesrepublik Deutschland 8.1
Bundestag 8.2
Bundesverfassung 8.2, 8.9, CH
Bundesverfassungsgericht 8.2
Bundeswehr 8.11
Bündnis 8.5
Bündnispartner 8.5
bunt (~er Blumenstrauß) 16.5
Bürger/in ■1.1, 8.1

bürgerliche Gesellschaft 12.9
Bürgermeister/in ■8.1, 16.1
Bürgersteig 14.1
Bürli 4.1, CH
Büro 20.1
Büroartikel 20.1, ■20.1
Bürobedarf 20.1
Büroeinrichtung 20.1, ■20.1
Bürogebäude 20.1
Bürokommunikation 20.2
Büromaterial 20.1
Bürosessel 20.1, A
Bürotätigkeit 20.1, ■20.1
Bus 14.3
Businessclass 14.4
Busse 8.10, CH
Butter 4.1

Café ■6.4
Camion 14.1, ZD-CH
campen 6.7
CD 11.4
CD-Player 11.4
CD-ROM 18.1, ■18.1, ■18.6
Cent 8.6, 19.4
Champagner 4.2
Chancengleichheit 9.4
Chanson 11.4
Charakter 2.6, ■2.6
charmant 2.6
Chauffeur ZD-CH
Chauvinist 9.4
Chef/in ■19.1, 20.1
Chemie 12.5
Chemikalie 12.5
Chemiker/in 12.5
chemisch 12.5
chemische Zusätze 7.7
chic 2.3
Chip 12.4
cholerisch 2.6
Chor 11.4
Choreograf/in 11.4
Choreografie 11.4
Christentum 11.8
christlich 11.8
Chronik 12.10
chronisch 7.1

Deutsch 505

chronisch (~e Krankheit) 12.7
Clown 6.5
Cocktail 4.2
Coiffeur 4.4, CH, ZD-CH
Coiffeuse 4.4, CH, ZD-CH
Cola® 4.2, ZD-CH
Comic 2.4
Computer ▪1.2, 12.3, 18.6, 20.1
Computer (am ~ spielen) 6.8
Computernetz 18.6
Confoederatio Helvetica (CH) 8.1, CH
Copyright 18.2
Cornflakes 4.1
Corporate Identity 19.1
Couch 5.2
Cousin/e 3.1
Couvert 18.7, ZD-CH
Creme ▪4.4
Curriculum 10.2

D

da 15.2
Dach ▪5.1, ▪11.2
dafür (~ sein) 1.3, 12.9
dagegen (~ sein) 1.3, 12.9
daher 14.1
damals 15.1
Damm 17.1
Dampf 12.4
Dampfbad 7.7
danach 15.1
danke ▪1.1
dann 15.1, ▪15.1
Darm 2.2
darstellen 11.5
Darstellung 11.5
Datei 18.6, ▪18.6
Daten 18.1, 18.6
Datenbank 18.1, 18.6
Datenbestand 18.1
Datenmissbrauch 18.1
Datenschutz 18.1, 18.6
Datum 15.1
Dauer 15.1
dauern 15.1

dauernd 15.1, ▪15.1
Debatte 8.3
Deck 14.5
Decke 5.2, ▪5.2, ▪11.2
decken (Tisch ~) 5.2
defekt 13.4
definieren 11.7
Definition 1.2, 11.7
dehnbar 13.4
Deka(gramm) 15.3, A
Dekan/in 10.4
Demokratie 8.2
demokratisch 8.2
Demonstration 9.1
denken ▪1.3, ▪10.4
denken (daran ~) ▪12.1
Denker/in 11.7
Departement 8.3, CH
Departement für auswärtige Angelegenheiten 8.5, CH
Depression 12.8
depressiv 12.8
deshalb 14.1
desinfizieren 12.7
Dessert 4.1, 6.4, ZD-CH
deswegen 14.1
Detektiv/in 9.8
Deutsche/r 8.1
deutschsprachig (~e Literatur) 11.6
Devisen 19.4
Dezember ▪15.1
Deziliter (dl) 15.3
Dia 11.3
Diagnose 7.4, 7.6, 12.7
diagnostizieren 12.7
Dialog 2.10, 10.5, 11.5
Diamant 12.11
Diät 4.1, 7.7
dicht (~ besiedelt) 16.1
dicht (~es Haar) 2.3
Dichte 12.4
Dichter/in 11.6
Dichtung 11.6
dick 2.3, 15.2
dick (~er Zweig) 16.5
dick (~es Buch) 18.2

Dieb/in 9.8
Diebstahl 9.8
dienen (~ als) 20.1
Dienstag 15.1
Dienstausweis 8.10
Dienstgrad 8.11, ▪8.11
Dienstleistung 8.6
Dienstleistungsberufe ▪19.5
Dienstleistungsgewerbe 19.5
Diesel(kraftstoff) 14.1
dieses Mal 15.1
diesig 17.2
Diktat 10.2
Dimension 15.2
Ding (das ~ an sich) 11.7
Diplom 10.3
Diplomat/in 8.5
Diplomatie 8.5
diplomatisch 8.5
diplomatisch (~e Beziehung) 8.5
Diplomprüfung 10.3, A, CH
direkt 15.2
direkt (~ übertragen) 18.4
direkt (auf ~em Weg) 15.2
Dirigent/in 11.4
disharmonisch 11.4
Diskette 18.1, ▪18.6
Disko 6.5
diskriminierend 9.4
Diskussion 2.10
diskutieren 12.2, ▪19.1
Dissertation 10.3
Distanz 15.2
Disziplin 8.11
DNA-Analyse 8.9
Dogma 11.8
Doktor ▪1.1
Doktor/in 7.4
Doktorarbeit 10.3
Doktorarbeit (~ schreiben) 10.3
Doktorat 10.3, CH
Doktortitel 1.1
Dokument 20.1
Dom 11.8
Donnerstag 15.1
doppelt 15.3
Doppelzimmer 6.7
Dorf 5.1, 16.1

dort 15.2
dorthin 15.2
Dose 4.1, 5.4
downloaden 18.6
Dozent/in 10.4
Drama 11.6
Dramaturgie 11.5
dran sein 10.5
draußen 15.2
Drehbuch 11.5
Dreieck 15.2
dreieckig 12.3
dreifach 15.3
Dressing 4.1
Drillinge 3.3
drin sein (~ im Internet) 18.6
dringend (~e Bitte) 1.4
dringend (~er Anruf) 18.5
drinnen 15.2
Drittel (letztes ~ des Spiels) 6.9
Dritte-Welt-Land 8.6
drittgrößte (~ Stadt) 16.1
Drittmittel 12.2
Droge 9.7, ▪9.7
Droge (harte ~) 9.7
Droge (weiche ~) 9.7
Drogenabhängigkeit 9.7
Drogenmissbrauch 9.7
Drogensüchtige/r 9.7
Drogenszene 9.7
Drogerie ▪4.6
drüben 15.2
Druck 11.1, ▪11.1, 12.4
drucken 18.2, ▪18.6
drücken (Knopf ~) 13.4
drücken (Taste ~) ▪18.6
Drucker ▪18.6, ▪20.1
Drucker (Beruf) ▪19.5
Druckerei 18.2
Druckfehler 18.2
Duft 2.7, ▪2.7
duften 2.7, 16.5
dumm ▪2.6, 12.1
düngen 16.3

Dünger 16.3
dunkel 11.1
dünken ZD-CH
dünn 2.3, 15.2
dünn (~ besiedelt) 16.1
dünn (~er Zweig) 16.5
dünn (~es Buch) 18.2
Dunst 17.2
Dur 11.4
durcharbeiten 18.2
durchblättern 18.2
durcheinander (~ sein) 2.6
Durchfall 7.1
durchfallen (Prüfung) 10.3
durchführen 12.2, 12.9, 12.2
durchlesen 18.2
Durchmesser 12.3
Durchsage 14.2
durchschnittlich 15.3
Durchwahl 18.5
Dürre 17.3
Durst 4.2
durstig (~ sein) 4.2
Dusche 4.4, 5.2
duschen 4.4, 5.2
duzen (jn ~) 1.1
Dynamik 12.4

E

Ebbe 17.1
Ebene 16.2
ebenfalls 4.1, ZD-A
ebenso 4.1
echt 11.1
Economyclass 14.4
Edelmetall 12.11
Edelstein 12.11, ▪12.11
egal ▪1.3
Ehe 3.2
ehelich (~es Kind) 3.2
Ehepaar 3.2
Ehering 3.2
ehrenamtlich 19.5
ehrlich ▪2.6, 2.9
Ehrlichkeit 2.9
Ei 4.1
Eidgenossenschaft (Schweizerische ~) 8.1, CH

Eierspeise 5.4, A
Eierstock 2.2
Eifersucht 2.8
eifersüchtig 2.8
Eigenschaft (chemische ~) 12.5
Eigentum ▪8.11
Eile 14.2, 20.1
einatmen 7.4
einbrechen 9.8
Einbrecher/in 9.8
Einbruch 9.8
einchecken 14.4
Eindruck 2.7
einfach (~e Rechnung) 12.3
einfach (~es Restaurant) 6.4
Einfahrt 14.1
einfallen 12.1
einfarbig 11.1
einfarbig (~er Blumenstrauß) 16.5
Einfluss ▪9.7
Eingang 4.6
eingeben (in den Computer ~) 18.6, 20.1
eingeschränkt (~es Wissen) 12.1
eingeschrieben ZD-A
eingießen 4.2
Eingliederung 9.3
einhalten (Gesetze ~) 8.9
einhängen (Telefonhörer ~) 18.5
Einheit (Gesprächs~) 18.5
einholen (Informationen ~) 18.1
einig 2.1
einig (sich ~ werden) 8.5, 9.2
einige 15.3
Einkauf 4.6
einkaufen 4.6
einkaufen gehen 4.6
einladen 6.2
Einladung 6.2, ▪6.3
einlegen (Film ~) 11.3
Einleitung 11.6, 18.2
einliefern (ins

Krankenhaus ~) 7.2, 7.6
einloggen (sich ~) 18.6
einlösen (Reisescheck ~) 6.6
Einnahme 19.4
Einnahmen 8.6
einnehmen (Geld ~) 19.4
einnehmen (Medikament ~) 7.4
einordnen 20.1
einpacken 6.1, 6.2
einparken 14.1
einrichten 5.2
Einrichtung 5.2
einrühren 5.4
einsammeln (Hefte ~) 10.5
einschalten 5.2, 13.3, 13.4, 18.5, ▪18.6
einschenken 4.2
einschlafen 3.3
Einschreiben 18.7
einschreiben (sich ~) 10.1
einsortieren 20.1
einsperren 8.9, ZD-A
einsprachig (~es Wörterbuch) 18.1
einsteigen 14.2
einstellen ▪18.6
einstellen (Arbeitskräfte ~) 9.2
einstellen (Gerät ~) 13.4
Einstellung 2.8
eintippen 20.1
eintönig (~e Arbeit) 19.5
Eintrag (~ im Wörterbuch) 18.1
eintreten (in die Partei ~) 8.4
Eintritt 11.5
Eintrittskarte 11.5
Einwahl (Internet) 18.6
einwählen (sich ins Internet ~) 18.6
Einwanderer 9.3
Einwanderin 9.3
einweisen (ins Krankenhaus ~) 7.6

Einweisung 7.6
einwerfen (Brief ~) 18.7
Einwohner/in 8.1, 16.1
einzahlen ▪19.4
Einzelheit 18.3
Einzelkind 2.4
einzeln 15.3
Einzelne/r 15.3
Einzelzimmer 6.7
einziehen 5.1
Eis 4.1, 17.2
Eisen ▪12.11
Eisenbahn 14.2
Eisenbahn (Modell~) ▪2.4
eisglatt 17.2
eisig 17.2
eiskalt 17.2
Eiskasten 5.2, A
Eiweiß 12.5
EKG 7.4
elastisch 13.4
elegant 2.3
elegant (~es Restaurant) 6.4
Elektriker/in 13.3
elektrisch 12.4, 13.3
Elektrizität 13.3
Elektrizitätsgesellschaft 13.3
Elektrizitätslehre 12.4
Elektrizitätswerk 13.3
Elektrode 12.5
Elektroingenieur/in 13.1
Elektrolyse 12.5
Elektron 12.4, 12.5
Elektronik 12.4
Elektrotechnik 13.1
Element 12.5
Elend 9.6
Ell(en)bogen 2.2
Eltern 3.1
E-Mail ▪18.1, 18.6, 20.1, ZD-CH
E-Mail-Adresse 1.1
Emanze 9.4
Embargo 8.5
Emotion 1.5
emotional 2.8
Empfang 6.2, 7.4, 20.1
Empfang (Rundfunk/Fernsehen) 18.4

empfangen (E-Mail ~) 18.6
Empfänger/in 18.7
Empfängnisverhütung 2.11
empfehlen 6.4, 6.6, 6.7
empfindlich 2.7, 7.5
Empfindung 2.7
Ende 15.1
enden 18.4
endlich (Mathematik) 12.3
Energie 12.4, 13.3
eng 4.5, 15.2
Engel 11.8
Englisch (auf ~ schreiben) 18.8
engstirnig 2.6
Enkel/in 3.1
Enkelkinder 3.1
Entbindung 3.3
Entbindungsklinik 3.3
entfernt (~ sein) 15.2
Entfernung 11.3, 15.2
entführen (jn ~) 9.8
enthalten 4.2
entladen (Akku ~) 13.3
entlang 15.2
entlassen 9.2
Entlassung 9.2
entnehmen (Blut ~) 12.7
entscheiden 1.5, ■19.1
entschließen (sich ~) 1.5
entschlossen (~ sein) 10.3
entschuldigen (sich ~) 2.10
Entschuldigung ■1.1, 2.10
entspannen (sich ~) 6.8, 7.7
entspannt 2.6
entspannt (~e politische Lage) 8.5
Entspannung 6.8, 7.7
entsprechen (der Norm ~) 12.9

entstehen 16.1
enttäuschen 4.1
entwerfen 11.2
entwerten (Fahrkarte ~) 14.3
entwickeln (Film ~) 11.3
Entwicklung 12.11, 13.1
Entwicklungshilfe 8.5
Entwicklungsland 8.6, ■8.5
Entwurf 11.2, 18.8
Enzyklopädie 18.1
Epik 11.6
Epoche 11.1, 12.10, 12.11
Epoche (Malerei ~) ■11.1
erbarmungslos 2.6
Erbe 2.12
erben 2.12
Erbin 2.12
erbitten (Informationen ~) 18.1
erbrechen (sich ~) 7.1, 7.4
Erdapfel ZD-A
Erdbeben 12.11, 17.3
Erde 12.11, 16.3, 17.5
Erdgas 12.11
Erdgeschichte 12.11
Erdgeschoss 5.1
Erdinneres 12.11
Erdkern 12.11
Erdkruste 12.11
Erdöl 12.11
Erdteil 17.1
ereignen (sich ~) 18.3
Ereignis 18.3
erfahren ■1.2, ■2.6
erfahren (~ sein) ■20.1
Erfahrung 11.7
erfinden 13.1
Erfinder/in 13.1
erfinderisch 13.1
Erfindung 13.1
Erfolg 6.9, 11.5
Erfolg (Viel ~!) ■1.1
erfolglos 11.1
erfolgreich 11.1
erforschen 12.2

Ergebnis 6.9, 7.4, 12.2
erhalten (Einladung ~) 6.2
erhalten (Informationen ~) 18.1
erhöhen 15.3
erhöhen (Kosten ~) 13.2
erhöhen (Steuern ~) 8.6, 8.7
erholen (sich ~) 6.8, 7.6
erholen (sich ~) (Wirtschaft) 8.6
Erholung 6.8
erinnern (sich ~) 1.2, 12.1
Erinnerung 12.1
erkälten (sich ~) 7.1
Erkältung 7.1
erkennen 11.1
Erkenntnisse 12.9
erklären ■1.1, 1.2, 11.7
Erklärung 1.2
erkundigen (sich ~) 1.2
erlauben 1.4
Erlaubnis 1.4
erleben 6.6
erledigen 19.3, 20.1, ■20.2
erlernen (Beruf ~) 19.5
ermäßigt (~e Eintrittskarte) 11.5
Ermäßigung 11.5
ermorden 9.8
ernähren (sich ~) 4.1
Ernährung 4.1, 7.7
ernennen 8.3
Ernennung 8.3
Ernte 16.3
ernten 4.1, 16.3
eröffnen (Konto ~) ■19.4
eröffnen (Sitzung ~) 19.1, ■19.4
Eröffnungsfeier 6.2
Erosion 12.11
Erotik 2.11
erotisch 2.11
erpressen (jn ~) 9.8
errechnen 12.3
erreichen 9.2, 14.2, 14.4

erreichen (den Zug ~) 14.2, A
Ersatzteil 13.2
erscheinen (Buch) 18.2
Erscheinung 11.7
Erscheinungstermin 18.2
erstaunt 2.8
Erste Hilfe 7.2, ■7.2
Erste Hilfe (~ leisten) 7.2, ■7.2
erste Klasse (im Flugzeug) 14.4
ersticken 7.2
erteilen (Unterricht ~) 10.4
ertragen 2.8
ertrinken 7.2
Erwachsene/r 2.5
Erwachsenenbildung 10.1
Erwachsenwerden (das ~) 2.4
erweitern (Wissen ~) 12.1
erwerben (Wissen ~) 12.1
erwerbslos 9.2
Erwerbsunfähigkeit 7.3
erwischen (den Zug ~) 14.2, A
erzählen 1.2, 11.6
Erzähler/in 11.6
Erzählliteratur 11.6
Erzählperspektive 11.6
Erzählstil 11.6
Erzählung 11.6, 18.2
erzeugen (Strom ~) 13.3
erziehen 3.3
Erzieher/in 3.3
Erziehung 3.3
Erziehungsberater/in 3.3
Erziehungsberatung 3.3
Erziehungsberechtigte/r 3.3
Eselsbrücke 12.1
essen 4.1
Essen 4.1, 6.4
essen (~ gehen) 6.3
essen (auswärts ~) 6.4

Essen auf Rädern 2.5
Essig 4.1
Eszett 8.10, CH
Etage 5.1
Etat 8.6
Ethik 2.9, 11.7, 12.9
ethisch 2.9, 12.9
etwas ■18.8
EU 8.5
Euro 8.6, 19.4
Europäische Union 8.5
Euthanasie 2.12
evangelisch 11.8
eventuell ■18.8
Evolution 12.6
ewig 15.1
exakt 15.3, ZD-CH
Examen 10.3
Existenzminimum 9.6
existieren 19.4
Experiment 12.2
experimentieren 12.2
Experte 12.2
Expertin 12.2
Export 8.6, 19.3
exportieren 19.3

Fabrik 8.6, 13.2, ■19.1
Fabrikation 13.2
Fach 20.1
Fach (Unterrichts~) 10.2
Facharzt ■7.4
Fachbereich 10.1
Fachbuch 18.2
Fachfrau 12.2
Fachgebiet 12.2
Fachgeschäft ■4.6
Fachmann 12.2
Fachoberschule 10.1
Fachzeitschrift 18.3
Fahndung 9.8
fahren 14.1
Fahrer/in 14.1
Fahrgast 14.3
Fahrkarte 14.2, 14.3
Fahrkartenautomat 14.3
Fahrplan 14.2
Fahrpreis 14.2, 14.3
Fahrrad fahren ■2.4

Fahrradtour 6.6
Fahrradweg 14.1
Fahrt 6.6, 14.3
Fahrzeug 14.1
fair ■2.6
Fairness 6.9
Fakten 18.1
Fakultät 10.1
Fall 9.8
fallen (Ausländeranteil) 9.3
fallen (Leistung) 13.2
fallen (Nachfrage) 8.6
fallen (Temperatur) 12.4
fällig sein (Rate) 19.4
falsch 2.9, 11.4, 11.1, 12.3, 18.8
falsch (~ verstehen) ■1.3
Fälschung 11.1
Falte 2.3
faltig 2.3
Familie 2.10, 3.1
Familienbeihilfe 8.8, A
Familienfest 6.2
Familienstand 2.1
Fan 6.9
fangen 9.8
Farbe 11.1, ■11.1
Farbfilm 11.3
Farbkontrast 11.1
Fas(t)nacht 6.2, ■6.2
Faschierte ■4.1, A, ZD-A
Fasching 6.2, ■6.2
fassen 9.8
fassen (Verbrecher ~) ■8.10
fasten 7.7
Fastenkur 7.7
Fastfood 7.7
faul ■2.6
faulenzen 6.8
Fauteuil 5.2, A, CH, ZD-CH
Fauteuil ZD-A
Fax 18.5, 20.1
faxen 18.5
Faxnummer 1.1
Faxpapier 20.1
Februar ■15.1
Feder 12.4

fegen 5.3
fehlen (jm etw ~) 7.4
Fehler 2.9
Fehlgeburt 3.3
Feier 6.2
Feierabend 6.8, 20.1
feierlich 6.2
Feierlichkeit 6.1
feiern 6.2
Feiertag 6.1, ■6.1
feige 2.6
Feigling 2.6
fein (~es Restaurant) 6.4
Feind/in 2.10, 8.11
feindlich 8.11
feindselig 2.10
Feindseligkeit 2.10
Feld 12.6, 16.3
Felsen 16.2
felsig 16.2
feminin 9.4
Feminismus 9.4
Fenster 5.1, ■11.2
Fenster (Computer) 18.6
Ferien 6.1, 20.1, CH, ZD-CH
Fernbedienung 18.4
Ferne 15.2
fernschauen 18.4
Fernseh gucken 18.4
Fernsehen 18.4, ■18.4
fernsehen 18.4
Fernsehgerät 18.4
Fernuniversität 10.1
fertig ZD-A
fertig (~ sein) 20.1
fertigen 13.2
Fertignahrung 4.1
Fest 6.2
fest 12.4
fest (~e Arbeitsstelle) 19.5, 20.1
Fest (ein ~ geben) 6.2
Festessen 6.2
Festival 6.2
festnehmen 9.8
Festplatte ■18.6
Festspiel 6.2
Fett 12.5
fettarm 7.7

fettreich 7.7
feucht 17.2
Feuer 7.2, 17.3
Feuerwehr 7.2, ■7.2
Feuerwerk 6.2
Feuerzeug 4.3
Fieber 7.1, 7.4
Fieberthermometer 7.1
Figur 11.1
Figur (geometrische ~) 12.3, ■12.3
Filiale 19.1
Film 11.3, 11.5
Filmhochschule 11.5
Filmindustrie 11.5
Filmpreis 11.5
Filmschauspieler/in 11.5
Filter 11.3
Filzstift 20.1
Finanzabteilung 19.4
Finanzamt 8.7
Finanzen 19.4
finanziell 8.6, 19.4
finden ■1.3
finden (Freunde ~) ■2.10
Finger 2.2
Fingernagel 2.2
Firma 8.6, ■9.2, ■18.8, ■19.1
Firma (eine ~ gründen) 8.6
Firmenausweis 20.1
Firmenpleite 9.2
Firmensitz 19.1
Fisch 4.1, ■16.4
Fisole ZD-A
fit (~ sein) 7.7
Fitnessstudio 7.7
flach 15.2
flach (~e Hierarchie) 19.1
Fläche 12.3, 15.2
Flachland 16.2
Flasche 4.2
Flasche (die ~ geben) 3.3
Flaschenöffner 4.2
Flegel 2.4
Fleisch 4.1
Fleischhauerei ZD-A
flexibel 13.4

Fliege (Kleidung) 4.5
fliegen 6.6, 14.4
fliehen 8.11
Fließband 13.2
fließend 12.4
Flirt 3.2
flirten 3.2
Flitterwochen 3.2
Flohmarkt 4.6
Flucht 8.11
flüchten 8.11
flüchtig (~ kennen) 12.1
Flüchtling 8.11, 9.3
Flug 14.4
Flugbegleiter/in 14.4
Flugdauer 14.4
Fluggast 14.4
Fluggesellschaft 14.4
Flughafen 14.4
Flughöhe 14.4
Fluglotse 14.4
Fluglotsin 14.4
Flugplan 14.4
Flugsteig 14.4
Flugzeit 14.4
Flugzeug 6.6, 14.4
Fluss 14.5, 17.1
flüssig 12.4
Flut 17.1, 17.3
Föderalismus 8.1
Föhn 4.4
fördern (Erdöl ~) 12.11
Förderschule 7.3, ▪7.3, 10.1
Forderung 9.2, ▪9.2
Form 11.6
Formation (geologische ~) 12.11
Formel 12.5
Formular 16.1
forschen 12.2
Forscher/in 12.2
Forschung 12.2, ▪19.1
Forschungsarbeit 12.2
Forschungsgebäude 12.2
Forschungsgebiet 12.2
Forschungsgelder 12.2

Forschungsgesellschaft 12.2, ▪12.2
Forschungsinstitut 10.1
Forst 16.5
Förster/in 16.5
fort 15.2
Fortbildung 9.2, 19.5
fortführen (Gespräch ~) 20.2
Fortpflanzung 12.6
Fortschritt (technischer ~) 13.1
Fossil 12.11
Foto 11.3
Fotoalbum 11.3
Fotoapparat 11.3
Fotoausrüstung 11.3
Fotobuch 18.2
Fotograf/in 11.3, 18.3
Fotografie 11.3
fotografieren 6.8, 11.3
Fotos machen 11.3
Frack 4.5
Frage ▪1.2
fragen 1.2, 1.3
Fraktur 7.2
Franchising 13.2, 19.3
Frankfurter Würstel ▪4.1, A
Frankfurterli ▪4.1, CH
Frau ▪1.1, 3.2, 9.4
Frauenanteil 9.4
Frauenarzt ▪7.4
Frauenheld 3.2
Frauenquote 9.4
Frauerl 16.4, A
frech 2.6, 3.3
frei (~ haben) 6.1
frei (sich ~ nehmen) 6.1
frei (Telefon) 18.5
Freibad 7.7
freiberuflich 19.5
Freie (im ~n) 11.1
Freigabe 9.7
Freigegenstand 10.2, A
freilassen 8.9
Freitag 15.1
Freitag (am ~) 15.1
freitags 15.1

Freizeichen 18.5
Freizeit 6.8
Freizeitaktivität 6.8
Freizeitsport 6.9
Fremde/r 9.3
fremdenfeindlich 9.3
Fremdsprache 10.4
fremdsprachig (~e Literatur) 11.6
Fremdwörterbuch 18.1
Freund/in 2.10, 6.3, ▪6.3
Freunde ▪2.10
freundlich ▪2.6
Freundschaft 2.10, ▪2.10
Frieden 8.11
Friedhof 2.12
frieren 5.1, 17.2
frisch (~e Blumen) 16.5
Friseur/in 4.4
frisiert (gut ~) 2.3
Frisur 2.3
fröhlich 2.6
Frost 17.2
Frucht 4.1, 12.6, ▪12.6
Fruchtkuchen ▪4.1, CH
Fruchtsalat ▪4.1, CH
Früh (in der ~) 15.1, ZD-A
früher (~er Arbeitgeber) 19.5
Frühgeburt 3.3
Frühling 15.1, 17.2
Frühling (im ~) 15.1
Frühpensionist/in 2.5, A
Frührentner/in 2.5
Frühstück 4.1, 6.4
fühlen 2.8
führen (Mitarbeiter ~) ▪19.1
führen (Telefongespräch~) 18.5, ▪18.5
führend (~er Anbieter) 19.3
Führerausweis 14.1, ZD-CH
Führerausweisentzug 14.1, CH
Führerschein 14.1

Führerscheinentzug 14.1
Führerscheinprüfung 10.3
Führungsebene 19.1
Führungsebene (mittlere ~) 19.1
Führungsebene (obere ~) 19.1
Führungsebene (untere ~) 19.1
Führungsstil 19.1
füllen (Zahn) 7.5
Füller 20.1
Füllung (Zahn) 7.5, ▪7.5
Fundbüro 14.2
Funktion 11.6
Funktion (Mathematik) 12.3
Furcht 2.8
fürchten 2.8
Fusion 8.6
fusionieren 8.6
Fuß 2.2
Fußball ▪6.9
Fußboden 5.2
Fußgänger 14.1
Fußgängerzone 4.6
Fußpilz 7.1
Futter 16.3, 16.4
füttern 16.3, 16.4
füttern (Baby ~) 3.3

G

Gabel 5.4, 6.4
Galaxis 17.5
Galerie 11.1
Gang ▪5.1, 6.4
Gang (Auto) ▪14.1
ganz 15.3
Ganze (das ~) 15.3
gar 5.4
Garage ▪5.1, 14.1
Garantie 19.3
Garderobe 4.5, 6.4
Gardine 5.2
garnieren 5.4
Garten 6.8, 16.2, 16.5
Garten (botanischer ~) 16.5
Gärtner/in 16.5
Gärtnerei 16.5
Gas (~ geben) ▪14.1
gasförmig 12.4

Gasse 14.1, A
Gast 6.2, 6.4, 6.7
gastfreundlich 6.2
Gastfreundschaft 6.1
Gastgeber/in 6.2
Gasthaus ■6.4, 6.7, A, ZD-A
Gaststätte ■6.4
Gauner 2.9
Gebäck 4.1
gebären (ein Kind ~) 3.3
Gebärmutter 2.2
Gebäude 5.1, ■5.1, 11.2
geben (Informationen ~) 1.2
geben (Unterricht ~) 10.4
Gebet 11.8
Gebiet 8.1
Gebirge 16.2
gebirgig 16.2
Gebiss 2.2, 7.5
geboren 3.3
gebraten 6.4
gebrauchen 13.4
Gebrauchsanleitung 13.4, ZD-CH
Gebrauchsanweisung 13.4
Gebrauchtwagen 14.1
gebrechlich 2.5
Geburt 3.3
Geburtsdatum 1.1, 2.1
Geburtsname 2.1
Geburtsort 1.1, 2.1
Geburtstag 1.1, 2.1, 6.2
Geburtsurkunde 3.3
Gebüsch 16.2
Gedächtnis 12.1
Gedächtnis (~ verlieren) 12.1
Gedächtnis (gutes ~) 12.1
Gedächtnis (schlechtes ~) 12.1
Gedanke 12.1
Gedankengang 12.2
Gedicht 11.6
gedopt (~ sein) 6.9

geeignet (~ sein) 19.5
Gefahr 14.1
gefährden 7.7
gefährlich 14.1
gefallen 1.5
gefallen (sich ~ lassen) 2.8
gefangen nehmen 8.11
Gefängnis 8.9
Gefäß 5.4
Gefäß (Blut~) ■12.7
Geflügel 4.1
Gefühl 1.5, 2.7, 2.8, 12.8
Gegend 8.1
Gegensatz 2.6
gegenseitig 2.10
Gegenstand (Bild) 11.1
Gegenstand (Unterrichts~) 10.2, A
Gegenteil 2.6
gegenüber 15.2
Gegenwart 15.1
Gegner/in 2.10, 6.9, 8.11
gegrillt 6.4
Gehalt ■9.2
Gehäuse 11.3
Gehege 16.4
Geheimnummer 19.4
Geheimtipp 6.4
gehen ZD-A
gehen (~ um) 18.2
gehen (über die Straße ~) 14.1
gehen (zur Post ~) 18.7
gehen (zur Schule ~) 10.1
Gehirn 2.2
Gehirnerschütterung 7.2
Gehör 2.7
Gehorsam 2.9
Gehörsinn 2.7
Gehsteig 14.1, A, ZD-A
Geist 11.7
Geist (menschlicher ~) 12.8
geistig behindert 7.3

Geistliche/r 11.8, ■11.8
geizig 2.6
gekämmt 2.3
gekocht 5.4, 6.4
gekränkt (sich ~ fühlen) 2.10
Gelächter 2.8
gelähmt 7.3
gelb ■11.1
Gelbe Seiten 18.5
Geld ■9.5, 19.4, ■19.4
Geld wechseln 6.6, 19.4
Geldautomat 19.4
Geldbetrag 19.4
Geldbeutel 19.4
Geldbörse 19.4
Geldgeber 19.4
Geldgier 2.9
Geldmittel 19.4
Gelegenheit (bei ~) 20.1
Gelehrte/r 12.10
Gelenk 2.2
gelernt (~er Schreiner) 19.5
Geliebte/r 3.2
gelingen (Experiment) 12.2
Gelse 16.4, A
gelungen (~es Foto) 11.3
Gemälde 11.1
Gemeinde 8.1, 11.8, 16.1
gemeinsam 2.10
Gemeinschaft 2.10, 8.1, 12.9
Gemüse 4.1
gemütlich 5.2
Gen 12.6
genau 12.1, 15.3, ■20.2
genauso ■20.2
Gendarm 8.10, A
Gendarmerie 8.10, A
genehmigen (Antrag ~) 12.2, 16.1
Genehmigung (Bau) 11.2
Generalstreik 9.2
Genetik 12.6
genetisch 12.6
Genforschung 12.6

genießen 2.8
Genitalien 2.2
Gentherapie 12.7
genug 15.3
geöffnet (~ sein) 4.6
Geographie 12.11
Geologe 12.11
Geologie 12.11, ■12.11
Geologin 12.11
geologisch 12.11
Geometrie 12.3
Geowissenschaft 12.11
Gepäck 6.6, 14.2, 14.4
Gepäckaufbewahrung 6.6, 14.2
Gepäckrolli 14.2, CH
gepflegt 2.3, 4.4
gerade 15.2, ZD-A
geradeaus 14.1, 15.2
Gerät 13.2, 13.4
Geräusch 2.7
gerecht 2.9, 8.9
Gerechtigkeit 2.9
Gericht 8.9
Gericht (Essen) 6.4
Gericht (ordentliches ~) 8.9
gerichtlich 8.9
Gerichtsverfahren ■8.9
gering 15.3
gern ■1.1, ■1.5, 6.8
gern haben 2.8
Geruch 2.7, 16.4
Geruchssinn 2.7
Gesamtschule 10.1
Gesang 11.4
Gesäß 2.2
Geschäft 4.6, ZD-A
Geschäftsbrief ■18.8, 20.1
Geschäftsgespräch 20.2, ■20.2
Geschäftsjahr 19.4
Geschäftsreise 20.1
Geschenk 6.2
Geschenk (ein ~ machen) 6.2
geschenkt bekommen 6.2
Geschichte 3.3, 12.10

Geschichte
(~ erzählen) 11.6
geschichtlich 12.10
Geschichtsforscher/
in 12.10
geschieden 2.1, 3.2
Geschlecht 2.1,
2.11, 9.4
Geschlechtsteile
2.2
geschlossen (~ sein)
4.6
geschlossen (~er
Stromkreis) 13.3
Geschmack 2.7,
■2.7
Geschmackssinn
2.7
Geschwindigkeit
12.4
Geschwindigkeits-
beschränkung
14.1
Geschwister 3.1
Geselle 10.1
Gesellschaft 2.10,
8.1, 12.9
gesellschaftlich
12.9
Gesetz 8.3, 8.9
Gesetzbuch 8.9
Gesetzgeber 8.9
gesetzlich 8.3, 8.9
gesetzmäßig 8.9
gesetzwidrig 8.9
Gesicht 2.2, 2.3
Gesichtsfarbe 2.3
Gesichtssinn 2.7
Gespräch ■1.4,
2.10, 20.2
Gespräch
(ins ~ kommen)
20.2, ■20.2
Gesprächsführung
20.2
gespritzt (~er
Apfelsaft) 6.4, A
Gespritzte 6.4, A
gestalten 11.2
Geständnis 9.8
Gestank 2.7, 16.4
gestehen 9.8
Gestein 12.11
Gesteinsprobe
12.11
gestern ■15.1
gesund 7.7
gesund (~e
Ernährung) 4.1

Gesundheit 7.7,
ZD-CH
Gesundheitsamt
12.7
gesundheitsbewusst
7.7
Getränk 4.2
Getränke ■6.4
Getreide 4.1, 16.3,
■16.3
Gewächs 12.6
Gewächshaus 16.5
gewähren (Kredit ~)
19.4
Gewalt 9.1
gewaltfrei 9.1
gewaltlos 9.1
Gewebe 12.7
Gewerbe 19.5
Gewerkschaft 9.2,
■9.2
Gewicht 2.1, 7.4,
15.3
Gewinn 8.6, 19.4
gewinnen 6.9
gewinnen
(Prozess ~) 8.9
Gewinner/in 6.9
Gewissen 2.9
gewissenhaft 2.9
Gewitter 17.2
gewöhnen
(sich ~ an) 2.7
Gewohnheit 2.7
gewöhnlich ■15.1
Gewürz 4.1
Gier 2.9
gierig 2.9
gießen 16.5
gießen (Metall) 11.1
Gießkanne 16.5
Gift 17.4
giftig (~e
Chemikalie) 12.5
Gilet 4.5, CH
Gipfel 16.2
Gitarre ■11.4
Glace 4.1, CH, ZD-CH
Glas 4.2, 5.4, 6.4,
■11.2
glatt (~e Straßen)
17.2
Glatze 2.3
Glaube 11.8
glauben 11.8
Gläubige/r 11.8
gleich ■1.1
gleich (~ bleiben)
7.6, 12.4

gleich (ist ~) ■12.3
gleichberechtigt 3.2
Gleichberechtigung
3.2
gleichfalls 4.1
Gleichgültigkeit
2.10
gleichmäßig 2.12
Gleichstellungsbe-
auftragte/r 9.4
Gleichung 12.3
gleichzeitig ■15.1
Gleis 14.2
Gletscher 12.11
Globalisierung 8.6
Glocke 5.1, A,
ZD-A
Glossar 18.1
Glück ■1.5
Glück (Viel ~) ■1.1
Glückwunsch 6.2,
■6.2
Glückwunschkarte
6.2
Glühbirne 13.3
Gott ■11.7, 11.8
Gotte 3.3, CH
Gottesdienst 11.8
Götti 3.3, CH
Göttikind 3.3, CH
Göttin 11.8
göttlich 11.8
Grab 2.12
Grabstein 2.12
Grad (~ Celsius)
12.4, 17.2
Gramm (g) 15.3
Graphiker/in 11.1
Gras 16.5
Gras (~ mähen)
16.3
gratis 11.5
Gratiszeitung 18.3,
CH
Gratulation 6.2,
■6.2, ZD-CH
gratulieren 6.2
grau ■11.1
Gravitation 17.5
Greencard 9.3
Grenze 6.6, 8.1
Grieche 6.4
griechisch-
orthodox 11.8
grillieren 6.4, CH
Grippe 7.1
groß 2.1, 2.3, 4.5,
15.2
Größe 2.1, 4.5

Größe
(mathematische ~)
12.3
Großeltern 3.1
Großmutter 3.1
Großraumbüro
20.1
Großstadt 16.1
Großvater 3.1
großziehen 3.3
großzügig 2.6
Grüezi 1.1, CH
grün ■11.1
gründen (eine
Firma ~) 8.6
Grundgesetz 8.2,
8.9
Grundlage 8.6
gründlich 4.4
Grundrecht 8.2
Grundriss 11.2
Grundsatz 11.7,
12.9
grundsätzlich 1.5
Grundschule 10.1
Grundwerte (gesell-
schaftliche ~) 12.9
Gruppe 2.10
Gruppenarbeit 10.5
Gruß 1.1
Grüß Gott 1.1, A
grüßen 1.1
Guetsli 4.1, CH
Gulasch 4.1
gültig (~er Ausweis)
6.6
Gummibärchen 4.1
günstig 4.6
Gürtel 4.5
gut ■1.5, 2.9, 11.7
gut (~ gelaunt) 2.6
gut (~ gespielt) 6.9
gut (~ kennen) 12.1
gut (~er Service)
6.4
gut (Note) ■10.3
Gute (~ Besserung!)
7.1
Gute (das ~) 2.9
Gutenacht-
geschichte 3.3
Guthaben 19.4
gütig 2.6
gutmütig 2.9
Gutschein 4.6
gutstellen
(sich ~ mit) 2.10
Gymnasium 10.1,
A, CH

H

Haar 2.2, 2.3, 4.4
Haarbürste 4.4
Haare (sich
 die ~ schneiden
 lassen) 4.4
Haare (sich
 die ~ waschen) 4.4
Haben 8.6, 19.4
haben ZD-CH
Habilitation 10.3
habilitieren 10.3
Habsucht 2.9
habsüchtig 2.9
Hacker 18.6
Hackfleisch ■4.1,
 ■5.4
Hafen 14.5
Haft 9.8
hager 2.3
Hähnchen ■4.1, 5.4
Haken 5.2
halb 15.3
Halbkugel 17.1
Halbleiter 12.4
Halbpension 6.7
Halbzeit 6.9
Hälfte 15.3
Hallenbad 7.7
Hals 2.2
Halsband 16.4
Halskette 4.5
Halsschmerzen 7.1
halt ZD-A
haltbar 4.1
halten (einen Kurs ~)
 10.4
halten (Rekord ~)
 6.9
halten (sich ~ an)
 12.9
Haltestelle 14.3
Haltung 2.8
Hand 1.1, 2.2
Hand
 (die ~ schütteln)
 1.1
Handel 8.6
handeln (~ von)
 11.5, 11.6, 18.2
Handelsschule
 10.1
Handgepäck 14.4
Handlung 11.5,
 11.6
Handschellen 8.10
Handschuh 4.5
Handtuch 4.4
Handwerk 8.6, 19.5

Handwerker/in
 11.2, ■19.5
Handy 18.5, ■20.1
Handynummer 1.1
hängen 11.1, ■15.2
Harass ZD-CH
Hardware 18.6,
 ■18.6
harmonisch 11.4
Harn 2.2
hart 2.6, 5.4
Hartgeld 19.4
Hass 2.8, 2.10
hassen 2.8, 2.10
hässlich ■1.5, 2.3
Hässliche (das ~)
 11.7
hauen 3.3
häufig 15.1, ■15.1
Häufigkeit ■15.1
hauptberuflich 19.5
Haupteinschaltzeit
 18.4
Hauptfach 10.2
Hauptgang 6.4, CH
Hauptgericht 6.4
Hauptrolle 11.5
Hauptsaison 6.7
Hauptschule 10.1, A
Hauptstadt 8.1,
 ■8.1, 16.1
Hauptverwaltung
 19.1
Hauptwache 8.10,
 CH
Haus 5.1, 11.2
Hausarbeit 5.3
Hausarzt 7.4
Hausärztin 7.4
Hausaufgabe 10.4,
 10.5
Hausbesuch 7.4
Hausbewohner 5.1
Hausboot 5.1
Hausfrau 5.3, ■19.5
Hausglocke 5.1, CH
Haushalt 5.3, 8.6
Haushaltsgeräte
 (elektrische ~)
 ■5.2
Hausmann 5.3
Hausmeister 5.1
Haustier 16.4, ■16.4
Hausübung 10.4, A
Haut 2.2, ■12.7
Hebamme 3.3
heben (Hand ~)
 10.5
Heck 14.5

Heft ZD-CH
Heilberufe ■19.5
heilig 11.8
Heilung 12.7
Heim (Kinder~) 2.4
Heimatadresse
 1.1
Heimspiel 6.9
Heimweh 6.6
Heirat 3.2
heiraten 3.2
Heiratsantrag 3.2
Heiratsurkunde
 3.2
heiß 17.2
heißen 2.1
heizen 5.1
Heizkörper 5.1
Heizung 5.1
Held 11.5
helfen ■1.1, ■1.4,
 2.10, 9.6
helfen (in den
 Mantel ~) 4.5
hell 11.1
Helm 8.11
Hemd 4.5
Hemisphäre 17.1
Hend(e)l 5.4, A, ZD-A
Heranwachsende/r
 2.4
herausfordern 6.9
herausgeben
 (Buch ~) 18.2
Herausgeber/in
 18.2
herauskommen
 ZD-CH
herausnehmen
 (Film ~) 11.3
Herbst 17.2
Herd 5.4
Herkunft 3.1
Herr ■1.1
Herrl 16.4, A
herstellen 8.6, 13.2
Hersteller/in 13.2
Herstellung 13.2,
 18.2
Herstellungsprozess
 13.2
herunterladen 18.6
Herz 2.2, 7.1, ■12.7
Herzanfall 7.1
Herzbeschwerden
 7.1
Herzinfarkt 7.1
herzkrank 7.1
herzlich ■1.1, ■2.6

herzlich
 (~ Willkommen)
 ■1.1
herzlich (~e
 Freundschaft)
 ■2.10
heterosexuell 2.11,
 9.4
Heu 16.3
Heuchelei 2.9
heuchlerisch 2.9
heuer ZD-A
Heurige 6.4, A
heute ■15.1
hier 15.2
Hierarchie 19.1
Hightechindustrie
 13.1
Hilfe 2.10
Himmel 11.8, 17.5
hindern 9.8
Hinduismus 11.8
Hinfahrt 14.2
Hinreise 14.2
hinten ■4.4, 15.2
hinter Gittern 8.9
Hinterbliebenen
 2.12
Hintergrund 11.1,
 11.3
hinterher ■15.1
Hintern 2.2
Hinweis 9.8
hinzufügen 18.6
Historiker/in 12.10
historisch 12.10
Hit 11.4
Hitze 17.2
Hobby 6.8
hoch 15.2, 15.3
Hochrechnung 8.4
Hochschulabsolve-
 nt/in 10.3
Hochschule 10.1
Hochschule der
 Künste 10.1
höchstens 15.3
Hochwasser 17.3
hochwertig 13.4
Hochzeit 3.2, 6.2
Hochzeit
 (goldene ~) 3.2
Hochzeit (silberne~)
 3.2
Hochzeitskleid 3.2
Hochzeitsreise 3.2
Hochzeitstag 3.2, 6.2
Hocker 5.2
Hof 5.1

Deutsch

hoffen 2.8
Hoffnung 2.8, ■2.9
höflich ■2.6
höflich (~e Bitte) 1.4
Höhe 15.2
Höhepunkt 11.5, 11.6
holen (von der Post ~) 18.7
Hölle 11.8
Holz 16.5
Homöopath/in 12.7
homosexuell 2.11, 9.4
Honig 4.1
hören 2.7, ■2.7
hören (jn kommen ~) 2.7
hören (Musik ~) 11.4, ■11.4
Hörer/in 18.4
Hörgerät 2.7
horizontal 15.2
Hörnchen ■4.1
Hörverstehen 10.2
Hose 4.5
Hosenträger 4.5
Hotel 6.7
hübsch 2.3
Hubschrauber 14.4
Hügel 16.2
hügelig 16.2
Huhn ■4.1, 5.4, ■16.3, A
Humor ■2.6
Hund 16.4
Hundebesitzer/in 16.4
hundertstel (~ Sekunde) 15.1
Hündin 16.4
Hunger 4.1
hungrig (~ sein) 4.1
hupen ■14.1
Hure 2.11
Husten 7.1
Hut 4.5
Hygiene 4.4, 12.7
hygienisch 12.7
Hypothese 12.2

Ich (das ~) 11.7
Ideal 2.9
idealistisch 2.9
Idee ■1.5, 11.7

Identitätskarte 6.6, CH
illegal 8.9
Image 19.2
immatrikulieren 10.1
immer 15.1, ■15.1
Immunschwäche 12.7
Immunsystem 12.7
Impfung 7.1
Implantat 7.5
Import 8.6
inakzeptabel 1.4
individuell 12.9
Individuum 12.9
Indiz 8.9
Industrie 8.6, 13.2
Industrie (pharmazeutische ~) 12.5
Industrieland 8.6
Industrielle/r 19.1
Infektion 7.1, 12.7
Infektionskrankheit 7.1
Inflation 8.6
Infopost 19.2
Information 1.2, 18.1, ■18.3
Information (am Bahnhof) 14.2
Informationsangebot 18.1
Informationsbedürfnis 18.1
Informationsdefizit 18.1
Informationsgehalt 18.3
Informationsquelle 18.1
informieren (jn ~) 18.3
informieren (sich ~) 1.2, 18.1
Infusion 7.6, 12.7
Ingenieur/in 13.1, ■19.5
Inhalt 11.6, 18.2
Inhaltsverzeichnis 18.2
Injektion 7.4, 7.5, 12.7
inklusive (~ Mehrwertsteuer) 8.7
Innenstadt 5.1, 16.1

innerhalb 15.2, 16.1
inoffiziell 8.5
inoperabel 7.6
Insel 17.1
insgesamt 15.3
inskribieren 10.1, A
Installation (Kunst) 11.1
Instanz 8.9
Institut 12.2
Instrument (Labor ~) 12.5, ■12.5
Instrument (Musik~) 11.4
Inszenierung 11.5
Integration 9.3
Integrität 2.9
intelligent 12.1
Intelligenz 12.1, 12.8
Intendant/in 11.5
Intensivstation 7.6
interessant ■1.5, 2.6, 2.8, 18.2, 19.5
Interesse 2.8, 6.8, 12.1, 12.9
Interesse (~ haben) 12.1
interessieren (sich ~ für) 2.8, 6.8, 12.1, 12.9
interessiert (~ sein) 12.1
Internat 10.1
international (~e Beziehung) 8.5
Internet 18.1, 18.6, ■18.6, 20.1
Internist/in 12.7
Interpret/in 11.4
Interpretation 11.6
intolerant 2.6, 2.8
Intranet 18.6, 20.1
Invalide 7.3
Inventar 19.3
investieren 13.2
Investition 13.2
Investor 19.4
inzwischen ■15.1
Ion 12.5
Ironie 11.6
irren (sich ~) 20.1
ISBN ■18.2
Islam 11.8
isolieren 13.3

Ja 1.5
Jacke 4.5
Jackett 4.5
jagen 16.4
Jäger/in 16.4
Jahr 15.1
Jahrestag 6.2
Jahreszeit 15.1, 17.2
Jahrgang 4.2
Jahrhundert 12.10
Jahrmarkt 6.5
Jahrmarktsattraktionen ■6.5
Jahrtausend 12.10
Jahrzehnt 12.10
Januar ■15.1
Januar (im ~) 15.1
jausnen 4.1, A
Jause 4.1, A
Jazz 11.4
Jeans 4.5
jedes Mal ■15.1
Jetlag 14.4
jetzig (~e Geschäftsjahr) 19.4
jetzig (~er Arbeitgeber) 19.5
Job 19.5
jobben 19.5
Jog(h)urt 4.1
joggen 6.8, 7.7
Journalismus 18.3
Journalist/in 18.3
Jubiläum 6.2
jucken 7.1
Jude 11.8
Judentum 11.8
Jüdin 11.8
jüdisch 11.8
Jugend 2.4
Jugendbuch 18.2
Jugendherberge 6.7
jugendlich 2.4
Jugendliche/r 2.4
Juli ■15.1
jung 2.4
Junge 3.3, ZD-CH
Junggeselle 3.2
Juni ■15.1
Juniorprofessor 10.4
Jupe 4.5, CH, ZD-CH
Jura 8.9
Jurist/in 8.9
Justiz 8.9
Justizirrtum 8.9

K

Kabarett 11.5
Kabel 13.3
Kabinett 8.2, 8.3
Kaffee 4.2, A
Kaffeetasse 6.4
Käfig 16.4
Kaiser/in 8.2
Kaiserschnitt 3.3, 7.6
Kajüte 14.5
Kakao 4.2
Kaktus 16.5
Kalender 15.1, 20.1
Kalorie 4.1
kalt 5.1, 17.2
Kälte 5.1, 17.2
Kamera 11.3, ■12.4
Kamerafrau 11.5
Kameramann 11.5
Kamin 5.1, A
Kamm 4.4
Kampf 8.11
Kampfhund 16.4
Kanal 14.5, 17.1, 18.4
Kandidat/in 8.4
kandidieren 8.4
Kantine ■6.4, 20.1
Kanton 8.1, CH
Kanzlei 8.9, 20.1
Kapelle (Kirche) 11.8
Kapelle (Musik~) 6.5, 11.4
Kapitän 14.5
Kapitel 11.6, 18.2
Kapsel 7.4
kaputt 13.4
Kardinalzahlen ■15.3
Karenz 8.8, A
Karfiol 4.1, A
Karies 7.5
Karneval 6.2, ■6.2
Karte 11.5
Karte (mit ~ zahlen) ■19.4
Kartoffel ■4.1
Kartoffelstock 4.1, CH
Karussell 6.5
Käse 4.1
Kassa 4.6, A, ZD-A
Kasse 4.6, 11.5, 19.4, ■19.4
Kassette 11.4
Kassettenrecorder 11.4

Kasten 4.2, 5.2, A, CH, ZD-A, ZD-CH
Katalog 18.1
Katalysator 12.5
Katastrophengebiet 17.3
Katastrophenschutz 17.3
Kater 16.4
Kathedrale 11.8
Kathode 12.5
katholisch 11.8
Katholizismus 11.8
Katze 16.4
Kauffrau 19.5
Kaufhaus 4.6
Kaufmann 19.5
kaufmännische Berufe ■19.5
Kaufvertrag 5.1
kaum 12.1
Kaution 5.1, 8.9
Kehle 2.2
kehren 5.3, A
Keks ■4.1
Keller 5.1, ■5.1
Kellner/in 6.4
kennen 12.1, ■12.1
kennen lernen 2.10
Kenntnis 12.1
kentern 14.5
Keramik 11.1
Kernkraftwerk 13.3
Kernphysik 12.4
Kette 4.5, ■12.11
Kieferchirurg 7.5
Kilo 4.1, 15.3
Kilogramm (kg) 15.3
Kilometer (km) 15.3
Kind 2.4, ■2.4, 3.1, 3.3
Kind (eheliches ~) 3.2
Kind (uneheliches ~) 3.2
Kinderbeihilfe 8.8, A
Kinderbetreuung 2.4, ■2.4, 3.3
Kinderbetreuungsgeld 8.8, A
Kinderbett 2.4
Kinderbuch 18.2
Kinderfrau 3.3
Kindergarten ■2.4, 10.1
Kindergeld 8.8

Kinderkrankheit 7.1, ■7.1
Kindermädchen 3.3
Kinderteller 6.4
Kinderwagen 2.4
Kindesalter 2.4
Kindesmissbrauch 3.3
Kindesmisshandlung 3.3
Kindheit 2.4
kindlich 2.4
Kinematik 12.4
Kinn 2.2
Kino 11.5
Kino (ins ~ gehen) 11.5
Kinofilm 11.5
Kiosk 4.6
Kiosk (Zeitungs~) 18.3
Kipferl ■4.1, A, ZD-A
Kippe 4.3
Kirche 11.8
Kirche (griechisch-orthodoxe ~) 11.8
Kirche (russisch-orthodoxe ~) 11.8
Kissen ■5.2
Kiste 4.2, A, ZD-A
Kittel 4.5
Klage 8.9
Kläger/in 8.9
Klang 2.7
klar (Na ~) ■18.5
Klasse (erste ~) (Flugzeug) 14.4
Klassentreffen 6.2
Klassenzimmer 10.5
Klassenzusammenkunft 6.2, CH
Klavier 11.4
kleben (Briefmarke) 18.7
Kleid 4.5
Kleider 4.5, ZD-CH
Kleiderbürste 5.3
Kleidung 2.3, 4.5
klein 2.3, 4.5, 15.2
Kleingeld 19.4
Kleinkind 2.4
Kleinstadt 16.1
klettern 6.8
klicken ■18.6
Klima 17.2
Klimaanlage 5.1
Klingel 5.1
klingeln 5.1

klingeln (Telefon) 18.5
klingen 2.7
Klinik 7.6
Klinikum 7.6
Klo 4.4, 5.2
klonen 12.6
Klopapier 4.4
klopfen (Teppiche (aus)~) 5.3
Kloß 4.1
Kloster 11.8
Klub 2.10
klug ■2.6, 12.1
knapp 15.3
knauserig 2.6
Kneipe ■6.4, 6.5
Knie 2.2, ■12.7
Knochen 2.2
Knochenbau ■12.7
Knochenmark 12.7
Knödel 4.1, A, ZD-A
Knopf 13.4
Koalition 8.3
Koch 5.4
Kochbuch 5.4
kochen 5.4
Köchin 5.4
Koffein 4.2
Koffer 6.6
Kofferkuli 14.2
Kofferraum ■14.1
Kohlehydrat 12.5
Kohlensäure 4.2
Kohlsprossen 4.1, A
kollabieren 7.1
Kollege ■2.10
Koma 7.3
Komet 17.5
komisch 11.6
Kommandant 8.11
Kommando 8.11
kommend (~e Geschäftsjahr) 19.4
Kommentator/in 18.4
kommerziell (~e Software) 18.6
Kommissar/in 8.10
Kommode 5.2
Kommune 8.1
Kommunion 11.8
Kommunismus 8.4
Komödie 11.5, 11.6
Kompetenz (soziale ~) 19.1
kompliziert (~e Rechnung) 12.3

Deutsch 515

komponieren 11.4
Komponist/in 11.4
Komposition 11.1
Kompromiss 8.5
Kondom 2.11
Kondukteur 14.2, CH
Konfekt 4.1
Konferenz 8.5
Konfession 11.8
Konfirmation 11.8
Konfitüre 4.1, ZD-CH
Konflikt 2.10, 8.5, 12.9
König/in 8.2
Konjunktur 8.6
konkret 12.2
Konkurs 9.2
können 12.1, ▪12.1
konservativ 2.6
konsistent 11.7
konstruktiv (~er Vorschlag) 1.4
Konsulat 6.6, 8.5
Kontakt 1.1, 2.10
kontaktfreudig 2.6
Kontaktlinse 2.7
Kontinent 12.11, 17.1, ▪17.1
kontinental 17.1
Konto 19.4
Kontra (Pro und ~) 1.3
Kontrast 11.3
kontrollieren (Hausaufgabe ~) 10.5
Kontur 11.1
konvertieren 11.8
konzentrieren (sich ~) 10.4
konzentriert (~e Lösung) 12.5
Konzert 11.4
Konzertsaal 11.4
Kopf 2.2
kopieren 18.6, ▪18.6
Kopierer ▪20.1
Kopierpapier 20.1
Korkenzieher 4.2
Korn 16.3, ZD-CH
Körper 2.2, 11.7
Körper (Geometrie) 12.3
Körper (Physik) 12.4
körperbehindert 7.3

körperlich behindert 7.3
Körperpflege 4.4
Korrespondent/in 18.3
Korrespondenz 18.8
korrigieren 18.8
korrupt 2.6, 2.9
Korruption 2.9, 8.6
Kosmetikartikel ▪4.4
Kosmologie 17.5
kosten 2.7, 4.2, ZD-A
Kosten ▪8.9, 13.2
kostenlos 11.5
Kostüm 4.5, 11.5
Kotelett 4.1
Krabbe 4.1
Krach 2.7
Kraft 12.4
Kraftfahrzeug 14.1
kräftig 2.3
Kraftwerk 13.3
krank (~ sein) 7.1
krank (~ werden) 7.1
krank (jn ~ schreiben) 7.1
krank (sich ~ melden) 20.1
krank (unheilbar ~ sein) 7.6
Kranke/r 7.1
kränken 2.10
Krankenbesuch 7.6
Krankenbett (am ~) ▪7.6
Krankengymnast/in 7.4
Krankengymnastik 7.4
Krankenhaus 7.6
Krankenkassa 7.1, ZD-A
Krankenkasse 7.1, 8.8, 9.5
Krankenpflege 7.6
Krankenpfleger 7.6
Krankenschein ZD-A
Krankenschwester 7.6
Krankenversicherung 7.1, 8.8, 9.5
Krankenwagen 7.2

Krankenwagen (~ rufen) 7.2
Krankheit 7.1, 12.7
Krankheitsverlauf 12.7
Krankmeldung 20.1
Krankschreibung 7.1
Kränkung 2.10
Kranz 16.5
Krater 12.11
Kräuter 4.1
Kräutertee 4.2, 7.7
Krawatte 4.5
kreativ 19.2
Krebs 7.1
Kredit 19.4
Kreditkarte ▪19.4
Kreis 12.3, 15.2
kreisförmig 12.3
Kreislauf 2.2
Krematorium 2.12
Kreuz 11.8
Kreuzfahrt 6.6, 14.5
Kreuzung 14.1
Krieg 8.11
Krimi ▪11.6, ▪18.4
Kriminalbeamter 8.10
Kriminalbeamtin 8.10
Kriminalität 9.8
Kriminalpolizei 8.10
kriminell 9.8
Krise 8.5, 9.1
Krise (in einer ~ sein) 9.1
Krise (in einer ~ stecken) 9.1
Kristall 12.11
kristallisieren 12.11
Kritik 11.5
Kritiker/in 6.4, 11.5, 18.2
kritisieren 18.2
Krone 7.5
krumm 15.2
Kübel 5.2, CH
Küche ▪5.1, 5.4
Kuchen ▪4.1, 5.4
Kugelschreiber 20.1
kühl 17.2
Kühlschrank ▪5.2
kulant (~ sein) 19.3
Kultur 11.1
Kunde 4.6, 18.5, 19.3

Kundenberater/in 19.4
Kundendienst 4.6
Kundenkarte 19.4, A
kündigen (Mitgliedschaft ~) 6.9
kündigen (Versicherung ~) 9.5
Kündigung 9.2, 18.8
Kundin 4.6, 18.5, 19.3
künftig (~er Arbeitgeber) 19.5
Kunst 11.1, ▪11.1
Kunst (alte ~) 11.1
Kunst (bildende ~) 11.1
Kunst (entartete ~) ▪11.1
Kunst (zeitgenössische ~) 11.1
Kunstakademie 10.1
Kunstfaser 4.5
Kunstgalerie 11.1
Kunstgewerbe 11.1
Kunsthändler/in 11.1
Kunsthandwerk 11.1
Kunsthistoriker/in 11.1
Künstler/in 11.1
künstlerisch 11.1
künstlerische Berufe ▪19.5
Künstlername 11.4
Kunstwerk 11.1
Kunstwerk (~ schaffen) 11.1
Kur 7.6
Kurs 8.6, 10.4
Kurs (~ besuchen) 10.4
Kurs (~ halten) 10.4
Kurs (an einem ~ teilnehmen) 10.4
Kurs (Schiff) 14.5
Kursleiter/in 10.5
Kursraum 10.5
Kursteilnehmer/in 10.5
Kurve ▪12.3, 14.1

516 **Register**

kurz ■4.4, 4.5, 15.2
Kurzbrief 18.8
kürzen
 (Sozialleistung ~)
 9.5
kürzen (Text ~) 18.2
kürzlich 15.1
Kurznotiz 18.8
Kurzschluss 13.3
Kürzung (Text) 18.2
Kuss 3.2
küssen 3.2
Küste 17.1
Kuvert ZD-A

Labor 12.2
lächeln ■2.8, 11.3
lachen 2.8, ■2.8
Laden 4.6
laden 18.6
Ladenhüter 18.2
Ladenöffnungs-
 zeiten 4.6
Ladung
 (elektrische ~) 12.4
Lage 15.2
Lage (finanzielle ~)
 19.4
Lager 19.3
Lager (auf ~ sein)
 19.3
Laie 12.2
Laienrichter/in 8.9,
 CH
Lampe 5.2
Land 8.1, 16.2
Land (am ~) ZD-A
Land (an ~ gehen)
 14.5
Land (auf dem ~)
 16.2
Landbevölkerung
 16.1
Landebahn 14.4
landen 14.4, 17.5
Landeshauptfrau
 8.3, A
Landeshauptmann
 8.3, A
Landeshauptstadt
 16.1
Landesregierung
 8.1
Landkreis 16.1
Landschaft 16.2
landschaftlich 16.2
Landtag 8.1

Landung 14.4
Landwirt/in 16.3
Landwirtschaft
 16.3
lang 4.5, 15.2
lange 12.1
Länge 12.3, 15.2
Langlebigkeit 2.5
langweilig ■1.5,
 ■2.6, 11.6, 18.2,
 19.5, ■19.2
Laptop 18.6
Lärm 2.7
Laser 12.4
lässig 2.6
Last(kraft)wagen
 14.1
Laster 2.9
Laub 16.5
Laubbaum ■12.6,
 ■16.5
laufen (Kinofilm)
 11.5
Laufwerk ■18.6
Laune 2.6, 2.8
laut 2.7, 11.4
Laut 2.7
läuten 5.1, 18.6, A,
 CH, ZD-A, ZD-CH
Lautsprecher 11.4
Lautstärke 2.7
Lava 12.11
Lavabo 5.2, CH
Lawine 17.3
leben 5.1
Leben retten 7.2
lebendig 2.12
Lebensalter
 (mittleres ~) 2.5
Lebenserwartung
 2.5
Lebensgefahr 7.1
Lebensgefährte 3.2,
 6.3
Lebensgefährtin
 3.2, 6.3
Lebenslauf 19.5
Lebensmittel 4.1
Lebensmittel-
 geschäft ■4.6
Lebenspartner/in
 3.2
Lebensstandard
 8.6, 9.6
Lebensweise 7.7
Leber 2.2
Lebewesen 12.6
Leder 4.5
ledig 2.1

leer 4.2, 19.3, 13.3
leeren
 (Briefkasten ~)
 18.7
legal 8.9
Legalisierung 9.7
legen ■15.2
Legierung 12.11
Lehrberufe ■19.5
Lehrbuch 10.4, 18.2
Lehre 10.1, 19.5
lehren 10.4
Lehrer/in 10.4,
 10.5, ■19.5
Lehrerkollegium
 10.4
Lehrgang 10.4
Lehrling 10.1, 19.5,
 ZD-A
Lehrmaterial 10.4
Lehrplan 10.2
Lehrstelle 19.5
Lehrstuhl 10.1, 10.4
leicht 6.6, 19.5,
 12.7, 12.3
Leichtathletik ■6.9
Leichtmetall 12.11
leiden 7.4
leiden
 (nicht ~ können)
 2.8, 2.10
Leidenschaft 2.8
leidenschaftlich
 2.8
leider ■1.5
leihen (Geld ~) 19.4
Leine 16.4
Leintuch 5.2, A
Leinwand 11.1
leise 2.7, 11.4
Leistung 12.4, 13.2
leiten (Projekt ~)
 ■19.1
leitend (~e
 Angestellte) 19.1
Leiter (Strom) 12.4
Leiter/in 12.2
Leiter/in
 (Abteilung) 19.1,
 19.4
Leiter/in (Betrieb)
 13.2
Leitung 13.3
Leitungswasser 4.2
Lektor/in 18.2
lernbehindert 7.3
lernen 10.4
lernen (für die
 Prüfung ~) 10.3

lernfähig (~ sein)
 10.4
Lernstrategie 10.4
Lernziel 10.4
Lesbe 2.11, 9.4
Lesbierin 2.11
lesbisch 2.11
lesen 10.4, 11.6,
 18.2, 18.3
Leser/in 11.6, 18.2
Lesesaal 18.1
Leseverstehen 10.2
Lesung 18.2
Letzte/r 15.3
letztes Mal 15.3
Leuchtreklame 19.2
Leuchtturm 14.5
leugnen 9.8
Leute ■12.9
Lexikon 18.1
Licht 12.4
Lichtjahr 17.5
Lichtschalter 13.3
Lichtsignal 14.1, CH
lieb ■1.1
Liebe 2.8, ■2.9, 2.10
lieben 2.8, 2.10
lieber 2.8
Liebhaber 3.2
lieblich (~er Wein)
 4.2
Liebling 3.2
Lieblingsfach 10.2
Lied 11.4
lieferbar 18.2, 19.3
liefern 4.6, 18.2,
 19.3
Lieferung 4.6, 19.3
liegen 5.1, 15.2
Lift 5.1, ZD-A
Likör 4.2
Limonade 4.2
Linie 12.3, 15.2
Linie (Bus~) 14.3
Linke/r 8.4
links 14.1, 15.2
Lippe 2.2
Liqueur 4.2, CH
Liter (l) 15.3
Literatur 11.6,
 ■11.6
Literaturepoche
 11.6, ■11.6
Literaturgattung
 11.6
Literaturgeschichte
 11.6
Literaturkritik
 11.6

Deutsch 517

Literaturwissen-
  schaft 11.6
live (~ übertragen)
  18.4
Livemusik 6.5
Lizentiatsprüfung
  10.3, CH
Lizenz 19.3
Lizenziat 10.3, CH
LKW 14.1
Lobbyist/in 8.3
loben 3.3
Loch (im Zahn) 7.5
locker 2.6
Löffel 5.4, 6.4
Logik 11.7
logisch 11.7, 12.1
Logistik 19.3
Lohn ▪9.2, ZD-A,
  ZD-CH
lohnen (sich ~) 6.7
Lokal ▪6.4
lokal 16.1
Lokomotivführer/in
  14.2, CH
löschen 18.6
lösen (Konflikt ~)
  2.10
lösen (Problem ~)
  9.1
Lösung 12.5
Lösung
  (politische ~) 8.5
Luft holen 7.4
Luftpost 18.7
Luftpost (mit/
  per ~ schicken)
  18.7
Lüge 2.9, 8.9
lügen 2.9
Lügner/in 2.9
Lunge 2.2
lustig 2.6
Lyrik 11.6
Lyriker/in 11.6
lyrisch 11.6

M

machen
  (Hausaufgaben ~)
  10.4
Macht 8.3, ▪12.1
Machtgier 2.9
Mädchen 3.3
Magen 2.2, 7.1,
  ▪12.7
Magenbeschwerden
  7.1
Magenver-
  stimmung 7.4
mager 2.3
Magisterabschluss
  10.3
Magisterprüfung
  10.3
Magistrat 8.1, A
Magistrate 8.1, A
Magnet 12.4
Magnetfeld 12.4
Magnetwand 20.1
Mähdrescher 16.3
mähen (Gras ~)
  16.3
Mahlzeit 4.1, 6.4
Mai ▪15.1
Mail 20.1
mailen 18.6, 20.1
Make-up 4.4
Makler/in 5.1
malen 2.4, 11.1
Maler/in 11.1
Malerei 11.1
Maltechnik 11.1
Management 19.1,
  ▪19.1
Manager/in 19.1
manchmal 15.1,
  ▪15.1
Mandat 8.3, 8.4
Maniküre 4.4
Mann 3.2, 9.4
männlich 2.11, 9.4
Mannschaft 6.9
Mantel 4.5
Manuskript 18.2
Märchen 2.4, 11.6
Margarine 4.1
Marille ▪4.1, A, ZD-A
Marke 4.6
Marker 20.1
Marketing 19.2
Marketingkonzept
  19.2
Marketingstrategie
  19.2
markieren 10.5
Markt 4.6, 8.6, 19.2
Markt (auf
  den ~ bringen)
  19.2
Marktforschung
  19.2
Marktführer 19.2,
  19.3
Marktwirtschaft
  (freie ~) 8.6
Marmelade 4.1
März ▪15.1
Märzenflecken 2.2,
  CH
Maschine 13.2, 13.4
Maschinen-
  schlosser/in 13.2
maskulin 9.4
Maß 12.3, 15.3
Massage 7.4
Masse 12.4
Maßeinheiten
  ▪12.3
massieren 7.4
Material 13.4, ▪13.4
Materialeigenschaft
  13.4
Materie 11.7, 12.4
Mathematik 12.3
Mathematiker/in
  12.3
mathematisch 12.3
Matrose 14.5
Matura 10.1, A, CH,
  ZD-A, ZD-CH
Maturand/in 10.3,
  CH
Maturant/in 10.3, A
maturieren 10.1, A
Mauer ▪5.1, ▪11.2
Maus ▪16.4
Maus (Computer)
  ▪18.6
Mechanik 12.4
Mechaniker/in 13.2
Mediator/in 8.5,
  9.2, CH
Medien 18.1, 18.3
Medienereignis
  18.3
Medikament 7.4,
  12.7
Medikament
  (~ verschreiben)
  12.7
Mediothek 18.1
Medizin 7.4, 12.7,
  ▪12.7
Mediziner/in 12.7
Meer 14.5, 17.1
Meeresfrüchte 4.1
Meeting 19.1, 20.1
Mehl 4.1
mehrfarbig 11.1
Mehrheit 8.3
mehrjährig (~e
  Berufserfahrung)
  19.5
mehrsprachig (~es
  Wörterbuch) 18.1
Mehrwertsteuer 8.7
Mehrwertsteuer
  (einschließlich ~)
  8.7
Mehrwertsteuer
  (inklusive ~) 8.7
Meineid 8.9
meinen 1.3
Meinung 1.3, 12.9
Meinung
  (derselben ~ sein)
  1.3
meinungsbildend
  18.3
Meinungsforschung
  12.9
Meinungsfreiheit
  8.2
Meinungsumfrage
  8.4
Meinungsverschie-
  denheit 2.10
meistens 15.1,
  ▪15.1
Meister/in 6.9, 10.1
Meisterschaft 6.9
melden 18.3
melden (sich am
  Telefon ~) 18.5
melden (sich beim
  Arbeitsamt ~) 9.2
Meldung 18.3
melken 16.3
Melodie 11.4
Menge 15.3
Mensch 12.6, 12.9,
  ▪12.9
Menschenrecht 9.1
menschlich 2.9,
  12.9
Menü 4.1, 6.4, ZD-CH
Menü (Computer)
  18.6
Merchandising 19.2
merken ▪10.4
merken (sich ~)
  10.4, ▪10.4, 12.1
merkwürdig 2.6
Messbecher 5.4
Messe 11.8, 19.2
messen 12.3, 12.4,
  15.3
Messer 5.4, 6.4
Metall 12.11,
  ▪12.11
Metapher 11.6
Metaphorik 11.6
metaphorisch 11.6
Meteor 17.5

Meteorit 17.5
Meter (m) 15.3
Methadon 9.7
Methode ■14.5
Metropole 5.1, 16.1
Metzgerei ■4.6
Miete 5.1
mieten 5.1
Mieter/in 5.1
Mietvertrag 5.1
Mikrobiologie 12.6
Mikrofon 11.4
Mikroprozessor 12.4
Mikroskop 12.2
Mikrowelle 5.4
Mikrowellengerät 5.4
Milch 4.1, 4.2
Milchprodukt 4.1
mild (~er Winter) 17.2
Militär 8.11
militärisch 8.11
Millimeter (mm) 15.3
Minderheit 8.3
minderjährig 2.4
Minderjährige/r 2.4
minderwertig 13.4
mindestens 15.3
Mine 12.11
Mine (Stift) 20.1
Mineral 12.11
Mineral(wasser) ZD-A
Mineralwasser 4.2
Minister/in 8.3
Ministerium 8.3
Ministerpräsident/in ■1.1, 8.3
minus (~ 3 Grad Celsius) 17.2
Minute 15.1
mischen (Beton ~) ■11.2
Missbrauch 2.11
Misserfolg 6.9, 11.5
missfallen 1.5
misshandeln 3.3
misslingen (Experiment) 12.2
misslungen (~es Foto) 11.3
Misstrauen 3.2
Missverständnis 1.1
missverstehen 1.1
Mistkübel 5.2, A, ZD-A

Mitarbeiter (der ideale ~) ■20.1
Mitarbeiter/in 19.1, 19.5, 20.1
Mitbestimmung 9.2
Mitbewohner/in 5.1
mitbringen 6.3
Mitbringsel 6.3, 6.6
Mitgefühl 2.10
Mitglied 2.10, 6.9
Mitgliedschaft 2.10, 6.9
Mitleid 2.10
mitsingen 11.4
Mittag 15.1
Mittagessen 4.1, 6.4
Mitte 8.4, 15.2
Mitte (in die ~) 15.2
Mittel 7.4
Mittel (finanzielle ~) 19.4
mittellos 9.6
Mittellosigkeit 9.6
mittelmäßig (~er Service) 6.4
Mittelpunkt 12.3
mitten (~ in) 15.2
Mitternacht 15.1
Mitternacht (um ~) 15.1
Mittwoch 15.1
Möbel 5.2
Mode 4.5
Modell 11.2
Moderator/in 18.4
moderieren (Gespräch ~) 20.2
modern 5.2
modisch 2.3
mögen 2.8
Möglichkeit 1.4
möglichst (~ bald) 18.8
Molekül 12.4, 12.5
Moll 11.4
Moment 15.1
momentan ZD-CH, ZD-A
Monat 15.1, ■15.1
monatlich 15.1
Mond 17.5
Monitor ■18.6
monochrom 11.1
Monolog 11.5
monoton (~e Arbeit) 19.5
Montag 15.1
Monteur/in 13.2

Moral 2.9, 11.7
moralisch 2.9, 11.7
Moräne 12.11
Mord 9.8
Mörder/in 9.8
Morgen ■1.1, 15.1
Morgen (am ~) 15.1
morgen (am Dienstag ~) ■15.1
Morgen (Guten ~) ■1.1
Morgenessen 4.1, CH, ZD-CH
morgens 15.1
Mosaik 11.1
Moschee 11.8
Motiv 11.1, 11.3
Motivation 10.4, 12.8
motivieren 10.4
Motor ■14.1
MTA 12.2
müde ZD-A
Müesli 4.1, CH
Mühe 10.4
Müll 17.4, ■17.4
Mülleimer 5.2
Mülltonne 5.2
multikulturell 9.3
Mund 2.2
Munddusche 7.5
mündlich (~e Vereinbarung) 20.1
Mund-zu-Mund-Beatmung 7.2
Munition 8.11
Münze 19.4
Museum 11.1
Musical 11.5
Musik 11.4
Musik (~ auflegen) 11.4
Musik (~ machen) 11.4
Musik (ernste ~) 11.4
Musik (leichte ~) 11.4
Musikakademie 11.4
musikalisch 11.4
Musiker/in 11.4
Musikinstrument ■11.4
Musikschule 11.4
musizieren 11.4
Muskel 2.2
Muskelzerrung 7.2

muskulös 2.3
Müsli 4.1
Muslim/in 11.8
Mut ■2.6
mutig 2.6
Mutter 3.1
Mütze 4.5

nach ■15.1, 15.2, ZD-CH
Nachbar/in 2.10, 5.1
nachdem ■15.1
nachdenken ■10.4, 11.7
Nachfolger/in 8.3
Nachfrage 8.6, 9.2, 20.2, ■20.2
Nachfrage (fallende ~) 9.2
Nachfrage (steigende ~) 9.2
nachher ■1.1, ■15.1
nachlesen 18.1
Nachmittag 15.1
nachmittags 15.1
Nachname 1.1, 2.1
Nachricht 18.3, ■18.3
Nachricht (~ hinterlassen) 18.5
Nachrichten 18.4
Nachruf 2.12
Nachsaison 6.7
nachschauen 18.1
nachschlagen 18.1
Nachschlagewerk 18.1
nachsenden 18.7
Nachspeise 4.1, 6.4, ZD-A
nächste 15.3
nächstes Mal 15.3
Nacht ■1.1, 15.1
Nacht (Gute ~) ■1.1
Nacht (in der ~) 15.1
Nachteil 1.3
Nachtessen 4.1, 6.4, CH
Nachtisch 4.1
Nachtleben 6.5
Nachwort 18.2
Nadel (Baum) 16.5
Nadelbaum ■12.6, ■16.5

Deutsch 519

Nagelfeile 4.4
Nagellack 4.4
Nagelschere 4.4
nah 15.2
Nähe 15.2
nahe stehen 2.10
nähen 4.5
nähern (sich ~) 15.2
Nahrungsmittel 4.1
Nahverkehr 14.3
Name 1.1, 2.1
namhaft 11.1
Narbe 12.7
Narkose 7.6
Nase 2.2, 2.7
Nase (sich die ~ putzen) 4.4
nass 17.2
Nation 8.1
Nationalfeiertag ■6.1
Nationalität 2.1
Nationalrat 8.2, 8.3, A, CH, ZD-A, ZD-CH
Naturkatastrophe 17.3
Naturkost 7.7
Naturschutzgebiet 16.2
Nebel 17.2
nebenan 15.2
nebenbei 19.5
Nebenfach 10.2
Nebenrolle 11.5
neblig 17.2
Neffe 3.1
negativ 1.5
negativ (~e Ladung) 12.4
Negativ (Foto) 11.3
nehmen (Urlaub ~) 20.1
Neigung ■2.8
Nein 1.5
nennen 2.1
Neonröhre 13.3
Nerv 2.2
nervös 2.6
Nest 16.4
nett ■1.1
netto 8.7
Netz (Computer) 18.6
Neuerscheinung 18.2
Neuerung (technische ~) 13.1

Neugeborenes 2.4
neugierig 2.6
Neujahr ■6.1, 15.1
Neurose 12.8
neutral 1.5
Neutron 12.4
Neuwagen 14.1
Neuzeit 12.10
Nichte 3.1
Nichtraucher 4.3, ■6.4
Nichtsnutz 2.9
nicken 2.2
nie(mals) 15.1, ■15.1
Niederlage 6.9, 8.11
Niederlassung 19.1
Niederschlag 17.2
niedrig 15.2, 15.3
Niere 2.2
niesen 7.1
Nikotin 4.3
nikotinsüchtig 9.7
nirgends 15.2
Norden 15.2, 17.1
nördlich 17.1
Nordpol 17.1
Norm 12.9
normalerweise ■1.5
Not 9.6
Notarzt 7.2
Notärztin 7.2
Notaufnahme 7.2, 7.6
Note 10.3, ■10.3, ZD-CH
Note (Musik) 11.4
Notebook 18.6
Noten 10.3, A, CH
Notfall 7.2
Notfallstation 7.2, 7.6, CH
notieren 20.1
Notiz 20.1
Notizblock 20.1
Notizen (~ machen) 20.1
Notizzettel 20.1
Notruf 8.10
notwendig 5.3
Novelle 18.2
November ■15.1
nüchtern 4.2, 7.4, 9.7
Nudeln 4.1
Nuggi 2.4, 3.3, CH
Nummer 15.3
Nussgipfel 4.1, CH
nutzen 4.6

nützen 4.6
nützlich 5.3

O

Obdachlose/r 9.6
Obduktion 2.12
oben (nach ~) 15.2
Oberhaupt (Kirche) 11.8
Oberkiefer 7.5
objektiv 2.8
Objektiv 11.3
Observatorium 17.5
Obst 4.1
Obstbaum ■12.6
Obstsalat 4.1
obszön 2.9
Ofen 5.1
offen ■2.6
offen (~ sein) ZD-A
offenbar 8.9
öffentlich 8.1
Öffentlichkeitsarbeit 19.2
offiziell 8.5
offiziell (~e Meinung) 1.3
öffnen 5.2, 18.6, ■18.6
Öffnungszeit 4.6, 6.6
oft 15.1, ■15.1
ohnmächtig (~ werden) 7.1
Ohr 2.2, 2.7
Ohrring 4.5
ökologisch 7.7, 17.4
Oktober ■15.1
Öl 4.1, 12.11
Ölpest 17.3
Olympiade 6.9
Onkel 3.1
Online-Shopping 4.6
Oper 11.4, 11.5
Oper (in die ~ gehen) 11.5
operabel 7.6
Operation 7.6, 12.7
Operationssaal 7.6
Operette 11.4, 11.5
operieren 7.6
Optik 12.4
Optimismus 2.8
optimistisch 2.6, 2.8

optische Geräte ■12.4
Orange ■4.1, ZD-A
Orchester 11.4
Orden 8.11
ordentlich 5.3
Ordinalzahlen ■15.3
Ordination ZD-A
ordnen (Dokumente ~) 20.1
Ordner 18.6, 20.1
Ordnung 8.11
Ordnung (in ~ sein) 13.4
Organ ■12.7
Organempfänger/in 12.7
Organisationsstruktur 19.1
organisch 12.5
organisieren ■20.1
Organismus 12.6
Organspender/in 12.7
Orientierungssinn 2.7
Original 11.1
Orkan 17.3
örtlich 16.1
Osten 15.2, 17.1
Ostern ■6.1
Österreich 8.1
Österreicher/in 8.1
östlich 17.1
Outsourcing 13.2, 19.1
Ouvertüre 11.4
Ovomaltine® 4.2, CH
Ozean 14.5, 17.1
Ozonloch 17.4
Ozonschicht 17.4, 17.5

P

Paar 3.2, 9.4
paar (ein ~) 15.3
Päckchen 18.7
packen (Koffer ~) 6.6
Packerl 18.7, A, ZD-A
Packung (Zigaretten) 4.3
paddeln 14.5
Paket 18.7

Palatschinken ■4.1, A, ZD-A
panieren 5.4
Panne 14.1
Pannendienst 14.1
Pannendreieck 14.1, A
Pannenstreifen 14.1, A
Papeterie 4.6, CH
Papeterie 4.6, CH
Papier 11.1, 20.1
Papierkorb 5.2
Paradeiser ■4.1, A, ZD-A
Parallelen (~ ziehen) 12.2
Park 16.2
parken 14.1
Parkhaus 14.1
parkieren 14.1, CH
Parkplatz 14.1
Parlament 8.2, 8.3
Partei 8.2, 8.3, 8.4, ■8.4, CH
Parteimitglied 8.4
Parteipräsident/in 8.4, CH
Parteivorsitzende/r 8.4
Parterre 5.1, ZD-A, ZD-CH
Partie 6.9
Partner ■2.10
Partnerarbeit 10.5
Party 6.2
Party (auf eine ~ gehen) 6.2
Pass 8.1
Passage 11.6
Passagier 14.5
passen 4.5
Passkontrolle 6.6
Passwort 18.6
Pasta 4.1
Pate 3.3
Patenkind 3.3
Patent 13.1
Patentamt 13.1
Pathologie 12.7
Patient/in 7.4, 7.6
Patin 3.3
Patrone 20.1
Pauschalreise 6.6
Pech ■1.5
Pediküre 4.4
peinlich (~ sein) 2.6, 2.9
Penis 2.2

Pension 2.5, 8.8, 9.5
Pension 8.8, A
Pension 9.5, CH, ZD-A
Pension (für Gäste) 6.7
Pension (in ~ gehen) ZD-A
pensionieren (sich ~ lassen) ZD-CH
Pensionierte 2.5, CH
Pensionist/in 2.5, A
Pensionskasse 9.5, CH
Pensionsversicherung 8.8, A
Peperoni 4.1, CH
perfekt 5.3
Periodensystem 12.5
Perle 12.11
Perron 14.2, CH, ZD-CH
Personal 20.1
Personalausweis 6.6
Personalien 1.1
persönlich (~e Meinung) 1.3
Persönlichkeit 2.6, 12.8
Persönlichkeit (historische ~) 12.10
Perspektive 11.1
Perücke 2.3
Pessimismus 2.8
pessimistisch 2.6, 2.8
Pfanne 5.4, ZD-CH
Pfannkuchen ■4.1
Pfeffer 4.1
Pfeife 4.3
pfeifen 6.9
Pfingsten ■6.1
Pflanze 12.6, 16.3, 16.5
Pflanzenart 12.6, ■12.6
Pflanzenkunde 12.6
Pflanzenreich 12.6
Pflanzenwelt 12.6
Pflaster 7.2
Pflaume ■4.1
Pflege 3.3
Pflege (in ~ geben) 3.3
Pflege (in ~ nehmen) 3.3

Pflegedienstleitung 7.6
Pflegeeltern 3.3
Pflegeheim 2.5
pflegen 7.6
pflegen (Freundschaft ~) ■2.10
Pflegeversicherung 8.8, 9.5
pflücken 4.1
pflücken (Blumen ~) 16.5
Pflug 16.3
Pfund 4.1, 15.3
Pharmafirma 12.5
pharmazeutisch (~e Industrie) 12.5
Philharmonie 11.4
Philosoph/in 11.7
Philosophie 11.7, ■11.7
philosophisch 11.7
Physik 12.4
physikalisch 12.4
Physiker/in 12.4
Physiotherapeut/in 7.4
Physiotherapie 7.4
Pianist/in 11.4
Picknick 4.1
Pille 2.11, 7.4
Pilot/in 14.4
Pilz ■4.1, 16.5
Pinakothek 11.1
pingelig 2.6
Pinnwand 20.1
Pinsel 11.1
Pirat 14.5
Pistole 8.11
Pizzeria 6.4
Plafond 5.2, A
Plakat 11.1
Plan 11.2
planen 11.2, 12.2, 13.2
Planet 17.5, ■17.5
Plasma 12.4
Plastik 11.1
plastisch 11.1
Platz 11.5, 14.1
Platzreservation 14.2, CH
Platzreservierung 14.2
pleite (~ sein) 8.6
Plombe 7.5
plombieren 7.5

plus (~ 3 Grad Celsius) 17.2
Pneu 14.1, ZD-CH
Po 2.2
Poesie 11.6
Poet/in 11.6
poetisch 11.6
Pol 17.5
Politik ■1.1, 8.2
Politik (in die ~ gehen) 8.4
Politiker/in ■1.1, 8.2, 8.4
Politikwissenschaft 8.2
politisch 8.2
Polizei 8.10, 14.1
Polizei (die ~ holen) 8.10
Polizei (die ~ rufen) 8.10
Polizeiarbeit ■8.10
Polizeibeamter 8.10
Polizeibeamtin 8.10
Polizeikontrolle 8.10
polizeilich (~ gesucht) 9.8
Polizeiposten 8.10, CH
Polizeipräsidium 8.10
Polizeirevier 8.10
Polizist/in 8.10, 14.1, ■19.5
Polster ■5.2, ZD-A
Polterabend 3.2
Popkonzert 11.4
Popmusik 11.4
Popstar 11.4
Portemonnaie ZD-CH
Portion 15.3
portionieren 15.3
Portmonee 19.4
Porto 18.7
Portrait 11.1
Porträt 11.1
positiv 1.5
positiv (~e Ladung) 12.4
Post 18.7, ■18.7
Post (zur ~ gehen) 18.7
Postamt 18.7
Postangestellte/r 18.7
Postbote 18.7
Postbotin 18.7

Posten 19.4, A
Poster 11.1
Postfach 18.7
Postkarte 18.7
postlagernd 18.7
Postleitzahl 18.7
Pöstler 18.7, ZD-CH
Postmitarbeiter/in 18.7
Poststelle 20.1
Poulet ▪4.1, CH, ZD-CH
Praktikant/in 7.6, 19.5
Praktikum 19.5
praktisch 12.2
Praline 4.1
Präsentation 20.2
Präsident 8.2
Praxis 12.2
Praxisassistent/in (medizinische/r ~) 7.4, CH
praxisorientiert 12.2
predigen 11.8
Predigt 11.8
Preis 8.6
Preisträger/in 11.6
preiswert 4.6
Prellung 7.2
Premiere 11.5
Presse 18.1, 18.3
Presse (deutsche ~) ▪18.3
Presseerklärung 18.3
Pressefreiheit 8.2, 18.3
Pressekonferenz 19.2
pressieren 14.2, ZD-CH
PR-Frau 19.2
Primarschule 10.1, CH
Primzahl 12.3
privat 8.1
Privatschule 10.1
PR-Mann 19.2
Pro (~ und Kontra) 1.3
Probe 11.5
probieren 2.7, 4.2
Problem 9.1
Problem (~ ansprechen) 9.1
Problem (~ lösen) 9.1

problematisch 9.1
Probleme (seelische ~) 12.8
problemlos 9.1
Produkt 8.6, 13.2
Produktion 8.6, 13.2, ▪19.1
Produktionsanlage 13.2, 13.4
Produktivität 13.2
Produzent/in 11.5, 18.4
produzieren 8.6, 11.5, 13.2
Professor/in ▪1.1, 10.4, 12.7, ▪19.5
Profi 6.9, 19.5
Profit 8.6
Prognose 19.2
Programm 11.5
Programm (Computer~) 18.6
Programm (Rundfunk~/ Fernseh~) 18.4, ▪18.4
programmieren 18.6
progressiv 2.6
Projekt 12.2
Projektarbeit 19.1
Projektmittel 12.2
Promille 9.7
Promotion 10.3
promovieren 10.3
Prosa 11.6
Prospekt 19.2, A, ZD-CH
Prost 4.2
Prostata 2.2
Prostituierte 2.11
Prostitution 2.11
Protein 12.5
Protest 9.1
protestantisch 11.8, ZD-CH
Protestantismus 11.8
protestieren 9.1
Protokoll 8.3, 20.1
Proton 12.4
Provision 5.1, 19.3
Prozess 8.9
Prozess (chemischer ~) 12.5
prüfen 10.3
Prüfung 10.3
Prüfung 10.3, A

Prüfung (mündliche ~) 10.3
Prüfung (schriftliche ~) 10.3
Pseudonym 18.2
Psychiatrie 12.8
psychisch (~ krank) 12.8
Psychoanalyse 12.8
Psychologe 12.8
Psychologie 12.8, ▪12.8
Psychologin 12.8
psychologisch 12.8
Psychose 12.8
Pubertät 2.4
Publicity 19.2
Publikum 11.5
publizieren 18.2
Pudding 5.4
Pullover 4.5
Pult ▪20.1, ZD-CH
pünktlich ▪1.2, 14.2, 15.1
Puppe 2.4
putzen 5.3, ZD-A
putzen (Gemüse ~) 5.4
Putzgeräte ▪5.3
Putzmittel ▪5.3
Puzzle 2.4

Quadrat 12.3, 15.2
Quantenphysik 12.4
Quark 4.1
Quartier 5.1
Quelle 17.1
querschnittsgelähmt 7.3
Quittung 4.6

Rache 2.10
rächen (sich ~) 2.10
Rad fahren ▪2.4
Radar(gerät) 14.1
Radarfalle 14.1
Radio ▪11.4, 18.4, ZD-CH
Radio (~ hören) 18.4
Radioaktivität 12.4
Rahm 4.1, ZD-CH

Rahmen 11.1
Rakete 17.5
Rap 11.4
Rappen (Währung) 8.6, 19.4
Rasensprenger 16.5
Rasierapparat 4.4
rasieren (sich ~) 4.4
Rasierklinge 4.4
Raststätte 14.1
Rat 2.10
Rate 4.6, 19.4
Raten (in ~ zahlen) 19.4
Ratenzahlung 19.4
Rathaus 16.1
rational 11.7
Ratschlag 2.10
rauchen 4.3, ▪9.7
Raucher ▪6.4
Raucher/in 4.3, 9.7
Rauchfang 5.1, A
Raum ▪5.1, 11.7, 15.2
Raumfähre 17.5
Raumfahrt 17.5
räumlich 15.2
Räumungsverkauf 4.6
Rauschgift 9.7
Rauschgifthandel 9.7
Rauschmittel 9.7
rausziehen (Stecker ~) 13.3
reagieren 1.5
Reaktion 1.5
Reaktion (chemische ~) 12.5
realisieren (Projekt ~) 12.2
realistisch ▪11.7
Realschule 10.1
Rechenoperationen ▪12.3
Rechenzentrum 18.6
Recherche 12.2, 18.1, 18.3
recherchieren 12.2, 18.3
rechnen 12.3
Rechner 18.6
Rechnung 4.6, 6.4, 6.7, 12.3, 19.3
Rechnungswesen 19.4
Recht 2.9, 8.9, ▪8.9

Recht (~ auf Asyl) 9.3
Recht (~ haben) ■1.3
Rechte/r 8.4
Rechteck 15.2
rechteckig 12.3
rechts 14.1, 15.2
Rechtsanwalt 8.9
Rechtsanwältin 8.9
Rechtsextremismus 9.3
Rechtsextremist/in 9.3
Rechtsradikale/r 9.3
Recycling 17.4
Redakteur/in 18.2, 18.3
Redaktor/in 18.2, CH
Rede 8.3
Rede (eine ~ halten) 8.3
Reederei 14.5
Referendum 8.2, CH
Referent/in 19.1, 20.2
Reform 8.3, 8.6
reformieren 8.3
reformiert ZD-CH
Regal 5.2, 18.1, ■20.1
Regatta 14.5
Regel 10.4
regelmäßig ■1.5, 7.4
regeln (den Verkehr ~) 14.1
Regen 17.2
Regen (saurer ~) 17.4
Regie 11.5
regieren 8.3
Regierung 8.3, ■8.3
Regierung (eine ~ bilden) 8.3
Regierungsform 8.2
Region 8.1
regional 8.1
Regisseur/in 11.5
Register 18.2
regnen 17.2
regnerisch 17.2
Reha 7.6
Rehabilitation 7.6
reich 8.6, 9.6
Reichtum 8.6, 9.6
reif ■2.6
reif (Obst) 4.1

Reifen 14.1
reifen (Frucht) 12.6
Reihe 11.5
Reihenfolge 15.3
Reihenfolge (zeitliche ~) ■15.1
Reim 11.6
Reimschema 11.6
Reinigungsfrau 5.3
reinstecken (Stecker ~) 13.3
Reis 4.1
Reise 6.6
Reisebüro 6.6
Reiseführer 6.6, 18.2
Reiseführer/in 6.6
Reiseleiter/in 6.6
Reiseleitung 6.6
reisen 6.6
Reisende/r 6.6, 14.2
Reisepass 6.6
Reiseplanung 6.6
Reiseprospekt 6.6
Reisescheck (~ einlösen) 6.6
Reiseziel 6.6
Reißverschluss 4.5
Reklamation 4.6, 18.8
Reklame 19.2, ZD-CH
Reklamewand 19.2
Rekord 6.9
Rekord (~ aufstellen) 6.9
Rekord (~ brechen) 6.9
Rekord (~ halten) 6.9
Religion 2.1, 11.8
religiös 11.8
Rendezvous 6.3
Rendez-vous 6.3, CH
Rendezvous (ein ~ haben) 6.3
Rennen 6.9
rennen ZD-A
Rente 2.5, 8.8, 9.5
Rentenversicherung 8.8, 9.5
Rentner/in 2.5
Reparatur 13.2, 13.4
reparieren 13.4
Reporter/in 18.3
repräsentativ (~e Umfrage) 12.9
Republik 8.2

Republik Österreich 8.1
Republik Österreich 8.3, A
Reservation 14.4, CH
reservieren 6.6, 6.7
reservieren (Karten ~) 11.5
reservieren (Ticket ~) 14.4
Reservierung 6.7, 14.4
respektvoll 2.6
Rest 15.3
Restaurant 6.4
Restaurant (einfaches ~) 6.4
Restaurant (elegantes ~) 6.4
Restaurant (feines ~) 6.4
Restaurantbesuch ■6.4
restlich 15.3
Resultat 10.3
Rettung ZD-A
Rettungshubschrauber 7.2
Rettungsmannschaft 17.3
Rettungswagen 7.2
Reue 2.9
reumütig 2.9
Revolution 9.1
Rezensent/in 18.2
rezensieren 18.2
Rezept 5.4, 7.4
Rezeptgebühr ■7.4
Rezeption 6.7
rhetorisch (~es Mittel) 11.6
Rhythmus 11.4
Ribisel 4.1, A
Richter/in 8.9
Richtfest 11.2
richtig 2.9, 11.1, 11.4, 12.3, 18.8
richtig (~ verstehen) ■1.3
Richtung 14.3, 15.2
riechen 2.7, 16.4
Ring 4.5
Rippe 2.2
Risiko 8.6
Roboter 13.2
Rock 4.5, ZD-CH
Rockkonzert 11.4
Rockmusik 11.4

roh 5.4
Rolle 11.5
rollen (Ball) ■6.9
Rollstuhl 7.3
Roman 11.6, 18.2
röntgen 7.4, 7.6, 12.7
Röntgenaufnahme (~ machen) 7.4
rot ■11.1
rot (~ werden) 2.3
Rote/r 8.4
Rubrik 18.3
Ruchbrot 4.1, CH
Rückblende 11.6
Rücken 2.2
Rückfahrt 14.2
rückgängig (~ machen) 6.6
Rückreise 14.2
Rucksack 6.6
Rücksicht 2.6
Rücktritt 8.3
rückwärts 15.2
rudern 14.5
Rüebli 4.1, CH
rufen (ein Taxi ~) 14.3
Ruhe 2.7
ruhig 2.6, 2.7
Rührei 5.4
rühren 5.4
Rundfunk 18.4
runterladen (Daten ~) 18.1
runzelig 2.3
russisch-orthodox 11.8

S

Saat 16.3
Sachbearbeiter/in 19.1
Sachbuch 18.2
Sachverständige/r 9.5
Sackerl 4.6, A, ZD-A
Sackgeld 3.3, CH
säen 16.3
Saft 4.2
sagen ■1.2
Sahne 4.1
Salat 4.1, 6.4
Salatsoße 4.1
Salbe 7.4
Salü 1.1, CH
Salz 4.1
salzig 2.7, 4.1

Same 12.6
sammeln ■6.8
Sammlung 11.1
Samstag 15.1
Samt 4.5
Sandale 4.5
Sänger/in 11.4
Sarg 2.12
Satellit 17.5
satt (~ sein) 4.1
sauber 4.4
sauber machen 5.3
Sauce 4.1
sauer 2.7, 4.1
Sauerrahm 4.1
Sauerrahm 4.1, A
Sauerstoff 12.5
Säugetier 16.4
Säugling 3.3
Sauna 7.7
Säure 12.5
S-Bahn 14.3
Schachtel
 (~ Zigaretten) 4.3
schade ■1.5
schaden 7.7
Schaden 9.5, 14.1
schädlich (~ sein) 7.7
Schadstoff 17.4
schaffen
 (Kunstwerk ~) 11.1
schaffen (Prüfung ~) 10.3
Schal 4.5
Schale 5.4
schälen 5.4
schalten ■14.1, ZD-A
Schalter 13.3, 13.4
Schalter
 (Fahrkarten~)
 14.2, ■14.2
Schalter (Post~) 18.7
Schaltung 12.4
Scham 2.9
schämen (sich ~) 2.9
scharf 4.1
scharf (~es Foto) 11.3
scharf (~es Messer) 5.4
scharf stellen
 (Kamera) 11.3
Schatten 17.2
schätzen 12.3
schauen 2.7, ZD-A
Schaufenster 4.6

Schauplatz 11.6
Schauspieler/in 11.5
Schauspielschule 11.5
Scheckkarte ■19.4, A
Scheibe 5.4
Scheide 2.2
scheiden lassen
 (sich ~) 3.2
Scheidung 3.2
Scheidungsanwalt 3.2
Schein 10.3
Schein (Geld~) 19.4
scheinen (Sonne) 17.2, 17.5
scheinheilig 2.9
Scheinheiligkeit 2.9
scheitern 3.2, 12.2
Schengener
 Abkommen ■6.6
schenken 6.2
Schere ■20.1
Schicht
 (Gesellschaft)
 12.9,
Schicht (Gestein) 12.11
schick 2.3
schicken 18.5, 18.6, 18.7, ■20.1
schieben 14.1
Schiedsrichter/in 6.9
schief 15.2
Schiene 14.2
schießen 8.10, 8.11, 16.4
Schiff 14.5, ■14.5
Schifffahrt 14.5
Schild 14.1
schimpfen 3.3
Schinken 4.1
Schinken (roher ~) ■4.1
Schirm 17.2
Schlaflied 3.3
Schlag ZD-A
Schlaganfall 7.1
schlagen 3.3
schlagen (Sahne ~) 5.4
Schlager 11.4
Schlagersänger/in 11.4
Schlagobers 4.1, A, ZD-A

Schlagzeile 18.3
schlampig 2.3
schlank 2.3
schlecht 2.9, 7.1
schlecht (~ gespielt) 6.9
schlecht (~er Service) 6.4
Schlechte (das) 2.9
schleifen
 (Edelstein ~) 12.11
schleudern
 (Wäsche ~) 5.3, A
Schleuse 14.5
Schlichtung 9.2
schließen 5.1, 5.2, 8.6, 18.6, ■18.6
schließen
 (Freundschaft ~) ■2.10
schließen
 (Sitzung ~) 19.1
Schließfach 6.6, 14.2, 19.4
schließlich ■15.1, ■20.2
Schlingel 2.4
Schloss (Auto) ■14.1
Schloss (Tür~) 5.1
Schlüpfer 4.5, A
Schluss 11.6, 15.1, ZD-CH
Schluss (zum ~) ■20.2
Schlüssel 5.1
Schlüssel
 (~ abgeben) 6.7
Schlüsseldienst 5.1
Schlussfeier 6.2
Schlussfolgerung 12.2
schmal 15.2
schmecken 2.7, ■2.7, 4.2
Schmelzpunkt 12.5
Schmerz 7.1, 7.4, ■7.4
Schmerzmittel 7.4
Schminke 4.4
schminken (sich ~) 4.4
Schmuck 4.5
schmuddelig 2.3
Schmuggel 6.6
schmutzig 2.3, 4.4
Schnappschuss 11.3
Schnaps 4.2

Schnee 17.2
Schneidebrett 5.4
schneiden 5.4
schneiden lassen
 (sich die Haare ~) 4.4
Schneider/in 4.5
schneien 17.2
Schnellkochtopf 5.4
Schnittblume 16.5
Schnitzel 4.1, ■6.4
schnitzen 11.1
Schnuller 2.4, 3.3
Schnupfen 7.1
schnurlos (~es
 Telefon) 18.5
Schock 7.2
Schokolade 4.1
Schokolade
 (heiße ~) 4.2
schön ■1.5, 2.3
Schöne (das ~) 11.7
Schöpfer (Kirche) 11.8
Schoppen (~ geben) 3.3, CH
Schrank 5.2
schrecken (sich ~) 2.8, ZD-A
schrecklich ■1.5
schreiben 18.2, 18.3, 18.8, 20.1
Schreiben 10.2, 18.7, 18.8, 20.1
schreiben
 (Doktorarbeit ~) 10.3
schreiben
 (Literatur) 11.6
schreiben
 (Theaterstück~) 11.5
Schreibtisch ■5.2, ■20.1
Schreibtischsessel 20.1, A
schreien 2.8
Schrift 18.8
schriftlich 18.8
schriftlich (~e
 Vereinbarung) 20.1
Schriftsteller/in 11.6, 18.2
Schriftverkehr 18.8
Schritt 11.4
Schublade 5.2
Schuh 4.5

524 **Register**

Schularbeit ZD-A
Schulbuch 18.2
Schuld 2.9
Schulden 8.6, 19.4
schuldenfrei 19.4
schuldig 2.9, 8.9
schuldig
 (~ sprechen) 8.9
Schule 10.1
Schule (~ besuchen)
 10.1
Schule
 (öffentliche ~)
 10.1
Schule (staatliche ~)
 10.1
Schule (zur ~ gehen)
 10.1
Schüler/in 10.4,
 10.5
Schulpflicht 10.1
Schulter 2.2
Schuppen 16.3
Schurke 11.5
Schürze 4.5
Schüssel 5.4
schütter (~es Haar)
 2.3
schützen ■8.10
schwach 2.6, 6.9
Schwache (sozial ~)
 9.6
Schwager 3.1
Schwägerin 3.1
Schwammerl ■4.1,
 A, ZD-A
schwanger 2.11, 3.3
Schwangerschaft
 2.11, 3.3
Schwangerschaftsabbruch 2.11
Schwarzarbeit 11.2
Schwarze/r 8.4
Schwarzfahren 14.3
Schwarzgeld 8.7
Schwarz-Weiß-Film
 11.3
schweigen 9.1
Schweiz 8.1
Schweiz 8.1, CH
Schweizer Franken
 8.6, 19.4
Schweizer/in 8.1
Schweizerische
 Eidgenossenschaft
 8.1
Schwellenland
 8.6
Schwellung 7.1

schwemmen
 (Wäsche) 5.3, A
schwer 6.6
schwer (~e Arbeit)
 19.5
schwer (~e
 Krankheit) 12.7
Schwerelosigkeit
 17.5
schwerhörig 2.7,
 7.3
Schwermetall 12.11
Schwester 3.1
Schwester (Kirche)
 ■11.8
Schwiegereltern
 ■3.1
Schwiegermutter
 ■3.1
Schwiegersohn
 ■3.1
Schwiegertochter
 ■3.1
Schwiegervater
 ■3.1
schwierig (~e
 Rechnung) 12.3
Schwierigkeit 3.3
Schwimmbad 7.7
Schwingung 12.4
Schwingungslehre
 12.4
schwitzen 7.7
schwören 2.9
schwul 2.11
schwül 17.2
Schwuler 2.11, 9.4
See 14.5, 17.1
seekrank 7.1, 14.5
Seele 2.12
segeln 14.5
sehbehindert 7.3
sehen 2.7, 11.1
Sehenswürdigkeit
 6.6
Sehne 2.2
sehnen (sich ~ nach)
 2.8
Sehnsucht 2.8
sehr gut (Note)
 ■10.3
Seide 4.5
Seife 4.4
sein aus 13.4
seit ■15.1
seit kurzem 12.1
seit langem 12.1
seitdem ■15.1
Seite 18.2

Sekretär/in 20.1
Sekt 4.2
Sekundarschule
 10.1, CH
Sekunde 15.1
Selbstmord 2.12
selbstständig 19.5
Selbstständige/r
 8.6, 19.5
selten 15.1, ■15.1
Semester 10.4
Semmel ■4.1, ZD-A
Semmeli 4.1, CH
Senat 8.1
Senator/in 8.1
senden (E-Mail ~)
 18.6
senden
 (Programm ~) 18.4
Sender (Runfunk~/
 Fernseh~) 18.4
Sendezeit 18.4
Sendung 18.4
Senf 4.1
senil 2.5
Seniorenheim 2.5
Seniorenteller 6.4
senken 8.6, 8.7,
 13.2, 15.3
senkrecht 15.2
September ■15.1
Server 18.6
Service 6.4
servieren 6.4
Serviette 6.4
Servus 1.1, A
Sessel 5.2, A, ZD-A
setzen (sich (hin)~)
 5.2
Sex 2.11
Sexualität 2.11
sexuell 2.11
Shampoo 4.4
Show 11.5
sicher ■1.2, ■1.3,
 ■18.5
sicher (~ sein) ■20.2
sichern (Daten ~)
 18.6
Sicherung 13.3
Sicht 2.7
sichtbar 2.7
Sichtweite (in ~ von)
 2.7
Sideboard 5.2
Siedepunkt 12.5
Sieg 6.9, 8.11
Sieger/in 6.9
siezen (jn ~) 1.1

Signal 14.1, CH
Silvester ■6.1, 15.1
singen 11.4
Singen 11.4
singen (hoch ~)
 11.4
singen (tief ~) 11.4
sinken (Schiff) 14.5
Sinn 2.7
Sinneseindruck 2.7
Sitz 8.3, 8.4
Sitzbank 5.2
sitzen 5.2
Sitzplatz 11.5
Sitzung 8.3, 19.1,
 20.1
Skandal 18.3
Skelett 2.2
Skizze 11.1
skizzieren 11.1
Skrupel 2.9
skrupellos 2.9
Skulptur 11.1
Slip ■4.5
Slipeinlage 4.4
Slipper 4.5
Slogan 19.2
Smalltalk 20.2,
 ■20.2
Smog 17.4
Smoking 4.5
SMS 18.5
SMS-Nachricht 18.5
Snack 6.4
sobald ■15.1
Socke 4.5, CH
Socken 4.5, CH
Sofa 5.2, ZD-A, ZD-CH
sofort ■15.1
Software 18.6
Sohn 3.1
solange ■15.1
Soldat/in 8.11
solidarisch (~ sein)
 2.10
Solidarität 2.10
Soll 8.6, 19.4
Sommer 17.2
Sommerschlussverkauf 4.6
Sommersprosse 2.2
Sonderangebot 4.6
Sonderschule
 10.1, A
Song 11.4
Sonnabend 15.1
Sonne 17.2, 17.5
sonnig 17.2
Sonntag 15.1

sorgen 3.1
Sorgerecht 3.2
Sorgerecht (alleiniges ~) 3.2
Sorgerecht (gemeinsames ~) 3.2
Soße 4.1
Souterrain 5.1
Souvenir 6.6
souverän (~er Staat) 8.5
sozial 8.8, 9.5, 12.9, ▪20.1
Sozialabgaben 8.8, 9.5
Sozialamt 8.8, 9.5
Sozialarbeiter/in 9.6, ▪19.5
Sozialhilfe 9.5, 9.6
Sozialismus 8.4
Sozialleistung 8.8, 9.5, ▪9.5
Sozialplan 9.2
Sozialstaat 8.8, 9.5
Soziologe 12.9
Soziologie 12.9
Soziologin 12.9
soziologisch 12.9
Spaghetti 4.1
spannend 18.2, 11.6
Spannung 2.10
Spannung (elektrische ~) 12.4, 13.3
sparen 4.6, 8.6, 19.4
Sparlampe 13.3
sparsam 8.6
Spaß (Viel ~) ▪1.1
spät 15.1
spät (zu ~) 15.1
später ▪1.1
spazieren gehen 6.8, 7.7, 16.1
speichern 18.6, ▪18.6
Speise ZD-A
Speisekarte ▪4.1, 6.4
Speisewagen 14.2, A
Spende 8.7, 9.6
spenden 9.6
spenden (Blut ~) 12.7
Spezi® 4.2
spezialisieren (sich ~) 7.6
Spezialist 7.6

Spezialschule 7.3, 10.1, CH
Spiegel 5.2
Spiegelei 5.4
Spiel 6.9
spielen 2.4, 6.9
spielen (Ball ~) ▪2.4
spielen (Dialog ~) 10.5
spielen (Theater ~) 11.5
Spielplan 11.5
Spielsache 2.4
Spielzeit 6.9
Spielzeug 2.4
Spion/in 8.11
Spionage 8.11
spionieren 8.11
Spital 7.6, CH, ZD-A, ZD-CH
Spitzentechnologie 13.1
Spitzname 2.1
Sponsion 10.3, A
Sport 6.9, 7.7
Sport (~ machen) 6.9
Sport (~ treiben) 6.9, 7.7
Sportarten ▪6.9
Sportler/in 6.9
sportlich (~ sein) 6.8, 6.9
Sportstätten ▪6.9
Sportverband 6.9
sprachbehindert 7.3
Sprache 10.4
Spray 7.4
Sprechanlage 5.1
sprechen ▪1.1, 10.4
Sprechen 10.2
sprechen (auf den Anrufbeantworter ~) 18.5
Sprecher/in 18.4
Sprechstunde 7.4
Sprechstundenhilfe 7.4
Sprechzeit 7.4
Sprechzimmer 7.4
Sprichwort 11.6
sprießen 12.6
springen ▪6.9
Spritze 7.4, 7.5
Spritztour 6.8
Sprung ▪6.9
Spülbecken 5.2
Spüle 5.2

spülen 5.3
Spülmaschine 5.3
spüren 2.7
Staat 8.1
Staatenlose/r 9.3
staatlich 8.1
staatlich (~e Schule) 10.1
Staatsangehörigkeit 2.1, 8.1, 9.3, ▪9.3
Staatsanwalt 8.9
Staatsanwältin 8.9
Staatsanwaltschaft 8.9
Staatsbürgerschaft 9.3
Staatsdienst ▪19.5
Staatshaushalt 8.6
Staatsmann 8.5
Staatsoberhaupt 8.2
stabil (~e Preise) 8.6
Stadion ▪6.9
Stadt 5.1, 16.1
Stadt (in der ~) 16.2
Stadtbevölkerung 16.1
Städteplaner/in 16.1
Städtereise 6.6
Stadtgrenze 16.1
städtisch 8.1, 16.1
Stadtplan 14.1
Stadtpräsident ▪8.1, ZD-CH
Stadtrand 5.1, 16.1
Stadtrat 16.1
Stadtrundfahrt 6.6
Stadtteil 16.1
Stadtverwaltung 16.1
Stadtviertel 16.1
Stadtzeitung 18.3
Stahl 12.11
Stall 16.3
Stamm (Baum~) 12.6, 16.5
Stammbaum 3.1
stammen (~ aus) 12.11
Stammzelle 12.6
Stand (neuester ~ der Technik) 13.1
Standesamt 3.2
Standpunkt ▪20.2
Star 11.5
stark 2.6, 6.9
Start 6.9, 14.4
Startbahn 14.4

starten ▪14.1, 14.4, 17.5
Statik 11.2
Station 7.6, 14.2, 14.3, ZD-A, ZD-CH
statisch 11.2
Statistik 12.3, 12.9
Stativ 11.3
Statue 11.1
Stau 14.1
Staub 5.3
Staub (~ saugen) 5.3
Staub (~ wischen) 5.3
staubsaugen 5.3
Staubsauger 5.3
Steak 4.1
stechen 16.4
Steckdose 5.2, 13.3
Stecker 13.3, ▪18.6
stehen ▪15.2
stehlen 9.8
Stehplatz 11.5
steigen 8.6, 9.3, 12.4, 13.2, ZD-A
steigern (Leistung ~) 13.2
steil 15.2
steil (~e Hierarchie) 19.1
Stein 11.1
Steinbruch 12.11
Stelle (Beruf) 19.5
Stelle (feste ~) 19.5
stellen ▪15.2
stellen (einen Antrag ~) 16.1
Stellenangebot 9.2
Stellenvermittlung 19.5
Stellung (Beruf) 19.5
stempeln (Brief ~) 18.7
stempeln (Fahrkarte ~) 14.3
Sterbehilfe 2.12
sterben 2.12, 7.1
Sterbende/r 2.12
Stereotyp 9.4
steril 12.7
Stern 17.5
Stern(en)system 17.5
Sternbild 17.5
Sternschnuppe 17.5
Sternzeichen 17.5, ▪17.5

526 **Register**

Steuer 8.6, 8.7, ■8.7, 8.8
Steuer (von der ~ absetzen) 8.7
Steueramt 8.7, CH
Steuerberater/in 8.7
Steuerbescheid 8.7
Steuererklärung 8.7
steuerfrei 8.7
Steuergelder 8.7
steuerpflichtig 8.7
Steuerrechnung 8.7, CH
Stich 16.4
Stiefel 4.5
Stiege ■5.1, A, ZD-A
Stiegenhaus 5.1, A
Stiel (Pflanze) 12.6
Stift 20.1
Stiftablage 20.1
Stiftung 8.4, 11.1
Stil 11.1
still 2.7
Stille 2.7
stillen 3.3
Stilwörterbuch 18.1
Stimmabgabe 8.4, CH
Stimme 2.2, 8.4
Stimme (~ abgeben) 8.4
Stimme (gültige ~) 8.4
Stimme (ungültige ~) 8.4
Stimme (Wahl) 11.4
stimmen (~ für) 8.3
stimmen (~ gegen) 8.3
Stimmung 1.5, 2.8
Stimmzettel 8.4
stinken 2.7, 16.4, 16.5
Stipendium 12.2
Stirn 2.2
Stock 5.1
Stockwerk 5.1
Stoff 4.5, 12.4
Stoff (chemischer ~) 12.5
Stofftier 2.4
stolz (~ sein) 2.8
stoppen 14.1
Store 5.2, A
stören 6.7
stören (Telefon) 18.5

stornieren 6.6, 6.7, 14.4, 19.3
strafbar 9.8
Strafe 8.9
straffällig 9.8
Strafrecht 8.9
Straftat 9.8
Strafzettel 8.10, 14.1
strahlen 2.3
Strahlung 12.4
Strand 17.1
Straße 14.1, A
Straßenbahn 14.3
Straßenverkehr 14.1
Strauch 16.2
Strauß 16.5
Streetworker/in 9.7
streichen (Flug ~) 14.4
streichen (Sozialleistung ~) 9.5
Streichholz 4.3
Streik 9.1, 9.2
Streik (befristeter ~) 9.2
Streik (unbefristeter ~) 9.2
Streik (zum ~ aufrufen) 9.1
Streikaufruf 9.2
streiken 9.1, 9.2, 14.4
Streikende/r 9.2
Streit 2.10, 8.5
streiten 2.10, 3.2
streng (~er Winter) 17.2
Stress 20.1
Stricher 2.11
Strichjunge 2.11
Strickjacke 4.5
Stroh 16.3
Strom 5.1, 12.4, 13.3, 14.5, 17.1
Strom (~ erzeugen) 13.3
Stromkreis 13.3
Stromkreis (geschlossener ~) 13.3
Stromkreis (unterbrochener ~) 13.3
Stromnetz 13.3

Stromquelle 13.3
Stromstärke 12.4, 13.3
Stromzähler 13.3
Strophe 11.4, 11.6
Struktur 11.6
Strumpf 4.5
Stück 15.3
Student/in 10.4
Studie 12.2
Studienplatz 10.1
studieren 10.1, 10.4
Studio 11.1, 18.4
Studium 10.3
Stufe 4.6, 10.4
Stuhl 5.2
Stuhlgang 7.4
Stuhluntersuchung 7.4
stumm 7.3
stumpf (~es Messer) 5.4
Stunde 15.1
stundenlang 15.1
stündlich 15.1
Sturm 6.4, 17.2, A
stürmen (Wetter) 17.2
stürzen 7.2
subjektiv 2.8
Sucht 9.7
süchtig (~ sein) 9.7
Süden 15.2, 17.1
südlich 17.1
Südpol 17.1
summen 11.4
Sünde 2.9, 11.8
super ■1.5, ZD-A
Super-Benzin 14.1
Supermarkt 4.6
Suppe 6.4
surfen (im Internet ~) 18.6
süß 2.7, 4.1
Süßigkeit 4.1
Symbol 11.8
Sympathie 1.5, 2.10
sympathisch ■2.6
Symphonie 11.4
Symptom 7.1, 12.7
Synagoge 11.8
synchronisieren 11.5
Synthese 12.5
Szene 11.5

T

Tabak 4.3
Tablett 5.4
Tablette 7.4
Tafel 10.5, 20.1
Tag ■1.1, 15.1
Tag (Guten ~) ■1.1
tagelang 15.1
Tageszeit 15.1
täglich 15.1
tagsüber 15.1
Taifun 17.3
Takt 11.4
Tal 16.2
Talent 11.5
Talkmaster/in 18.4
Tampon 4.4
tanken 14.1
Tankstelle 14.1
Tante 3.1
Tantiemen 18.2
Tanz 11.4, ■11.4
tanzen 11.4
tanzen (~ gehen) 6.3
Tänzer/in 11.4
Tanzkurs 11.4
Tanzpaar 11.4
Tanzschritt 11.4
Tanzschule 11.4
Tanzstudio 11.4
Tapete 5.2
Tapferkeit 2.9
Tarif 14.2, 18.5
Tarifsystem 14.3
Tarifverhandlung 9.2
Tasche 4.5, 6.6
Taschenbuch 18.2
Taschengeld 3.3
Taschenrechner 12.3
Taschentuch 4.4
Tasse 5.4, 6.4
Tastatur ■18.6
Taste ■18.6
Tastsinn 2.7
Täter/in 9.8
Tätigkeit 20.1
Tatsache 18.1
Tau 17.2
taub 2.7, 7.3
Taubenfüttern verboten 16.4
taubstumm 2.7, 7.3
tauen 17.2
Taufe 3.3, 6.2, 11.8
taufen 11.8
Taxameter 14.3

Deutsch 527

Taxcard 18.5, ZD-CH
Taxi 14.3
Taxistand 14.3
Team 2.10
Teamarbeit 19.1, 20.1
Technik 13.1
Technik (neuester Stand der ~) 13.1
Techniker/in 12.2, 13.1
technisch 13.1
Technologe 13.1
Technologie 13.1
Technologin 13.1
technologisch 13.1
Teddybär 2.4
Tee 4.2
Teenager 2.4
Teich 17.1
Teig 4.1, 5.4
Teil 15.3
teilen ▪12.3, 15.3
teilnehmen 10.1, 10.4, ▪20.1
Teilnehmer/in ▪2.10
teilweise 15.3
Teilzeitarbeit 9.2
Teint 2.3
Telefon 18.5
Telefonanschluss 18.5
Telefonat 18.5
Telefonbuch 18.5
Telefongebühr 18.5
Telefongespräch 18.5
Telefongespräch (~ führen) 18.5, ▪18.5
telefonieren 18.5, ▪20.1
Telefonkabel 18.5
Telefonkabine 18.6, CH, ZD-CH
Telefonkarte 18.5
Telefonleitung 18.5
Telefonnetz 18.5
Telefonnummer 1.1, 18.5
Telefonsäule 18.5
Telefonwertkarte 18.5, ZD-A
Telefonzelle 18.5
Teller 5.4, 6.4
Tempel 11.8
Temperament 2.6

temperamentvoll 2.6
Temperatur 7.4, 12.4, 17.2
Tennis ▪6.9
Teppich 5.2
Termin 7.4, ▪8.9, 20.1
Termindruck 20.1
termingerecht 20.1
Terminkalender 20.1
Terrarium 16.4
Terrasse 5.1
Terrorismus 9.1
Test 10.3, ▪10.3
Testament 2.12
Testatblatt 10.3, CH
teuer 4.6, 6.7
Text 11.6, 18.2
Textanalyse 11.6
Texter/in 19.2
Theater 11.5, ▪11.5
Theater (~ spielen) 11.5
Theater(ins~gehen) 11.5
Theaterstück 11.5, 11.6
Thema 11.5, 18.2
Theologie 11.8
theoretisch 12.2
Theorie 11.7, 12.2
Theorie (~ entwickeln) 11.7
Therapie 12.7, 12.8
Therapie (Psycho~) 12.8
These 12.2
Ticket 14.4
tief 15.2
Tiefe 15.2
Tiefgarage 14.1
Tier 12.6, 16.4, ▪16.4
Tierart 12.6, ▪12.6, 16.4
Tierarzt 16.4
Tierärztin 16.4
Tiere (einheimische ~) ▪16.4
Tiere (Nutztiere) 16.3
Tiere (Zootiere) ▪16.4
Tiergarten 16.4
Tierhalter/in 16.4

Tierkunde 12.6, 16.4
Tiermedizin 16.4
Tierpark 16.4
Tierquälerei 16.4
Tierschützer/in 16.4
Tierspital 5.5, CH
Tierzucht 16.3
Tinte 11.1, 20.1
tippen (in den Computer ~) 20.1
Tippfehler 18.2
Tisch 5.2
Tisch (~ abräumen) 5.2
Tisch (~ decken) 5.2
tischen 5.2, CH
Titel 1.1, A, ZD-CH
Titel (akademischer ~) 1.1
Titel (Buch~) 18.2
Titelseite 18.3
Tixo ® 20.1, A
toasten 5.4
Toaster 5.4
Tochter 3.1
Tod 2.12
Todesanzeige 2.12
Todesfall 2.12
tödlich 2.12
Toilette 4.4, 5.2, 6.4
tolerant 2.6, 2.8
Toleranz 2.8
tolerieren 2.8
toll ▪1.5
Tomate ▪4.1
Ton 2.7, 11.4
Tonart 11.4
tönen 2.7, CH
Tonleiter 11.4
Topf 3.3, 5.4
Topfblume 16.5
Topfen 4.1, A, ZD-A
Torte ▪4.1, 5.4
tot 2.12
tot (~e Telefonleitung) 18.5
Totalausverkauf 4.6, CH
Tote/r 2.12, 8.11
töten 9.8
Totenmesse 2.12
Tourismus 6.6
Tourist/in 6.6
Touristen-Information 6.6

Trafik ▪4.6, 18.3, A, ZD-A
tragen 4.5
tragisch 11.6
Tragödie 11.5, 11.6
Trainer/in 6.9
trainieren 7.7
Training 6.9, 7.7
Traktor 16.3
Tram 14.3, CH, ZD-CH
Transplantation 12.7
Transplantation (Organ~) 7.6
Transport 19.3
transportieren 14.1
Trauer 2.12
Trauerfeier 2.12
trauern 2.12
Traum 2.7, 12.8
Traumberuf 19.5
träumen 2.7
traurig 2.6
Trauung 3.2
Trauzeuge 3.2
Trauzeugin 3.2
Treffen 6.3
treffen 8.10, 8.11
treffen (sich ~) 6.3
Treibhauseffekt 17.4
Trend 4.5
trennen (sich ~) 3.2
Trennung 3.2
Treppe ▪5.1
Tresor 19.4
treu 2.9, 3.2
Treue 2.9
trinken 4.2, 6.4, 9.7
Trinken 9.7
trinken (~ gehen) 6.3
Trinken (mit dem ~ aufhören) 9.7
Trinker/in 9.7
Trinkgeld 6.4, 14.3
trivial (~e Literatur) 11.6
trocken 17.2
trocken (~er Wein) 4.2
trocknen 5.3
Trommelfell 2.2
Tropenkrankheit 7.1
Tropf 7.6
Tropfen 7.4

Trottoir 14.1, CH, ZD-CH
Trotzalter 3.3
trübe (~s Wetter) 17.2
trübsinnig 2.6
Truppe 8.11
Trutenfleisch 4.1, CH
T-Shirt 4.5
Tuch 4.5, ■5.3
Tugend 2.9
Tumor 7.1
Tumor (bösartiger ~) 7.1
Tumor (gutartiger ~) 7.1
Tür 5.1, ■11.2
Türklinke 5.1
Turnier 6.9
Türschnalle 5.1, ZD-A
Tusche 11.1
Tüte 4.6
typisch 9.4

U

U-Bahn 14.3
U-Bahnstation 14.3
übel 7.1
übel nehmen 2.10
Übelkeit 3.3, 7.1
üben 10.2
über Null (Temperatur) 17.2
überall 15.2
überarbeiten (Artikel ~) 18.3
überbelichtet 11.3
überbuchen 14.4
überfahren (jn ~) 14.1
überfallen 9.8
überfliegen (Buch ~) 18.2
übergeben (sich ~) 7.1, 7.4
übergewichtig 2.3
überhaupt (~ nicht) 15.3
überholen 14.1
überlastet (~es Netz) 18.5, 18.6
überleben 7.2, 12.6
überlegen ■10.4
übermorgen ■15.1
übernachten 6.7
Übername 2.1, CH

übernehmen (Arbeit ~) ■20.2
überqueren 14.1, 15.2
überraschen 2.8
Überraschung 2.8
überreden 1.3
überregional 8.1
Überschrift 18.3
Überschwemmung 17.3
übersetzen 11.6, 18.2
Übersetzer/in 11.6, 18.2
Übersetzung 11.6, 18.2
übersiedeln 5.1, A, ZD-A
Übersiedlung 5.1, A
Überstunde 20.1
Übertrag 19.4
übertragen (Programm ~) 18.4
übertragen (Text ~) 18.2
Übertragung 18.4
überwachen 13.2
überweisen ■19.4
überzeugen 1.3
überzeugt (~ sein) ■1.3
Überzug 5.2, A
Übung 7.7, 10.2
Ufer 17.1
Uhr 5.2, 15.1, ■15.1
Ultraschall 12.7
Ultraschalluntersuchung 7.4
umarmen 1.1
umbringen (jn ~) 2.12
umbuchen 14.4
umdrehen 14.1, 15.2
Umfahrung(sstraße) 14.1, A
Umfang 12.3
umfassend (~es Wissen) 12.1
Umfeld 12.9
Umfrage 12.9
Umfrageergebnisse 19.2
Umgebung 16.1
Umkleidekabine 4.5
umkommen 2.12
umkreisen 17.5

Umlaufbahn 17.5
Umleitung 14.1
ums Leben kommen 7.2
Umsatz 8.6
umschreiben 1.2
Umschulung 9.2
umsonst 11.5
umsteigen 14.2, 14.3
Umstellung 13.1
Umstrukturierung 19.1
Umtausch 4.6
umtauschen ■4.6
umtauschen (Geld ~) 6.6, 19.4
Umweg 14.1
Umwelt 17.4
Umweltbewusstsein 17.4
umweltfreundlich 17.4
Umweltkatastrophe 17.4
Umweltschutz 17.4
Umweltschützer/in 17.4
umziehen 5.1
Umzug 5.1, 6.2
unanständig 2.9
unbegrenzt (~es Wissen) 12.1
unbekannt 11.1
uncharmant 2.6
unecht 11.1
unehelich (~es Kind) 3.2
unehrlich ■2.6, 2.9
uneinig 2.10
Uneinigkeit 2.10
unendlich (Mathematik) 12.3
unentschieden 6.9
unerfahren ■2.6
unfair ■2.6
Unfall 7.2, 14.1
unfreundlich ■2.6
ungastlich 6.2
Ungeborenes (Kind) 3.3
ungefähr 15.3
Ungehorsam 2.9
ungekämmt 2.3
ungenau 15.3
ungepflegt 2.3, 4.4
ungerecht 2.9, 8.9
ungesetzlich 8.9
ungesund 7.7

ungesund (~e Ernährung) 4.1
Ungeziefer 16.4, ■16.4
ungiftig (~e Chemikalie) 12.5
Ungläubige/r 11.8
Unglück 14.1
ungültig (~er Ausweis) 6.6
unheilbar 7.6
unheilbar (~ krank sein) 7.6
unheimlich 17.2
unhöflich ■2.6
Uniform 8.10, 8.11
uninteressant (~e Arbeit) 19.5
Universität 10.1
Unkraut 16.3, 16.5
unmodisch 2.3
unmoralisch 2.9
unproblematisch 9.1
Unrecht 2.9
unreif ■2.6
unreif (Obst) 4.1
unscharf (~es Foto) 11.3
unschuldig 2.9, 8.9
unsichtbar 2.7
unsportlich 6.9
unsympathisch ■2.6
unten (nach ~) 15.2
unter Null (Temperatur) 17.2
unterbelichtet 11.3
unterbewusst 12.8
Unterbewusstsein 12.8
unterbrechen 18.5, 19.1, 20.2
unterbrochen (~er Stromkreis) 13.3
unterdessen ■15.1, ZD-CH
unterdrücken 1.5
untergehen 14.5
untergehen (Sonne) 17.5
Untergeschoss 5.1, CH
untergewichtig 2.3
Unterhalt 3.2
unterhalten (sich ~) 2.10, 6.2
Unterhaltszahlung 3.2

Unterhemd ▪4.5
Unterhose ▪4.5
Unterkiefer 7.5
Unterkühlung 7.2
Unterkunft 5.1, 6.7
Unterleib 2.2
Unternehmen 8.6, 19.1, ▪19.1
Unternehmens-
beratung 19.1
Unternehmens-
kultur 19.1
Unternehmer/in 19.1
Unterricht 10.4
Unterricht
(~ erteilen) 10.4
Unterricht (~ geben) 10.4
unterrichten 10.4
Unterrichtsraum 10.5
Unterrichtsstunde 10.5
Unterrock ▪4.5
unterscheiden 3.3
Unterschied 9.4
unterschreiben 18.8
unterstützen 2.10
Unterstützung 2.10
Unterstützung
(staatliche ~) ▪8.8
untersuchen 7.4, 7.6, 12.2
(sich ~ lassen) 7.4
Untersuchung 7.4, 7.6, 12.9
Untertitel 11.5
Unterwäsche 4.5
unterwegs 15.2
unterwegs sein
(Brief) 18.7
unterzeichnen
(Vertrag ~) 8.5
untreu 2.9, 3.2
unverletzt 7.2
unvernünftig ▪2.6
unverständlich 1.1
Unwetter 17.2
unzüchtig 2.9
unzuverlässig ▪2.6
Urin 2.2
urinieren 2.2
Urinuntersuchung 7.4
Urkunde 16.1
Urlaub 6.1, 20.1, 6.6, A

Urlaub (~ machen) 6.1
Urlaub (~ nehmen) 20.1
Urlaub (auf ~ sein) ZD-A
Urlaub (im ~ sein) 6.1
Urlaub (in ~ fahren) 6.1, 6.6
Urlaubsangebot 6.6
Urlaubsort 6.6
Urne 2.12
Ursache 11.7
Urteil 8.9, ▪8.9
Uterus 2.2

V

Vagina 2.2
Vase 16.5
Vater 3.1
Vegetarier/in 4.1, 7.7
vegetarisch 4.1, 7.7
Vegetation 12.6
Velo 2.4, ZD-CH
Velo fahren 2.4, ZD-CH
Velotour 6.6, CH
Veloweg 14.1, CH
Vene 2.2
verabreden 6.3, CH
verabreden (sich ~) 6.3
verabredet sein 6.3
Verabredung 6.3
verabschieden
(Gesetz ~) 8.3
verabschieden
(sich ~) 1.1
verachten 2.10
Verachtung 2.10
verändern (sich ~) 2.6
Verantwortung 3.3
verarbeiten 13.2
Verarbeitung 13.2
Verärgerung ▪2.8
Verband 7.2, 12.7
verbessern 12.9
verbessern (sich ~) 7.6
verbieten 1.4
verbinden (Linien ~) 12.3
verbinden
(Wunde ~) 7.2
Verbindung 2.10

Verbindung
(chemische ~) 12.5
Verbindung
(in ~ stehen) 2.10
Verbindung (sich
in ~ setzen) 2.10
Verbot 1.4
verbrauchen
(Benzin ~) 14.1
Verbrechen 9.8
Verbrecher/in 9.8
verbrecherisch 9.8
verbreiten 18.3
Verbrennung 7.2, 12.5
verbringen 6.8
verbuchen 19.4
Verbündete/r 8.5
Verdacht 9.8
(in ~ geraten) 9.8
Verdächtige/r 9.8
verdächtigen 9.8
verdrängen 1.5
verdünnt (~e
Lösung) 12.5
vereidigen 8.3
Vereidigung 8.3
Verein 2.10, 6.9
vereinbaren
(Termin ~) 20.1
Vereinbarung 20.1
vererben 2.12
Vererbungslehre 12.6
Verfahren 8.9
verfahren (sich ~) 14.1
Verfall 2.5
verfassen 11.5, 18.2, 18.3
Verfasser/in 11.5, 11.6, 18.2
Verfassung 7.2, 8.2
Verfolgte/r 9.3
verführen 2.11
verführen (zum
Kaufen ~) 19.2
vergammelt 2.3
Vergangenheit 15.1
vergeben 2.10
vergessen 1.2, 12.1
vergessen (auf) ZD-A
vergewaltigen 2.11
Vergewaltigung 2.11
Vergleiche ziehen 12.2
vergnügen (sich ~) 6.2

vergriffen (~es
Buch) 18.2
vergrößern 12.1, 18.6
Vergrößerung 11.3
verhaften 9.8
Verhalten 2.6, 12.9
verhalten (sich ~) 2.6
verhaltensauffällig 7.3
Verhaltens-
forschung 12.8
Verhältnis 3.2
verhandeln 8.5, 20.2
Verhandlung 8.5, 20.2, ▪20.2
verheiratet 2.1, 3.2
verhören (jn ~) 8.9
verkalkt (~ sein) 2.5
Verkauf 19.3
verkaufen 19.3
Verkäufer/in 4.6
Verkehr 14.1
Verkehrsampel 14.1
Verkehrsmittel
(öffentliche ~) 14.3
Verkehrsteilnehmer ▪14.1
Verkehrszeichen 14.1
verklagen 8.9
verkleinern 18.6
Verkleinerung 11.3
verkühlen (sich ~) 7.1, A, ZD-A
verkürzen (Text ~) 18.2
Verlag 18.2
Verlagshaus 18.2
Verlangen 2.8
verlangen ZD-A
verlängern 9.3, 16.1, 18.1
Verlangsamung 12.4
verlegen (Buch ~) 18.2
Verleger/in 18.2
verleihen (Geld ~) 19.4
verletzen 2.10
verletzen (sich ~) 7.2
verletzt 7.2, 14.1
Verletzte/r 7.2, 14.1

Verletzung 7.2
verlieben (sich ~) 3.2
verliebt sein 3.2
verlieren ■2.10, 6.9, 8.9, 9.2, 12.1
Verlierer/in 6.9
verloben (sich ~) 3.2
verlobt (~ sein) 3.2
Verlobte/r 3.2
Verlobung 3.2, 6.2
verloren gehen (Päckchen) 18.7
Verlust 8.6, 19.4
Verluste (Militär) 8.11
Vermählung 3.2
vermehren (sich ~) 16.4
Vermehrung 12.6
vermieten 5.1
Vermieter/in 5.1
Vermisste/r 9.8
vermitteln 8.5
Vermittler/in 8.5, 9.2
Vermittlungsgebühr 5.1
Vermögen 8.6
vermuten ■1.3
verneinen 1.5
vernetzt (~ sein) 20.1
Vernunft 11.7
vernünftig ■2.6
veröffentlichen 18.2, 18.3
verpassen 14.2, 14.4
verpassen (den Zug ~) 14.2, A
Verpflichtungen (finanzielle ~) 19.4
verraten 8.11
Verräter/in 8.11
verreisen 6.6
verrenken 7.2
Vers 11.6
Versandhaus 4.6
versäumen 14.2, 18.1, ZD-A
versäumen (den Zug) 14.2, A
verschicken 6.2, 18.6, 18.7
verschieben (Termin ~) 20.1

verschieden (~er Meinung sein) 1.3
verschlechtern 12.9
verschlechtern (sich ~) 7.6
verschlingen (Buch ~) 18.2
Verschmutzung 17.4
verschreiben (Medikament ~) 7.4, 12.7
verschreibungspflichtig ■7.4
verschulden (sich ~) 8.6
verschütten 4.2
verschweigen 9.1
verschwenderisch 8.6
versenden 19.3
versichern 9.5
versichert (~ sein) 7.1
Versichertenkarte 7.1
Versicherung 6.6, 9.5, ■9.5, 14.1
Versicherungsbeitrag 9.5
Versicherungsbeitrag (jährlicher ~) 9.5
Versicherungsbeitrag (monatlicher ~) 9.5
Versicherungsfall 9.5
Versicherungspolizze 8.8, A
Versicherungssumme 9.5
Versicherungsvertreter/in 9.5
versöhnen (sich ~) 3.2
versorgen (ärztlich ~) 7.2
verspäten (sich ~) 2.9
verspätet 20.1
Verspätung 14.2, 14.4
versprechen 2.9
Verstand 12.8
verständlich 1.1
Verständnis 11.7

verstauchen 7.2
verstehen 1.1, 11.7
verstehen (sich ~) 2.10
Versteinerung 12.11
Verstopfung 7.1
Verstorbene/r 2.12
Versuch 12.2
verteidigen 8.11
Verteidiger/in 8.9
Verteidigung 8.9
verteilen (Aufgaben ~) ■19.1
vertikal 15.2
Vertrag 8.5
vertragen 2.8
Vertrauen 3.2
vertrauenswürdig 2.9
vertraulich 18.1, 18.8
vertraut 2.10
Vertreter 7.4
Vertreter/in 8.5, 19.3
Vertretung 8.5
Vertrieb 19.3
verursachen ■7.2
verurteilen 8.9
Verwaltung ■19.1
Verwaltungsgericht 8.9
verwandt 3.1
Verwandte/r 3.1
Verwandtschaft 3.1
verwelkt 16.5
verwenden 13.4
verwitwet 2.1
verwöhnen 3.3
Verwundete/r 8.11
Verzeichnis 18.1, 18.6
verzeihen 2.10
Verzeihung ■1.1, 2.10
verzollen 6.6
verzweifeln 2.8
Verzweiflung 2.8
Veston 4.5, CH
Veto 8.3
Vetter 3.1
Videoinstallation 11.11
Videokamera ■18.6
Viehzucht 16.3
viel 15.3
viel(e) (so ~) 15.3

Viereck 15.2
vierfach 15.3
Viertelstunde 15.1
Violonist/in 11.4
Virus 12.5
Virus (Computer~) 18.6
vis-à-vis 15.2, ZD-A, ZD-CH
Visite 7.6
Visitenkarte 20.1
Visum 6.6
visumfrei 6.6
Visumpflicht 6.6
Vitamin 7.7
Vogel ■16.4
Volk 8.1, 8.2
Volksabstimmung 8.2, CH
Volksbefragung 8.2
Volksentscheid 8.2
Volksfest 6.2, 6.5
Volksgruppe 9.3
Volkshochschule 10.1
Volksschule 10.1, A, ZD-A
Volkswirtschaft 8.6
Volkszählung 12.9
voll 4.2, 13.3, 19.3
volljährig 2.4
Volljährige/r 2.4
Vollpension 6.7
Vollwerternährung 7.7
Vollwertkost 7.7
Volt 13.3
Volumen 12.3, 12.4
von 15.2
von Geburt an 7.3
von selbst (sich ~ einstellen) 13.2
vor 15.1, ■15.1
vorangegangen (~es Geschäftsjahr) 19.4
Voraussetzung 19.5
vorbeikommen 6.3
vorbereiten ■20.1
vorbereiten (sich auf die Prüfung ~) 10.3
Vorbeugung (zur ~ gegen) 7.4
Vordergrund 11.1, 11.3
Vorfahr 3.1
Vorfahrt 14.1

Deutsch 531

vorführen
(Theaterstück ~)
11.5
Vorgang
(chemischer ~)
12.5
vorgestern ■15.1
Vorhaben 12.2
Vorhang 5.2, 11.5, A
vorher 15.1, ■15.1
Vorkommen 12.11
vorläufig 9.8
vorlesen 3.3, 10.4
Vorliebe ■2.8
Vormittag 15.1
Vormund 3.3
vorn ■4.4, 15.2
Vorname 1.1, 2.1
Vorort 5.1, 16.1
Vorrang 14.1, A, ZD-A
vorrätig (~ sein)
19.3
Vorsaison 6.7
Vorschlag 1.4
Vorschlag
(akzeptabler ~) 1.4
Vorschlag
(annehmbarer ~)
1.4
Vorschlag
(inakzeptabler ~)
1.4
Vorschlag
(konstruktiver ~)
1.4
vorschlagen 1.4
Vorschrift 16.1
Vorschule 10.1
Vorsicht 2.8
vorsichtig 2.8
vorsingen 11.4
Vorsitzende/r 8.3
Vorspeise 6.4
vorspielen 11.4
Vorstand 6.9
vorstellen (sich ~)
1.1
Vorstellung 11.5
Vorteil 1.3
Vortragende/r 20.2
Vortritt 14.1, ZD-CH
Vorurteil 2.8, 9.3,
9.4
Vorverkauf 11.5
Vorwahl 18.5
vorwärts 15.2
vorwerfen 2.10
Vorwort 18.2
Vorwurf 2.10

vorziehen 2.8
Vulkan 12.11, 17.3
Vulkanausbruch
12.11

W

waag(e)recht 15.2
Waage 5.4
Wachraum 7.6
wachsen 2.4, 12.6,
16.5
Wachstation 7.6
Wachstum 12.6
Waffe 8.11
Waffel ■4.1
Wagen 14.1
Waggon 14.2, ZD-A
Wahl 8.4, ■8.4
Wahlen 8.3, A
Wahlen 8.4, CH
wählen 8.4
wählen
(Telefonnummer~)
18.5
Wähler/in 8.4
Wahlergebnis 8.4
Wahlkampf 8.4
Wahlkreis 8.4
Wahlprogramm 8.4
während ■15.1
Wahrheit ■6.4, 8.9
wahrnehmen 2.7
Wahrnehmung 2.7,
12.8
Währung 8.6, 19.4
Waise 3.3
Waisenhaus 3.3
Waisenkind 3.3
Wald 12.6, 16.2,
16.5
Wand 5.2, ■11.2,
■20.1
Wandel 12.9
wandern 6.8, 7.7
Wanderung 7.7
Wange 2.2
wann 15.1
Warenhaus ZD-CH
warm 5.1, 17.2
Wärme 5.1, 12.4,
17.2
Wärmelehre 12.4
Warmwasserboiler
5.1
warnen ■8.10
Wartesaal 14.2
Wartezimmer 7.4
Wartung 13.2

Waschbecken 5.2
Wäsche 5.3
waschen 5.3
waschen (sich ~) 4.4
waschen (sich die
Haare ~) 4.4
waschen (Wäsche ~)
5.3, A
Waschlappen
4.4
Waschlotion 4.4
Waschmittel ■5.3
Wasser ■6.4
Wasserfall 17.1
Wasserhahn 5.2
Wassersport ■6.9
Wasserstoff 12.5
Watte 4.4
WC 4.4
Wechseljahre 2.5
wechseln (Geld ~)
19.4
Wecker 5.2
Weg 14.1
weg 15.2
Wegbeschreibung
14.1
wegen ■8.9
wegfahren 6.1
weglegen
(Telefonhörer ~)
18.5
Wehe 3.3
wehtun 7.4, 7.5
wehtun (sich ~) 7.2
weiblich 2.11, 9.4
weich 5.4
Weide 16.3
weigern (sich ~)
9.8
Weihnachten ■6.1
Weihnachts-
enumeration
8.6, A
Wein 4.2, ■6.4
Weinbeere 4.1, CH
Weinberg 16.2
weinen 2.8
Weisheit 2.9
weit 4.5, 15.2
Weiterbildung
■10.3, 19.5
weitergeben 1.2,
18.1
weiterleiten 18.6
Welle
(mechanische ~)
12.4
Wellenlehre 12.4

Weltreise 6.6
wenden 14.1
wenig 15.3
wenig (ein ~) 15.3
wenigstens 15.3
Werbeagentur 19.2
Werbeanzeige 19.2
Werbebranche 19.2
Werbeindustrie
19.2
Werbeinserat 19.2,
CH
Werbekampagne
19.2
Werbematerial 19.2
Werbespot 19.2
Werbewirkung 19.2
Werbung ■18.3,
19.2, ■19.2
werden (Beruf) 19.5
Werk 8.6, 13.2,
■19.1
Werk (literarisches ~)
11.6
Werkstatt 13.2, 13.4
Werktag 15.1
werktags 15.1
Werkzeug 13.4,
■13.4
Werkzeugkasten
13.4
Wert 12.9
Wert (moralischer ~)
11.7
Wesen 2.6
Weste 4.5
Westen 15.2, 17.1
westlich 17.1
Wettbewerb 6.9,
11.2
Wetter 17.2
Wetterbericht 17.2
Wettervorhersage
17.2
Wettkampf 6.9
wickeln 3.3
widersprechen 1.3,
■20.2
Widerstand 8.11,
12.4
wie lang(e) 15.1
wie oft 15.1
wie viel(e) 15.3
wieder 15.1
wiederbeleben 7.2
wiederherstellen
(Beziehung ~) 8.5
wiederholen ■1.1,
■20.2

Wiege 2.4
wiegen 2.1, 5.4, 18.7
Wiegenlied 3.3
Wienerli ■4.1, CH
Wiese 12.6, 16.2
Wild 4.1
wild 16.4
Willkommen ■1.1
Wind 17.2
Windel 3.3
Windel (~ wechseln) 3.3
windig 17.2
Windjacke 4.5, CH
Winkel 12.3, 15.2
winken 1.1
Winter 17.2
Winterschlussverkauf 4.6
Wintersport ■6.9
Wirbelsturm 17.3
wirklich ■1.3
Wirklichkeit 11.7
Wirkung 11.7, 12.4
Wirt/in 6.4
Wirtschaft 8.6
wirtschaftlich 8.6
Wirtschaftsaustausch 8.6
Wirtschaftsjahr 19.4
Wirtschaftskrise 8.6
Wirtschaftspolitik 8.6
Wirtschaftsraum 8.6
Wirtschaftsstandort 8.6
Wirtschaftswachstum 8.6
Wirtschaftszweig 8.6
wischen 5.3
Wissen 12.1
wissen 12.1, ■12.1
wissen (genau ~) 12.1
Wissen (geringes ~) 12.1
Wissen (großes ~) 12.1
Wissenschaft 12.2
Wissenschaftler/in 12.2
wissenschaftlich 12.2
wissenswert 12.1
wo 15.2

Woche 15.1
Wochenarbeitszeit 20.1
Wochenende 6.8, 15.1
Wochengeld 8.8, A
wochenlang 15.1
Wochentag 15.1
wochentags 15.1
woher 15.2
wohin 15.2
wohlhabend 8.6, 9.6
Wohlstand 8.6, 9.6
Wohnblock 5.1
wohnen 5.1, 16.1
Wohnmobil 5.1
Wohnort 2.1, 5.1
Wohnung 5.1
Wohnungsamt 8.8
Wohnwagen 5.1
Wok 5.4
Wolke 17.2
wolkig 17.2
Wolle 4.5
World-Wide-Web 18.6
Wort ■1.2
Wort (ins ~ fallen) 20.2
Wörterbuch 18.1
Worterklärung 1.2
Wunde 7.2, 12.7
Wunder (~ der Technik) 13.1
wundern (sich ~) 2.8
wunderschön 2.3
Wunsch 1.4
Wurst 4.1
Würstelstand 6.4, A
Wurzel 12.6, 16.5
Wurzel (Mathematik) 12.3
Wurzelbehandlung 7.5
würzen 4.1
wütend ■2.8
zäh 2.6

Z

Zahl 12.3, 15.3
zahlen 4.6
Zahlen ■15.3
zählen 15.3
zahlen (in Raten ~) 19.4
zahlreich 15.3

zahlungsunfähig 19.4
Zahlungsverkehr 19.4
zahm 16.4
Zahn 2.2
Zahn (~ wackelt) 7.5
Zahn (~ ziehen) 7.5
Zahnarzt 7.5
Zahnärztin 7.5
Zahnbehandlung 7.5
Zahnbelag 7.5
Zahnbürste 4.4, 7.5
Zahncreme 4.4
Zähne (sich die ~ putzen) 4.4
Zahnersatz 7.5
Zahnfleisch 7.5
Zahnklinik 7.5
Zahnpasta 4.4
Zahnprothese 7.5
Zahnschmerzen 7.5
Zahnseide 4.4, 7.5
Zahnstein 7.5
Zapfenzieher 4.2, CH
zärtlich (~ sein) 2.11
Zärtlichkeit 2.11
Zeh 2.2
Zeichen (mathematisches ~) 12.3
zeichnen 11.1
Zeichner/in 11.1
Zeichnung 11.1
zeigen 1.5, 11.5, 19.2
Zeit 11.7, 15.1
Zeitalter 12.10, ■12.10, 12.11
zeitgenössisch 12.10
zeitgenössisch (~e Kunst) 11.1
Zeitgeschichte 12.10
Zeitschrift 18.3
Zeitung 18.3, ■18.3
Zeitung (in der ~ stehen) 18.3
Zeitungsausträger/in 18.3
Zeitungshändler/in 18.3
Zeitungskasten 18.3

Zeitungstexte ■18.3
Zeitzone 17.1
Zelle 8.9, 12.6
Zelt 5.1, 6.7
Zensur 10.3
Zensur (Literatur) 11.6
Zensur (Presse) 18.3
Zentimeter (cm) 15.3
zentral 5.1, 16.1
zentral (~ gelegen) 16.1
Zentrale (Telefon~) 18.5
Zentralnervensystem ■12.7
Zentrum 5.1, 8.4, 16.1
zerknittert 2.3
Zerrung 7.2
zersetzen 12.5
zerstören 8.11
Zerstörung 8.11
Zertifikat 10.3
zerzaust 2.3
Zettel ■20.1
Zeuge 8.9
zeugen 12.6
Zeugin 8.9
Zeugnis 10.3
Ziel 6.9
Zielgruppe 19.2
Zigarette 4.3
Zigarre 4.3, ■5.1, 6.7, 20.1
Zimmer 6.7, 20.1
Zimmer (~ buchen) 6.7
Zimmerpreis 6.7
Zimmerservice 6.7
Zinsen 8.6
Zirkel 12.3
Zirkus 6.5
Zitat 11.6
zitieren 11.6
Zitrone ■4.1
Zivilrecht 8.9
Zmorge(n) 4.1, CH
Zoll 6.6, 8.6, 14.4
Zoll (~ zahlen) 6.6
Zone 14.3
Zoo 16.4
Zoologe 12.6
Zoologie 12.6, 16.4
Zoologin 12.6
Zopf 2.3
Zorn ■2.9
zornig 2.8

Deutsch 533

Z

zu Handen 18.8, A
zu schaffen machen 7.4
Zubehör 11.3
Zucchetti ▪4.1, CH
züchten 16.3
Zucker 4.1, 12.5
zuerst 15.1, ▪15.1
Zufall 6.3
zufällig 6.3
zufrieren (See) 17.2
Zug ▪1.2, 14.2, ZD-A
Zugbegleiter/in 14.2
Zugverbindung 14.2
zuhören 2.7, ▪11.4
zukleben (Brief ~) 18.7
Zukunft 15.1
zuletzt ▪15.1
Zulieferer 13.2
zumachen 5.1, 5.2, 6.6, ZD-A
zumute sein 2.8

Zündholz 4.3, A, CH, ZD-A, ZD-CH
Zündholzschachtel 6.8, A
zunehmen 7.4, 7.7, 8.6, 9.2, 15.3
Zuneigung 2.10
Zunge 2.2, 7.5
zurechtkommen 2.10
zurückgeben (Buch ~) 18.1
zurückgehen 8.6, 9.2
zurückhaltend 2.6
zurückrufen 18.5
zurücktreten 8.3
zurückziehen (sich ~) 8.11
Zusage 18.8
zusammen stoßen 14.1
Zusammenarbeit 2.10, 20.1

zusammenbrechen 7.1
zusammenbrechen (Telefonnetz) 18.5
zusammenfassen 10.5
Zusammenfassung 1.2, 11.6
zusammenkommen 6.3
zusammenleben 3.2
Zusammensetzung 12.5
Zusammenstoß 14.1
Zusätze (chemische ~) 7.7
zuschauen 6.9
Zuschauer/in 6.9, 11.5, 18.4
Zuschlag 14.2, 14.3
zusperren 8.6, ZD-A
Zustand 7.2, 7.6, 12.4

Zusteller/in 18.7
zustimmen 1.3, 20.2, ▪20.2
zuverlässig ▪2.6, ▪20.1
zuverlässig (~e Information) 18.1
Zuwanderer 9.3
Zuwanderin 9.3
zweifarbig 11.1
Zweifel ▪1.3, ▪8.9, 11.7, ▪20.2
Zweig 12.6, 16.5
Zweigstelle 19.4
zweisprachig (~es Wörterbuch) 18.1
Zweitstudium 10.3
Zweitwohnung 5.1
Zwetschke ZD-A
Zwiebel ▪4.1
Zwillinge 3.3
zwingen 8.3
zwitschern 16.4

Kompetenz,
die überzeugt!

Wörterbuch
Deutsch als Fremdsprache
Das einsprachige
Wörterbuch für Kurse der
Grund- und Mittelstufe

768 Seiten
ISBN 3-19-001735-2

Das **Wörterbuch Deutsch als Fremdsprache** ist das starke Ergebnis einer Kooperation der Verlage Hueber und Duden. Dieses einsprachige Wörterbuch deckt den Lernwortschatz der wichtigsten Hueber-Lehrwerke ab und ist somit die ideale Ergänzung zu Titeln wie *Themen neu/Themen aktuell*, *Tangram*, *Delfin*, *Schritte* und *em*.
Auch zu anderen Lehrwerken der Grund- und Mittelstufe kann dieses Wörterbuch verwendet werden.

- Enthält den kompletten Lernwortschatz des *Zertifikats Deutsch*
- Ideale Ergänzung zu allen Lehrwerken der Grund- und Mittelstufe
- 41.500 Einträge, Beispiele und Wendungen
- 300 Abbildungen
- Zahlreiche Grammatiktabellen im Anhang
- Mit hilfreichen Tipps für die Wortschatzarbeit und den Umgang mit dem Wörterbuch

Hueber – Sprachen der Welt
www.hueber.de

DIE Grammatik für die Grundstufe

Grundstufen-Grammatik für Deutsch als Fremdsprache

Erklärungen und Übungen
von Monika Reimann

240 Seiten mit Zeichnungen
ISBN 3–19–001575–9

- Lehrwerksunabhängig und lehrwerksbegleitend
- Zur Wiederholung – Vertiefung – Prüfungsvorbereitung
- Im Unterricht und als Selbstlernmaterial verwendbar
- Der gesamte Wortschatz entspricht den Anforderungen des Zertifikats Deutsch

Schlüssel

48 Seiten
ISBN 3–19–011575–3

Zweisprachige Fassungen

in Chinesisch, Englisch, Französisch, Griechisch, Italienisch, **Polnisch**, Russisch, Spanisch und Türkisch

Hueber – Sprachen der Welt
www.hueber.de